安格拉・梅克爾
ANGELA MERKEL
&
貝雅特・鮑曼
BEATE BAUMANN

自由

回憶錄1954-2021

FREIHEIT: ERINNERUNGEN 1954-2021

堡壘文化

目次

第四部　為德國服務（一）

二〇〇五年十一月二十二日 — 二〇一五年九月四日

第五部　為德國服務（二）

二〇一五年九月五日 — 二〇二一年十二月八日

序言

這本書講述了一個永遠不會再有的故事，因為我生活了三十五年的那個國家，自一九九〇年以來已經不復存在。二〇二二年初，在我卸任聯邦總理幾週後，一位談話對象對我說，如果我把這本書當作虛構小說交給出版商，肯定會被拒絕。他對這些問題瞭若指掌，並且很高興我因為他的故事決定寫這本書——那是一個看似既不可能又真實的真實。於是我意識到，講述這個故事、追溯其中的脈絡、找到它的核心主題並為之命名，對未來同樣意義重大。

長久以來，我從未想過自己會寫這樣一本書。然而，這種情況在二〇一五年首次有了轉變，儘管只是一點點。當時我決定，不拒絕九月四日到五日夜晚經過匈牙利來到德奧邊境的難民入境。這個決定，尤其是它所帶來的後果，被我視為自己總理生涯中的一個分水嶺。從那時起，一切都變得不一樣了。那時我下定決心，有朝一日當我不再擔任聯邦總理時，我會以只有書籍才能實現的形式，呈現這些事件的過程、我決策背後的動機，以及我對歐洲和與之相關的全球化的理解。我不願意將進一步的描述和闡釋交由他人完成。

但當時我仍然在任，隨後是二〇一七年的聯邦眾議院選舉，以及我的第四個任期。在這個任期的最後兩年裡，遏止新型冠狀病毒大流行是最主要的議題。正如我多次公開表示的，這場疫情對民主是一個極大的挑戰，無論是對個人、國家、歐洲，乃至於全球層面都是如此。同時，這場疫情也促使我擴展視野，撰寫的內容不再僅限於難民政策。我告訴自己，如果要寫，就一定要寫好；如果要寫，就和貝雅特．鮑曼（Beate Baumann）一起寫。自一九九二年以來，她一直是我的幕僚，也是這段歷史的見證人。

我於二〇二一年十二月八日卸任。擔任十六年的聯邦總理後，我如同幾天前在德國聯邦國防軍為我舉行的卸任儀式上所說的，懷著幸福的心情離開了這個職位。直到最後一刻，我都渴望著這一天的到來。該結束的時候就該結束。現在是時候休息了。我放鬆了幾個月，將政治生活的忙碌拋諸腦後，並從二〇二二年初夏開始，緩慢摸索著開啟新生活。雖然仍保持公眾身分，但不再活躍於政壇。我打算找到適合公開露面的節奏，以及著手撰寫這本書。這就是我的計畫。

隨後，在二〇二二年二月二十四日這天，俄羅斯襲擊了烏克蘭。我立刻意識到，要若無其事地寫作這本書的內容顯然是完全不可能的。一九九〇年代初的南斯拉夫戰爭已經震撼過整個歐洲。然而，俄羅斯入侵烏克蘭引發了更多的質疑。這是違反國際法的行為，破壞了二戰後以維護各國領土完整和主權為基礎的歐洲和平秩序。隨之而來的是深深的失望。我會在書中寫到這一點，但這不是一本關於俄羅斯和烏克蘭的書，那將會是另一本書要討論的主題了。

我更想講述的是我兩段人生的故事：第一段是一九九〇年之前在獨裁政權下的生活，第二段則是一九九〇年之後民主社會的故事。這個時間劃分相當好，當第一批讀者拿到這本書時，這兩段故事的長度大致相同，都是三十五年。然而，這兩段當然不是獨立的故事。實際上，這是一個連貫的人生，如果沒有第一個故事，就無法理解第二個故事。

一個在東德生活了三十五年之後的女性，為何能夠擔任德意志聯邦共和國權力最大的職務，並且一做就是十六年？她在任期內沒有辭職，也沒有被罷免下台，而是任期結束後主動離開。作為一個在東德長大的牧師之女，在獨裁統治下生活、學習和工作是什麼樣的經歷？經歷國家崩潰又是什麼樣的感受？突然獲得自由又是什麼感覺？我想與你分享這些經歷。

當然，這種描述難免帶有主觀色彩。同時，我也努力進行真誠的自我反省。如今我將指出那些現在被認為是錯誤之處，並為我認為是正確的事情辯護。然而，這本書並不是一份無懈可擊的報告，並不是所有人都能在其中找到共鳴，不論是出於自身認知或是他人期望而如此。對此，我要先請求大家的諒解。我的目的是抓出重點，透過梳理大量資料，使讀者更易於理解政治的運作方式，包括其中的原則、機制，以及指引我的信念。

政治並非巫術，政治是由人創造的。每個人都有自己的背景、經歷、虛榮心、弱點、優勢、願望、夢想、信念、價值觀和利益。在民主制度下，如果想要推動某些事情，就必須爭取多數支持。

「我們做得到」（Wir schaffen das.）——在我整個政治生涯中，沒有哪句話像這句話一樣備受批評和爭議，也沒有哪句話像它一樣引起如此強烈的兩極化反應。然而，對我來說，這句話再平常不過。它體現了一種態度，你可以稱之為自信、樂觀，或者簡單地說，就是解決問題、應對挫折、度過低谷，以及開創新局面的決心。「我們做得到，如果途中遇到阻礙，我們必須克服，必須努力解決。」這是我在二〇一五年八月三十一日的夏季記者會上所說的話。我就是這樣從事政治工作的，也是這麼生活的。這同樣是我寫這本書的初衷，帶著這種態度，或者說這種體悟：萬事皆有可能，因為促成這一切的不僅僅是政治，而是每個人都可以發揮自己的作用。

安格拉・梅克爾與貝雅特・鮑曼

二〇二四年八月，柏林

第一部

「我並非生來就是總理。」

一九五四年七月十七日—一九八九年十一月九日

快樂童年

奎茨沃

一九八九年十一月十日星期五，我像往常一樣，早上六點半左右離開了位於柏林普倫茨勞爾貝爾格區（Prenzlauer Berg）舍恩豪瑟大街（Schönhauserallee）一〇四號的公寓，準備從舍恩豪瑟大街站搭乘城市快鐵到柏林的阿德勒斯霍夫（Adlershof）上班。車上擠滿了人，外頭還是一片漆黑，就像平常的這個時刻一樣。然而，實際上一切都不一樣了。前一天晚上，德國社會主義統一黨（SED）領導階層的情報與媒體政策祕書[1]君特・夏波夫斯基（Günter Schabowski）在東德電視台宣布：「私人出國旅行可以在沒有任何前提條件（旅行和探親）的情況下申請。」並且在回應提問時確認，這項規定將「立即生效，毫不拖延」。一九八九年十一月九日星期四，他實際上宣布了柏林圍牆的終結。不久之後，事態一發不可收拾。

傍晚時分，我也加入了前往博恩霍爾默大街（Bornholmer Straße）邊境管制區，向西柏林前進的隊伍。西柏林的居民從各自的公寓中大聲呼喊，邀請我們上樓喝啤酒，為這個不可思議的事件乾杯。還有些人滿懷喜悅地走下樓來到街上。完全陌生的人們相互擁抱，我也身在其中。我跟著一小群陌生人走進過橋後左邊的第一條小路。一個西柏林人邀請我們去他家，我就跟著去了。他請我們喝啤酒，還讓我們使用電話，於是我試著聯絡住在漢堡的阿姨，但沒有成功。大約半小時後，我們互相道別。大多數人繼續往西柏林的選帝侯大道（Kurfürstendamm）前進，而我則在晚上十一點左右轉身回家，因為我想到自己還得早起去阿德勒斯霍夫，為幾天後在波蘭托倫（Torún）的演講做準備。那晚我幾乎整夜未闔眼，因為幾個小時前所經歷的一切實在讓我激動不已。

※ ※ ※

早晨，我坐上前往阿德勒斯霍夫的城市快鐵，車廂裡還有一小隊身著制服的人，他們是費利克斯・捷爾任斯基（Feliks Dzierżyński）警衛隊的邊境士兵。顯然，他們剛在邊境值完夜班，正要返回軍營，而那個軍營就位在我的研究所附近。士兵們大聲交談，聲音大到我無法不聽到他們的對話。「天，昨晚可真熱鬧。」其中一個人帶著嘲諷的笑容說。「這會對我們的長官造成什麼影響呢？」

「他們根本不知情，肯定會大吃一驚。」另一個士兵回應。

「他們失去了存在的意義。他們的生活、事業——全都完蛋了！」第三名士兵喊道。

我們在阿德勒斯霍夫下車，走向各自的目的地。士兵們回到他們的營地，而我則前往東德

1 譯注：即政府發言人。

科學院物理化學中央研究所（Zentralinstitut für Physikalische Chemie der Akademie der Wissenschaften der DDR）的辦公桌。然而，我根本無法集中精神工作，一切都停擺了，當然也包括我前一晚早早從西柏林回來想準備的演講。不僅僅是我，所有人都是如此，大家都議論紛紛。上午，我妹妹打電話到研究所來找我，她當時在建築工人綜合診所擔任職能治療師。我們約好當天下午要去拜訪她在西柏林的一位老朋友，那位朋友是她幾年前通過熟人認識的。突然間，我們能這樣輕易地去拜訪他，簡直令人難以置信。

那天早晨在城市快鐵上聽到邊境士兵的對話，整天都在我腦海裡揮之不去。我心想：終於！這些士兵和他們的長官終於不再擁有控制我們的權力，他們再也不能控制我們的家庭了。柏林圍牆存在的二十八年，不僅拆散了我的家庭，尤其為我父母帶來了巨大的痛苦，也分隔了我丈夫約阿希姆・紹爾（Joachim Sauer）的家人。東西兩邊無數的人都和我們經歷了同樣的命運。終於，這些士兵再也無法阻止我們自由行動了。但同時，我也回想起士兵在火車上說的話：「存在的意義。」在這一夜之後，我的生活將會變成什麼樣子呢？我的家人、朋友和同事的生活又會如何改變？我們的經歷、教育、技能、成就和個人的選擇，在未來會有什麼價值？我今年三十五歲。是才三十五歲？還是已經三十五歲了？什麼會留下來，什麼又會消逝呢？

※ ※ ※

我於一九五四年七月十七日在漢堡出生，是赫琳和霍斯特・卡斯納（Herlind und Horst

Kasner）的第一個孩子。我父親於一九二六年出生於柏林，是路德維希・卡茲米爾扎克（Ludwig Kazmierczak）和他妻子瑪格麗特（Margarete）的兒子。他的父親是一名警官，來自波蘭波茲南（Posen），於一九二〇年代初搬到柏林；母親來自柏林，是一名裁縫和家庭主婦。一九三〇年，他們一家將波蘭姓氏卡茲米爾扎克改為德國姓氏卡斯納，從那時起，我父親便叫做霍斯特・卡斯納了。我祖父路德維希・卡斯納於一九五九年去世，但我對他沒有任何個人的記憶。

我母親赫琳於一九二八年出生在但澤－朗富爾（Danzig-Langfuhr），是教師夫婦威利和格特魯德・延茨施（Willi und Gertrud Jentzsch）兩個女兒中的長女。她的母親來自東普魯士的埃爾賓（Elbing），生下孩子後放棄了自己的工作。她的父親，也就是我的外公威利，是一名自然科學教師，並擔任但澤一所實科中學的校長，讓全家過著相對富裕的生活。按照今日的說法，他們的生活算是小康。一九三六年，我的外公接到了在漢堡擔任一所文理中學校長的邀請，一家人準備要從但澤搬到漢堡。一切都準備就緒，租好了新公寓，也找好了搬家公司。然而，我的外公得了化膿性闌尾炎和膽囊炎，當時還沒有救命的青黴素，他就這麼去世了。

我的外婆和她的兩個女兒只能靠自己了。儘管如此，她們還是搬到了漢堡，住進伊澤街（Isestraße）那間已經租下的大房子裡。她們開始為錢煩惱，這是她們從未有過的經驗。雖然外婆有遺孀撫卹津貼，但她們過往的安穩生活已經崩潰。我外婆有很長一段時間只穿黑色的衣服，對她的女兒們總是充滿擔憂。如果孩子們比約定的時間晚了一點回家，她便會焦慮不安地在陽台上盼著她們。

※　※　※

一九四三年夏天，漢堡遭到英國和美國猛烈空襲，她們所住的房子也未能倖免。我外婆帶著兩個女兒離開了城市，先是搬到阿爾特馬克（Altmark）的新教堂村（Neukirchen），外婆的一位姊妹和她的家人住在那裡。一九四三年秋天，她們又搬回東普魯士的埃爾賓，也就是外婆的出生地。但是幾個月後，即一九四四年夏天，她們再次回到了新教堂村。一九四四年，我母親被送往柏林西區學校（Berliner Westendschule），當時該校已經遷至現今捷克的皮塞克（Písek）。戰爭結束後，她一路驚險地回到新教堂村，與母親和妹妹團聚。從一九四五年三月底到同年十月她抵達新教堂村期間，母親的家人沒有她的任何消息。母親經常提到，當時她才十七歲，很害怕會被在路上遇到的蘇聯士兵強暴。

戰爭對我父親的生活影響更為深遠。他晚上經常和他父親，也就是我的祖父路德維希，在被窩裡偷偷收聽英國廣播公司（BBC）的廣播，關注前線的進展。我祖父在戰爭期間便已經確信德國將會戰敗，而且應該要戰敗。一九四三年五月，父親被徵召成為高射炮助手。一九四四年八月，他滿十八歲，正式成為士兵。一九四五年春天，他在一次轟炸中被埋在瓦礫堆中。戰爭結束後，他在丹麥短暫被英軍俘虜。一九四五年八月，當他回到家時，德國已被戰勝國劃分為四個占領區。隨後他去海德堡投靠一位朋友，在那裡補考了高中會考。父親後來回憶道，因為受到戰爭經歷的影響，他從一九四七年開始學習神學。

在他成長的家庭環境中，宗教信仰並沒有扮演什麼特別的角色。雖然他的父親受洗為天主教徒，母親是福音教會的成員，但我的祖父母並不是虔誠的基督徒。我父親自己也在天主教教會受洗，但於一九四〇年在新教教堂受了堅信禮。戰爭結束後，在經歷過國家社會主義的恐怖之後，他堅信若要重新開始，便需要一種和平倫理，而這對他來說源自於基督宗教信仰。因此，他決定在當時的西方占領區學習神學。從一開始，他就打算在完成學業後回到當時的蘇聯占領區，因為他深信那裡需要像他這樣的人。我想，這可以稱之為一種呼召吧。

一九四九年，我父親在貝瑟爾（Bethel）繼續他的學業，並於一九五四年在漢堡完成了傳道師的工作。一九五〇年，他在一次福音教會學生團契的活動中認識了我母親，當時他們都是學生團契幹部，也就是被選為負責聯絡其他學生的代表。我母親在漢堡學習英語和拉丁語，希望未來能成為中學教師。她的朋友常開玩笑地稱她為「奔馳」（Mercedes），因為她和她母親一樣，從那時起就一直夢想擁有一輛屬於自己的車，而且越大越好、越快越好。

我的父母於一九五二年八月六日結婚。婚後，母親決定，只要父親實行他的計畫回到柏林布蘭登堡邦教區的教會（也就是要回到三年前成立的東德），她便會跟隨他。這個決定對她來說絕非易事，但她出於愛做了這個選擇，而這對她產生了深遠的影響。

※　※　※

一九五四年就這麼來臨了。對許多人而言（即使不是絕大多數人），這一年與伯恩奇蹟（Wunder von Bern）緊密相連，因為德意志聯邦共和國（Bundesrepublik Deutschland）國家隊贏得了歷史上第一場世界盃足球賽。然而，對我的家庭而言，這一年象徵著我父母從西德搬到東德。從漢堡搬到位於布蘭登堡普里格尼茨（brandenburgische Prignitz）的一個小村莊奎茨沃（Quitzow），距離柏林西北大約一百五十公里。我父親在那裡首次擔任牧師職位，作為當地教區的牧師。他先行前往，我母親則用嬰兒背帶抱著我跟隨其後，那時的我才六週大。就在一年前，一九五三年六月十七日，蘇聯坦克殘酷鎮壓了一場東德人民爆發的罷工起義和政治示威。僅僅幾年後，柏林圍牆的興建又對數百萬德國人和我們的家庭帶來了沉重的打擊。不過，與此同時，我的父母和我一起在新的環境中安頓了下來。

※　※　※

我們有一位家庭幫傭，名叫詩畢斯女士（Frau Spieß）。她隨著我父親的前任牧師從東普魯士來到奎茨沃。在前任牧師退休後，她繼續為我的父母工作，並教會他們在鄉下生活所需的一切知識。我父親必須學會擠羊奶，而我母親則學會了如何烹飪刺蕁麻，還有更多她作為城市小孩從未接觸過的事物。我們家經常提到一件事，就是我母親結婚時帶來了一張白地毯。起初，她還想在這裡堅持她在漢堡的習慣，也就是訪客來訪時不需要脫鞋，即便是村裡來找我父親談話的農民也不例外。他們經常來找我父親傾訴煩惱，因為那時正是開始強制集體化的時期，許多人後來都去了西德。每當農民們想在進屋之前脫鞋，因為他們知道鞋子會在白地毯上留下痕跡，我母親總是會說：「直接進來就好。」於是，他們就拖著沾滿泥土的鞋子在白地毯上踩來踩去。最終，我母親放棄了她在漢堡的習慣，改讓訪客脫鞋。自此，她才真正融入了奎茨沃的生活。

我對這個地方沒有直接的記憶，所有印象都來自家人講述的故事。但是對於滕普林（Templin），情況就完全不同了。一九五七年，我父母帶著我和同年出生的弟弟馬庫斯（Marcus）搬到了這個位於布蘭登堡烏克馬克（brandenbirgerische Uckermark）地區的小鎮，大約在柏林以北約八十公里處。我父親被柏林布蘭登堡邦教區教會任命為滕普林教會事工訓練學院（後來成為傳道人培訓學院）的院長，這意味著他不再是傳統的教區牧師了。對我母親而言，這次搬家也為她帶來了新的機會。

瓦爾德霍夫

一九六四年，我妹妹伊蓮娜（Irene）出生了。大概從她六歲開始，我們有了一個共同最愛的地方，那就是我父母家閣樓老虎窗上的鐵皮鑲板。伊蓮娜比我靈活，她發現我們可以輕易地爬出窗外，然後舒舒服服地坐在鐵皮上。從這裡，我們可以眺望松樹，觀察樹梢在風中輕輕搖曳。我們還能看見一條穿過樹林間的小路，這條小路緩緩向下通往一片草地，草地上有一條運河流過，連接著滕普林湖（Templiner See）和羅德林湖（Röddelinsee）。夏天時，我們會在屋頂上計劃著要做什麼：要去草地旁的水邊？騎腳踏車去羅德林湖游泳？還是在滕普林周圍的樹林裡採藍莓？似乎有無限可能。儘管我們相差十歲，但我們相處得非常融洽。

閣樓老虎窗在我的房間裡，而我們家實際上的起居空間則在樓下一層。我們的住處位於城市邊緣所謂的「瓦爾德霍夫」（Waldhof）區。這個園區的核心是斯德望基金會（Stephanus-Stiftung），專為有智能障礙的兒童和成人提供照護，這個機構的理念類似於貝瑟爾的馮博德施溫格基金會（von Bodelschwinghsche Stiftungen）。除了照顧和看護居住者外，這裡還強調積極且有意義的工作所帶來的治療效果，這裡的設施旨在盡可能實現自給自足和經濟自主。為此，瓦爾德霍夫除了有廚房和農場，還有溫室、洗衣房、鐵匠鋪、木工坊、鞋匠鋪和裁縫鋪。我們小時候可以到處跑來跑去，與各種工匠師傅和有智能障礙的居民交談。

我父親負責管理的傳道人培訓學院包括一棟建築，裡面有進修學員住宿的房間和幾間公寓，我們家就住在其中一間有七個房間的公務宿舍。五個房間在一樓，我的房間和父親的書房則在閣樓。此外，這裡還有一間所謂的學校，我父親帶領的活動和課程都在那裡進行。

我母親在瓦爾德霍夫也有一些新任務，例如培訓教會行政人員，在傳道人培訓學院幫他們上德語課和數學課，或者教授未來要進入柏林語言進修學院（Berliner Sprachenkonvikt）學習的學生希臘語和拉丁語，柏林語言進修院是有一所福音教會的神學培訓中心，幫助他們將來進入神學院的學習做好準備。然而隨著時間的推移，學院的任務逐漸轉向牧師的進修培訓，使得我母親的工作領域再次受限。之後，她又當了一段時間我父親的祕書。作為牧師的妻子，她不能在公立學校任教，因為在東德，凡涉及教育的領域都必須排除教會的影響。東德自認是一個無神論國家。

在我們家庭的日常生活中，父母之間基本上是傳統的角色分工。有時候，母親會想像如果她能在學校教書會是什麼樣子。當時的我覺得這只會變成她的雙重壓力而已，因為她既要教書，又要處理家務。在作為孩子的我眼中，看不出來這有什麼好處。由於母親在東德的官方認定中並不算是正式勞工，意即她沒有從事有報酬的工作，所以我和我的兄弟姊妹不能上幼稚園，也不能在學校吃午餐。我一點也不喜歡這樣。最終，在最後一個學年，我還是爭取到了上學吃午餐的機會。我想去的原因並不是午餐有多好，而是因為長期被剝奪的東西總是具有某種吸引力。但這也意味著多年來，我母親每天都得為全家人準備午餐和其他三餐，更遑論是日常的採購了。

從瓦爾德霍夫到城鎮上的商店大約有三公里遠。在我們這些孩子還太小而幫不上忙的時候，母親只能自己騎著腳踏車，一個人把所有雜貨載回家，這對她來說非常勞累。後來，她考到駕照後，她母親，也就是我在漢堡的外婆送了她一輛衛星轎車（Trabant）。汽車是透過GENEX公司（Geschenkdienst- und Kleintransporte GmbH，禮物服務和小型運輸有限責任公司）贈送的，這是一個轉運中心，西德人民可以支付德國馬克，透過它向東德人民贈送比較大件的禮物。雖然這輛車比母親學生時期的綽號「奔馳」小了一號，但對她來說，能夠擁有自己的車就像是一種自我解放。她變得更靈活機動了，也利用這個機會在柏林的語言進修學院教授英語課程。這反而導致了她與我父親偶爾發生摩擦，因為我父親不喜歡自己準備食物。然而，我的母親決心要走自己的路。

※　※　※

在東德，牧師的收入很低，但他們只需要支付公務宿舍便宜的租金，就像我們一樣。此外，他們還能從西德獲得物資支援，也就是所謂的「手足援助」（Bruderhilfe）。對我們家來說，這相當於每個月七十德國馬克。我在漢堡的外婆負責管理援助物資，並定期寄送包裹給我們。她於一九七八年去世後，改由我的阿姨（我母親的妹妹）接手處理。對在漢堡的她們來說，這是一項巨大的組織任務；但是對我們來說，卻是無價的幫助。

這些包裹還有一個特別之處。每次我們打開包裹時，就會立即意識到，並說：「這聞起來是西邊的味道。」我們指的是品質良好的肥皂或香濃咖啡的芬芳。相比之下，東邊則是濃烈的清潔劑、地板蠟和松節油的味道。至今，我彷彿還能聞到這些氣味。

無論如何，官方的東德對我來說就是索然無味的化身。只有仿製品，沒有真正的天然材料，從來沒有令人愉快的色彩。我的父母努力尋找能擺脫這種庸俗品味的機會，例如購買海勒勞（Hellerau）工坊設計的精美家具，即便有時需要等待很長的時間。也許我現在對彩色西裝外套的偏愛，正是源於我在東德日常生活中經常缺少鮮艷色彩的經歷。

我父親的傳道人培訓學院得益於整個瓦爾德霍夫的基礎設施，例如斯德望基金會的廚房和工坊。有智能障礙的居民也會在學院裡從事一些工作，我尤其記得其中一位。他不知疲倦、非常有耐心地幫助我母親收集柴火和煤炭，這是非常辛苦的工作，因為所有房間都是用瓷磚爐子來取暖。他總是全神貫注地工作，同時不停自言自語，說著那個所謂他是鐵路員工的世界。我和他成了朋友。

※　※　※

在我們小孩還沒開始上學之前，大部分的時間都在戶外度過，只有吃飯時間才會回家。每到中午十二點和晚上六點，斯德望基金會的一位居民就會敲響瓦爾德霍夫鐘樓裡的鐘。對我們這些牧師的孩子來說，這代表回家吃飯的時間到了，不然我們基本上整天都在瓦爾德霍夫到處玩耍。那段時光真的非常美好。

我還有一位特別的朋友：園丁拉赫曼先生（Herr Lachmann）。他教我如何移植植物，如何在溫室裡種植。我可以向他請教任何問題，同時也幫他做些園藝工作。我本來就是一個比較「土」的孩子，據說我小時候在奎茨沃口渴的時候，甚至會喝雞飲水盆裡的水。在瓦爾德霍夫，我也不介意在溫室裡吃沒洗過的胡蘿蔔。

秋天時，我最喜歡的地方是馬鈴薯蒸籠旁的位置。這是一個巨大的裝置，看起來像一輛裝有大鍋爐的卡車。馬鈴薯被放進鍋中，透過熱蒸汽變軟，這麼一來，馬鈴薯在收穫後不久就可以加工成飼料。我小時候被允許在這個過程中和操作機器的人坐在一起，空氣中瀰漫著馬鈴薯田和馬鈴薯葉的味道，品嘗鬆軟的馬鈴薯是我的一大享受。

瓦爾德霍夫還有其他孩子，有的比我大，有的比我小。我們一起做了很多事情，游泳、玩稻草堆或是躲避球。我們總能找到玩伴，從來不會覺得無聊。

※ ※ ※

在待降節期的第一個星期天，瓦爾德霍夫的孩子們會為智能障礙的居民演唱待降節期的頌歌。早上七點，我們唱著祝福的歌曲喚醒了睡在大通鋪的他們，當時很難想像有單人房或雙人房這種事。我們唱了〈滿載而歸的船兒正駛來〉（Es kommt ein Schiff, geladen）、〈把門打開〉（Macht hoch die Tür）以及許多其他歌曲。居民們都很高興，我們這些孩子也全心全意地參與其中。聖誕節期間，我還在滕普林的瑪利亞－馬格達倫教堂（Maria-Magdalenen-Kirche）唱詩班唱歌。對我們這些瓦爾德霍夫的孩子來說，聖誕節是一年中最重要的節日。不過，我們的聖誕夜與許多家庭的聖誕夜截然不同。對牧師家庭而言，職業生活和私人生活完全密不可分，而我們尤其在聖誕節期間更深刻體會到這一點。

平安夜那天，父親必須在滕普林附近的村子主持兩到三場的禮拜，通常要到晚上六點以後才能從寒冷的村莊教堂回家，而且經常凍得發抖。小時候我們都會被趕去睡午覺，因為晚上會很晚才睡。隨著年齡增長，我開始陪父親去教堂參加他的禮拜。

當然，在柏林的祖母也會來拜訪我們。同時在這個特別的夜晚，我們也應該想到那些孤獨的人。我的父母從小就教導我們，聖誕節的真正意義在於關心那些不如我們幸運、孤獨和被遺棄的人。因此，每年平安夜我們家都會邀請一位孤身一人且沒有娛樂的居民來家裡一起過節。從我們小孩的角度來看，晚餐已經因為父親去主持禮拜而開始得很晚了，而我們的客人終於可以盡情聊天，我的父母甚至鼓勵他這樣做。我們這些孩子早已迫不及待，所有的注意力都集中在期待已久的禮物上，但我們不能表現出來。因此，往往要到晚上八點甚至更晚，我們才終於能進入放著聖誕禮物的房間。

我們在那裡有一個固定的儀式。當蠟燭點燃時，我和我的兄弟姊妹們會扮演不同的角色，朗誦聖誕故事。在朗誦《路加福音》的段落之間，我們會吹奏長笛短曲，唱聖誕頌歌。這只是一個小節目，當然也是為了讓客人開心，但最重要的是要提醒我們，聖誕節真正的意義並不在於禮物。

聖誕節第一天的早晨在我記憶中特別美好，禮物已經拆開放在我們面前，全家人齊聚在客廳裡。父親是傳道人培訓學院的院長，只是以支援的名義被派往教區工作，因此通常不需要主持禮拜。當母親在廚房準備烤鵝時，我們會和父親聊我們的禮物。我們會用母親為我們準備的五顏六色盤子吃甜食，不會被告誡要少吃一點。如果從西德送來給弟弟的禮物中有他最心愛的維寶（Ravensburger）拼圖，我們就會開始一起拼。

我們家的大門時時刻刻都是敞開的，不只在聖誕節和其他節日是如此。我的父母一年到頭都有客人來訪，他們經常在晚飯後來，大人們一起喝茶或葡萄酒。也有不少人經常向我的父母尋求建議，討論在某些生活情況下該用什麼態度來應對國家，其中也包括德國社會主義統一黨的成員。週末時，牧師們也喜歡互相拜訪。我很喜歡跟著父母去拜訪教區內的其他牧師。下午茶時間後，我們這些孩子通常會被趕去玩。如果他們說「你們可以去玩了」，其實就是我們「該」去玩了。我常常試圖留在大人身邊，還因此發展出一些策略，譬如躲在角落或躲在窗簾後面，努力不被發現。我非常想聽他們談話的內容，這些談話通常是高度政治性的。我對此非常感興趣，更勝於他們談論神學問題或基督教教義和禮拜。他們有時會談論與國家發生衝突或與國家安全部有矛盾的其他牧師，也會談到孩子們上學時遇到的問題。顯然，這種對話和會面絕不能讓第三方知道，而我們這些孩子也明白我們必須保持沉默。

赤裸裸的驚恐

我最早的記憶與漢堡的外婆連結在一起，但我不確定它們在多大程度上是我自己的記憶，還是透過家人講述而成為我的記憶。無論如何，第一段記憶可以追溯到一九五七年，那時我三歲。在母親懷著第二個孩子，也就是我弟弟馬庫斯時，我在外婆家住了三個月。馬庫斯出生之後，我從漢堡回到滕普林。據說那時候我雖然還不能自己走上公寓的樓梯，但已經學會用「您」了。這件事後來經常被提起，據說我開始用「您」跟母親說話時，確實讓她嚇了一跳，顯然那段分離的時間導致了某種疏離感。

第二段記憶把我帶回一九五九年，又一次前往漢堡。我們是去參加我母親的妹妹，也就是我阿姨岡希爾德（Gunhild）的婚禮。我們乘坐一輛灰色的瓦特堡旅行車（Wartburg Kombi）從滕普林出發，傍晚時分啟程，旅途中我和弟弟應該都在車上睡覺。我們行李中有一個大的落地花瓶，是我父母買給阿姨的結婚禮物。在邊境時，他們必須向邊境警察申報攜帶的物品，而我在後座說：「你們有東西忘了說！我們還帶了花瓶！」幸運的是，我的莽撞行為沒有為我父母在邊境帶來任何大麻煩。繼續上路後，他們只是責備我怎麼沒有睡覺，說我至少應該裝睡。我一直忘不了這件事。那時的我還那麼天真，什麼事都想跟所有人分享。而這一點，隨著我人生的進展不停改變著。

在阿姨那裡度過的時光原本很開心，但婚禮當天卻發生了一件不愉快的事。當時是十一月，有些親戚帶著大孩子一起來參加婚禮，這些大孩子大概是九歲或十歲的男孩。他們邀請我一起去散步。我感到很自豪，雖然我只有五歲，但他們願意帶上我。不過他們很快就受不了我，把我趕了回去。我孤零零地走著，結果找不到回去的路。我已經不記得是怎麼一回事，但我走到了一間警察局。警察詳細地問了我很久，直到他們弄清我父母在哪，才通知他們來接我。因此，我對漢堡最初的記憶帶有一點矛盾的感受。

※　※　※

一九六一年七月十六日，我在漢堡的外婆七十歲了，她的生日願望是希望和我們全家一起去巴伐利亞度假。誰也沒想到，這竟會是我們最後一次在西德一起旅行。外婆從來沒有考過駕照，而她的女婿霍斯特，也就是我的父親正好非常喜歡開車，於是我們租了一輛福斯金龜車，夏天開著它去巴伐利亞和奧地利玩了三個星期。外婆希望這是一趟長途旅行。

我們先從滕普林出發前往漢堡，接了外婆之後一路向南。我們住在基姆高阿爾卑斯山（Chiemgauer Alpen）的弗拉斯多夫（Frasdorf）附近薩格貝格山上（Sagberg）的一家小旅館，我記得那段路程非常蜿蜒曲折。我們欣賞了群山，去了黑倫奇湖（Herrenchiemsee）和弗勞恩奇湖（Frauenchiemsee），還去了慕尼黑、因斯布魯克（Innsbruck），以及薩爾茨堡（Salzburg）。在因河畔的瓦瑟堡（Wasserburg am Inn），我對當時導致洪水的洶湧因河水留下了深刻的印象。

三週後我們啟程返家，那天大概是一九六一年八月七日或八日，我的父母、弟弟和我回到了滕普林的家中。我的父親後來常說，當時他在柏林周圍的樹林裡看到了鐵絲網圍欄，顯然是重大事件的前兆，他有預感會有什麼糟糕的事情發生。

※ ※ ※

在柏林圍牆建造前的那個星期四或星期五，我父親帶我去柏林辦事。他把我留在他母親，也就是我柏林的祖母那裡。祖母住在潘科（Pankow）雷茨巴赫路（Retzbacher Weg）上的一間公寓，那是一棟建於一九三〇年代的建築。那天，她帶我去柏林法國占領區的沃蘭克街（Wollankstraße）上買香菸，她的菸癮很大，我父親也是。我清楚地記得，她緊緊牽著我的手，一直拖著我往前走，因為她走得比我七歲的小腿能跟上的速度還要快。商店裡一片忙亂，祖母說起話來相當急促。她想快點離開商店，因為在西柏林買香菸帶回東柏林是違法的。那時我還不知道，之後要再次來到西柏林竟然需要那麼長的時間。傍晚，我和父親返回了滕普林。

八月十三日，那天是星期天，柏林圍牆穿過柏林市中心開始修建。我父親像往常一樣在教堂主持禮拜，我也在場，而我永遠不會忘記那一天。四處瀰漫著極度驚恐的氣氛，人們在哭泣。母親絕望不已，她不知道什麼時候才能再見到她在漢堡的母親和妹妹；父親十分沮喪，因為他家鄉的一部分已變得遙不可及。發生的一切超出了他的想像，他出生的城市被一堵牆分割開來。而被切開的不僅是柏林，而是整個國家。

雖然兩個德國自一九四九年起就已經存在，但是直到一九六一年圍牆建成，我的家庭和其他數百萬人的生活才真正從根本發生了改變。這堵牆讓生活在東德的每個人都陷入了無能為力的境地。我記得幾個月後的一九六二年二月，漢堡發生了嚴重的暴潮，當時我母親非常擔心她的母親和妹妹，卻無能為力。我們的家人就這樣硬生生地被分開了。為了保持聯絡，外婆和母親每週都會寫信給對方，即便在外婆於一九七八年去世之後，這個傳統也由我阿姨延續下去。

歌德學校

由於我在六月三十日之後出生，按照當時的規定，我不能在一九六〇年滿六歲時開始上學，而是必須再等一年。不過，就在圍牆建成對我的家庭造成沉重打擊後的幾天，終於到了我入學的時間。一九六一年九月初，七歲的我進入了第四小學（Grundschule IV），這是離瓦爾德霍夫最近的一所學校。雖然到學校的路途不算太遠，但是我走路還是需要半個小時。因為我還分不清左右，所以父母直到我上二年級時才允許我騎腳踏車通勤。五年級時，我從第四小學轉到了鄰近的歌德學校，那是一所理工中學。

開始上課的時間是早上七點半。我大概會在早上六點十五分起床，早餐是一個三明治、一杯茶或是穀物咖啡，根本沒時間坐下來吃。我通常會去接鄰居家的孩子們，跟他們一起走路或騎腳踏車去學校。不過他們常常還沒準備好，所以我母親會從家裡廚房的窗戶看我什麼時候才出發。有時候她會責備我，說我這樣可能會有遲到的風險。

因為不能在學校吃午餐，我中午就會回到家裡。吃過午餐後，我不是寫學校作業，就是自由活動。晚上六點是我們的晚餐時間，通常是吃三明治，有時也會吃櫻桃或藍莓麥片粥。晚餐是我們家最重要的一餐，每個人都要參與。我們這些孩子會講述一天的經歷，我們的父母則認真地聽，並給予一些很寶貴的建議，幫助我們姊弟應對東德日常生活中的挑戰。然而，父親的時間往往很有限，因為晚上七點或七點半傳道人學院的晚間活動就要開始了。在我們幫忙洗完碗之後，我會陪著母親，比如陪她織毛線。隨著年齡增長，我們還會一起看西德公共電視的晚間新聞節目《每日新聞》（*Tagesschau*）。

與所有同學不同的是，我在一年級時還不被准許加入少年先鋒隊組織（Pionierorganisation），這是七年級以下學生可以參加的國家少年組織。這導致了一些後果。儘管我的學業成績非常優秀，但無法像其他少先隊成員那樣獲得表揚。我也不被允許幫忙準備即將到來的節日活動，例如聖誕晚會。而這一切都只因為我不是少先隊的一員。

原因出在我的父母。他們在我入學時對我說：「一年級結束之後，你可以自己決定要不要加入，但現在還不是時候。上學是義務，但加入少先隊不是。」這是他們的想法，他們想讓我知道，即使在東德也有選擇。因此，我的父母同時承諾，在第一個學年結束時會和我談談我是否想加入少先隊，而且他們會尊重我的任何決定。他們這麼做背後有兩個目的，而我後來才明白其中的所有涵義，並且一直非常欽佩我的父母。首先，他們希望我學會自己做決定；第二，他們希望避免，因為我是牧師的孩子，一開始就被貼上來自反對派家庭的標籤，從而被剝奪接受高等教育的機會，只能選擇在語言進修學院學習神學。因為如果不加入國家青年組織，幾乎就不可能參加高中會考並繼續念大學。我的父母不願讓我以及後來我的手足在職業選擇上面臨更多困難，甚至過早被限制住。

※　※　※

二年級時，我決定加入少先隊組織，成為一名佩戴藍色領巾的少年先鋒隊員（Jungpionier，那時還沒有這個詞的女性形式）；從四年級開始，我則成了佩戴紅領巾的泰爾曼少先隊員（Thälmann-Pionier）。從一九六二到六八年，我先後加入了少先隊和自由德國青年團（Die Freie Deutsche Jugend），後者是一個專為八年級以上兒童和青少年設立的國家青年組織。後來，我也能夠參與班級的少先隊領導工作，但因為我是牧師的孩子，所以不被允許擔任小組委員會主席。

身為牧師的孩子，我和我的兄弟姊妹以各種不同的方式體驗了這個身分在東德意味著什麼。在這種情況下，班級紀錄本對我來說尤其是個惡夢。紀錄本中會注明父母的出身：A代表工人階級，B代表農民，S代表自營業者，I則代表知識分子。代課老師經常會讓學生站起來，要他們說出自己父親的職業。有一次，我對坐在我旁邊的人小聲說：「天啊，我今天不想再說『牧師』了，這只會引來無數的問題。」他回答道：「那你就說『司機』好了。」直到輪到我之前，我一直在苦惱要聽從同學善意的建議，還是要如實回答。當我被叫到時，即便我含糊地說出了父親的職業，大家還是很快就明白我父親是牧師。幸運的是，這次沒有人再問我牧師家庭的生活如何，或是我的父母是否對學校有意見。我很害怕這些咄咄逼人的問題，那時候我只想鑽進地洞裡躲起來——或許也是因為母親總是告訴我們，作為牧師的孩子，我們必須比別人更優秀，而且應該盡可能不要引人注目。事實上，我的父母，尤其是我父親，允許我們這些牧師的孩子成為少先隊和自由德國青年團（FDJ）的成員，這件事之於其他牧師家庭是個例外。有時候這種情況也會讓我感到矛盾，因為我發現，同齡人不能轉入東德的擴展中學（Erweiterte Oberschule）的原因很簡單——他們不是自由德國青年團的成員。我父親的政治光譜本來就偏左。他支持拉丁美洲的解放神學，並且反對德國聯邦共和國徵收教會稅，因為他認為牧師應該在自己的教區自食其力。這些立場也讓他在東德時期被冠上了「紅色卡斯納」（der rote Kasner）的稱號。我認為他的觀點並不是特別實際或連貫，因為就我根據我們自身情況得出的結論是，如果實行父親理論上主張的政策，我們有許多東西都會負擔不起。然而，每當我對父親說這些話時，他卻充耳不聞。在我看來，他並沒有把他的理論思考和實際生活連結在一起。

※ ※ ※

從一開始，上學對我來說就不是件難事，唯有體育課我必須真的特別努力。我永遠不會忘記我第一次從三公尺跳板跳下去的經驗。有一天，跳水這個項目出現在課表上。雖然我很會游泳，但我怕高。所以一開始我就站在歌德學校旁邊的學校游泳池隊伍的最後，讓自己的順序是最後一個。我所有的同學早早就跳進水裡，並且在下面游來游去了。但這並沒有困擾我，因為我的求生本能大於我在眾人面前出醜的恐懼。然而，我也不想就此退縮，那樣實在太失敗了。於是，我站上了跳板。體育老師耐心地鼓勵我，他感覺到我其實想嘗試跳下去。同學們也沒有嘲笑我，因為他們知道我經常幫助他們。情況就這樣僵持著，或許時間沒有我事後感覺的那麼長，可能只過了二十分鐘而不是四十五分鐘。總之，我最後聽見學校的鈴聲從遠處響起，表示下課時間到了，老師接著對我說：「現在你必須跳下去，不然就回去吧。」於是，我終於跳下去了，落入水中，心中混合著成功的自豪和羞愧，因為這一跳並不如我站在三公尺跳板上想像得那麼可怕。

然而，我在學校還面臨著其他挑戰，這些挑戰遠比體育成績不佳更嚴重得多。我至今仍非常感激我的父母，尤其是我的母親，他們幫助我們這些孩子應對這些挑戰。例如，我記得小學時，有一位德語老師幾乎每節課都會向我們講述國家社會主義者對共產主義者的暴行。她自己就是共產主義者，親身經歷了這些暴行。但是，正如我後來意識到的那樣，她除了從不談論國家社會主義者對猶太人的迫害和屠殺之外，卻每天都向我們這些年僅十歲的孩子生動描述那些非常沉重的遭遇。我還記得，這些故事對我的童年心靈實在難以承受。我需要一個宣洩的管道，而每天中午回家吃午餐時，我便在母親那裡找到了這個出口。當她還在加熱午餐時，我就會開始喋喋不休，將心中的一切都說出來。我們稱之為「談話時間」。

我弟弟的做法與我有些不同。放學後，他做的第一件事就是躺在客廳的地毯上看報紙。馬庫斯需要一段沉澱的時間，母親也不會打擾他。相對地，我妹妹需要先活動身體，放學後喜歡直接到外面去玩。母親陪伴著我們，並根據我們個別的需求來照顧我們。她幫助我們理解那些不懂的事情，釋放積累的情緒壓力，並且從中找到適當的距離。

基本上，我們生活在兩個世界裡。一個是學校，另一個是上課前和放學後的私生活。雖然不是所有同學，但我們可以和學校的朋友自由暢談，不用擔心他們會洩漏我們的私人談話。

我們很快內化了在學校該說什麼、不該說什麼的規則。這是生活的一部分，因為我們很清楚暴露自己的想法會惹上很多大麻煩。我們的父母也告誡我們不要談論西德的電視節目。例如，一些老師最喜歡問的一個問題是：「你們的《小沙人》（*Sandmänchen*）的時鐘是點點還是線條？」他們可以從回答判斷我們在家裡看的是西德的《小沙人》還是東德的《小沙人》。因此，我們的父母在我們入學前就告訴我們，面對這種問題，只需要簡單回答「不記得了」。我們從小就學會了謹慎行事。

當我母親發現我和學校的朋友在電話裡聊太久時（而我又非常喜歡講電話），她就會走進房間，提醒我這樣是在自找麻煩，因為電話肯定會被國家安全部錄音，並叮嚀我在講老師壞話或抱怨學校情況時要小心。我的父母建議我們，這類對話最好是在外面的樹林裡進行。直到今天我還記得，我弟弟在一年級時曾經因為開了一個關於國務委員會主席瓦爾特．烏布里希特（Walter Ulbricht）的玩笑而惹上大麻煩，哪怕這並不是一個真正的玩笑，只是小小的打趣。他對同學說，他把那位留著獨特鬍子的男人稱作「山羊鬍」。其中一個同學告訴了班導師。我的父母隨後收到通知，並再次被警告我們所有人在政治言論上要謹慎。國家可開不起玩笑。

因此，毫無疑問地，在家外面談論母親某天晚上告訴我的事情也是個禁忌。那天是一九六三年十一月二十二日。她走進我的房間，輕聲說：「發生了一件可怕的事。」當時我已經躺上床了，通常她只會跟我說晚安，但她卻低聲地說：「約翰．甘迺迪（John F. Kennedy）遇刺身亡了。」我立刻意識到母親有多震驚。距離這位美國總統訪問柏林，並說出那句讓我們感動落淚的「我是柏林人」（Ich bin ein Berliner），不過才過了幾個月。

※※※

我們從五年級開始學習俄語。對我來說，唯一的障礙就是我的牙套。我的牙套是活動式的，戴著它的時候，我就無法正確發出俄語中「r r r」的音。所以在上俄文課時，我總是會把牙套包在三明治紙裡，放在桌子下面。有一天，我不小心把牙套忘在那裡，回家後才發現。我立刻騎著腳踏車飛奔回學校尋找它。幸運的是，雖然打掃阿姨已經把裝著牙套的三明治紙扔進垃圾桶了，但垃圾桶還沒有清空。我簡直不敢相信，又感到無比輕鬆，因為牙套是貴重物品，我無法想像如果我得承認自己丟了牙套，家裡會發生什麼事。

從五年級開始，我就是學校俄語俱樂部（一個學習小組）的成員。我們的老師本恩女士（Frau Benn）是一位堅定的共產主義者，她非常善於教學。她知道如何激勵我們，其中包含參加在東德舉辦、被稱為「奧林匹克」的競賽，這些競賽旨在提高學生的課外成績。在校期間，我參加過幾次奧林匹克競賽，數學奧林匹克競賽的成績一般，俄語奧林匹克競賽則表現出色。

我第一次參加俄語奧林匹克競賽是在八年級。這個比賽分不同級別進行：首先是校級奧林匹克競賽，然後是區級、市級，最後是東德奧林匹克競賽。我很喜歡參加比賽。作為八年級的學生，我參加的是預備年級（Vorbereitungsklassen）的比賽。在東德，預備年級指的是擴展中學的九年級和十年級學生，因為他們正在為真正的高中年級（即十一年級和十二年級）做準備。我獲得了一枚銅牌，而和我一樣來自滕普林的席比勒・霍茨浩爾（Sibylle Holzhauer）獲得了一枚金牌。她大我兩歲，是一位醫生的女兒，也是我的榜樣，因為她的俄語發音特別好。我們至今仍然保持聯絡。憑著席比勒和我的獎牌，滕普林小鎮贏得了全國性的成功。兩年後，我甚至獲得了一枚金牌。

全東德的比賽在柏林德蘇友誼協會中央大廳的大理石廳舉行，該大廳就在高爾基劇院（Maxim Gorki Theater）旁邊。在寫這本書時，我發現母親保存的一份舊剪報，上面詳細描述了一九六九年五月奧林匹克競賽的盛況。其中提到，學生們必須在比賽開始時宣誓，誓詞如下：「我們……宣誓，今天將光明正大、一心一意並竭盡全力地在比賽中爭取最好的成績，為我們學校的榮譽，為我們的城鎮和區域爭光，並為我們社會主義祖國的利益貢獻。」

比賽以一個故事框架進行：我們學生必須在一個所謂的愛國青年野外營地參觀四個駐點，並在那裡分別與匈牙利的學生和共青團代表團進行不同的模擬對話情境。共青團員是蘇聯共產黨青年組織共青團的成員，而低年級學生被稱為列寧少先隊（Leninpioniere）。

我還記得自己前一天因為太興奮而整晚都沒睡著。早上的時候我還擔心自己會因為疲累無法完成任何任務，但在實際比賽中，我表現出的實力讓自己大吃一驚，不過這當然是腎上腺素使然。

除了獎牌，我們還贏得了暑假期間搭乘所謂的友誼列車去莫斯科和雅羅斯拉夫爾（Jaroslawl）旅行的機會。席比勒和我同行。出發前，我們在一個由少先隊組織管理的營地進行了準備課程，該營地位於滕普林附近的羅德林湖畔，名為克林－伏羅希洛夫營地（Klim-Woroschilow-Lager）。在那段日子裡，我不僅懷抱著對這趟偉大行程的期待，就連清晨起床、早晨運動、白天活動中的集體氛圍，以及晚上熊熊燃燒的篝火都讓我沉醉其中。雖然我們必須穿著不怎麼好看的制服，除了自由德國青年團的襯衫外，我們還得到一件棕色風衣和一條棕色裙子。我們把裙子改短了很多，這讓我們在後來的蘇聯旅行中惹上了一些麻煩，但這並不影響我的好心情。我當時心想，也許社會主義思想也沒有那麼糟糕吧。

課程結束後，我們從滕普林前往柏林特雷普托（Treptow），在蘇聯紀念碑前舉行結束儀式，緬懷在第二次世界大戰中犧牲的紅軍烈士。我和席比勒比其他人晚到了一些，因此被輔導員狠狠訓斥了一頓，以至於我在營地裡對社會主義產生的好感瞬間消失殆盡。

接著，我們必須步行前往出發前一晚要過夜的學校，那所學校就在柏林火車東站附近。在路上（那時是星期六的傍晚），我望著我們經過的房子的窗戶，心想：天哪，你現在穿著統一的制服在這裡走來走去，還沒來由地因為一點小事被責罵；而窗戶後面的人正在看西德的電視節目，譬如庫倫坎普夫（Kulenkampf）主持的《必勝冠軍》（*Einer Wird Gewinnen*），而你在做什麼？你在這裡跟著一大群人在行軍，明天還要搭火車去蘇聯。這一切都讓我覺得難堪，我感到孤獨和失落，在旅行開始之前就已經厭倦了。

我們在莫斯科遇到了共青團成員。他們幾乎是立刻告訴我們：「德國絕對不可能繼續這樣分裂下去。要在列寧格勒和莫斯科之間，或是在這兩座城市中間建造圍牆完全是不現實的。雖然還需要一些時間，但德國總有一天會重新統一。」我無言以對，看見德國分裂是違反自然的這群人，正是來自造成德國分裂的國家的青少年。一九六九年，柏林圍牆建成八年後，我才第一次意識到這一點。而第二個領悟則是，這裡與東德不同，這裡可以買到披頭四的黑膠唱片，我隨即在一家商店買了一張《黃色潛水艇》（*Yellow Submarine*）專輯。

停留在蘇聯期間，我們住在一所俄羅斯學校裡，因為當時正值假期。我們隨著西方音樂翩翩起舞，這也是我沒有想到的另一種體驗。從莫斯科出發，我們前往莫斯科東北部的雅羅斯拉夫爾市。一路上，我們參觀了多處紀念蘇聯保衛祖國戰爭（Der Große Vaterländische Krieg）的紀念碑，這是紅軍在第二次世界大戰中對德國戰爭。我記得在一次獻花儀式上，一些上了年紀的婦女從我們身後走過，在我們眼裡她們算是老太太了。我聽到她們說：「看看這些女孩，穿這麼短的裙子一點都不體面，這對我們的士兵是種恥辱，而不是尊敬。」我們雖然有點不好意思，但也不是真的太在意。

※　※　※

俄語奧林匹克競賽只是我提高俄語程度的一個途徑，我還利用了其他各種機會。在滕普林附近的小鎮沃格桑（Vogelsang）有一個很大的俄羅斯人居住區，住在那裡的蘇聯武裝部隊成員與外界隔離，很少或根本無法參與東德的公共生活。不過，這些軍官把家人帶到了德國，因此我們可以時不時去拜訪他們的孩子，視這些孩子的年齡而定，他們可能是列寧少先隊隊員或共青團成員。我們會和他們在食堂共度一下午，彼此用俄語交談。

我學習俄語的其中一個方式稍微不那麼傳統，就是從學校騎腳踏車回家。有時候，蘇聯士兵會站在綠亨街（Lychener Straße）和公園街（Parkstraße）的轉角處，等待著引導軍用車的車隊，使其順利抵達他們在滕普林周遭森林中的軍事訓練場。根據我們的估計，在我上學的年代，在人口稀少的滕普林區，蘇聯士兵的人數是居民的三倍。這些負責引導的士兵經常得風雨無阻地日夜站在那裡，直到車隊到達訓練場。在我眼裡，他們很可憐。所以在他們等待的時候，我會藉機與他們交談，以檢驗和提高自己的俄語程度。

※ ※ ※

在東德，學校沒有宗教教育。所以宗教教育是放學後在校外上基督宗教教義的課程，我的例子則是在滕普林的教會社區中心參加這些課程。老師們知道這一點，所以每學年開始時，他們會特意把學校合唱團的排練時間安排在這個時段。而我們這些想參加合唱團的學生，就必須請基督宗教教義課的老師重新安排課程時間。因此，每學年開始時，大家都在爭搶這個時段。

一旦搶到時間，我們會每週一次在那裡學習聖經故事或學唱聖歌。從七年級開始，我們參加了堅信禮班。我的堅信禮在一九七〇年舉行，我們在柏林的艾爾梅勒宮（Ermelerhaus，一座位於施普雷河邊歷史悠久的貴族宅邸）舉行，這樣我的教父和教母也可以和他們來自西邊的家人一起參加。他們只能持一天的簽證前往東柏林，而且不能進入東德的其他地區。在我的堅信禮上，我也因此認識了我教父的孩子們，我的教父是我母親的大學同學。在一頓非常隆重的午餐後，我們年輕人可以單獨在費希爾島（Fischerinsel）上散步，聊聊我們各自不同的生活。

我只參加了堅信禮，但我有些同學既參加了堅信禮，也參加了「成年禮」（Jugendweihe）。成年禮是東德的一種國家儀式，標誌著從青少年步入成年。這是教會向國家做出的讓步，因為教會不想讓年輕人和他們的父母在兩者之間選擇。而國家則想利用成年禮作為手段，吸引他們離開教會。

堅信禮之後，我們成為了教會青年團契的成員。當時，曼弗雷德・多姆羅斯（Manfred Domrös）是柏林布蘭登堡的青年牧師。德國統一後，我在希登湖島（Insel Hiddensee）再次遇見了他，希登湖島是我後來擔任聯邦眾議院議員的選區一部分，他從一九八六至二〇〇八年期間在那裡擔任教區牧師。在我的青少年時期，多姆羅斯參加了我父親的傳道人學院的進修課程。我對他印象深刻，因為他吉他彈得很好，還會唱很多新的教會詩歌。我很喜歡參加邦教區青年日活動，因為在那裡可以進行相對開放的討論，有時還能跟當時的主教對話，而且參加這些青年日活動並沒有在學校為我帶來任何額外的麻煩。

假期

每年父母都會帶我們這些孩子去度假，只要有機會，我們就會去教會的靈修中心，那裡會供應三餐，所以我的母親就不用擔心伙食問題。我的父母不是工會會員，所以我們無法使用由自由德國工會聯合會（Der Freie Deutsche Gewerkschaftsbund）管理的度假小屋。雖然有一間國營旅行社可以預定名額有限的度假勝地，但是既沒有自由市場，餐廳也很少。我們經常去波羅的海、庫朗斯伯恩（Kühlungsborn）或迪爾哈根（Dierhagen），後者坐落於羅斯托克（Rostock）和史特拉頌（Stralsund）之間，位於達斯半島（Darß）上。在我們的靈修中心附近有一間東德部長會議（即政府單位）的度假別墅，東德的政治局委員也會在那裡度假。

度假別墅的建築（現在是一間旅館）三面都被圍起來了，但靠近海灘的那一側沒有，所以我們這些孩子有時會在早上從住處沿著海灘溜進這家旅館。白天那些大人物坐在沙灘椅上時，是絕對不可能這麼做的，因為維安人員會把我們趕走。但是在清晨時分，貴賓們還不在沙灘上的時候，我們可以看到他們怎麼布置沙灘籃椅，甚至會在貴賓頭躺下的地方鋪上小塊的蕾絲布。這對我們這些孩子來說，印象非常深刻。

當這些大人物傍晚從度假別墅穿過森林前往迪爾哈根大街時，正好會經過我們的教會靈修中心。有時牧師家庭也會在這裡度假，而他們的孩子不能參加高中會考。晚飯後，我們會站在外面，等待德國社會主義統一黨中央委員會的政治局成員經過。我們彼此會說：「你去跟他們說，我不能去擴展中學。不知道他們知不知道？讓我們看看會發生什麼事。」但最後我們誰也沒去，因為我們太害怕了。

※ ※ ※

後來，在我十四到十八歲之間的假期活動之一，就是到滕普林附近的樹林裡採藍莓。我會和其他來自瓦爾德霍夫的孩子們一起，早上從滕普林搭火車往綠亨方向的坦格斯多夫（Tangersdorf）。那裡有一個根據申請停靠的站，也就是說，你必須在出發時告知列車員，讓火車在那裡停。然後我們就進入森林採藍莓，目標是每天採十公升，滿滿的一大桶，通常在午飯時間就能完成。之後我們可以把採到的藍莓送到有附屬銷售點的國營收購中心（Volkseigener Erfassungs- und Aufkaufsbetrieb, VEAB），他們會收購我們的藍莓；或者把藍莓交給我們的母親進行瓶裝保存。因為採藍莓可以賺點錢，這也給了我母親一點小小的道德壓力，所以她也會給一些報酬。

採藍莓是一筆非常賺錢的生意，因為一公斤藍莓可以賣四到五個東德馬克，具體數字我已經記不清楚了。假如收購站裡的員工沒有把這些藍莓留給自己或朋友的話，收購站會以一到兩個東德馬克的價格轉售給顧客。所以，如果我們能夠耐心等到這些藍莓被擺出來賣，再由我們其中一個人從銷售站買回來，然後過段時間再把它們當作新採的藍莓賣出去，我們就能賺到不少錢。我們從來沒有這樣做過，但這個簡單的過程卻也顯示出了東德經濟的荒謬性。

※ ※ ※

暑假期間，我阿姨一家人經常從漢堡來探望我們，大約待上十天。根據規定，東德公民住在西邊的親屬最多可以在東德停留三十天。我總是會拿表親在西德的童年和我在東德的童年進行比較。當然，我很羨慕他們在西邊擁有的許多機會。那裡的購物設施比我們好很多，阿姨家的孩子可以自由旅行；我們卻只能夢想著去西邊度假，還得時刻提防著國家。但我很高興我在漢堡的親戚很滿意這裡的風景，尤其是游泳的地方，也覺得我們的小麵包和蛋糕特別美味。因此，他們認為這裡有些東西比西邊還要好。然而，我不太喜歡他們提到的校園日常，因為課堂上有許多政治討論（當時是六〇年代末期），在我看來簡直是一團糟。我認為在這種情況下，西德的學生沒有足夠平靜的環境來學習，我的表親對此也沒有反駁。在童年的我眼中，我們東西德兩方的生活總體上來說差不多。

布拉格之春

一九六八年八月，父母帶著我們幾個孩子去捷克斯洛伐克度假。我們住在巨人山脈（Riesengebirge）的佩克波德斯涅日庫（Pec pod Sněžkou）。旅館老闆兒子的年紀和我相仿，他和他父親會說一點德語。在屋前的草地上，他試圖用幾個單字、手腳並用地向我解釋，他對新任黨領袖亞歷山大．杜布切克（Alexander Dubček）發起的國家變革感到多麼自豪。當我寫明信片給祖母時，他撕掉了我想貼在明信片上的郵票，因為上面還印著前任共產黨領袖安東寧．諾沃特尼（Antonín Novotný）的肖像。幾個月前，杜布切克在黨內權力鬥爭中贏了諾沃特尼，當選為捷克斯洛伐克共產黨（KPČ）中央委員會第一書記。杜布切克主張所謂的「人性化的社會主義」，這使他成為「布拉格之春」（捷克斯洛伐克共產主義改革運動）的領袖人物。在交談中，旅館老闆父子深信，他們國家的發展永遠不會再倒退。這讓我留下深刻的印象，並深深觸動了我。

度假期間，我的父母單獨去布拉格玩了三天。他們事先就計劃好了這次行程，因此傳道人學院的管家阿姨破例和我們一起去度假，以便在他們不在的時候照顧我的弟弟妹妹。我父母從布拉格回來之後，完全受到了鼓舞。他們在那裡感受到一種新生和希望的氣氛，這在東德是無法想像的。我們帶著這種感覺回到了家。

接下來的暑假我在柏林的祖母家度過。一九六八年八月二十一日早晨，我起床後到廚房準備吃早餐時，聽見她的收音機正播放著。她收聽的是美國占領區電台（Rundfunk im amerikanischen Sektor, RIAS），這個電台總是以「自由世界的自由之聲」開頭，專為東德公民設計。我聽到，昨晚夜裡，四個來自華沙公約組織的國家坦克進入布拉格和捷克斯洛伐克的許多其他地方，血腥鎮壓了布拉格之春。數十人喪生，夏天的希望被埋葬在坦克的履帶之下。直到今天，我仍然記得收音機在祖母廚房裡的位置，也仍然能感受到這個消息帶給我的沉重打擊。十四歲那年，我明白了人生中沒有什麼比希望破滅更糟糕的事情了。

在這些事件的影響下，約兩週後，一九六八年九月二日，新學年開始了。我們的班導師讓我們分享假期的經歷。輪到我的時候，我興致勃勃地講述了我們在巨人山度過的假期，描述了與旅館老闆兒子的對話，越來越沉浸在回憶與夢想破滅後尚未消化的震撼中。突然，班導師打斷了我，說：「如果我是你，現在就會小心一點。」我不再說話，默默坐了下來。接著什麼事都沒發生，老師只說了這一句話。後來我想，也許他是想保護我。

與此同時，父親在家裡告訴我每年這時候都會來滕普林採收馬鈴薯的學生的事。他之所以會認識這些學生，是因為他們在自己的學校也會參加學生團契活動，並從那裡的學生牧師得到了父親的聯絡方式。他們告訴父親，有些同學在採收完馬鈴薯後筋疲力盡，手裡拿著啤酒，公開談論了捷克斯洛伐克發生的事件。總是有人在偷聽，所以他們被告發，其中許多人立刻被註銷了學籍。

這一切使布拉格之春的鎮壓行動對我父親與國家的關係產生了重大的轉變。雖然東德並未直接參與入侵行動，因為當時希望避免讓人回憶起一九三九年三月德國國防軍占領捷克斯洛伐克的情景，但蘇聯對東德領導階層的要求更加嚴格，要求他們確保沒有人會對蘇聯軍隊的行動提出抗議。我父親，一直主張不要與東德對立、要持開放態度的「紅色卡斯納」，對此深感失望。從此，他與體制的距離越來越遠。

隨後，他和我母親開始複製在東德被認為具有顛覆性的文本，例如蘇聯作家和異議人士亞歷山大·索忍尼辛（Alexander Solschenizyn）的著作。我母親用打字機將文本打出來，而父親用傳道人學院的影印機進行複製。這些設備非常稀少，因為國家有意阻止人們獲得某些印刷品。當然，傳道人學院有影印機是眾所周知的事，因為要用於繼續教育工作，但這也成了傳播禁書的潛在來源。沒過多久，國家安全部得知了我父親的行動，伺機向他發難。

有一次，我父親因為駕駛公務車超速被傳喚到交通警察那裡去。然而，坐在他對面的不是交通警察，而是國家安全部的一名代表，他試圖招募我父親為情報人員，以利用他的人際關係。我父親拒絕了，並用了一個既平庸又有效的策略，而我們的父母很早就告訴過我們這個策略：「如果有一天國家安全部的人找上你們，你們一定要很直接地說你們保守不了任何祕密。」這個建議非常有用，因為國家安全部相當依賴祕密活動。這個生活智慧在日後對我幫助很大。

我的父親繼續複製文本，但在分發時變得更為謹慎。儘管如此，我的父母，尤其是父親，依舊遊走在危險邊緣。我依然不擔心他，但可能下意識地忽略了他所承擔的風險。

赫爾曼馬特恩中學

一九六九年九月，九年級剛開學時，我從理工中學轉入擴展中學，進入大學入學考試準備班中的第一個年級。直到一九七一年，這所學校才以同年去世的黨政治局委員赫爾曼・馬特恩（Hermann Matern）之名命名。這是滕普林唯一的擴展中學，我非常期待轉學到那裡去。因為最晚到了八年級時，鑑於學生的成績和興趣差異非常大，在理工中學一起學習變得非常困難。

儘管老師們很努力想照顧到每個學生的需求，但成績較好的學生逐漸覺得課程缺乏挑戰性。無論如何，我就讀的這兩所學校都提供了非常好的專業教學，尤其是自然科學領域。擴展中學還有設備齊全的物理、化學和生物學科教室。

十年級結束時，我們必須參加與完成理工中學學業，並開始接受與職業培訓學生相同的考試。這樣做是為了確保每個學生即使後來未能通過高中會考，也都能拿到畢業證書。反過來說，至少從理論上來講，在理工中學取得優異成績的學生也可以轉入擴展中學，這對國家而言也有意識形態上的好處，因為這能夠對高中會考中的菁英思想提出質疑。

赫爾曼馬特恩中學（Hermann-Matern-Schule）有三個年級，每個年級有三個班：A、B和C班。我屬於B班，班上有一半學生和我一樣來自滕普林，住在家裡；另一半來自鄰近地區的村莊，住在附屬的寄宿學校。我們之中約有一半人在一九七〇年也接受了堅信禮，這個比例相對較高。我們是一個很有想法的班級，後來的事實也證明，我們因此受到了某些老師的批評。

然而，什麼被允許、什麼被禁止，總是取決於當時的政策風向。一九七一年，埃里希·何內克（Erich Honecker）接替烏布里希成為德國社會主義統一黨中央委員會總書記，起初看來風氣似乎稍微開放了一些，但風向很快又變了，再次回歸嚴格的規定。例如，不能穿牛仔褲上學，如果老師覺得男學生的頭髮太長，經常會把他們送到理髮店去剪頭髮。

有時，我們也會經歷完全不同類型的失望。當時我們不時支持全球各地為社會主義思想奮鬥的自由戰士，當時人們是這樣稱呼他們的。我還記得一九七〇年初的一次明信片運動，活動旨在要求釋放希臘作曲家、作家和政治家米基斯・提奧多拉基斯（Mikis Theorakis），他因為參加反對希臘軍事獨裁統治的抵抗運動而被捕。因為我母親會希臘文，她便幫助我用希臘文寫了要求釋放他的訴求。

一天早上，一個朋友對我說：「米基斯背叛了我們。」

「發生了什麼事？」我問。

她回答：「正如我們希望的，他自由了，不過……」

「不過？」

「他不是來我們這裡，而是去了西邊。」

※ ※ ※

九年級的課表中增加了一門新課程：公民課。這門課介紹了馬克思主義哲學、資本主義和社會主義的政治經濟學，以及科學共產主義。我們學習了卡爾・馬克思（Karl Marx）和弗里德里希・恩格斯（Friedrich Engels）的生平事跡、他們與工人階級的關係，以及他們發展出的辯證唯物主義。我們必須回答類似這樣的題目：「請證明馬克思和恩格斯的科學見解在過去和現在都是正確的。」當然，這些都是觀點問題，而不是科學證明問題，但這類指示伴隨著我之後所有的學習階段。

每天的課程都在自由德國青年團的問候聲中開始：「友誼長存。」隨後是十五分鐘的報紙概覽，每週由一名學生負責。考量到東德媒體缺乏多樣性，「報紙概覽」（Zeitungsschau）這個詞簡直就是個笑話。我們每天要介紹的只有兩份報紙內容：德國社會主義統一黨的全國性中央機關報《德國新報》（*Neues Deutschland*）和我們當地的報紙《自由大地》（*Freie Erde*，即今日的《北方信使報》〔*Nordkurier*〕）。有時還會加上一篇來自自由德國青年團的報紙《世界青年》（*Junge Welt*）的文章。

男生必須參加各種形式的準軍事訓練，我們女生則接受民防訓練，這兩項訓練都由運動與技術協會（Gesellschaft für Sport und Technik）組織實施。然而，我完全不適應相關的射擊訓練。我們被要求瞇起左眼，用右眼瞄準目標。雖然我是右撇子，但我做不到，所以我的射擊從未命中目標過。

在擴展中學，我們也要上被稱為「社會主義生產導論」（Einführung in die sozialistische Produktion, ESP）的理論課程。理論課程和實踐課程每週交替進行，實踐課也就是所謂的「社會主義生產指導日」（Unterrichtstagen in der sozialistischen Produktion, UTP），後來稱為「生產勞動課」（Produktive Arbeit, PA）。從七年級開始，這種實踐性工作就已經列入理工中學的課表。九年級時，我和我的同學被分配到距離滕普林約十五公里的戈岑多夫（Götschendorf）混凝土廠工作。我們協助生產預力混凝土，也製作人孔蓋和路燈杆。預力混凝土是將混凝土澆入已經放置預力鋼筋的模具中，待混凝土硬化後，再次釋放鋼筋的拉力。對我來說，這是一份非常有趣的工作，我喜歡實際操作的部分。雖然我們可能沒有真正幫助工廠達到生產標準，但工廠的工頭和工人對學生都很友好。

※ ※ ※

高中會考的筆試和口試在十二年級進行。早在十一年級結束時，我們就已經開始申請大學。學校建議我們在盡可能離家近的地方就學，以我的情況來說，就是格賴夫斯瓦爾德大學（Universität Greifswald）。但我想去其他離滕普林遠一點的地方，這樣就不必每個週末都要回家，因此柏林也不在我的考慮範圍之內。我渴望挑戰，不僅是學業上的挑戰，還有必須在一個新地方獨自生活的挑戰。於是，我申請了萊比錫大學（Karl-Marx-Universität Leipzig）。這所學校和柏林洪堡大學（Berliner Humboldt-Universität）一樣享有盛譽，而且我發現萊比錫也很有趣，那裡有展覽場地、市中心漂亮的拱廊和庭院、奧爾巴赫酒窖（Auerbacher Keller）、音樂廳、聖托馬斯教堂（Thomaskirche）。在滕普林的一些音樂會上，我認識了托曼納合唱團（Thomanerchor），他們曾在一次巡演時住在瓦爾德霍夫。我覺得他們的巴哈音樂會很棒，這讓我更期待能在萊比錫聽到更多像這樣的音樂。

此外，畢業後我也在尋找新的專業挑戰，因此決定學習物理。對我來說，物理並不是我求學時覺得最容易掌握的科目，但我選擇物理還有其他原因：這是一門自然科學，即使在東德也無法扭曲所有的事實。二加二就是等於四。因此，我可以暢所欲言地談論我所學到的知識，不必在腦中有所保留。在做出最終決定之前，我拜訪了一個朋友，她是來自圖林根（Thürigen）

的牧師的女兒，當時已經在萊比錫讀大一。她告訴我，一切都很困難，她不得不拚命學習。這並沒有嚇到我，反而讓我更有興趣了。我想著，你必須努力，如果她能做到，你也一定能做到。年少的我充滿了天真的自信。

但這當然不是事實的全部。因為倘若我像我兩個好朋友中的其中一個想念心理學，而我確實也對心理學感興趣，我是不會被錄取的。並不是因為我的學習成績不好，而是因為我沒有得到必要的「特殊適性」評估。所謂的「適性」是由學校決定的，主要是針對性格和個人特質的合適程度。而這裡再次涉及了我父親的職業。與工人階級的孩子相比，作為牧師的孩子，我在申請心理學專業時基本上沒有機會得到「特別合適」的最高評價。如果我在這個學科領域的適性評級偏低，我就不會被錄取，因為已經有夠多得到「特別合適」評級的申請者來爭取錄取名額。每所大學和每個專業科目的錄取名額都是統一規定的，因此學校的評估是平均成績之外的另一個控制手段。

我被評定為「特別合適」學習物理，因為自然科學領域非常需要女生。一九七三年一月三日，也就是在高中會考前半年，我收到了一九七三／一九七四學年度「物理學基礎課程」的錄取通知書，收件人是「安格拉．卡斯納小姐（由赫爾曼馬特恩中學校長轉交）」。這只是一個暫時通知，因為信中還寫著，「如果不再符合就讀條件」，錄取會被撤銷。大家都很清楚，這個限制指的不僅是學歷資格。

※　※　※

每學年，各班都要向選定的教師和學生表演一個文藝節目。一九七三年初夏，在高中會考前幾週，我所在的12B班原本就決定這次不參加節目表演。我們不想參加，而且當時正忙著準備高中會考。不參加又會怎樣呢？我們心想，再過幾週學校就會成為過去式了。然而，情況遠非如此。在即將舉行活動那天的上午休息時間，一位老師用擴音器通知大家，12B班拒絕參加文藝節目。活動在下午舉行，而且所有學生都會在學校操場集合。我們意識到校方試圖讓其他學生對我們產生反彈，以此向我們施加壓力。我們被指責懶惰和不負責任，這讓我們感到很不安。於是，我們在休息時間決定，要在最短的時間內生出一個節目，幾個小時後就可以演出。但我們不想完全屈服，我們想做一些與預期不同的事情。12B班想展示自己的實力，反駁那些懶惰、不負責任的指責。這時，我們想起了克里斯蒂安·莫根斯騰（Christian Morgenstern）。

我房間的書架上有一本莫根斯騰的詩集《絞刑架之歌》（*Alle Galgenlieder*），由萊比錫的英澤出版社（Insel Verlag）出版。我非常喜歡他的詩。午休時間，我跑回家，上樓到自己房間拿下那本詩集，又跑下樓到廚房，父親正在那裡等我。他本來正忙著幫我們熱午飯，因為母親這次破例出外旅行了。但我們沒能吃上一頓像樣的午餐，因為我急著告訴父親那天早上在學校發生的事情，並朗讀了莫根斯騰的詩〈哈巴狗日常〉（Mopsenleben）給他聽：

〈哈巴狗日常〉

哈巴狗喜歡坐在
那延伸到街景中的牆角
好讓自己在絕佳的位置
悠閒地品味多彩的世界
哦，人啊，你得警惕自我
否則你也只是一隻坐在牆上的哈巴狗

我至今還能看見自己站在廚房門口，向父親講述我們為文藝節目制定的計畫的情景。我們想朗誦〈圍牆上的哈巴狗〉作為文藝插曲。接著，我們計劃呼籲為莫桑比克解放運動（FRELIMO）捐款，而不是像往常一樣為越南的重建工作募款，最後我們打算用英語而不是德語演唱〈國際歌〉（Die Sozialistische Internationale）。父親平靜地聽著，點頭表示同意。他認為這一切都很合理，這更鼓舞我繼續進行這個計畫。

我狼吞虎嚥地吃完午餐，帶著莫根斯騰的詩集飛奔回學校。我們迅速排練好節目，我是其中一個負責組織節目的成員。接著，輪到我們演出了。演出結束後，一些學生勉勉強強地鼓掌，並且低著頭；老師們則是鴉雀無聲。甚至當我們離開舞台時，也沒有一個人對我們說什麼。我感覺到有些不對勁，但直到第二天早上才完全明白事情的嚴重性。

事情是這樣開始的：化學老師沒有像往常一樣用「友誼長存」問候我們班。隨後，他取消了報紙概覽。在我們上完第一節課離開化學教室（我們的老師默默陪著我們受罪），從化學教室去另一間教室時，我們看到其他班級在這段時間寫下針對我們班的批評，並用圖釘將這些聲明釘在壁報上。這讓我始料未及，我匆匆瀏覽了一下內容。有些班級寫道，他們瞧不起我們，因為我們的節目偏離了常規；有的班級則以更有智慧的方式，闡述了他們認為理想的文藝節目應該是怎麼樣的。

從第二節課開始，一個又一個學生被叫出教室。回來的學生告訴我們，他們被國家安全部的人員盤問節目策劃的來龍去脈，但唯獨策劃節目的四個學生（一個朋友、我兩個最好的朋友與我）被國家安全部的人略過了。這讓我們極度不安，因為我們不得不問其他同學到底發生什麼事。放學後，我回到家，將上午的情況告訴父親。這下他警覺了起來，開始四處打聽情況。

幾天後，學校召開了一次家長會，學校高層希望盡可能讓更多家長與策劃這個節目的學生及其家長保持距離。有些教師和家長開始發表意見。「12B班本來就是一個很多學生會穿西服、聽西洋音樂的班級。」有些人這麼說。其他人則罵道：「他們一直認為自己比較優越，現在搞成這樣，大家應該也不意外。」有些人可能早就等著我們班成為眾矢之的這天很久了。然而，同時也有許多家長聲援我們，使得學校高層沒能達到他們預期的目標。

然而，讓我尤其痛苦的記憶是母親旅行回來後的反應。我以前很少見她如此生氣：「我讓你平安度過了十二年的學校生活，我就離開這麼一次，就發生這種事……」接著她又說了讓我心痛的一句話：「你很快就要離開了，但我還要留在這裡，到目前為止我們一直都是被認可的！」我只能低聲回答：「但你還是被認可的啊。」那一刻，我為她感到無比難過。

有一段時間，我們一直不確定會面臨什麼樣的懲罰。可能的懲罰包括被開除學籍、高中會考不及格、被撤銷大學入學資格。在這種情況下，我父親決定不要坐以待斃，而是主動出擊。因此，他求助於他在區議會教會事務處的聯絡處，將整件事描繪成一場地方鬧劇，說這讓處於高中會考壓力下的學生們感到不安。他要我把這件事的整個過程寫成一封信，致柏林布蘭登堡教會的教會律師曼弗雷德·斯托佩（Manfred Stolpe），因為他是國家教會事務祕書處的聯絡人，並要求我親自把信交給他。於是我照做，在一個週六下午前往在柏林魏森湖（Weißensee），親自把信交給了他。

在此期間，學校舉辦了一次師生大會。在大會上，一個個子較小、體型微胖的女學生站起來，憤怒地說：「我是哈巴狗？不可能！」我必須控制自己，才沒讓自己噗哧笑出聲來。在隨後高中會考的德語科筆試中，我竭盡所能地不寫錯任何一個單字。最後，懲罰在全校的升旗典禮時宣布了。12B班被要求站出來，我們受到了訓斥。就這樣。現在回想起來，我只能說，我父親透過斯托佩防止更糟糕的事情發生，而這個努力沒有白費。現在，我們終於可以專心準備剩下的高中會考了。

由於我的父母和我對於學校針對我們文藝節目的反應餘悸未消，我和父親去了一趟萊比錫，親自向那裡的教育部門說明這次文藝節目事件的始末。這是我父親為了防止來自滕普林的流言蜚語所想出的辦法，但後來我們意識到，萊比錫顯然比我的家鄉更輕鬆看待此事。不久之後，我收到萊比錫大學物理學系的最終錄取通知書。

學校的畢業舞會通常也會邀請父母參加，我和我最要好的同學以及我們的父母都象徵性地出席了舞會。但晚餐一結束，我們就立刻離開了。學校認為有必要對那些像我們這樣自行更動文藝節目、添加無傷大雅橋段的學生施加壓力，我們所經歷的那些事情完全破壞了我們的興致。比起畢業舞會，我反而對與12B班最親密的朋友們一起慶祝的情景記憶猶新。我們前往附近的阿倫斯多夫（Ahrensdorf），在湖畔的鄉村酒館裡慶祝。氣氛非常歡快，就像莫根斯騰描述地那樣：

讓分子奔跑吧，
無論它們結合成什麼樣子！
別再鑽研琢磨，別再刨根問底，
就神聖地保持狂喜。

黎明時分，我和一位朋友坐在划艇上，我們喝了很多櫻桃威士忌。突然，朋友無預警地站了起來，船身開始搖晃，我掉進了水裡。雖然我很快就爬上來了，但還是全身濕透，不得不濕答答地回家。儘管發生了這樣的小插曲，但這仍是我喜歡的一次慶祝。

※ ※ ※

就這樣，我的學生時代在一九七三年初夏結束了，我也隨之告別在父母家的童年和青春。那年我將滿十九歲。我的父母盡其所能為我和我的兄弟姊妹創造了一個安全的環境，我是這麼認為的。為此，我將永遠感激他們。我擁有一個快樂的童年。

我們受到瓦爾德霍夫周圍自然環境的保護，可以無憂無慮地在樹林和草地裡玩耍、游泳、遠足和探險。我也將在傳道人學院中與教職員和學員們的對話，以及無窮無盡的精神激勵，視為一種庇護，在那裡的生活讓我有幸能享受到這些。我們就像個大家庭一樣生活。作為一個外向的孩子，到處都有我接觸的機會。我會向來訪的人提出各種問題，也透過這種方式學到了很多東西，例如一位收集藝術明信片的舍監阿姨就讓我了解了二十世紀早期的繪畫。

我們全家每年都會去柏林的劇院看一次戲。希勒瑪・塔特（Hilmar Thate）在德意志劇院（Deutsches Theater）飾演的理查三世，以及瓦爾特・費森史坦（Walter Felsenstein）在科米什歌劇院（Komische Oper）所製作的《屋頂上的提琴手》（*Der Fiedler auf dem Dach*）都將永遠留在我的記憶中。

但真正提供我最重要庇護的是我的母親。只要我有需要，她就會在我的身邊。在東德的生活總是如履薄冰，無論一天開始時多麼無憂無慮，一旦你逾越了政治界限，一切都可能在頃刻間改變，甚至威脅到生存。那時，國家會毫不留情地打擊你。找出這些界限確切在哪裡，才是真正的生活藝術。某種程度上，我和氣的性格和務實的態度幫了我大忙，但更重要的是，我能夠在家裡利用「談話時間」談論一切，並且我的父母溫和地教導我們兄弟姊妹如何在這種環境中做出獨立的決定。這些決定讓我能夠在體制內生活，但不至於無法審視自己，並讓我們免於變得心灰意冷和麻木不仁。

東德的政治活動空間不斷變化。先是農民的財產被集體化，接著又出現了「牛頭行動」（Aktion Ochsenkopf），要檢查屋頂上的電視天線是否朝向西邊，還有對藝術家的騷擾以及對中型企業的徵收浪潮。

最重要的是，與民主國家的生活相比，在東德的個人沒有任何可以訴諸法律的權利保護。國家任意妄為，其懲罰不僅針對當事人，通常還會波及整個家族甚至團體。這就是獨裁的本質。因此，我的父母為我們兄弟姊妹們創造的庇護空間對我們的生存至關重要。

出發到遠方

研讀物理學

一九七三年九月，我離開了家。從滕普林搬到萊比錫，開始在萊比錫大學攻讀物理學學位。在正式開始大學課程之前，我們必須先完成一種類似軍事訓練的課程。課程為期兩週，在厄爾士山脈的施瓦岑貝格（Schwarzenberg im Erzgebirge）進行，訓練場地類似一個附有運動場的青年旅社。我們住在有兩張雙層床的房間，和我同房的是一個來自德列斯登（Dresden）附近地區的學生。她說著一種我從未聽過的、獨特的薩克森方言，有時我會完全聽不懂她說的話。於是我們開始比較彼此熟悉但不同說法的詞彙，才剛開始比較，我就學到了她把磅蛋糕（Rührkuchen）稱作「Schlagasch」。此外，她還知道如何正確鋪床。她說：「我會，因為我男朋友是軍校生。」她用國家人民軍隊的軍官訓練作為鋪床能力的權威證明，對我來說是種文化衝擊。

※　※　※

在施瓦岑貝格的訓練結束之後，真正的大學課程就開始了。我所在的年級共有五個研討小組，每個小組約有十五名學生。在萊比錫，我住在林內街（Linnéstraße）上的學生宿舍，住的不再是能看到森林和草地的閣樓房間，而是一個有兩張雙層床的四人房，每個人都有一張施普雷拉卡特牌（Sprelacart）的書桌，施普雷拉卡特是東德一個廣泛使用合成樹脂層板的品牌。無論如何，我搶到了一個下鋪的床位。這樣的生活和工作環境對於今天的我來說難以想像，但那時的我還能忍受，因為我的室友大多來自大學附近的地區，週末會回家，所以我從週五中午到週一早上可以獨享整個房間。

物理學學位的課程設計為五年，沒有學期之分。在高年級的學年期間，除了大學獎學金之外，學生還可以擔任研究助理來賺一些外快。我後來也做過類似的工作，例如批改低年級學生的作業。在萊比錫求學期間，是不可能因為留學而中斷學業的，至少在我這個科系不可能，雖然我完全能想像西德學生在國外學習半年或一整年的情景。至少在學習期間，我有機會參加與列寧格勒大學（Universität Leningrad）的交換生計畫，為期兩週或最多三週。我和幾個研討小組的朋友都把握機會申請了這個計畫。

交換那時是六月，列寧格勒（今日的聖彼得堡）美妙的白夜即將到來，晚上幾乎不會天黑。我當時住在學生宿舍，剛好可以精進我的俄文，不然也沒有其他事情可做。因此我有時間在這座城市和周邊四處遊覽，我參觀了隱士廬博物館（Eremitage）、彼得大帝夏宮（Peterhof）、凱薩琳宮（Katarinenpalast）、畫家列賓（Ilya J. Repin）的故居雷皮諾（Repino），以及許多其他景點。晚上，我和朋友們會帶著一瓶紅酒和一些起司坐在公園裡，享受這裡的氣氛。我們與俄羅斯學生的接觸不多，但是透過一位指導我們的俄籍物理講師，我們得以與俄羅斯藝術家和知識分子有更多交流，他們偶爾會邀請我們去他們家做客。即使只是短暫停留，我們也能明顯感覺到列寧格勒的知識分子圈是多麼令人興奮，而且這並不完全為國家所掌控。

※　※　※

我在萊比錫的課表包括講座課、討論課和實作課，也就是使用設備進行實驗的練習。我們必須參加所有的課程。初期的重點是數學，隨著學期發展，後來的重點是物理科目。成績是透過定期的筆試和實作練習進行評分，而討論課的助教會確保每個人都跟上進度。這似乎也是必要的，因為在學期開始大約六個月後，她看著成績對我們說：「不要覺得拿到C就夠了，你們明顯可以做得更好！」

每當回想起早年的那段時光，我總能看見自己坐在四人房的施普雷拉卡特牌書桌前，不斷做著分析、代數和理論物理方面的習題。為了解題瞬間的靈光一現，我會花幾個小時研究這些題目。找到解答的感覺很棒，也很自由。在這段時間裡，我學會不要輕易放棄，要堅持下去，相信自己的能力，並且靠自己的努力突破難關。與中學時期的生活相比，大學時期的確將我的能力推向了極限，而這正是我一直在追求的，我最終也找到了。

物理部（在我求學期間，東德稱其為部而不是系）位於林內街，跟我的宿舍在同一條街上，所有主要的物理和數學講座課都在那裡進行。我們的物理老師之所以能夠擔任教職，不是因為他們與德國社會主義統一黨或邦政府有良好的關係，而是因為他們的專業在國際上享有很高的聲譽。我特別記得其中一位教授：哈里．費弗教授（Harry Pfeifer），他是個瘦削矮小、光頭的男人。他負責教授我們的電子學講座課，編寫了幾本成功的教科書，還被允許參加西邊的專業會議。有一段時間，我在週一早上八點要上他的課。剛開始上課的時候，他就訂下了明確的課堂規則：「首先，你必須準時。」他說道：「其次，八點以後我不收任何練習作業，而且不要試圖挑戰這點，因為那沒有意義。」事實上，他確實不接受任何在八點上課前還沒放在他桌上的作業。對我來說這不成問題，因為我從宿舍走到教室只要幾分鐘。然而，對許多住在萊比錫附近但不在市區內的同學來說，要在每週一八點前趕到講座課並及時交上作業，確實是一種折磨。不過費弗教授不願意妥協，大概是因為他認為，如果我們在講座課開始後還帶著作業，同學們就會在課堂期間抄寫。他可能想用這種方法強迫我們專心聽他上課。

實作課甚至更早，七點就開始了。對我來說真的很辛苦。我必須在早上六點半左右離開宿舍，因為實作課的地點不像講座課和討論課在林內街，而是在大學樓旁邊的布商大廈（Gewandhaus）。這棟大樓是在一九六九年拆除歷史悠久的大學教堂後建造的，那次拆除被視為一種極端的文化野蠻行為。除了實作課開始得早之外，還有一點令我困擾，那就是男同學總是在還沒弄清楚研究步驟就直奔設備，毫無計畫地開始嘗試。而我會先對要做的實驗有個清楚的概念才會動手操作，但每當我準備進行實驗時，總會發現器材設備已經被他們占用了。儘管如此，這些男同學也不會因此比較快得出實驗結果，所以我更願意和其他女同學一起做實驗。

不用特別提的是，除了實作課之外，求學期間最讓我頭疼的就是體育課了，就像在中學時那樣。今天我可以對此一笑置之，但這在當時可不是件小事，因為體育考試是學位課程的必修課。我最大的挑戰是一百公尺短跑。有一次，我甚至不得不重修體育考試，否則我會得到F（最差的成績），進而影響到整個學年的成績。我想，重考時的考官對我網開一面了，因為我不覺得自己有跑得比第一次更快。顯然，他不希望我因為一百公尺短跑而無法完成這個學年。

不以為然

中學時期開始的公民課，到了大學延續成馬克思列寧主義（Marxismus-Leninismus）的討論課和講座課，簡稱為馬列主義（ML）。馬克思列寧主義課程再次涉及公民課中已經熟悉的三個領域：辯證唯物主義、政治經濟學以及（三者中最令人不快的）科學共產主義。在我宿舍附近住著主修馬列主義的學生，其中最聰明的學生選擇政治經濟學，而從我這個物理學系學生的角度看來，最沒天賦的人則選了科學共產主義。我們認為，即便數學成績為D（只是及格）也能被大學錄取，因為他們除了猜測共產主義時代何時會到來之外，幾乎沒有其他事可做。我無法理解，怎麼會有人願意把整個大學時光都花在這上面，我覺得這太荒謬了。

由於我無法完全掩飾這樣的想法，我曾經被粗魯地趕出一堂馬列主義的講座課。事情是這樣的：當時我坐在階梯教室相對後排的位置，根據階梯教室的設計，每排座位會逐漸升高，所以我坐在較高的某一排。因為覺得馬列主義的講座課很無聊，所以我在課堂上寫物理習題。然而，我沒有注意到，在我後面三排的某個人正從上面俯視我們，密切關注我們在做什麼。突然，那個男人跳了起來，朝著授課講師喊道：「停一下！這裡有人在寫習題，不專心聽馬克思列寧主義！」我立刻明白他在說我。下方的授課講師也朝著我的方向大聲喊道：「滾出去！」我被嚇了一跳，趕緊收拾東西，從座位上站起來準備離開教室。重頭戲來了：階梯教室的後方沒有出口，我沒辦法馬上離開。唯一的出口在教室下方的另一邊，我不得不沿著樓梯一步步走到最下面。教室一片死寂，每個人都注視著這一幕。我必須經過講師身邊，才能走到門口。那段路彷彿漫長無比，我才終於走到門口，打開門，離開了教室。站在教室外時，我感覺自己的膝蓋在顫抖。我被嚇壞了，只想回到宿舍的房間。筋疲力盡的我躺在床上，想讓自己冷靜起來。後來其他人回到了宿舍，試圖安慰我。雖然階梯教室裡的小插曲沒有引發更進一步的後果，但我永遠不會忘記那段路。那是一種羞辱，完全就是欺凌。

現在回想起來，我覺得有趣的是，那次經歷竟然讓我如此震驚。當時我真的措手不及。但我早該料想到，這其實沒什麼好驚訝的。事實上，我們一直都知道自己可能會被監視，即便只是輕鬆的聚會，也要時刻假設我們之中有竊聽者，而且他們會毫無保留地向國家安全部報告一切。我並不是在萊比錫才明白這些事，這早已是滕普林生活的一部分了。儘管如此，這次事件還是對我造成了巨大的打擊。即便在今日，當我寫下這些字句時，仍然能感受到當時的尷尬。但同時，現在的我也有一種不同的感覺。我不知道該如何準確地描述這種感覺，我還在尋找一個合適的詞。也許可以這麼說：「優越感。」這種優越感來自於面對一個國家的譴責和恐嚇企圖，這個國家從不信任自己的公民，尤其不信任自己。也因為這樣的不信任，以至於造就了小氣、狹隘、沒格調，以及——是的，毫無幽默感的社會。

那麼，為什麼我今天會感覺到某種優越感呢？因為，儘管這個國家做了種種努力，卻依然沒能奪走能讓我感受到生活和情感的東西：某種程度上的不以為然。這是我從小就有的，而東德也未能將它奪走，我認為這是我對東德體制最大的個人勝利之一。回顧過去，我深信，沒有這種不以為然的態度，我絕對不會毫無戒心地在馬列主義課堂上寫習題。如果沒有這種不以為然的態度，我可能會變得過分多疑，而這對我沒有任何好處；如果沒有這種不以為然的態度，我早就會在某個時刻開始問自己，為什麼整個大學求學期間，幾乎沒有人邀請我參加自由德國青年團的活動，或者為什麼沒有人干涉我定期去參加福音教會學生團契。這一方面，直到畢業時我才痛苦地領悟。但在此之前，大學學業一直都是我所期望的專業挑戰，生活基本上是無憂無慮的。

※　※　※

我所在的討論課小組非常團結。包括我在內的一些同學決定在空閒時間舉辦迪斯可舞會，從那時起，每週一到兩次，我們都可以在物理部主大樓的走廊跳舞。活動時間是晚上七點到十一點，所有感興趣的學生只要有門票都可以參加。音樂由我的討論課小組同學提供，他們還自己製作了擴音器和喇叭等技術設備。我們以四比六的比例播放西邊和東邊的曲目，因為規定禁止播放超過四十%的西方音樂。不過，我們通常不會把東德的歌曲播完，這意味著至少有一半的時間在播放西方音樂。我負責賣飲料，某種程度上像是酒吧的服務生。我非常喜歡這份工作，而且還能賺點外快。不過，真正的挑戰是第二天一早的實作課，因為我們必須在活動後把物理部主大樓的走廊整理乾淨。

每年我都會和討論課小組的朋友一起去度假，有時我弟弟也會一起，後來我還會和我的第一任丈夫烏爾里希・梅克爾（Ulrich Merkel）同行。我們背著背包，去了布拉格、布達佩斯、布加勒斯特（Bukarest）、索菲亞（Sofia）、皮林山脈（Pirin-Gebirge）、弗格拉什山脈（Făgăraș-Gebirge）和布爾加斯（Burgas）的黑海。我們一直都沒什麼錢，每天只能兌換大約三十馬克，因為就連所謂的社會主義兄弟國家也都害怕遊客會把他們短缺的消費品搶購一空。然而，這並沒有改變我們度過了一段美好時光的事實。

音色與金粉

「不要讀太多《德國新報》，那會破壞你的語言和語感。」在克洛斯曼菲爾德（Klostermanfred）的福音教會學生團契的週末會議上，作家、文學翻譯家兼異議人士萊納・昆策（Reiner Kunze）對我們說。我也參加了這次會議。他接著補充道：「而是應該要讀讀歌德、席勒和海涅的作品。」儘管在這次會議上我們沒有讀歌德、席勒和海涅，但這仍然是一次很棒的經歷，尤其是因為我很喜歡昆策的作品。我父親有一些他的書，而這些書在東德是禁止出版的。雖然昆策的一些作品得以在東德出版，如他的詩集《蓋著藍色印章的信》（*Brief mit blauem Siegel*），但還是有其他許多作品被列為禁書。

在克洛斯曼菲爾德的會議上，我們致力於將其他語言的詩歌翻譯成德語。昆策解釋道：「匈牙利語的詩歌要翻成德語是最困難的，因為這種語言有許多不同的E音和A音，而德語並沒有相對應的音。翻譯不僅僅是轉換單字和句子，尤其詩歌翻譯更不只是如此。」他總結道：「如果想要抓住核心，那就必須感受到語言的音色。」語言就像音樂一樣，這深深觸動了我。

遺憾的是，我已經不記得這場週末會議的具體日期了，只記得應該是在一九七六年底或一九七七年初，也就是歌手兼作詞人沃夫・比爾曼（Wolf Biermann）於一九七六年十一月十六日在西德演唱會期間被東德驅逐出境，以及昆策於一九七七年四月十三日離開東德前往聯邦德國之間的那段時間。昆策說話時的聲音很輕，彷彿東德祕密警察（Stasi）就坐在他身邊，離別的氛圍瀰漫在空氣中。比爾曼被驅逐的事件震動了整個東德，影響遠遠超出了藝術家的圈子，隨後無數藝術家也離開了東德。我的父母有比爾曼的歌曲錄音帶，這些錄音帶會在私人圈子裡流傳。傳道人培訓學院裡有一台錄音機，我們也可以在私人場合使用，有時週六晚上我們全家人會坐在一起聽他的歌。

我至今還記得，有天下午，我們學生被召集到講堂，負責我們這個年級的物理講師走到講桌前，簡短地告訴我們沃夫・比爾曼被驅逐出境了。他以一句「不要再對這件事發表意見」結束對話，顯然不希望和我們討論這件事。我不知道他是感覺到不自在，還是因為想保護我們。就這樣，我們帶著驚恐、沮喪、不知所措的心情解散了。

然而，我並不是那種能日復一日、從早到晚不斷思考接下來可能發生的事情的人。我無法忍受時刻處於警戒狀態，這會讓我生病。當然，我知道總有一些學生的父母是德國社會主義統一黨的成員，因此明智的做法是與人來往時不要太輕信他人。不過，對我來說最重要的是，儘管發生了這些事情，我從未有過「我必須保持沉默」的感覺，反而是能坦然地與他人相處，尤其是我的朋友們。我需要這樣無拘束的交流，就像需要呼吸空氣一樣。而這種不以為然的態度一直都是我的特質，並不是在比爾曼被除籍之後才有的。

學期間，每隔六到八週我都需要回瓦爾德霍夫的父母家一趟。從萊比錫回去的路途非常麻煩。首先，我必須坐特快列車（D-Zug）前往奧拉寧堡（Oranienburg）。但是這之中最棒的是，火車上會有中歐鐵路餐車公司（Mitropa）的餐車，我可以在那裡買到捷克啤酒，也就是原裝皮爾森啤酒（Pilsner Urquell）或拉德貝格爾啤酒（Radeberger），這會讓我父親很高興，因為在滕普林的商店買不到這兩種啤酒。在奧拉寧堡，我有時得要等上兩個小時才能換乘開往滕普林的區間車。

回到家後，我總是喜歡回到我的房間，那個房間還保留了一段時間。家就是家。在萊比錫時我不怎麼想家，但有時總會覺得少了些什麼，尤其是在剛開始讀大學的時候。我特別想念鐘聲。我第一次意識到，我在瓦爾德霍夫的一天是多麼井然有序，中午和傍晚都由鐘聲來標誌。而在萊比錫，我想什麼時候吃飯就什麼時候吃飯，想什麼時候睡覺就什麼時候睡覺，身邊不會有人關心我什麼時候要做什麼。這一方面讓我感到自由，另一方面卻像心上的一根小刺，讓我意識到現在一切只能靠自己了。週六下午，當我獨自從聖托馬斯教堂聽完巴哈音樂會回到宿舍時，我特別懷念週末在瓦爾德霍夫的社交活動。我想念我的家人，尤其是我妹妹，我想念兩個我從學校時期就最要好的朋友，也想念那片景色、森林、大自然的寂靜以及在湖中游泳的時光。請原諒我這麼說，從我這個烏克馬克人的角度來看，萊比錫地區周邊的湖泊根本比不上我們那裡。我對宿舍的電視也不感興趣，因為我們當然不能看西德的電視節目，所以電視只能用來看足球比賽或類似的節目，即便如此，能收看的內容也非常有限。一九七四年世界盃足球賽期間，我就有這樣的經歷。一九七四年六月二十二日星期六，聯邦德國（西德）對陣民主德國（東德）的比賽剛好在我的家鄉漢堡舉行，我非常想看這場比賽，並為聯邦共和國（德國自由的那一方）加油。但這在宿舍裡是絕對不可能的，所以那個週末我回到了滕普林。在家裡，我可以盡情發洩我的憤怒，因為民主德國竟然贏了這場比賽。也因為如此，後來聯邦德國隊成為世界冠軍時，這種滿足感又更加強烈。

總之，我意識到，我決定到遠方求學所期望達成的效果確實實現了（至少按照東德的標準來說已經可以稱作遙遠）——如果我讀書的地點離家鄉滕普林夠遠，我就會喜歡回家；而回到家之後，我又會期待回到萊比錫。

※ ※ ※

一九七四年，也就是大學第一年，我在那裡認識了烏爾里希・梅克爾。雖然我們在不同的討論課小組，但都是學物理的。這是一段學生時代的戀情。透過他，我接觸到了一個我以前從不知道的世界：與我在父母家中習慣專注於知識不同，我在他的家庭中體驗到了一種更注重實用與親身實踐的生活方式。他的父親曾擁有一家中型紡織公司，該公司在一九七二年國有化，之後由他接手經營。我因此對紡織業以及過去的企業經營模式有了全新的認識，同時也感受到我公公對國有化後工作效率低下的沮喪。在我公婆家，房子、院子和花園裡總是有很多事情要做，因此烏爾里希和我經常在週末去他位於沃格特蘭（Vogtland）的家。

我們在一九七七年九月三日結婚，那是我們完成學業的前一年。當時我二十三歲，他二十五歲。我對我們蜜月旅行有著特別美好的回憶，我們去了希登湖島。只要在九月去過希登湖島的人都知道，那時候的希登湖島有多麼美麗。我們的錢雖然不多，但我們還是成功找到了一個房間，簡直就像金粉一樣珍貴。

結婚這件事也為我們畢業後能在同一個地方找到第一份工作鋪平了路。當時，高中畢業後考上大學的人必須書面承諾，畢業後的前三年會到國家認為合適的地方工作。因此，如果我們沒有結婚，烏爾里希和我的第一份工作很可能會被分配到不同的地方，而我們當然想避免這種情況。只是我們當時沒有預料到，畢業後的第一份工作最終會變得如此複雜。

碩士學位

第五年也是最後一年，專門用來完成畢業論文。烏爾里希選擇在大學取得學位，那是最普遍的做法；而我，則有另一種不同的選擇。東德科學院的萊比錫同位素與輻射中央研究所（Leipziger Zentralinstitut für Isotopen- und Strahlenforschung）的教授萊茵霍爾德・哈伯蘭特（Reinhold Haberlandt）曾在我們大學講課，他向我提供了在他研究所撰寫論文的機會。儘管我是我們年級裡唯一被詢問的學生，我還是毫不猶豫地答應了。因為我已經很熟悉我的討論課小組和物理部，要是在研究院，我可以再次體驗和學習新的事物，於是我立刻就接受了這個邀請。

在那裡，我遇到了一些有趣的人。例如我的論文指導老師拉爾夫・德爾（Ralf Der），他是一名登山家，同時也是一個非常獨立且具有政治批判精神的人。通過他，我認識了耶拿（Jena）的一些人，他們後來都搬去西德了。我還在研究所認識了艾莉卡・胡恩施（Erika Hoentsch），她後來成為我最好的朋友之一。艾莉卡比我年長一些，那時她已經完成了博士學位。她有自己的公寓，在俄羅斯藝術圈的人脈很廣。過去我的交際圈僅限於鄰近宿舍的學生和福音教會學生團契，而在研究院，我接觸到了一個不同的、批判性的萊比錫圈子，這大大拓展了我的視野。我許多在研究院的新朋友後來都在兩德統一時期扮演了重要角色，例如一位在尼古拉教堂（Nikolaikirche）發揮所長，另一位則在市議會擔任要職。

※ ※ ※

取得碩士學位對我來說是一項挑戰。我的論文題目是：「空間關聯性對稠密介質中雙分子基本反應速率之影響」（Zum Einfluss der räumlichen Korrelation auf die Reaktionsgeschwindigkeit bei bimolekularen Elementarreaktionen in dichten Medien）這個題目是我畢業後在柏林科學院的物理化學中央研究所繼續研究的方向基礎。基本上，我研究的是統計物理學在化學問題（即物理化學）中的應用。

當然，馬列主義考試也是畢業論文整體的一部分。按照規定，論文的最終成績只能比馬列主義考試成績高一個等級。在馬列主義口試的過程中，我經歷了一個驚嚇的時刻。考官問我：「在現實存在的社會主義中，還有哪些地方沒有按照理論發揮作用？」我心想，這個問題我能回答得很好，於是開始說：「還有些地方做得不夠好，例如需要等七到十年才能買到一輛汽車，出國時只能兌換很少的錢，我們的電腦不是最新最快的，我必須跑幾個小時才能買到紙巾，還有……」我滔滔不絕地說了大概七分鐘，直到我突然意識到：小心，這是個陷阱！你可能會因為說錯話而惹上麻煩。於是我重新改口說：「但當然，我也想強調，很多事情都運作地非常好。」考官接著說：「嗯，也差不多是時候了。」結果，我在馬列主義專業考試中獲得了第二級的成績，並且在一九七八年七月十八日，也就是我二十四歲生日的隔天，以「非常優秀」的成績獲得了物理學碩士文憑（Diplom Physiker）。

伊爾梅瑙

在撰寫論文期間，學校就期望我們清楚知道自己畢業後想做什麼。在畢業和開始工作之間，最多只允許有一個暑假的空檔。東德始終密切關注，確保人民不會有空窗期，並且隨時全面掌握人民的情況。如果有人因為有父母的經濟援助而暫時不想工作，這會被視為一種反社會的行為。因此，想要在畢業後有一段喘息時間幾乎是不可能的。在東德，人們不必擔心找不到工作，反而是工作太多而人手不足。我們會得到一些工作機會，比如在施塔斯富爾人民電視機工廠（VEB Fernsehgerätewerk Staßfurt），也就是東德最大的電視機生產商的工作，或是其他類似的公司。但我對這些工作都不感興趣。

然而，國家總是有辦法控制你的選擇。其中最重要的手段之一就是分配住宿：因為宿舍短缺，東德非常希望學生畢業後回到他們的家鄉工作。不過，國家也有其他做法。例如，如果皮斯特里（Piesteritz）的氮氣廠、施科葆（Schkopau）和洛伊納（Leuna）的工廠要擴建，並需要物理學家或化學家，那麼國家就會同時提供一份工作合約和一套公寓。住房短缺問題確實影響了許多方面，因此這往往是決定工作的關鍵因素。

烏爾里希希望完成學業之後到伊爾梅瑙（Ilmenau）的科技學院攻讀博士學位。我認為這是個好主意，對這個選擇也很感興趣。在決定大學地點時，我曾短暫考慮過這個城市，因為那裡有一些有趣的科系，如仿生學（Bionik）。仿生學的原理在於我們可以從大自然的現象中獲取靈感，例如如何利用蘆葦莖的柔韌性作為技術發展的模型。然而，經過仔細考慮後，我最終決定放棄仿生學，因為我的空間視覺、3D空間計算和實際操作的能力還不夠強。

然而，伊爾梅瑙是我和丈夫攻讀博士學位的理想之地。於是我們倆都提出了申請，並且都被邀請參加面試。學院的人事主管（相當於現在的人資主管）接待了我，邀請我參加一對一面試。當時我得了重感冒，難以集中精力，但我很快就意識到這場面談根本與我的學習成績無關，彷彿學業部分的訪談已經結束。相反地，他開始用尖銳的語氣質問我：「您參加了福音教會學生團契，您在伊爾梅瑙也打算繼續參加嗎？」他直直地盯著我看，我感到非常驚訝。他就這麼提起了一個在我整個大學生涯中從來不是重點的話題，這時我才意識到自己有多麼天真。雖然過去沒有人提過，但現在我參加福音教會學生團契的事卻被搬上檯面質疑。我的腦袋嗡嗡作響。好吧，我想著盡量誠實，否則情況可能會更糟。我回答道：「對，我想是的，這對我來說很重要。」

他回答說：「這可不太好。如果您成為這裡的研究助理，將會與學生一起工作。您也打算和他們談論您工作以外的活動嗎？」

「我還沒仔細想過這個問題。」我回應道，隨後補充：「到目前為止，我在生活中還沒有區分過在不同的環境該對誰說什麼。」

「這麼說吧，我們的重點在於讓你們發揮出最佳狀態，為民主德國的經濟做出有意義的貢獻。」他態度堅決地表示：「我們確實不需要這麼多的干擾。」

這場談話圍繞著我是否會繼續參加福音教會學生團契，以及我作為助理的工作可能對學生產生的影響，來回反覆進行了大約二十分鐘。最後我問道：「我現在該如何理解這些問題？老實說，我以為您會與我討論我的學術資格和我對這個職位的期望。」

人事主管回答：「或許是吧，但對我來說，和您談談其他問題也非常重要。就先談到這吧，您之後會收到我的回信。」

我正準備起身離開時，他又說：「我想，報銷車馬費對您來說很重要。您可以直接去差旅辦公室那裡報銷費用。」

直到今日，我仍能聽見自己的回答：「這麼說吧，我是想要拿回這筆錢，但現在這也沒那麼急了。」談話就此結束。我離開了房間。

當我走下通往差旅辦公室的樓梯時，在樓梯間遇到了兩個明顯在等我的男人，他們要我跟他們走。他們把我帶到附近的一個房間，並向我介紹他們是國家安全部的成員，說他們還有幾個問題要問我。談話再次開始，問的事情與剛才人事主管的內容大同小異。「我們只能雇用那些擁有堅定社會主義世界觀的教師。我們有些懷疑，但也有期待。」我腦中的想法一片混亂，只聽到一些零碎的句子：「肯定是個目標明確的人」、「成績優異」、「訊息，還有關於其他學生的」。

我說，我之前才剛有過一次這樣的談話，內容關於學生團契。

「哦，您可以繼續參加，那不是重點。」其中一人說。「重點是，」另一位補充道：「我們一直都需要了解學生的勤奮和優秀程度。」

我心想：這是在暗示什麼？於是我決定直接問：「這意味著我應該監視他們？」

他們回答：「話不是這麼說，我們只是需要教師提供一些訊息。」

「但您不是物理部的人，您是國家安全部的人，您想讓我向您提供情報。這會為我帶來麻煩的。」我說道。

「別那麼嚴肅。」他們回答說：「我們有很多不同的方式可以交流。」

當這兩個人繼續對著我說話時，我意識到我必須結束這個對話。我想起了小時候父母針對這種情況給我的救命建議，於是說道：「您也知道，我們剛剛討論的事情讓我非常有感觸。我必須馬上告訴我丈夫，他現在人也在這裡。我是一個喜歡交流的人，需要把我的困擾和想法都告訴別人。」

於是對話就這麼結束了。拿到車馬費後，他們說：「我們會再聯絡您。」

但無論是電話或是書面信件，我沒有收到任何人的聯絡。我的丈夫在面試時並沒有被問到這些問題，所以很快就拿到了伊爾梅瑙的錄取通知。而我，什麼消息都沒收到。兩星期後，我決定打電話給人事主管詢問情況。

「很高興接到您的電話。」他說：「您被伊爾梅瑙科技學院錄取的機會不大，但是我已經盡我所能了。不過，您還有一個機會，可以在伊爾梅瑙的技術玻璃工廠（VEB Technisches Glas）工作。」

我回答說我不感興趣。

「我認為這叫不知感恩。」他說。

我們的通話就此結束。

現在回想起來，我相信如果當時我不答應國家安全部的請求，我從一開始就不可能得到伊爾梅瑙的工作。從他們的角度來看，這值得一試，因為我確實可能成為一個很好的線人。

當然，事後我感到有些不安，因為顯然這一切都會回報到萊比錫，我再也無法確定自己的職業前途會如何發展。雖然不會有失業的風險，但如果要在某個發電站而不是研究所開始我的工作，對我來說簡直就是一場惡夢。

※　※　※

在此期間，烏爾里希除了被伊爾梅瑙科技學院錄取之外，還在洪堡大學找到了一個研究助理的職位。因此，我也開始尋找在柏林有沒有什麼機會。

我把整件事告訴了在萊比錫的同事。事實證明，在研究單位寫論文的決定對我來說非常有利。萊比錫的研究所與柏林科學院的物理化學中央研究所關係非常良好，那裡的員工漢斯－尤根・策文（Hans-Jürgen Czerwon）與萊比錫團隊合作密切，但他打算離開自己的研究所，因此他的職位空了出來。我在萊比錫的同事向他提及了我在找工作時遇到的困難。唯一的問題在於，中央研究所的理論化學部已經有一位主任，就是祖里克教授，但他不是德國社會主義統一黨的黨員。實際上整個工作小組都很希望擔任主管的是一位黨內成員，而不是像我這樣被拒絕的教會人士。在東德，有個非社會民主黨員的上司不見得是件好事，因為具黨員身分的上司可以避免很多麻煩；另一方面，如果工作小組的上司本身就很有壓力，那麼團隊成員在很多事情上往往就得忍氣吞聲。儘管如此，漢斯－尤根．策文還是說服了質疑人士，因此我得以被引介給盧茨．祖里克（Lutz Zülicke），最終獲得了這份工作，而祖里克就成為了我的論文指導教授。也許，研究小組中沒有女性科學家也是促成我被錄取的其中一個原因。

東德科學院

速度常數

一九七八年夏末，烏爾里希和我收拾好行李，從萊比錫搬到了柏林。他開始在洪堡大學物理系擔任研究助理，我則於一九七八年九月十五日開始了在柏林科學院中央物理化學研究所的工作。我很高興能擺脫在伊爾梅瑙發生的一切紛擾，並對研究院的一切充滿期待。那時，除了丈夫和住在潘科的祖母之外，我在柏林幾乎不認識其他人。我很快就意識到，學生時代的生活在許多方面都已成為過去。

不過，在談論這段人生的新階段之前，我想先回顧一下我過去專心學習的那五年。如前所述，一九七六年底，沃夫．比爾曼被驅逐出境以及隨後文化人才的流失都深深震撼了東德。然而，無論是在東德內部還是外部，這些事件都並非無跡可尋。

幾年前的一九七三年六月，《德意志聯邦共和國與德意志民主共和國關係基礎條約》（*Vertrag über die Grundlagen der Beziehungen zwischen der Bundesrepublik Deutschland und der Deutschen Demokratischen Republik*），簡稱基礎條約（Grundlagenvertrag），正式生效。根據該條約，由西德第一任社會民主黨（SPD，簡稱社民黨）總理威利．布蘭特（Willy Brandt）

領導的聯邦政府承認了「兩個主權德國國家」原則。這是基於一種信念，也就是必須先承認兩個德國的事實，有朝一日才能夠實現統一。在德意志聯邦共和國，這項《基礎條約》，以及自一九六九年以來由執政的社民黨與自民黨聯合政府所推行的新鄰方政策引起了很大的爭議。當時的反對黨基督社會聯盟（CSU，簡稱基社盟）在卡爾斯魯爾（Karlsruhe）的聯邦憲法法院，針對此一條約提起了違憲審查訴訟，但失敗遭到駁回。不過，憲法法院在裁決中強調了《基本法》中固有的兩德統一義務。條約簽訂後，民主德國和聯邦德國都成為聯合國會員國。雖然兩國間沒有互相派駐大使，但派駐了所謂的常駐代表，記者也可以正式派駐兩邊。

當然，當時我並沒有從政治人物的角度來看待這一切。我從未想過自己有天會成為德國統一後的政治人物。一九七三年，我剛從中學畢業，我的家庭深受德國分裂之苦。一方面，自柏林圍牆建成後，我們對於所謂緩和政策帶來的一點寬慰都心存感激，無論是美國與蘇聯之間的政策，還是聯邦德國與民主德國之間自六〇年代末期開始的關係。

另一方面，我認為非常重要的是，《基礎條約》並沒有滿足東德領導人的所有願望。因為聯邦德國依然拒絕承認民主德國的國籍，使我們東德公民在《基本法》的意義上仍是德國人。這對我們來說就像一份生命保險。每當聯邦德國內要求承認民主德國國籍的呼聲越來越高，尤其是這種聲音在柏林圍牆倒塌前益發強烈時，我就越感到害怕。我有一種感覺，我們的命運可能就此注定了。揣想如果圍牆沒有倒塌或德國沒有統一，我的人生會如何繼續下去，這毫無意義。沒有人知道答案。但我知道的是，至少在理論上，我可以申請離開東德，並在離開後成為西德公民，這個事實在某種難以描述的程度上讓我感到安心。這就像是一扇後門，在最糟糕的情況下，我可以從這扇門逃走。這扇門的存在對我來說非常重要。我的父母知道我的態度，他們明白我非常尊重一九五四年將他們從漢堡帶到民主德國的呼召，但我並沒有把它作為自己和生活的榜樣。這點我已經和他們說明過了。

為了避免誤解，我必須解釋：申請出國對當事人絕非易事，這通常是一個漫長且屈辱的過程。但一旦成功獲得離境許可，就會自動成為西德公民。這就是我的目的，僅此而已。如果前往西德後不再返回東德，或是以其他方式逃離東德，情況也是一樣的。退休人員最初每年可以去西德一次，隨後頻率逐漸增加，而且他們可以在那裡申請護照。理論上，他們可以用這本護照去任何地方。

一九七三年，在《基礎條約》生效的同一年，歐洲安全與合作會議（KSZE）在赫爾辛基召開。共有三十五個國家參加了這次會議，七個國家來自華沙公約組織（Warschauer Pakt）、十五個國家來自北約（NATO），以及十三個中立國。於一九七五年的會議結束時，各國簽署了《赫爾辛基最後文件》（*Die Schlussakte von Helsinki*），其中制定了在文化、科學、經濟、環境保護和裁軍等領域的共同目標，以促進冷戰時期歐洲的安全和人權保障。這份文件在冷戰結束後產生了深遠影響，直到我擔任聯邦總理期間仍扮演著重要角色。當時，我既沒有預見，也沒有認知到這一點。

※ ※ ※

一年半後，一九七七年一月一日，《七七憲章》（*Charta 77*）宣言在布拉格發布，並於一九七七年一月七日在歐洲多家報紙上刊登。以劇作家瓦茨拉夫・哈維爾（Václav Havel）、哲學家揚・帕托契卡（Jan Patočka）和前外交部長伊日・哈耶克（Jiří Hájek）為首的捷克斯洛伐克反對派，透過這份宣言批評和反對共產主義政權侵犯人權。此時，東德也處於希望與失望不斷交替的時期。國家採取的限制性和恢復性措施（如一九七八年引入作為預備軍事訓練的國防教育課程），與整個蘇聯勢力範圍內對自由的渴求並存。此外，自一九七二年羅馬俱樂部（Club of Rome）發表了第一份報告後，環境污染等議題在西德變得日益重要，這也影響了東德的討論。這份報告中提出的「成長的極限」（Grenzen des Wachstums）在我家也引起了深入的討論。一九七八年十月，來自克拉科夫（Krakau）的樞機主教卡羅爾・沃伊蒂瓦（Karol Wojtyła，日後的教宗若望保祿二世）成為第一位當選教宗的波蘭人，對波蘭及其他國家尋求自由和民主的影響尚無法估量。一九八〇年，團結工聯（Solidarność）在波蘭成立，隨後波蘭政府於一九八一年實施戒嚴令作為回應。我們現在知道，這樣的措施只能延遲自由對抗獨裁和不公正的勝利，而無法阻止它的到來。

我的博士求學階段以及在柏林科學院工作的時期，正處於這個許多方面都曖昧模糊的氛圍中。我所在的物理化學研究所隸屬於理論化學系，這裡大約有十位科學家，全都從事量子化學領域的研究。除了祕書外，我是唯一的女性。整個研究所大約有七百名職員，我的工作地點就在柏林阿德勒斯霍夫東德電視台大樓對面的一個石砌營房裡。我的日常生活與學生時期截然不同。在萊比錫的研究所裡，我習慣了自由的學術生活。但現在，除了我喜歡的基礎研究外，我還有固定的工作日，伴隨著嚴格的工時和出勤要求。我感覺自己像被束縛在一件緊身衣裡，學生生活的自由蕩然無存。這對我來說是個衝擊，而這一切還發生在柏林圍牆的陰影下，讓情況變得更糟糕。這令人既沮喪又壓抑，我不只一次問自己，這種生活該如何長期忍受下去。

上班時間是早上七點十五分。我每天早上六點二十分從家裡出發，前往腓特烈大街站（Friedrichstraße）搭乘城市快鐵。烏爾里希和我住在米特（Mitte）區的馬琳街（Marienstraße）。東德沒有自由的住房市場，但住房證明卻是我們在柏林工作的先決條件。因此，我們非常慶幸能透過我父母與一位滕普林醫生的關係得到這間公寓。這位醫生從學生時代起就一直在支付這套公寓的租金，並計劃未來在他孩子求學期間提供給他們使用。由於他的孩子還小，因此我和丈夫得以先住在這裡。

每天，我都要花大約四十分鐘從腓特烈大街站搭到阿德勒斯霍夫站。腓特烈大街站在我看來有些詭異，因為從這裡可以搭車前往東德和西德，但我只能進入前往東邊的區域。當然，只有持有效出境證件的人才能搭乘進入西德的列車。透過隔板，我能聽見警犬的叫聲。每天都如此被提醒著分裂的事實，這是我在萊比錫未曾經歷過的事。坐上開往舍訥費爾德（Schönefeld）或克尼希斯伍斯特豪森（Königs Wusterhausen）方向的快鐵後，我基本上是沿著柏林圍牆行駛。如果不是像秋冬時那樣，往返的車程是漆黑一片，我的目光就會一直游移在那些我無法進入的地區。

下午四點半下班後，我又會搭快鐵回家，差不多在五點半左右到家。馬琳街距離柏林圍牆也不遠。商店在傍晚六點就關門了，雖然研究院內有一家販賣日用品的商店，但對我沒什麼幫助。在萊比錫讀書時，我經常在學生餐廳吃完午餐後，和朋友一起逛逛商店、買點東西，儘管在東德物資短缺的情況下，每次購物都像一場冒險。而現在，那樣的日子已經結束了。

※　※　※

在我第一天上班走進新辦公室時，我的桌上放著一本關於計算簡單化學反應速率常數（Geschwindigkeitskonstanten）的書，那正是我未來工作和博士研究的重點。在此之前，工作小組中還沒有人進行過這個領域的研究。然而，這個領域具有重要的實用意義，尤其與經過德魯日巴（Druschba）石油管道，從蘇聯經波蘭通往東德的石油供應有關。在洛伊納和布納（Buna）化工廠中，石油主要用於生產普拉斯特（Plaste）和伊拉斯特（Elaste）。普拉斯特是熱塑性塑膠的品牌名稱，伊拉斯特是彈性材料的品牌名稱，這兩種材料都是於一九三〇年代初期在布納工廠開發的。由於東德幾乎沒有石油資源，只有少量的天然氣，因此國家希望研究如何利用天然氣生產長鏈碳氫化合物，也就是普拉斯特和伊拉斯特的基礎物質。這是可行的，當主要由甲烷（CH_4）組成的天然氣被注入能量，使其溫度急遽升高，並導致一個氫原子（H）

分離，就可以生產出長鏈碳氫化合物。這樣就會產生一個高活性的甲基自由基（CH_3），它可以立即與第二個甲基自由基結合形成乙烷（C_2H_6），這就是生產長鏈碳氫化合物的起點。

我的博士論文任務是利用量子化學計算找出這個過程需要多高的溫度。為此，我必須在辦公桌前作業，並在研究所的數據中心使用西方國家開發的量子化學電腦程式。我在數據中心將程式命令輸入打洞機，打洞機再根據我輸入的指令在紙卡（即打洞卡）上打出相應的洞。電腦透過讀取所有的打洞卡，就能得出需要計算的內容。獲取結果需要大量的計算時間，而計算時間在量子化學中是相當重要的資源，但這正是我們所缺乏的。因此，我不得不努力爭取屬於我的計算時間。我花了不少工作時間，把裝滿打洞卡的五十公分長的紙箱從辦公桌搬到幾百公尺外的數據中心，卻經常遇到打洞機或讀卡機故障，導致我無法使用那些寶貴且辛苦預約到的計算時間。

我們使用的是蘇聯製造的BESM－6電腦，這些電腦的品質遠不及西方的IBM電腦。量子化學研究的成功取決於可用的計算時間和所使用電腦的品質，所以與德意志聯邦共和國相比，我們顯然從一開始就處於劣勢。

※　※　※

我和法蘭克・施耐德（Frank Schneider）共用一間辦公室，他是一位年紀稍長的同事。我們的辦公桌垂直擺放，他的座位可以看到窗戶，而我則面對著牆壁。辦公室裡總是很安靜，雖然考量到我們的工作性質很合理，但我還是需要一段時間適應。每當我們在上午九點或九點半以及下午三點左右，與隔壁辦公室的同事烏茨・哈夫曼（Utz Havemann）和克里斯蒂安・祖爾特（Christian Zuhrt）一起喝咖啡時，我總是感到很開心。施耐德和我負責煮咖啡，因為我們辦公室有水槽和熱水壺。只要倒一匙咖啡粉進杯子，再加入熱水，我們稱為「土耳其咖啡」的飲料就完成了。到現在，我還是沒有一台像樣的咖啡機，因為我們在家裡喝茶比喝咖啡多。我們會把咖啡杯放在托盤上，然後端去找我們的同事。像施耐德一樣，哈夫曼和克里斯蒂安都比我年長，都已經有小孩了。我們在咖啡時間聊天的內容不僅限於工作，還有生活上的其他話題。我們會聊聊新書、戲劇首演，也會討論如何購買電鑽，或者誰認識哪裡的技工。不久後，米夏埃爾・辛德海爾姆（Michael Schindhelm）也加入我們的小組，成為第五位成員。他同樣是一名研究員，但他不僅在學術上頗有建樹，也在藝術和文學方面才華橫溢，這使我們的談話內容更加豐富。我們有時也會在科學院內的餐廳共進午餐，這也是除了一日兩次的咖啡休息時間外，我們安靜工作中的另一個熱鬧時刻。

自由德國青年團和馬克思列寧主義

一開始，我是理論化學系中最年輕的成員。我想在研究所裡認識一些同齡的人，但這並不容易，因為幾乎沒有任何科學活動能讓我遇到這些人。不過，我還是有兩個機會可以結識新朋友。一個是以前參加自由德國青年團，許多成員都是像我一樣三十歲以下的年輕科學家，在當時還是自由青年團團員。我所在研究所的青年團組織會在我工作的軍營地下室的一個房間裡聚會，我會與不時在那裡聚會的人聯絡，了解他們在討論什麼，以及我是否有興趣加入。聚會總是按照固定模式進行，約有十到十五人參加。聚會開始時，主持人會宣讀自由德國青年團中央委員會要傳達給成員的資訊。例行議程結束後，我感興趣的討論就開始了，內容涉及研究所其他部門年輕同事的工作重點、他們的工作條件，以及東德的文化活動。此外，我們還可以在研究所訂購打折的戲劇門票。我從小就喜歡組織聯合活動。在少先隊時，我負責組織聖誕節或嘉年華會的活動，現在則負責安排劇院的參觀活動。一九八〇年，我成為我所在研究所的自由德國青年團管理層的「文化幹部」（Kulturfunktionär）。在一九八五年四月八日為了申請博士資格而繳交的履歷中，我按照當時的習慣，使用了男性字尾而非女性字尾。一年後，我被選為研究所企業工會管理委員會（Betriebsgewerkschaftsleitung, BGL）的成員，負責青年工作。我把我們在自由德國青年團管理層討論過的青年訴求帶到了企業工會管理委員會，反之亦然。自一九七八年九月我進入科學院工作開始，我就一直是自由德國工會聯合會（Freier Deutscher Gewerkschaftsbund, FDGB）的成員。

※　※　※

認識年輕學者的另一個途徑是參加馬克思列寧主義的必修課。如果不能證明自己掌握了這方面的知識，就無法完成博士學位。這些課程就像公民課和大學課程一樣，重點再次放在辯證的馬克思主義、政治經濟學和科學共產主義三者之間的關係上。三年來，每個月都要上一次持續幾小時的課。隨著年齡增長，反覆研習這三段論變得越來越令人沮喪。我們都通過了碩士學位考試，應該專注於藉由我們研究的工作，在國際比較中取得優異成績。我正在爭取重要的計算時間，對抗電腦的弱點，但每個月還得花時間與馬列主義打交道，它就是我們日常工作中的一個異物。不僅只有我覺得荒謬，大多數參與者也有同感。於是，我們在這些課程中經常毫不掩飾地表達對理論與我們實際工作、生活間巨大差距的厭倦。

一九八一年底波蘭宣布戒嚴，不久後就舉行了一次馬列主義活動，公開且激烈地討論了戒嚴的問題。當時我不在柏林，人在布拉格的捷克斯洛伐克科學院，所以這些事情都是同事們後來告訴我的。回國後，我得知一位我在馬列主義課堂上認識並且很喜歡的同學，因為在活動上發表了反對波蘭戒嚴令的言論，被取消了博士資格。他已經完成了在南極的研究工作，因此被我們稱為「南極人」。他是一位傑出的科學家，但如今博士之路卻被阻斷了。我至今仍和他保持聯絡。

馬列主義課程結束時，我們必須繳交一份書面報告，我選擇討論在實際存在的社會主義中的工人階級與農民。顯然，我對工人階級領導作用的評價不夠高，來自農村的我對農民的描繪也過於正面。無論如何，約阿希姆·里特爾斯豪斯教授（Joachim Rittershaus）代表科學研究院內的馬列主義進修教育機構，在發給我的「知識證明」中作出以下評價：「安格拉·梅克爾女士……在一九八〇至一九八三年期間參加了博士生的馬列主義進修教育，課程總成績為：及格（rite）」。與碩士學位一樣，整個博士學位的成績只能比「知識證明」的成績高一個等級。但我的情況後來出現了例外。在我的博士論文答辯期間，一位在自由德國青年團認識我的研究員建議，因為我在社會工作中的優秀表現，應該給我額外的加分。最後，我以「極優秀」（magna cum laude）的總成績完成了博士學位，而我在物理學方面的優異成績也沒有因為馬列主義課的「及格」成績而受到影響。

馬琳街

我們在馬琳街的住家是一個沒有走廊的公寓，位於建築物側翼的三樓。房子有一個附水槽的廚房、廚房後面的客廳和相鄰的半個房間。沒有獨立廁所，側翼三間公寓共用一樓的公用廁所。烏爾里希的手很巧，在我公婆的幫助下，他在我們的公寓裡安裝了淋浴間和廁所。由於經濟能力有限，我們無法在自由市場上買到所需的材料，因此我聯絡了地方住宅管理局，也就是國有房產的所有者，希望能拿到一張所謂的配給證，憑這張證可以用比較低廉的價格購買房屋裝修所需的主要物品。

「您來自哪裡？」當我去地方住宅管理局辦理時，一位女士問我：「您肯定有父母的房子可以住吧？」

「我來自滕普林。」我回答道。「我在萊比錫學物理，可惜在滕普林沒有物理學家可以做的工作。」

這位女士以典型的柏林風格回應說：「這種事您早該考慮到的。」

我沒有被她的話嚇到，而是希望博得她的同情。我直視她，使出渾身解數：「的確！我在選擇科系時完全忘了考慮住房的問題，但學校裡也沒有人提醒我這點。我現在該怎麼辦呢？我找到了一份非常好的工作，現在卻面臨這樣的困境。我們會改善公寓的結構，這不僅符合您的利益，也對國家有益。」

事實上，她也沒有再多說什麼，只是點了點頭，然後把配給證給了我。

※　※　※

經過大約一年半，這間公寓終於完成翻修。儘管如此，我還是無法真正享受它，也無法全心投入研究院的研究工作。我不斷問自己：我的一生就是這樣嗎？當時我二十五歲，而東德女性的退休年齡是六十歲，我還有三十五年的職業生涯要走。我也一直在思考一個非常基本的問題：我應該在東德盡心盡力地工作嗎？這麼做是否會進一步鞏固我所批判的這個國家？對於我的父母來說，這個問題從未存在過，因為毫無疑問，他們為牧師和教會同工所做的教育工作是有意義的。但對我這個物理學家來說，答案似乎並不那麼明確。我無法擺脫這些疑問，這也為我和丈夫的關係帶來了壓力。

巧合的是，我們樓下住著醫科學生，我們和他們成為了朋友。我們經常激烈地討論那些讓我如此煩惱的問題。「顯然，醫生在任何政治體制下都應該好好工作，因為這關係到人民的健康。」我說：「但我們物理學家呢？我們透過良好的工作穩定了像東德這樣的國家，而這個國家卻不斷表現出它的行為違背了常理，違背了個人需求。」我們的朋友反駁道：「醫生沒有好的醫療設備就無法救人，而這正是需要物理學家努力工作的地方。」我們就這樣來回辯論了好幾個小時，迷失在這些想法的迷宮裡。

不知從什麼時候起，我改變了我的看法。不管國家的狀況怎麼樣，雖然這聽起來有些自私，但這難道不是我自己的人生嗎？即使在惡劣的條件下，去挑戰自己的極限並展現我的能力，不也是出於我自身的利益嗎？東德的限制比西德更多，但我意識到，為了自己，我必須在現有條件下盡可能做好工作，以免讓自己變得消沉、憤世嫉俗，或者在年輕就變得麻木。

這個認知讓我萌生了再次從根本上改變生活的想法。我決定重新開始，包括我的私人生活也是。一九八一年春天的一個早晨，我拎著一個行李箱離開了我們在馬琳街共同的住所，暫時搬到一位同事家住。我把公寓留給了我的丈夫，因為他為公寓付出了很多心血。我再次開始找房子。一九八二年，烏爾里希·梅克爾和我離婚，但我保留了他的姓氏。

滕普林街

當時我非常窘迫，急需找到一個住的地方。有天，一個住在柏林米特區錫安基爾街（Zionskirchstraße）的熟人給了我一個建議。他從廚房的窗戶望向後院，看到位於滕普林街（Templinerstraße）一棟房子的邊間公寓無人居住。在朋友的勸說下，我決定去租這間公寓。這對我來說並不容易，但我別無選擇，我不能無止境地住在同事家，必須做點什麼。一位很有行動力的朋友幫忙我搬家，如果這算得上是搬家的話。

一個星期天下午，我們前往公寓為前門裝上一副新的鎖。但我們在使用電鑽時，巨大的噪音嚴重干擾了週日下午的寧靜時光。在我們匆匆離開後院時，一位女士從窗戶探出頭來，對著整個後院大聲喊道：「您是新來的嗎？」我努力用堅定的語氣回答：「是的。」然後加快腳步離開。

我的新公寓條件很差，但至少有個在廚房裡的獨立廁所。廚房後面是一間典型的柏林房間，光線昏暗，只有一扇可以俯瞰中庭的窗戶。我的家具基本上都從大件垃圾堆中撿來的，然後稍微粉刷了一下。我睡在木板架上，上面放了一張床墊。雖然生活水準極其簡陋，但我仍然感到很舒適。

為了避免與地方住宅管理局產生糾紛，我需要一步步合法化我新的居住狀態。當時，房管局很難從所有租戶那裡按時收到房租，所以只要他們能準時收到房租就會非常高興。我問了樓上鄰居他們每月要支付多少房租，然後每個月將相同的金額匯給位於施威特大街（Schwedter Straße）的房管部門。沒有人拒收這筆錢。然而，房屋管理員拒絕讓我在房屋登記簿上登記，因為他打算讓自己的兒子住進我現在住的那間公寓。當時每棟出租房屋都有這樣的登記簿。而管理員知道我不知道的事，就是這棟房子即將在某個時候進行翻修，他原本打算等到翻修開始前再接手這間公寓，結果我搶先了他一步。

因此，除了在房屋登記簿上登記之外，我必須找到另一種途徑來合法化我的住處。我的同事哈夫曼給了我一個寶貴建議，他說關鍵是讓警察在我的身分證上登記這個地址。那時是一九八一年五月，而六月十四日即將要舉行人民議會選舉（Volkskammerwahlen）。哈夫曼對我說：「這樣吧，我們一起去警察局，你就說你想在選舉前把這些事情處理好。」

我們遇到了一位開明的警察。我用一點小伎倆開啟了話題。

「我在滕普林長大，現在住在滕普林街，這難道不是一個不可思議的巧合嗎？真是命運的安排啊！」我說。

那位警察咧嘴一笑，沒有絲毫猶豫地將我的新地址登記在我的身分證上。這樣一來，我的居住狀態就合法了。

大約兩年後，這棟大樓終於要進行翻修，所有住戶都必須搬走。作為補償，地方住宅管理局為我們提供了已經翻修過的公寓。我很幸運，在舍恩豪瑟大街一〇四號的第二庭院租到了一間齊全的一．五室公寓，配有廚房和浴室，所有房間都有暖氣供暖。

※ ※ ※

在這段期間，我逐漸適應了研究所的工作條件，這主要得益於我與同齡人有新的往來，但這不是唯一的原因。幾次研究所的出差也為我帶來了不少樂趣。例如，我曾在寒假期間作為研究所同事小孩的照護員，前往位於呂根島（Rügen）尤里烏斯魯（Juliusruh）的研究所度假小屋。此外，還參加了蘇聯地區舉辦為期三週的俄語課。我對俄語仍然很感興趣，但在英語占主導地位的科學領域，幾乎沒有說俄語的機會。遺憾的是，我已經想不起這個語言課程的具體時間，只記得在一九八〇年代初。不過，我記得課程是在頓涅茨克（Donetsk）舉辦的，這座城市位在烏克蘭東部的頓巴斯（Donbass）煤炭區中心，自二〇一四年以來一直被俄羅斯占領。我與其中一位學員成為了朋友。一九八三年，我和他以及他的女朋友當背包客，一起前往喬治亞、亞美尼亞和亞塞拜然，那是一次難忘的旅行。那時的我就像海綿，吸收一切能夠拓展我對東德以外世界了解的資訊，儘管這種好奇心和求知欲並沒有直接幫助我迅速完成博士學位。

國際交流

在我研究所的圖書館裡，我可以了解我的研究領域在國際上的最新動態，這裡有所有主要的英文期刊。然而，我也遇到了一個早已熟悉的難題：我們不能隨意影印自己感興趣的內容。

在東德，影印文章是一件高度政治性的事情，這點我在父母家時早已知道。影印室的負責人會登記每一張影印的紙張，以防政治敏感的內容被大量複製。影印必須向主管申請，但很少能獲得批准。因此，如果我想要擁有美國或英國作者的文本，就必須另闢蹊徑，用預製的明信片訂購這些文章所謂的「特別印刷版本」。如果是以色列作者的文章，這在我的研究領域中經常遇到，我就不得不另尋他法，因為東德與以色列沒有外交關係，因此也沒有郵政往來。在這種情況下，我只能求助於在專業會議上認識的美國和英國同事，請他們寄以色列研究人員的特別印刷版本給我。這是個繁瑣的過程，但每當在研究所收到西方郵件時，我總覺得非常愉快，從郵票就能一眼辨認出這些信件來自西方。透過這種方式，我不僅能收到對我的研究非常重要的文章，有時還能在文本上讀到手寫的問候語，這可是來自自由世界的問候！

為了保留自己出版品的副本，我們在打字機上打字時會夾上一張藍色的複寫紙。但如果不小心把複寫紙放反了，就得重新打一遍。這種情況實在太可怕了，而且不只發生過一次，所以我經常放棄保留副本。

※ ※ ※

由於我當時不是所謂的「非社會主義經濟區」（Nichtsozialistische Wirtschaftsgebiet, NSW）的出差幹部，無法因公前往西方國家，所以只能在東德（如庫朗斯伯恩或海利根達姆〔Heiligendamm〕）、捷克斯洛伐克或波蘭的量子化學會議上，與那裡的科學家交流想法。每當國際知名學者抽出時間來拜訪我們，就是我們工作上的一大亮點。一方面，他們讚賞我們的研究品質；另一方面，他們也知道我們非常珍惜與他們接觸的機會。對我這個年輕科學家來說，能夠和許多其他科學家一起在海報上展示自己的研究成果，是多麼令人激動的事啊！為此，我們在一個大房間裡，將自己製作好的海報貼在硬紙板上，期待地等待感興趣的人來一起討論我們的研究。更令人興奮的是，我甚至有機會在德國、英國或美國的頂尖研究人員面前，進行一個小型演講來介紹我的研究。他們期待我能針對他們的問題給出精確的回答，有時我還必須用英語交流，這對我來說是一個額外的挑戰。而當我順利克服挑戰之後，真的是感到如釋重負啊。

透過這些交流，我與他們建立了個人友誼，例如來自卡爾斯魯爾的萊哈特．阿爾利希斯教授（Reinhard Ahlrichs）。阿爾利希斯是量子化學家，在他的研究小組中開發出了備受認可的分子結構計算程序。他身材高大，充滿自信，以一種不以為然的方式對科學觀點和社會狀況提出質疑。與他交談總是令人興奮。來自英國劍橋大學的尼克．漢迪教授（Nick Handy）也是如此。憑藉他的英式幽默，他總能僅透過提問就點出東德制度的荒謬之處。一九九〇年代，在我擔任婦女部長（Frauenministerin）時，他邀請我到劍橋大學，向那裡的學生講述我在東德的生活和德國統一的經歷。

多年來，我們研究所的量子化學家們，與海洛夫斯基物理化學和電化學研究所（J. Heyrovský Institut für Physikalische Chemie und Elektrochemie）一直保持著非常密切的合作關係，該研究所隸屬於在布拉格的捷克斯洛伐克科學院（Tschechoslowakischen Akademie der Wissenschaften）。在攻讀博士期間，我也多次前往那裡，每次停留三個月。在布拉格的合作期間，合作的核心人物是魯道夫・扎赫拉德尼克教授（Rudolf Zahradník）。他是一位令人印象深刻的人物，儘管他具有卓越的科學天賦，但因為參與了布拉格之春的政治活動，導致職業生涯停擺，如今，國家至少允許他繼續在捷克斯洛伐克科學院從事研究工作。

扎赫拉德尼克教授經常邀請客人到他家做客，我與他和他的妻子米蓮娜（Milena）度過了許多難忘的夜晚，她是講政治笑話的高手。扎赫拉德尼克竭盡全力確保在他之後一代的自然科學家，即便在社會主義條件下，也能接受全面的藝術和文化教育，而不僅僅侷限於他們自己的專業領域。他要求他的同事，包括我的直接合作夥伴茲德涅克・哈夫拉斯（Zdeněk Havlas），不僅要學習英語，也要學習德語。

扎赫拉德尼克對現實存在的社會主義的未來前景，有著非常貼近現實的看法。有一次，我搭乘連接東柏林、布拉格和維也納的文多波納號列車（Vindobona-Zug），列車晚了幾個小時才抵達捷克斯洛伐克首都，我因此感到非常惱火。他卻平靜地對我說：「你在生氣什麼？我們都知道我們是一個大型實驗的一部分，而且這個實驗注定會失敗，只是其他人還不知道而已。」讓我很高興的是，這位幾乎與我母親同齡的非凡科學家和人物（兩人都出生於一九二八年），在共產主義結束後的三十年間都自由地進行研究和生活，直到二〇二〇年去世。

日益脫鉤

琴斯托霍瓦（Tschenstochau）是波蘭南部的一座大城市，以一幅黑色聖母畫像聞名，吸引了許多人前往那裡的光明山修道院（Paulinerkloster）朝聖。我在波蘭度假時也去過一次。雖然我是新教徒，但我對於這個非常虔誠的國家中，成千上萬的天主教徒利用假期去朝聖的現象很感興趣。這在東德是難以想像的。在波蘭，人們對於擺脫社會主義制度、獲得自由和獨立的渴望比我們那裡明顯得多，這深深吸引了我。

一九八一年夏天，我和一位同事再次造訪波蘭，這次我們來到我母親的出生地：但澤。在這次私人旅行中，沒有做任何特別的安排，我們搭乘夜班火車在上午到達但澤之後，在車站附近的一家電影院看了安傑．瓦伊達（Andrzej Wajda）的兩部有名電影：一九七七年的《大理石人》（*Der Mann aus Marmor*）和剛上映的《鐵人》（*Der Mann aus Eisen*）。雖然電影用我不會的波蘭語放映，但我仍然被影片和觀眾的氛圍所吸引。放映結束時，儘管沒有任何演員在場，波蘭觀眾還是起立鼓掌了很長一段時間。他們對電影內容表現出的熱情，使我熱淚盈眶。

在波蘭，讓我印象深刻的還有許多知識分子有系統地繼續學習，並為此建立了地下大學。他們自己設計課程，而且顯然在這裡影印資料的機會比東德要多更多。我的一位捷克斯洛伐克同事曾把所有社會主義國家比作集中營，並對我們的波蘭同事說：「你們是最歡樂的營房。」這表示他們是最勇敢、最堅定的。

為了紀念一九七〇年但澤列寧造船廠（Danziger Leninwerft）的罷工事件（這次罷工被波蘭軍隊以武力鎮壓，官方數據顯示有四十五人因此喪生），一九八〇年十二月，波蘭在「團結工聯」成立的那一年，建造了一座紀念碑。我在旅途中買了一張這座紀念碑的明信片想帶回家。然而，在入境東德時，海關看到了這張明信片，我因此惹上了麻煩。

「這是挑釁。」她說。

我則堅持說：「這是一個友好社會主義國家的城市風景。」

但我沒能如願，明信片還是被沒收了，這件事甚至被上報到研究所的人事部門。儘管事件沒有任何後續，但這次經歷仍然讓我感到非常沮喪。

※　※　※

在此期間，我逐漸脫離了研究院內部的福利和活動，例如俄語課、假期照護員和打折的劇院門票。我開始建立自己豐富的交友圈和人際網絡。在一個成員包括「南極人」和他妻子在內的小圈子裡，有時是三人、有時是四人，我們在一九八〇年代初期閱讀和討論了《另類》（*Die Alternative*）這本書。這本書於一九七七年出版，由生活在東德的作家魯道夫．巴羅（Rudolf Bahro）所著。在《明鏡週刊》（*Der Spiegel*）發表了這本書的書摘後不久，巴羅隨即被捕，並被判處八年監禁。在西德掀起一波聲援浪潮之後，他獲得特赦，並於一九七九年離開東德前往西德。我已經不記得當時我們是怎麼拿到這本書的了，可能是以某種方式從西邊拿到的。在我的記憶中，巴羅對實際存在的社會主義生產條件的分析非常吸引人，甚至非常精采。然而，我無法認同他認為社會主義是可以改革的未來構想，這些想法在我看來完全不切實際。僅憑直覺，我覺得德意志聯邦共和國的經濟制度能夠保障盡可能多數人的福祉，儘管當時我對社會市場經濟並沒有深入的了解。

除了這個私人小團體外，大多數多元的政治討論都在教會的掩護下進行。自從搬到舍恩豪瑟大街後，我加入了客西馬尼教堂（Gethsemanekirche）的聚會。在那裡，我和赫爾穆特・哈伯蘭特（Helmut Haberlandt）與他的妻子蘿絲瑪麗（Rosemarie）一起參加所謂的家庭聚會。赫爾穆特・哈伯蘭特是我們研究所的另一位同事，也是我以前的講師萊茵霍爾德・哈伯蘭特的弟弟。與我不同的是，他們都有年幼的孩子，但這個圈子討論的內容遠遠不只孩子的教養問題。我有時也會參加其他活動，比如萊納・艾佩曼（Rainer Eppelmann）主持的藍調禮拜，他是腓特烈斯海恩（Friedrichshain）的薩馬利亞教堂（Samariterkirche）的牧師，我是間接從父親的傳道人培訓學院認識他。在他的禮拜中，和平與環境問題是討論的重點。只不過我在這裡往往是少數派，因為我個人認為蘇聯用SS－20導彈進行軍備擴張需要西方的回應，而且我後來也不認為車諾比核災（Reaktorunglück von Tschernobyl）是核能系統性故障的結果，而只是蘇聯的疏忽所致。至於我為什麼仍參加了一些公開活動，那是因為我認為無論如何都應該支持批評國家的倡議。因此，一九八二年我參加了羅伯特・哈夫曼（Robert Havemann）在柏林附近的綠海德（Grünheide）舉行的葬禮。羅伯特是我的同事烏茨・哈夫曼的繼父，他是一名化學家，堅定的共產主義者，後來成為東德政權的批判者。即便我不贊同他認為需要改革社會主義的社會政治觀點，但我欽佩他的勇氣，希望透過出席默默表達對他的支持。

在我當時與其他人的討論中，主要關注的並不是人道社會究竟該是什麼樣子，更多的是在團結表現對東德政權的反對。重點在於我們反對什麼，而至於我們到底真正想支持的是什麼，這個問題則被留待以後再討論。那時，我們還不知道這個問題很快就會變得如此重要。

※　※　※

一九八〇年代中期，我的生活再次發生了根本上的變化。我對約阿希姆・紹爾，也就是我現在的丈夫，開始有了更進一步了解。我們先前在工作上已經有過接觸，但這次不同。我們相愛了。多年後，他告訴我，他第一次注意到我，是在研究所工會管理委員會的成員名單上看到我的名字。當時他對工會管理委員會或我都並不特別感興趣，而是被我名字後面的注記給吸引：出生於漢堡，也就是西德。在我擔任聯邦總理的某一天，一位記者詢問我關於在工會的經歷，但我已經不記得自己是否曾在研究所的自由德國工會聯合會的工會管理委員會任職過，約阿希姆卻立刻想起了那張告示：「當然，我在那裡看過你的名字，上面還寫著你出生在漢堡呢。」

約阿希姆比我大五歲。在他高中會考的那個學年，學生們除了準備大學考試外，還要學習一項專業技能，他因此成為了一名化學實驗室技術員。之後，他在洪堡大學學習化學，並在完成一項研究計畫後取得了博士學位。不過，由於政治因素，他沒有在大學獲得固定職位，於是轉而去了科學院。我們在同一個研究所工作，都從事量子化學領域的研究，但分屬不同的部門。他在那裡完成了他的高級博士學位[2]，相當於今天的教授資格論文，並專注於比我的研究更複雜的化學結構研究：沸石（Zeolithen）。約阿希姆的第一段婚姻育有兩個兒子，他過去和現在都是一位充滿熱情的科學家。早在我之前，他就與布拉格海洛夫斯基研究所和扎赫拉德尼克教授合作過。他清晰的政治分析以及對藝術和文化的熱情，尤其是對音樂的喜愛，讓我留下了深刻的印象。我們都熱愛大自然和旅行，現在依然如此。透過他，我才真正了解並理解了華格納的音樂。和他在一起，我找到了回歸科學學術的方向——這正是我所需要的。

自有住宅所有人

《根據量子化學和統計方法對單鍵斷裂衰變反應機制的研究，以及其速率常數的計算》（*Untersuchung des Mechanismus von Zerfallsreaktionen mit einfachem Bindungsbruch und Berechnung ihrer Geschwindigkeitskonstanten auf der Grundlage quantenchemischer und statistischer Meth-*

2 譯注：「高級博士學位」（Promotion B）是指前東德授予已取得博士學位之學者的學術等級。此學位旨在表彰各學術領域中的重要成就或進階研究貢獻。

oden），這是我博士論文的題目。我最終於一九八五年提交了這篇論文。每個博士生都有一個所謂的研究計畫，我的計畫原本應該在一九八〇至一九八四年間完成我的論文，但我比原訂計畫晚了六個月，不過這不算太大的問題。一九八六年一月八日，終於完成口試答辯後的我感到如釋重負。之後，我在研究所的營房地下室裡開了一個輕鬆的慶祝派對，和約阿希姆與系所的同事們一起享用自製的麵包、啤酒和葡萄酒。那一年，我三十一歲。

※ ※ ※

獲得自然科學博士學位（Dr. rer. nat.）後，我轉到研究所的另一個部門。我是那裡唯一的理論研究員，其他同事都從事實驗工作，主要是電子自旋共振（EPR）和核磁共振光譜（NMR）領域。我開始研究比以往更複雜的化學反應，但與布拉格同事哈夫拉斯的合作仍在繼續。整體來說，我的工作目標不像博士學習期間那麼明確。我很清楚，由於政治原因，我不會成為能前往西方國家的出差幹部，也沒有打算進行博士後研究。我想自己是一名不錯的科學家，但並不像那些能在基礎研究領域中取得最佳成果的人那樣對科學充滿熱情。因此，當一個完全不同的私人工作機會偶然出現時，我感到非常高興——我成了家鄉滕普林附近的自有住宅所有人。

原本是我妹妹想在烏克馬克找一個可以放鬆的週末度假小屋，並打算在當地報紙《自由大地》上刊登廣告。我請她也為我刊登一則，想看看會發生什麼事。結果發現，這需要得到區議會旅遊和休閒部門的許可，於是我主動提出為我們兩人去申請這個許可。然而，承辦的工作人員卻告訴我：「我不能批准您刊登這樣的廣告，因為根本就不會有人提供房屋報價。」要知道，在東德是不允許自由出租房間或房屋的。就在我失望地準備離開時，負責人員又說：「您可以再去房屋管理部門試試看。不過，您必須準備好將您的主要住所從柏林搬到烏克馬克，否則只會白忙一場。」我不打算拒絕，而且我也很好奇那個部門能提供些什麼。

當我到那裡時，工作人員已經替我通報了，令人驚訝的是，桌上竟擺著一份房屋報價。因為就在當天早上，新布蘭登堡（Neubrandenburg）區議會通知主管區議會，他們收到了一份針對霍恩瓦爾德（Hohenwalde，距離滕普林約二十公里的一個村莊）一處新農舍的國家賠償申請，這意味著國家必須對房屋的價值損失負責。

為什麼會這樣呢？這是因為一九四五年土地改革後，大地主的前雇員和許多來自東歐和中歐的流亡者在蘇聯占領區獲得了一些可耕種的土地和森林，以及建造房屋的材料。他們被稱為新農民。這些房屋的格局大多相似。然而，在一九五〇年代強制集體化的過程中，所有農民都必須將他們的土地交給當地的農業生產合作社（Landwirtschaftliche Produktionsgenossenschaft, LPG）。到了一九八〇年代，這些農業生產合作社又分為農作物生產部和畜牧生產部。如果新農民的農舍繼承人不想要這些農舍了，也不能直接出售，而是必須優先出售給農作物生產部和畜牧生產區，接著是林業和林場管理部。只有這三個部門都書面確認沒有意願後，房屋才能另作他用。

這棟房子的處理程序已經持續了兩年，房屋面臨年久失修的情況。房屋繼承人請求村裡的一位居民作為他們的利益代理人，但這位代理人除了以國家賠償威脅區議會之外，也別無他法，因為他也不指望能得到自己所在區域的任何支持。

而我正是在這樣的情況下無預警出現，彷彿是被召喚一般。區議會希望盡快處理掉這處房產，而我表達出有興趣，並且願意將我的主要居住地從柏林搬到烏克馬克。其實沒有人會輕易這麼做，因為你永遠不知道，如果你不再是東德首都的居民，你會失去什麼樣的特權。但是，為了推動自住房的建設，政府提供了一筆兩萬元東德馬克的無息貸款，還款利率為一％。此外，木匠、木工、屋頂工和管道工等各種建築工程行業，每年都必須以國家規定的極低價格為自建房業主提供一定比例的服務。鑒於我們的經濟狀況，約阿希姆和我相當依賴這些福利；但如果這棟房子只是作為週末度假用的第二居所，我們就無法享受到這些福利。

這棟房子本身的地理位置非常棒，但屋況確實糟糕堪憂。關於改建的細節就不多說了，簡單來說，就是約阿希姆和我決定冒險一試。這需要投入大量的精力。我再次學到全新的事物：在經濟短缺的條件下組織施工工程，這是一項徹底的實作任務，與我在科學院的理論工作形成了鮮明對比。整個翻修工程一直持續到東德解體。另一方面，買房的時機也很合適，幸運的是，我已經完成了博士學業，有更多的時間投入。德國統一後，這間鄉間房屋成了我們的避風港。我無法想像，如果沒有這個小小的庇護所，我該如何應對這三十年的政治工作。同時，至少在某種程度上，我又回到了我的家鄉。在烏克馬克，我找到了家的感覺。

西邊旅行

一九八七年，時機成熟了。自圍牆建成二十六年以來，我第一次被允許再次踏上漢堡的土地。我首次的西邊之旅之所以獲得批准，是因為要參加表妹的婚禮。根據我的記憶，參加婚禮的許可有效期限總共是七天。不過在講述這次旅行之前，我必須先做個簡短說明，好讓大家更容易理解當時的背景：一九八三和一九八四年，東德從聯邦德國獲得了兩筆總額為二十億的貸款，這些貸款由西德銀行財團負責處理。當時的巴伐利亞邦總理和基社盟主席弗朗茨．約瑟夫．施特勞斯（Franz Josef Strauß）在這些金融援助計畫中扮演了關鍵角色。這些貸款的批准在東德和西德都引起了極大的爭議。有些人認為，這些貸款在經濟上幫助陷入困境的東德，是透過支持這個國家間接加強了德國的分裂。還有另一些人覺得，東德提供的交換條件是從內部削弱這個體制的一種方式，譬如拆除自動射擊裝置和放寬雙向旅行限制。我個人傾向於後者的觀點。此前只有直系親屬才能在特定情況從東德前往聯邦德國，但現在也擴及二等親和三等親的家庭活動。從那時起，獲准前往聯邦德國的人數急遽上升。一九八七年，我也成了其中之一。

我和我母親、妹妹都獲得了旅行許可，而我父親和弟弟則留在家。東德政府始終非常謹慎地確保整個家庭不會一起前往西方，因為國家認為這種情況下逃跑的風險非常高。不過，現在至少我和母親、妹妹被允許同時前往同一個目的地了。

除了去漢堡參加表妹的婚禮，我還計劃了一些其他的事，不過這些計畫只有到了那裡才能實現。我從東柏林經腓特烈大街站前往西柏林。終於，我不再只能聽到警犬的叫聲，而是可以自己穿越到西邊了。我對於等待著我的一切感到興奮、好奇和難以置信，並計劃從動物園火車站出發前往漢堡，這樣就可以在西柏林多停留一些時間。這是我自圍牆建成前幾天，拉著祖母的手從潘科匆匆趕往法國占領區又趕回來買菸之後，第一次有機會在西柏林停留。我去了十字山區（Kreuzberg）的柯特布斯門（Kottbusser Tor），因為這裡離我每天搭乘的城市快鐵路線相當近，我想看看那裡是什麼樣子。我注意到這一區有很多土耳其人。除此之外，我還驚訝地發現，雖然這裡的房屋和街道比我們那裡更多彩多姿，汽車也更多，但毫無疑問這是同一座城市，無論是上鮑姆橋（Oberbaumbrücke）邊境管制的這一側或那一側。

帶著這份確信，我在動物園站坐上了開往漢堡達姆托爾（Dammtor）的火車。阿姨來接我，我們一起前往她在白沙島（Blankenese）的家。婚宴在花園裡舉行，我見到了許多只聽說過的阿姨家的朋友。教堂婚禮和隨後的午餐在市郊的鄉村舉行。來自西邊的客人對我和妹妹有些好奇，而我們則對白沙島的優雅、易北河畔的公園與商店，以及奔流不息的易北河（Elbe）驚嘆不已。雖然這些外在環境對我和妹妹來說很陌生，但因為阿姨一家常來滕普林拜訪我們，我們對她們感到非常熟悉。

※　※　※

婚禮結束後，我立即展開我首次西邊之旅的第二部分：去卡爾斯魯爾拜訪阿赫利希斯教授。前面提過，我是在東德的學術會議上與他相識的。此外，我還打算拜訪我們系上一位逃到西邊的科學家，他現在住在康士坦茲（Konstanz）。直到我人在漢堡時，我才在開始具體規劃這段行程。如果我的意圖被提前知道，就算我的整個行程不被取消，至少我在西邊停留的時間也會被縮短。而我母親在漢堡可以使用一九七七年去世的外婆的遺產帳戶，她資助了我這後半段的旅程。

對我來說，這是一場小小的冒險。我突然意識到，自己對西德的日常生活幾乎一無所知。我對聯邦共和國的認識主要來自西德的電視節目。我甚至不確定，作為一名獨自旅行的女性能否安全地住進旅館。這個問題如今看起來很愚蠢，但當時我真的毫無頭緒，雖然我曾在布達佩斯、布加勒斯特、高加索以及其他不知道什麼地方過了夜，都沒有遇到什麼事情。

還有另一個觀察讓我非常在意。我搭乘城際列車從漢堡前往卡爾斯魯爾，這趟列車的技術和設計讓我非常興奮，認為它簡直是工程的奇蹟。但讓我震驚的是，一些搭乘同班列車的西德學生竟然把腳和髒鞋子放在精美的火車坐墊上。這實在太不可思議了，我在東德從未見過這種行為。

在卡爾斯魯爾，阿赫利希斯教授一家熱情地接待了我。我留宿在他們家，我們一起去了附近的黑森林觀光，還參觀了阿赫利希斯教授在工業大學的研究所。

在康士坦茲，我一切只能靠自己。我住在一家小旅館，對這座波登湖（Bodensee）湖畔城市的南方風情留下了深刻的印象。我與前同事共進午餐，並向他轉達了科學院其他同事的問候。逃離東德後，他在康士坦茲找到了從事學術工作的機會，並為此感到非常欣慰。

帶著這次旅行的深刻印象和滿足感，我最終經過漢堡回到了家，因為入出境地點必須是同一個。對我來說，留在聯邦德國從來不是選項，因為約阿希姆在東德，我的家人和大多數的朋友也都在這裡。此外，我還有一種感覺，再次前往西德應該不必再等二十六年了。

※　※　※

就這樣，一九八九年十月底，我的姨婆艾米兒（Emil），我漢堡外婆唯一在世的姊妹，迎來了她八十五歲的生日。我再次獲准旅行。過去三年裡，東德發生了許多變化。自米哈伊爾．戈巴契夫（Michail Gorbatschow）於一九八五年擔任蘇共中央總書記以來，開放（glasnost）和改革（perestroika）這兩個流行語成了每個人的口頭禪，整個東德的局勢開始逐漸改變。

一九八九年春天，東德舉行了地方選舉，一些勇敢的選舉觀察員揭露了國家嚴重竄改這次選舉結果的事實。在夏秋兩季，成千上萬的人經由匈牙利離開了東德。一九八九年九月十一日，匈牙利開放了通往奧地利的邊界，這是匈牙利黨領導階層的一個大膽決定。隨後，事情接二連三地發生：九月三十日，西德外交部長漢斯－迪特里希．根舍（Hans-Dietrich Genscher）通知在德國駐布拉格大使館尋求庇護的東德公民，他們獲准前往西德。同樣在九月，民權運動「新論壇」（Neues Forum）和「現在民主」（Demokratie Jetzt）在民主德國成立；十月一日

「民主覺醒」運動（Demokratischer Aufbruch）成立了；十月七日，東德社會民主黨（SDP）成立。十月七日本應是東德建國四十週年紀念日，這一天卻是黨領導階層的慘敗，尤其因為戈巴契夫的那句傳奇名言：「生活會懲罰那些改革動作慢的人。」這句話對何內克領導下的東德領導層來說，無疑是一份真正有毒的生日禮物。在所有這些事件的影響下，人們開始鼓起勇氣，公開表達他們對國家的不滿。

一九八九年十月八日，當我結束在滕普林的週末，回到柏林舍恩豪瑟大街時，發現整座城市已經完全變了樣。裝甲車停在冷清的街道上，客西馬尼教堂開放祈禱，蠟燭不僅在窗台上點燃，甚至電車駕駛室裡也燃起了燭光。這些都是和平革命的光芒。這些畫面傳遍了世界。第二天，即一九八九年十月九日，萊比錫舉行了有史以來規模最大的「週一示威」遊行（Montags-demonstration），空氣中瀰漫著一股驚人的緊張氣氛。但是當時的政府並沒有使用暴力鎮壓。顯然莫斯科沒有下達這樣的命令，這與一九五三年六月十七日和一九五六年的匈牙利起義、一九六八年捷克斯洛伐克的布拉格之春，或是一九八一年波蘭實施戒嚴令的情況完全不同。

艾米兒姨婆的生日是十月二十七日，我獲准在德國停留至十一月五日。在漢堡的生日聚會結束之後，我立刻前往卡爾斯魯爾。與我首次旅行不同的是，這次約阿希姆也在那裡，他已經在卡爾斯魯爾與阿赫利希斯教授一起進行了為期數週的研究訪問。自一九八八年底以來，約阿希姆與越來越多的同事一樣，因職業原因獲准前往西方國家，而這是東德為了防止越來越多科學家出逃而做出的因應措施。他留在西邊的卡爾斯魯爾也不再是我獲得旅行許可的障礙，情勢已經發生大幅改變。

除了約阿希姆之外，我們研究所的所長格哈德・厄爾曼（Gerhard Öhlmann）教授（當然也是社會主義統一黨員）正好在那裡作客，他對於我突然出現在卡爾斯魯爾也表現得相當平靜。我們與阿赫利希斯教授四個人共進晚餐，談論了當時的局勢。至今我還記得自己說：「我不明白為什麼要偽造地方選舉的結果。」厄爾曼教授並沒有質疑這個事實，他回答說：「我也不明白，因為就算是百分之八十的支持率也已經是個不錯的結果。」我問道：「那如果只有百分之五十一呢？」為了保險起見，我沒有提選舉結果低於百分之五十的情況。厄爾曼不假思索地說：「那是不可能的！」之後我們便換了話題。

一九八九年十一月五日，我回到家中。就在前一天，柏林舉行了一場有數十萬人參加的示威遊行。全國的空氣都為之震動，顯示出即將發生重大變化的跡象。那段時間，大家幾乎已經無法專心進行研究工作了。

結束一天的工作後，我回到家做的第一件事通常就是聽新聞。一九八九年十一月九日那個星期四也是如此。當我聽到君特・夏波夫斯基說的話時，簡直不敢相信自己的耳朵。我立即打電話給在滕普林的母親，說：「你聽到新聞了嗎？我們很快就能在西柏林的凱賓斯基飯店（Kempinski）吃生蠔了。」這是我們經常用來形容柏林圍牆將不復存在的一句話。然而，我們誰也沒想到不久的將來會親身經歷這件事。

「什麼?!我什麼都還沒聽說呢。」我母親回答。

「真的！快打開電視！」我對她喊道。

掛上電話後，我像往常的每個週四，拿著我的三溫暖包，去鄧克街（Dunckerstraße）接我的三溫暖之友蘿絲瑪麗・哈伯蘭特，然後一起去恩斯特－泰爾曼公園（Ernst-Thälmann-Park）的室內游泳池三溫暖。夏波夫斯基的話也是那裡討論的話題，但並不是每個人都對開放圍牆的可能性抱持同樣積極的態度。有些人已經習慣了東德的生活，尤其是這個街區的人，對於改變沒有太大的渴望。三溫暖結束後，我們像過去每週一樣去了附近的一家酒吧，喝著啤酒，從收音機裡聽到人們正在湧向西邊。當時的氣氛與往日無異，那些想去西邊的人不會坐在酒吧裡。我們很快離開了酒吧。我的朋友回家照顧她年幼的孩子，而我則一路向西。

當我走到舍恩豪瑟大街和博恩霍爾默大街的轉角處時，看到成群結隊的人正向博思大橋（Bösebrücke）的方向走去。我提著三溫暖包，加入了隊伍。

※　※　※

二十年後的二〇〇九年夏天，我正在聯邦總理府為九月二十七日的聯邦眾議院選舉拍攝競選廣告。我在二〇〇五年首次當選德意志聯邦共和國總理，這次要競選連任。廣告開頭的畫面是我從辦公室的窗戶望向國會大廈，這個景象在我腦海中浮現的是一九八九年眾人站在柏林圍牆上歡呼，以及試圖用鎬頭和鑿子拆除圍牆的場景。電視觀眾聽到我說：「我並非生來就是總理。」這句開場白聽起來平淡無奇，但之於我卻包含了一些令人難以置信的感受。無論如何，這句話並不像電視廣告上聽起來那麼容易說出口。最初版本的錄音沒有被採用。於是我們租了一間錄音室，我一遍又一遍地說著這幾個字，使它們能傳達出正確的語氣。「我並非生來就是**總理**。」、「**我並非**生來就是總理。」、「我並非**生來**就是總理。」直到最後終於成功：「我並非生來就是總理。」

那麼，難以置信的事情是什麼呢？在東德，沒有與「總理」相對應的詞彙。「總理」代表的是另一個國家的政府首長，是德意志聯邦共和國的領導者。如果我能以任何方式到達那裡，我隨時都可以獲得那裡的公民身分，但幾十年來，我卻連簡單的訪問都被禁止了。

一九八九年十一月九日，在前華沙公約組織和其他社會主義國家人民的大力協助下，在我成長的國家裡的人們推倒了圍牆，我就是在這樣的環境中長大的。我曾在這裡試圖繞過國家設置的障礙，就像滑雪者在迴轉中閃避旗門一樣。我曾努力在當時的條件下做到最好，始終保持好奇心和冒險精神，不傷害任何人，同時將自己推向可能的極限。我對這些框架條件瞭若指掌。我非常幸運，那時我三十五歲，還足夠年輕，可以開始新的生活。我不知道未來會如何發展，但有一點毋庸置疑：東德的結構是不可能從內部進行改革的。這就像一件開襟羊毛衫，如果第一顆鈕扣扣錯了，你就必須從頭開始，才能把衣服穿好。而民主德國的第一個鈕扣就扣錯了，對此我深信不疑。

第二部

一場民主的覺醒

一九八九年十一月十日—一九九〇年十二月二日

統一、正義和自由

憂喜參半

一九九〇年十月三日星期三，上午十點十五分左右，柏林的天氣晴空萬里。距離十一點在柏林愛樂音樂廳（Die Berliner Philharmonie）舉行的德國統一儀式還有一段時間。我站在距離音樂廳入口大約七十公尺的地方，觀察著前來參加的人群。此時，我才剛經歷了激動人心的七十二小時。十月一日星期一，我在漢堡舉行的東西德基民盟統一黨代表大會上，不僅首次與赫爾穆特・柯爾（Helmut Kohl）當面交談，作為來自民主覺醒黨（Demokratischer Aufbruch）的新東德基民盟成員，我也在這次黨代會上正式成為統一後的德國基民盟的一員，並且在一千多名黨代表前發表了簡短的談話。在演講中，我用以下幾句話概述了已不復存在的民主覺醒黨的自我定位：

「對我們來說，建立一個以社會和生態為導向的市場經濟，並盡快實現德國的國家統一，是極其重要的。在這條道路上，我們在德國聯盟（Allianz für Deutschland）中找到了盟友，並在人民議會選舉中取得了成功。透過民主覺醒黨與基民盟的合併，我們也證明了這一點。

然而，我們不希望在未來的政治工作中失去民主覺醒黨的理念。因此，我們希望能在基民盟內成立一個民主覺醒工作小組，繼續推進我們的工作。但我們並不是要孤立自己，而是想邀請大家與我們在這個工作小組中合作。我想提及兩件對我們的工作非常重要的事：

首先，是反思我們自己的歷史。因為只有這樣，我們才能學會積極地塑造民主。

其次，我們要努力與東歐的政治朋友建立連結。過去幾年，我們從他們那裡學到了很多，他們也給了我們許多幫助。即使在統一的德國，我們也不能忘記，歐洲的盡頭並不是德國的東部邊境。我們不能忽視其他民族面臨的問題。

親愛的朋友們，今天我們成立了全德國的基民盟。然而，我認為統一的進程尚未完成。我們必須相互交流我們的經歷和生活。」

※　※　※

民主覺醒工作小組雖然成立了，但很快便悄然消失，儘管後來證明了它的理念具有重要的意義。

黨代表大會結束後，十月二日星期二，我從漢堡前往柏林，回到柏林舊市政廳廣場（Altes Stadthaus am Molkenmarkt）的東德總理官邸工作，我自四月起便擔任政府副發言人。當天下午稍晚，我收到了由東德總理洛塔・德・梅齊耶（Lothar de Maizière）簽署的解職信。晚上九點，我參加了政府在憲兵廣場劇院（Schauspielhaus am Gendarmenmarkt）舉行的統一儀式。我坐在側邊的座位上，貝多芬的第九交響曲響起：「歡樂，絢麗的神聖火花。」洛塔走上講台，代表全體政府成員發表了一段簡短的談話，宣布我們的工作結束。

儘管對德國統一感到無比喜悅，但在那一刻我還是流下了眼淚。這是告別的淚水，儘管是期盼已久的告別，但其中肯定夾雜著疲憊不堪的情緒。那個我全心全意投入的政府副發言人職位就此結束了。自一九九〇年四月十二日我們的政府上任以來，我們懷抱著極大的熱情，經歷了一百七十四個日夜的努力，有條不紊地努力完成最後的工作，為德國的重新統一鋪平道路。當儀式結束後，我感到如釋重負。

我短暫回了一趟家，隨後與約阿希姆一起前往當晚在國會大廈（Reichstag）的重頭戲。東西兩德的主要代表聚集在西側的台階上，儘管只是配角，約阿希姆和我也被允許一同站在那裡。我憂鬱的心情已經消散，看到數十萬人聚集在國會大廈前，那一刻令人無比感動。午夜時分，象徵德國統一的黑、紅、金三色旗幟冉冉升起，自由鐘（Freiheitsglocke）的鐘聲從西柏林的舍訥貝格市政廳（Rathaus Schöneberg）傳到了國會大廈前的廣場上。這座鐘是美國費城（Philadelphia）著名自由鐘的複製品，主要由美國人捐款資助，自一九五〇年十月起一直懸掛在舍訥貝格市政廳。鐘上刻有這樣的銘文：「願上帝保佑下的這個世界迎來自由的新生。」這句話是美國總統亞伯拉罕・林肯（Abraham Lincoln）在蓋茨堡之役（Schlachtfeld von Gettysburg）所說的話，當時正是一八六三年美國南北戰爭的轉捩點。對我們來說，這段話也成為了現實。東德已經成為歷史，現在只有一個德國。而我，是德國公民。十月三日，從星期二至星期三的那個夜晚很短暫。憂傷早已消失，只剩下對已實現成果的純粹喜悅，以及對統一後的德國未來的熱切期盼。

※　※　※

典禮開始前的四十五分鐘，我愉快地站在愛樂廳入口處的一側，環顧四周，想好好享受這一刻。突然，我看到一位正在執勤的警察，他是一位身材略顯魁梧的中年男子，大概五十到六十歲之間。在我們目光交會的那一刻，我立刻意識到，他一定在十二小時前還是東德人民警察的一員。他那有些緊張、略帶不確定的神情，以及那生硬、幾乎像軍人一樣的動作，都讓我更確信了這一點。然而，現在他穿的是西柏林的警察制服。我愣了一下，花了一點時間才意識到，這位人民警察在一夜之間變成了柏林邦的警察。德國人民警察已不復存在。我腦海中閃現出幾次我與所謂東德武裝組織接觸的畫面，其中包括德國人民警察在內。但從今往後，所有的警察，包括我在愛樂廳前看到的這一位，都肩負著在德意志聯邦共和國這個憲政國家中，作為唯一合法執法者維護社會秩序的責任。這與他們之前在東德的任務相比，真是天壤之別，但他們仍是同一個人。那一瞬間的眼神交會讓我猛然意識到，擺在我們面前的任務是多麼艱鉅——真正共同生活在統一的德國之中。

當我在外頭沉浸在自己的思緒中時，碰巧遇見了聯邦財政部國務祕書彼得・克萊姆（Peter Klemm）。「見到您真高興！」他愉快地對我喊道。我們是在《基礎條約》的談判中認識的。我隨口向他講述了方才與那位身著西德制服的前東德警察相會的經歷，最後說道：「您可能經常會想，我們東德給您帶來了多少繁忙的工作，但我要告訴您，這只是個開始，您可以放心。今天只是德國統一的開始。」

「啊，沒事的，今天是慶祝的日子。」克萊姆回應道。

我不確定他是否明白我在煩惱什麼。三十多年來，直到我承擔政治責任的最後一天，我一直在關心德國統一的實際完成時間和方式。

但那天我還是先去參加了愛樂廳的典禮，隨後與約阿希姆一起漫步柏林街頭。天氣非常好，成千上萬的人走在街上。一九八九年十一月九日，這是柏林圍牆倒塌後的三百二十七天，距今不到一年，我們心情高漲，深知自己正在經歷一個無與倫比的時刻。

最初的政治行動

圍牆倒塌後的第一個週末，我受邀參加一個鄰居的生日派對。令我驚訝的是，派對的氣氛竟然十分沉重。大多數參加派對的人認為，夢想中東德獨立發展的第三條路已經破滅了。一位鄰居說：「其實我們現在就應該抓住機會，開始制定新的憲法草案。」

「但結果會怎樣呢？人們只會追求消費，滿足於香蕉和牛仔褲[3]。」另一位派對客人如此抱怨道。

我簡直不敢相信，心裡想著：這不可能是真的吧。怎麼會有人為此悶悶不樂？

「來吧！」我喊道：「圍牆終於倒了，這難道不是太棒了嗎？其他一切都有待觀察，但今天應該是個美好的日子啊！」然而，顯然我的快樂沒能感染任何人。

※ ※ ※

接下來幾天的情況則完全不同。一九八九年十一月十三日星期一，我前往波蘭，準備在托倫發表我已經計劃了數個月的演講，對象是與我們物理化學中央研究所的量子化學家合作的科學家。正如我先前提到的，在十一月九日午夜前，我逆著湧向西柏林的人潮回到了東柏林的家。儘管我一心想專注準備，卻幾乎無法集中精力撰寫演講稿。但我也不想取消這次旅行。於是，雖然準備不足，我還是踏上了火車，滿懷期待地要與我的波蘭同事們見面。

其中一位同事來火車站接我。我們用英語交談，他的意思大概是：「你果然是德國人，這麼有責任感！經歷了這麼大的事件，還能在四天後就出發前往另一個國家，沒有一個波蘭人會像你這樣。」

受到如此熱烈歡迎真的是太好了，於是我回答道：「我肯定哪都不會去，但一定會來波蘭！」我們都笑了，我又補充道：「不過我得先提醒你們，我這次演講準備得不是很充分。」

3 譯注：在冷戰期間，東德和西德在經濟、政治和生活方式上存在巨大差異。在東德，香蕉是稀缺的奢侈品，象徵著西方的富裕生活；牛仔褲則象徵著時尚和自由，難以獲得。

「啊，完全沒關係，我們很高興你能來。跟我們講講柏林的情況吧！」那位同事說完又補充道：「等我們下次去柏林時，德國就是一個統一的國家了！」

我簡直不敢相信他說的話，此時距離柏林圍牆倒塌才過了四天，但我的波蘭同事卻如此肯定地說：「沒錯，相信我，下次我們在柏林見面的時候，德國就已經統一了。」儘管我的眼神充滿懷疑，但他的信念沒有絲毫動搖。

他邀請我到他家與他的妻子共進晚餐，我們繼續討論了這個話題。我在托倫停留四天，完成了演講，但對演講的主題和相關討論都沒什麼印象。那幾天，科學似乎不重要，幾乎所有討論都聚焦在政治上。

波蘭在政治發展方面再次領先我們一步，因為早在一九八九年六月，波蘭就舉行了眾議院（議會）和參議院（第二院）的部分自由選舉。根據波蘭圓桌會議（Polnischer Runder Tisch）達成的協議，眾議院選舉中六十五%的席位保留給了波蘭統一工人黨（Polnische Vereinigte Arbeiterpartei）的候選人，該黨之前一直是波蘭的主要政黨；三十五%的席位則分配給了所謂的獨立候選人。波蘭自由工會組織「團結工聯」的候選人贏得了所有獨立席位，並在參議院中贏得了一百個可自由競爭席位中的九十九個。我的許多波蘭同事對這個選舉結果欣喜若狂。我親眼見證了這一切，因為宣布選舉結果時，我正好在波蘭參加一場量子化學會議，地點在托倫以東八十公里處的巴喬特克（Bachotek）。

如今，幾個月後的現在，我的波蘭朋友和我一起為我們國家所經歷的事情感到高興，彷彿這一切就發生在他們國家。即使在今日，每當我回想起這件事，仍然會起雞皮疙瘩，也記得自己當時多慶幸有踏上這段旅程。

※　※　※

十一月十六日星期四，我懷著愉快的心情回到柏林。隔天，我把波蘭同事的預測告訴了科學院的同事們。我們討論了他說的話是否有道理，德國是否真會如他想像地那樣迅速統一。當然，我們當時都無法預見接下來會發生什麼事，但隨著討論更深入，我們意識到，快速統一的問題會在不久的將來成為議程中的主要議題。我們對東德的經濟狀況不抱什麼幻想。同時我想起了一個一九六〇年代的老笑話：東德國務委員會主席瓦爾特·烏布里希特坐在扶手椅上，懷裡抱著他的情人。他問她是否有什麼願望，而她請求他開放柏林圍牆。烏布里希特笑著回答：「親愛的，你是想要我們倆獨處嗎？」這個笑話包含了一個永恆的真理，就如我們在一九八九年的夏秋時期十分清楚看到的那樣。正因如此，找到一條迅速實現統一的道路幾乎成了必然的選擇。

變化的速度確實快得令人驚嘆：一九八九年十一月十三日，也就是我前往托倫的那天，當時還是德國社會主義統一黨德列斯登地區第一書記的漢斯·莫德洛（Hans Modrow），接替了維利·斯多夫（Willi Stoph）成為部長會議主席，即東德政府首長。就在幾週前的十月十八日，埃里希·何內克已被埃貢·克倫茨（Egon Krenz）取代。克倫茨最初擔任德國社會主義統一黨的總書記，從十月二十四日起，兼任東德國務委員會和國防委員會主席。此前克倫茨還是何內克的副手時，曾在前往中國參加中華人民共和國成立四十週年紀念活動期間，公開支持中國政府在一九八九年六月北京天安門廣場鎮壓中國學生抗議的行動。這加劇了我們對所謂「中國式解決方案」鎮壓和平革命的恐懼。幸運的是，事情並未朝這個方向發展，而克倫茨擔任國務委員會主席也只是東德末期一個極為短暫的插曲。

另一方面，聯邦總理赫爾穆特·柯爾則以一種近乎本能的敏銳直覺，察覺並認知到了時代的徵兆。一九八九年十一月十六日，也就是我從托倫返回的那天，距離柏林圍牆倒塌剛好一週，他明確表示，聯邦德國願意提供經濟援助，但前提是東德必須改變其經濟制度。僅僅十二天之後的十一月二十八日，他在德國聯邦眾議院的預算審查會議上，提出了轟動一時的「十點計畫」（Zehn-Punkte-Plan）。在計畫的第五點中，他表示願意「在兩個德國之間發展邦聯結構（konföderative Struktur），目標是建立一個聯邦制（Föderation）的德國，即一種聯邦國家制度」。柯爾接著說道，這個計畫的實施必須「以德意志民主共和國必須具有一個民主正當性的政府」為前提。在第十點中，柯爾強調：「重新統一，也就是恢復德國的國家統一……仍是聯邦政府的政治目標。」霍斯特·特爾切克（Horst Teltschik）在一九九〇年底前擔任柯爾的外交和安全政策顧問，正如他在一九九一年出版的《三百二十九天：德國統一的內部視角》（*329 Tage. Innenansichten der Einigung*）一書中所描述的，赫爾穆特·柯爾只在一個小圈子內制定了他的計畫。在演講前一天，他僅口頭通知了基民盟主席團和聯邦理事會，但完全沒有告知他的聯合政府夥伴自由民主黨（Freie Demokratische Partei, FDP）。在演講開始前幾個小時，只有白宮收到了他的書面資料。在我看來，柯爾採取這種做法是為了避免任何風險，以防那些持懷疑態度的人破壞他的願景，也避免讓這個驚喜效果化為泡影，尤其是對反對黨來說。為此，他已經準備好創造既成事實。我認為，關於聯邦總理經常被討論的政策方針權限（Richtlinienkompetenz），也就是聯邦總理在某些情況下只依據自己的判斷做出決策，並承擔起最終的政治責任，柯爾的行動是一個令人印象深刻的例子。

一九八九年十二月三日，德國社會主義統一黨領導階層全體辭職；一九八九年十二月六日，克倫茨辭去國務委員會主席職務。同一天，東德人民議會（Volkskammer）選出東德自由民主黨（Liberal-Demokratische Partei Deutschlands, LDPD）黨員曼弗雷德·格拉赫（Manfred Gerlach）作為新的國家元首。距離圍牆倒塌不到一個月，工人階級政黨（即德國社會主義統一黨）的領導地位就此結束了。舊有的體制徹底崩塌，新的政黨接連成立或是正在籌備中。一九八九年十二月七日，中央圓桌會議（Der Zentrale Runder Tisch）在柏林的潘霍華之家（Dietrich-Bonhoeffer-Haus）召開了第一次會議。參加會議的有政府、所謂的德國社會主義統一黨群眾組織（如自由德國青年團或德蘇友好協會〔Gesellschaft für Deutsch-Sowjetische Freundschaft〕）、附屬政黨（Blockparteien）、反對派團體、新政黨以及教會代表。從那時起，中央圓桌會議決定了所有重大的政治決策，並為首次自由的人民議會選舉鋪平了道路。

但事情還沒有發展到那一步，我也還沒有真正理解這一切對我個人意味著什麼。我唯一能清楚感受到的是，這些發展讓我無比振奮。我深信，這裡正在創造一些新的東西，而我渴望成為其中的一部分。我的經驗、我的生活、我能做的事情以及對我來說重要的一切，現在都需要我投入其中。

※　※　※

十一月的最後一個週末，我去卡爾斯魯爾探望約阿希姆。在那裡，以及在他十二月中旬返回柏林後，我們一直在談論東德的未來。我們都希望能為變革做出貢獻，並尋找我們可以支持的新政治力量。約阿希姆很清楚自己想利用獲得的自由，擺脫以往的限制，並在科學領域取得進步。在卡爾斯魯爾期間，他曾飛往美國聖地亞哥，拜訪博塞姆科技公司（BIOSYM Technologies），在那裡待了大約一週，並決心致力於消除東德科學發展的障礙。我則希望投身政治，約阿希姆也相當支持這個決定。他將繼續專注於科學，而我則希望以新面貌投入政治，為改變政治格局做出貢獻。我已經確定了自己的目標，現在只差地點與方式，於是我開始尋找。

我想加入一個政黨，但必須是新成立的黨。剛好我研究所工作小組的組長克勞斯·烏布里希特（Klaus Ulbricht）也有同樣的想法，於是我們一起去參加了社會民主黨（即東德社民黨）在特雷普托舉行的活動。活動的具體日期我已經記不清楚了，但應該是在十一月底。在我的記憶中，這次活動主要討論重組地方政治的政策，對德國統一的討論相對較少。克勞斯受到了很大的鼓舞，決定入黨。後來，他在一九九二至二〇〇六年間擔任特雷普托－科佩尼克區（Treptow-Köpenick）的區長。我對他說：「我還不確定，這感覺不是我要的。我想再多了解看看其他政黨。」他表示理解，並回答：「這正是現在的新氣象，就是有了多樣性。如果我們都能以身作則展現這點，那不是很好嗎？」這次對話讓我很開心，尤其是這樣的對話發生在上司與下屬之間。這就是一個新的時代，於是我繼續尋找我的方向。

至於我最早是從誰那裡聽說民主覺醒黨的，我已經不記得了。可能是我弟弟，也可能是我弟弟的朋友君特・努克（Günter Nooke），他在德國統一後曾擔任過布蘭登堡邦議會議員和聯邦眾議院議員。但我記得很清楚，當我第一次聽說這個政黨時，立刻對它產生了興趣。於是在一九八九年十二月初，我來到了位於普倫茨勞爾貝爾格的瑪麗恩堡大街（Marienburger Straße）12／13號，這裡是民主覺醒黨的總部。

一九八九年十月一日，民主覺醒以集體運動的形式成立。當時，距離東德成立四十週年還有幾天，國家安全部極力想阻止它成立。大約有八十名民權運動者最初在東柏林的撒瑪利亞教堂（Samariterkirche）聚會，並約定前往神學家埃爾哈特・諾伊貝特（Ehrhart Neubert）的私人公寓，該公寓位於現在的托爾街（Torstraße），當時叫做威廉－皮克大街（Wilhelm-Pieck-Straße）。國家安全部得知此事後，包圍了諾伊貝特家的入口。最終，只有十七個人成功進入屋內，而這十七人便是民主覺醒黨的創始成員，其中包括君特・努克。在柏林圍牆倒塌之前，民主覺醒黨的目標便是推動社會主義的民主改造。

當我於一九八九年十二月加入民主覺醒時，這個運動正全力進行最後的準備，轉型為一個新興政黨。十二月十六至十七日，民主覺醒黨在萊比錫舉行了成立大會。柏林的黨總部人來人往，氣氛相當熱烈。我受到了熱烈歡迎，巧合的是，迎接我的正是認識我的努克。

「有什麼我能幫上忙的嗎？」我問。

「如果你有興趣參與政治，」他回答道：「那就來參加我們在基督堡大街（Christburger Straße）四十七號的會議吧，我們在那裡的人民團結（Volkssolidarität）辦公室開會。不過在那之前，你可以先在現場幫我們一下。看到後面的箱子了嗎？裡面有西方捐贈給我們的電腦。你能把它們拆開準備好嗎？」

「當然，樂意至極！」我回答，隨即開始工作。我有的是時間，因為在學院的出勤已經不再受到嚴格管制了。

在我來到瑪麗恩堡大街的第一天時，我遇到了漢斯－克里斯蒂安．馬斯（Hans-Christian Maaß），他當時是基社盟，也是聯邦發展援助部長（Christlich-Soziale Union in Bayern e.V.）尤根．瓦爾克（Jürgen Warnke）的新聞發言人，他與瓦爾克一起來到了民主覺醒黨的黨辦公室。馬斯身材高大，他環視了我們一圈，然後叫住我：「這裡怎麼亂成一團？您在這裡做什麼？您在這裡工作嗎？」

「不，我是學院的。」我顯然回答得有些猶豫，所以他沒聽懂我的話，於是又問了一句：「哪裡？」

「科學院。」我回答道，聲音更堅定了一些。「我正在拆封這裡的電腦。」

「那就繼續吧！」他喊道。

雖然他說話的聲音很大，甚至可以說是有些專橫，但我漸漸覺得，他是個正直的人，而且似乎真的很關心這裡的情況。

「您固定都在這裡嗎？」他問。

我解釋說：「不，我明天還要上班。」

馬斯出生於一九五〇年，和我一樣是牧師的兒子，在東德長大。他曾在一九七〇年代試圖逃離東德，但以失敗告終，因此入獄，最終被德意志聯邦共和國向東德贖回。在進入聯邦政府工作之前，他曾在下薩克森邦文教部（Niedersäschisches Kultu, ministerium）負責成人教育。有時我會有種感覺，覺得他似乎更希望與我或其他人交換角色。我很快意識到，對他來說，這就像是一種回歸。他對轉變時期（Wendezeit）的歷史機遇有著非常敏銳的理解和洞察力。馬斯向我們介紹了公共關係和傳播的重要基本知識，以及德意志聯邦共和國的結構、政黨、聯邦眾議院和聯邦參議院等相關內容。為此，他在西柏林克內澤貝克街（Knesebeckstraße）的赫爾曼·艾勒斯學院（Hermann Ehlers Akademie）舉辦了一個週末研討會，我和其他一些人都參加了，這就是一個專為政治新手準備的速成班。我們當時都沒有預料到，後來我們的道路會在完全不同的地方再次交會。至今，漢斯－克里斯蒂安·馬斯和我依舊保持聯絡。

※　※　※

在萊比錫的民主覺醒黨大會上，來自羅斯托克的律師沃夫岡·施努爾（Wolfgang Schnur）被選為主席，主要是因為他與大多數民主覺醒派成員不同，他不是神學家，而是律師。在內容方面，民主覺醒黨通過了以「民主覺醒綱領——社會、生態、自由、正義、團結」為題的黨綱。然而，在黨大會之前、期間和之後，黨內對於黨的政治方向展開了根本性的討論：應該迅速實現德國統一，並向西德基民盟的政策靠攏？還是應該走一條更傾向社會主義改革的獨立道路，將兩德統一作為長期目標？這兩個問題在黨內進行了激烈的討論。要理解這些討論，我們必須回顧當時的整體政治環境：一九八九年十二月十九日，也就是民主覺醒黨大會結束的兩天後，聯邦總理赫爾穆特·柯爾在德列斯登會見了東德部長會議主席漢斯·莫德洛，兩人簽署了一份關於在兩個德國之間建立條約共同體的意向聲明。隨後，赫爾穆特·柯爾在德列斯登聖母教堂（Die Dresdner Frauenkirche）的遺址前發表了演講，吸引了數千人前來聆聽。我在柏林透過電視觀看了這次演講。赫爾穆特·柯爾對著人群高呼：「如果歷史的時刻允許，我的目標仍是我們民族的統一。」這立刻讓我想起兩年前，即一九八七年九月七日，埃里希·何內克於訪問波昂（Bonn）期間，柯爾在席間致詞時當著所有人面前所說的話：「我們的基本法序言不容改變，因為它反映了我們的信念。它希望建立一個統一的歐洲，並呼籲全體德國人民在自由自決中完成德國的統一和自由。」一九八七年，柯爾補充說，統一這個目標「目前不在世界歷史的議程上」。但僅僅兩年多後的今天，德列斯登人民已經在高呼：「統一、統一、統一！」他們以最有力、最堅定的方式表達了自己的願望。德國統一已經成為議程上的首要議題。我感到一陣激動湧上心頭。

※　※　※

我與約阿希姆一起在霍恩瓦爾德度過了一九八九年聖誕節和跨年夜，並前往滕普林探望了我的家人。在那裡，所有話題也都圍繞著東德的發展。我父親在整個秋天積極參與了當地教會的和平活動，為東德社會的徹底改革奔走呼號，甚至參與了滕普林解散國家安全部的行動。雖然我父親沒有加入任何組織，但正如他告訴我們的那樣，他心向著反對派運動「現在民主」和「新論壇」。他不太看好德國的快速統一。我弟弟也有類似的想法，並曾短暫加入過聯盟90（Bündnis 90）。我妹妹則短暫參加過東德時期的社民黨，我母親對此也表示支持。德國統一後，我母親於一九九〇年成為全德社民黨黨員，並發現了自己對於地方政治的熱情。她成功參加了縣議會的競選，並在一九九〇至一九九四年的第一屆任期當選為滕普林縣議會的議長。在這一刻，她的聲望已經得到了充分的認可。在那段時間裡，我偶爾會想起一九七三年高中畢業前，母親激動地說過的話。我們依然是一個高度政治化而且充滿辯論的家庭。

聖誕假期結束後，我對民主覺醒黨內部的方向之爭越來越感興趣。我參加了在基督堡大街舉行的會議，認真聆聽了那些激烈的討論。這些討論主要圍繞著兩個基本問題展開。「我們不能簡單地照搬聯邦共和國的一切，也不能輕易加入，而是必須抓住現在的機會，走出自己的路。為此，我們需要一部新憲法。」這是其中一派人的觀點，其中包括許多民主覺醒黨的創始成員。另一派人則認為：「拖延對我們毫無幫助，東德的經濟已經岌岌可危了。我們作為民主覺醒黨，必須推動快速統一，並支持聯邦共和國的經濟制度，也就是社會市場經濟。」我內心認同後者的觀點。我認為，隨著情勢發展，現在已經到了關鍵時刻。在我看來，東德是無法改革的，必須從根本上重新開始。而相信會有三條路可走的想法只是一種幻象。此外，聯邦共和國也必須重新開始的說法並沒有說服我，我看不到任何需要這麼做的理由。

※　※　※

一九九〇年一月初，支持德國快速統一的聲音占了上風，少數持不同意見的人離開了民主覺醒黨，加入其他反對派團體。這個變化也為民主覺醒黨與西德基民盟政策的靠攏鋪平了路。根據我在撰寫這本書時查閱的舊報紙報導，我於一九九〇年一月二十三日當選為民主覺醒黨柏林分部的新聞發言人。說實話，我對此毫無印象。不過，有照片顯示我後來參加了「德國聯盟」的簽署儀式，這也證實了這一點。

※　※　※

在籌備東德人民議會選舉的過程中，現有黨派和新成立黨派之間的機會均等扮演了關鍵角色。中央圓桌會議早在一九八九年十二月就要求，應為公民運動提供最低限度的空間和技術支持。因此東德部長會議隨後決定，開放位於柏林米特區腓特烈大街一六五號上的原德國社會主義統一黨地區委員會大樓，提供給公民運動的工作使用。這座大樓因此被稱為「民主之家」。民主覺醒黨也搬遷至此，這裡的工作條件明顯比之前在瑪麗恩堡大街總部好上許多。

一九九〇年一月二十八日，東德人民議會選舉的日期確定為一九九〇年三月十八日，這將是東德的首次自由選舉。為了支持民主覺醒黨的競選活動，我決定利用這次機會，從二月一日起暫時離開學院的工作。於是，一九九〇年二月一日星期四，我開始在民主之家為民主覺醒黨工作。當時我還不知道，一九九〇年一月三十一日星期三會是我在物理化學中央研究所的最後一個工作日。我只會再回去一次，收拾我辦公桌的東西。

一場特別的選舉活動

在民主之家工作的第一天，我感覺到民主覺醒黨的運作依然相當混亂。儘管現在有十到十五名正式員工，大家都充滿善意，還有許多西德人士來幫忙，但競選活動需要組織，來自國內外的新聞採訪需求也需要回應。然而，我看不出有明確的組織層級。距離選舉只剩下四十六天，但大部分事情在這個開放式辦公室裡仍是口頭指揮，這種做法讓我覺得相當沒有效率。

果然，在我開始工作的三天後，就出現了一個問題。沃夫岡・施努爾同時答應了兩個不同的行程，而這兩個行程在同一個時間進行。其中一個是與一組來自西德的記者進行新聞說明會（Hintergrundgespräch），他們想要了解民主覺醒黨；至於另一個行程的具體內容和主題我已經記不清了。我只記得這兩個行程時間衝突，許多人都勸施努爾選擇其中一個參加，而時間也越來越緊迫。然而，他遲遲無法做出決定，反而在糾結到底誰該為這個混亂負責。

我無意間聽見這場鬧劇。我認為與記者見面的行程非常重要，於是主動說道：「您應該去見記者，否則這會損害民主覺醒黨的聲譽。」

他有些不耐煩地回答：「那您去見他們吧。」

我難以置信地回望他，問道：「您在想什麼？我怎麼能就這樣去見那些記者？他們可都是資深且知名的記者。如果由我來發表政治聲明，他們會覺得自己被敷衍了。」

施努爾思考了片刻，然後說：「我現在任命您為民主覺醒黨的發言人。」

我的嘴巴張得大大的。與擔任柏林地區的發言人相比，代表整個黨發言又是另一個層次。不過，我周圍的人都對施努爾的決定表示贊同，他們很高興找到了解決問題的辦法。真正的發言人幾乎都待在萊比錫，很少來柏林，而柏林需要一個發言人。施努爾不容許任何反對意見，他說：「您現在就是發言人，並以這個身分去見記者團。」

我心想這樣的機會可不是每天都有，於是就接受了這個挑戰。

與記者團的會面在柏林亞歷山大廣場（Alexanderplatz）附近一家飯店舉行。當我向大約四十位在場人士解釋，今天我是以剛被任命的民主覺醒黨發言人代表施努爾出席時，他們都露出了驚訝的表情。最初的幾個提問相當尖銳：為什麼民主覺醒黨不立即加入基民盟？民主覺醒黨認為自己有什麼特殊之處？如果保持獨立，民主覺醒黨希望實現什麼目標？這樣的問答持續了一段時間。我努力保持冷靜和友好，按照我的理解進行解釋，並覺得這次會面最終相當和諧地結束了。但最重要的是，我感覺到現在自己有了一個真正的任務，可以開始組織自己的工作領域。這讓我感到很振奮。

我立即投入工作。在接下來幾週，我盡我所能地處理來自國內外的大量詢問。一位學生幫了我很大的忙，每當我需要去外地赴約時，他會開著福斯POLO載著我在柏林各地穿梭。

然而，這幾天在政治上還有一個更重要的決定。西德基民盟正在考慮，除了當然的合作夥伴東德基民盟之外，還有哪些新黨派可以合作。民主覺醒黨內部的政治方向之爭，引起了基民盟位於波昂的總部——阿德諾大樓（Konrad-Adenauer-Haus）的密切關注，尤其是當時的祕書長佛爾克・呂爾（Volker Rühe）。隨著民主覺醒黨的立場轉向支持基民盟的政策，也就是德國快速統一和推行社會市場經濟，阿德諾大樓與民主覺醒黨取得了聯繫，也接觸了德國社會聯盟（Deutsche Soziale Union），該聯盟的主席是漢斯－威廉・埃貝林（Hans-Wilhelm Ebeling）。德國社會聯盟與巴伐利亞基督社會聯盟（Christlich-Soziale Union in Bayern，即基民盟的姐妹黨）關係密切，並且在東德南部有很大的影響力。西德基民盟提出了一個想法，即組建所謂的「德國聯盟」，共同參加人民議會選舉。儘管這個提議在理論上聽起來合乎邏輯，但實施起來卻非常困難。當初人們之所以創建新政黨，或像我一樣加入新黨派，正是因為我們不想成為那些曾為「附屬政黨」的成員。這些政黨與德國社會主義統一黨及其大眾組織一起，在所謂國家陣線的框架下，以意識形態和組織控制型塑了東德時期的政治格局。儘管可以理解許多人加入東德基民盟的動機，比如他們和家人因此可以公開信仰基督教，但我們對這個黨派能否快速革新並不抱希望。除了名稱與西德基民盟相同之外，我們認為它無法成為國家的新力量。

我們希望保持獨立，但也不得不承認，許多人認為柯爾總理是實現德國迅速統一的最佳人選。當選民看到選票上的「基民盟」這個黨名時，很可能首先想到的是柯爾，而不是東德的基民盟。我們認為，通過參與「德國聯盟」，也許能讓民主覺醒黨藉此得到一些光芒。從西德基民盟的角度來看，除了東德基民盟之外，能擁有從公民運動中產生的政黨作為合作夥伴，無疑也非常具有吸引力，因為雖然東德基民盟正在改變，但它依然沿用了過去的組織架構。

德國聯盟的談判是一個艱難的過程，我本人沒有參與其中。民主覺醒黨提出了幾個條件，包含我們可以在人民議會選舉中獨立競選，我們來自波昂的顧問只對我們負責，以及我們永遠不必從民主之家搬到位於御林廣場（Gendarmenmarkt）的東德基民盟大樓。從西德基民盟的角度來看，這些條件可能顯得有些荒謬；但從民主覺醒黨的角度來看，這些條件非常重要，是我們以此向西德基民盟表明我們與東德基民盟不同的方式。作為旁觀者，我的印象是赫爾穆特．柯爾和佛爾克．呂爾運用了他們所有的談判技巧，最終促成了這次聯盟。

一九九〇年二月五日，時機成熟了。在與赫爾穆特．柯爾的會議上，東德基民盟的洛塔．德．梅齊耶、德國社會聯盟的漢斯－威廉．埃貝林和民主覺醒黨的沃夫岡．施努爾達成協議，同意以「德國聯盟」的名義共同參加東德人民議會選舉。從那時起，選舉活動正式拉開序幕。赫爾穆特．柯爾在東德的所有集會現在都變成了「德國聯盟」的集會，每次都吸引數萬人參加，光在埃爾福特（Erfurt）的集會就有約十萬人到場。

對我們來說，現在的關鍵是要確立民主覺醒黨希望在未來的東德政府中扮演什麼角色。在這方面，我的夥伴是民主覺醒黨的祕書長奧斯瓦爾德・伍茨克（Oswald Wutzke），一位來自烏克馬克奧得河畔加爾茨（Gartz〔Oder〕）的牧師。他的情況跟我類似，都是在一月份被沃夫岡・施努爾臨時任命，因為當時在萊比錫召開的創黨大會上並沒有選祕書長。我們兩人在西德出版商兼記者克勞斯・德讓（Claus Detjen）的支持下，出版了《覺醒：民主復興報》（*Der Aufbruch. Zeitung für demokratische Erneuerung*）作為競選刊物，這項工作非常繁重。我們還設計了一系列的宣傳單，其中一份的標題是「民主覺醒黨要求東德去史達林化」。此外，我還為民主覺醒黨寫了人生中第一篇署名文章。這篇文章發表在一九九〇年二月十日的《柏林日報》（*Berliner Zeitung*）上。在這篇文章中，我闡述了我對社會市場經濟的論點，也就是競爭的重要性和國家在其中的作用，最後我寫道：「民主覺醒黨希望創造一個能讓人們在社會中發揮自己能力的環境條件。」《柏林日報》的編輯並沒有注意到，我因為情緒激動，誤把阿爾弗雷德・穆勒－阿馬克（Alfred Müller-Armack）和弗朗茨・伯姆（Franz Böhm）這兩位社會市場經濟的奠基者寫成了阿爾弗雷德・穆勒－阿瑙（A. Müller-Arnau）和弗朗茨・伯倫（F. Böhlen）。然而，更重要的是，這是我第一次公開表達自己的政治信念。這真的是一種非常好的感覺。

※ ※ ※

有一天，大約在一九九〇年二月中旬，沃夫岡・施努爾帶著一名男子來到我的辦公室，向我介紹了他，簡要地說明這名男子是一名專業記者，並表示從現在開始直到人民議會選舉結束期間，這位記者都會寸步不離地跟著他。我很驚訝，因為我擔心內部談話會直接見諸報端。我心想，施努爾顯然做了很多準備，來實現他一再宣稱的那個目標：成為東德總理。我請求與他單獨談話，他同意了。

「一個政黨需要自己的決策空間。」我試圖讓他改變主意。「我無法在這個人面前說出一些批評性的話，我也不會這麼做。而且我根本無法想像，他是真心為您的利益著想。」

「您當然還是可以繼續私下告訴我重要的事情。」施努爾輕描淡寫地回應道。

我對他的回答並不滿意，但也沒有再堅持。反正和他談話總是很困難，他是那種說話不直視對方眼睛的人，大多時候都斜眼看著你。光是這一點就讓我很惱火，但至少我表達了我的觀點，這是我唯一能做的。

※ ※ ※

競選活動繼續加速進行，我則盡我所能地努力工作。三月初，關於施努爾曾是國家安全部線人（Inoffizieller Mitarbeiter）的謠言越來越多。這些謠言其實從年初就開始流傳了。施努爾堅決否認所有指控，並表示自己是無辜的。不過當時的我並不知道，羅斯托克的民主覺醒黨黨員早在三月六日於馬格德堡（Magdeburg）的一次集會上，就試圖向赫爾穆特．柯爾透露，他們在羅斯托克發現了施努爾的東德國安檔案。雖然他們未能見到柯爾本人，但將這個發現傳達給了柯爾的顧問。然而，西德基民盟並沒有認真對待這些擔憂。相反地，當談到施努爾和國安部線人的嫌疑時，他們總是給出同樣的回應：「沃夫岡．施努爾已經明確否認了這些指控。我們相信他。你們更相信誰呢？是你們的黨主席還是國家安全部的文件？東德的生活讓你們變得太多疑了。相信我們吧。」我覺得這令人憤怒。我開始懷疑，西德基民盟在距離人民議會選舉還有十天左右的時期，正按照「不該發生的事就不會存在」的原則行事。結果，一連串戲劇性的事件就此展開。

三月十四日，施努爾打算在記者會上再次就這些指控進行回應。然而，就在記者會不久前，瓦爾德．伍茨克、萊納．艾佩曼（Rainer Eppelmann）和弗雷德．埃貝林（Fred Ebeling）前往羅斯托克，親自查閱了檔案，並帶回了對施努爾作為線人的指控的壓倒性證據。艾佩曼和埃貝林兩人也是民主覺醒黨的創始成員，而且艾佩爾曼當時已經是莫德洛內閣中的無任所部長（Minister ohne Geschäftsbereich）。

在計劃召開記者會的前一天，我們與艾佩曼、伍茨克、埃貝林以及其他幾位民主覺醒黨成員，在民主之家辦公室的會議桌前進行了一次小範圍的會議，討論接下來的應對策略，因為我們也非常重視無罪推定這個重要的民主原則。我們沒有讓也在大樓裡的西德基民盟代表參加我們的會議，他們不斷指責我們過於多疑，這讓我們感到十分惱火。因此，我們東德人內部進行了討論，得出以下結論：如果施努爾第二天仍堅持他從未為國家安全部工作過的說法，我們就繼續相信他。但如果他取消了原定的新聞記者會，那我們就知道情況不妙了。我們帶著這個結論結束了討論，而此時已是午夜過後。

我的那一夜很短暫，因為我早上八點半邀請了大約十位記者參加一場新聞說明會，討論民主覺醒黨對歐洲共同體未來的構想。當我正在發表看法時，突然有人進來，急切地請在場的德新社（Deutsche Presse-Agentur, dpa）代表接聽電話。那位記者離開了房間，我繼續發表我的看法。不久後，他回來了，坐下來便打斷了我的話：「您知道嗎，現在西柏林基民盟主席艾伯哈特・迪普根（Eberhard Diepgen）和另一位西德基民盟代表正在東柏林的大漢堡大街（Große Hamburger Straße）的海德薇格醫院（Hedwigs-Krankenhaus），坐在沃夫岡・施努爾的病床邊，施努爾已經向他們書面承認，他多年來一直是國家安全部的線人。」

但事情還沒結束。

「您知道艾伯哈特・迪普根即將於十一點在西柏林基民盟大樓召開記者會嗎？」

我對此一無所知，感覺就像腳下的地面突然消失了一樣。雖然我早有心理準備，其他記者也聽說過施努爾與東德祕密警察有關的傳聞，但我才體會到，當問題從理論上的可能性變成確定的事實時，那種感受完全不同。而我在未來還會多次經歷這種感覺。不過，此時我必須向在場的記者們保證，我沒有刻意隱瞞，對上午的事態發展我確實一無所知。這一切都令人沮喪，而且非常尷尬。我在這裡大談民主覺醒黨和歐洲共同體的未來，施努爾卻在同一時間向西德基民盟的代表坦白他為國家安全部工作的事實。顯然對他來說，我們民主覺醒黨的人根本無足輕重。我們如此自豪我們的獨立性，但這件事顯然不值一提。而西德基民盟也沒有人覺得有必要通知我們這件事，反而是德新社的記者告訴了我們。我感到無比羞愧，但也知道必須盡快採取行動。於是，我結束了這次的新聞說明會，匆忙回到自己的辦公室。大樓裡幾乎沒有人，黨內重要幹部都在外面忙於競選活動。此時距離選舉只剩四天。我決定前往西柏林利岑堡大街（Lietzenburger Straße）的基民盟辦公室。幸運的是，我有一位司機，這讓我可以在路上整理一下自己的思緒。

十點剛過，我抵達西柏林邦黨部辦公室時，遠遠就聽到辦公室裡一個女人對著電話大喊：「我需要艾佩曼先生馬上接電話！馬上！萊納．艾佩曼！」我立刻明白，西德基民盟想要通知艾佩曼這個突發情況，而他正在圖林根的某個地方進行選舉活動。當時我們既沒有手機，也沒有車用電話，所以辦公室只能試圖通過當地警方找到他，並請求他回電。不久後，我得知警方確實找到了艾佩曼，但他拒絕與西柏林基民盟的辦公室聯絡。他傳話說，如果有人想就施努爾的事情找他，請通過民主之家聯絡。西德人因此非常惱火，但我心裡卻覺得他做得對。

我走進一個房間，裡面聚集了大約三、四十個人，他們彼此正激動地交談。這些人可能是辦公室的員工，正在等待艾伯哈特．迪普根的到來。我不認識任何人，也沒有人對我感興趣。我悄悄地坐在一張椅子上，等待接下來會發生什麼事。所有人的注意力都集中在關於施努爾的傳言上。

突然，門開了，一個身材瘦削、中等身高，穿著西裝、打著領帶的男人走了進來，用清晰響亮的聲音喊道：「所有與此事無關的人都出去！」

房間立刻變得空曠許多。我認為自己和這件事息息相關，於是繼續坐著。依然沒有人注意到我。那個男人離開了房間，過了不久跟著艾伯哈特．迪普根一起回來。我小聲地問坐在我旁邊的人：「和迪普根一起的那個人是誰？」

「托馬斯．德．梅齊耶（Thomas de Maizière），洛塔．德．梅齊耶的堂弟。」他回答道：「他是柏林市議會基民盟議會黨團的新聞發言人。」

那一刻，我注意到了一個日後將與我共度許多時光的人，當然，當時的我並未預見這點。

此時，迪普根開口發言，說明施努爾已經書面承認了他曾為國家安全部工作的事實，並因精神崩潰而住院。迪普根表示，他已經接到赫爾穆特．柯爾的指示，將於十一點向公眾宣布這一消息。我能感覺到他的緊張，心裡暗想：看吧，你們也不過如此而已。

然而，我又一次感覺到了屈辱。我的腦袋嗡嗡作響：施努爾、柯爾、迪普根、西柏林、基民盟、選舉……那民主覺醒黨在哪裡？我決定離開會議，直接回到民主之家的辦公室，確保我們民主覺醒黨能盡快召開自己的新聞記者會。

當我到達腓特烈大街時，得知萊納．艾佩曼正在回柏林的路上，這讓我放心不少。儘管艾佩曼還需要一些時間才能抵達，我們還是很快就記者會的時間達成共識，決定將記者會安排在傍晚舉行。我隨即向媒體發出邀請，並決定在民主之家的大禮堂舉行記者會，這個大禮堂供所有在那裡工作的黨派和團體使用。消息一出，立即引起了廣大關注，媒體紛紛試圖在記者會前從我或其他人那裡得到評論。由於我們的辦公室是開放式的，所以只要我一離開房間，就會在走廊上碰到好奇的記者。為了避免這種情況，我躲了起來。我知道必須撰寫一份聲明。作為新聞發言人，我感到責任重大，但因為過於激動，思路變得混亂。在苦惱之中，我打了電話給人在學院的約阿希姆，告訴他所有事情的經過。他冷靜地聽完，為我口述了一份出色的聲明，我在艾佩曼抵達柏林後將這份聲明交給了他。艾佩曼同意了這份聲明，我們也終於有了新聞記者會的基礎。除了艾佩曼和我之外，民主覺醒黨的副主席伯恩・芬德斯（Bernd Findeis）也參加了這次記者會。這次活動由我主持，是我至今參與過規模最大的新聞記者會。艾佩曼利用這個機會，明確表達了我們對主席施努爾事件的震驚以及我們與他的決裂。儘管如此，對我們這些誠實工作的人來說，這依然是一場徹底的災難。就在首次自由的人民議會選舉前夕，國家安全部的陰影再次籠罩了我們。

※ ※ ※

一九九〇年三月十八日，選舉當天，約阿希姆和我與萊納・艾佩曼、民主覺醒黨創始成員兼柏林邦主席安德列亞斯・阿佩特（Andreas Apelt）以及其他人在下午晚些時候碰面。根據我的記憶，碰面的地點不是在基督堡大街，應該就是在普倫茨勞伯格區的「磨坊」（Zur Mühle）餐廳。無論如何，我們都緊張地等待著選舉結果。那次選舉中，誰將成為最強勢的政黨仍存在著很大的不確定性。因為只有少數人家裡有電話，所以無法進行有意義的選前調查。我們自然也很關注民主覺醒黨相對於基民盟和基社盟的表現。幸運的是，當時只有我們民主覺醒黨的成員在場，因為投票站關閉後的預測結果顯示，我們的得票率僅有災難性的〇・九%，對我們無疑是巨大的打擊。我們很快就明白，這個結果不僅僅是因為施努爾的曝光事件，更與赫爾穆特・柯爾作為聯邦德國總理的吸引力有關。最終，基民盟獲得了四十・八%的選票，德國社會聯盟獲得了六・三%，而我們的得票率如最初預測，只獲得了〇・九%。

一方面，我們為「德國聯盟」明顯成為最強大的政黨感到高興，因為改名為社會民主黨的東德社民黨只獲得了二十一・九%的支持率。德國社會主義統一黨的繼承政黨民主社會主義黨（Partei des Demokratischen Sozialismus, PDS）獲得了十六・四%；自由民主聯盟（Bund Freier Demokraten）獲得了五・三%；多個公民運動團體組成的聯盟90則獲得了二・九%的支持率；德國民主農民黨（Demokratische Bauernpartei Deutschlands）獲得了二・二%；綠黨（Grünen）／獨立婦女協會（Unabhängiger Frauenverband）則獲得了二%的支持率。整體來說，壓倒性的選票表明了選民對快速實現德國統一的支持。然而，另一方面，我們認為我們的得票結果並未真正反映出我們在「德國聯盟」中的角色。為了向獲勝者致賀，同時也表達我們的想法，我們前往了基民盟的選後慶祝活動，這場派對在格爾特勞登街（Gertraudenstraße）與費舍因塞爾街口（Ecke Fischinsel）的「楓葉」餐廳（Ahornblatt）舉行。那裡的氣氛自然是非常歡騰，因為他們的主席洛塔・德・梅齊耶即將成為新任總理，正受到大家的熱烈慶祝。

我碰巧遇到了托馬斯・德・梅齊耶，他說：「聯盟變得如此強大當然是件好事，但我真的為你們感到遺憾。」

我已經稍微平復了心情，於是留下一句話：「我們成了東德基民盟的遮羞布。即使今天我們的選舉結果不理想，也請不要在籌組政府時忘記這一點。」

隨後，我們所有人都前往共和國宮（Palast der Republik）的中央選舉報導中心。這是東德歷史上第一次自由選舉，吸引了國內外媒體代表的極大關注。當洛塔・德・梅齊耶走進共和國宮時，顯然沒有預料到要面對如此大的場面。我當時擔心他隨時可能被攝影機撞到頭，或者被人推倒在地、踩踏。托馬斯・德・梅齊耶試圖保護他。後來，我們學會了如何應對這種情況，但在當時，我覺得這實在令人難以接受，甚至有些不堪。

同時也有些滑稽的場面發生。德國農民黨主席君特・馬勒達（Günther Maleuda）從我身邊走過，我以前從未近距離見過他。那時我注意到他穿著一雙淺灰色的鞋子，這在東德官員中很常見，是火蜥蜴公司（Salamander）特許生產的鞋子。那一刻，舊時代的影子再次浮現。農民黨作為附屬政黨之一，我們私下稱它為「西瓜黨」——外面是綠的，裡面是紅的。當時我還不知道，僅僅三個月後，農民黨就會併入基民盟。很快我們就明白，在這次活動中，民主覺醒黨和我都沒有發言權。約阿希姆和我回家了。德國聯盟負責籌組政府的任務，而基民盟掌握了主導權。在人民議會的四百個席位中，德國聯盟贏得了一百九十二個席位，其中民主覺醒黨獲得四席。然而，德國聯盟還需要一個聯合政府的夥伴。

在東德首次自由選舉的第二天，比起關注在東德籌組政府，西德社民黨還有更重要的事情要做。他們選擇了薩爾蘭邦（Saarland）的邦總理奧斯卡・拉方丹（Oskar Lafontaine）作為聯邦總理候選人。值得注意的是，上一次的聯邦眾議院選舉是在一九八七年一月舉行的，而四年的任期最遲將於一九九一年一月結束。因此，在選舉前一年決定總理候選人，時間上並非完全不合理。然而，社民黨本來可以再等兩三週再做這個決定。畢竟，這可是那個在柏林圍牆倒塌的第二天，名譽主席威利・布蘭特（Willy Brandt）在舍內貝格市政廳前接受自由柏林廣播電台《午間回聲》（*SFB-Mittagsecho*）節目採訪時，說出「現在，我們正處於一個讓本應屬於一起的東西重新團結的歷史性時刻」的政黨，這句話證明了他對歷史時刻的敏銳感知。

不久之後，東德社民黨也遭遇了與民主覺醒黨相同的命運。其主席易拉辛・伯姆（Ibrahim Böhme）因被指控曾為國家安全部工作，在選舉後八天被暫停主席職務。在一九九〇年四月初，他辭去了所有職務。四月二日，儘管對選舉結果感到失望，東德社民黨主席團和議會黨團領袖宣布，願意與「德國聯盟」進行談判，以籌組執政聯合政府。四月五日，人民議會正式組成開議，東德基民盟成員兼醫師莎賓娜・伯格曼－波爾（Sabine Bergmann-Pohl）當選為議長。隨後，「德國聯盟」、社民黨和自由民主聯盟之間的聯合政府談判進展順利，在人民議會選舉後不到四週內便完成了。政府發言人則由馬提亞斯・格勒（Matthias Gehler）擔任，他是一名神學家兼《新時代報》（*Neue Zeit*）的記者。

之後有一天，我收到了擔任新政府副發言人的邀請。我已經不記得確切日期和是誰向我發出邀請的，但我猜可能是馬提亞斯．格勒或托馬斯．德．梅齊耶。這背後並沒有什麼特別的戰略考量。這個職位實際上屬於社民黨，但他們沒有提名任何人，而時間緊迫。我很高興能夠得到這個職位，但無法在一九九〇年四月十二日復活節前的星期四（Gründonnerstag），即洛塔．德．梅齊耶總理的新政府宣誓就職時按時上任。復活節前的那個星期，約阿希姆在英國（包括倫敦）進行了一些講座。我非常希望能陪他一起去，並順便拜訪在倫敦當醫生的漢堡表姊。反正在聯合政府談判期間，我也沒什麼工作要做。僅僅因為被任命為政府副發言人就放棄這次旅行似乎不太合適，況且我以前從未去過倫敦，也期待這次旅行很久了。更讓我高興的是，馬提亞斯．格勒批准了我的任命，並同意我在復活節後的週二正式開始上班。

在倫敦期間，我不僅陪同約阿希姆去了邀請他的英國皇家研究院（Royal Institution of Great Britain），這個機構自一七九九年以來一直致力於傳播科學知識和研究。我們在海德公園（Hyde Park）漫步，當然也參觀了著名的演說者之角（Speakers' Corner），並有幸在皇家阿爾伯特音樂廳（Royal Albert Hall）欣賞了韓德爾（Händel）的《彌賽亞》（*Messias*）傳統受難日演出。我們還和我表姊一起逛了許多精緻的小商店，這些店鋪裡陳列著各式各樣的國際商品。整個世界似乎都圍繞在我身邊。儘管我在柏林有工作在身，但我仍覺得這趟倫敦之旅是個正確的決定。

摩擦和衝突

「如果德國馬克來了，我們就留下；如果它不來，我們就去找它。」這是東德人民自一九九〇年初以來在街頭高喊的口號。因此，有關貨幣、經濟和社會聯盟的國家條約便成了聯邦政府與剛成立的東德新政府共同處理的第一個重大課題。早在一九九〇年二月初，赫爾穆特・柯爾就已經宣布他將為東德提供一個貨幣和經濟聯盟。東德方面則堅持要在此基礎上再建立一個社會聯盟，以阻止大量人口從東德流向西德。一九八九年，有近三十五萬人離開了東德。隨之而來的是一項雄心勃勃的計畫：首先，四月二十三日公布了貨幣、經濟和社會聯盟國家條約的基本原則；接著在五月十八日，聯邦德國財政部長提奧・魏格爾（Theo Waigel）和東德財政部長瓦爾特・隆貝格（Walter Romberg）簽署了該條約；隨後，六月二十一日，德國聯邦眾議院和東德人民議會通過了條約。最後，在七月一日這個星期天，德國馬克正式成為我們的貨幣。身為政府副發言人，我有幸共同主持了這兩位財政部長的歷史性記者會，這令我感到無比振奮。我們不僅以非常優惠的兌換條件獲得了作為支付工具的德國馬克，同時在經濟、社會和環境法規方面盡可能地標準化。大約在兩週前，即六月十七日，決定了由國有資產託管局（Treuhandanstalt）負責國有財產的私有化。這些都是積極的進展，但瓦爾特・隆貝格似乎仍不滿意。他擔心貨幣聯盟可能帶來的後果，例如失業率急遽上升。在權衡了所有利弊以及隆貝格提出的合理擔憂之後，我仍然認為，沒有比迅速引進德國馬克更好的辦法。

我們工作的節奏非常快，對我來說也是如此。四月十七日，我在部長會議大樓的舊市政廳正式上任，感覺就像被推進了水深火熱之中。我與馬提亞斯・格勒的合作既順利又友好，但工作量之大遠超乎預期。格勒主要負責對外宣傳政府的工作，例如主持政府新聞記者會。如果他有其他事情要處理，我就必須代替他出席。在處理德・梅齊耶政府通過的數百項法規時，我得益於我那眾所周知對細節的關注，使我能夠相對準確地回答所有計畫相關的問題。除此之外，我還忙於應對大量來自媒體的詢問，並陪同總理洛塔・德・梅齊耶或君特・克勞澤（Günther Krause）參加採訪。克勞澤於一九五三年在薩勒河畔的哈勒（Halle an der Saale）出生，他是基民盟成員、擁有博士學位的土木工程師，當時擔任東德總理的議會國務祕書，並在政府中扮演著關鍵角色。

※　※　※

我們在總理辦公室與曾在東德部長會議工作的員工共同合作，同時也接受來自西方顧問的幫助，他們至少在一定程度上教會了我們如何在民主制度下進行行政管理。

※　※　※

在這裡，我再次遇到了漢斯・克里斯蒂安－馬斯和托馬斯・德・梅齊耶。我還清楚記得他們在一九九〇年八月二十日，當社民黨決定退出四個月前才剛籌組的大聯合政府時的反應。由於基民盟和社民黨在財政和經濟政策上存在著嚴重分歧，總理洛塔・德・梅齊耶在八月十六日解除了包括社民黨財政部長瓦爾特・隆貝格在內的多位部長的職務。聯合政府於八月二十日解散後，我不得不在當晚緊急召開一場新聞記者會。

「這一定要上晚間七點新聞。」他們說：「一定要！」

「我們到底該怎麼完成這個任務啊？現在都快七點了。」我有些惱火地回答。

「你去打電話召集記者。」漢斯・克里斯蒂安－馬斯喊道。

「你們準備好了嗎？有統一的說法嗎？」托馬斯・德・梅齊耶補充道。

我們的顧問確實出於好意，但我感覺到他們也非常緊張，又加上了來自波昂的壓力。同時，他們已經掌握所有資訊，但我們卻幾乎一無所知，這讓我們要清楚表達我們的顧慮和意見都變得非常困難。

當然，我們都面臨著一項艱鉅的任務。八月二十三日，人民議會在那次動盪的夜間會議中，以壓倒性的多數通過決議，宣布「根據《德意志聯邦共和國基本法》第二十三條，德意志民主共和國加入《基本法》的適用範圍，自一九九〇年十月三日起生效。」作為政府，我們從一開始就必須用法律來規範一切，以確保在統一之日來臨時，每個人在生活中的各個領域都有法律的保障。在兩個德國經過四十年不同的發展之後，這是一項令人難以置信的艱鉅任務。雖然在七月一日，退休金和勞動法問題已在很大程度上得到統一，但也無可避免出現了一些負面影響。這種情況的模式總是相同：起初許多人迫不及待想要達到西方的標準，但一旦開始實行這些標準，便會對某些群體產生負面影響，進而引發抗議。貨幣聯盟對農業部門的影響就是一個例子。隨著德國馬克的引進，農業部門自動受到歐洲單一市場法規的約束，而歐洲共同體並沒有給予任何過渡期。在東德，有超過百分之十的勞動力從事農業，但在西德的比例不到百分之四。隨著統一，農村地區的失業率因此迅速且劇烈上升。這些影響是不可避免的，卻在事前被許多人忽視了。在引入德國馬克的同時要考慮到所有問題也是不可能的，政府必須做出決定。結果，這導致了農民的大規模示威遊行。

因此，在其他許多領域也無可避免地出現摩擦和衝突，比如完全不同的補充退休金和醫療保險制度、完全不同的財產權，不同的托兒條件、不同的墮胎權等等，而這些都只是洛塔・德・梅齊耶率領政府第一天所面臨到的眾多問題之一。

因此，必須制定第二份國家條約，即《統一條約》（*Einigungsvertrag*）。在這份條約中，試圖規範第一份條約尚未涵蓋的所有國內政策領域，換句話說，從社區花圃到紅綠燈號誌的設置，無所不包。談判於七月六日展開，由聯邦內政部長沃夫岡・蕭伯樂（Wolfgang Schäuble）和君特・克勞澤領導。而我作為東德代表團的一員，負責我方的新聞工作。

在過程中，我認識了威利・豪斯曼（Willi Hausmann），他出生於一九四二年，來自魯爾區的奧伯豪森（Oberhausen im Ruhrgebiet），是蕭伯樂的員工。豪斯曼是我在西區的搭檔。他對德國統一充滿熱情，善於傾聽、不自以為是，個性穩重、親切真誠又沒有架子。他向我解釋了很多事情，總是耐心等待我提出問題，然後準確回答，從不會對我說教。我們因此建立了終生的情誼。

※ ※ ※

我永遠不會忘記談判開始的情景。東德和聯邦德國的代表團在舊市政廳的熊廳（Bären-saal）舉行會議。洛塔·德·梅齊耶總理也出席了談判的開幕式。在致詞最後，他開始用西德國歌的旋律演唱東德國歌的歌詞。多年來，我們只能哼唱這首國歌，因為歌詞是這樣寫的：「從廢墟中重生，面向未來，讓我們為您效勞，德意志，統一的祖國。必須戰勝過去的困難，我們將團結一致地克服它，因為我們一定能成功，讓陽光比以往更加燦爛地照耀在德國。」我幾乎可以看到在場的西德人都愣住了，他們屏住了呼吸。洛塔·德·梅齊耶真的想改變聯邦德國的國歌嗎？我不知道，但無論如何，我認為他想用這個例子表達，對西德人來說，也不是一切都必須保持不變，因為對我們來說，一切都在改變。我認為這個出發點是正確的，雖然我和在場的其他人一樣，覺得以國歌作為例子並不恰當。

這次談判非常困難，眾人的情緒經常非常激動。有些問題直到一九九〇年八月三十一日簽署《統一條約》時，最終仍未能解決，其中包括關於墮胎的不同規定、如何處理德國社會主義統一黨造成的不公義，以及涉及財產權的問題。尤其是財產權問題，引發了極具爭議的討論。兩個德國早在一九九〇年六月十五日的一份聯合聲明中，針對未決財產問題達成共識，確立了「返還優先於賠償」的原則，但一九四五至一九四九年間基於占領區法律進行的徵收不在此列。然而，自民黨仍多次試圖將這些無賠償徵收問題納入討論，這些徵收涉及擁有超過一百公頃土地的大地主，也包括被蘇聯占領區及東德視為戰犯或納粹黨積極成員的小企業主。最終，君特．克勞澤別無選擇，只能邀請時任司法部國務祕書的克勞斯．金克爾（Klaus Kinkel，自民黨）參觀一個農業生產合作社。農業生產合作社是農民和其生產工具的合作社機構，專門從事集體農業生產。克勞澤希望藉由實際例子向金克爾展示，如果土地改革被推翻，將會產生嚴重的後果。我感覺到這次訪問確實讓克勞斯．金克爾留下了深刻的印象。對我來說，很難理解為何幾乎所有徵收問題都要如此詳細規定，以有利於原有土地所有者的方式解決，卻幾乎沒有人願意補償東德公民的終身損失，例如異議人士、遭受德國社會主義統一黨不公正對待的受害者，以及許多牧師的子女。財產問題是我們所有人長期關注的話題，也導致了雙方的許多怨恨。這個問題似乎成了禁忌。只要我提出一個批判性的問題，就會被指責為作為一名東德公民，對私人財產的重要性缺乏足夠理解。我並不是為了個人利益發聲，我關注的是一個根本原則：正義應該平等地對待所有經歷過的不公。然而，我的反對意見卻被置之不理。

儘管爭議不斷，但人民議會和聯邦眾議院還是於一九九〇年九月二十日分別以絕大多數通過了《統一條約》，就內政方面為統一創造了條件。

外交的輝煌時刻

第二次世界大戰結束後，德國被美、英、法、蘇四個戰勝國劃為四個占領區。一九九〇年二月十三日，這四國的外長與德意志聯邦共和國和德意志民主共和國的外長共同商定，開始就德國統一後的事宜進行談判，這個談判被稱為《二加四條約》（*Zwei-plus-Vier-Abkommen*）。戰勝國和兩個德國的鄰國都對於統一後的德國將在未來扮演什麼角色感到非常擔憂。他們心中的疑問是：這個統一的德國能被信任嗎？英國和法國對此尤其關注。相反地，美國總統老布希（George Bush sen.）滿懷熱情地致力消除這些顧慮，並迅速釐清所有問題。這些問題包括國家領土，特別是東部邊界的確定、未來軍隊的規模、自由選擇結盟關係的權利，以及蘇聯軍隊的撤出。談判於一九九〇年五月五日開始，並於同年九月十二日在莫斯科的歐克提亞布瑞斯卡亞酒店（Oktyabrskaya Hotel）簽署了《最終解決德國占領條約》（*Vertrag über die abschließende Regelung in Bezug auf Deutschland*）。如今，該酒店已更名為總統酒店（President Hotel），繼續由俄羅斯總統府管理。

我陪同洛塔・德・梅齊耶簽署了加入聯邦德國的協議。在社民黨於八月退出大聯合政府後，他還接任了外交部長一職。我記得簽署的前一晚，談判仍在進行中。在簽署前夕，洛塔・德・梅齊耶派我前往德國駐莫斯科大使館，因為聯邦外交部長漢斯－迪特里希・根舍邀請記者在那裡進行新聞說明會。我參加這次談話的官方理由是，我們希望兩個德國的意見一致，因此我必須參與其中。但真正的原因是，我們東德方面非常好奇西德那邊會如何論述。

在針對條約草案進行新聞說明會時，我意識到一件事：如果由我來主持這次對話，我可以準確解釋每一條規定，包括尚未澄清的細節，特別是與統一後德國加入北約這個長期存在爭議的問題。然而，直到七月十六日，聯邦總理柯爾、外交部長漢斯－迪特里希・根舍及財政部長提奧・魏格爾訪問高加索，並會見戈巴契夫總統時，蘇聯才原則上同意了這一點。雖然我對條約個別條款的冷靜看法在事實上是正確的，但卻無法反映出協議的真正意義。在那次新聞說明會中，漢斯－迪特里希・根舍的表現與我完全不同。他絲毫不糾結於細節，而是從歷史的角度對條約進行定位，並描述了所取得的成就：一個擁有完全主權的統一德國，堅定地融入北約和歐洲共同體，而且後者將進一步發展成為政治共同體；歐洲安全與合作會議的結構將成為包括蘇聯在內的泛歐安全架構的核心；所有蘇聯軍隊將於一九九四年之前撤出即將成為前東德的領土。他解釋道，正是由於開放和改革，這份文件才得以成為可能，同時也歸功於所有其他參與者的謹慎政策和善意，而這並不僅限於四個戰勝國。我感覺自己正在見證一個外交上的輝煌時刻和歷史上的幸運時機。根舍讓我留下了深刻的印象，並讓我學到了一個寶貴經驗：先闡明目標，再強調大局，最後才列出細節——這才是正確的做法。我將這一點牢記於往後的政治生涯中，儘管眾所周知，我並不總是能完全遵守這個原則。

我高興地回到飯店，向大家彙報了西方的氣氛，我們都對進展感到非常滿意。

最後的細節在夜裡敲定。九月十二日星期三，一份標誌著德國戰後時期結束的歷史性文件正式簽署，從此再也沒有什麼能阻擋德國的統一。統一、正義和自由——這些理想在一九九〇年十月三日德國實現統一的那天成為現實。二〇一一年，聯合國教科文組織（UNESCO）將《二加四條約》納入「世界記憶」計畫（Memory of the World），這一條約現已成為世界文件遺產的一部分。

01、02▲我的外祖父母：威利與格特魯德・延茨施。

03▲我的祖父母：路德維希與瑪格麗特・卡斯納。

04▲一九五二年八月六日，我的父母赫琳和霍斯特・卡斯納結婚了。

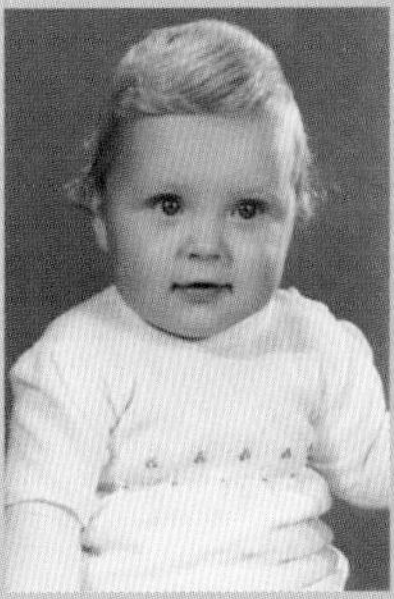

05▲嬰兒時期的安格拉。

06▲與父母在波羅的海度假的美好時光，於一九五六年拍攝於庫朗斯伯恩。

07▲一九五九年，我牽著母親的手，在漢堡參加阿姨岡希爾德的婚禮。

08▲一九六六年，我與弟弟馬庫斯、妹妹伊蓮娜在滕普林的瓦爾德霍夫無憂無慮地玩耍。

09▲一九六九年春天，新布蘭登堡區俄語奧林匹亞競賽的頒獎典禮上。

10、11▲一九七〇年代中期，身為大學生的我喜歡在週末前往薩克森瑞士旅行。每當攀登砂岩峭壁時，我總覺得上攀比下攀更容易。

12▲一九八六年一月八日，在物理化學中央研究所的辦公桌前，我慶祝自己順利完成博士論文，開心地拿著我的禮物。

13▲一九八〇年代中期，約阿希姆坐在物理化學中央研究所辦公桌前。

14▲一九九〇年七月十七日，我三十六歲生日，照片攝於舍恩豪瑟大街的家中，書架和檯燈都是「自製品牌」。

15▲一九九〇年三月十八日，人民議會選舉期間，我在柏林民主覺醒黨的民主之家辦公桌前短暫休息。

16▶一九九〇年，擔任政府副發言人期間，我體會到了和記者通話要投入大量的時間。

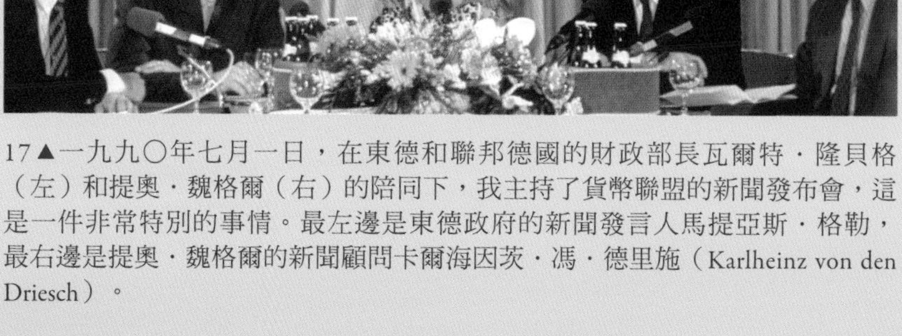

17▲一九九〇年七月一日，在東德和聯邦德國的財政部長瓦爾特・隆貝格（左）和提奧・魏格爾（右）的陪同下，我主持了貨幣聯盟的新聞發布會，這是一件非常特別的事情。最左邊是東德政府的新聞發言人馬提亞斯・格勒，最右邊是提奧・魏格爾的新聞顧問卡爾海因茨・馮・德里施（Karlheinz von den Driesch）。

18▲一九九〇年十一月的一個早晨，我拜訪了選區內呂根島洛貝漁民的漁夫小屋，他們剛把早晨捕的漁獲帶上岸。

19▲我在梅克倫堡－佛波門邦擔任了超過三十年的聯邦議員，始終認為自己擁有全德國最美的選區。

20▲一九九一年十一月二十六日，我以婦女與青年部長身分，自豪地參與內閣會議。

21▲一九九五年四月，我在柏林擔任第一屆聯合國氣候變化大會的主席，發現了自己對於外交政策的熱情。

22▶一九九一年十二月十六日，我在德列斯登舉行的基督民主聯盟黨大會上，獲選為黨主席赫爾穆特・柯爾的唯一副主席。

23◀以在野黨身分重新開始。一九九八年十一月七日，經由基民盟主席沃夫岡・蕭伯樂（左）的提名，我在波昂被選為黨的祕書長。

24▶二〇〇〇年四月十日：我很高興當選德國基民盟的主席。

25▲二〇〇五年六月十六日，前聯邦總理赫爾穆特・柯爾與兩週前剛成為總理候選人的我，在柏林施福包爾丹街的劇院參加基民盟成立六十週年紀念活動，基民盟正是在這個地方成立的。

26▲二〇〇五年夏天的競選活動。

27▲二〇〇五年九月四日，我與伊娃・克利斯蒂安森（左）和貝雅特・鮑曼（右）前往柏林阿德勒斯霍夫，參加與聯邦總理格哈德・施若德的電視辯論。

28▲在二〇〇五年十一月二十二日當選聯邦總理之後，我向聯邦議院議長諾貝爾特・拉默特進行就職宣誓。

29▲宣誓完畢，我獨自坐在政府席位上。在這幾秒內，彷彿所有的壓力都消失了，每次宣誓後都會出現這種感受。這張照片攝於二〇一三年。

30▲總理府的辦公室：我的辦公桌位於左後方，牆上懸掛著奧斯卡．柯克西卡所繪的第一任聯邦總理康拉德．阿德諾肖象。

31▲與聯邦總理府的園藝團隊成員加比．茉利希（Gabi Möhlig）談，她每日精心搭配的美麗花束總能為我帶來愉快的心情。

32▲每逢待降節，德國林地所有者協會總會都會贈送一棵聖誕樹給總理府的迎賓庭院，還會送我一個橡木製的棋子。

33◀就任第一天，在飛往巴黎和布魯塞爾的航程中，我再次準備當天的行程。

34▲在愛麗舍宮庭院，法國總統雅克．席哈克優雅地在車旁迎接我。

35▲北約祕書長夏候雅伯（前右）接待我與聯邦外長法蘭克－瓦爾特．史坦邁爾（左後）。

36▲我在布魯塞爾與歐洲執委會主席若澤．曼努埃爾．巴羅佐。

37▲會議桌前的日常：處理文件和瀏覽新聞。

38▲思考與規劃。二〇〇九年二月，我與貝雅特・鮑曼在波羅的海的迪爾哈根。

39▲佇立在在總理府迎賓庭院門前，等待國賓的到來。

40▶錄製每週的影音Podcast前，熟記講稿的內容。

CDU

41▲「梅克爾菱形」（Merkelraute）這幅基民盟的海報位於柏林的華盛頓廣場，尺寸為七十乘二十公尺，由兩千一百五十張我在二〇一三年聯邦議會選舉期間的支持者照片所組成。

Angela Merkel, 1957
Für ein Deutschland,
in dem jeder
alles werden kann.

42▲二〇一七年聯邦眾議院的選舉：「為了一個每個人都能實現夢想的德國——即使是在漢堡出生、在東德長大的小女孩也不例外。」

43▲在南提洛（Südtirol）登山健行。

44▲二〇〇七年七月二十五日，再度作為拜羅伊特音樂節（Bayreut-her Festspiele）開幕式的常客。

45▲在伊斯基亞島（Ischia）度假時的午餐時合影。右是漁夫阿涅洛・波里奧（Aniello Poerio）與他的家人桑德拉和卡洛・波里奧（Sandra und Carlo Poerio）；左側是我們在島上的朋友瑪麗・勞倫斯・普埃奇（Marie Laurence Puech）和亞歷山德羅・馬泰拉（Alessandro Mattera）。

46▲即使在柏林蒂爾加滕的午休時分，我仍必須隨時保持可聯絡上的狀態。

47▲二〇〇六年德國世界盃期間，許多多人都驚訝於我對足球的熱情。這張照片是在柏林奧林匹克體育場觀看德國隊阿根廷的八強賽時拍攝的。

48▲季軍：二〇〇六年七月八日，在斯圖加特德國對陣葡萄牙獲勝後的頒獎典禮上，我和德國國家隊總教練尤根·克林斯曼一起慶祝。

49▲沒有組織委員會主席法蘭茲·貝肯鮑爾的努力，「夏日童話」就無法實現。這張照片攝於二〇〇六年七月九日，在柏林奧林匹克體育場舉行的義大利對法國的決賽。

50▲二〇一四年七月十三日，德國隊在里約熱內盧贏得世界杯冠軍後，我與聯邦總統約阿希姆·高克、德國國家隊總教練約阿希姆·勒夫以及德國隊在更衣室合照。

51▶二〇〇六年七月十三日，在我聯邦議會選區的特林維勒斯哈根的「椴樹下」餐館，與美國總統小布希一起烤野豬。

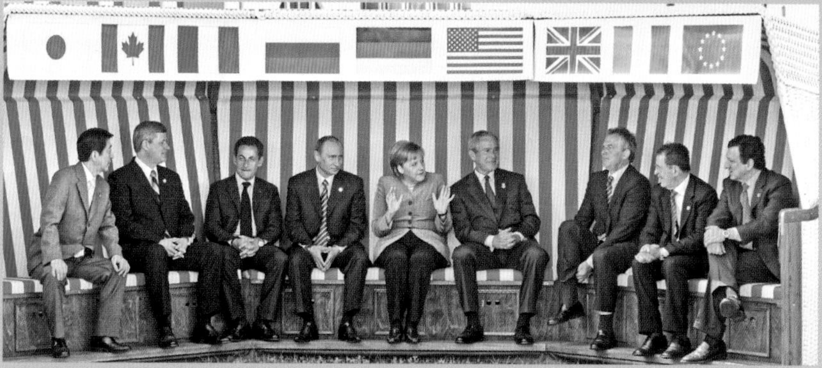

52▲二〇〇七年六月七日，海利根達姆舉行的G8峰會期間，我與賓客們坐在一張超大號的海灘椅中合影。從左至右：日本首相安倍晉三、加拿大總理史蒂芬・哈伯、法國總統尼古拉・薩科齊、俄羅斯總統弗拉迪米爾・普丁、美國總統小布希、英國首相托尼・布萊爾、義大利總理羅馬諾・普羅迪、歐洲執委會主席若澤・曼努埃爾・巴羅佐。

53▲二〇一五年六月八日，在艾爾茂舉行的G7高峰會上，由於缺乏合適的英文詞彙，我試圖用誇張的手勢向美國總統歐巴馬解釋，那張特別長的木製長椅是為了「全家福」而製作，為了紀念二〇〇七年海利根達姆那張超大號海灘椅，不過那個手勢常常讓人覺得困惑。

54▲二〇〇八年十月五日，全球經濟危機期間，我與聯邦財長佩爾·史坦布律克藉由「儲蓄擔保」成功贏得了民眾的信任，這在動盪時期彌足珍貴。

55▲二〇一〇年十月十八日，我與法國總統薩科齊在諾曼地的多維爾（Deauville）海濱散步，討論歐元的未來。

56▲二〇一一年十月二十六日，在布魯塞爾與國際貨幣基金組織總裁克莉絲蒂娜·拉加德討論希臘的歐元援助計畫。

57▲在法國坎城舉行的G20峰會上，二〇一一年十一月三日晚上，經過一場艱難的歐元援助談判之後，歐巴馬鼓勵我。

58▲二〇〇六年一月十六日，聯邦總理後，我首次正式訪問俄羅斯，在莫斯科的克里姆林宮晤見俄羅斯總統普丁。

59▲二〇一五年二月十一日，在明斯克進行艱難談判期間，我與烏克蘭總統佩特羅．波羅申科協商續的行動方案。

60◀二〇〇八年四月三日，在布加勒斯特舉行的北約峰會工作會議開始前，我與聯邦外長法蘭克－瓦爾特．史坦邁爾交談，我左側是法國總統薩科齊。

61▶二〇一五年九月十日，在柏林施潘道參觀完一個「初期安置中心」之後，我應敘利亞難民阿納斯·莫達馬尼（Anas Modamani）的請求合照，但是當時我並沒有想到這張照片會引起如此大的轟動。

62▶二〇一五年九月十五日，在決定允許滯留匈牙利的難民入境後幾天，我與奧地利聯邦總理韋爾納·法依曼在總理府舉行了聯合新聞發布會。

63◀二〇一五年十月十八日，我在伊斯坦堡與土耳其總統雷傑普·塔伊普·艾爾多安就歐盟與土耳其的移民合作進行會談。然而，大眾記憶最深刻的卻是耶爾德茲宮（Yıldız-Palast）內華麗的椅子。

64▶二〇一六年三月六日晚上，在布魯塞爾土耳其駐歐盟常駐代表處，我與土耳其總理阿哈梅特·達武特奧盧和荷蘭首相馬克·路特的會談，為歐盟與土耳其的協議帶來突破。

65▲與法國總統歐蘭德共同悼念：攝於二〇一五年一月十一日，與歐洲理事會主席唐納．圖斯克參加聲援遊行，悼念數日前巴黎《查理週刊》編輯部等遭受伊斯蘭恐怖攻擊的罹難者。

66▼攝於二〇一七年一月二十七日，紀念二〇一六年十二月十九日柏林布萊特沙伊德廣場恐怖襲擊事件的受害者。

67▲追蹤氣候變遷的印記：二〇〇七年八月十六日，乘船巡遊格陵蘭的伊盧利薩特（Ilulissat）的冰峽灣。

68▲二〇〇九年十二月十七日，在哥本哈根氣候變遷大會期間的密切磋商。我左側是歐洲執委會主席若澤．曼努埃爾．巴羅佐，右側是瑞典首相弗雷德里克．賴因費爾特（Fredrik Reinfeldt）、口譯員、法國總統薩科齊、美國總統歐巴馬，前方是英國首相戈登．布朗。

69▲二〇〇七年十月六日，我在約翰尼斯堡的基金會與諾貝爾和平獎得主尼爾森・曼德拉會談。我很敬佩他所推行的寬恕與和解政策。

70◀二〇〇七年十月七日，在蒙羅維亞機場與當時唯一的非洲女性國家元首、賴比瑞亞總統艾倫・強森・瑟利夫一起接受軍禮歡迎。

71▶二〇一六年十月十一日，我和非洲聯盟委員會主席恩科薩扎娜・德拉米尼－朱瑪（Nkosazana Dlamini-Zuma）為非洲聯盟的朱利葉斯・尼雷爾大樓（Julius-Nyerere-Gebäude，和平與安全大樓）揭幕，該大樓由德國資助建造。

72▲二〇一年四月十三日，我與印度總理納倫德拉·莫迪一起參觀了漢諾威工業博覽會的印度館。

73▲二〇一七年，漢堡舉行的G20峰會期間，我與中國國家主席習近平（及口譯員）在工作會議的空檔討論峰會閉幕宣言的內容。

74▼二〇一五年六月二十四日，在英國女王伊莉莎白二世最後一次到德國進行國事訪問期間，我有幸在總理府接待她。

75▼二〇一七年六月十七日，教宗方濟各和我在私人會晤中交換了禮物。我向他展示了我從布宜諾斯艾利斯之行為他帶回來的、他最愛的家鄉阿根廷特產。

76◀二〇一〇年十二月十八日，進行聖誕節探訪，慰問在阿富汗昆都市值勤的聯邦國防軍。

77▲終止徵兵制之後，訪視聯邦國防軍：二〇一〇年十月十日，我與下薩克森邦總理大衛．麥卡利斯特一起訪視明斯特的陸軍訓練中心。

78◀二〇一六年一月十九日，登上位於基爾的海軍第一艦隊的布朗施維克護衛艦（Korvette Braunschweig）。

79▲二〇〇八年三月十六日，在以色列總統希蒙・裴瑞斯陪同下，參觀位於尼格夫沙漠的以色列首任總理大衛・班古里昂的墓地。

80▲二〇〇八年三月十七日，以色列總理艾胡德・歐麥特與我在耶路撒冷簽署了一項合作協議，以紀念首次德以政府磋商。

81▲應國會議長達莉婭・伊齊克的邀請，我於二〇〇八年三月十八日在以色列國會發表演講，主題為：以色列的安全是德國利益的一部分。

82▶二〇二一年十月十日，我與以色列總理納夫塔利・貝奈特一起參觀了耶路撒冷的猶太大屠殺紀念館，而這次是我以總理身分進行的告別訪問。

83▶二〇一一年六月七日，美國總統歐巴馬在白宮玫瑰園的晚宴上，授予我自由勳章。

84◀德美經濟關係對德國具有極其重要的意義。這張照片攝於二〇一六年四月二十六日，我與歐巴馬在漢諾威工業博覽會上巡視，美國是當屆的主題國，背景中可見聯邦交通部長亞歷山大·多布林特和聯邦研究部長約翰娜·萬卡（Johanna Wanka）。

85▶不久後，我便會懷念與歐巴馬那些充滿信任的交談。這張照片攝於二〇一六年十一月十六日，他以總統身分在柏林進行告別訪問時，我們在阿德隆飯店見面。

86◄二〇一八年四月十九日，洪堡論壇創始人尼爾·麥克－葛瑞格（Neil Mac－Gregor，左）帶領法國總統馬克宏和我參觀洪堡論壇，向我們介紹了重新建造的柏林舊城堡模型。

87►穿過鑰匙孔捕捉的瞬間：我與馬克宏經常在私下交談中找到解決棘手政治問題的方法。

88◄二〇二一年十一月三日，在勃艮第的感人告別訪問期間，馬克宏在第戎附近的沃若堡（Château Clos de Vougeot）授予我法國榮譽軍團大十字勳章。

89◀疫情陰影下的世界政治：二〇二一年四月十六日，我與烏克蘭總統澤倫斯基的視訊會議，於巴黎與柏林之間連線。

90▶二〇二一年八月二十二日：我在基輔進行即將卸任德國總理前的告別訪問時，受到澤倫斯基的歡迎。訪問日期接近烏克蘭八月二十四日的獨立日。

91▲由於新冠疫情期間的旅行限制，二〇二一年七月十五日訪問美國總統喬·拜登是在他上任後我的首次訪問，也是我的告別訪問。這張照片是在白宮橢圓形辦公室內，與德國和美國代表團的合影。

92▲二〇一九年一月，我參觀雕塑家托馬斯．雅司特朗在柏林舉辦的展覽，站在代表掌管良機的希臘神祇「凱洛斯」雕像前。

自力更生

隱忍的憤怒

一九九〇年七月二十六日，人民議會和聯邦眾議院的德國統一委員會在聯合會議中達成共識，決定於一九九〇年十二月二日舉行第一次全德聯邦眾議院選舉。不久前，人民議會決議將成立新邦的邦議會選舉定於十月十四日舉行。五個新加入的邦將由前東德的十四個區組成，而東柏林和西柏林則共同組成第六個邦。在這裡討論選舉日和選舉法的激烈辯論顯得有些多餘了，因為這個過程本身就像是一部驚悚片。最終，聯邦憲法法院作出一項裁決，也就是第一次全德聯邦眾議院選舉的百分之五門檻規定，是新、舊邦分開計算。

※　※　※

人民議會選舉失利之後，民主覺醒黨不得不面對如何繼續前進的問題。艾佩曼在四月便已接替施努爾成為新的主席，而我們在五月的地方選舉中也僅獲得〇．五%的選票。在這種情況下，民主覺醒黨顯然前途渺茫。為了至少保留我們（字面上意義的）民主覺醒的部分理念，唯一的選擇就是加入基民盟，這也意味著我們不得不放棄民主覺醒黨的獨立性。不幸的是，我們無法直接加入西德基民盟。事實上，我們必須先成為東德基民盟的成員，才能在一九九〇年十月一日和二日於漢堡召開的黨大會上，透過東西基民盟合併為全德基民盟。我不想猜測究竟這真的是唯一合法且正確的途徑，還是西德基民盟認為同時與兩個黨合併過於複雜而選擇的方式。

這個過程於一九九〇年八月四日在柏林邁出第一步。當時我們民主覺醒黨成員的心情非常糟糕。遺憾的是，我已經忘記我們具體是在哪裡開會了，但我始終記得那是個悶熱的日子，我們在那裡象徵性地埋葬了我們的獨立性。唯一的安慰是，我們得以在基民盟內部成立民主覺醒工作小組。雖然我們都清楚明白，加入基民盟是無可避免的決定，但從情感上來說，我們內心深處的一切都在抗拒。當時有一位來自西德的顧問激動地走上講台，提醒我們這項決定需要三分之二的多數票才能通過，並且覺得有必要向我們解釋三分之二是非常高的門檻。這個舉動幾乎要讓會議失控，因為我們感覺自己被當成無知的孩子。我簡直快氣瘋了，心想他們究竟以為我們有多蠢？我對周圍的人大聲抱怨道：「或許我們在前東德有很多東西沒學到，但即使是在東德，我們也知道二加二等於四，三分之二也遠遠超過百分之五十。我們甚至非常熟悉那種接近百分之九十九的選舉結果。每個人都知道可能會有反對票，但也知道要對總體結果負責。我們不需要被這樣教訓。」儘管內心充滿了不滿和抗拒，但最終還是達成了必要的多數票。

※　※　※

我的政府副發言人職務在一九九〇年十月二日結束了。除了日常的繁忙，我也不得不開始思考自己的未來。科學院的工作早已變得遙不可及，而我對自己的新工作充滿熱情。在夏季期間，我獲得了一份在十月三日之後在波昂聯邦政府新聞局（Bundespresseamt）的固定工作。現在，是時候為我在科學院的時光畫上句號了。我最後一次搭城市快鐵前往位於阿德勒斯霍夫的工作地點。過去十一年裡，除了休假、出差或生病，我幾乎每週一到五都往返這條路。到了研究所後，我整理了自己的辦公桌，並與同事們道別。回顧這段充滿靈感啟發的基礎研究時光，我並沒有感到傷感。相反地，我對即將以全新的方式挑戰自己感到無比期待。至於我什麼時候正式從物理化學中央研究所辭職的，我已經記不清了。但無論如何，我確實從四月十二日起就開始領取總理辦公室的薪水了。

※ ※ ※

為了在聯邦新聞局工作，我需要一份體檢證明。於是我在九月的某一天，前往西柏林指定的公務醫師處。我以為這只是例行公事。相比我每天在總理辦公室的經歷，那裡的流程幾乎慢得令人不安，這可能讓我的血壓升高了不少。檢查結束後，一切都正常，只是血壓偏高。負責的醫生告訴我，這可能會成為我進入公務部門工作的障礙。聽到這番話，我頓時感到不悅。難道我的未來取決於一個公務醫生的評估嗎？最終，我還是拿到了體檢證明，並獲得了錄取通知。但無論是醫生還是我自己，當時都沒料到，我可能根本不需要聯邦新聞局的這份工作。

您的直接議席候選人

在擔任政府副發言人期間，我逐漸形成了自己的政治理念。我們全力以赴，致力於以有序的方式實現德國統一。在此過程中，我們一方面日益清楚意識到，德國社會主義統一黨政權帶來了什麼樣的經濟災難，以及必須要克服的問題，尤其是如何幫助這個被國家控制和壓制數十年的社會適應自由的環境。另一方面，我也在《統一條約》的談判中觀察到，君特・克勞澤付出了多大的努力來捍衛東德公民的合法權益，甚至是推動全德國的變革。顯而易見的是，即使在一九九〇年十月三日統一後，仍然有許多問題需要解決。我想，未來在聯邦眾議院擁有一席之地，將能讓我有參與解決這些問題的機會。因此，我決定競選德國聯邦眾議院議員，而不是去聯邦新聞局工作。

但我絕對不想在柏林選區競選。因為我不是在大城市長大的，而且覺得自己與鄉村地區有著緊密的連結。布蘭登堡烏克馬克才應該是我的自然選區，但我認為布蘭登堡邦基民盟的革新還不夠徹底。因此，我在八月底或九月初聯絡了君特・克勞澤，他同時也是梅克倫堡－佛波門邦（Mecklenburg-Vorpommern）地區基民盟的邦主席。他願意幫助我，並建議我聯絡佛波門邦格里門縣（Landkreis Grimmen）的縣長沃夫哈特・莫肯廷（Wolfhard Molkentin），他同時也是當地基民盟縣黨部的主席。格里門縣與不屬於任何郡的漢薩同盟城市史特拉頌，以及史特拉頌縣和呂根島縣一起組成了新的聯邦眾議院第二六七選區。當時，該選區還沒有正式提名基民盟候選人，但已經有兩位競選者。呂根島的基民盟黨部選擇了一位來自奧爾登堡（Oldenburg）的銀行職員，他正在協助建立呂根島的儲蓄銀行；史特拉頌縣黨部與史特拉頌市黨部則支持一位來自波昂的基民盟／基社盟聯邦眾議院黨團助理，他協助史特拉頌市議會中的基民盟黨團工作。只有規模最小的格里門縣黨部還在尋找合適的候選人，他們也希望推出自己的候選人。許多當地人在五月時就已經決定投身地方政治，並希望藉此為德國統一做出貢獻，但波昂和聯邦眾議院對他們來說似乎遙不可及。正因如此，來自其他地區的候選人才有機會進入遴選。

我打了一通電話給沃夫哈特．莫肯廷，我們約好在格里門縣政府見面，讓我有機會向他自我介紹。君特．克勞澤已經提前知會過他我的來電，他的推薦很有份量，因此格里門縣黨部的人也願意因他的推薦，邀請我進行一次會面。

然而，前往格里門縣的那次旅程卻是一場災難，因為我對路程時間的預估過於樂觀。雖然有司機接送，但我沒能按約定在下午四點準時抵達，而是直到大約五點半才到達格里門。當時我既沒有車用電話，也沒有訊號良好的行動電話網路，所以無法通知任何人我會遲到。當我終於抵達縣政府大樓前時，看到一群人剛鎖好門準備回家。我很快發現，其中一個人就是沃夫哈特．莫肯廷，其他人則是基民盟格里門縣黨部理事會的成員。儘管開局不順利，我還是設法說服了他們，讓他們願意留下來聽我說完。那時候我就已經非常討厭不守時，這讓我感到非常不自在。為了打破僵局，我提到了自己在柏林的工作和糟糕的交通狀況。這讓在場的人更確信自己的猜測，他們認為我對他們所在地區其實不感興趣，只是想拿到聯邦眾議院的席位而已。然而，交通問題卻為我們的談話提供了一個很好的切入點，因為所有人都堅信，如果佛波門地區沒有與高速公路網絡相連，就沒有經濟發展的機會。這也成為後來新A20高速公路建設計畫的起因。

期間，沃夫哈特．莫肯廷重新打開了縣政府的大門。我在裡頭的一個房間裡，必須接受一次徹底的考驗，因為眾人顯然對我還是充滿懷疑。我向他們保證自己能理解當地的問題，因為結構薄弱的烏克馬克地區和佛波門地區面臨著同樣的挑戰。但在場的人明白地告訴我，我們現在是在佛波門，尤其是在格里門。我立刻感受到，這些人相當自信。他們大多數人都曾從事農業，隨著德國馬克的引入，他們的生活受到了嚴重的衝擊。沃夫哈特．莫肯廷曾經擔任液化石油氣公司的副董事長，對此深有體會。對於在場的人來說，我並沒有農村的氣息。雖然我對土壤價值、肥沃和貧瘠土壤略有了解，但是對格里門地區的關鍵數據所知甚少，也不了解格里門石油廠所面臨的問題。而且該地區正面臨重大的結構調整威脅。在大約一個半小時後，我除了收到懷疑的目光，還拿到了各種不同的小冊子，這無疑是在告訴我，在一九九〇年九月二十七日的提名活動之前，我還有很多東西要學習。確實如此，因為我最終要與史特拉頌和呂根島支持的候選人競爭。不過在談話結束時，我感覺到至少我們在希望擊敗其他候選人這點達成了共識。

※　※　※

於是，在九月底的最後一週，我前往呂根島的普羅拉（Prora）。在做決定的那一天，我在中午向部分呂根島的基民盟成員自我介紹，因為我知道當地的資深基民盟成員與剛加入基民盟的民主覺醒黨和農民黨成員之間的氣氛有些緊張。我不想放過任何機會，於是去見了那群對我這位前民主覺醒黨成員表示歡迎的人。然而，其他人並不願意聽我說話，史特拉頌的成員也是如此。他們堅定地支持自己的候選人。

所有聯邦眾議院第二六七選區的基民盟地方縣黨部黨員都被邀請參加提名活動。這次活動的焦點是基層成員的意見，主辦方是擁有最多黨員的呂根島縣黨部。呂根島的黨員充分利用了這一點，完全沒有考慮要將活動地點設在史特拉頌，這本來能為所有人提供更公平的交通條件。他們想要利用主場優勢。為了容納所有參加者，呂根島上唯一合適的場所就是普羅拉當地軍隊之家的一個大禮堂。更糟糕的是，呂根島縣黨部將活動安排在九月二十七日星期四的晚上，開始時間定在晚上七點半，也就是工作日的晚上。對於史特拉頌和格里門的成員來說，前往普羅拉的路程需要一到一個半小時，許多人認為這樣的安排非常不便。於是，史特拉頌縣黨部、史特拉頌市黨部和格里門縣黨部決定租用巴士來接送他們的成員。事後看來，這個決定成了我的救命稻草。

活動在緊張的氣氛中開始，一切都必須精確並符合法律規定。儘管各方利益不同，但沒有人想為無效的選舉結果負責。大約有四百名基民盟黨員出席。我們這些候選人按字母順序依次自我介紹，我是第二個發言的，並介紹了我的選區計畫。我特別強調：「我是這裡唯一在東德長大的人，我對這些問題有切身體會。」在所有候選人發言完畢之後，討論持續了幾個小時。呂根島人想知道誰會重建波羅的海海濱度假勝地的碼頭、如何在保護美麗林蔭大道的同時拓寬道路，以及呂根島的漁業前景如何。史特拉頌人特別關注傳統人民造船廠（Volkswerft）的命運和歷史市中心的重建，這座城市有四百多棟建築面臨倒塌的危險，或至少亟需翻新。來自史特拉頌縣和格里門縣的黨員重點則放在農業的未來。而所有人都一致呼籲要改善交通連接。我意識到，所有計畫都需要大量資金，而這些資金應該來自聯邦首都波昂。和其他兩位候選人一樣，我盡我所能提供了相關資訊。令人關注的是，究竟在場的黨員認為哪一位會是他們在波昂的最佳代表。

選舉最終在深夜進行。來自呂根島的候選人得票最多，我位居第二，而史特拉頌的候選人被淘汰。這意味著必須進行第二輪選舉。新的選票會在休息期間準備。在這段時間內，發生了兩件對當晚接下來發展產生決定性影響的事情。首先，史特拉頌和格里門的黨員結盟，一致同意全力支持我。自信的呂根島黨員對此毫不在意，覺得自己已經勝券在握。由於他們對第二輪選舉的經驗不足，加上時間已晚，其中一些呂根島黨員認為自己的選票不再關鍵，便決定提前回家。與此同時，支持我的格里門和史特拉頌黨員無法自行離開，因為他們都是搭巴士來的。

第二輪投票在午夜前不久開始，結果於午夜後公布。我以一百八十四票對一百七十八票獲勝，六票之差險勝，結果相當接近。我的支持者們歡呼雀躍，呂根島黨員則感到震驚，而我非常高興。如果即將舉行的聯邦眾議院選舉與之前的人民議會選舉類似，那麼我應該有機會為基民盟贏得該選區。

在這場提名之戰結束後，我與呂根島的核心成員一起坐在軍官食堂，聊到凌晨兩點半。我感覺到，如果自己真心為他們著想，總有一天會贏得他們的支持。

幾週後，梅克倫堡－佛波門邦議會的基民盟黨團主席埃克哈特・雷貝格（Eckhardt Rehberg）告訴我，他們已經為我保留了第二個可能的選區，即第二六六選區：羅斯托克區／里布尼茨－達姆加滕／特羅／馬爾欽（Rostock-Land – Ribnitz-Damgarten –Teterow – Malchin）。這個選區的基民盟縣黨部被告知，他們不需要費心尋找候選人，因為根據君特・克勞澤的要求，會有一位來自柏林的候選人，就是政府副發言人安格拉・梅克爾。

在我於呂根島被提名的兩天後，大家都在第二六六選區等待我參加正式提名的投票，但是我並沒有出現。顯然在事態緊張的過程中，沒有人告訴當地負責人我已經贏得了第二六七選區的提名。而我也沒辦法通知任何人，因為我根本不知道這件事。從今天的角度來看，這幾乎是一個不可思議的插曲，只有在那個充滿變革的時代才會發生。因為當時沒有手機可以即時通訊，不然這個誤會本來可以馬上澄清。整件事的背景是，梅克倫堡－佛波門地區的基民盟認為，我無法贏得呂根島選區的選票，因為呂根島通常在選舉中占有優勢，畢竟他們是島民。所以我為自己的成功感到驕傲。之後，另一個選區提名了另一位自願出來參選的候選人。

※ ※ ※

一九九〇年十月三日之後，我的工作地點搬到了波昂的紹姆堡宮（Palais Schaumburg），這裡曾是首任聯邦總理康拉德・阿德諾的官邸。在聯邦眾議院選舉結束、新政府成立之前，洛塔・德・梅齊耶、君特・克勞澤、莎賓娜・伯格曼－波爾、萊納・奧特萊布（Rainer Ortleb）和漢斯約阿希姆・瓦爾特（Hansjoachim Walther）被任命為柯爾內閣中的特別任務部長。我則擔任德・梅齊耶和克勞澤的發言人。雖然我們坐在這座歷史悠久的建築內，但新部長的工作並不多。因此，我把重心放在大約七百公里外的選區競選活動上。聯邦眾議院大選將於十二月二日舉行，時間所剩無幾。無論是張貼海報、分發競選宣傳資料，還是在制定政治綱領方面，當地負責人給了我極大的支持。呂根島的居民們也逐漸與我建立起了友誼。這個選區人口稀少，為了盡可能接觸到更多選民，我需要四處奔走。我請了一個在民主覺醒黨認識的學生陪同，租了一輛車，買了一張折疊桌。這樣我在許多村莊裡都能快速把桌子打開、架設好，地點通常會在當地的小型消費合作社或購物中心前，這些地方都是賣日用品的店鋪。桌子上會擺滿競選宣傳資料，包括我的第一張個人傳單。在傳單上，我介紹自己為「您的直接議席候選人」（Ihr Direktkandidat）。當然，今天我會寫成「您的直接議席女候選人」（Ihre Direktkandidatin）。但在當時，我仍像在東德時期一樣使用男性陽性形式。即使在德國統一後，如果有人問及我的職業，我也幾乎總是回答自己是「物理學家」（Physiker），而不是「女物理學家」（Physikerin）。如今，這種表述方法對我來說已經完全陌生了。

競選期間，我試圖與民眾進行對話，即便我對佛波門地區人們沉默寡言的性格很有好感，但這也不是件容易的事。不過，我因此學會了忍受沉默的片刻，而不是用滔滔不絕的話語嚇退對方。

十一月二日，來自波昂的攝影師米夏埃爾・埃布納（Michael Ebner）跟著我進行競選活動巡迴。漢斯－克里斯蒂安・馬斯邀請了他，因為他想讓西德人也看看新邦的競選情況。那天，我拜訪了呂根島洛貝（Lobbe）的漁民們，在他們的漁夫小屋裡拍攝了一張照片，這張照片自那以後被無數次刊登印刷。這張照片對我意義非凡，因為它展現了很多東西：漁民工作的尊嚴、與自然的緊密連結、融入新時代元素的東德時期氛圍，以及那種融洽的沉默。我仍清楚記得當時與漁民們試探性的對話。那是我第一次拿起一條比目魚，明白了為何它會有這樣的名字。當時一切都充滿了不確定性。漁業的未來會怎樣？曾經作為主要經濟來源的鯡魚已不再是可靠的收入來源，一切都在變革之中。我無法作出任何承諾，只能保證會關心漁民們的訴求。如今回想起來，這已成為一個悲傷的篇章。儘管做了很多努力，但大多數漁民還是無法繼續在這個行業生存下去。他們眼中的歐洲農業政策就像一個無比龐大的官僚機器，而他們無力抗衡，他們幾乎不可能獲得合適的補助津貼。我當時在想要幫助他們的情況下，覺得自己就像在對抗風車。由於他們是少數群體，但同時還有許多其他更大的群體也提出了正當的要求，我從來沒有足夠的時間跟進他們的訴求。即使我有足夠的時間，今天的我也不確定自己能否成功。回想起那張在漁夫小屋裡拍攝的照片，我仍然感到悲傷，儘管當時我對這次拜訪充滿了熱情。

整體來說，儘管面臨諸多挑戰，我在競選過程中依然感到相當愉快。與這麼多不同背景的人相遇讓我感到充實。我可以自主決定如何了解我的選區，並且逐漸在過程中對這個選區產生了深厚的感情。

※ ※ ※

一九九〇年十二月二日，德國再度統一後的首次聯邦眾議院選舉中，我以四十八・二％的得票率為基民盟贏得了直接議席（Direktmandat），高興地成為第一屆全德國聯邦眾議院的直選議員。我也站穩了自己在政治上的腳步。德國統一為我開啟了全新的人生篇章。我非常幸運。當時我三十六歲，足夠年輕去嘗試新事物，也有足夠的經驗，能滿懷熱情地為德國政治貢獻自己的經驗和知識。從那時起，直到我在二〇二一年結束政治生涯的這段時間裡，我在這個選區中一直擁有許多忠實的朋友。我在這裡找到了自己的政治歸屬。

第三部

自由與責任

一九九〇年十二月三日—二〇〇五年十一月二十一日

東部的重建

復活節前的星期四

一九九一年三月二十八日接近下午三點，我從住處前往柏林市中心的亞歷山大廣場，目的地是電子工業之家（Haus der Elektroindustrie），也就是東德政府電工技術及電子部的前駐所。兩德統一後，國有資產託管局遷址至此，最終的落腳處是在現在聯邦財政部所在的萊比錫大街及威廉街（Wilhelmstraße）的交叉口。今天這棟建物被稱為德特列夫・羅威德之家（Detlev-Rohwedder-Haus），以國有資產託管局第三任局長的名字命名。我跟羅威德約在他位在亞歷山大廣場的辦公室見面。

前東德人民議會在一九九〇年六月十七日通過了國有資產託管法（Treuhandgesetz），該法一開頭就描述了託管局的任務：「加速及積極推動國營事業民營化，減少國營事業之營運活動。盡可能強化民間企業競爭力，確保現有職缺及創造新工作機會。確保土地及用地供經濟發展之用。」這項針對幾乎整個東德經濟的民營化任務，其規模前所未見，超過八千家公司約四百萬名員工在一九九〇年七月一日被納管於託管局下。託管局在東德過去十五個行政區的區政府所在地設置了分部，所有公司都被改制為資合公司（Kapitalgesellschaft）。兩德貨幣聯盟採行的匯率為一東德馬克兌換一西德馬克，致使這些公司原本就低落的競爭力更加雪上加霜。然而，所有的民怨並沒有指向那些真正應該為苦難負責的人，也就是過去在東德長期掌管國家機器實權的那群人，而是轉嫁給了現在負責處理東德政權長期治理失當所衍生問題的國有資產託管局。

我認識德特列夫．卡斯坦．羅威德（Detlev Karsten Rohwedder）是在一場新聞說明會上，於一九九〇年夏天由當時的東德總理洛塔．德．梅齊耶與他共同召開。這場說明會是為了向媒體解釋國有資產託管局的任務與處理方式，並希望託管局的工作在政治上能夠獲得支持。作為政府副發言人的我也在場，我仔細觀察了羅威德。他的身材高大，當時五十七歲，是個有著健康自信的人。他不說空話，會仔細地聆聽別人說話，講話時語氣平和，對自己的觀點很有自信。在擔任多特蒙德鋼鐵企業賀氏集團（Dortmunder Stahlkonzerns Hoesch AG）執行長的時期，他累積了企業重組的實際經驗。不過在回答媒體提問的時候，羅威德並沒有辦法站在東德人的角度來看待問題。媒體談話結束後，我走向他說：「這對您來說並不容易，我祝您一切順利。」我說：「我知道這個任務就像是自殺任務，但您的工作非常重要，因為它牽涉到許多人的命運。」他似乎仔細地在聽我說話，因此我大膽地補充了一個建議：「您應該有發現那些記者在提問時相當沒有耐心。如果您能試圖理解發問者的情緒，我想會更好。您可以向他們傳達，東德工人一直以來都盡心盡力，也盡了最大的努力，但這在市場經濟中還不夠。您也可以進一步說明，這並非東德工人的責任。一方面東德的薪資水準低於西德，另一方面又因為一比一的匯率削弱了原本就已經低落的市場競爭力，使更多的工作機會受到影響。這一切對東德人來說很不公平，但這就是社會主義實實在在留下來的問題。就算西德經濟力再強大、投入再多金錢，都沒辦法抹去這個事實。」

羅威德聽完了我長篇大論，沒有打斷我，還承諾會把我的建議謹記於心。「我很期待未來有機會再繼續我們的對話。」他在最後這麼說。從他的反應來看，他似乎真的對我一直放在心上的這件事感到有興趣。

一九九〇年十二月，在兩德統一後的第一次聯邦眾議院選舉前，我們再次見面。在這之間，我作為聯邦眾議院的候選人，在競選期間聽說了許多關於國有資產託管局的事，以及託管局工作的情況。當地民眾和負責人跟我說的事情時常讓我啞口無言，不然就是不知該作何反應。在我們第二次碰面時，我直接當著羅威德的面說：「您真的知道那些實際執行託管局任務的到底是什麼樣的人嗎？他們是一群年輕又聰明，甚至可以說是傲慢，年齡都不到三十歲的人。這些人剛拿到法律學位，就表現得自己好像無所不知。他們什麼都懂，就是不懂做人。」就像第一次碰面的時候一樣，他這次也是興趣盎然地仔細聽著。「當有人向他們提出貸款需求來實現民營化的想法時，他們不僅不提供幫助，反而刻意提高貸款門檻，還跟那群像是同個模子刻出來的年輕西德銀行行員講好要怎麼處理。」我繼續說。

「您可以舉例嗎？」他打斷我。

「我剛才在造勢活動上跟一位想在羅斯托克開設縫紉用品店的女士談話。」我開始說道：

「她需要四萬元馬克的貸款，也希望可以從國有資產託管局的不動產中獲得一間店面。這位女士既不擅言辭，也沒有城府，是個內向的人。她對每個問題都老實回答，包括她是否確定有足夠的顧客光顧好讓她可以償還貸款。後來她提到這是一次冒險，並且談及她開始新生活的勇氣，但這對那些年輕人來說顯然太過不確定了。結果呢？她不但沒有拿到店面，也沒有獲得貸款。」我接著說，越說越激動。「跟這位女士比起來，那些在德國社會主義統一黨裡學會說大話、畫大餅的人在今天還是贏家。過去我們在社會主義下生活要不擇手段才能成功，沒想到今天還是這樣！這不是我們期待的。」我說完，羅威德若有所思地看著我說：「也許您是對的。不管您的選舉結果如何，讓我們保持聯絡繼續討論這件事。」然後我們互相告別。

※　※　※

幾個月後，我不僅成為聯邦眾議院議員，還擔任聯邦婦女與青年部長（Bundesministerin für Frauen und Jugend）。一九九一年三月一日，我參訪了兩家位在奧爾（Aue）及倫根費爾德（Lengenfeld）的紡織廠。這是應薩克森邦（Sachsen）及圖林根邦的棉花工業協會邀請去的，這個產業的前景十分黯淡。雖然我知道幫不上什麼忙，但還是想要以婦女部長的參訪表明立場，讓大家知道我不會讓民眾孤立無援，也會知無不言、有問必答。位在奧爾的克特包爾有限公司（Curt Bauer GmbH）製造的是桌巾及寢具，一度有過可以民營化的一線希望。這是一間一八八二年成立的家族企業，一九七二年被收歸國有。這個家族的成員希望公司能夠重新私有化並繼續經營，雖然有些職員已經被裁撤，但家族對未來是有計畫藍圖的。不過由於營運牽涉到高額投資，而且不確定這個家族是否能夠籌集到如此高額的資金，國有資產託管局因此猶豫著是否要讓該企業轉為民營。而在等待的這段時間裡，錯過了大好時機。在訪問的過程中，我承諾會盡力請國有資產託管局加快審查的程序。

在倫根費爾德的茲威考（Zwickau）棉織工廠則是完全不同的情況。這裡的情況看起來更絕望：沒有了來自蘇聯的訂單，棉織場的兩百多名員工處於「零工時」（Kurzarbeit Null）的狀況，這些員工主要是女性。所謂零工時，就是一個企業員工在一段時間內完全沒有可以上工的時數，通常是失業的前兆。對於這些在工廠裡工作了幾十年、過去曾以熱情對抗過東德惡劣生產條件的女性，我無法給她們任何企業會繼續營運的信心。「如果連我先生也失業，那我該怎麼辦？我們開心迎接統一卻落得如此下場，就這麼被拋棄了。」其中一位女士一語道破她們的處境。

而我呢？我搭著一部大車子來到這裡，卻兩手空空無法給她們什麼。然後一群當地幼稚園的孩子和他們的老師也走上來，對我喊道：「給我媽媽工作！」我不得不控制住自己，才能忍住眼淚。這時候唯一能做的就是冷靜地聆聽，至少讓那些婦女可以好好描述她們的困境。

我曾經發誓永遠不要承諾無法兌現的事，這個世界上已經有足夠多的失望了。我也努力忍住不要咒罵當時所有不在場、在波昂的政治人物們。我告訴過自己，不管身處何處都要言辭一致，不論在哪裡都要講一樣的話。所以，我誠實地向那些婦女們說明了老舊生產機器、不斷萎縮的舊市場、來自亞洲的競爭，以及高昂的投資成本等問題。雖然我的話沒有帶給她們任何安慰，但至少她們願意聽我說完。透過這次訪問，我深刻體會到，分配不公的問題在現實生活中具體而殘酷：我們該如何公平分配這數十年來因管理不善而遺留下來的代價？我只能承諾，自己會竭盡所能爭取國家在轉職培訓和就業方面的政策支持。至於倫根費爾德工廠的民營化，我想，機會很渺茫。

同樣是在一九九一年三月，我也參觀了位在科特布斯（Cottbus）的德國國營鐵路（Deutsche Reichsbahn）培訓中心。在東德時期，每個中學畢業生都能獲得培訓的名額。但現在不再是這樣了，而且此時德西社會市場經濟下的成功典範，即雙軌職業培訓（即同時獲得企業與學校的培訓），在德東新邦尚未開始施行。在公司民營化的過程中，培訓名額的問題並沒有受到太多重視。因此，我希望藉由作為青年部長的我的到訪，可以讓這個議題受到更多的關注。根據《統一條約》，德國國營鐵路被移轉到一個特別基金的結構底下運作，直到一九九三年十二月三十一日才與德國聯邦鐵路（Deutsche Bundesbahn）合併為德國鐵路股份公司（Deutsche Bahn AG）。培訓的議題在此也因為許多其他問題而被忽視。

前往科特布斯的旅程相當忙亂，交通也不太方便。我沒有搭乘公務車，而是跟著一群記者從柏林搭乘巴士前往。我們抵達時稍微遲到了。為了接下來的談話，我連忙坐到我講台上的位置。坐定後的第一件事就是幫自己點了一根菸，平復一下旅途的忙亂。我沒有考慮到會留下什麼樣的印象，而是很快就專注在與國營鐵路以及培訓生的對話上。在來來回回的溝通中，我很快就意識到，每次我要求國營鐵路這個國有大企業提供更多的培訓名額時，他們都只想敷衍了事。過了一段時間，我沒有其他選擇，只能威脅他們說我會跟克勞澤部長報告這件事情。他作為聯邦交通部長（Bundesverkehrsminister）負責管理鐵路，以鐵腕手段著名。最後，國營鐵路的人才終於妥協。回程的路上我還告訴他們，像國營鐵路這樣的國營事業應該要是民間企業的榜樣。

※ ※ ※

一九九一年三月二十八日下午，我踏進德特列夫・卡斯坦・羅威德的辦公室，當時我還沒完全從拜訪這些新邦企業的旅行中回神過來。那天是星期四，更精準地說是一九九一年的復活節前的星期四。我很期待與羅威德的會面。那一年的前三個月裡我經歷了很多事，因此很開心這是復活節假期前的最後一個公務。這個復活節假期我會跟約阿希姆一起在霍恩瓦爾德度過。我告訴羅威德我在奧爾、倫根費爾德以及科特布斯的參訪過程，並向他爭取加快公司民營化的速度，如同我跟克特包爾有限公司家族所承諾的。另外，我也跟他說明了培訓名額的重要性，獲得他的大力支持。當我講述參訪的經歷時，羅威德仔細地聽著，同時看起來相當疲憊。這也可以理解，因為就算一天二十四小時都拿來用，也不夠解決他每天會遇到的問題。

大約聊了一個小時後，我起身跟他說道：「復活節就快到了，至少您能稍微休息一下。」他微笑並回答：「對，今天我會飛回杜塞道夫（Düsseldorf），回家見我太太。我很期待。」

然後我們互相告別後離開了。

復活節後的星期二，也就是一九九一年四月二日，一早打開收音機時，我震驚不已，簡直不敢相信收音機傳來的消息：德特列夫．卡斯坦．羅威德，國有資產託管局局長，在前一天晚上約十一點半，於杜塞道夫家中被人從一樓書房的窗戶射殺。他的太太賀噶爾德．羅威德（Hergard Rohwedder）身受重傷。案發現場留有一封紅軍團（RAF）的犯行供詞。德特列夫．卡斯坦．羅威德成了那些憎恨我們國家、仇視國家支助機構和人民的人的犧牲品。如今，那些人也對致力於重建東部並實現兩德統一的人和機構抱有敵意。

一九九一年四月十日，我參加了國家悼念德特列夫．卡斯坦．羅威德的儀式。多年來，我跟他的遺孀賀噶爾德．羅威德女士一直保持聯絡。在回覆我慰問信的信中，她親筆寫道：「我丈夫對您的人品以及政治上的表現都給予很高的評價。我祝您好運與成功。」這幾句話深深觸動我，直到今天我都還珍藏著這封親筆信。

我不清楚德特列夫．卡斯坦．羅威德在遇害前，是否有機會處理我們在復活節前的星期四所談到的問題。無論如何，克特包爾有限公司今天仍舊存在市場上。我成功說服了當時的聯邦勞動部長（Bundesarbeitsminister）諾貝爾特．布魯（Norbert Blüm），將一項規定寫入勞動法典中：針對女性失業人口比例，政府在制定勞動市場政策時，應提供相應比例的專屬政策及資源。這包括進修培訓、轉職培訓、創造就業機會的措施，以及短時工作的工資補貼。聯邦勞動總署（Bundesanstalt für Arbeit）過去還是較常提供男性雇員相關的援助，對於相似狀況的女性較不重視。為了改善這樣的情況，就算是像諾貝爾特·布魯這樣在社會勞動領域公認的政策專家，我也必須積極說服他。在歷經多次溝通後（有時候是總理出面與工商協會會談），德東新邦的培訓狀況才得以逐年獲得改善。

※ ※ ※

另外，我還想補充一件事。一九九一年四月二日，《法蘭克福匯報》（*Frankfurter Allgemeine Zeitung*, FAZ）刊登了一則關於我到科特布斯參訪的報導，標題是：「柯爾內閣中最年輕的成員還在公開場合吸菸。」這使吸菸成為我此行傳達出的主要訊息，而不是我為爭取培訓名額所做的努力。其實這怨不得別人，我自己也感到很不好意思。此外，約阿希姆每天都會讀《法蘭克福匯報》。他當然知道我抽菸的事，但他從來就不喜歡這點，因此他也認為我對這樣的報導不需要感到訝異。早在這件事的約莫十年前，我從第一任丈夫那裡搬出來後，就開始有了抽菸的習慣。那時候我大約一天抽一包，抽的是俱樂部（Club）牌的濾嘴菸。在科特布斯事件後，我再也沒有在公開場合吸過菸，很快也徹底戒了菸。其實我已經考慮戒菸一段時間了，因為我經常感冒，這讓我在演講時很不方便。我隱約覺得自己之所以這麼容易感冒，可能跟抽菸有關。

摔斷腿

一九九二年一月六日星期一，我摔斷了左腿。夏里特（Charité）醫院的醫師在看X光片時告訴我：「需要六個月的時間復原。」我非常難過地說：「這就是我政治生涯的終結了。」當時我感到極度沮喪。原本我只是想快速地去一趟位在柏林市中心椴樹下大街（Unter den Linden）六十九號的一間書店，那裡距離我和約阿希姆的新住處只要兩分鐘的路程。新住處位在威廉街（東德時期叫做奧托・格羅提渥大街〔Otto-Grotewohl-Straße〕）與貝倫街（Behrenstraße）的交叉口，我們在一九九一年十一月搬入。巧合的是，現在國家提供給我的前總理辦公室，正好位於當時那間書店附近的一棟大樓裡。聖誕假期快要結束前的那天，我想去買一本書，是哪一本書我不記得了。後來記得的就是自己穿著一條鬆垮的休閒褲，躺在醫生面前，覺得十分尷尬。在去書店的路上，我隨便披了一件大衣遮住那條休閒褲，就這樣從住處走了幾公尺去書店。結果在離開書店時一個不小心，沒注意到台階便摔倒了。當時我的腿不幸地扭轉到了一個奇怪的角度，導致兩處骨折。一陣前所未有的刺痛向我襲來，我絲毫無法移動。後來有人叫了救護車把我送到夏里特醫院。醫院開了可以迅速止痛的藥物給我，但它們沒辦法止住我的絕望。接下來該怎麼辦？當天下午我還要去參加在新布蘭登堡市東方三博士協會（Dreikönigsverein）舉辦的一個活動，並計劃在星期二飛去波昂。當時的聯邦眾議院及聯邦政府仍位在波昂，直到一九九九年才搬到新的聯邦首都柏林。一個部長缺席六個月？這根本不可行，我當時對這點深信不疑。而且，作為聯邦眾議院議員也沒辦法中斷這麼長的時間不工作。我躺在急診室的床上，各種念頭在我腦海中飛速閃過。尤其正好在三週前，我剛在一九九一年十二月於德列斯登的聯邦黨大會上，被選為柯爾的唯一副黨主席。所有我為這個職位擬定的工作計畫都泡湯了。為什麼老天要這樣對我？

「現在還不確定會怎麼樣。您也不用躺上六個月，很快就可以用助行器走路了。」醫生試圖安慰我。利弊權衡之後，我立刻動了手術。麻醉醒來時，我躺在病床上，身上多了一個固定器把腿的斷骨從外面用螺絲和支架固定著。手術很成功，這讓我放輕鬆了一點，但其他事情仍讓我悶悶不樂。在當時的情況下，任何微小的善意和鼓勵都能帶來正面的改變。

第一個鼓勵來自哈拉爾德．莫（Harald Mau）教授。這位已故的莫教授過去曾是小兒外科醫師，也是夏里特醫院醫學部的院長。他跟約阿希姆是在兩德統一後於洪堡大學重組期間認識的，而我則是在擔任部長時認識他。術後的第一個週末，在約阿希姆來看我的期間，莫教授也來探望我。他向我們打招呼說：「我們不會讓小孩躺在病床上太久，所以也沒必要讓大人躺那麼久。」莫教授推來輪椅幫著我坐到輪椅上，然後我們一起坐電梯上到夏里特醫院的屋頂露台。到了露台，他指著下方城市的街道說：「看看吧，很快您就能在下面走動了。」事實上，他成功地讓我振作起來，外面的新鮮空氣也讓我舒心不少。這是意外發生後，我第一次覺得，也許我真的能做到。我覺得自己不僅能恢復健康，還可以繼續從事政治工作。

第二個鼓勵來自克里斯蒂安．沃爾夫（Christian Wulff）。這位當時三十二歲來自奧斯納布呂克（Osnabrück）的政治人物，後來成為下薩克森邦的邦總理以及聯邦總統，自一九七〇年代末期在基民盟青年團（Junge Union）及黨內便嶄露頭角。他來探望我真的讓我很驚訝，因為當時我們幾乎不認識。他應該也是想藉由這次的談話多認識我。他問我過得如何，我則感受到他對人感興趣，這點我很欣賞。最後在道別時，他問道：「您還有什麼願望嗎？」

我幾乎是脫口而出：「有，在我擔任唯一副黨主席期間，需要一位助理來我在波昂阿德諾大樓的小辦公室工作。您會不會剛好有認識適合的人？」

他回答道：「有的，我想我有認識的人適合，我再跟您聯絡。」

幾天後，他打電話給我，告訴我他已經跟貝雅特．鮑曼談過了。她二十八歲，也來自奧斯納布呂克，曾在明斯特（Münster）學習美國文學及德國文學，沃爾夫是在基民盟青年團時期認識她的，她也曾在一九八六年的地方選戰幫過沃爾夫。他覺得，鮑曼對這個臨時職位有興趣，而且也願意每週一天在阿德諾大樓擔任我的研究助理。克里斯蒂安．沃爾夫把她的電話給了我。我非常高興，不久後便與鮑曼通了電話，迫不及待想要認識她。我們約好在我從夏里特醫院出院的當天下午，也就是一九九二年一月三十一日星期五的下午三點，在我威廉街上的住處碰面。

時間一到三點，門鈴準時響起。「請您進電梯按七樓，然後再走半層樓就到了。」我透過對講機對她說。我拄著助行器在敞開的門口迎接鮑曼。「您好，鮑曼女士，很開心您能來。」我向她問好，儘管行動不便，我還是盡量露出友善的微笑。

我請她在客廳的圓桌旁坐下，把我那塗滿優碘、以固定器固定的腿架到一旁的椅子上。我那時候意識到，這對我的客人來說可能是個嚇人的景象，所以迅速切入正題。「我被選為基民盟唯一副黨主席時，跟自己說過，我不想只是單純作為赫爾穆特・柯爾的副手。我想要有所作為，為此我需要一位同事可以每週幫我工作幾小時。克里斯蒂安・沃爾夫向我推薦了您。」接著，我問道：「為什麼您會想做這份工作呢？」

她直截了當地回答：「正是因為這個原因。您本來可以選擇不做什麼，但您卻主動承擔起更多責任，為這個職位制定了具體的工作目標。而且，作為西德人來幫助東德的政治人物，這讓我覺得很有意思。」幾個月後她才向我透露，我的政治生涯是從公民運動中的民主覺醒運動而非東德附屬政黨基民盟（Block-CDU）開始的，這點也讓她覺得很有趣。另外，她雖然從電視上認識我，但親自見面後，我給她的印象卻與她想像的不同。她很驚訝地發現我竟然會微笑，而且還會用眼神與別人交流。在此之前，她只聽說過我是個不易親近的人。

我們很快就聊到了正題，這讓我鬆了一口氣。不幸的是，因為拄著兩根助行器的關係，我完全無法扮演好主人的角色。在剛出院的第一天，我還不太敢在沒有助行器的情況下站在廚房煮咖啡。由於沒辦法做到這點，我只好選擇了一個與眾不同的方式。我開口問貝雅特・鮑曼：「您可以幫我們倆煮杯土耳其咖啡嗎？」

「我當然可以煮咖啡，但我不知道您說的土耳其咖啡怎麼煮。」她回答道。

我笑著說：「我根本不知道這個詞對不對，但我們在學院裡總是這麼說。其實就是把水煮滾，然後各放一匙咖啡粉到杯子裡，再倒入熱水。」

她點點頭，直接走向客廳旁邊的廚房，開始動手準備。看到一切都順利進行時，我鼓起勇氣提出了另一個請求：「這裡還有些亂七八糟的。」我朝她的方向喊道：「我們最近才剛搬進來，昨天終於收到我們訂的新家具，但我的伴侶還沒來得及放好，今天又出差了。您能幫我一個忙嗎？」我問道。

「當然。」她回答。

「那請您到隔壁房間一下。」我說：「那裡的地板上有幾個抽屜，我拄著助行器過不去。麻煩您把抽屜推進牆邊的櫃子裡。」

於是，在這個後來證明是值得紀念的日子裡，這位我第一次見到的客人在一個陌生的公寓裡，除了幫忙把抽屜放進櫃子，還煮了土耳其咖啡，或者至少我認為是土耳其咖啡的東西。我們或許很幸運，可能因為在這個攸關基本生活需求的緊急情況下，我完全沒說什麼客套話；而貝雅特・鮑曼也不需要這份工作，因此毫無壓力。我們都想到什麼就說什麼。我只是想多認識貝雅特・鮑曼，以決定是否要聘用她；對貝雅特・鮑曼而言，她也只是來認識我，看看這份工作是否適合她。大約兩小時後，我們互相道別，她隨即踏上返家的路。我做了決定，貝雅特・鮑曼亦然。一九九二年的二月中旬，當我重新開始在波昂的工作時，我們的合作就此開始。

※　※　※

自從進入聯邦眾議院並被任命為婦女部長以來，我已經逐漸適應了在波昂的生活。國會的生活集中在政府及國會特區，而晚上在跨黨派的德國議會協會（Deutsche Parlamentarische Gesellschaft）的一棟別墅裡，我可以認識其他的國會議員。早在一九九一年初，我就在穆芬朵夫（Muffendorf）的東區租了一個山丘上新建的小公寓，這區屬於波昂的巴德戈德斯貝格（Bad Godesberg）。我特別喜歡這個前葡萄酒村莊的歷史中心區域，這裡有許多德國傳統的木桁架建築。在政府遷往柏林之前的幾年，我變得非常熟悉這座城市。

我小心翼翼地照護著受傷的腿，在腿還不能承受任何重量前的那段時間裡，我晚上都在波昂的約翰尼特（Johanniter）醫院度過。這是赫爾穆特・柯爾的私人醫師建議的。柯爾在一月到夏里特醫院探望我時，希望我即使在傷勢嚴重的情況下，也繼續留任。

接下來的幾個月，貝雅特・鮑曼與阿德諾大樓的一位祕書幫助我推動了一系列的工作目標。這些目標跟我在一九九〇年十月的統一黨大會（Vereinigungsparteitag）上首次簡短演說中提及的內容相關，包含東德不公義行為的清算，例如我們就此議題舉辦了一個名為「小的被吊死，大的被放過」（Die Kleinen hängt man, die Großen lässt man laufen）的活動。此外，這些目標還包括過去東歐集團國家（Ostblockstaaten）的歷史、補償錯失的教育機會以及高等教育的改革相關。針對這些主題，我們分別與專家進行了專業的討論。這些工作最後集結為一份名為「我們共同生活在一個新國家」（Wir leben gemeinsam in einem neuen Land）的文件，討論了德東新邦的情況，文件內容也於一九九二年十月在杜塞道夫舉辦的基民盟黨大會上被提出討論。在這次黨大會上，結束了兩德統一後，由洛塔・德・梅齊耶與我先後擔任唯一副黨主席的過渡時期，德・梅齊耶先前被指控過去曾為國家安全部的線人而辭職後，我才接任了這個職位。而現在，我被選為基民盟四位副黨主席中的其中一位。

我在波昂基民盟聯邦黨部辦事處十樓的辦公室已經不再使用，但我與貝雅特・鮑曼的合作才剛開始。她開始熟悉我的選區，然後在一九九三年三月，我邀請她擔任我個人在聯邦政府婦女與青年部的科員。我很高興貝雅特・鮑曼很快就答應了這個邀請。她喜歡與我在政治上的合作，因此決定放棄繼續攻讀博士和第一次國家考試之後的實習計畫。後來我們常聊到這個她人生中意外的轉折，也很高興她告訴我，她從來沒有後悔過這個決定。

※　※　※

去猜想如果我沒有摔斷腿、沒有因此認識貝雅特・鮑曼的話，我的政治旅程會演變成什麼樣子，其實沒有什麼意義。我想，克里斯蒂安・沃爾夫跟我遲早會在後來的某個時刻更深入地交談，只是應該不會在一九九二年就發生。所以事後回想，雖然發生了意外，我反而因此得到了一些收穫。

一九九四年的聯邦眾議院選舉後，貝雅特・鮑曼跟我一起轉任到聯邦環保部，她最初仍繼續擔任我個人的科員。自一九九五年五月開始，她接替彼得・羅斯根（Peter Rösgen）成為我的辦公室主任。羅斯根是一位出色的律師，自一九九一年起為我工作，後來他也接手了環保部的一些新任務。二〇〇六年之後，羅斯根繼續在聯邦總理府為我效力多年。在基民盟成為反對黨期間，貝雅特．鮑曼不只在阿德諾大樓擔任我辦公室的主任，在聯邦眾議院的基民盟／基社盟黨團中、聯邦總理府中也是，直到我卸任為止。我一生中有過許多優秀的顧問相伴，有些人還會繼續出現在這本書中。沒有他們，特別是貝雅特．鮑曼的協助，我的政治生涯恐怕難以持續。

鄰居

我跟約阿希姆在一九九一年十一月從舍恩豪瑟大街搬到威廉街時，隔壁那間公寓還沒租出去。一九九二年春天，我們的新鄰居搬進來了，她是畢爾姬特．布羅伊爾（Birgit Breuel）。在國家悼念德特列夫．卡斯坦．羅威德的儀式後，布羅伊爾於一九九一年四月十三日被任命為國有資產託管局的下一任局長。這位在漢堡出生、有三個男孩的母親出生於銀行家世家，曾經擔任漢堡邦議會議員八年之久。之後，下薩克森邦總理恩斯特．阿爾布雷希特（Ernst Albrecht）於一九七八年邀請布羅伊爾入閣，擔任經濟暨交通部長，一九八六年她成為該邦的財政部長，直至一九九〇年阿爾布雷希特下台。現在我們私底下也認識了。有時候，我們會在星期天下午碰面，通常是在她的公寓裡。由於她工作繁忙，只有少數幾個週末可以回漢堡看望家人。我們會坐在她的小廚房或客廳裡喝茶，有很多話題可以聊。我時常提到自己擔任部長以及沿海選區國會議員的經歷，也包括史特拉頌大眾造船廠的命運。

這家造船廠在一九八〇年代有超過八千名員工，是史特拉頌市最大的雇主，也是當地的標誌，當地民眾對造船廠有深厚的歸屬感。如同其他公司，造船廠自一九九〇年代中期以來就成了國有資產託管局的資產。貨幣聯盟開始施行後，過去來自蘇聯的訂單被取消，生產的成本超過了收入。蘇聯解體後，客戶也失去了支付能力。自從我成為漢薩城市史特拉頌選區的國會議員以來，許多我與本市市政當局討論的事都圍繞著這家造船廠，尤其與市長（Oberbürgermeister）哈拉特・拉斯特托福卡（Harald Lastovka，基民盟）的對話更是如此，我也一次又一次地與基民盟黨團討論這家造船廠的未來。一九九三年，國有資產託管局的管理委員會同意了造船廠的民營化。新的大股東是一家布萊梅（Bremen）的大型造船廠——兀兒肯集團（Vulkan AG），自一九八八年起由曾任布萊梅經濟事務次長（Senatsdirektor im Wirtschaftsressort）的弗里德里希・海內曼（Friedrich Hennemann）管理。儘管可以民營化是個好消息，但原本八千多名員工中會有一半以上的人因此失去工作。而且一開始就有人懷疑，用來補助維斯馬（Wismar）以及史特拉頌造船廠的資金根本不會用於這兩家位在德東的船廠，而是會被轉往布萊梅，因為當時兀兒肯集團的經濟狀況也不甚理想。我曾多次就這項傳言與海內曼討論，海內曼則是堅決否認有這樣的事。

然而，三年後，也就是一九九六年二月，事實證明數百萬的補助資金確實被轉往布萊梅造船廠。非法挪用本來要給德東造船廠的經費導致兀兒肯集團破產，而破產的結果就是，聯邦統一特別任務局（Bundesanstalt für vereinigungsbedingte Sonderaufgaben, BvS），也就是過去的國有資產託管局，與梅克倫堡－佛波門邦的邦政府共同成立了波羅的海投資公司（Ostseebteiligungsgesellschaft），把史特拉頌造船廠納入這家公司的名下。大家對於收購案的發展大失所望，這次事件也讓許多人更加確信，德西企業對德東企業的收購並非純粹的商業行為，而是為了強化他們在德西地區的企業。我雖然不認同這種不分青紅皂白的說法，但也感到很憤怒，因此參加了一九九六年二月二十三日造船廠雇員與金屬工業工會（IG Metall）為保護造船廠而發動的示威抗議。這是我一生中唯一一次參加工會舉行的示威，這麼做不僅是出於信念，也是為了那些造船廠的員工。

造船廠並未就此結束營運。一九九七年，一個新的組裝廠房開始投入使用，那是當時世界上最大的廠房，長三百公尺、寬一〇八公尺、高七十四公尺。這種大型廠房是大眾造船廠生產大型貨櫃船的先決條件。一九九八年一月，造船廠進行了第二次的民營化，這次收購造船廠的是丹麥的企業A．P．穆勒－馬士基（A. P. Møller-Maersk），不過這家企業並不是造船廠最後的所有權人。如果要講述造船廠之後的漫長發展，那會超出本書的範圍。只能說，這樣的過程至今仍在繼續，歷經了無數挑戰與挫折。這段坎坷的發展史是造船廠員工與漢薩城市史特拉頌的市政當局共同面對的考驗，他們希望保住這個區域內金屬加工產業的核心，進而為當地創造更多的就業機會。梅克倫堡－佛波門邦以及聯邦政府都支持這個目標，其中許多功勞要歸功於造船廠的職工委員會對於造船廠的保護。在與不同所有權人抗爭的過程中，他們從不推卸責任，反而願意簽訂低於工資協定的內部合約，只為了讓造船廠得以存續。他們的做法無疑是公司內部共同決策的最佳典範。

我在實踐社會市場經濟的過程中學到了一些經驗。首先，東德過去那種擁有四位數雇員數的聯合企業（Kombinat）思維已經不合時宜了。在一九九〇年代中期，我了解到，一個有未來發展潛力的經濟結構，將會也必須由許多具有競爭力的小型單位組成。在德東新邦，中小企業的地位會變得越來越重要。

其次，我們也認知到，這世界上總有些人對濫權腐敗裝聾作啞，甚至願意助紂為虐。

第三，我理解到，所有權人通常在經濟衰退的時期會傾向保住他們最核心的部分。從來沒有造船廠的新所有權人把總部設在史特拉頌，這對船廠而言相當不利。新邦內的許多企業都有這樣的情況。經濟情勢好的時候，造船廠的營運會有所改善；一旦經濟疲軟，造船廠也不會是所有權人的優先考量。

第四，我明白了史特拉頌的造船廠在過去與現在面臨的挑戰是個通例，亦即企業必須在全球競爭激烈且極度依賴經濟情勢的市場中求生存。事實證明，我對社會市場經濟的想法是對的：只要決定權落在德國國內，那麼民營企業發起的經濟活動與國家提供的框架條件是可以成功配合的。然而，如果牽涉到補助的批准，也就是財政挹注，這就屬於歐洲執委會（Europäische Kommission）的權限。但執委會關注的是歐洲內部市場的運作，專注於確保歐盟成員國內各企業能獲得公平的待遇，對於提升歐洲企業在國際上的競爭力關注不夠。相比之下，歐盟外的企業卻獲得了大量的財政支持。因此，不論在過去還是現行的歐盟補助規範下，就算歐洲有許多優秀的專業技工，歐洲內部依然無法持續建造具全球競爭力的貨櫃船。這個結果就是導致工作機會流失，歐洲也陷入越來越無法自主的情況。

我跟畢爾姬特．布羅伊爾坐下喝茶時，我們可以討論這種最後也會涉及歐洲工業政策可能性的問題。畢爾姬特．布羅伊爾很有主見，也很清楚她要的是什麼。在男性主導的漢堡基民盟中，她學會了堅持自己的論點。加上她在下薩克森邦累積的經驗，都有助她面對外界對於國有資產託管局源源不絕的批評。我向她抱怨過許多民營化的弊端與問題，但除非我提出充分的論點以及確鑿的證據，證明不是所有在國有資產託管局做事的人都站在德東的立場著想，而且許多人想從中獲利，否則布羅伊爾不會輕易接受我的說法。她似乎無法立刻相信我說的一切，但對我經歷的事情很感興趣。儘管作為國有資產託管局的局長，布羅伊爾能採取的行動並沒有太多選擇，因為國家對民營化設定的財政框架屬於聯邦財政部的權限。但布羅伊爾也不忘提醒我，民營化早就沒有利潤的問題了，因為根據一九九四年的國有資產託管局年度結算報告，約有兩千七百億馬克的赤字。造成赤字的原因是，國有資產託管局在接管東德企業時就已經產生虧損，要不是在企業出售前必須先進行重組，就是售出的價格無法彌補企業原有的赤字。

我與布羅伊爾之間的信任隨著時間推移不斷加深。有一天，在一九九三年底的一個星期日，我們在她家喝茶時，布羅伊爾提到她在工作外幾乎沒有認識什麼東德人。我也承認，除了在漢堡的親戚以及過去在科學界認識的朋友以外，我只熟識幾個西德人，也很少討論到當前的重人議題。布羅伊爾便提議舉辦一個德東人與德西人的對話圈。我很喜歡這個點子。於是我們各自推薦了一些參加者，她推薦德西人，約阿希姆跟我則是推薦德東人。

就這樣，一個由來自德東和德西約十五人組成的團體正式成立了。除了畢爾姬特・布羅伊爾、約阿希姆與我以外，還有神學兼哲學家理察・施羅德（Richard Schröder），小兒外科醫師哈拉爾德・莫、導演佛爾克・施隆多夫（Volker Schlöndorff）與作家海爾加・舒伯特（Helga Schubert）。一九九四年時，我們大約每六週就會聚會一次，討論德國統一的現況、各自對國家的期許、個人應該在哪些方面多努力、兩德統一對歐洲聯盟的意義是什麼？以洪堡大學為例，科學重建的現況如何？這些問題對約阿希姆未來在科學領域上的工作產生了深遠的影響。

一九九〇年六月二十七日，東德的科學院改制成為公法法人。一九九〇年七月十一日，科學委員會啟動對學院內約莫六十個研究所的評估，包括我過去工作的物理化學中央研究所。科學委員會於一九五七年成立，是德國針對聯邦與邦層面最重要的科學政策諮詢機構。依據《統一條約》第三十八條規定，所有研究機構除非改制或解散，應於一九九一年十二月三十一日前持續作為邦的機構運作。之後，他們將逐步被納入德西科學機構的結構下，包括透過大學的重整，給予原本在東德因政治因素而無法在大學任教的科學家一條新的出路。對約阿希姆而言，也出現了這樣的機會：在一九九二到一九九六年之間，他擔任洪堡大學馬克斯普朗克量子化學工作小組的負責人。一九九三年起，他被任命為洪堡大學化學院物理化學和理論化學的教授。

在將近二十年後的二〇一一年，他為期刊《化學新知》（*Nachrichten aus der Chemie*）撰寫了一篇名為〈分裂的東部以及成功的統一〉（Der zerrissene Osten und die gelungene Wiedervereinigung）的文章，以他所屬院所為例，描述了人事上的新開始。在當期期刊的一個訪談中他也說道：「當有人提到德西與德東的衝突時，其實是德東與德東的衝突。以科學制度的結構來評判的話，統一是非常成功的。因為兩德統一的二十年後，德東與德西各邦所屬大學與研究機構的程度不相上下。而且與一九九〇年前在東德科學院的人數相比，現在於阿德勒斯霍夫科學研究園區工作的人更多。然而，有一點也很清楚，就是這個過程並非對所有人都公平。」我非常認同這樣的評價。

※　※　※

一九九四年十二月三十一日，隨著國有資產託管局的任務結束，布羅伊爾的工作也劃下句點。隔年，她搬出了位在威廉街上的住所。我們失去了一位鄰居，但她至今仍舊是我聊天與給予我建議的夥伴。

市民諮詢時間

每六到八週，我都會在史特拉頌選區的辦公室開設市民諮詢時間，第一次是在一九九一年五月二日進行。該年四月，我在市政廳後方的巴登街（Badenstraße）找到一處適合的辦公空間，並透過《波羅的海報》（*Ostsee-Zeitung*）的廣告，邀請民眾來參加市民諮詢。如此一來，民眾便能和他們的國會代表有直接的溝通管道，不需要事先預約即可前來。

在諮詢時間中，除了沉重的高失業率議題外，土地私有權的問題也尤其是諮詢的重點。在東德時期，所有權人雖然可以擁有自己的房子，但對房子所在的土地通常只有使用權。我跟約阿希姆在霍恩瓦爾德的小房子就是這樣。正因如此，在東德時期根本沒有人關心一平方公尺的土地值多少錢。隨著過渡到西德的法律，情況在一九九〇年突然產生巨變。根據德國民法典一直以來的規定，建築物的所有權以及該建物所在的土地屬於一個整體。現在德東新邦的所有權人必須要購買他們房子所在的土地，這意味著有上百萬筆的土地登錄要登記在土地登記簿上。四年以後，直到一九九四年九月，《物權調整法》（*Sachenrechtsbereinigungsgesetz*）才正式規定，房屋使用者有權向土地所有權人（通常是國家）要求簽訂買賣契約或設立地上權，並獲得相應的補償。這個法律同時也規定了補償的金額。如果土地所有權涉及住房，法律明確規定不需要對市場土地價格進行調查。相比之下，取得休閒用地或車庫用地的土地所有權則相對困難。有時候我們會遇到非常複雜的所有權關係，因為有些於一九四〇年代放棄在東德生活一切，或是他們的家產被國家徵用的人，在統一後才重新主張他們的權利。另外，許多土地登記簿在東德時期並沒有留下正確的紀錄。大家現在應該都很清楚，不恢復到一九四五年蘇聯占領區實施土地改革之前的狀況，是一個明智且正確的決定。然而，仍有許多德西的人不接受《統一條約》中的規定，頑固地抵抗。

市場房價適用於私人的不動產買賣之後，對我的選區造成了巨大的影響。那些在波羅的海沿岸呂根島上擁有住房的人，他們的收益是那些離海岸較遠的格里門縣人的百倍。這導致我所在選區的階級差異突然拉大，令人措手不及，失望也成了家常便飯。

一九九〇年代中期，有位民眾來到我的諮詢時間。一年前他已經將他在市中心一塊自己未使用的土地辦理好土地登記。他跟我說，他當時很開心，以為這樣就完成了所有手續，結果卻跟他想像的差多了。原來有另一個人也對該筆土地提出所有權主張，經過法院裁定還勝訴了。這名來諮詢的先生所辦理的土地登記被迫撤銷。他憤怒地罵道：「登記在土地登記簿上就代表那塊土地是我的。我不應該因為登記出錯而被懲罰。那是我的財產！我不會讓他們奪走我的財產！您必須做點什麼！」然而，我什麼都沒辦法做。我只能跟他解釋，聯邦眾議院的國會議員並不被允許提供法律諮詢，如果他需要幫忙，必須另尋律師。他看起來失望透頂。儘管如此，我還是試圖安慰他，說：「也許您可以用另一個角度看這件事：在東德時期，您一秒鐘也不會相信自己能因那塊土地得到什麼。就算您現在很失望，但我們在統一後的德國能實現一些以前連想都不敢想的事。別為這件事煩惱太多，試著開心迎接那些意想不到的好事吧。畢竟人生只有一次，我們應該好好享受。」他很認真地聽著。我知道說這些話完全幫不上什麼忙，如果他生氣離開，我也能理解。沒想到他在離開時卻說：「事情的結果很糟糕，但您說的確也有道理。」我知道他的反應已經是最好的結果了。

統一對於那些希望在農業生產合作社解散後自立務農，並希望在農業生產合作社所提供的土地之外，再從國有資產託管局或後來負責的機構土地評估及管理有限公司（BVVG）購置農地的農民而言，是相當嚴峻的衝擊。國有資產託管局、土地評估及管理有限公司的上層單位是聯邦財政部，這兩個機構的法定任務是以最能獲利的方式出售土地。不過，土地價格一旦過高，當地農民就無法負擔，德西財力雄厚的人就有可能收購該筆土地。這點讓當地居民相當氣憤。我以國會議員的身分參加了選區內受影響農民與國有資產託管局人員之間的會議，通常在場的還有縣長沃夫哈特．莫肯廷。他過去曾經擔任農業生產合作社副主席，完全能理解民眾現在面臨的困境為何。會議氣氛經常火藥味十足，尤其如果來自德西的國有資產託管局人員對細節不了解，情況甚至會接近失控。我則盡力避免局勢惡化到肢體衝突的程度。在某種程度上，我往往能夠因為投入大量時間並關注細節而平息眾怒。在我必須回到波昂時，沃夫哈特．莫肯廷跟他的團隊便會繼續處理這些事務。

呂根島區域的情況則與購買利潤豐厚但需翻新整修的不動產相關。比如，一名德西來的人買了波羅的海海水浴場賓茲（Binz）沿海步道旁的多棟別墅，並在當地刊出一份待售房屋的廣告，想當然會讓許多當地民眾心裡很不是滋味。那位買主雖然按照歷史文物保護管理機構的規定，以歷史海濱建築物的樣貌翻修那些別墅，但這也代表，只有當這些別墅變成租賃的度假別墅時才能回收他的成本。過去，這些房子裡住的是賓茲的居民，或者被用來作為養老院或幼稚園。在土地私有權問題出現後，地區政府要為許多人找到能住的公寓及房子，這並不是件簡單的事。畢竟，只有少數的居民有足夠的勇氣和資本可以參與土地私有化來解決住房的問題。

繁榮的景象！繁榮的景象？

幾乎所有人都同意一件事：要促進德東新邦未來的經濟發展，全面更新的交通基礎建設是不可或缺的。交通部長君特．克勞澤將十七項交通發展計畫列為他任內最優先的事項。一九九一年四月九日，聯邦內閣決定必須立即施行這些被稱為德國統一交通計畫的措施。對我的選區來說，最重要的項目是第十項，也就是A20高速公路的建設。這條高速公路從布蘭登堡邦的烏克馬克交流道，經過格萊夫斯瓦爾德（Greifswald）、史特拉頌及羅斯托克，往呂貝克（Lübeck）延伸，然後穿越什勒斯維希－霍爾斯坦邦（Schleswig-Holstein）及下薩克森邦，直到德國與荷蘭的邊境。我們這些來自德東新邦的國會議員非常清楚，如果按照以往冗長的規劃方式，那這十七項交通計畫的推動會非常緩慢或是根本無法實現。因此，現行的批准規定必須改變。一九九一年十月七日，聯邦內閣決定加快審查程序。

自此，佛波門地方的政治人物都致力於加速完成高速公路部分路段完工的目標，其中最賣力的就是沃夫哈特．莫肯廷。一九九二年十二月，A20高速公路舉行了動土儀式，雖然地點是在君特．克勞澤而不是我的選區，但我從來沒參加過一個計畫，是所有的決策層級（縣、邦、聯邦）如此緊密合作，為的就是要盡快達成眾所期盼的目標。雖然如此，從動工到完工還是花了很長的時間。直到超過十年後，我已經成為聯邦總理時，才在二〇〇五年十二月於特里布塞斯（Tribsees）附近為A20的最後一個施工路段進行落成大典，這裡位於史特拉頌西南方約三十七公里處。我在二〇〇七年時才得以宣告，至今仍著名、宏偉的第二座跨史特拉頌海峽大橋正式啟用，這座橋連接了史特拉頌及呂根島。二〇〇二年，史特拉頌的舊城區與一百三十公里以外的維斯馬被列為聯合國教科文組織世界遺產。史特拉頌四百多座被列為歷史古蹟保護的建物，多數也得以重新修復；聖卡列妮納修道院（Katherinenkloster）以及史特拉頌港海洋博物館也受到全國的關注，海洋博物館內有一隻企鵝亞歷珊德拉（Patenpinguin Alexandra），而我是牠的教母。這就是赫爾穆特．柯爾在一九九〇年為德東預言的「繁榮的景象」。史特拉頌與格萊夫斯瓦爾德的舊城得以根據最新的文物保護原則進行整修，舊的海濱建築物被拯救保留下來，海濱長廊獲得重建，另外也劃定了生物保護區以及國家公園的範圍。這一切都要歸功於來自聯邦層級的補助經費，亦即歸功於全德國的納稅人。此外，這也必須感謝地方、邦和聯邦政治人物的不懈努力，全力以赴地投入東部的重建。而沃夫哈特．莫肯廷以及哈拉特．拉斯特托福卡則代表了背後無數默默奉獻者的縮影。

然而，實際上仍有許多渴望參與東部重建的人無法充分發揮自身能力，為重建工作做出更大的貢獻。即便在一九九九至二〇〇〇年間，仍有接近百分之二十的法定勞動年齡人口處於失業狀態。許多在一九九〇年介於三十到五十五歲之間的人，成為兩德統一必要變革下的無辜受害者。他們在東德建立了自己的家園、在工廠工作，曾是農夫、獸醫或是工匠，難以輕易學習新的職業技能或搬遷到其他地方。長途通勤成為許多人的日常，包括造船廠的工人，他們需要每天往返於史特拉頌與漢堡。這個現象導致人口外流，孩子們在成長後紛紛離開了家鄉，史特拉頌科技大學的學生畢業後到慕尼黑、斯圖加特等地尋找工作的機會。這也引發了嚴重的社會問題，許多老一輩的人無法陪伴孫輩成長，而他們的孩子也因工作難以返鄉探親。隔代家庭相聚不易，也受限於住房條件。年長者經常無法在子女家長住，因為公寓太小，而且南德的租金高昂，也難以擴大居住空間。

整體而言，尤其令人不滿的是政府處理德國社會主義統一黨政權受害者的方式。儘管自一九九〇年初期開始，持續在修訂《德國社會主義統一黨政治迫害補償法》（*SED-Unrechtsbereinigungsgesetze*），但至今仍未能成功讓所有受害群體得到平反。不論過去還是現在，許多補償都設有很高的條件限制。相比之下，聯邦憲法法院在一九九九年則是判定，當時在東德領取特別退休金及補充退休金的人，在統一後依舊可以繼續領取，這些人包含過去社會主義統一黨的黨政高層、曾為國家安全部工作的人、東德國家人民軍、聯合企業與公司中的領導幹部。為了支付他們的退休金，聯邦與邦至今仍舊必須支出將近百億的金額，但是給政治迫害受害者的補償金只占了該數額的一小部分。

※　※　※

我的選區經歷過兩次重劃擴大，因為自一九九〇年起，該選區生活的人口下降許多，低於聯邦眾議院選區應有的標準人數。於是區域重劃改革接踵而至，民眾去學校、醫院、土地登記局、法院以及各級民代所在處的路程因此變得更遠。「繁榮的景象」確實存在，但並非整體的全貌。過去東德錯誤發展所留下的陰影比我們想像得更巨大，而且這些陰影消散的速度也比我們預期得更慢。東德民眾對於統一後遭受許多來自西方的誤解感到十分憤慨，而這些誤解深深烙印在許多人的靈魂裡。

我發現，在德西的大眾面前坦率講述自己過去在東德的生活，比我在一九九〇年時預期得還要困難。當我於一九九二年十月三日在施威林（Schwerin）的一場座談會上，提到自己過去在東德科學院寫過一篇關於馬克思列寧思想的作業，媒體便開始瘋狂地搜尋這篇文章。我提到這篇短文獲得的分數很低，因為比起工人階層，我過於正面地描述農民的角色。我本來想讓大眾閱讀這篇文章，但家中並沒有副本，因為這是我用打字機打的作業，當時也沒有使用插入複寫紙的方式製作副本，如前所述，因為我時常把複寫紙放反，導致複寫到原稿的背面而非空白頁。更何況，這種作業也沒有重要到可以用影印機複製。面對那些調查的記者，我突然覺得自己好像試圖在掩蓋什麼，儘管是我自己提到那份作業的。我之後從布蘭登堡邦一位社民黨國會議員同事那裡聽說，記者甚至試圖進到科學院的檔案室找我的作業。結果他們沒找到，因為那些作業早在東德時期就於幾年後被銷毀了。

儘管如此，我已經不再像之前那麼天真。多年來，每當我談論自己在東德的生活時，都會先在腦中進行自我審查，設想我說的話會不會引起什麼懷疑。直到二十九年後，二〇二一年十月三日，我在最後一次針對德國統一紀念日公開談話時，才公開地談及這個議題，我問道：「即便在德國統一的三十年後，難道我們這一代來自前東德的人，還需要不斷證明自己也是這個統一德國的一部分嗎？彷彿我們所經歷的過去，也就是我們在東德的生活，在某種程度上是一種負擔？」這些話並不是在回應一本於統一後不久出版的書，而是在回應一本二〇二〇年由康拉德・阿德諾基金會出版的論文集中，關於我擔任基民盟主席十八年之久的一篇文章。這篇文章提到：「她，作為一個三十五歲時帶著東德包袱在歷史轉捩點加入基民盟的人，當然不可能是一個完全按照西德傳統、『從基層』培養出來的基民盟人。」讀到這段文字時，我突然覺得無法呼吸。即便在三十年後，我在東德的人生顯然似乎只能被拿來當作醜聞回味，就像我的馬克思列寧作業一樣。對於許多人來說，要將東德的過去視為統一後德國的共同歷史和未來的一部分，顯然仍超出他們的想像。

拒絕攻擊與暴力

在四十年東德非物質部分的影響下，以及兩德統一後的社會變革中，作為青年部長，我有許多事情要做。眾所皆知，這些問題與年老失修的基礎建設或高失業率不同。基民盟與基社盟中多數的人（至少我這麼覺得）都認為，我一直不斷要求為青年提供工作機會及資金，但他們認為責任在於邦政府，而不是聯邦政府。而且只要父母能盡到責任，就不會有這方面的需求。許多人深信，只要經濟狀況良好，青少年自然而然就會有培訓及工作機會。但也有少部分的人持不同看法，例如彼得・欣策（Peter Hintze）與羅納德・波法拉（Ronald Pofalla）就是其中之一。前者是一九五〇年出生在波昂附近的巴特洪內夫（Bad Honnef）的神學家，也是我部會的政務次長（parlamentarischer Staatssekretär）；後者是一九五九年出生於下萊茵地區（Niederrhein）克萊費（Kleve）的律師和社會工作者，也是聯邦眾議院中女性與青年委員會的成員。這兩位同事與我同時於一九九〇年擔任聯邦眾議院議員，我們後來密切共事了許多年。他們也跟我一樣，認為政府資金是必要的，這樣便可以支援非政府組織（即協會與各種倡議團體）提供兒童及青少年相關的協助。

對於德東新邦而言，推動青少年相關工作尤為必要，因為舊有的國家工作體系已不存在，而新的非政府組織仍需時間建立。我們並沒有忽視仔細權衡國家計畫利弊的重要性，特別是在與極右翼和極左青少年打交道時。因此，我制定了拒絕攻擊和暴力的行動計畫，這個計畫源於一九九一年新邦出現了越來越多針對外國人的極右翼青少年暴力事件。種族歧視主義引發的暴力行為在一九九一年九月達到了令人痛心的高點，針對薩克森邦的城市霍耶斯韋達（Hoyerswerda）外籍契約工的宿舍和難民中心的暴力襲擊持續數日。作為青年部長的我，無法袖手旁觀。在上述的具體行動方案中，於一九九二至一九九四年間，政府每年撥款兩千萬馬克給教育工作領域，用於所有新邦的三十個重點地區，以施行一百四十四項計畫，這些計畫旨在預防或是減少青少年使用暴力的傾向。後來，這個項目也延長至一九九六年。

一九九三年二月十七日，我參觀了羅斯托克的格羅斯克萊（Groß Klein）區的青少年休閒中心（Jugendclub），有個青少年告訴我：「我們幾乎沒有任何休閒娛樂的選擇，完全沒有！」這些年輕人大約介於十五至十七歲之間。在這次參訪之前，我先與該城市的街頭社會工作者見了面。此次拜訪的背景是因為，超過百名的右翼極端主義者針對羅斯托克的難民收容中心與一個給前越南契約工居住的宿舍所引發的騷亂。這起事件就發生在幾個月前，即一九九二年八月，震驚了全德國，當時我就因此去過這座城市。

面對那位青少年的指控，我回答：「好吧，我的部會在許多計畫投入資金，讓你們的休閒中心可以繼續存在。難道你們不能自己試著找看看可以讓你們做些什麼的地方嗎？」對他們來說，當下我大概就像從另一個星球來的人。他們沒有回答我，我只看見一張張覺得無聊的臉。

而單獨與我進行深入談話的幾位青少年輔導員也顯得很不安。他們似乎很擔心，如果無法提出讓這位從波昂來的部長感到滿意的成果，計畫的經費可能就會被削減。但我此行目的並非視察，而是想確保資金用於刀口上。因此，我必須確認負責照顧青少年的工作人員本身並沒有極端主義的傾向，避免影響這些計畫在政治上的接受度。就我在羅斯托克看到的結果顯示，並沒有任何值得擔憂之處，這讓我鬆了一口氣。

儘管失業永遠不能成為仇視其他人的理由，但有些羅斯托克的青少年跟他們的父母不同，即使有工作，卻仍然成為右翼極端主義的追隨者。仇視外國人的心態其實在東德時期就已經存在，當時對波蘭人的仇視很隱晦，而且與嫉妒有關。有人說，波蘭人對東德民眾來說就像掃把一樣，只要來東德購物就會把物品掃購一空。而來自越南、莫三比克以及安哥拉的契約工則不應該在公共場所太常露面。在東德，我們會說契約工（Vertragsarbeiter），這相當於西德頭幾十年稱呼的客工（Gastarbeiter）。這些契約工被隔離在宿舍裡，與外界幾乎沒有聯繫，甚至無法前往其他城市探訪。在當時，融合這個概念尚未普及。

德國社會主義統一黨政權的專制獨裁特性在兩德統一後依然具有影響力。儘管有四分之三的青少年利用了在政治、社會或經濟上新獲得的自由機會，但他們有時也會迷失方向，覺得與德西青少年相比低人一等，或是對權威抱有渴望。東德的解體在某些人心中留下了巨大的空虛感，他們並沒有學到或經歷在民主社會中共同生活必須擁有的價值觀。老師們也必須在短時間內教授一套新的價值觀、不同的歷史，以及不同的國家與社會觀點。對許多老師來說，這種轉變非常困難，而且學生對他們也缺乏尊重。有時施暴者甚至會獲得民眾公開聲援，這進一步助長了這些人錯誤的認知。

這一切都發生在德國政治氣氛不甚平靜的時期。當時許多前南斯拉夫的人民為了逃離戰爭湧入德國，引發了許多關於我國《基本法》（*Grundgesetz*）中庇護權規定的激烈爭辯。除了在羅斯托克－利希滕哈根（Rostock-Lichtenhagen）爆發的事件外，後來還有兩起針對兩間土耳其家庭住所的縱火案，一件於同年十一月在什勒斯維希－霍爾斯坦邦的莫爾恩（Mölln）發生，另一件則於一九九三年五月在索林根（Solingen），這些事件顯示出高度的攻擊性、殘暴以及泯滅人性。

近二十年後，二〇一一年的十一月，德意志聯邦共和國歷史上由右翼極端主義分子所犯下的最大規模殺人案曝光。該案由一九九八年在圖林根邦成立的國家社會主義地下組織（Nationalsozialistischer Untergrund, NSU）所為。二〇〇〇至二〇〇七年之間，這個組織冷血殺害了九名具有移民背景的人及一名警察。另外也以爆裂物襲擊造成多人受傷，並進行了無數次的銀行搶案。超過十年來，這些來自耶拿的恐怖分子一直沒有被發現，外界也不清楚他們的犯案動機。因為偵查機關主要集中在黑社會、販毒集團或受害者家庭成員中搜尋相關線索，完全沒有將右翼極端勢力犯案的可能納入考量。這個錯誤實在令人痛心。因此，在二〇一二年二月二十三日於柏林舉行的追思會上，我在演說中向那些多年來被當成嫌疑人的家屬道歉，請求他們的原諒，並向他們承諾，德國作為法治國家，將全力徹查這些犯罪行為背後的動機與背景。

在警方、司法後續的調查，以及圖林根、薩克森邦邦議會調查委員會進行的工作中發現，三名納粹主義地下組織的主嫌自一九九一年起曾參加過一個耶拿的青年活動中心，這個活動中心同年由過去東德自由德意志青年俱樂部（FDJ-Jugendclub）重啟。就像許多圖林根邦及薩克森邦的青少年社會工作計畫一樣，這個青年活動中心也由拒絕攻擊與暴力具體行動方案的經費所支持。這三名後來成為納粹主義地下組織主犯、具右翼極端主義傾向的兩男一女，一九九一年時介於十四至十八歲之間，並沒有逃過地方青年活動中心社工的眼睛。起初，他們的右翼極端主義傾向並非拒絕他們進入中心的理由，社工們反而試圖透過活動中心的活動幫助他們擺脫極端主義，但最後以失敗告終。隨著他們變得越來越激進，兩名少年在一九九三年、另一名少女則是在一九九四年被禁止進入活動中心。

國家社會主義地下組織恐怖分子的案例，就像用放大鏡凸顯了在面對右翼極端且具暴力傾向的青少年時，青少年社會工作的兩難境地。這就像在走鋼絲，隨時可能將國家的資金用在那些無法教化的人身上。我們是否應該因此放棄呢？實際上，我們並無法證明有多少青少年受惠於我們的計畫，沒有成為激進分子。許多專家警告我們，要把重點放在預防，而不是試圖通過具體工作去改變那些已經具有極端傾向的青少年。我很認真看待這些警告，但我至今仍然相信，透過拒絕攻擊與暴力的計畫來拯救每一個青少年是值得的。

男女平權

女性主義者？

一九九一年一月十六日，基民盟、基社盟以及自民黨完成了它們的聯合政府談判，建立了第一個兩德統一後的聯邦政府。在這段期間的某天，君特．克勞澤突然告訴我：「我從柯爾那裡聽說你會成為部長，負責某個女性相關的部會。」

我一時間不知道該怎麼回答。我不記得跟總理的談話中，他曾經提到過我會成為聯邦部會的部長。唯一記得的是，一九九〇年十一月，我們在聯邦眾議院選舉前有過一次不太尋常的會面。當時柯爾邀請我去他在波昂的辦公室聊天。「你和女性相處得如何？」他問我。後來我才知道，他幾乎對所有碰面的人都用「你」相稱，而不用敬語。雖然我事先準備好了所有可以設想到的政治問題，但那時候坐在聯邦總理府卻不知道該怎麼回答。

「我對女性的了解程度？」我稍微思考了一下。「我有一個妹妹，也有一些女性朋友。在科學院的研究所裡，我是祕書以外唯一的女性。也就是說，我對女性的了解跟我對男性的了解一樣。」我這麼結束了回答。

柯爾似乎很滿意我的回答。我幾乎已經忘了這次對話，直到克勞澤提起。

「基民盟進入內閣的人選中，只有我們兩個來自新邦。我會成為交通部長。」克勞澤接著說：「因為你比我小一歲，所以我不再是內閣中最年輕的成員了。真可惜，但也無妨。」他笑著說。令我詫異的是，他還補充道：「無論如何，你應該去買些像樣的衣服。」他說完就走了。

這就是「任命」我成為聯邦政府婦女與青年部長的對話，我已經不記得是否有人聽到傳言而跟我提起這件事了。不久之後，基民盟的聯邦總理府部長（Kanzleramtsminister）弗里德里希．「費里茲」．博爾（Friedrich "Fritz" Bohl）正式向我確認了這個消息。我向君特．克勞澤的祕書詢問了波昂哪裡有正式的服裝店，並在巴德戈德斯貝格的精品區買了一套深藍色的套裝。我想，這套西裝應該能在我宣誓就任成為聯邦部長的那天（一九九一年一月十八日），讓德西基民盟的代表們滿意。然而，穿著它的我並沒有感到很自在，反而覺得有點過度打扮了。我至今仍偏愛針織衫搭配長裙的穿衣風格，這對許多基民盟裡的人來說似乎過於另類，至少我是這麼猜測啦，當時我的打扮可能比較像是綠黨而非基民盟的成員。

然而，在如何穿衣服的這個問題上，一年後我腿摔斷其實算是某種不幸中的大幸。這要感謝米夏埃拉．蓋格（Michaela Geiger），她是基社盟的政治人物，當時擔任聯邦經濟合作部的議會國務祕書（Bundesminister für wirtschaftliche Zusammenarbeit）。她在我住院期間打電話鼓勵我，我向她訴苦說，摔斷腿後有好幾個月都無法上台。她安慰我說：「你可以用枴杖啊，這你會學會的。」我懷疑地說：「我要怎麼穿著套裝或裙子拄著枴杖走路？我一定會一直絆倒。」

「啊，別把事情搞得那麼複雜。你在國會不一定要穿裙子，可以穿褲子。等你把固定器拆了、打上石膏以後，穿褲子用枴杖走路就方便多了。」

「但去年在宣誓就任儀式上，就有人提醒我要注意我的服裝。我不想再因為穿著引起別人的側目。」我回答道。

「胡說，不會的。我在院會上也穿過褲裝，你也能這麼做。只要有勇氣！」她堅定地說。

我非常感謝她的建議。穿褲裝是勇氣的考驗？確實，當時在基民盟與基社盟內確實是如此。從今天的角度來看，這真是一件滿奇怪的事。還好，那樣的時代很快就過去了。

※　※　※

「您自認為是女性主義者嗎？」多年後的二〇一七年初，在德國擔任G20（二十大工業國集團）主席國的一場座談會上，主持人這麼問我。G20是一個自一九九九年起，由十九個國家以及歐盟共同組成的非正式締約的國際組織，包含了已開發國家以及新興工業國家。當天同場座談的還有荷蘭王后瑪克希瑪（Máxima）、時任國際貨幣基金組織總裁克里斯蒂娜・拉加德（Christine Lagarde）、前美國總統唐納・川普（Donald Trump）的女兒伊凡卡・川普（Ivanka Trump）。我是一個女性主義者嗎？我在腦海裡思索著。我既可以說是，也可以說不是。但為什麼呢？當時我已經擔任總理將近十二年了。作為一名成功進入國家最高機構的女性，這個經歷可以成為其他女性的榜樣，特別是女孩們的榜樣。在某種程度上，我可能也確實是個女性主義者。

在我擔任聯邦婦女部長時，我為女性制定政策。我曾為了《第二性別平權法》（*Zweites Gleichberechtigungsgesetz*）努力奔走，該法律旨在改革一九五七年通過的《第一性別平權法》（*Erstes Gleichberechtigungsgesetz*）。根據《統一條約》第三十一條明文規定：統一的德國立法機構，即聯邦眾議院，有制定發展男女平權法律的任務。我們在婦女部提出了一部草案，包含三個部分：第一，改善聯邦行政機構與聯邦法院任職者在家庭與職業之間的平衡。第二，致力於男女雙方皆可進入聯邦政府機構有決定權或發言權之委員會。第三，保護私人企業及公營企業員工不受性暴力之侵害。

整個立法計畫的推動後來證明相當艱困。一九九三年五月，該草案在聯邦內閣通過。聯邦眾議院的一讀是在九月進行。然而，聯邦眾議院法制委員會裡的基民盟／基社盟成員想要阻擋這項法案通過，尤其是保護員工不受性騷擾的相關措施引起了極大的爭議。今天我們很難想像，婚姻中的性侵害直到一九九七年之後才成為有罪行為。我們婦女部當時為此投入了大量的宣傳，試圖引起社會對女性遭受暴力問題的關注。在這個議題上，我非常仰賴我部會主任雷納特．奧格斯坦（Renate Augstein）在政治與法律上的專業知識與實際經驗。由於我們草案的第三部分，即保護員工不受性暴力之侵害，也適用於私人企業，所以不僅是法制委員會的成員，基民盟／基社盟在經濟委員會中的成員也反對，彷彿這部法律通過之後，中小企業的老闆就會有一腳踏進監獄了。這種情況相當荒謬，而且僅僅是在討論階段，這項法案就已經引起許多企業界代表反對。但對婦女團體及反對黨社民黨與綠黨來說，這些措施是遠遠不足的，因為法案中沒有明確規定可以透過訴訟來主張自己的權利。幸運的是，我所屬黨團中的多數女性議員都支持我，否則我可能早就默默下台了。

如果沃夫岡．蕭伯樂沒有支持我的話，我的下場也會如此。一九九一年三月，也就是我上任後的幾個星期，我就跟他談論過這個計畫案。當時他還是聯邦內政部長，距離那場迫使他坐在輪椅上的可怕刺殺事件才剛過去半年。我原本跟他談話的目的是要表達我想把他部會中的威利．豪斯曼帶進我部會的意願，並任命豪斯曼成為具有公職身分的常務次長。我是在《統一條約》談判期間認識豪斯曼的。當時的常務次長韋爾納．柯瑞（Werner Chory）重病纏身，後來在一九九一年八月病逝，享年僅五十八歲。起初，沃夫岡．蕭伯樂對我選擇威利．豪斯曼的決定略感詫異，因為即使被升任為政務次長，一個大部會中的優秀公務員願意換到婦女部這樣的小部會，實在不太尋常。不過在短暫的考慮後，蕭伯樂同意了。我也利用這個在一九九一年三月進行的談話，順勢向蕭伯樂提到了平權法案。

「我們必須盡快採取行動，但不只是因為《統一條約》中有提到這項任務。」我說：「而是因為整個聯邦政府中完全沒有女性擔任常務次長，處長幾乎沒有女性，女性科長也太少了。」

蕭伯樂點頭表示同意，回答：「您說得完全正確，我們確實需要這部法案。」

聽到他的話，我鼓起勇氣補充道：「但是只有在您幫忙的情況下，我才能推動這部法案。您必須親自支持這項法案，這樣您部會掌管的公務人員才會在聯邦公務體系中執行這項法案。您支持的話，他們才會知道他們的部長也站在這部法案背後。」

在《統一條約》的談判過程中，我學到一個道理：只要在政治上有解決問題的意願，就一定可以找到各方都能接受的法律措辭。令我高興的是，沃夫岡・蕭伯樂毫不猶豫地回答：「您有我的支持。這個計畫若能順利進行，對我也是有利的。」

如果沒有這樣的支持，沒有沃夫岡・蕭伯樂的智慧，一九九三年是不可能通過那部法案的。同樣地，沒有尤根・呂特格斯（Jürgen Rüttgers）的幫助也做不到。蕭伯樂在那段時間擔任聯邦眾議院的基民盟／基社盟黨團主席，尤根・呂特格斯是他第一業務主任，因此成為蕭伯樂在黨團中的左右手。呂特格斯於一九五一年在科隆出生，擁有法學博士學位，在赫爾穆特・柯爾最後的任期（一九九四至一九九八）擔任研究及教育部長（Forschungs- und Bildungsminister），後來成為北萊茵－西發利亞邦（Nordrhein-Westfalen）的邦總理，在萊茵河區域的天主教基民盟中根基深厚。「我們可以制定一個包裹法案。」他們說：「這樣我們就可以一石數鳥，您的平權法案也可用這樣的方式通過。」我覺得有道理。在議會日程的安排上，蕭伯樂將我的法案與其他法案的二讀與三讀併在一起。這個策略成功了，我的法案通過了。一九九四年六月二十四日，聯邦總統理查・馮・魏茨克（Richard von Weizsäcker）簽署了這部法案，並於一九九四年九月一日生效，這時距離下一次聯邦眾議院選舉僅剩約一個半月的時間。

幾乎在同一時間，針對《基本法》第三條的討論也在進行中。該條文原本規定男女平等的權利，現在要進行擴充。補充內容是：「國家應促進男女平等之實際貫徹，並致力消除現存之歧視。」這條《基本法》的修正案於一九九四年十一月十五日生效，而我推動的平權法案應該有助於實現這個國家目標。

然而，事實遠非如此。面對該法案一再被拖延執行，我感到相當失望。我後來也很震驚，平權法案竟然會被定位成阻礙我國經濟發展的法案。

即便如此，我並沒有就此喪失信心。約莫二十年後，作為聯邦總理，我推動了一系列幫助女性進入領導階層的計畫，也幫助女性與女性之間建立人脈網絡。我在聯邦總理府領導階層任用的職員也是女男各半。這就是平等，讓女性與男性都平等參與。在各領域實現平等參與一直是我的目標。

但這是否就意味著我是女性主義者呢？

這些是我在G20女性峰會的台上被問到「您自認為是女性主義者嗎？」時，腦海裡浮現的想法。我當時沒有正面回答，而是盡可能多爭取一些時間，邊說話邊理清思緒，我說著一方面這樣又一方面那樣。我可以感覺到全場的觀眾對我抱有極大的善意，他們對我喊著：「就說出來啊！說吧！」

「如果您們覺得我是女性主義者，那就投票看看吧，好嗎？」我這麼回應道。

王后瑪克希瑪試著幫忙緩和場面：「這個詞彙到底代表什麼呢？我只希望所有女性都有

自由的選擇，所有女性都有自己可以掌握的機會，所有女性都感受到被平等對待。不論何時何處，她們都可以為自己身為女人感到驕傲。如果這就是女性主義者，那我也是。否則，我就不確定了。」她的論點相當有說服力，也讓我有所共鳴。於是在討論的最後，我說在這個「很棒的定義」下，我同意自己是個女性主義者。觀眾很滿意這個答案。

然而，我還是有些不自在。也許是因為我對於被歸類到特定群體這件事感到不信任和壓抑？我在東德時期就無法忍受被歸類，到了德西時也一直在抗拒。只因為我是從政的女性，就馬上有人建議我成為基民盟社會委員會的成員，畢竟女性似乎都對社會議題感興趣。又或者因為我來自東德，就有人猜測我應該是個多疑的人，因為國家安全部曾經監控過我。這些事總是一再發生，或許就是我沒辦法堅定回答自己是否是女性主義者的原因，但這應該也不是唯一的原因。

我的家庭是怎麼樣的呢？我的父母不論是對我妹妹伊蓮娜、我以及我弟弟馬庫斯，不分性別在教育上都一視同仁，我們三人都能充分發揮所長。儘管如此，我也看見我母親還是必須向我父親爭取獨立工作的機會，而且她在家務上也讓我與伊蓮娜負擔比馬庫斯更多的工作。

至於東德時期的女性地位以及我對此的看法又是如何？因為經濟效率低下，女性被視為急需的勞動力。因此，德國社會統一黨政府才相較西方提供了更多兒童托育服務，並不是基於父母平等的理由。即便如此，還是無法改變女性在工作之外仍要承擔大部分家務的實際情況。

在東德的權力結構中，也談不上女性的平等參與。一九八九年，德國社會主義統一黨中央委員會中的兩百二十一名成員及候選人中，只有二十六名是女性。沒有一名女性進入東德的權力中心——東德政治局（Politbüro）。只有兩名女性爭取到候選人資格，但她們沒有投票權。女性領導聯合企業或是社會主義大型企業只是特例。在一九八〇年代末期，整個民有企業中擔任管理要職的女性比例僅有百分之二十。

在科學界也是如此。我在踏入學術界之初便深知，擔任領導職務的可能微乎其微。然而，國家對我的限制並不是因為我的性別，而是基於我的出身。東德是個獨裁政權，在我申請伊爾梅瑙的工作時，就已經因為不符政權的期望而失敗。單純作為科學家還可行，再多就不可能了。如果說我曾有反抗的理由，那是反抗社會主義的思想灌輸以及缺乏言論自由，而不是女性受到不公平的待遇。

儘管如此，我對傑出女性的傳記一直很感興趣，特別是波蘭裔法國物理學家兼化學家、兩次榮獲諾貝爾獎的瑪麗・居禮（Marie Curie）。我也曾經讀過西蒙・波娃（Simone de Beauvoir）回憶錄的第一卷《一個乖女孩的回憶錄》（*Memoiren einer Tochter aus gutem Hause*），我不太記得這本書是我父母從西德收到的，還是在東德出版的。但清楚記得波娃擺脫了她父母對於傳統性別角色的既定印象，這讓我印象深刻。然而，當我在一九九九年讀到愛麗絲・史瓦茲（Alice Schwarzer）的《西蒙・波娃——叛逆者與先鋒》（*Simone de Beauvoir – Rebellin und Wegbereiterin*）時，我理解到，波娃認為女性主義與社會主義的世界觀是緊密相連的。而這樣的女性主義在我看來不切實際，對我來說並不是個選項。

一九六八年對我來說和許多西方人不同，這一年並不代表打破傳統社會規範的變革，而是華沙公約組織成員國軍隊進入捷克斯洛伐克血腥鎮壓布拉格之春。此外，一九六〇與七〇年代的許多女權行動對我來說過於激進，儘管我理解它們本應如此。然而，我在東德學會讀懂了言外之意，過於激進的反抗方式反而令我感到不安。在我的想法中，爭取女權從來就不是全面與男性進行對抗，即使在我作為政治人物時也是。我問自己，女性主義者是否相信男性願意與她們攜手合作，打破男性主導的束縛性結構？尤其我曾經親身經歷過，女性之間並不會因為同性別而團結合作。例如，在我擔任婦女部長期間，有一次在內閣會議召開前，一位女攝影師竟然整個人趴到地上，只為了拍攝我歪掉的鞋跟。她究竟想藉此傳達什麼樣的女性形象？這種行為顯然與女性團結的理念無關。

兩德統一後，我以為在民主制度下，個人的自由會自然而然地促進男女的平等參與，個人的努力會帶來社會的性別權利平等，所以我在最初對於促進以國家或團體為單位的支持措施持保留態度。儘管客觀事實本應該讓我立即認清想法的錯誤，但我對新自由懷抱的熱情蒙蔽了我對現實的看法。沒有什麼事會自然而然發生。擁有與男性相同條件的女性並不會獲得青睞，也不會在組織或公司任命領導階層時成為選項。我不得不理解到，國家對女性的支持是不可或缺的。正是基於這個原因，公家單位實施第二性別平權法勢在必行，我也將推動該法的實踐作為目標。也是基於此，讓我轉而支持推動政治與經濟領域上的婦女保障比例，而且不僅限於領導階層。事實讓我相信，沒有婦女保障比例就無法促進性別平等參與的機會；就算有了保障比例，還是相當困難。

我也了解到，所謂的選擇自由，這個基民盟與基社盟用來形容在家庭和職業之間自主決定如何生活的魔法咒語，實際上就像是特洛伊木馬。我在擔任婦女部長時，經常邀請來自德東與德西、不同背景的女性團體進行對話。每當我們談到彼此間的歧見、生活上的成功，以及如何應對社會期望帶來的壓力時，也會討論到母親與所謂的烏鴉母親（幸好這種評價如今已幾乎不再被接受），我經常感受到這些女性的苦澀心酸。後來我清楚意識到，如果缺乏國家層面的框架保障，女性無法在任何時候、任何地方感受到平等，也無法真的被平等對待。

如果我今天再次像當年在G20女性峰會的台上，聽到主持人問我：「您自認為是女性主義者嗎？」我已經整理好思緒，並且會回答：「是的，我是女性主義者，但是是按照我自己的方式。」

肩頸僵硬

在《統一條約》的談判上，最後未能就西德刑法典第二一八條針對終止懷孕之規定達成共識，因此統一後的聯邦眾議院必須在一九九二年前彌補這點遺漏之處。在此之前，德東與德西仍沿用原先的舊規定。在新邦沿用的是東德人民議會在一九七二年通過的期限解決方式（Fristenlösung），該法規將終止懷孕視為避孕的一種方式，女性有權在十二週內自行決定是否終止妊娠。一九九〇年的人民議會選舉後，東德基民盟與東德社民黨在德．梅齊耶政府的聯合內閣協議中保留了期限方式。舊邦則繼續沿用一九七六年生效的要件方式（Indikationslösung）。要件方式規定，女性只有在符合特定條件時，才能終止妊娠而免受法律懲罰，諮詢評估在要件方式中是一種義務。在要件方式生效之前，西德社會針對期限方式曾有過激烈的辯論。一九七四年六月十八日，期限方式由西德總理赫爾穆特．施密特（社民黨）領導的社民黨與自民黨聯合政府通過。但三天後，西德聯邦憲法法院應巴登－符騰堡邦（Baden-Württemberg）聲請，發出暫時處分暫停該法生效。最終在一九七五年，憲法法庭裁決該法違憲，此後西德刑法典第二一八條就採用了要件方式。

在兩德統一後，《刑法》第二一八條的修訂是個極為敏感的議題，尤其是對於處於懷孕衝突情況（Schwangerschaftskonfliktsituation）的女性更是如此，而且此議題涉及社會對於女性的看法，以及如何面對生命開始與結束的態度。光就書面作業來看，這項任務就已經很困難了。首先，我們必須確認聯邦政府各部門在這項議題的權限。法務部長（Justizminister）負責刑法典的修訂，家庭部長（Familienminister）負責妊娠婦女諮商的相關規定。嚴格來講，我作為婦女部長並無權限，頂多是是在第二個權責作為青少年部長部分，就兒童與青年福利法來負責關於幼稚園入學名額的法定權利。這也被納入聯邦政府的聯合執政協議中，旨在促進工作與家庭的平衡，尤其是改善單親家庭的情況，進而鼓勵懷孕婦女選擇留下孩子。基民盟與基社盟的許多人認為，婦女部長在這個議題上沒有權限是合理的，但除去這群人，幾乎沒有人能理解，為什麼在這個與女性息息相關的議題上，婦女部長竟然沒有發言權。

就本案而言，我認為我們謹慎起見，應該假設聯邦憲法法院一九七五年的判決具有持續性，這意味著我們在刑法典第二一八條修訂上並沒有太大的空間。此外，基民盟／基社盟與當時的聯合執政夥伴自民黨，在這個議題上的立場存在明顯差異，天主教會的保守態度也對基民盟／基社盟的內部意見形成了很大的影響。結果就是，聯邦政府無法提出統一版本的草案來修改法條，只能讓基民盟／基社盟黨團與自民黨黨團各自提出黨團版本供議會表決。因此，我從一九九二年五月以來參加了無數個基民盟／基社盟黨團的內部會議。針對第二一八條的新規定，我支持將諮商評估保留為義務，並且應該結合為身處抉擇困境的女性提供的協助，幫助她們做出留下孩子的決定。然而，我同時認為諮詢評估的書面紀錄不該被用於任何形式的司法審查，這不符合我對女性的看法，我相信女性能做出負責任的決定。

但討論的聲音中，對女性不信任的聲音總是遠高於信任，尤其在基民盟／基社盟內部更是如此。他們似乎總是假設女性會輕率地做出決定，因此必須對她們訂立嚴格的法律防線，甚至是刑事懲罰。這種討論氣氛毫無寬容可言。有時候我覺得，某些人不願深入討論，是因為害怕他們的立場與黨內多數意見相左而引發衝突。討論的語氣非常尖銳，但某些討論的水準甚至比地平線還低。例如在非婚生子女繼承權的討論中，就曾有人提問，是否「菲律賓的一次仲夏夜之作」（在場有人這麼形容）也應該享有與德國子女一樣的權利？我覺得基民盟／基社盟人眼中似乎有條我看不見也無法掌握的線，只要超過這條線的一切都被認為是不道德的。我不認為這種討論方式可以找到最佳解決方案。當時只有少數幾個人是例外，比如當時的家庭部長海納・蓋斯勒（Heiner Geißler），或當時的聯邦眾議院議長麗塔・徐斯穆（Rita Süssmuth）。

至於我，則是受到黨內其他人的質疑。一九九一年十月四日和五日（星期五、六），基民盟／基社盟執委會在邦茲修道院（Kloster Banz）召開閉門工作會議（Klausurtagung），當時對我的不信任達到了最高點，或者更應該說是我的最低谷。作為聯邦部長，我也是政黨理事會的一員。會議討論的議題也包含第二一八條。毫無疑問，我很確定自己要以婦女部長的身分針對這個議題發表意見。所以我舉高手表示要發言，並看向赫爾穆特・柯爾，他負責登記基民盟部分的發言順序。這件事他向來自己做，如此一來他就可以決定誰先發言。我看出柯爾陰鬱的臉色，知道他希望我最好不要說話。在他發現我的手不肯放下後，終於不情願地寫下我的名字，儘管如此，我還是等了很久才被叫到。

終於輪到我之後，我開始針對第二一八條發表我的立場。然而才剛開口幾秒鐘，我就感覺到一種從未有過的異樣：每講一個字，我的脖子和頸部就變得越僵硬，像是受到了某種詛咒。等我結束發言時，脖子幾乎沒辦法動了，只要稍一轉動，便會感到劇烈的疼痛。

星期六閉門會議結束後，我回到霍恩瓦爾德。疼痛並沒有減輕，我只好在星期日去鄰近的村莊看醫生。他在我的背部注射了多次小劑量的止痛針劑，確實成功發揮效用了。接下來我還進行了幾週的物理治療。自此之後，我再也沒因為發言而產生如此直接的生理反應。

對於基民盟與基社盟以外的人，尤其是婦女團體，我對第二一八條的立場顯得保守又狹隘。他們明顯更支持期限方式，認為在一九七〇年代的西德未能通過的修法，現在統一後應該要能夠通過了。這讓我陷入了兩難的處境。

經歷多個月的辯論，一九九二年六月二十五日，聯邦眾議院針對第二一八條進行了最後的審議。這次表決並沒有黨紀約束，可以按自己的良心投票。基民盟／基社盟黨團的版本主張終止懷孕前應有進行諮詢評估的義務，而且若是因為懷孕面臨心理與社會困境而需要墮胎者，則不受法律追訴。此外，還有許多跨黨派議員的提案付諸表決，也就是所謂的團體提案。在辯論中，我也發言解釋我的立場，強調立法者與國會被「基本法賦予的任務」，是「保護各種生命形式，包括未出生的生命」。我也進一步說明：「唯有將女性共同納入考量，才能真正保障未出的生命，而不是將女性排除在外。」針對跨黨團提案中對於諮商評估的紀錄義務規定，我表達了反對立場，因為紀錄義務可能「對女性與醫師之間的信賴關係造成不可逆轉的傷害」。我認為，「在評估女性所面臨的心理與社會困境時，主觀的因素至關重要。」在對問題進行全面權衡以及在黨紀的考量下，我最終還是支持了基民盟／基社盟黨團的提案。然而，該提案在議會中並未獲得多數票。

最後獲得多數票的是由社民黨、自民黨與綠黨以及幾名基民盟／基社盟議員共同提出的團體提案。我也在辯論中對此發表了看法。該提案同樣要求諮詢評估義務，但它並不強制要求紀錄義務，這點符合我的立場。然而，該提案卻未明確將鼓勵繼續妊娠定為諮商評估的目的，我認為這有所遺漏。因此，與其他三十二位基民盟／基社盟議員不同，我既不支持也不反對，選擇棄權。對我而言，這個決定是跳脫對於議案兩難處境的折衷，卻也因此招致了公眾的責備。

今天，我能完全理解當時對我立場反覆而感到不滿的人。我的反覆並不是因為勇氣不足或是頭腦不清楚，而是出於希望保持自主性卻過於謹慎的態度、對聯邦憲法法院過去判決的尊重（事後證明確實該如此），以及對黨團團結的顧慮，種種因素交織在一起所致。在一次私下談話中，我已經向總理表達出棄權的決定，即使這讓許多人無法諒解，不論這是否是基於良心做出的決定。我腦海中充斥著太多顧慮，以至於我無法自由地遵循自己的信念，最後沒有贊成該提案，而是選擇了棄權。

一九九二年六月二十六日，大約在深夜十二點五十分，這項提案以多數票通過。隨後，聯邦總統在七月二十七日簽署了該法，並於八月四日在聯邦法令公報（Bundesgesetzblatt）上頒布。但在同一天，聯邦憲法法院就應巴伐利亞邦政府和基民盟／基社盟聯邦眾議院黨團兩百四十八名成員聲請，發布了暫時處分，阻止該法刑事部分生效。爭議核心的最終判決在一九九三年五月二十八日公布，而過渡條款於一九九三年六月十六日生效，為最終立法鋪了路。兩年多後的一九九五年六月二十九日，德國聯邦眾議院再次通過了第二一八條的修訂。與一九九三年通過的法律相比，此次諮商評估的目的更為明確地在文字中表述，亦取消了紀錄義務。我投下了贊同票。該法於一九九五年十月一日生效，至今仍有效。

※ ※ ※

整個立法過程是《孕婦和家庭援助法》（*Schwangeren- und Familienhilfegesetzes*）的一部分，該法還包括提供三歲以上兒童幼稚園入學名額的法定權利。在這個議題上，我再次與自己所屬的政黨發生衝突。對我和許多來自東德的人來說，全國提供幼稚園入學名額是理所當然的事，我們都希望在新的邦能夠繼續維持。一九九一年初，聯邦財政部長提奧・魏格爾為此撥出十億馬克，用於一九九一年六月三十日以前的相關財政所需。但在這之後，新的邦要自行負責這部分的預算。

然而，這項將於一九九六年一月一日上路的法定權利遭到許多舊邦的地方政治人物強烈反對。他們試圖勸說我，表示聯邦政府設定的目標離現實太遠，也就是在期限內新增六十萬個幼稚園入學名額。我理解這對各邦、各城市和各市鎮來說，都必須投入巨大的資源，因此過渡時期是必要的。

但我不能理解的是，除了可行性的問題之外，為什麼基民盟和基社盟的人無法理解幼稚園入學名額法定權利的緊迫性。我感覺到，許多人真正反對的理由或許是出自對我的不信任。他們似乎懷疑，我想把東德社會主義的宣傳延伸到德國統一之後，好像我想否認德國社會主義統一黨曾利用日托中心和幼稚園來進行意識形態的宣傳。東德政權確實曾經做過這些事情，我想任何理性的人都不會否認這點。因此，我認為在民主環境下建立全面的兒童托育制度更為重要，尤其是民間的托兒機構。如果我們可以根據社會需求提供相對應的幼稚園名額，這會是造福大眾的事。托育制度對兒童來說具有教育價值，對他們的父母（無論是母親還是父親）來說，能夠幫助平衡工作與家庭的狀態。最終，我們成功自一九九六年一月一日起實施法定的幼稚園入學名額權利，有些邦採用過渡規定到一九九九年，自此全德國得以實現該目標。十四年後，這項權利擴大到三歲以下兒童，於二〇一三年八月起生效。小學階段的學童獲得日托中心名額的法定權利將在二〇二九年八月施行。

總而言之，雖然速度緩慢，但我們確實在進步中。

永續

沒有能源共識

一九九四年十月十六日，基民盟／基社盟和自民黨贏得聯邦眾議院的選舉，僅以十席之差超過反對黨社民黨、綠黨和民主社會主義黨。與我首次參加眾議院選舉時一樣，這次我也以四十八．六%的得票率贏得我選區的第一票（Erststimmen），順利當選。一九九四年十一月十五日，赫爾穆特．柯爾再次當選聯邦總理。

兩天後，我被任命為聯邦環境、自然保育和核反應爐安全部長（Bundesministerin für Umwelt, Naturschutz und Reaktorsicherheit）。我對此感到十分高興，並覺得自己作為受過專業訓練的自然科學家，在專業上已經準備好了。然而，顯然大部分民眾不這麼認為，他們對前部長克勞斯．托普費（Klaus Töpfer）從環境部被調到建設部（Bauministerium）感到震驚不解。托普費曾協助籌備一九九二年在里約熱內盧（Rio de Janeiro）召開的地球高峰會，會上一百七十八個國家共同聲明將成為永續發展的典範。托普費也在德國引入了綠點標誌（Grüner Punkt），這是一個至今仍在使用的垃圾回收系統。他曾公開在萊茵河中游泳，向大眾展示他推行的措施如何有效地讓萊茵河變得非常乾淨。簡而言之，克勞斯．托普費是環境政策的鬥士。外界將他無法繼續待在環境部解讀為他太有自己的想法，因此與總理不合。而我成為他的繼任者，被認為是環境部的降級。在批評者眼中，就是一位順從黨路線的女性取代了一位環保先驅。

※ ※ ※

作為負責核反應爐安全的部長，我也負責存放高放射性物質的乾式貯存桶的運輸，這些貯存桶從德國核電廠和法國拉阿格（La Hague）的核燃料再處理廠（Wiederaufbereitungsanlage），運往下薩克森邦歌萊本（Gorleben）的核廢料中期貯存設施（Zwischenlager）。我上任僅幾個月後，在一九九五年四月二十四、二十五日，首次將乾式貯存桶從巴登－符騰堡邦的菲力浦堡（Philippsburg）核電站運送到歌萊本。在下薩克森邦的丹內貝格（Dannenberg）站時，貯存桶必須改放上卡車拖板車，從那裡繼續運往十八公里外的歌萊本貯存設施。這段運送過程伴隨數千名反核人士的大規模抗議。抗議者想盡辦法阻止火車行駛，並試圖盡可能增加運輸成本，有些人甚至不惜使用暴力來達到目的。聯邦邊境防衛隊（Bundesgrenzschutzes, BGS）和來自各邦的警力連日派出約七千六百名的人員維持秩序。最後幾公里的抗爭特別激烈，歌萊本周邊的情況幾乎如內戰一般。抗議者試圖透過靜坐和開曳引機阻擋貯存桶運達。我心裡充滿憂慮，無論是抗議者還是員警，我都希望不要有人因此受傷。

在政治上，我堅信乾式貯存桶的運送是必要的。這源於總理赫爾穆特・施密特在任時，德國與法國簽訂了一項具國際法約束力的協議，承諾會回收核廢料。為此，位於歌萊本的運輸貯存設施早已於一九八三年完工，同時展開了探勘工作，以確定歌萊本的鹽丘是否適合作為核廢料的最終處置場。當地大部分居民對此表示反對，使得核廢料的處理問題最後引發了支持與反對核能的根本衝突。為了解決這個衝突，在前任部長克勞斯・托普費提議下，聯邦政府、下薩克森邦和電力公司的代表於一九九三年初開始了會談，目標是就能源政策達成跨黨派共識，亦即所謂的能源共識會談（Energiekonsensgespräche）。克勞斯・托普費當時已經意識到，社會對核能和平用途的問題存在不小分歧，而這個分歧正是一九八〇年綠黨成立的背景。

一九九四年聯邦眾議院選舉後，新會期的第一次能源共識會談於一九九五年三月十六日舉行。來自聯邦、各邦和電力供應公司的眾多代表齊聚聯邦經濟部（Bundeswirtschaftsministerium），經濟部長君特・雷克斯羅德（Günter Rexrodt，自民黨）和我代表聯邦政府進行談判。所有與會者都坐在巨大會議室的大桌旁，宣讀事先準備好的發言稿，內容多是大家已經熟悉的立場，沒有什麼意外。每個人似乎只在密切觀察其他人，幾乎沒有人關注其他人的論點，這完全稱不上是一場真正的對話。與會者的範圍太大，難以維持保密性。整個會議過程讓我感到相當失望。

在會後與君特・雷克斯羅德舉行的記者會上，我有了一次非常特別的經驗。記者會在經濟部大樓外舉行。起初我和雷克斯羅德並肩站在一起，面前有一群手持麥克風的記者，他們會一直把麥克風遞向正在說話的人。然而，我突然發現，本來站在我身旁、比我高出一個頭、聲音低沉的君特・雷克斯羅德，現在改站在我斜後方。如此一來，他可以直接越過我對麥克風說話。我試圖冷靜地發言，但注定失敗，畢竟我得花上很多力氣才能插上一句話。這次經歷讓我意識到，許多男性在政治領域上相對女性有兩個優勢：身高和聲調。從那時起，我和新聞處的同仁會特別注意，確保我在記者會上站得離其他受訪者遠一點，麥克風也維持在適當的距離。聲調問題沒辦法透過這種方式解決，唯一的辦法就是努力保持心平氣和，讓自己的聲音平穩不要激動。

※ ※ ※

第二次能源共識會談定於一九九五年四月二十四日在下薩克森邦的邦代表處舉行，當天也是乾式貯存桶首次運送的日子。在此之前，我打算先前往距離歌萊本中期貯存設施不遠的呂肖夫（Lüchow），與當地的反核人士談話。作為聯邦環境部長，原先就有隨扈同行，因此這次行程也在隨行安全人員協助下共同規劃。聯邦刑事局（Bundeskriminalamt, BKA）的立場是勸我不要前往，表示無法排除暴力事件發生的可能。確實，當時該地區的氣氛十分緊繃，而我作為負責核安的部長，自然是反核人士的眼中釘。儘管如此，我還是想直接面對爭議。回顧我擔任青年部長期間，對於基民盟內部很少有人願意與持不同觀點的人進行辯論這點，我感到相當困擾。每當有年輕人在黨大會上針對核能提出批判性問題時，往往會被噓聲打斷。我個人認為這是軟弱的表現。任何有理有據的人應該能夠向我們提出他們的論點，我們也應該要有能力就此進行深入討論。聯邦刑事局尊重我的決定，並為這次行程做了非常仔細的準備。

一九九五年三月二十三日，出發日子到了。我啟程前往歌萊本後不久，聯邦總理府部長費里茲・博爾打電話給我。當時，我已經坐在往科隆－瓦恩（Köln-Wahn）機場軍事區的車上，準備先坐聯邦國防軍空軍的飛機飛往漢堡，再從那裡搭乘直升機飛往呂肖夫。他向我轉達了總理的問候：「總理認為你去那裡是件好事。如果遇到困難，請隨時聯絡我，我就在這裡可以隨時支援你。」「一切都會順利的。」我回答道。

我帶著一小組人員前往，同行的包括聯邦環境部核反應爐安全部門主任傑拉爾德・亨能霍夫（Gerald Hennenhöfer）、貝雅特・鮑曼和聯邦刑事局的貼身隨扈。在呂肖夫的直升機停機坪上，一名福音教會的代表迎接我們。他說服當地的反核人士，讓我們在他的陪同下進入呂肖夫的商業行會會館，那裡是會談的地點。在那裡，我和約三十人的團體相對而坐。我依稀記得會議上有飲料和食物，但我除了水什麼也沒碰。氣氛很緊繃。雖然沒有人對我吐口水，但我覺得自己說的每句話對他們來說都像是無理的要求。在談話中，我清楚表明必須遵守法律和規章，即使這些條約是過去簽訂的，但我依然有履行的責任。我還進一步補充，我必須處理現有的核廢料，不能置之不理。

儘管如此，沃夫岡・艾姆克（Wolfgang Ehmke）還是對我勇闖虎穴的勇氣表達了一定的敬意。他是這次會議的代表，也是呂肖夫－丹內貝格公民環境保護倡議組織（Bürgerinitiative Umweltschutz Lüchow-Dannenberg）的理事會成員。其他與會者也試圖緩和敵意，平和地表達自己的立場。只有一位女士突然站起來，表示她內心感到非常憤怒，無法再忍受與我共處一室，說完便離開了。她強烈的反應表明，這不僅關乎事件的論點，還牽涉到情感。當時我很難理解她的感受，因為我贊成和平用途的核能。作為物理學家，我在評估後認為核能的風險是可以接受的。我也認為，一九八六年的車諾比事件完全是蘇聯的管理疏失所致，而不是技術本身的問題，這個觀點當時也為人所知。

在訪問呂肖夫不到一年之後，也就是一九九六年二月，我親身前往車諾比，深入了解這場災難的後果。我隨著訪問團隊來到距離車諾比約一百二十公里的白俄羅斯哥麥利（Gomel），拜訪了當地一座醫院裡因輻射罹患癌症的兒童，並與照護他們的醫生和護理人員進行交流。接著我們搭乘巴士前往普里比亞特（Pripjat），這個過去是核電站員工居住的小鎮現在已荒涼無人，只有流浪狗跟著我們的車奔跑。我親眼看見了包覆著車諾比核電廠被稱為石棺的鋼筋混凝土保護層。隨行的物理學家阿道夫・比爾克霍夫（Adolf Birkhofer）當時是核設施和反應爐安全技術協會（Gesellschaft für Anlagen- und Reaktorsicherheit, GRS）的會長，他隨身攜帶一個蓋格計數器。我們站在石棺外時，他打開計數器測量輻射量。計數器馬上開始顯示數據，即使車諾比災難已經發生了十年，計數器嘎嘎作響的聲音仍令人不寒而慄。儘管如此，這並沒有動搖我對在德國這樣一個高科技的國家和平使用核能的信心，畢竟德國的安全標準與蘇聯完全不同。然而，嘎嘎作響的計數器讓我開始能夠理解前一年在呂肖夫遇到的那種激烈情緒。

在呂肖夫商業行會會館的會談大約持續了九十分鐘。我沒有答應任何我無法兌現的承諾，會談的另一方也是如此。

不久之後，同一地點的另一個場地舉辦了一場與上述會談反差極大的活動。在與反核人士對話後，當地的基民盟聯邦眾議院議員庫爾特－迪特・格里爾（Kurt-Dieter Grill）邀請我參加基民盟縣黨部黨大會（Kreisparteitag）。格里爾在一九九四年秋天舉行的聯邦眾議院選舉中，沒有受到在地反核抗議影響，贏得了直接議席。在這場大會上，大家都與他持相同立場。當我被問到，如果即將運抵歌萊本的乾式貯存桶洩漏出少量放射性輻射會怎樣的時候，我隨即對著麥克風說，這就像烘焙一樣，攪拌麵團時不小心灑出了一些發酵粉，蛋糕還是可以做出來。我不知道自己當下發生了什麼事，怎麼會說出這樣的話。我很清楚如果在政治上要用比喻來解釋某件事時，必須格外謹慎。而這個烤蛋糕的比喻，無論怎麼看都很離譜。或許是因為在與反核人士談話後，緊繃的情緒獲得釋放，我在基民盟內部的場合上就鬆懈了。雖然在縣黨部黨大會上沒有人對我的比喻感到不滿，但這個說法很快就傳開了，也迅速引起眾怒。我完全理解為什麼。將發酵粉與放射性輻射相提並論當然是個錯誤，我說的話完全缺乏同理心，環保團體為此也嚴厲批評我多年。而我沒有立刻承認說錯話更是一個嚴重的失誤。當時的我仍舊認為，政治人物承認錯誤是一種軟弱的表現。當然，政治人物不該時常陷入說錯話的情況，但好好承認自己使用了不恰當的比喻，無論如何都遠比我當時把頭埋進沙堆裡試著視而不見要來得好。

縣黨部黨大會結束後，我回到了波昂。雖然費里茲・博爾提供了協助，但我沒有用上。在與反核人士的交談中，我了解他們關注的其實不僅是核廢料處理的問題，而是核能的廢除。對乾式貯存桶運送的激烈抗議，實際上是在反對核電廠的持續運作。因此，只有給出一個核電廠具體的退役日期，雙方才能就核廢料的處理達成共識。我曾考慮過，是否應該在四月二十四日的下一次能源共識會談之前，將這個想法告訴政府和我的黨團同事，但後來我並沒有這麼做。首先，核電廠除役並不符合我當時的看法，因為我仍認為核能的使用是合理且不可或缺的。其次，我懷疑社民黨會願意妥協，願意等幾十年後才逐步淘汰核能，他們多數希望能盡快淘汰核能。我認為當時唯一可能在協商中持開放態度的，只有下薩克森邦總理格哈德・施若德。我是在一九九五年二月我們參加《焦點》（*Focus*）週刊的辯論對談時認識他的。他是一位務實的邦總理，也很清楚與基民盟妥協的必要。

一九九五年四月二十日，在下一次的能源共識會談和第一次乾式貯存桶運送的四天前，施若德和我在柏林施福包爾丹街（Schiffbauerdamm）的環境部分部辦公室見面。這次會面是施若德要求的。在他開口說了第一句話之後，我就知道他是要談取消乾式貯存桶運送的事，以及為什麼應該這麼做的理由。我事前就為此做好了準備。我從桌上拿起一張事先準備好的A1大小的紙張，將它攤開在我們面前。這張紙上畫著一個類似家譜的圖表，顯示那些聯邦政府已經批准的許可，但下薩克森邦又在不同層級法院針對這些許可提起的訴訟。我請我的同事繪製了這份總覽表，以此向施若德說明。他的臉色沉了下來。這張圖表清楚顯示，雖然下薩克森邦在行政法院的一審中勝訴，但聯邦政府在呂內堡（Lüneburg）高等行政法院的二審中勝訴。施若德反駁說，我不應該過於武斷，因為情況可能還會出現變化。然而，當他發現完全無法說服我時，站起來說：「如果是和前任部長談話的話，結果可能會有所不同。」我回答說：「但現在環境部長是我，您還是得接受這點。」

※　※　※

四天後，在下薩克森邦代表處召開的第二次能源共識會談上，氣氛降到冰點。那天是乾式貯存桶的首次運送，緊繃的社會氛圍為會談蒙上了一層陰影，最終沒有取得任何實際成果。第三次，也是最後一次能源共識會談於一九九五年六月二十一日舉行。繼一九九三年之後，這一輪旨在達成能源共識的會談也以失敗告終，因為雙方的立場絲毫無法妥協。在基民盟／基社盟和自民黨的眼中，能源共識會談應就「所有」能源達成協定，包括核能在內。對於社民黨來說，在沒有確定何時淘汰核能的情況下，是不可能接受繼續使用核能的，發展新核電廠的選項也不在他們的考量之中。我對未能達成共識感到相當失望，我其實本來想花更多時間繼續尋找可行的方案。

※　※　※

一九九五年四月二十五日，第一批乾式貯存桶運抵歌萊本貯存設施。儘管沒有人受到重傷，但也讓我體驗到執行法律可以有多艱難。在我心中開始有個信念在滋長，就是為了達成廣泛的社會共識，所做的一切努力都是值得的。大約一年後，一九九六年五月八日，第二批乾式貯存桶運抵歌萊本中期貯存設施，這次運輸的是來自法國拉哈格核燃料再處理廠的高放射性物質。為了這次運輸，一共部署了來自全德國約一萬五千名警力。第三次也是我擔任部長期間最後一次運送乾式貯存桶，在一九九七年三月五日進行，這次則是動用了三萬名警力。同年春天，我們試圖再次就能源達成協議，最終還是沒有成功。基民盟／基社盟不願意限制核電廠運作年限，我也不支持這樣做。三年後，二〇〇〇年六月，由格哈德・施若德總理領導的紅綠政府主導，與能源公司達成了逐步全面淘汰核能的談判。根據這個計畫，每座核電廠的總使用壽命為三十二年，這意味最後一座核電廠內卡威斯特海姆二號（Neckarwestheim II）將於二〇二一年底退役。此外，能源公司承諾至二〇〇五年起，停止將用過的核燃料送至國外進行再處理，改為將核燃料直接存放在發電廠裡，避免空間上的運輸。這項協議本應能結束這個社會上的重大爭議，但仍然沒有達成最終定論。我們稍後會再談到後續的發展。

※　※　※

在經歷了三次乾式貯存桶的運送後，我以為自己已經度過了任職以來最嚴峻的考驗。殊不知，一九九八年五月發生的另一件事，差點讓我辭去環境部長一職。當時公眾得知，除了乾式貯存桶外，運輸箱外層的輻射量多年來一直超標。電力公司早已知道這個問題，聯邦環境部以及交通部的下屬機構聯邦輻射防護局（Bundesamt für Strahlenschutz）和聯邦鐵路局（Eisenbahnbundesamt）也知情。其實本來只要對運輸箱外層進行額外的清潔就能解決這個問題，但這些機構卻沒有將此事向聯邦環境部報告。儘管如此，我仍須承擔政治責任，而此時距離下次聯邦眾議院大選只剩四個月。綠黨，尤其是黑森邦（Hessen）選出的國會議員約施卡・菲舍爾（Joschka Fischer）覺得他們的機會來了，或許終於抓到我這個核能支持者犯下一個天大錯誤了，他們想要證明環境部對於輻射量超標並非毫不知情。於是，環保部與聯邦輻射防護局和聯邦鐵路局之間的所有往來信件都要放在放大鏡下檢視。因為聯邦輻射防護局隸屬環境部，我們可以要求它交出局裡掌握的一切資料；但聯邦鐵路局的情況則不同，它隸屬於交通部，因此我必須仰賴我同事、時任交通部長馬提亞斯・維斯曼（Matthias Wissmann）的協助，為我提供所有資料。如同事實證明的那樣，他相當值得信賴。我們每天都戰戰兢兢，擔心某處會突然冒出一份部會管理階層不知情的檔案，幸好這件事並未發生。

我當時非常憤怒，因為多年來我一直致力於乾式貯存桶的運送，但電力公司顯然在處理輻射問題上缺乏必要的敏感度。然而，我不能在公開場合抱怨這點，因為馬上就會有人指責我對企業的態度過於天真。當時的我或許還有些天真，過於理想化社會市場經濟，認為企業和政界在棘手問題上會共同分擔責任。事實最終證明這樣的想法不切實際，我明白了政治考量比一切都重要。今天我仍堅信政治優先是正確的，畢竟國家的責任是視全民福祉為依歸，無論商業企業的規模和影響力有多大，都無法與國家相提並論。

我與部門同仁一起工作的經歷，更清楚體現了這在現實中代表什麼。他們不遺餘力地弄清楚一切，工作到深夜，週末也進辦公室，也為聯邦眾議院的委員會會議及當前議題討論時段[4]精確地做足了準備。貝雅特・鮑曼和我與部門同仁保持著緊密連結。我們已經明確表示，這種時候彼此一定要坦誠相對，因為無論真相多麼令人難受，在政治上會使我們喪命的不是真相，而是對事實的隱瞞。我們的原則是絕不撒謊，也絕不試圖掩蓋真相。我們就是這樣進行了輻射問題的清查工作。我的議會黨團同事和基民盟／基社盟的邦政府部長們都支持著我，執政夥伴自民黨祕書長吉多・韋斯特韋勒（Guido Westerwelle）則是公開與我切割關係。由於無法證明我和我的部門對輻射超標一事知情，公眾的情緒就像當時引爆的速度一樣，又迅速冷靜了下來。這件事沒有成為接下來選舉中拖累選情的原因，讓我鬆了一口氣。

外交官

一九九二年五月，聯合國在紐約通過了《聯合國氣候變化綱要公約》（*Rahmenübereinkommen der Vereinten Nationen über Klimaänderungen, Klimarhamenkonvention*）。一個月後，在里約熱內盧召開的地球高峰會上，一百五十四個國家簽署了該公約，該公約於一九九四年三月生效。第一屆締約方會議（Conference of the Parties, COP 1）定於一九九五年三月二十八日至四月七日在柏林舉行，預計有一百七十個國家的代表出席會議，其中一百一十七個國家已批准該

4　譯注：aktuelle Stunde，當前議題討論時段是聯邦眾議院中用來討論具有當前公眾利益之議題的機制，可以由黨團提出或百分之五議員要求召開，也可以透過資深議員理事會協商後召開。

公約，另外五十三個國家尚未完成批准程序，只能以觀察員身分參加。此外，還有一百六十五個非政府組織、十二個政府間組織、新聞社，以及聯合國各辦事處及計畫的代表會出席會議。

一九九〇年，在政府間氣候變化專門委員會（IPCC）的第一份評估報告中，確認了氣候變遷由人為因素造成。根據當時使用的模型，若在「一切照舊的情境」下（情境A），平均氣溫每十年將上升攝氏〇．三度，誤差值也可能介於〇．二至〇．五度之間。這意味著，相較一九九〇年，二〇二五年的平均氣溫將上升一度，到本世紀末將上升三度。政府間氣候變化專門委員會附屬於聯合國，既是政府間組織，也是科學委員會。來自世界各地的數千名科學家定期在評估報告和科學報告中總結氣候變遷的研究現況，至今仍是該領域最具權威的機構。

在《聯合國氣候變化綱要公約》中，簽署的國家承諾至二〇〇〇年時，要將溫室氣體排放量減少至一九九〇年的水準。當時未就二〇〇〇年以後設定任何目標，因此這項公約的內容必須進一步修訂。公約內容的考量前提是，簽署國都應承擔共同但不同程度的責任。已開發國家應該先達成共識，確認二〇〇〇年後減少對氣候有害氣體（如二氧化碳）排放的目標值，因為這些國家的工業化較早，意味著他們必須為至當時為止全球排放量的三分之二，以及當時七十五%的排放量負責。柏林會議的任務是授權各方針對溫室氣體減排目標進行協議，預計在兩年後於日本京都召開的第三次締約方大會上，將這些目標寫入一份具有約束力的議定書中。

作為會議主辦國的環境部長，我擔任此次會議的主席，會議地點在柏林威斯滕區（Westend）的國際會議中心。我沒有任何國際談判經驗。不只前任部長對我主持如此規模會議的能力表示懷疑，甚至有謠言說我連英語都說不好。這並不是事實，因為我在東德作為科學家時必須說英語，也曾用英文發表過文章。的確我熟悉的英語主要限於研究科學領域，跟政治議題沒有太大關聯。然而，我的批評者低估了我在語言方面的冒險精神。事實上，我小時候在滕普林與蘇聯士兵接觸的經驗就已經表現出，我並不怕實踐使用外語。

我身邊有環境部氣候保護科科長康奈莉雅・昆內特－提倫（Cornelia Quennet-Thielen）這個得力助手，她是一位經驗豐富且優秀的談判專家，她和她的團隊為我做足了準備。我的發言人格特魯德・薩勒（Gertrud Sahler）則以她一貫優秀的方式維持與眾多記者的關係，我們在婦女與青年部共事時就已經很了解彼此，我對她有完全的信任。談判大多是技術性的，我必須先熟悉聯合國會議的專業術語。會議資料由政府間談判委員會提供，而資料文字包含了數百個方括號，每個方括號都表示分歧意見。為了在談判上取得成果，必須先就最終版的文字達成共識，這意味任何人都不得對最終版內容提出異議。當時聯合國氣候變化綱要公約臨時祕書處負責會議組織的問題，由來自馬爾他（Malta）的聯合國外交官邁克・扎米特・庫塔亞（Michael Zammit Cutajar）負責，我和部內的官員與他密切合作。

我決心要把會議辦得成功。但是要怎麼樣才能在與會國之間複雜的國家和非國家利益之下達成這個目標呢？這就像一個蟻穴，你知道裡面隱藏著一個結構，但外界的人卻無法窺探。為了清楚了解我將要主持的會議的內部運作，我必須熟悉各參與方的立場，會議總部在這方面為我提供了協助。總部除了我這個會議主席以外，還有其他十名代表，其中七名是代表世界不同地區的副主席，另外三位是下屬機構主席。他們大多數人都有多年的談判經驗。

與會的已開發國家集團中，包含二十五個經濟合作與發展組織（OECD）的成員國，以及一些如中東歐國家等經濟正在轉型的國家。這些已開發國家之間的立場差異頗大。當時的十五個歐盟成員國推動了談判過程的進行。德國處在相對有利的立場，因為德國計劃在二〇〇五年前將二氧化碳排放量減少一九八七年排放量的二十五%至三十%。作為會議主辦國，我們藉此發出了一個信號，堅信在經濟成長的同時，也能減少溫室氣體排放量。不過，德國與其他國家相比在當時有個優勢，因為東德經濟的瓦解，使新邦在一九九〇年代前半期的二氧化碳排放量幾乎少了過去的一半。

美國對於減少排放量的態度有決定性的影響，因為它當時是全球最大的溫室氣體排放國，占全球比例的二十三%。一九九二年，在老布希總統的領導下，美國批准了聯合國氣候變化綱要公約。繼任總統比爾·柯林頓（Bill Clinton），特別是他的副總統艾爾·高爾（Al Gore），相當重視氣候問題。然而，美國多數眾議員批評，只有已開發國家需要承諾具約束力的減排目標並不公平，他們擔心這會對美國經濟發展造成不利影響。美國國務院負責民主和全球事務的副國務卿提莫西·沃斯（Timothy Wirth）也率領美國代表團來到了柏林。為了在會議前與他見面，我在一九九五年三月一日飛往華盛頓。他在國際環境政策方面經驗豐富，我們一見如故。在會議開始前，他還先於三月十日回訪波昂。我們知道彼此想要達成什麼目標，也知道雙方能為談判帶來什麼。和我一樣，他也非常希望會議能成功。

開發中國家則以「七十七國集團加中國」的形式出席會議，而島國則組成了自己的集團，因為它們受氣候變化的影響最大，至今仍然如此。儘管開發中國家間的立場相當分歧，但他們在批評已開發國家時的立場相當團結，認為已開發國家對氣候變遷有歷史責任。他們也指責已開發國家，稱後者在自己實現繁榮發展之後，卻試圖限制開發中國家的經濟成長。因此，他們要求已開發國家必須訂定更高的溫室氣體減排目標。此外，他們尤其對所謂的「共同減量機制」（Joint Implementation）抱持著高度懷疑。共同減量機制允許已開發國家不僅在本國，也能在開發中國家實施減排措施，並將其計入本國減排承諾，其目的在於減少全世界的溫室氣體總量。開發中國家認為這是已開發國家的迴避手段，指責已開發國家不願意在自己國內進行全面變革。我非常理解他們的擔憂，但在初步討論後，我認為如果沒有共同減量機制這樣的工具，就難以讓美國同意會議的結果。

最後，還有些國家不斷威脅要動用否決權，因為他們知道只有在沒有任何國家反對的情況下，會議才能通過協定內容。這些國家主要是石油生產國。每個國家集團背後都有許多非政府組織支持，這也進一步加劇了立場間的分歧。

※　※　※

會議於一九九五年三月二十八日開始。首先會確定會議的組織流程，並選我擔任主席。在四月四日之前，談判完全由政府官員（即所謂的資深官員）進行。為了讓自己作為主席能熟悉國際會議的慣常做法，我在會議這段時間內多次至現場了解談判的進度。在會議第一輪結束後，我邀請會議總部的成員於四月四日在柏林蒂爾加滕（Tiergarten）的一家咖啡館共進晚餐，討論第二輪會議的進行方式。此輪會議於一九九五年四月五日至七日進行，屆時各國的部長將會出席。剩下的三天裡，部長們有很多事情要做，因為迄今幾乎沒有達成任何共識。為此，我們討論了哪些部長是我必須認識的，以及各個代表團可接受的範圍為何。辦公室經驗豐富的資深同仁建議我挑選二十位左右的部長，組成所謂的「主席之友」（Freunde der Präsidentin），並定期與他們交流談判的現況。主席之友的成員要試圖在各自區域集團或利益團體中達成共識。組建這樣的小組是一項非常棘手的工作，需要有敏銳的直覺，而且必須盡可能得到一百七十個代表團的認同。

第二天一早，我親自打電話給這些未來會成為我朋友的人，請他們多多幫忙。他們都願意接受邀請，沒有收到邀請的代表團也沒有因此抗議。在部長級會議（即會議最終階段）開始的時候，總理赫爾穆特·柯爾前來致開幕詞。他竭力呼籲這個會議必須成功。我和我的同事們都很高興，因為我們發現，聯邦總理府的文膽幕僚採用了我們幫總理擬定的建議使用講稿，其中包含德國在二〇〇五年要達成的溫室氣體減排目標。在隨後的招待會上，來自非洲的代表團特別稱讚柯爾的演說，認為他演說的措辭得體。柯爾談到了我們的地球母親，這讓他們覺得自己的立場被理解了。

晚上，外交部長克勞斯·金克爾和我為與會的部長們舉辦了一場招待會。我努力和盡可能多的部長們面對面交流。在那之後，我首次跟我的朋友，也就是主席之友會面。接下來兩天，我們會在全體會議召開前先碰面，確定誰會在全體會議上發言並提出折衷方案。儘管主席之友小組內部的利益迥異，但我和各成員間都建立起了信任關係。尤其是與印度環境部長卡邁．納特（Kamal Nath）迅速建立起了友誼，而印度在會議上扮演了非常具建設性的角色。

時間飛逝。從清晨到深夜，談判持續進行中。康奈莉雅．昆內特－提倫和所有工作同仁忙得筋疲力盡。開發中國家和已開發國家的代表經常發生衝突，非政府組織的意見又加劇了衝突的氣氛。經驗豐富的與會者，尤其是我的同事，向我解釋了一些我不太熟悉的論述的前因後果。這涉及了與會國執政的多數、該國是否直接受到氣候變化的影響、文化背景，以及一直會遇到的財政問題。隨著我逐漸對各國的不同利益和論點有了更深的理解，我越來越明白蟻穴內部發生的事。

當四月七日上午談判仍無結果時，我開始擔心所有努力可能都會白費。時間正在流逝，而這是會議的最後一天，我完全無法預測會議結果最終會是如何。但我也學到一件事，原來會議可以透過象徵性地將時鐘停在午夜來延長時間，然後在即將達成決議前再重新讓時鐘運轉。此時，我們離看到隧道盡頭的光還很遙遠。

我向卡邁．納特表達了我的苦惱。他先是告訴我他必須在當晚離開，他家中有事讓他不得不回去處理，所以我無法說服他改變行程。我感到震驚而不知所措。但隨後他給了我一個建議：我應該將我的朋友分成兩組，一組是已開發國家的代表，另一組則是開發中國家的代表。

雙方在談判期間可以分別待在兩個不同的房間裡，我則作為雙方公正的調解人，在兩組人馬間來回穿梭。他說：「我相信兩個集團都信任你。」卡邁．納特的建議很有說服力。也就是說，我要找到每個人都能接受的折衷方案。我的沮喪瞬間消失，開始投入工作。卡邁．納特讓我看到了新的可能性。

不過現在行動似乎還太早，我決定先以不變應萬變。康奈莉雅．昆內特－提倫向我大致說明了部長級會議需要解決的議題，只要解決了這些，其他技術性問題都會迎刃而解，她幾乎做夢都能背出談判的文本。我則是專注在需要解決的問題上，並與同事討論可能的折衷方案。我與會議總部達成暫時中止會議計時的共識，並向邁克．扎米特．庫塔亞說明將主席之友分成兩組的計畫。晚間八點左右，我召集了主席之友，向他們解釋了我希望如何進行後續的談判。基本上所有人都表示同意，只是建議在兩個小組中再增加幾位部長。稍晚的時候，我們舉行了一次簡短的全體會議決定停止計時，每個出席會議的人都知道我們需要更多的時間，但我並未在那裡透露具體的計畫。最後，我請求所有代表團在夜裡也隨時保持聯絡。

就在午夜前不久，我開始了我的穿梭外交。相比之下，已開發國家是比較難談判的夥伴。大多數代表必須與自己國家的政府通話，因為他們談判的空間非常有限。當時歐洲已經是深夜，很難聯絡到政府核心的人。日本當地時間則快我們六個小時，幸好他們很快就要起床了。至於幾個小時後要聯絡到在加拿大和美國的負責人也會變得很困難，因為當地時間就要傍晚了。只有澳洲人沒有時差的聯絡問題，因為他們習慣於參加與自己時區時間截然不同的會議。

更麻煩的是，第二天，也就是一九九五年四月八日，還是星期六，這進一步增加了聯絡到政府核心人物的難度。幾個小時就這麼一分一秒過去。慶幸的是，美國副國務卿提莫西．沃斯也希望這個會議能提夠出具體成果。他支持我的計畫，雖然他的政府提出了相當強硬的談判立場，尤其是在共同減量機制的問題上。

我與已開發國家談判的時間拉得越長，開發中國家的氣氛就越好，因為他們感受到其他國家讓我並不好過，而他們私下已互相協調好立場。我在兩個小組之間至少來回穿梭了十次，而我的同仁們則在第三個房間裡幫我篩選折衷方案。黎明時分，共識達成似乎近在咫尺。到了六點左右，已開發國家同意了所有項目。當我帶著談判結果回到開發中國家那裡時，他們也表示同意了。中國代表用警戒的眼神看著我，微笑著說：「其實這都還不是我們的底線。」這句話讓我明白了，他在談判中其實還有讓步的空間。而保全面子是外交成功的一種手段。從那一刻起，在我接下來的政治生涯中，我對開發中國家（尤其是中國）的談判方式抱持著敬意。

隨著太陽升起，聯合國氣候變化綱要公約議定書的談判內容基本上已經敲定。其中包括承諾達到具有約束力的溫室氣體減排目標，也納入了共同減量機制的可能性。我請兩個小組的談判成員立即私下向其盟友通報取得的成果，以防止有人謠傳談判的結果。我的工作同仁將結果交給祕書處和會議總部，我也與邁克．扎米特．庫塔亞談了一下。會議總部擬定了授權的最終文本，並邀請與會者在上午晚一點的時候召開全體會議。我得以在這段時間回家洗個澡，換上乾淨的衣服，喝杯茶。隨後，我盡速返回國際會議中心，與我的同仁和會議總部成員會合。從他們聽到的情況來看，絕大多數締約國似乎都願意贊成談判的結果，唯一不確定的是石油生產國是否會想要反對。

邁克．扎米特．庫塔亞用他作為聯合國外交官的經驗向我強調，一旦全體會議開始，我就應該盡快拿出文件，詢問是否有人有異議，然後立刻拿起身邊的木槌敲擊桌面，宣布文件內容通過。這麼做是盡可能不要給任何人過多時間提出任何保留意見。

隨後我們一起進入全體會議。停擺的時鐘再次開始計時，我宣布會議開始。當我拿出文件的最終版本時，提莫西．沃斯突然舉手，吸引了所有人的注意。我嚇了一跳，心裡不禁自問現在發生什麼狀況了？在我請他發言後，他只是簡單地感謝了我為會議作的努力，並建議把此次談判結果稱為《柏林授權》（*Das Berliner Mandat*）。我很快地詢問有沒有人反對，全場響起了熱烈的掌聲。我趁機快速敲下議事槌，說道：「我在此宣布此文件通過。」就這樣，《柏林授權》順利通過了，沒有人提出抗議，我感到如釋重負。這次的談判任務是設定二〇〇〇年後具有約束力的溫室氣體減排目標；為了準備下下次的京都締約方會議，會議也決定成立《柏林授權》工作小組，並在波昂設立一個常設的聯合國氣候變化祕書處。我於一九九六年六月二十日宣布祕書處成立，邁克．扎米特．庫塔亞自一九九六至二〇〇二年擔任祕書處的祕書長。

那個週六上午，我還不知道我們在兩年後的京都會議之前還有多少工作要做，我和整個團隊就只是很高興這個會議能取得成果。對我個人來說，我很開心能與來自世界各地的眾多出席者進行談判，並從中學到許多關於世界的新知識，這讓我受益匪淺。我也發現自己身體裡其實還住著一個外交官的靈魂。在這次速成班中，我成了一名經驗豐富的氣候談判者，並對之後京都會議的成敗感到責任重大。接下來兩年半，我所有的重要出訪都會涉及氣候議題：一九九五年十一月訪問印尼、馬來西亞和新加坡，一九九六年十一月訪問墨西哥和巴西，一九九七年四月訪問華盛頓，一九九七年八月訪問日本與中國，一九九七年十一月再次訪問日本。

※ ※ ※

然而，一九九六年七月十六日至十八日在日內瓦召開的第二屆締約方大會（COP 2）結果令人失望。到了一九九七年十二月則迎來了不同的情況。十二月六日至十一日，我參加了位在京都的第三次締約方會議（COP 3）。在這裡，特別是已開發國家面臨著要兌現承諾的巨大壓力。美國副總統高爾也出席了會議，努力促成會議結果，儘管同年美國參議院以九十五比零的票數否決了氣候協定，認為開發中國家（尤其是中國）也需要設定減排目標。經過激烈的談判，已開發國家承諾，與一九九〇年相比，將在二〇〇八至二〇一二年期間讓溫室氣體排放量平均減少至少五％。為了更容易實現全球減少排放量的目標，會議允許採用的方案很彈性，締約國可以與其他國家合作實現目標，包括共同減量機制。每個國家的溫室氣體減排的目標各不相同。歐盟的十五個成員國承諾減少八％的排放量，在歐盟內的分攤責任下，德國應減少的量為二十一％。美國則是承諾在同期減少七％。然而，美國從未批准《京都議定書》（*Kyoto-Protokoll*），而且在二〇〇一年三月，比爾・柯林頓的繼任者小布希總統（George W.

Bush）宣布退出該議定書。中國則是自二〇〇六年起一直是世界上最大的溫室氣體排放國。《京都議定書》最終於二〇〇五年二月十六日生效。

生存的代價

一九九二年二月七日，當時十二個歐洲共同體成員國在荷蘭馬斯垂克（Maastricht）簽署了《歐洲聯盟條約》（《馬斯垂克條約》）。該條約於一九九三年十一月一日生效。《歐盟條約》將歐洲共同體變成了一個政治聯盟，擁有歐洲公民身分、共同的外交與安全政策以及司法與內政政策方面的合作。此外，歐洲共同體成員國還為歐洲共同貨幣「歐元」奠定了基礎。赫爾穆特・柯爾在德國統一後進一步發展歐洲共同體的承諾，確實在統一的兩年後實現了。與此同時，歐洲單一市場於一九九三年一月一日開始施行，其核心包含四項基本自由：貨物、人員、商品、資金與服務的自由流動。歐洲單一市場的基礎早在德國統一前的一九八七年夏天，隨著《單一歐洲法案》生效時就已奠定。環境政策首次被明確納入條約中，成為歐洲共同體的一個獨立政策領域，其目的在於「維護和保護環境，並改善環境品質」。到了一九九二年底，歐洲共同體已通過近兩百八十項法案，旨在開放先前封閉的國家市場。此後，歐盟發展出了新的經濟動力。

隨著一九九三年引入歐洲單一市場後，大約八十%的國家的環境立法以歐洲法案為基礎，亦即歐盟層面在此才是指揮，而德國在歐盟成員國中，往往是對抗環境危害的引導角色。對我來說，參與尋找解決方案是一件很有意思的事。除了在布魯塞爾舉行的歐盟環境部長理事會的正式會議以外（德國的經濟部也會共同與會），還有環境部長理事會的非正式會議。這些會議都在歐盟輪值主席的國家舉行，而歐盟輪值主席每六個月輪替一次。在這些會議上，我們可以更輕鬆地討論各自的政治目標，並更好地了解彼此。

由於會議也邀請部長的伴侶共同出席，約阿希姆有時會陪我一起參加，例如在法國舉行的部長理事會非正式會議。我們一起體驗了普羅旺斯卡馬格（Camargue）美麗的三角洲平原，還吃到了我此生中最美味的蘋果派。

有一次，我當時的西班牙同事荷西普・波瑞爾（Josep Borrell）在塞維亞（Sevilla）主辦會議，他後來成為歐洲議會議長，接著成為歐盟外交與安全政策高級代表（Hoher Vertreter für die gemeinsame Außen- und Sicherheitspolitik der EU）。那是我第一次見識到用長柄酒勺倒雪利酒的藝術，並體會到西班牙人的晚餐時間有多晚。午夜過後，我和貝雅特・鮑曼決定在塞維亞老城區散步，並去看看大教堂。這座歷史悠久的城市街道上充滿活力的生活讓我們深深著迷。

還有另一次機會，讓我得以欣賞到阿姆斯特丹的美景。我沿著老城區的運河漫步，幻想著能乘船遊覽運河。我還清楚記得，從阿克洛（Arklow）到都柏林的愛爾蘭海岸火車之旅，搭配著現場民謠的演奏。還有在英國切斯特（Chester）舉行的環境部長理事會會議期間，參觀達爾文（Charles Darwin）於舒茲伯利（Shrewsbury）的出生地。而理事會在奧地利格拉茨（Graz）

則由伊爾莎和馬丁・巴頓斯坦（Ilse und Martin Bartenstein）主辦，他們至今仍是約阿希姆和我的朋友。

※ ※ ※

一九九七年六月，我出席了在紐約舉辦的「里約後五年」（Fünf Jahre nach Rio）特別大會。一九九二年在里約熱內盧，除了簽署包括聯合國氣候變化綱要公約在內的多份公約，也將永續發展的概念視為未來發展的重點，並通過了《二十一世紀環境行動綱領》（*Aktionsprogramm Agenda 21*）。按照永續發展的理念行動，意味著在滿足當代人需求的同時，不限制未來世代的機會。這次會議則是進行首次評估的時候了。遺憾的是，與會者們只得出一個共識，就是地球的狀態比以往任何時刻都更糟。這份超過一百六十五個國家代表提出的共同文件中，只提出了幾項新的具體承諾。已開發國家和開發中國家主要爭論的問題在於，施行這些措施的資金從何而來。

然而，作為生活在共同地球上的人類，我們每個人不僅要在家鄉採取相應行動，同時也要尊重他人的想法。政治和非政府組織必須攜手合作，制定符合永續發展精神的策略。要解決社會議題、經濟成長和環境目標之間的矛盾，需要找到聰明的解決方法。這個主題深深吸引著我，因此我決定寫一本書來探討這些問題。這本書於一九九七年出版，書名為《生存的代價：關於環境政策未來任務的想法與討論》（*Der Preis des Überlebens - Gedanken und Gespräche über zukünftige Aufgaben der Umweltpolitik*）。為了寫這本書，我訪問了多名國內外知名人士，了解他們對環境政策的目標、策略和手段的看法，希望呈現出多元的觀點。此外，我還關注一個問題，就是如何從永續發展的概念發展出可衡量的指標，使其作為政治行動的依據。《二十一世紀環境行動綱領》中明確規定：「必須為永續發展制定指標，為各層級的決策提供準則。」在《生存的代價》中，我為德國提出了四個永續發展的指標建議：自然生態系統的平衡、能源利用、循環經濟和人類健康的維護。這些指標相當於環境政策中的參考點，類似於經濟學中「物價指數籃」的概念。如今回顧這本書，當時我可能對某些事情的看法過於悲觀。例如，我在書中只提出將再生能源發電量的比例增加一倍，從當時的五%提高到二〇一〇年的十%，但實際上達到了十七%的比例，再生能源法的獎勵措施成效遠超出預期。然而，書中提到的其他目標目前仍未實現。如今，動植物瀕臨滅絕的數量仍在迅速增加，這是除了氣候變遷以外，人類對環境造成的第二大災難。同樣在里約簽署的、旨在保護生物多樣性的生物多樣性公約，至今尚未取得有效的進展。

我特別深入研究了價格對稀有資源使用的影響。我認為價格是實現環境政策目標的重要工具，藉此便不必具體規定達到目標的技術途徑。這點要仰賴生態稅的改革（ökologische Steuerreform），然而改革在當時政府內部無法推動。主要阻力來自於自民黨，但最終也必須歸咎於我自己陣營基民盟／基社盟的態度。我和部內同仁一起為改革所提出的相關考量皆以失敗收場，當時無從實現。我提出制定一部環境法典的想法也遭遇了同樣的命運，以至於今日仍舊要面對無數個分散的法規，從自然保護到排放控管皆是如此。在社會法中理所當然的事情，至今在環境法中仍未實現。我還曾建議成立永續發展委員會，當時也無法執行，但最終由後來繼任的政府於二〇〇一年實行了。

環境部長一職帶給我的不只有挑戰，也有成就感，遠遠超出了本書所能描述的範圍。在一九九八年聯邦眾議院選舉後，我本來希望能繼續擔任環境部長，但由於基民盟／基社盟與自民黨在選舉中失利而未能如願。

為什麼選擇基督民主聯盟？

黨主席

在我的政治生涯中，這是我第一次感到孤單——孤立無援，並且獨自承擔責任。

赫爾穆特・柯爾，達成德國統一和歐洲一體化的總理，也是基民盟的榮譽黨主席，當時正逐步毀掉自己的整個政治生涯。一九九九年十二月十六日，我坐在位於波昂基民盟聯邦辦事處（CDU-Bundesgeschäftsstelle）的電視機前，聽到赫爾穆特・柯爾在德國公共電視第二台（ZDF）節目《現在怎麼辦，柯爾先生？》（*Was nun, Herr Kohl?*）中說：「我在一九九三至一九九八年期間，總共收了一百五十萬至兩百萬馬克的捐款，一年下來大約有三十萬馬克，這些捐款沒有公開，因為捐款人明確要求不要公開。」簡單地說，柯爾接受這種條件的捐款，等於把自己置於法律之上。根據我國《基本法》第二十一條明文規定，政黨必須公開說明其經費與財產之來源與使用。在節目被問及此事時，柯爾說：「是的，我也知道這項規定。……我自己也說了，真的不需要您再幫我複習。」這就是他對於一九九九年十一月三十日聲明中提及的非法捐款事件在政治責任上的理解。從這次公開露面便能看出，我們已經無法再對柯爾抱有任何期待。這對我來說真的是難以置信。就在一年多前，我才被選為基民盟的祕書長；在沃夫岡・蕭伯樂的提議下，柯爾被選為榮譽黨主席。擔任反對黨初期，我們在歐洲大選以及黑森邦、布蘭登堡邦和薩爾蘭邦的邦議會選舉中都獲得了很不錯的成績。雖然在一九九八年九月二十七日的聯邦大選中，基民盟慘敗給社民黨的格哈德・施若德，但馬上又重整旗鼓，速度快地跌破所有人的眼鏡。而現在，我們正徹底跌入無底深淵。

捐款事件始於一九九九年十一月四日（星期四）的一則晚間新聞報導：基民盟的前任長期財務長瓦爾特・萊斯勒・基普（Walther Leisler Kiep）因涉嫌逃漏稅而被通緝，他在一九九一年收受軍火商卡爾海因茨・施賴伯（Karlheinz Schreiber）一百萬德國馬克，卻未申報繳稅。

隔天早上，貝雅特・鮑曼問我：「你昨晚在《每日議題》（*Tagesthemen*）上聽到基普的事了嗎？」

「聽到了，這對我們代表了什麼？」

「肯定不是什麼好事。」她回答道。

十一月五日，基普向警調單位自首。對我們來說，代表這一切將要進行徹底改革。

※ ※ ※

一九九九年十一月七日星期日，我們策劃了一個特別的活動，名為「柏林對話」（Berliner Gespräch）。這是我作為祕書長發起的一系列活動之一，也是沃夫岡・蕭伯樂和我在基民盟擔任執政黨十六年後成為反對黨，意圖重振聲勢而提出的倡議之一。一九九九年十一月七日的對話是該系列活動的第四場。我們選擇了位於波茨坦（Potsdam）的坎普夫邁爾別墅（Villa Kampffmeyer）作為談話地點，這是一座緊鄰格里尼克橋（Glienicker Brücke）的別墅——這座橋連接著柏林與波茨坦、德西與德東，曾是冷戰期間交換特務和囚犯之地。對於我們想要慶祝柏林圍牆倒塌十年來說，是個很理想的地點。沃夫岡・蕭伯樂會發表一場演說，不僅是要紀念柏林圍牆的倒塌，同時要提出基民盟未來的發展綱領。蕭伯樂很擅長把戰略與具體行動結合在一起，他在柯爾政府中的表現已經多次證明了這點。當時，包括我在內的許多人都認為，基民盟在一九九八年的選舉中將會大敗。經過十六年的執政，基民盟已經筋疲力盡，是時候成為反對黨重新出發了。民主制度要在政權輪替中才能生生不息。選後，沃夫岡・蕭伯樂成為新任黨主席，也沒有人比他更適合了。「德國將要何去何從？」這是他在波茨坦演說的主題。他發表了演說，但我們很快就發現沒有人真的對這個題目感興趣。他們更想聽的是：「基民盟該何去何從？」與其聽我們說對抗紅綠聯合政府的對策，他們更關注的是基普與非法捐款的問題。

「這超出了我的想像。」這是我在一九九九年十一月八日星期一，針對一名記者提問的回答。當時，在基民盟主席團會議結束後的記者會上，有位記者問我對四天前曝光的施賴伯百萬捐款案的看法。這本來是一場例行的記者會。作為祕書長，我負責基民盟主席團和聯邦理事會（Bundesvorstand）會後的記者會。但這一次，不再是例行公事了。整件事情超出了我的想像範圍，因為對於曾在一九八〇年代撼動基民盟、以「弗利克醜聞」（Flick-Affäre）之名在西德歷史留下痕跡的醜聞，我所知甚少，那些事件在東德時期對我來說只是邊緣新聞。但現在我卻身陷其中，既無法理清事情的脈絡，也無法控制它的發展。這起事件如洪水般席捲了整個基民盟，也席捲了我。我日思夜想，絞盡腦汁：我們該怎麼樣才能停止這一切？我們如何才能避免像義大利天主教民主黨（Democrazia Cristiana）那樣瓦解？我們又該怎麼克服新的捐款醜聞為基民盟帶來的政治及道德衝擊？我感覺自己孤立無援，似乎所有責任都逐漸落在我一人身上。

赫爾穆特．柯爾和沃夫岡．蕭伯樂這兩位我在過去十年中很感謝的人，個性幾乎完全不一樣，但他們以各自的方式塑造了我們的國家。柯爾經常根據歷史作出判斷，「歷史就是歷史」是他的名言之一，他習慣把當前問題置於歷史背景下加以思考與決策。此外，他通常透過一個人的性格來評估對方，並據此建立信任與忠誠關係。

蕭伯樂則是深信，政治不應該把人民捧在手心，而是可以對他們提出要求。我非常敬佩他的智慧和領導聯邦眾議院黨團的能力，但也對他有時展現出的嚴厲和犀利有些畏懼。

他選擇我擔任祕書長確實冒著一定的風險，畢竟我有什麼資格擔任黨內如此重要的職務，尤其還在基民盟作為反對黨的時期呢？一九九〇年，在民主覺醒運動失去前景並解散時，我加入了基民盟。一九九一至一九九八年間，我擔任基民盟副黨主席；在一九九二／一九九三年間，曾擔任過幾個月的基民盟／基社盟福音教會工作小組（Evangelischer Arbeitskreis, EAK）的主席；一九九三至一九九八年間，則是擔任基民盟在梅克倫堡－佛波門邦的邦黨部主席，這是基民盟中規模甚小的黨部，該邦在全國一千名黨代表中只有十二個席次。擔任聯邦婦女與青年部長與聯邦環境部長時，我處理的是對基民盟來說較為棘手的議題。但也許正是如此——德國真正統一對沃夫岡・蕭伯樂來說很重要，所以他希望透過我這位來自東德的女性，讓基民盟能夠吸引女性、年輕人，以及那些在能源辯論中與基民盟立場相去甚遠的社會群體。

我十分敬重黨祕書長這個職務。根據基民盟的黨章，祕書長的職責是協助黨主席完成任務，並與主席共同管理黨務。沃夫岡・蕭伯樂給了我很大的自由，即使我們在某些情況下的意見不一致，例如，黑森邦基民盟在一九九九年邦議會選戰中進行的反對雙重國籍連署運動，我們的意見就不同。我們在一九九九年為歐洲大選製作了一張宣傳海報，海報使用了我們背靠背的合照，口號標語就是：「不總是意見一致，但始終攜手前行。」

一九九九年六月，基民盟在位於柏林克林格爾霍夫街（Klingelhöferstraße）的新聯邦辦事處舉行了上樑儀式，計劃於次年從波昂搬遷至此。聯邦政府和聯邦眾議院已經於同年九月搬遷至柏林。在此期間，我和部分同事在基民盟波昂聯邦辦事處於柏林米特區毛爾街（Mauerstraße）的前哨辦公室工作，距離過去東德邊境的查理檢查哨（Checkpoint Charlie）不遠。我們已經開始制定新的教育計畫，並於一九九九年十二月十三日召開了一次小型黨大會，討論新的家庭政策。此時捐款醜聞已經讓我們忙碌了整整四個星期。這個會議即所謂的聯邦委員會會議（Bundesausschuss），在柏林舊市政廳的熊廳舉行，這裡過去曾是《統一條約》的談判地點。作為第一個也是最後一個自由選舉產生的東德政府副發言人，我在一九九〇年四月十七日至十月二日期間，也曾在這個舊市政廳裡工作。對於採用一個在基民盟內部相當具革命性的新家庭定義來說，這個場所顯得格外適合。這個新定義將擺脫家庭綁定於婚姻的傳統概念，而是轉變為「家庭是父母對子女和子女對父母承擔永久責任的地方」。這也是我們首次提出，同性伴侶關係中也能體會社會的基本價值觀。一九九九年九月初，我與基民盟／基社盟內關注男女同志權益的工作小組會面。我清楚記得，主席馬丁・赫迪克霍夫（Martin Herdieckerhoff）在會議結束時說，我與他們談話是一件新鮮事，也是一件好事。「但是為什麼您也不讓我們做最重要的事，也就是讓我們結婚呢？」我已經不記得自己當時的回答了，我想我可能迴避了這個問題，而這個問題在接下來許多年始終伴隨著我。

婚姻話題也以另一種方式影響著我個人：自一九八〇年以來，黨內保守派人士不斷批評我，作為一名離過婚的婦女還過著未婚同居的生活。為了避免給人留下我是因為事業才結婚的印象，我和約阿希姆一直等到基民盟成為反對黨時才結婚。一九九八年聯邦大選之後，時機終於成熟了。我們在一九九八年十二月三十日結婚。一九九九年一月二日，我們在《法蘭克福匯報》上刊登了一則小廣告，向公眾告知了這個消息。

基民盟通過了新的家庭政策。但在熊廳杜子後進行的卻是完全不同的討論，焦點全在捐款事件，沒有人對基民盟的革新計畫感興趣。當時熊廳還突然短暫停電，彷彿象徵基民盟也短路了。這次會議簡直是一場災難，讓我完全無法忍受。而且沃夫岡・蕭伯樂也讓我感到孤立無援。雖然他沒有阻止我讓會計師和威利・豪斯曼（他自一九九一年起就擔任基民盟聯邦黨務主任）清查捐款，也沒有為難我，但我想做得更多，我想樹立一個政治榜樣。我深信，僅靠著清查帳目，基民盟是無法擺脫困境的，尤其看了柯爾一九九九年十二月十六日在德國公共電視第二台的表現後更是如此。

在隨後的幾個小時和幾天裡，我越來越確信，作為基民盟的祕書長，如果我重視這個職位，我就有責任徹底、公開、並著眼未來地做出全面性的檢討。我徵求了威利・豪斯曼、貝雅特・鮑曼和伊娃・克利斯蒂安森（Eva Christiansen）的意見。克利斯蒂安森在基民盟一九九八年聯邦眾議院選舉失利後加入我們，擔任發言人。我的前任發言人格特魯德・薩勒在與我共事八年後，未能接受與我一起到基民盟聯邦辦事處工作的提議。伊娃・克利斯蒂安森是一位經濟學者，一九六九年出生於亨內夫（Hennef），最初在當時的黨祕書長彼得・欣策手下擔任基民盟的副發言人。彼得・欣策向我推薦她，我們也一見如故。克利斯蒂安森贊同我的想法，並建議：「或許我們可以問問看《法蘭克福匯報》，看他們是否願意在『他人觀點』（Fremde Fed-ern）的專欄上刊登您的文章？」我同意了：「好主意，就這麼辦吧。這總比只能作出回應的採訪要好。我會想想看要寫些什麼。」

在接下來的幾天裡，我不斷在腦海中構思一篇文章。它把我帶回了入黨之初，並思考為什麼我會選擇加入基民盟？為什麼我們需要基民盟？為什麼對我來說，現在用一篇公開文章來防止情勢惡化如此重要？這是這篇文章要談論的內容，而且有些真相也必須說出來，包括關於柯爾的真相。我沒有和沃夫岡・蕭伯樂討論過這個做法。這篇文章絕對不是針對蕭伯樂，但我心裡清楚，如果我提前告訴他，他可能會阻止我公開這篇文章，那我必須尊重他的決定，因為他是黨主席。為了避免這種情況，我決定冒險。

我寫好文章，交給貝雅特・鮑曼進行編輯。一九九九年十二月二十一日，伊娃・克利斯蒂安森將文章提供給《法蘭克福匯報》發表。一九九九年十二月二十二日，《法蘭克福匯報》在頭版刊登了以〈梅克爾：柯爾的時代已經過去無法挽回了〉（Merkel: Die Zeit Kohls ist unwiederbringlich vorüber）為題的文章，並指出在第二版和第四版有關於該主題的後續報導。我撰寫的文章並沒有刊登在「他人觀點」，而是刊在第二版，標題為〈赫爾穆特・柯爾承認的事件已損害了黨〉（Die von Helmut Kohl eingeräumten Vorgänge haben der Partei Schaden zugefügt）。文章的重點如下：

「……柯爾承認的事件已經對黨造成了傷害……這關乎柯爾的信譽，關乎基民盟的信譽，關乎整個政黨的信譽……因此，基民盟必須學會走自己的路，即使沒有了經常自稱為老戰馬的赫爾穆特・柯爾，我們也要有信心能在未來與政治對手一較高下。這就像處於青春期的孩子必須離開家，開始自己的旅程，但會永遠心繫那個對其產生深遠影響的人——或許比起現在，未來更是如此。

這個過程不可能不留下傷痕，或是完全不受傷害。但是我們在黨內如何處理這件事，是要將看似不可行的事情抹黑成是一種背叛，還是將其視為必要的進步……這將決定我們在下一次邦選舉和二〇〇二年聯邦大選中的機會……如果我們坦然接受這個過程，我們的政黨將會有所改變，但核心價值依然保持不變——我們會保有卓越的核心價值、充滿信心的黨員、引以為傲的傳統，並在柯爾時代之後，融合值得保留的傳統和新的經驗——以及一個描繪未來的藍圖。」

同日上午，基民盟主席團召開會議，十一點開始。在前往會議的途中，所有人要不是已經讀過這篇文章，就是已經從新聞中聽說這篇文章。大家的看法相當分歧。有些人，包括黨團副主席弗里德里希・梅爾茨（Friedrich Merz）、薩克森邦總理庫爾特・比登科夫（Kurt Biedenkopf）、基民盟兩位副黨主席安妮特・沙萬（Annette Schavan，巴登符騰堡邦的文教部長）和克里斯蒂安・沃爾夫（期間成為薩克森邦的反對黨領袖），以及柏林科學局長克里斯塔・托本（Christa Thoben）表示支持，認為這篇文章減輕了對黨的壓力。另一些人則是搖頭不解。另一名基民盟副黨主席佛爾克・呂爾問我，為什麼總是要如此情緒化地發言，並指出：「那個青春期和學習走路的比喻都是胡扯。」我至今仍記得他這麼說。還有一些人，包括基民盟副黨主席諾貝爾特・布魯和黑森邦總理羅蘭・柯赫（Roland Koch），對此只能用震驚不已來形容。

但是更糟的還在後頭，隨後我經歷了政治生涯中最難熬的七天。與此相比，一九九八年五月發生的輻射值超標事件根本微不足道。由於我這位非法律專業人士公開表示柯爾傷害了基民盟的言論，剛好正中柯爾及其部分支持者和一些媒體的下懷。他們試圖扭曲事實，聲稱是我的文章導致檢察官辦公室可能以涉嫌挪用公款為由對柯爾展開調查，而不是柯爾的不當行為所致。如果真的是這樣，那我就不得不辭職。如果是我的文章導致柯爾被檢察官盯上，那麼基民盟永遠不會原諒我，我也可以理解他們的立場。然而，這絕非我的本意。我原本想傳達的是政治訊息，而非司法判斷，但前者完全被忽視了。整整七天。直到一九九九年十二月二十九日，波昂的檢察官辦公室在針對柯爾展開調查的聲明中，並沒有提及我在《法蘭克福匯報》上發表的文章，我的政治訊息才再次引起關注。這件事給了我一個教訓，讓我明白此後在演講、訪談、報紙文章和其他公開聲明中的遣詞用句，不僅要考慮政治意圖，也必須考量到可能的法律涵義。

捐款事件在二〇〇〇年一月十四日觸及了道德的底線。那一天，大家得知黑森邦的基民盟將數百萬捐款轉移至海外帳戶，並聲稱這是「猶太人的遺產」。

二〇〇〇年一月十八日，赫爾穆特・柯爾辭去基民盟榮譽黨主席一職。

軍火商海因茨・施賴伯向基民盟捐款，以及與基民盟財務長布莉姬特・包邁斯特（Brigitte Baumeister）相關的爭議，最終讓沃夫岡・蕭伯樂也捲入了捐款事件的風波中。二〇〇〇年二月十六日，他宣布辭去黨主席與黨團主席的職務。在記者會上，他表示這個重大決定是為了能為黨和黨團帶來一個新的開始。蕭伯樂的決定是一個轉捩點。在聯邦眾議院選舉失利後僅僅十六個月後，黨內職務大洗牌。誰將成為新的黨團主席很快就有了定論。二〇〇〇年二月二十九日，弗里德里希・梅爾茨當選為沃夫岡・蕭伯樂的繼任者。而黨主席一職的人選則需要更多時間。黨職人員對於我在《法蘭克福匯報》上發表的文章意見分歧，但基層黨員大多感到如釋重負。隨後，也開始出現呼籲我成為黨主席的聲音。

我仔細思考了一下。從權力政治的角度來看，我深知自己只有這次機會能成為僅次於社會民主黨外的第二大黨的領導人。我也很清楚，基民盟黨主席意味著必須隨時做好成為德意志聯邦共和國總理的準備。當然，在二〇〇〇年最初的幾個小時、幾天、幾個星期內，在所有事情以驚人的速度發展時，這個想法是否會成真還離現實很遠，因為距離下次大選還有兩年多的時間。儘管如此，對於是否認為自己有能力成為基民盟領袖，進而成為總理的這個問題，我的回答是肯定的。然而，我不敢馬上公開表態，因為我不確定基民盟是否真的可以，也願意和我一起走這條路。

「你必須這麼做！」格約克・布倫胡博（Georg Brunnhuber）對我這麼說道。他是我在聯邦眾議院的同事，來自巴登符騰堡邦的議員，大家都叫他喬治（Schorsch）。

「喬治，你們比我保守得多，我完全就不是保守派的人。」我回答道。

「不，不是這樣的。」布倫胡博回應道：「我們自己保守就夠了。而你，必須確保我們的女兒也願意把票投給基民盟，這光靠我們這些人是行不通的。」

布倫胡博的話激勵了我，於是我決定投入這個挑戰。在基民盟邦黨部一系列的地區會議上，我感受到了黨內基層的支持。

這幾天，媒體報導揭露，二〇〇〇年二月二十五日晚上，一小群基民盟／基社盟重量級的政治人物，包括弗里雷里希・梅爾茨、佛爾克・呂爾和埃德蒙特・施托伊伯（Edmund Stoiber），在呂貝克市政廳的地下傳統餐廳（Ratskeller）聚會，據說是在討論要推選薩克森邦總理比登科夫擔任基民盟的臨時主席，而且顯然想指定我繼續擔任黨祕書長。這次會議被大眾得知後，黨內基層更加鼓勵我參選基民盟黨主席一職，至少我是這麼解讀的，顯然基層對於私下運作人事安排的方式並不太開心。二〇〇〇年三月二十日，我正式宣布參選黨主席。距離二〇〇〇年四月九日至十一日在北萊茵－西發利亞邦埃森（Essen）舉行的黨大會還有三週。

在這三個星期裡，我必須準備好我的參選演說。我很清楚，這將是我政治生涯迄今為止最重要的一次演說，而且此時基民盟仍處於危機狀態下。我知道自己沒辦法在柏林或波昂準備這篇演說內容，我需要換個環境。於是決定和阿德諾大樓中最親近的同事回到梅克倫堡－佛波門邦，前往波羅的海達斯半島上的迪爾哈根，進行閉門工作會議。我們住在一間靠近海灘的飯店。迪爾哈根是我兒時和青少年時期與家人度假的地方，而這棟在德國統一後經過全面翻修的飯店，曾是東德部長會議的度假別墅。在東德時期，我們這些孩子只能偷偷地從外面的海灘接近這棟別墅。如今社會主義統一黨的政權已經結束十年，像我這樣的人也可以住在這裡了。

威利．豪斯曼、他的辦公室主任克勞斯．舒勒（Klaus Schüler）、貝雅特．鮑曼、伊娃．克利斯蒂安森，以及阿德諾大樓的其他幾位同仁和我討論了即將到來的黨大會。這次黨大會的主題是：「言歸正傳！」我們也開始準備我的演說。我再次思考了我對未來基民盟的想像。以及，為什麼我選擇基民盟？為什麼國家需要基民盟？三個星期後，我在埃森的演說中描述了我對基民盟的想像：

> 我要的是一個能夠在全球化的條件下，繼續發展社會市場經濟倫理的基民盟。我要的是一個能在新的條件下，能調和市場與人性的基民盟。

我要的是一個能以基督宗教的人性觀作為基礎，以人類尊嚴作為評估科技風險準則的基民盟。

我要的是一個在發展社會保險制度時，能優先考量世代正義問題的基民盟。

我要的是一個能為歐洲公民挺身而出的基民盟。

我要的是一個能提供每位公民所需要的自由，並在他們需要國家時，以強大的國家來支持他們的基民盟。

我要的是一個支持小型社群單位的基民盟。對國家、對家園和個人身分的認同，是了解和適應世界的基礎。

我要的是一個能為德國挺身而出的基民盟，讓德國成為世界上一個寬容的國家，不炫耀，也不低估自己。

我要的是一個其成員能夠參與意見的形成與討論、感到自信的基民盟。

但我也同時要一個能在辯論和討論後做出明確的決策，接受多數人的決定，並共同攜手前進的基民盟。

黨代表們對我的演講反應熱烈。他們從座位上跳起來，會場內迴盪著持續不斷的掌聲，雖然黨大會的會議紀錄記錄了這一切，但這些敘述仍難以反映出當時的熱烈，幾天前還看不見的自信現在籠罩了整個黨大會。我，這個來自東德、來自民主覺醒運動、九年半前才成為基民盟黨員的女性，隨後在九百三十五張選票中拿下八百九十七票，當選為黨主席。這個政黨，在過去五十一年內有過三十六年聯邦總理的經驗，曾一度陷入低潮，幾乎被捐款醜聞的泥沼所淹沒，如今卻以九十五．九%的驚人得票率對我投下了信任票，為了讓黨有一個全新的開始。我心中的喜悅難以言喻，在黨代表的歡呼聲中，我揮舞著送給我的兩束花。我感受到自己與黨代表間的深厚連結，此刻我跟基民盟就像一個共同體。這是一場完美的黨大會。即使後來我成為聯邦總理，我也再也沒有經歷過能讓我感受到基民盟與我、我與基民盟之間如此強烈一致的黨大會了。

日常的艱辛——或，權力的鬥爭

我沿著剛剛舉行黨大會的大廳後方的旁聽席走下台階，剛接受完一直等著會議結束的電視台記者的訪問。大廳裡已經開始清理工作，黨代表們早已踏上回家的路，辛勤的工作同仁正在收拾會議文件，桌椅也被拆除了。當我從後台走向前台，準備與阿德諾大樓的工作同仁道別時，突然聽見一段旋律。起初，我只是隱約聽到，幾乎是下意識的，就像電梯或百貨公司裡播放的背景音樂。隨著那段旋律越來越清晰，我想，我知道這首曲子。最後，我完全聽清楚了，是滾石樂隊（Rolling Stones）的名曲〈安琪〉（Angie）。烏爾夫．萊斯納（Ulf Leisner）是阿德諾大樓組織部的主任，和我一樣來自東德，特地放了這首歌要給我一個驚喜。「安琪～」米克．傑格（Mick Jagger）的歌聲迴盪在大廳中。這是個美好的時刻。我們都很疲憊，全都筋疲力盡，但也很開心。我們笑著，輕聲跟著哼唱，互道回家路上平安。但突然間，這首歌憂鬱的基調突然觸動了我內心的某根神經，我說：「今天可能是接下來很長一段時間內的最後一個美好日子了。」其他人擺擺手表示不會的，然後大笑著。

※ ※ ※

然而，事實證明我是對的。就在第二天，問題再度堆積如山。因為基民盟的政黨財務報告出現問題，聯邦眾議院議長沃夫岡．蒂爾澤（Wolfgang Thierse，社民黨）對我們處以高達四千一百萬馬克的罰款，黨內陷入了巨大的財政困境。早在二月，我們就輸掉了佛爾克．呂爾擔任首席候選人（Spitzenkandidat）的什勒斯維希－霍爾斯坦邦議會選舉；如今在五月，又在以尤根．呂特格斯為首席候選人的北萊茵－西發利亞邦議會選舉慘敗。

更糟糕的是，幾個星期後的二〇〇〇年七月十四日，儘管紅綠兩黨在聯邦參議院並非多數，但施若德卻成功在聯邦參議院通過了他的稅制改革。他透過向社民黨和自民黨執政的萊茵蘭－法爾茨邦（Rheinland-Pfalz），以及由大聯合政府執政的柏林、布蘭登堡邦和布萊梅邦，做出財政讓步，以達成稅改的目標。大聯合政府中的基民盟代表背棄了基民黨內達成的共識，沒有拒絕施若德的稅制改革，反而投下了贊成票。對此，薩克森－安哈特邦（Sachsen-Anhalt）的邦總理沃夫岡．博莫（Wolfgang Böhmer）後來以一種獨特的方式幽默地形容：「我聞到了錢的味道，而且我可以被收買。」事情確實就是如此：在基民盟主席團與聯邦黨部理事上宣示絕對不會被收買、絕不會與施若德達成共識、要讓紅綠政府在眾目睽睽下失敗的承諾，瞬間都變得一文不值。施若德對柏林、布蘭登堡邦、布萊梅和萊茵蘭－法爾茨邦的財政挹注，讓他在聯邦參議院獲得了必要的多數。二〇〇〇年七月十四日，施若德贏得多數票，通過了稅制改革，而我則是十分難堪。

難堪，是因為我天真地相信這些人的承諾。難堪，是因為我必須了解，公眾輿論總是渴望能夠確定誰是輸家誰是贏家。難堪，是因為身為黨主席，也就是黨的第一人，我要為這次失敗負責，而不是聯邦眾議院黨團的黨團主席弗里德里希．梅爾茨。我們是否都覺得各邦的行為不忠誠，這根本不重要。我才是黨主席，而不是他，責任落在我身上，因為我沒能讓這些邦堅守承諾。於是我明白了作為黨主席的意義是什麼：無論成功或失敗，最後的政治責任都由黨主席承擔。

但對我來說最糟糕的是，我甚至沒有嘗試用我自己所理解的反對黨模式來解決這個問題。那是比起對施若德進行全面的杯葛，更符合我天性和性格的模式。我總覺得作為反對黨比起作為執政的角色更加困難。在某些議題上，我可以問心無愧地站在基民盟的立場說話，例如我們應該如何看待核能的使用。對我來說，與執政的外長約施卡．菲舍爾或環境部長尤根．特利丁（Jürgen Trittin）辯論是很愉快的經驗，這兩位都來自綠黨。無論如何，為了爭論而爭論，認為我們作為反對黨應該從早到晚攻擊社民黨和綠黨，認為執政黨成員都是很奇怪的人，不論在過去還是現在，這種態度對我來說都很陌生。

我在一九八九年首次嘗試從政，當時對於我們終於能有多元的政黨政治而感到很開心。我和以前在科學院的上司克勞斯・烏布里希特曾經一起尋找適合我們的政黨，後來他加入社民黨，我加入了民主覺醒。我從未想過，僅因為政黨不同就要把他視為敵人。我希望能盡可能客觀專業地處理每個議題。如果利大於弊的比例是五十一比四十九，我傾向妥協。這個世界上的事情很少非黑即白，一百比零的結果反而讓我覺得很可疑。反思過後，我甚至能理解那些為了從施若德那裡爭取到幾億馬克而支持稅改的邦總理們。他們首先要對他們的邦負責，其次才是考量黨的路線。

我付出了代價來學習這些經驗，也努力在黨內建立自己的威信。當時我面臨的情況是，像貝恩哈特・佛格（Bernhard Vogel）、艾伯哈特・迪普根（Eberhard Diepgen）、庫爾特・比登科夫、埃爾溫・托依費爾（Erwin Teufel）和佛爾克・呂爾等人，當時不僅是基民盟主席團的成員，也都是經驗豐富的邦總理或活躍的政治人物，他們早在我還在東德科學院工作，甚至未曾想過德國統一的時候，就已經在基民盟扮演重要角色了。某種程度上，這讓我感到畏懼。我必須學會在會議中堅定發言，受到攻擊時不要露出尷尬的笑容，因為那只會透露出我的不安。我還需要了解經常在報章雜誌上提到的神祕組織——基民盟安地斯共同體（Andenpakt）到底是怎麼一回事。這是一個由男性組成的黨內聯盟，包括主席團成員羅蘭・柯赫、彼得・穆勒和克里斯蒂安・沃爾夫。一九七九年，這幾位基民盟青年團成員在一次飛越南美洲安第斯山脈的途中約定，有朝一日他們將在彼此之間選出基民盟黨主席和聯邦總理人選，無論在什麼情況下，他們絕對不會公開對立。在他們看來，如果不是把我當成意外的話，我充其量也只是過渡時期的黨主席。

我學會了盡可能只犯一次錯，絕不犯第二次，譬如像是錯估稅改背後勢力那樣的錯誤。二〇〇一年八月，在聯邦眾議院必須就北約交予德國在馬其頓（Mazedonien）的軍事任務進行表決時，又發生了類似幾年前稅改時的情況。只是這次的後果遠比稅改嚴重，因為這不僅涉及內政，還牽涉到外交與安全問題。格哈德．施若德曾在一次私下談話中明確告訴我，若沒有反對黨的支持，紅綠政府在國會中無法獲得足夠多數來通過授權案。而基民盟／基社盟黨團中的大部分人，將該授權案視為讓施若德在聯邦眾議院失敗的機會。與之前不同，這次問題不在基民盟或基社盟這兩個黨，而是在於聯邦議會中的黨團身上，因為他們過於關注施若德而拒絕妥協，對執政黨只想採取對立的立場。我心想，難道執政黨與反對黨真的要為北約任務而大戰嗎？更何況這還是出自一個歷來支持北約的政黨黨團？尤其當時歐盟外交與安全政策高級代表哈維爾．索拉納（Javier Solana）還特地打電話給我，懇求我支持這項任務。政黨策略真的要凌駕於國家責任和政黨認同之上嗎？我擔心一旦基民盟／基社盟黨團在聯邦眾議院投下否決票，不僅會讓德國陷入外交困境，也會導致聯盟內部四分五裂。我決定不讓事情發展到那一步。經過多次談話，我終於說服了佛爾克．呂爾和弗里德里希．梅爾茨讓步。

二〇〇一年八月二十八日，確認黨團內部立場那天，情況仍舊反覆未定。會議一個接著一個，邦黨部代表團體、黨團理事會核心幹部、黨團理事會以及黨團一直在開會。顯然，在政治中，情況變化的速度總是比你能跟得上的速度還要快。然而，當一大群人已經被推向某個方向時，要讓他們改變先前思考的方向非易事。但我也學會到了一點，就是永遠不要認為自己無能為力，很少會有真的已經為時已晚的情況。只要你願意行動，你一定還能做點什麼。於是，局面就這麼成功扭轉了。隔天在聯邦眾議院進行投票時，基民盟／基社盟黨團以一百六十二票對六十一票，五票棄權，通過了支持在馬其頓進行軍事任務。這次任務如今幾乎沒人記得了，因為與佛爾克．呂爾的論點相反，這是聯邦國防軍在海外部署時間最短、危險性最低的一次任務。很難想像，如果基民盟／基社盟的立場沒有改變，會對內政或外交造成什麼樣的後果。

※　※　※

「快打開電視！您不會相信自己看到了什麼！」大約兩個星期後，基民盟聯邦黨務主任威利．豪斯曼跑進我在阿德諾大樓的辦公室，激動地喊著。當時是下午早些時候，我正坐在會議桌旁，立即起身拿起遙控器打開電視。「CNN——您必須轉到CNN！」他又喊道。

接下來的景象讓我震驚得無法言語。世貿中心雙子星大樓的其中一座被濃煙籠罩。幾秒鐘後，現場轉播拍到一架飛機直衝進第二座大樓，我意識到這是第二架衝進大樓的飛機。一架大型客機。我走出辦公室，穿過前廳走進貝雅特．鮑曼的辦公室，喊道：「快過來！有一架飛機撞進了世貿中心！已經是第二架了！」「什麼?!」她驚呼，然後跟著我進了我的辦公室。威利・豪斯曼、貝雅特・鮑曼和我三個人站在那裡，盯著電視螢幕。紐約當地時間剛過上午九點。不久後，伊娃・克利斯蒂安森也來到我們旁邊，辦公室外的祕書們也從座位上跳起來，站在門邊盯著電視。儘管我看到了發生的事，但一時間無法理解這意味著什麼。理智上，我知道大樓裡一定有成千上萬的人，我也親眼看見大樓相繼倒塌，先是第一棟，然後是另一棟，但我情感上還無法連結到正在發生的事。這一切畫面就像一部電影，但這不是電影，也不是意外。當第三架飛機撞向美國國防部的五角大廈時，這一切就再清楚不過了。

「這是恐怖攻擊。」我聽到自己說。那天是二〇〇一年九月十一日，星期二，一個你永遠不會忘記自己身在何處、正在做什麼的日子。那一天，世界在瞬間徹底改變。所有過去看似重要的事情，現在都得暫時讓位。作為反對黨，我們必須認知到，現在是政府主導的時刻；而政府也必須明白，現在需要與反對黨攜手合作。政府確實做到了。總理、外交部長和國防部長不斷向我們匯報他們所掌握的恐攻背景資訊，以及打算採取的行動。

一群蓋達組織（Al Kaida）的伊斯蘭恐怖分子，在奧薩瑪・賓・拉登（Osama bin Laden）的領導下，從塔利班的阿富汗伊斯蘭大公國境內發動了對美國的攻擊，造成超過三千人喪命。由於蓋達組織攻擊的是北約成員國，這也是一九四九年成立的跨大西洋組織史上，首次援引北大西洋公約第五條的盟約義務，也就是集體防衛條款。二〇〇一年十一月十六日，德國聯邦眾議院就聯邦國防軍參與美國領導打擊國際恐怖主義的「持久自由行動」（Operation Enduring Freedom）任務進行投票。為了防止執政黨跑票，總理施若德把眾議院的投票與自己的信任投票綁在一起。作為反對黨，我們也同意了這項任務。這項任務透過多次國會授權持續了將近二十年，直到二〇二一年夏天結束。阿富汗任務的結束也會在本書其他段落繼續討論。

黨團主席

政治議題幾乎都與權力問題緊密相連，而能夠創造新概念的人，無論在內容或權力政治上都能取得成功。二〇〇一年，我成功說服我的政黨成立了一個委員會，重新審視全球化條件下的社會市場經濟原則，並重新確立這些原則。然而，當我親自擔任這個工作小組的主席時，黨內許多專長為社會或經濟領域的政治人物立刻警鈴大響。我還邀請當時麥肯錫（McKinsey）德國分公司的負責人尤根·克魯格（Jürgen Kluge）提供研究與諮詢上的支援，並以「新社會市場經濟」（Neue Soziale Markwirtschaft）為題主導工作小組。有些人擔心我是不是想推翻傳統的社會市場經濟概念，尤其是因為他們對我把「新」（Neue）這個字大寫變成專有名詞感到懷疑。另一些人則是冷眼旁觀，期待看到我失敗。正如我前面所說，政治議題幾乎總是與權力問題密不可分，能夠塑造新概念的人就能取得成功，甚至可能決定誰會成為二〇〇二年秋季聯邦大選的總理候選人。總理人選當時已經是無處不在的焦點話題。最後，這個委員會的工作成果成為二〇〇一年十二月在德列斯登舉行的聯邦黨大會上的一項關鍵議案，而我所倡導的「新社會市場經濟」一詞也出現在議案中，只是標題已改成「自由的人民。強大的國家。一個確保安全未來的契約」。

與此同時，有關總理候選人的討論在二〇〇一年迅速升溫。另一位可能的候選人正坐在慕尼黑邦總理府——埃德蒙特．施托伊伯。自一九九三年起，他一直擔任巴伐利亞邦總理，並自一九九九年起擔任基社盟的黨主席。身為基社盟的黨祕書長，施托伊伯曾在一九八〇年聯邦大選中負責總理候選人弗朗茨．約瑟夫．施特勞斯的競選活動。施托伊伯在政治競爭中擅長用尖銳的語言激化對立，講究細節，隨身攜帶的檔案筆記堆積如山，對每個問題都做好了充分準備。他能敏銳捕捉到競爭對手的政治情緒和弱點。我感覺到，鑒於基民盟經歷了一段艱難的時期，而且我擔任基民盟主席的經驗也不算長，施托伊伯認為看到了一個可以為他和基社盟爭取總理候選人之位的大好機會。

要在這裡詳述所有關於總理人選而進行的私下談話和電話，恐怕會超出本書篇幅。但我要說的是：自二〇〇一年夏天以來，許多基民盟政治人物的代表團（其中不少是資深黨員，主要來自德國西南部），在無數次談話中一再勸說我放棄。他們的態度時而關懷，時而強硬。有些人滔滔不絕地告訴我，他們認為我作為黨主席表現出色，但還不足以成為總理候選人。有些人則是直接怒罵我，說如果我不讓埃德蒙特．施托伊伯參選總理，我就要對基民盟的命運負責。這些人要求我立刻、現在就放棄，不要再做任何掙扎。

這令我無法接受。我幫助基民盟擺脫了捐款醜聞的泥淖，得以重新投入政黨競爭的舞台上，但這些努力顯然還不足以讓我被認可成為總理候選人。他們的潛台詞似乎是：這個來自德東的小主席辦不到。這點我絕不接受。如果是這樣的話，那我根本沒必要當這個主席，可以直接請辭。作為兩個姐妹黨中規模較大黨的黨主席，如果連嘗試爭取總理候選人的資格都沒有，更遑論爭取支持，那我的政治生涯跟結束了有什麼兩樣。對我來說，這與我的自我認知大相逕庭，無論是對我個人還是我的政黨都是。

在二〇〇一／二〇〇二年的聖誕假期期間，這個問題日夜纏著我。無論我在霍恩瓦爾德烤鵝或是準備早餐，還是在森林裡散步或在鄰近的村莊購物，這個問題總是在我腦海中盤旋。從早晨起床到晚上就寢，甚至是在夜裡躺在床上輾轉難眠的時候，我也一直在思考。我主要考量兩個層面：首先，我必須先回答自己一個問題——我是否想擔任總理？我的回答是肯定的，就像我在二〇〇〇年初決定競選基民盟黨主席時一樣，這點並沒有改變。其次，我必須回答另一個問題——我是否一定要現在成為總理？我的回答也是肯定的，但我意識到，感覺已經沒有幾個月前那麼激動，也不如回答第一個問題時那麼堅定。在這兩個問題都有了答案後，我找到了做決定的依據。那麼下一個問題就是：我在黨內有足夠的支持嗎？畢竟，黨內不僅有我的對手，也有一直站在我這邊、期待我參選的夥伴。此外，還有一些人仍對一九八〇年弗朗茨．約瑟夫．施特勞斯擔任基社盟首位總理候選人的失敗選戰記憶猶新，因此對於這次埃德蒙特．施托伊伯作為第二位基社盟的總理候選人是否能取得更好結果抱持著懷疑的態度。

我得出的結論是，既不該直接放棄參選，但也不應一味地與高牆硬碰硬，因為根據我的經驗，這種情況下最後總是高牆獲勝。在二〇〇二年一月六日接受《週日世界報》（*Welt am Son-*

ntag）採訪時，我公開宣布有意參選總理。這樣一來，也迫使埃德蒙特．施托伊伯必須表態。同一天，他也宣布了自己有意成為基民盟和基社盟的總理候選人。隔日星期一，二〇〇二年一月七日，我在德國公共電視第一台（ARD）的節目《貝克曼》（*Beckmann*）上，再次強調自己已經做好競選總理候選人的準備。至此，所有的牌都已經攤在桌上，是時候做出決定了。

基民盟聯邦理事會（CDU-Bundesvorstand）的年度閉門會議定於一月十一日和十二日，也就是星期五和星期六。這次的會議地點在馬格德堡的一間飯店，飯店名字象徵意義十足——「尊榮者聚集地」（Herrenkrug）。我已決定，在這次會議前必須徹底敲定總理人選一事。

一月九日，星期三，我和貝雅特．鮑曼晚上約在一家餐廳吃晚餐。這家餐廳不是首都媒體記者經常出沒的地方，所以我們在這裡可以不受干擾、自在地談話。當然，我們也可以待在辦公室裡，但換個環境對我們都有好處，雖然這裡不是波羅的海，而是距離柏林米特區阿德諾大樓只有十分鐘車程的地方。我們帶著黨主席團和聯邦理事會的成員名單，來回討論所有可能的問題。我算了一下支持者和反對者的人數，也考慮是否應該在馬格德堡第三天黨的聯邦理事會中進行投票表決。同時，心中也帶著一絲憂傷，因為我們似乎已經在空氣中嗅到了失敗的氣息。畢竟，如果基民盟的領導人需要用強迫、幾乎是勒索的方式來爭取總理候選人提名，這會帶來什麼樣的影響？可能會有三種結果：要不成功獲得總理候選人提名，要不放棄擔任黨主席，要不是在表決失敗後勉強進行選戰。這種情況真的能讓我們在競爭中團結並最終贏得選戰嗎？我從沃夫岡．蕭伯樂身上學到，衝突通常不會只發生在基民盟和基社盟之間，還會蔓延到整個基民盟內部。如果候選人問題不只導致基民盟與基社盟公開對立，還會使基民盟分裂成兩個陣營，那我們不就從一開始就注定要失敗嗎？過去幾個月，我耗費了大量精力，打了無數通電話，進行了無數次談話，一遍又一遍冷靜地說：「不，不，不，我不會放棄成為總理候選人。」這一切並不讓人感到愉快。

在我和貝雅特．鮑曼詳細討論過一切之後，就各自回家了。我們決定讓一切沉澱一下，好好睡一覺再說。

第二天早上，也就是一月十日星期四，我在阿德諾大樓的地下停車場等電梯要上六樓辦公室的時候，偶然遇到了貝雅特．鮑曼。電梯門打開，我們走進電梯。門關上後，我按下「六」，電梯開始往上。

「我要結束這一切。」我說。

「您想要結束什麼？」貝雅特．鮑曼問。

「結束競選總理候選人之路。」我回答。

「好，那就這樣吧。」她回應道。

昨天夜裡，我做出了決定。貝雅特．鮑曼和我很了解彼此，她知道這是我深思熟慮後的決定。經過這麼長時間的思考是正確的。讓埃德蒙特．施托伊伯公開表態有意競選總理候選人是正確的。作為姐妹黨中較大黨的領導人，我公開自己的意願和野心也是正確的。現在，每個人都清楚我有競選總理候選人的意願，也知道我對自己有信心。然而，此刻我應該做的不是讓我的政黨陷入痛苦的考驗，而是要以另一種方式履行我作為主席的責任：不是繼續堅持成為總理候選人，而是團結黨內為一場團結的選戰鋪路。

我請基民盟祕書長羅倫茲．邁爾（Laurenz Meyer）、威利．豪斯曼和伊娃．克利斯蒂安森來到我的辦公室，告知他們我的決定。我們討論了接下來的步驟。從這一刻起，一切飛快地進行著。我打電話給埃德蒙特．施托伊伯，提議與他一對一談話。在電話中，我沒有透露太多細節，他也需要一些時間回應。我們結束了通話。幾分鐘之後，他回電給我，約好第二天早上到他位於沃爾夫拉茨豪森（Wolfratshausen）的家裡共進早餐，這樣我們就可以面對面對話。

下午，我按照原計畫飛往杜塞道夫，參加當晚北萊茵－西發利亞邦工商會舉辦的東方三博士聚會，並擔任主題演講人，這個活動我絕對不想取消。活動結束後，我才飛往慕尼黑。為此，我透過基民盟租了一架私人飛機。抵達慕尼黑後，我在機場附近的一家飯店過夜。隔天一早，也就是二〇〇二年一月十一日星期五，我請一位已經抵達慕尼黑的司機載我到埃德蒙特．施托伊伯位於沃爾夫拉茨豪森的私人住宅。我在八點鐘準時抵達。

卡琳．施托伊伯（Karin Stoiber）精心準備了早餐，但埃德蒙特．施托伊伯和我幾乎什麼都沒動。我立刻進入正題，表示我們公開表態有意作為基民盟／基社盟的總理候選人參加二〇〇二年聯邦眾議院選舉是很重要的。而且他明顯與我不同，獲得了基民盟和基社盟的全力支持。在選戰中，團結是最關鍵的要素，因此我希望他成為兩黨共同的總理候選人，並承諾會在當天下午於馬格德堡向基民盟推薦他。我只請求他讓我先向黨主席團和聯邦理事會解釋我的決定和原因，在此之前不要對外公開任何消息。埃德蒙特・施托伊伯同意了。他也意識到，這不僅是個人的重大決定，對整個聯盟也是如此。

不到一小時後，我告別了施托伊伯。在前往慕尼黑機場的途中，我打電話告訴貝雅特・鮑曼與埃德蒙特・施托伊伯會面的結果。她立即取消了原定於上午十一點在薩克森－安哈特邦的克萊因萬茨萊本（Klein Wanzleben）糖廠的訪問行程，我們一直等到這個時候才取消。隨後，我搭乘私人飛機從慕尼黑返回柏林，再從柏林坐車前往馬格德堡。

埃德蒙特・施托伊伯信守承諾，一切保密。直到我取消前往克萊因萬茨萊本的行程後，媒體才開始瘋狂猜測我是否在計劃什麼特別的事情，但當時我已經驅車直奔「尊榮者聚集地」。後來的發展大家都知道了：埃德蒙特・施托伊伯成為基民盟和基社盟史上第二位總理候選人。隔天，一月十二日星期六，他前往馬格德堡參加我們的閉門會議，隨後我們共同向媒體發表了聲明。

接下來的幾個月，我們展開了一場與一九八〇年施特勞斯和基民盟／基社盟全然不同的競選活動，不再像當時那般分裂執著，而是緊密協調和團結合作。貝雅特・鮑曼除了擔任我的辦公室主任之外，還接手阿德諾大樓選舉活動與政治策劃的參謀工作，並成為基社盟邦事務主任米夏埃爾・霍亨貝格（Michael Höhenberger）在本黨中的重要聯絡人。米夏埃爾・霍亨貝格是埃德蒙特・施托伊伯的親信。

基民盟和基社盟、埃德蒙特・施托伊伯和我都撐過了最嚴峻的考驗，因為施若德總理使出了渾身解數來挑戰基民盟／基社盟。他公開反對伊拉克戰爭，並提出了由大眾汽車董事會成員彼得・哈茨（Peter Hartz）制定的第一份勞工市場改革方案，但這個方案看起來與基民盟／基社盟提出的沒什麼不同。此外，他對遭受易北河可怕洪水災情的民眾表現出極大的同理心，並在兩場與埃德蒙特・施托伊伯的電視辯論中展現出不屈不撓的鬥志。此前，還沒有人如此打過聯邦眾議院的選戰。

※ ※ ※

聯邦眾議院選舉於九月二十二日舉行。前一天，我有生以來第一次參加了慕尼黑啤酒節的開幕式，現場洋溢著歡樂的氣氛。埃德蒙特・施托伊伯和我各自以自己的方式為選戰傾盡全力。我們坐在啤酒帳篷陽台前排，眺望著外面的人群。他們為埃德蒙特・施托伊伯歡呼，也為我們倆喝采。

之後，我們前往巴伐利亞邦總理府，亦即埃德蒙特・施托伊伯的官邸，進行了私下談話。這是我提出的要求，因為我想和他討論選舉結果的各種可能性。我告訴他，如果他贏得選舉的話，我不會加入他的內閣，但希望以黨主席的身分同時擔任聯邦眾議院基民盟／基社盟的黨團主席。對於基民盟／基社盟的穩定以及由基社盟領導的聯邦政府而言，讓基民盟的黨主席不受內閣紀律（Kabinettsdisziplin）和總理政策方針權（Richtlinienkompetenz）限制是很重要的。基民盟必須有一個明確的權力中心，為此，黨主席和眾議院的黨團主席必須由同一個人擔任。如果第二天的選舉結果不如預期，也應該這麼做。埃德蒙特・施托伊伯對此表示理解，我也感受到他對我個人和所有基民盟聯邦辦事處員工忠心助選的誠摯感謝。我可以依靠他的支持，這對我來說非常重要，因為兩黨的黨主席通常會共同提名國會黨團主席的人選。

談話結束後，我飛回家，在霍恩瓦爾德度過了星期六剩餘的時間。

第二天，我下午一點在柏林洪堡大學的學生餐廳投票，大約在下午五點前往阿德諾大樓，在那裡與埃德蒙特・施托伊伯會合。他要完成巴伐利亞邦總理在啤酒節期間必須完成的任務，參加完慕尼黑市內的馬車遊行之後，再飛到柏林。

※　※　※

選舉之夜的結果與預期相去甚遠。起初，情勢短暫顯示基民盟和基社盟有可能勝出，但隨著每次預測更新，情況變得越來越不樂觀。最終，紅綠兩黨以非常微小的差距贏得勝利。基民盟／基社盟在聯邦眾議院的得票率為三十八・五％，有兩百四十八席；社民黨的得票率也是三十八・五％，但領先了六千零二十七票，席次比基民盟／基社盟多出三席，以微弱優勢成為國會的最大黨。綠黨取得八・六％的選票獲得五十五席，自民黨取得七・四％的選票獲得四十七席，民主社會主義黨取得四・〇％的選票，並透過直接議席贏兩席。

當我告訴弗里德里希・梅爾茨，我想接替他成為黨團主席，埃德蒙特・施托伊伯和我作為基民盟和基社盟的主席會在第一次會議上向黨團提出這個建議時，他深受打擊。在捐款醜聞之後，弗里德里希．梅爾茨接任黨團主席是很合理的安排。他過去和現在都是一位傑出的演說家，也在捐款事件中支持我的立場。我很欣賞他有權力意識這點。我們年齡相仿，他出生於一九五五年，我出生於一九五四年，但我們的社會背景完全不同，與其說是障礙，不如說是機會。但自始至終都有一個問題：我們都想當老大。這在政黨內並不少見，但是當摩擦可能導致過大的耗損時，就必須正視並解決，就像現在這樣。經過二〇〇二年聯邦大選後，是時候釐清這個情況了。得知基民盟和基社盟兩位黨主席不會推舉他連任黨團主席時，弗里雷里希．梅爾茨非常失望。

聯邦眾議院選舉兩天後，二〇〇二年九月二十四日星期二，基民盟／基社盟國會黨團推選我為新任黨團主席。同年十一月十一日，於漢諾威舉行的基民盟聯邦黨大會上，我在七百九十六張選票中獲得七百四十六張票，以九十三．七%的支持率再次當選基民盟黨主席，任期兩年。

突如其來的改選

埃德蒙特．施托伊伯回到了慕尼黑，而我則開始身兼雙職，既是政黨領袖，也是國會黨團主席，同時繼續推動「新社會市場經濟」的理念。雖然未能順利推廣這個新詞彙，但其概念仍然存在。在這樣的背景下，我提議讓時任國際貨幣基金組織總裁的霍斯特．科勒（Horst

Köhler）成為二〇〇四年基民盟／基社盟以及自民黨的總統候選人。在他後來擔任聯邦總統期間，曾說過一句精采的話：「對我來說，這個世界的人道精神取決於非洲的命運。」他總是能夠跳脫框架思考，即便在二〇一〇年請辭後，他對非洲的關注也未曾減少。

就政策方面，現在正是為退休金、長照和醫療這三個社會保險制度的未來擬訂具體方案的時機。我說服了前聯邦憲法法院院長和前聯邦總統羅曼・赫佐格（Roman Herzog），請他擔任社會保險制度委員會的召集人。一九九七年，赫佐格便以「德國需要一次重大變革」的呼籲贏得了改革者的名號，他無疑是一位真正的改革者。這個委員會後來以他的名字命名，委員會提出的建議後來成為二〇〇六年聯邦眾議院選舉政策方針的一部分。二〇〇三年九月三十日，羅曼・赫佐格將該委員會的報告交給了我；翌日，二〇〇三年十月十日，我發表了一場關於該主題的政策演說，地點在柏林菩提樹下大街上的德國歷史博物館（Deutsches Historisches Museum），也就是過去的柏林軍械庫。這次演說引起了廣泛迴響，並獲得許多人認同，尤其是認為德國早該進行勞動市場和社會改革的人士。同年十二月，聯邦黨大會在萊比錫舉行，這次黨大會在基民盟的歷史上被稱作改革黨大會。除了決議採納赫佐格在委員會報告中提出的建議，還包括其他改革提案。由弗里雷里希・梅爾茨提出的稅改案，以及與退休金、長照相關的提案，同樣得到黨大會支持。由於這次稅改中的稅率簡單明瞭，可以在一張啤酒杯墊上就寫完，因此被稱為啤酒杯墊稅改（Bierdeckel-Steuerreform）。然而，針對健保的改革卻備受爭議。赫佐格委員會提出的健康保險費，遭到包括基民盟／基社盟內部的批評，他們認為提案內的固定保費概念與基民盟／基社盟的價值不符。反對者聲稱，這種不論收入高低均一的固定保費，對於無法支付健保的人來說是一種社會不公義。但這種批評完全是一派胡言，因為這個方案不像從前根據收入按比例計算保險費，而是一種根據收入進行的社會補助機制，由聯邦政府的稅收提供資金支持。最後，黨大會還是決定採納赫佐格委員會提出的健康保險費提案。

然而，基民盟的政策方針行動基本上來得太遲了。早在半年前的二〇〇三年三月十四日，施若德就在聯邦眾議院的一份政府聲明中，提出一項他稱為「二〇一〇議程」（Agenda 2010）的改革計畫。這項計畫的措施基於他在二〇〇二年八月選戰中提出的哈茨委員會報告，也受到歐洲社會民主黨人士構想的啟發，特別是德國總理和英國首相東尼・布萊爾（Tony Blair）在一九九九年以他們名字共同發布的施若德－布萊爾白皮書（Schröder-Blair-Paper）中的構想。這些措施旨在刺激經濟成長和增長就業。「二〇一〇議程」著重於職業訓練與教育措施、擴大全天制學校的設置，以及改善三歲以下兒童的托育服務。然而，議程中的概念或公眾關注的核心，實際上更符合基民盟的理念價值，因此對社會民主黨的支持者來說，這些措施令人難以接受。該議程不僅放寬了解雇保障，削減了部分醫療保險福利，還引入了第二期失業金（Arbeitslosengeld II），也就是在失業一年之後，給付金額會與社會救助金額相同，並且對失業者必須接受的工作機會制訂了更嚴格的標準。此外，施若德還希望在退休金公式中加入所謂的永續因素，旨在減緩退休金保費的增加。施若德此舉是要修正他在第一任任期內犯下的錯誤，當時他取消了前基民盟／基社盟與自民黨政府引入的「人口結構因素」。這個人口結構因素是希望退休金的增幅不再只取決於應繳納社會保險費者的工資增幅，也要考慮年齡結構，也就是繳納退休金保險者與領取退休金者之間的人數比例。現實讓施若德在一九九八年聯邦眾議院選舉中所做的選舉承諾無法完全實現，勞動市場、醫療與退休金的問題在他任內變得非常棘手。從這件事我們學到一件事：在非必要的情況下，千萬不要輕易推翻前任政府辛苦通過、不受歡迎但不可避免的改革。

接下來的兩年裡，施若德竭盡全力推動「二〇一〇議程」在聯邦眾議院和聯邦參議院中通過。他可以也必須仰賴基民盟／基社盟的支持，尤其是因為他需要基民盟／基社盟執政的邦在聯邦參議院中的票數，這樣才能讓議程在聯邦參議院中順利通過。然而，這沒有讓施若德在社民黨的處境好過一點。自從社民黨前任黨主席奧斯卡・拉方丹於一九九九年四月退出聯邦政府以後，施若德便接任了社民黨黨主席的位子。但施若德又因「二〇一〇議程」在黨內遭受嚴重批評，最終不得不在二〇〇四年二月辭去黨主席一職。接替他的是社民黨當時的黨團主席法蘭茲・明特費林（Franz Müntefering），明特費林後來成為我所領導的第一屆聯邦政府的副總理。

對我而言，正如我當時公開表示的那樣，施若德辭去黨主席的決定就是他總理生涯結束的開始。儘管如此，我並未預料到這個結果竟然在一年多後就到來。我原本預計聯邦眾議院選舉會在二〇〇六年舉行，當時我不僅要應對外交局勢，還要面對基民盟內部以及與姐妹黨基社盟的關係，再加上處理黨團內的問題。其中包括來自黑森邦的基民盟聯邦眾議員馬丁・候曼

（Martin Hohmann）被逐出國會黨團一事，他在二〇〇三年十月三日發表了一場充滿反猶太主義色彩的演說，違背了本黨的價值信念。此外，基民盟與基社盟在萊比錫黨大會後，在健康醫療政策上的分歧仍未能解決，使得基社盟的前健康部長霍斯特・傑霍夫（Horst Seehofer）辭去了國會黨團副黨團主席的職務。另外，二〇〇三年三月十九日至二十日凌晨，在未經聯合國明確授權的情況下，美國總統小布希和其所謂的自願聯盟（Koalition der Willigen）發動了第二次伊拉克戰爭，引發了歐洲和國際的動盪。

二〇〇三年二月，我也成了眾人眼中的好戰分子，個人民調在短時間內急劇下滑。在二〇〇二年的選戰中，施若德總理就已經把可能爆發第二次伊拉克戰爭的威脅當作選戰議題猛打，他在選後繼續且強化這個論點。施若德的立場與他的外長約施卡・菲舍爾不同，即便是聯合國授權的合法軍事任務，他也會斷然拒絕。顯然施若德當時想操作這個議題以作為獲得政治利益的策略，這確實也讓基民盟／基社盟黨團、基民盟和基社盟陷入困境。施若德察覺到了德國人民的情緒，畢竟誰會反對和平而支持戰爭呢？二〇〇三年三月二十日，也就是戰爭爆發當天上午，我在聯邦眾議院發言時說道：「戰爭代表了外交與政治的失敗。」我接著說：「未來我們應該盡一切努力團結一致，重振歐盟、跨大西洋聯盟和聯合國的力量與行動力。我們與美國因共同的價值觀而緊密相連，因此我們與美國站在同一條陣線上。」

無論我怎麼看待這件事，施若德確實觸動了德國人的反戰神經。與他不同的是，我從一開始就拒絕公開批評小布希的行動，也拒絕接受甚至助長歐洲分裂的行為，這種分裂將德國、法國和當時已由普丁領導的俄羅斯置於一方，而英國、西班牙、荷蘭和其他國家則站在另一方。這樣的局面會讓人誤以為德國試圖在美國（或我們的北約盟友）與俄羅斯之間保持某種中立關係，我對此深感排斥。這與基民盟和我個人對歐洲統一和跨大西洋夥伴關係的理解剛好相反。

然而，這個議題具有高度煽動性。政治就是競爭，正如我前面所述，政治議題幾乎總是權力問題，即便是外交政策也不例外。因此，二〇〇三年二月十三日，我在國會回應總理於戰前發表的政府聲明時，就被揶揄是「附庸效忠」於美國。我無法有效傳達自己的立場，相較之下，施若德就簡單許多，他說：「任何政治現實和安全理論都不應該讓我們逐漸習慣將戰爭視為正常的政治手段，或許正如有人曾說過的，戰爭是政治的延續，只是通過不同的手段達成而已。」他的話定調了整起事件。而我犯了一個錯誤。一週後，我在《華盛頓郵報》（*Washington Post*）上以〈施若德並不代表所有德國人〉（Schroeder Doesn't Speak for All Germans）為題發表了一篇文章。就內容而言，我想表明，即便是在衝突的情況下，德國在歐盟和跨大西洋關係中，也應該以合作而非對抗的精神發揮實力和影響力。然而，我身為一位德國政治人物和反對黨領袖，在國外攻擊自己的政府首長是不對的。政府和反對黨之間的分歧，不論是過去或現在都應該在國內解決，而不是在國外處理。

※　※　※

結果，伊拉克戰爭確實是個錯誤，這是一場基於錯誤假設所發動的戰爭。美國政府不斷聲稱伊拉克擁有大規模殺傷性武器，並用一些後來被證實為假證據的資訊來支持開戰。這場戰爭的實際目的並不是大規模的殺傷性武器，而是要讓伊拉克的政權垮台。儘管達成了這個目標，總統薩達姆・海珊（Saddam Hussein）被推翻，但伊拉克整個國家也陷入了混亂。施若德的分析是對的。然而，我還是認為他與法國總統席哈克（Chirac）試圖阻止戰爭，在歐盟內部以及對美國採取的對抗做法是錯誤的。事後看來，我在《華盛頓郵報》發表的文章其實沒有必要。儘管如此，我個人的民調很快回升了，基民盟的支持率幾乎沒有受到任何影響。現在回頭看，這也不奇怪。這場爭論並沒有觸及基民盟的政策核心，因為基民盟的核心價值始終是致力於維持歐洲的團結，並且只有在這個基礎上才能自信地面對美國。而施若德在外交上的反戰立場並沒有為他的政黨帶來任何好處，社民黨的支持度仍然很低。此外，高失業率和社會保險制度也讓國家面臨了許多壓力，而他的「二〇一〇議程」改革措施雖然旨在解決這些難題，卻對他的政黨造成了負擔，因為這些改革挑戰了該黨的價值信念。即使黨主席換成法蘭茲・明特費林，這個情況也未有改變。這一連串因素促成了二〇〇五年春季的局面，而這個情況恐怕在德國也只有施若德才能引發。

二〇〇五年二月，什勒斯維希－霍爾斯坦邦選舉後，時任邦總理海德・西蒙尼斯（Heide Simonis，社民黨）在邦議會的四次不記名投票都未能拿到足夠多數，無法連任。同年五月二十二日，社民黨也在該黨的傳統票倉北萊茵－西發利亞邦的邦議會選舉中再次失利。在邦議會選舉當天的傍晚，施若德果斷採取了緊急措施來防止情勢進一步惡化。由社民黨黨主席法蘭茲．明特費林宣布的兩個字改變了一切：「改選。」施若德決定提前舉行聯邦眾議院選舉，越快越好。顯然，他將改選視為脫離困境的機會。

僅僅八天之後，在基民盟和基社盟兩方主席團的聯席會議上，我被提名為兩黨在二〇〇五年初聯邦眾議院大選中的總理候選人。即便有人想試圖阻止，也因為情勢發展之快而沒有機會了。基民盟／基社盟必須盡快在政策和人選方面做好行動和競選的準備。在阿德諾大樓大廳舉行記者會時，現場座無虛席，一群又一群的記者坐在或站在埃德蒙特．施托伊伯和我面前，許多工作同仁靠在各樓層的圍欄上，從高處看著這一幕。在我宣布參選的那一刻，響起了掌聲。那天是二〇〇五年五月三十日，星期一，下午一點。距離我決定競選基民盟黨主席以及隨後的聯邦總理職位以來，已經五年過去了。現在，當目標近在咫尺時，我感受到的卻不是喜悅，而是難以言喻的壓力。我很清楚自己為這一天已經努力了很久，但是當我聽到自己發言時，卻感覺不太滿意。這並不是外型的問題，恰恰相反。當天化妝師為我化了妝，還設計了髮型。從二〇〇五年八月開始，化妝師佩特拉．凱勒（Petra Keller）接下了負責我妝容的任務。她在東德時期受雇於東德的電視台，德國統一後成為自由工作者，經常在柏林布蘭登堡廣播電台服務。直到今天，她站在我身邊的時數已經多到無法計算。在宣布成為總理候選人的那天，凱勒那天成功為我打理了一個漂亮的髮型，我本來應該感到高興才對。但我當時想的是：你現在還不是作為總理在發言。我說出的每個字都要斟酌再三，我的每句話都再次回答了我成為基民盟黨員後一直在思考的問題：為什麼選擇基民盟？為什麼需要基民盟？我想要呈現基民盟的什麼理念？在記者會一開始，我說：「我們希望德國能夠再次迎來更好的進步。這無關政黨、無關事業成就、無關他或我或她，而是關乎我們想為德國做什麼，我想為德國做什麼。德國可以做到，我們可以攜手做到。這是我們共同的信念。」這些話表達了對我來說最重要的想法，所以內容並不是我不滿意自己的原因。但我覺得這些話不夠有份量。我過於依賴講稿，無法放鬆地表達自己。儘管我有能力不看稿就說出這些話，但我當時覺得自己像是拉著手煞車，完全無法鬆開手。在那一刻，我過於專注，完全沒有從容的感覺。我彷彿在眾人的注視下深刻體悟到，多年來我一直深信自己有能力成為基民盟／基社盟的總理候選人，如今真的成了候選人後的感覺卻完全不同。

讓教堂留在村子裡[5]

基社盟在聯邦眾議院的邦黨團主席米夏埃爾．葛洛斯（Michael Glos）補慶祝了他的六十歲生日。他的生日是十二月十四日，半年後才在二〇〇五年七月二十一日，把生日變成了一場夏日宴會。宴會在卡斯特爾－卡斯特爾（Castell-Castell）企業家族位於卡斯特爾（Castell）鄉的城堡中舉行，地點就在葛洛斯的選區裡。我受邀為他的生日致詞。就在這一天，聯邦總統解散了聯邦眾議院，將改選日期訂於九月十八日。我也打算就此發表公開聲明。我在卡斯特爾為米夏埃爾．葛洛斯的生日致詞的同時，公開聲明的一切必要工作也都準備就緒。緊接著在下午四點半左右，我匆匆趕到發表聲明的地點，需要爬兩層樓梯。當時我經驗還不夠老練到要先確認我在跑上樓梯時沒有被攝影機拍到，沒有的話我就可以在樓頂稍作休息，深呼吸一下。但是因為已被拍到，我別無選擇，只能一上樓就站到麥克風前發言。我的聲明經過深思熟慮，但我說話時完全上氣不接下氣，彷彿每說三個字就得喘一口氣。我的急促呼吸並沒有讓我留下好印象，這樣的畫面彷彿預告了接下來幾個星期的發展。

我發現，在探討女性擔任聯邦總理的議題時，理論與實踐實際上似乎存在著落差，甚至連許多女性對此也存有疑慮。施若德只當了七年總理，但每個人都感覺到他還想繼續擔任這個職位，他精力充沛、應變能力強。而我則是受到嚴格地檢視，我想，同樣的情況也會發生在任何挑戰總理的男性候選人身上。但我逐漸意識到，身為女性絕對不會是優勢。隨著選舉日越接近，這一點就越明顯。另外，我犯了另一個錯誤，就是休息不足。我沒有在選戰進入白熱化階段前給自己足夠的時間調適，讓腦袋放空休息。結果就是，我在一次訪談中甚至把總額和淨額搞混了。

那基民盟和基社盟的情況呢？突然間，我們成了想讓人民受苦的黨，我們提出將加值營業稅提高兩個百分點的計畫，更加強了這樣的印象，施若德的競選團隊甚至想出了「梅克爾稅」

5 譯注：「讓教堂留在村子裡」（Die Kirche im Dorf lassen.）是一句德語諺語，代表不要過度誇張、小題大作、保持冷靜，通常用來提醒別人不要反應過度。

的口號。同時，他在選戰中不再談改革，也完全不談「二〇一〇議程」。我們在選戰最後的民調結果很不錯，顯示基民盟／基社盟和自民黨能獲得足夠多數來組成聯合政府，但這既是福也是禍。是福，因為民調激勵了我們；是禍，因為我們感覺自己已經像是個行將就木的政府，只能任由施若德反對批評。

九月四日星期日，在與施若德進行電視辯論前夕，我對當晚該穿什麼考慮了很久。是要選擇一件有色彩的西裝外套，既可展現我的女性氣質，又可以讓我感到自信舒適，還是一件更具領袖氣質的深色西裝外套？我最後選擇了深藍色的褲裝，這是相對安全的選擇。我想，這樣就能避免讓觀眾和聽眾分心了。辯論前一晚我沒有睡好。星期天晚上七點左右終於要出發前往位於柏林阿德勒斯霍夫的攝影棚時，我感到鬆了一口氣。攝影棚離我以前在東德科學院工作的物理化學中央研究所很近。抵達時，我對自己說：你必須抽離自己，忽略有兩千萬名觀眾關注你的這件事，專注在你和施若德的辯論上。

在這種場合中，特別棘手的往往是那些有關政治能為社會提供什麼的議題。這場辯論尤其是如此，我為此也早有準備。我們的辯論圍繞著加值營業稅上調、健康保險費用和所謂的固定保費展開，最後則是由我專業團隊中的財務專家、前聯邦憲法法院法官保羅．基爾西霍夫（Paul Kirchhof）提出的單一稅率制（Flat-Tax-Steuermodell）。施若德僅以「來自海德堡的那位教授」稱呼基爾希霍夫，藉此諷刺我們兩人不了解民生疾苦，與民意脫節。整場辯論的情況彷彿與現實相反，好像我才是真正的執政者。儘管如此，辯論進行得還算順利，直到施若德被問及他當時的妻子朵莉思・施若德－柯布夫（Doris Schröder-Köpf）在一次訪談中提及我的言論。她說，我的生活經歷並不代表大多數女性的經驗，這些女性關心的是如何在家庭與工作間取得平衡，而且她們也會考慮在孩子出生後暫時離開職場幾年。在電視辯論中被問到這件事時，施若德回應說，他的妻子是個言行一致的人，並補充道：「這正是我愛她的原因之一。」我心想：哇，這對施若德來說簡直像是中大獎了，他的話打動了所有妻子、丈夫，還有其他許多人。但我告訴自己不要亂了陣腳，繼續冷靜以對，而我真的做到了。雖然施若德沒能給我致命一擊，因為我沒有失誤或犯下任何嚴重的錯誤，但是根據民調顯示，他還是在這場辯論中贏了。隨著選舉日接近，基民盟／基社盟和自民黨領先紅綠聯盟的幅度也越來越小。女性和來自德東的背景——這兩個因素似乎才是最終關鍵所在，遠比大家願意公開承認的要重要得多。

※　※　※

二〇〇五年九月十八日，星期日，晚間六點。我和約阿希姆一起去了阿德諾大樓。我們和許多黨主席團的成員一起，坐在五樓的主席團會議室裡，觀看德國公共電視第一台和德國公共電視第二台的預測。預測顯示，基民盟和基社盟的得票率分別為三十五・五%和三十七%，社民黨的得票率可能是三十三或三十四%，自民黨的得票率為十・五%，綠黨的得票率則可能是八或八・五%。相較選戰初期民調顯示我們有四十五%的支持率，這樣的成績無疑令人失望。我覺得自己像是個輸家。但實際上，基民盟／基社盟還是有勝利的機會。我心想：或許這次的結果會與二〇〇二年的選舉之夜相反，當時我們一開始以為自己贏了，後來卻輸了。

懷著這樣的心情，我與伊娃．克利斯蒂安森和貝雅特．鮑曼在晚間七點左右前往攝影棚，參加德國公共電視第一台和德國公共電視第二台邀請各黨黨主席和各黨首席候選人共同參加的論壇節目。我首先就被問到，為什麼基民盟的表現遠低於預期？我勇敢地表示，紅綠聯盟已被選民否決，基督民主聯盟和基督社會聯盟是最強大的力量，因此我們有籌組政府的權力。講完這些後，我才承認我們當然希望有更好的結果。

當施若德被問及對選舉結果的看法時，他滔滔不絕地說：「我為德國民眾感到驕傲……他們給了我們一個明確且清楚的結果，就是除了我之外，在場沒有任何人有能力組成一個穩定的多數政府。除了我之外，沒有任何一個人。」稍後他進一步表示：「您們真的相信，在梅克爾女士想擔任總理的情況下，我的政黨會接受聯合組閣的提議嗎？我的意思是，我們必須把教堂留在村子裡，保持理性。德國人在候選人問題上已經投下了清楚的一票，這點無法否認吧。」接著，他直接轉過來對著我說：「我的社民黨不可能在她的領導下跟她一起組閣的。這一點很清楚，您就別再自欺欺人了。」

我心想：天啊！現在是什麼情況？雖然我無法預測事情會怎麼發展，但很清楚知道，他剛才的表現不會帶來太好的結果，顯然不是走在勝利的軌道上。如果他的政黨在預測中的得票率是三十八％，而基民盟／基社盟是三十一％，那麼我還能理解他的這種反應。但實際情況是，我比起他更有可能贏得選舉。我回答他：「事實簡單明瞭，您今晚沒有贏，紅綠政府也沒有贏。這就是現實。」我也明確表示，在組成多數政府時，根據大聯合政府的情況，最大黨的領導人就會是總理，而按照目前的預測，最大黨是基民盟／基社盟。除此之外，我對自己說：保持冷靜，靜觀其變。不要生氣，等到有人問你時再開口，看看情況會怎麼發展。

首先是自民黨的黨主席吉多．韋斯特韋勒站出來為我發聲，接著是埃德蒙特．施托伊伯。我坐在那裡彷彿置身事外，像是在家看電視一樣。我不斷對自己說：不要跟其他人起衝突，否則你可能會失控說錯話。我很清楚自己正在經歷一些特別的事情，但當時還來不及深思。我非常懷疑，如果今天施若德的對手是男性，他會不會也用同樣的方式對待他的對手。我認為他想用這種突襲的方式創造新的事實，讓他比原先預期更好的選舉結果在最後看起來更好，而我比原先預期更差的結果看起來更差。但他似乎忽略了一點，如果這種權力操弄一旦失衡，人們反而會開始聲援弱勢以及被攻擊的一方，現在對我的政黨來說就是這種情況。

節目結束後，電視台工作人員將我帶出攝影棚，而我得到了新消息，根據最新的預測，基民盟／基社盟比社民黨多了三席，結果也越來越接近最後的數字了。基民盟／基社盟預計會獲得三十五．二％的選票、社民黨三十四．三％、自民黨九．八％、綠黨八．一％、左翼黨／民主社會主義黨則獲得八．七％的選票。在走廊上，我再次遇到伊娃．克利斯蒂安森和貝雅特．鮑曼，她們在隔壁房間的電視觀看了整個節目。我們看向對方，一言不發，盡快迅速回到車上。一進車裡，我們忍不住脫口而出：「難以置信！簡直是難以置信！」

我們回到阿德諾大樓。許多主席團成員都已經在主席團室看過節目了，大家都感到震驚，並為我鼓勵打氣。約阿希姆已經先回家了。一小群人和我一起去了我的辦公室，其中包括尤根·呂特格斯。呂特格斯是北萊茵－西發利亞邦邦黨部的主席，這是全國最大的黨部，他也是該邦的邦總理。呂特格斯冷靜且堅定地告訴我，我應該立即讓新的國會黨團在星期二再次選我繼續擔任黨團主席，並說服埃德蒙特·施托伊伯支持這件事。這點非常重要，因為很快就會開始有人批評我在選戰中犯的錯誤。他是對的，不能讓權力真空的情況發生。就在當天晚上，我說服了埃德蒙特·施托伊伯支持我連任黨團主席。兩天後，也就是九月二十日，確定我順利連任。

之後，我們與社民黨、自民黨和綠黨就組閣一事進行了初步會談，先試探彼此的底線。當時共有三種可能的執政聯盟選項：第一，由我領導的基民盟／基社盟與自民黨和綠黨共同組成牙買加聯盟[6]；第二，由我領導的基民盟／基社盟和社民黨共組大聯合政府；第三，由施若德領導的社民黨與自民黨和綠黨共組紅綠燈聯盟。但是牙買加聯盟不可能實現，因為綠黨不願意入閣。紅綠燈聯盟也沒有機會，因為自民黨的吉多·韋斯特韋勒不願意加入。自從二〇〇一年我欣然接受韋斯特韋勒的邀請，坐上由他擔任駕駛的一輛高調敞篷車以來，我們組建聯合政府的目標已經是公開的祕密。我們彼此信任。二〇〇四年，我在阿德諾大樓舉辦五十歲生日酒會時，吉多·韋斯特韋勒首次正式與他的伴侶米夏埃爾·莫茲（Michael Mronz）一同出席公眾場合。在此之前，他曾事先打電話問我是否介意。我當然不介意，反而非常高興。吉多·韋斯特韋勒是個容易受傷的人，但是當他在腦中設定要達成某個政治目標時，絲毫不會迴避衝突。對他來說，二〇〇五年加入紅綠燈政府絕非他的選項，這也使得施若德最後無緣連任總理。

又過了幾個星期，社民黨才終於願意放棄總理之位。十月初，社民黨的黨主席兼國會黨團主席法蘭茲．明特費林試探性地與我們接觸。我們兩個國會黨團主席的辦公室都位在雅各布．凱撒大樓（Jakob-Kaiser-Haus），這棟議員大樓距離國會不遠。我的辦公室在五樓，他的辦公室在四樓。如果要拜訪對方，我們不需要搭乘對外開放的電梯，可以使用靠近施普雷河畔那側人跡稀少的樓梯。我們的聯絡方式很直接，明特費林打電話給我時不會經過他的祕書。沒有人知道我們在樓梯間的來往和我們的對話。

二〇〇五年十月十日，我們取得了突破性的進展，結束了摸底談判。正式進入由我領導的基民盟／基社盟與社民黨的組閣談判。

整個過程中，我一直感覺基社盟的領導人埃德蒙特．施托伊伯在掙扎，不知道自己是否應該到柏林接手一個重量級部會，還是應該繼續留在慕尼黑巴伐利亞擔任邦總理。二〇〇五年十月三十一日，法蘭茲．明特費林在組閣談判期間突然辭去黨主席一職，因為他無法推動他心中的理想人選擔任黨祕書長，基社盟的黨主席埃德蒙特．施托伊伯也就乾脆沒有現身在阿德諾大樓參加基民盟／基社盟內部的準備會議。後來我們才從通訊社的報導中得知，埃德蒙特．施托

6 譯注：黑（基民盟／基社盟）黃（自民黨）綠（綠黨）的執政聯盟，因其顏色與牙買加國旗顏色相同，而在媒體上被稱為牙買加聯盟。

伊伯已經離開柏林，急促地離開幾乎就像逃跑一樣，彷彿只是在等待合適的時機。布蘭登堡邦邦總理馬提亞斯・普拉策克（Matthias Platzeck）後來成為社民黨的下一任黨主席。

二〇〇五年十一月十八日星期五，馬提亞斯・普拉策克代表社民黨，埃德蒙特・施托伊伯代表基社盟，以及我本人代表基民盟，三方簽署了聯合執政協議。十一月二十一日星期一，我將黨團主席一職交棒給來自巴登符騰堡邦的佛爾克・考德（Volker Kauder）。考德在二〇〇二年十月至二〇〇五年一月期間擔任基民盟／基社盟的黨團幹事（Erster Parlamentarischer Geschäftsführer）；二〇〇五年一月至十一月則擔任基民盟的祕書長。當天下午五點，我先去拜訪了社民黨的國會黨團，向他們自我介紹，為隔天舉行的聯邦總理選舉做準備。

是的，教堂仍留在村子裡。最終事實證明，只有擁有多數支持的人才能入主聯邦總理府。現在，我是聯邦總理了。這時我五十一歲。

第四部

為德國服務（一）

二〇〇五年十一月二十二日—二〇一五年九月四日

第一位女總理

二〇〇五年十一月二十二日，星期二

掌聲不絕於耳。當時是早上十一點不到。聯邦眾議院議長諾貝爾特・拉默特（Norbert Lammert）剛在德國聯邦眾議院宣布我當選聯邦總理的票數。「敬愛的同事們，我現在宣布選舉結果。投票總數六百一十二張票，有效票六百一十一張。三百九十七贊成票。」他話講到這裡就沒辦法再繼續下去，因為全場掌聲雷動。我坐在聯盟黨團的第一排，左右兩側的基民盟／基社盟與社民黨的議員們紛紛起立鼓掌。諾貝爾特・拉默特不得不提高音量，才能繼續宣讀完整選舉結果：兩百零二票反對，十二票棄權，一票無效。然後，他說：「繼康拉德・阿德諾、路德維希・艾哈德（Ludwig Erhard）、庫爾特・格奧格・基辛格（Kurt Georg Kiesinger）、威利・布蘭特、赫爾穆特・施密特（Helmut Schmidt）、赫爾穆特・柯爾和格哈德・施若德之後，安格拉・梅克爾博士獲得聯邦眾議院所需的足夠票數支持，當選為德意志聯邦共和國的第一位女總理。」掌聲再度響起。國會議員們紛紛走過來恭喜我。第一位是格哈德・施若德。我站起來，與他握了手。在喧鬧的氣氛中，諾貝爾特・拉默特問我是否願意接受總理職位的任命。我把桌上的麥克風向上拉近，回答：「議長先生，我接受這項任命。」拉默特接著說：

「親愛的梅克爾博士，您是德國第一位民主選舉產生的女性政府首長。不論對女性還是男性來說，這都是一個重要的信號。」我認為，他的這番話恰如其分地總結了這一天的歷史意義。

第一個女總理。就是我。

諾貝爾特・拉默特向我道賀，並宣告下午兩點鐘繼續開會。我離開了院會廳，沿著走廊向左走，前往聯邦眾議院內為總理設置的辦公室，就位在院會廳東側的斜對面。辦公室由一個前廳和一間會議室組成，裡面有辦公桌和座位休息區。我以前從未去過那裡。就在幾分鐘前，門牌已經換掉了。我現在看到的不再是「總理」（Bundeskanzler），而是「女總理」（Bundeskanzlerin）。我推開門，見到了我的家人和最親近的朋友。現在他們也可以親自來祝賀我了。他們在院會廳的貴賓席上觀禮，然後才來到這裡。約阿希姆並不在場。對他來說，他從一開始就表明今後會繼續專注在他科學家的路上。我明白這一點。我們說好，等我一有空閒就打電話給他，這樣我們就可以在不受干擾、不被關注的情況下講話。然後我打給他，我們倆都感到既開心又自豪。

總理府為我們這些新人精心準備了一切。我未來辦公室的祕書就在前廳，那裡還準備了飲料和馬鈴薯濃湯。我的時間不多，因為十二點時我要接受聯邦總統霍斯特・科勒的任命。由於總統官邸貝爾維宮（Schloss Bellevue）正在裝修，任命典禮改在夏洛滕堡宮（Schloss Charlottenburg）舉行。我對總統科勒將任命證書頒發給我的那一刻毫無印象，一切都在恍惚間匆忙進行，包括從國會到宮殿、再從宮殿返回眾議院的那段路程也是如此。下午兩點，我再次回到眾議院院會廳。

這時我還不能坐在政府席位上，而是像上午那樣坐在聯盟黨團的第一排。諾貝爾特・拉默特宣布了今天的第二項議程：聯邦總理宣誓就職。接下來的事情我至今仍清楚記得，彷彿就發生在昨天：拉默特請我過去。我站起來，經過左側的政府席位，走到院會廳的那裡，他在一面國旗前等著我。與我第一次宣誓就任聯邦婦女與青年部長時不同，這次我不再穿著讓我不自在的衣服，而是穿得如自己第二層皮膚般舒適——我穿著一套黑色褲裝，領口和鈕扣都是黑色天鵝絨，配戴一條有著啞光琥珀墜飾的金項鍊。當時我已經找到了裁縫師貝蒂納・舍恩巴赫（Bettina Schoenbach），可以和她一起發展自己的服裝風格。

諾貝爾特・拉默特拿著原版的《基本法》朝向我，我舉起右手，宣讀誓言，並以「願上帝幫助我」作為結尾，結束宣誓。掌聲再次響起。諾貝爾特・拉默特與我握手並向我表示祝賀，我轉身走下幾步台階，來到政府首長席次我的座位上。從首長椅子的靠背略高於其他椅子這點，可以看出哪個是總理的席位（現在是女總理的了）。我坐了下來。除了我之外，政府席次上空無一人，我身旁和身後還有四排空的桌椅，不過現在只有我坐在最前排的邊緣。那就是我的位置。就在那一刻，所有壓力都從我身上消失了。四天前，我在簽署聯合政府協議的當下，內心還充滿了自己是否能勝任的懷疑，那時法蘭茲・明特費林還對我喊話說：「一切都會沒問題的。」而此刻，這些懷疑都一掃而空了。獨自坐在政府席位上時，我突然感覺到，自己作為女人和東德人，取得了非常特殊的成就。這一切也許是幾秒鐘，或許是一分鐘。我環顧整個院會廳，看著正在鼓掌的國會議員們。後來在二〇〇九年、二〇一三年和二〇一七年的宣誓儀式後，獨自在席位上的時刻，我總是愉快平靜滿足地覺察自己內在的感受。而我最後總是會回憶起二〇〇五年十一月二十二日下午兩點過後不久的這個時刻。拉默特再次中斷會議，我彷彿從短暫的白日夢中回到現實，收到了更多人的祝賀，只不過這次我坐在政府席位上。

下午三點，我再次來到夏洛滕堡宮與聯邦總統會面，準備進行新一屆聯邦政府部長的任命。在霍斯特．科勒將任命證書交給他們之前，他發表了一段簡短的談話，勉勵我們：「您們將會受到多方面的批評，而這應該要激勵您們在推動革新的路上更加努力。」

接著我們回到聯邦眾議院。下午四點，中斷的會議重新開始，聯邦部長們依次宣誓就職。政府席位上逐漸坐滿了人，坐在我旁邊的是聯邦勞動與社會部長（Bundesminister für Arbeit und Soziales），也是副總理的法蘭茲．明特費林。院會結束後，基民盟／基社盟國會黨團另外召開了會議，向內閣成員表示祝賀，並肯定和慶祝這個特別的日子。僅僅經過七年的在野時期，就再次取得總理一職，而且還是一位來自德東的女總理。

在那之後，我前往聯邦總理府，與施若德的交接典禮定於下午五點舉行。貝雅特．鮑曼和伊娃．克利斯蒂安森陪著我一起到總理府。當我們抵達入口時，被引導進入大廳，一個架有麥克風的講台已經在那裡設置好了。施若德已經先到了，由他先發表談話。他向聚集在南側樓梯的聯邦總理府工作同仁們表示感謝，他們以長時間的熱烈掌聲向他道別。接著輪到我發言，我告訴大家自己很期待與他們共事合作。最後，人事委員會主席（Personalratsvorsitzender）歐拉夫・呂特克（Olaf Lüdtke）發言，並分別向施若德與我送上一束花。施若德旋即把他的那束花交給我就離開了。我又一次拿著兩束花站在那裡，就像二〇〇〇年我在埃森的聯邦黨大會被選為基民盟的黨主席一樣，不過這次花束很快就被拿走了。我內心確信，總理府的公務員們也會盡心地與我一起努力。

在員工大會結束後，貝雅特・鮑曼和伊娃・克利斯蒂安森與我被帶去搭乘電梯，前往七樓的總理辦公室。在祕書處門口，托馬斯・史代格（Thomas Steg）帶著鼓勵的微笑迎接了我們。史代格自一九九八至二〇〇二年間擔任施若德總理辦公室的副主任，二〇〇二年以後擔任政府副發言人。我上任以後，他的職務並不會有異動。施若德的主任祕書（Chefsekretärin）瑪莉雅納・杜登（Marianne Duden）也在祕書處等著我們。她曾為社民黨的施密特總理工作，會在初期階段協助我們交接，這也體現了跨黨派的民主風範。她的桌上擺著一個大理石蛋糕，是總理府廚房的主廚烏爾里希・科茲（Ulrich Kerz）為了歡迎我們而烤的。瑪莉雅納・杜登很快就離開了辦公室，前往施若德的卸任總理辦公室（Altkanzlerbüro）。我那時的長期主任祕書達格瑪・薛費（Dagmar Scheefeld）接手了杜登的職位，二〇〇六年春天，則由瑪利斯・韓森（Marlies Hansen）接替了薛費的位置。韓森和她多年的同事兼副手基爾絲登・呂斯邁爾（Kirsten Rüssmeier）至今仍在我身邊工作。托馬斯・史代格多留了一會兒才離開，以防我們還有問題要問他。

我經過前廳，左轉進入我的新辦公室。我已經很熟悉這個房間了，因為之前偶爾與施若德談話時曾來過這裡。不久前我已經想過要怎麼重新擺設家具：原本後面靠窗、面向眾議院的大型會議桌要移到靠近通往前廳的通道，以便我可以更直接地與我的祕書們溝通，而前方的會客區則要移到後面靠窗的位置。我打了通電話給總務處人員，這些需求就在（真的如字面上的）一夜之間完成了：第二天早上，家具擺設的方式真的就如我所願。總理府的總務人員和技術人員非常樂於助人，工作效率極高，而且不是只在我上任的第一天如此而已。

※　※　※

下午五點四十五分左右，我在辦公室為新任的總理府政務次長（Staatsminister）舉行宣誓就職儀式，這樣他們就能參加晚上七點的第一次內閣會議：希爾德格．穆勒（Hildegard Müller）為聯邦總理府政務次長，負責與聯邦眾議院和聯邦參議院間的聯絡；政務次長貝恩德．諾伊曼（Bernd Neumann）受委任為聯邦政府文化和媒體專員；政務次長瑪麗亞．博莫（Maria Böhmer）則是負責聯邦移民、難民與族群融合事務的專員。隨後，我匆匆下樓，穿過總理府的空中大廳，前往五樓的宴會廳，德國公共電視第一台、德國公共電視第二台、RTL和SAT．1等媒體已經在那裡等候採訪我。當晚，數百萬德國公民將首次在電視上看到我以新總理的身分亮相，我希望能留下好的第一印象。在我的記憶中，這點我大概做到了。採訪錄製完畢後，我急忙爬樓梯回辦公室，去拿第一次內閣會議的議程文件。這些文件都放在一個棕色的大文件夾裡，是我在柯爾內閣時就見過的文件夾。直到二〇一八年，這個文件夾才被平板電腦取代。

幾分鐘後，我拿著文件夾走下樓梯，到了六樓的大內閣會議廳。一進入燈光明亮的大廳，我就聽到此起彼落的快門聲，攝影師們站在指定攝影區不停跟拍我的一舉一動。不久後，明亮的燈光就像被魔術師用大手一揮般，突然又變回正常的室內照明。木牆後的燈光消失了，這是提醒攝影師應該離場的信號。每次的內閣會議流程都是如此，持續了十六年之久。

我坐下來，左邊是聯邦總理府部長托馬斯・德・梅齊耶，右邊是副總理法蘭茲・明特費林。桌上有一個搖鈴和一個按鈴鈕，正中央則是一個鐘。從阿德諾時期開始，這三樣東西就屬於內閣會議廳的一部分。這個鐘的四面都有錶盤，每個人都能留意自己的發言時間。只有在少數情況下，我才會使用搖鈴請大家安靜下來。如果我想請會議室外的人進來，可以按下按鈴鈕，但據我的記憶，我從未使用過，因為內閣會議室裡的另一張桌子坐著來自總理府的官員，必要時可以協助支援。

我說了幾句歡迎詞，法蘭茲・明特費林也是。同時，總理府廚房的服務人員為我們每人送上一杯香檳，為未來美好的合作舉杯慶祝。第一次會議的議程是由前任聯邦總理府部長法蘭克－瓦爾特・史坦邁爾（Frank-Walter Steinmeier）與繼任者托馬斯・德・梅齊耶共同訂定的。內閣通過了新政府的議事規則和其他幾個議程項目。會議約十五分鐘後便結束了。

※ ※ ※

貝雅特・鮑曼和我回到七樓，仔細查看了整個辦公區的所有空間。前廳右側有三個相連的辦公室，每個辦公室都有對外的門。沿著狹長連通的辦公室走到盡頭，我們發現了一個更大的空間。這個房間似乎原本用來接待外賓，因為裡面放著白色的家具和玻璃桌。我們很快就決定這就是貝雅特・鮑曼的新辦公室。施若德的辦公室主任希格莉德・克蘭皮茲（Sigrid Krampitz）的辦公室不在施若德辦公室所在的七樓，但我跟鮑曼希望在同一個樓層工作。接下來幾天，總務和技術人員把白色家具和玻璃桌搬走，為貝雅特・鮑曼的新辦公室配備了總理府常用的櫻桃木辦公家具，設置了座位區，安裝好電腦和電話，並設定了網路連線。我們兩個辦公室的位置規劃非常理想。當我們需要不被打擾時，每個人都能有自己的空間；同時我們也能很快速、直接地交談，不必每次都要到外面找對方。我們辦公室中間的辦公空間中還有兩位祕書和辦公室副主任，後者最初由托馬斯・羅莫斯（Thomas Romes）擔任，後來分別是貝恩哈特・寇許（Bernhard Kotsch）和佩特拉・呂克（Petra Rülke）接任。只要情況允許，這些辦公室之間的門都保持敞開，畢竟我們視溝通為最高原則。

※　※　※

這一天的官方行程結束了。其實我已筋疲力盡，但還是邀請了朋友和一起打拚的夥伴在晚上八點聚會，在八樓一起慶祝我當選總理。以前我從未到過八樓。我的辦公室後方有一個樓梯，可以從那裡直通八樓。上樓之後，我看到左邊有一間帶有浴室的小房間，是供總理過夜之用。我用不到它，因為我保留了庫普夫格拉本街（Am Kupfergraben）的公寓，開車幾分鐘就到，約阿希姆和我於一九九七年搬到那裡。佩特拉・凱勒可以使用八樓的房間作為她幫我化妝的工作空間。

我往右手邊進入了一個大接待區，附有一個小型餐飲服務區，真正的總理廚房在四樓。這個大空間裡有一張長餐桌和一個有電視的淺色座位區。餐桌旁的牆上掛著畢卡索的作品，立刻吸引了我的注意：這是一九五九年的《女子半身像（賈桂琳）》（*Buste de Femme*〔*Jacqueline*〕），這幅作品是從柏林國家美術館借來的。在接下來的十六年，聯合政府的內閣會談，以及與國內外政府首長、政界友人和貴賓的午、晚餐都在這裡舉行。我在任內討論到的重要內容，這些牆也一定都聽到了。這個空間可說是我歷屆政府的客廳，長的那一面是整面電動落地窗，門外是一個露台，可以眺望波茨坦廣場（Potsdamer Platz）的景色。許多客人在我任內都曾被我帶到這個露台來，如果向左看，可以俯瞰國會大樓和布蘭登堡門（Brandenburger Tor）；如果向右轉，露台盡頭會變得更寬廣。夏天時，我可以坐在露台上眺望施普雷河（die Spree）。二〇〇五年十一月二十二日晚上，我第一次享受到了這樣的景色。

我們事先向總理府廚房預訂了香腸、馬鈴薯、涼拌甘藍、肉丸和飲料。約阿希姆也來了，除了貝雅特・鮑曼、伊娃・克利斯蒂安森和托馬斯・德・梅齊耶，還有佛爾克・考德、羅納德・波法拉、彼得・欣策、諾貝爾特・洛特根（Norbert Röttgen）、彼得・阿特邁爾（Peter Altmaier）、威利・豪斯曼和幾位政界外的朋友。我們約二十人坐在長餐桌旁，聚會的氣氛愉快。我感覺很輕鬆，每個人都很自在，對未來都充滿期待。

巴黎 布魯塞爾 倫敦 柏林 杜塞道夫 漢堡

十點三十分從柏林出發，十二點零五分抵達巴黎，下午三點零五分從巴黎離開，下午三點四十分抵達布魯塞爾，晚上八點三十分從布魯塞爾離開，晚上九點四十五分抵達柏林。在愛麗舍宮（Élysée-Palast）訪問法國總統席哈克，在布魯塞爾北約總部與北約祕書長夏侯雅伯（Jaap de Hoop Scheffer）會晤，在議會大樓與歐洲議會議長荷西普・波瑞爾會談，然後再於歐洲執委會大廈和歐洲執委會主席若澤・曼努埃爾・巴羅佐（José Manuel Barroso）見面，隨後與歐洲執委會委員共進晚餐。早上在自己的公寓起床，晚上在自己的公寓睡覺，這就是我上任第一天的行程。這次行程由負責總理府外事旅行禮賓事務的西蒙娜・萊曼－茨維納（Simone Lehmann-Zwiener），與總理辦公室、總理府的外交和歐洲政策部、聯邦新聞局、外交部，以及（最重要的）我的外交政策顧問克里斯多夫・霍伊斯根（Christoph Heusgen）共同規劃。霍伊斯根從基層的外交官員做起，一步一腳印學習外交工作；進入外交部的前六年，他擔任歐盟外交與安全政策高級代表（Hohen Vertreter für die Gemeinsame Außen- und Sicherheitspolitik der Europäischen Union）哈維爾・索拉納（Javier Solana）的辦公室主任和政治事務部主任，累積了相當豐富的國際經驗。政務次長烏爾里希・威廉（Ulrich Wilhelm）是政府發言人兼聯邦新聞局長，他為我的媒體活動和記者聯絡進行了仔細、周密的準備，過去他長期擔任巴伐利亞邦總理埃德蒙特・施托伊伯的發言人，讓他在媒體工作方面有非常豐富的經驗。當然，只有在聯邦國防空軍飛行勤務、各地使館和各國東道主的嚴密配合下，我才能完成當天的行程，並在期間得到最周到的照顧。外交部長法蘭克－瓦爾特・史坦邁爾與我一同出行，這也表明了，儘管我們過去曾在某些議題的立場不同，但我們願意在大聯合政府中緊密合作。

中午十二點四十五分，法國總統席哈克在愛麗舍宮的庭院迎接我，並在我下車時給了我一個吻手禮。他自一九九五年以來一直擔任法國總統，與施若德總理合作密切，他們兩人都希望在德國大選後能繼續合作，這已是公開的祕密。席哈克與我差異頗大，他比我年長近二十二歲，累積了數十年的從政經驗。我以坦率開放的態度面對他，也對他的政治成就表達敬意。十一月二十三日，我們進行了簡短的私下談話，有兩名口譯員在場，因為我不會說法語，而席哈克在正式會談中從不使用英語。德國外交部有一群出色的口譯員，在許多會談中給了我很多安全感。在複雜的對話中，最糟糕的事情就是擔心說出來的話無法完整、準確地被翻譯出來，尤其是語氣上細微的差異。這次訪問中的口譯員正是傳奇人物韋爾納・齊默曼（Werner Zimmermann），我早在柯爾的時代就已經認識他了。

會談後，與兩國的外長共進午餐，隨後舉行了我們兩人的聯合記者會。一切都進行得很順利。唯有席哈克提到的「德法軸心」一詞，我沒有採用。軸心這個詞無意間會讓人聯想起德國過去的黑暗時代，而且這樣的象徵對我來說過於僵化。但無庸置疑，德法合作對歐洲的過去與未來都至關重要。沒有兩國的合作，幾乎什麼也做不成。而我們的合作已經開始：席哈克和我就下次會晤達成共識，同意在十二月十五、十六日歐盟高峰會之前，於十二月八日在柏林會面。屆時我們將會討論歐盟預算，即所謂的二〇〇七至二〇一三年的多年財政規劃。

下一站是布魯塞爾，這次訪問北約總部具有重要的象徵意義。在上一屆施若德政府因伊拉克戰爭問題引發不合後，我和法蘭克－瓦爾特．史坦邁爾此行旨在共同表態對跨大西洋防禦聯盟的支持。

隨後，我禮貌性地拜訪了歐洲議會，並在歐洲執委會見到了熟人，也就是執委會主席若澤．曼努埃爾．巴羅佐。他自二〇〇四年七月起就職，此前於二〇〇二至二〇〇四年之間擔任葡萄牙總理。那段時間裡，我們於歐洲人民政黨（EVP）的會議上認識，該黨由歐洲各國的基督教民主黨和自由保守黨共組而成，其中包括基民盟和基社盟。巴羅佐和我都希望歐盟是一個有行動力的聯盟，為此歐盟財政的成功迫在眉睫。

在我們私下會談後，與整個執委會委員的晚宴上，我很高興大家迅速進入了正題。歐盟財政計畫與預算委員達利婭．格里包斯凱特（Dalia Grybauskaitė）精通所有細節令我印象深刻。她後來在二〇〇九年當選立陶宛總統，直到二〇一九年她卸任前，我們一直互相合作，解決了許多棘手問題。與執委會的晚宴可以說是為第二天的倫敦之行做了最好的行前準備。原本我想在巴黎和布魯塞爾後先拜訪華沙，但是波蘭總理卡齊米日．馬辛基維奇（Kazimierz Marcinkiewicz）當天無法與我會晤，所以未能成行。因此當天執委會的晚宴結束之後，我便飛回家了。

第二天，我在柏林主持了第二次內閣會議，接受了兩次採訪，然後在午餐時間前往倫敦。英國是歐盟輪值主席國，因此在歐盟高峰會之前拜訪東尼．布萊爾非常重要。下午兩點十五分時，他在唐寧街十號的官邸與我會面，那時他已擔任首相八年。我們於二〇〇四年認識，當時他（社會民主黨人士）和我（基督民主黨人士）共同努力，確保若澤．曼努埃爾．巴羅佐能成為歐洲執委會主席，而不是當時的比利時首相居伊．伏思達（Guy Verhofstadt）。這兩位候選人分別獲得各自黨團成員支持，這是歐盟內部因伊拉克戰爭分裂的後果之一。布萊爾和我都知道，我們的策略和決策思路很相似，可以相互信任。在十二月的歐盟高峰會上，他希望英國能夠圓滿完成輪值主席國的工作並獲得我的支持。但我知道，僅靠我們雙方的關係是不夠的。尤其是在農業政策的財政上，英國必須向法國、西班牙和德國讓步；另外，英國也要對中歐和東歐國家的財政挹注妥協，好讓該區域的經濟實力能在短時間內成長。要成功完成輪值主席國的任務是有代價的。我們討論了這些內容，並約定在歐盟高峰會開會前思考可能的折衷方案。隨後，我飛回柏林。

※　※　※

那個週五，我上任後的第三天，是第一個我可以完全專注在德國國內事務的完整工作日。早上，我參加了基民盟／基社盟邦總理的早餐會。這種協調各邦在聯邦參議院投票方向的會議後來通常放在星期四晚上，即聯邦參議院開會前夕舉行。現在，基民盟／基社盟重新掌管了總理府，這種立場協調變得比我們處於在野時期更重要。

下午，我前往杜塞道夫。國內的行程安排由總理辦公室負責國內旅行禮賓事務的佩特拉．安德斯（Petra Anders）規劃。如果搭乘飛機，便與聯邦國防軍共同排定；如果搭乘直升機，則與聯邦警察一起安排。我受邀在杜塞道夫展覽館舉行的手工藝中央協會（ZDH）全體大會上演說。協會的主席奧圖．肯策勒（Otto Kentzler）希望我能盡快在國會發表第一份政府聲明之前，來此介紹大聯合政府的執政計畫。由於新政府計劃增加稅收，手工藝行業對此非常不滿。畢竟，德國有九十萬家手工藝企業，約五百萬名員工。全體大會以尊重且好奇的態度歡迎了我。在演說結束後，這群以男性為主的聽眾站起來為我鼓掌。奧圖．肯策勒改編了歌劇《紐倫堡的名歌手》（*Die Meistersinger von Nürnberg*）中的一句話向我道別：「在這裡唱歌的這隻鳥兒，已經長好了牠的喙。」以此稱讚我已經能獨當一面。若今天站在這裡的是一名男性，他會用這樣的話稱讚他嗎？我相信他是好意，但還是貶低了我，至少我的感覺是如此。

離開杜塞道夫後，我飛往漢堡，出席基民盟和基社盟的地方政治協會（kommunalpolitische Vereinigung）晚間七點在漢堡會議中心舉行的年會。這個活動我很早以前就答應赴約，我也遵守了這個約定。我不想讓任何人覺得，一當上總理之後，我就置黨於不顧。活動結束後，我立即搭機返回，大約在晚上十點回到家。

勇於追求更多自由

第二天早上，二〇〇五年十一月二十六日星期六，早餐後，我自己開車從庫普夫格拉本街的公寓前往總理府。這是我擔任聯邦總理以來，第一個沒有正式公務行程的日子，因此並沒有請佩特拉·凱勒來總理府幫我化妝。我想獨自思考政府聲明的內容。十一月三十日，也就是下週三上午十一點，我會在聯邦眾議院發表這份聲明。週日，我將飛往巴塞隆納，參加歐盟國家與北非國家之間的會議。週一，我要接待我的首位外賓——納米比亞總統希菲凱普涅·波漢巴（Hifikepunye Pohamba），與他共進午餐，隨後在德國工商總會（BDI）總部德國經濟之家的大會上發表演說。週二的行程則有內閣會議、黨團會議，以及出席《法蘭克福滙報》邀請的秋季招待會。原訂於星期三的內閣會議是因聯邦眾議院當天需要開會而提早至週二。只有這個週六，我才能擁有不被打擾的幾個小時時間。

在總理府的大門口，一束美麗的鮮花吸引了我的注意。除了一樓負責安全和全天候有人值班的應變中心人員外，整棟大樓空無一人。我穿過大廳，走向電梯，然後朝左邊的迎賓庭院望去。星期一，我將在此迎接納米比亞總統，這裡的接待櫃檯上也擺放著一盆華麗的插花。一名安全人員陪同我搭電梯到了七樓的辦公室。在這個星期六，前廳沒有任何人。只有一位來自總理府廚房的工作人員為我準備了一個銀色的小咖啡壺和一個白瓷杯，放在我的桌上後就離開了。水杯和小瓶水一如既往地擺放在那裡。陪同我的安全人員坐在七樓空中大廳的扶手椅上，確保沒有人能在未確認身分的情況下進入我的辦公室。從此以後，只要我在總理府，便一直是這樣。

自從成為總理以來，我第一次安靜地環顧四周。我發現這個辦公室很漂亮，空間寬敞，兩扇大窗讓光線明亮充足，櫻桃木書架透露出優雅的氣息，黑色長會議桌和厚實的黑色辦公桌讓空間顯得務實專業，而寬敞明亮的會客區以及會議桌、茶几上的鮮花則為房間添加了幾分舒適。這些由總理府園丁們精心布置的花卉，不僅在這一天，在之後的每一天都令我心情愉悅。只需要短短幾分鐘，我便確信自己這輩子再也無法找到如此美麗的工作場所了。

我在黑色長桌的左前方角落坐下，先往右望向窗外的蒂爾加滕。一層薄薄的白雪覆蓋著樹林，增添了一份寧靜。然後，我從房間的另一扇大窗直視前方的國會大廈。我聽說，總理府的建築師阿克瑟·舒特茲（Axel Schultes）和夏洛特·法蘭克（Charlotte Frank）將總理辦公室的樓層設計在與聯邦眾議院院會廳同樣的高度。我不禁思索起自己未來與國會的關係。建築師非常成功地透過建築物闡明了行政權（聯邦政府）與立法權（聯邦眾議院與聯邦參議院）之間的關係。我想，總理府和國會大廈兩棟建物相對而立，象徵了聯邦政府和國會地位平等。然而，雙方的地位真的平等嗎？我們各自在國家中又扮演了什麼角色？這是我第一次以聯邦總理的身分思考這個問題。毫無疑問，聯邦政府為國會服務，國會議員由民眾選舉產生，聯邦眾議院與聯邦參議院共同通過聯邦政府內部定案後提交兩院的法案。這些法案極少在未經修訂的情況下通過成為法律。國會議員不僅要通過法律，還要選出聯邦總理。四天前，我也被聯邦眾議院的多數議員選為首位女性聯邦總理。我清楚意識到，自己的現在和未來都掌握在國會議員手中。然而，我是直接議席產生的國會議員，也是他們其中的一員。此外，我告訴自己，《基本法》的制定者賦予了聯邦總理一個強而有力的地位。一旦就任，國會無法輕易地讓他或她提前下台。《基本法》第六十七條規定了所謂的「建設性不信任投票」（konstruktives Misstrauensvotum），根據這條規定，只有當足夠多數的國會成員選出另一位總理人選時，才能讓現任總理下台。我認為這種狀況不太可能發生在我身上，至少當時我對於自己的新職位是有信心的。但我也意識到，聯合內閣內的各黨團將在我的工作中扮演決定性的角色。

我從桌上的小銀壺為自己倒了杯咖啡，心情突然愉悅起來。到目前為止，我的人生經歷了許多幸運時刻：一九八九年柏林圍牆倒塌的幸運，父母培養了我的技能和能力的幸運，我的所有家人、伴隨著我的朋友和同伴一直鼓勵支持我的幸運，即使有時我對他們來說並不輕鬆。

然後，我打開面前的文件夾，裡面有一疊厚厚的紙張，是我的政府聲明的初稿。聯邦總理府的專業部門以及總理辦公室負責演講與文稿的部門主管羅伯特．邁爾（Robert Maier），提交了一份政府聲明的草稿給我。邁爾自我在反對黨時期便已經開始為我工作，並且持續至我卸任。政治圈外的朋友也像往常一樣，向我和貝雅特．鮑曼提出了一些建議。貝雅特已經為我整理好了文稿。文稿的框架由聯合政府執政協議（Koalitionsvertrag）中的主要計畫構成，而這些計畫由總理府相關領域的專業部門編寫。我們私下稱政府政策目標這部分的演講為「黑麵包」，就像主食一般不可或缺。但是，我首次以政府首長身分在聯邦眾議院裡的第一次演講應該不僅限於此。我想要回答的問題是：政府的使命是什麼？我們將以什麼樣的精神工作？是什麼在驅使我前進？

我領導的政府是德意志聯邦共和國歷史上第二個大聯合政府，第一個是近四十年前於一九六六年組成的。這一次，我們在經歷了七年的激烈敵對和充滿詆毀的競選活動後，開始了合作。在聯合政府的談判期間，基民盟、基社盟和社民黨放下了敵意，有時甚至還會驚訝於彼此的共同點。我們所有人都對自己感到驚訝。我想在演講中提到這一點。然而，大多數議員和黨員耳中仍迴盪著過去幾年充滿對立與敵意的聲音。沒有了真正的敵人，政治還會有趣嗎？我深信答案是肯定的。但許多人卻覺得這種新局面令人痛苦。對基民盟和基社盟來說，這種痛苦還能忍受，因為現在總理之位在他們手中。但對社民黨來說，他們需要時間接受失去總理之位的事實。我感覺到，社民黨直到此時才意識到他們在「二〇一〇議程」改革上內部分裂所帶來的後果，而基民盟／基社盟在聯邦參議院是相當支持這些改革的。我希望保留這些改革，同時進行我們在競選期間承諾的改革計畫，儘管這些計畫差點讓我們失去執政的機會。與此同時，我也想促進大家團結一致，鼓勵他們對即將展開的合作有所期待。更希望民眾能感受到，他們的新政府有意願也有能力降低失業率。失業人口為四百五十萬，這是一個很嚴峻的數字。

對我來說，重要的是將一九八九年使我生活重大改變的事件，與一九四九年德意志聯邦共和國成立之初連結起來。最終的演講稿是這樣的：「我生命中最大的驚喜是自由。我曾預想過許多事，但從未預想過能在退休前獲得自由這份禮物……為什麼我們不能再次實現我們在德意志聯邦共和國創建初期所達成的成就？……讓我們在這個國家一起寫下更多精采的篇章吧……過去曾任大聯合政府副總理、後來成為聯邦總理的人曾說過：我們要勇於追求更多的民主。我知道這句話引發了許多非常激烈的討論。但顯然在當時獲得了許多共鳴。就我個人的經驗而言，這句話當時對於圍牆另一邊的人來說，聽起來如音樂般悅耳。今天，請允許我對這句話做出補充，讓我們呼籲自己：勇於追求更多的自由。」我在稿子旁邊畫了一個大大的驚嘆號。

毫無疑問，引用威利．布蘭特的話是大膽之舉，無論對我黨內和聯合內閣的夥伴都是如此。但這也表明：我不僅對自己有信心，也對我們這個政府和德國民眾有信心。事實上，我們真的必須對自己有信心才行。「二〇一〇議程」的改革不應該被推翻。這個改革為勞動市場、社會和稅收政策提供了更多彈性，這是降低過高失業率的先決條件。「我要以個人名義感謝施若德總理，他勇敢且堅決地用他的「二〇一〇議程」開啟了改革的大門，並在重重阻礙下推動了議程的通過。對此，他為我們的國家做出了卓越的貢獻。」我繼續讀下去。星期二在總理府舉行的交接儀式上，我已經表達過了這份感激之情，現在有必要在聯邦眾議院上再次表達。我也在這段文字旁的空白處畫了一個驚嘆號。演講稿的論述脈絡是正確的。

草稿中闡述政府具體計畫的部分自然沒有那麼鼓舞人心，就像我說的，就是塊黑麵包。儘管如此，這部分仍然很重要，因為它呈現了我們為自己制定的明確目標。我們希望創造出條件，讓德國的競爭力在十年內再度重返歐洲前三名。我在文稿上做了些注記，然後把所有紙張放回文件夾，走到貝雅特．鮑曼的辦公室，將演講稿放在她的桌上。讓我們突破自我，勇於追求更多的自由吧。我帶著這樣的想法開車回家。

週一和週二，貝雅特．鮑曼與總理府內的相關專業部門一起對政府聲明的文稿進行了最後修改。所有數字、資料和事實都再次查核。週二晚上，我將演講稿寄給法蘭茲．明特費林，讓他確認社民黨的意見是否也充分反映在這份政府聲明中。隔天早上，也就是發表政府聲明當天，八點零二分收到了他發來的一份傳真，注明「機密」並附有幾句對文稿的評論。他還在旁注中提到，這些建議是他在前一晚十一點左右親自用他的Erika打字機打的。我沒有採納他所有的建議，但強化了他認為欠缺強調的團結精神。

設定方向

當我在撰寫這本書而再次閱讀我的第一份政府聲明時，發現兩件事：首先，國內政策在聲明中的比例約為八成，外交政策僅占兩成。然而，在這一年中的許多時間，我的注意力反而主要集中在外交事務上。其次，當時我所提到的計畫無疑都很重要，但其中有些部分最終對德國產生了深遠的影響。當時，我只希望這些計畫能成功；現在，我可以確定它們成功了。

※　※　※

國家財政的整頓。當時的財政部長是社民黨、過去曾任北萊茵－西發利亞邦的邦總理佩爾．史坦布律克（Peer Steinbrück）。社民黨要求掌管這個關鍵部會，對基民盟／基社盟而言相當不利。二〇〇五年的聯邦預算處於非常糟糕的狀態，赤字從三％升至三．三％，超過一九九二年《馬斯垂克條約》的趨同標準（Konvergenzkriterien），德國在引入歐元時曾為了遵守這個標準而做了非常多努力。公共債務也是一樣，占當時國內生產毛額的六十七．七％，超過趨同標準規定的六十％，德國因此在歐洲失去了公信力。淨借貸的債務超過投資支出，利息負擔占了預算的十五％，預計的民營化所得收益實際上也只是空中樓閣。在聯合政府的談判中，我們不得不決定將加值營業稅提高三個百分點至十九％。其中兩個百分點，加上開徵旅行稅、增加保險稅額、減半聯邦公務員聖誕獎金、削減通勤津貼，以及縮減週日、國定假日加班費和夜班津貼等等措施，都是為了整頓國家財政。二〇〇六年五月十九日，聯邦眾議院通過了自一九四九年以來最大幅度的增稅。沒有這些前提，二〇〇九年五月二十九日就不可能將「債務煞車」（Schuldenbremse）機制納入《基本法》。自二〇一六年起，聯邦政府的新債務原則上不得超過國內生產毛額的〇．三五％；自二〇二〇年起，各邦更是完全不得增加新的債務。

※ ※ ※

降低企業用人的附加成本。我們利用加值營業稅增加的第三個百分點，將失業保險金額度減少一個百分點，各邦需要放棄這部分加值營業稅的收入。聯邦勞動及社會部長法蘭茲．明特費林則必須透過削減勞動市場政策措施再降低一個百分點。額外的人事成本降至四十％以下，這有助於提高企業的競爭力。

※　※　※

退休年齡提高到六十七歲。我在政府聲明中宣布，新任政府將於二〇〇七年完成此計畫的立法程序，這也是我們在聯合執政協議達成的共識。然而，這項法案草案實際上已於二〇〇六年二月一日在內閣會議上通過，而且與執政協議的版本不同。令我非常驚訝的是，法蘭茲・明特費林早在二〇〇六年一月底就已經在一次報紙訪談中提出了這個想法，並提及了更具體的細節。他希望在二〇二九年或甚至更早就將退休年齡提高到六十七歲，而非執政協議中設定的二〇三五年。他必須在三月份提交一份退休金保險的報告，顯然他想在那之前為退休金的未來定調。我認為，法蘭茲・明特費林想盡快在這個問題上做出實質突破，因為他和我一樣都認為六十七歲退休是人口老化的必然趨勢，並且不希望這個議題無止境地討論下去。他很清楚誰會反對，但似乎低估了反對的力道，因為尤其連社民黨內部也相當震驚。不過，最終以主席馬提亞斯・普拉策克為首的黨領導階層還是接受了這個提議，雖然基民盟／基社盟的霍斯特・傑霍夫與黨團主席佛爾克・考德對此頗有微詞。這反而進一步激怒了社民黨，特別是法蘭茲・明特費林。他可能覺得連我也不夠支持他，因為我無法阻止基民盟／基社盟內部的反對聲音。無論如何，我學會了和明特費林在一起時，要隨時做好事情可能會出乎意料之外的準備。

最後，我們決定在二〇二九年前逐步將退休年齡提高至六十七歲。對於已繳納退休金保險四十五年或以上的人，退休年齡維持原本的六十五歲。可惜的是，這是我任內最後一次通過完全以保障年輕世代為考量的退休金決議。

※　※　※

提高研發支出。二〇〇〇年三月，歐洲各國領導人在里斯本舉行的一次特別高峰會上，通過了所謂的里斯本策略（Lissabon-Strategie），旨在讓歐盟成為「全球最具競爭力且最具動能的知識經濟體」。為了實現這個目標，後來建議在二〇一〇年前將研究與發展支出提升至國內生產毛額的三%。二〇〇五年，德國在此領域的支出僅為二．四四%，與訂定的目標相去甚遠。巴登－符騰堡邦的前文教部長、時任聯邦教育與研究部長安妮特．沙萬與我堅信，達成三%的目標是提升歐洲全球競爭力的關鍵。我們也希望德國實現這個目標。三%的其中一個百分點應由聯邦和邦政府的公共支出承擔。為此，聯邦政府必須大幅增加支出，並協助各邦。安妮特．沙萬成功地持續增加她部門的預算經費。儘管因為經歷了全球金融和歐債危機等無法預見的逆境而超過了設定的時限，我們仍在二〇一七年實現了三%的目標。同年，我們決定在二〇二五年前將研發支出增加至國內生產毛額的三．五%，希望能夠跟上美國、以色列和韓國等國家的步伐。二〇二〇年，除了德國外，僅有比利時、瑞典、奧地利和丹麥達成了三%的目標，而歐洲成員國的平均支出為二．二%。遺憾的是，歐盟至今尚未成功達成二〇〇〇年里斯本高峰會設定的「世界上最具競爭力且動能的知識經濟體」的目標。

二〇〇六年八月，內閣通過高科技策略（Hightech-Strategie），作為德國新的創新政策的訊號；同年十月，前任政府批准了首輪的卓越計畫（Exzellenzinitiative），旨在支持德國大學科學與研究的資助計畫。由聯邦政府與邦政府共同簽訂的研究與創新協議也得以實行，並不斷修改與調整。這項協議也是在施若德政府時通過的，為非大學的研究機構提供了可靠、穩定成長的研究經費，進而保障了其規劃的確定性。藉此，許多在海外工作的德國科學家回到德國，頂尖的外國研究人員也紛至沓來。二〇〇七年八月，聯邦政府與各邦再簽訂高等教育領域協議，改善了大學在學生人數持續增加下的財政窘境。

二〇〇八年，聯邦與邦的科學聯席會議決定將利奧波第那科學院（Deutsche Akdemie der Naturforscher Leopoldina）更名為德國國家科學院（Nationale Akademie der Wissenschaften）。德國終於有了能與英國皇家學會（Royal Society）或法國法蘭西學院（Académie française）媲美並合作的機構。在德國於二〇〇七年擔任歐盟輪值主席期間，我們促成了歐洲研究院（Europäischer Forschungsrat）的成立，專為優秀的基礎研究提供資金支持。此外，經過多年努力，儘管幅度不大，我們為企業制定的研究開發稅務優惠也終於在二〇二〇年一月生效。

※ ※ ※

引入父母津貼（Elterngeld）。二〇〇六年一月，基民盟／基社盟在民意調查中的家庭政策評分高於社民黨，這在德意志聯邦共和國的歷史上很少見，這要歸功於原下薩克森邦的社會事務、婦女、家庭和健康部長烏蘇拉．馮．德萊恩（Ursula von der Leyen）。在我的內閣中，她擔任家庭、年長者、婦女和青年事務部長（Bundesministerin für Familie, Senioren, Frauen und Jugend）。基民盟／基社盟和社民黨過去都曾爭取引入父母津貼，但遲遲未能實現。現在，這項政策成為執政協議的一部分，也於二〇〇六年六月獲得內閣批准，並於九月在聯邦眾議院通過。父母津貼是根據收入給付的，用以補償父母在孩子出生後一段時間因照顧孩子而減少的收入。為了鼓勵父母雙方輪流照顧孩子，我們引入了所謂的父親育兒月（Vätermontate）。在父母雙方輪流照顧孩子的情況下，父母津貼的補助期限可從十二個月延長至十四個月。基社盟的邦團體領導人彼得．拉姆紹爾（Peter Ramsauer）曾嘲諷父親育兒月是「尿布實習」。儘管有許多批評的聲音，但這些措施最終還是成功了。

※　※　※

托兒所名額的法定保障權利。在聯合政府的協議中，規定要增加二十三萬個三歲以下兒童的托育名額，聯邦政府將在財政上支援各邦和地方政府。烏蘇拉．馮．德萊恩不僅要求增加名額，還希望為三歲以下兒童提供法定的托兒所保障名額。她成功說服財政部長佩爾．史坦布律克，將聯邦對各邦的任何財政補助承諾與托兒所名額的法定保障權利結合在一起。她敏銳地察覺到，隨著二〇〇六年以來失業率逐漸下降，聯邦預算的情況會有所改善，並打算利用這點推進她的計畫。她確信自己的提議會得到社民黨的支持，而財政部長也意識到反對是徒勞的，儘管現在所需資金比原先計劃的要高。二〇〇七年八月，聯邦政府與各邦達成協議，聯邦政府將在二〇一三年前提供四十億歐元支持各邦增加托兒名額。各邦或多或少都硬著頭皮同意從二〇一三年八月一日起，讓所有一到三歲的兒童都享有托兒所名額的法定權利。他們當然知道聯邦政府的資金絕對不夠負擔全部，但又不想放棄這四十億歐元。部分基民盟／基社盟（特別是基社盟）成員感到措手不及，他們更希望將這筆錢用於財政整頓。有些人甚至錯誤地認為，這會影響家庭自由選擇是否送孩子進托兒所的權利，彷彿這是一項強制托兒措施。這完全是一派胡言。不過，自從我以青年部長身分爭取托兒所保障名額的權利後，已經十五年過去了，時代已經改變。基社盟最後放棄反對，但要求為不打算讓子女進入托兒所的家庭提供每月一百五十歐元的托兒補助。這個措施安撫了反對者，卻激怒了支持者。他們擔心低收入家庭可能會覺得托兒津貼更具吸引力，因此要求母親在家育兒而不要外出工作。我認為托兒所名額的法定保障權利至關重要，為了不讓托兒津貼威脅到這項權利，我與埃德蒙特．施托伊伯達成協議，將托兒津貼納入法案，但在後續的聯邦法律中規定具體細節。社民黨出於團結聯合政府的考量同意了這個方案，但同時對結果提出了尖銳的批評。聯邦眾議院和聯邦參議院分別於二〇〇八年九月二十六日和同年十一月七日通過了《兒童扶養法》（*Kinderföderungsgesetz*），該法規定自二〇一三年八月一日起，托兒所名額的法定保障權利生效。二〇一三年二月二十日，聯邦法令公報公布引入托兒津貼法。同日，漢薩城市漢堡市長歐拉夫．蕭茲（Olaf Scholz）以該邦名義向聯邦憲法法院針對該法提起訴訟。兩年後，即二〇一五年七月二十一日，法院裁定聯邦政府在此缺乏立法權限，故托兒津貼的法規無效。不過巴伐利亞邦和薩克森邦將托兒津貼視為邦的福利，繼續補助。

根據聯邦統計局的數據，女性就業率從二〇〇五年的五十九・五%上升到二〇〇九年的六十五・一%和二〇二一年的七十二%。

※ ※ ※

融合與參與。在格哈德・施若德執政期間，二〇〇二年聯邦眾議院選舉後，聯邦政府移民、難民與融合事務專員辦公室（Das Amt der Beauftragten der Bundesregierung für Migration, Flüchtlinge und Integration）改隸屬於家庭事務部。二〇〇五年確定新政府的家庭事務部會由基民盟領導時，法蘭茲・明特費林要求要由社民黨出任融合專員。我表示反對。和他一樣，我很清楚這個議題的社會政治重要性，這個認知最遲從我擔任青年部長開始就有了。

這就是為什麼我希望融合辦公室能隸屬於總理府，並將負責的專員升為政務次長。這意味著晉升，因為隸屬總理府及外交部的國會國務祕書（parlamentarischer Staatssekretär）是可以出席內閣會議的政務次長，進而使融合事務成為總理直接負責的議題。法蘭茲・明特費林不太可能反對這種升級，而社民黨在其他地方也多了一個政務次長的名額。來自萊茵蘭－法爾茨邦弗蘭肯塔爾（Frankenthal）的議員兼基民盟／基社盟婦女聯盟（Frauen Union）主席瑪麗亞・博莫被認命為融合事務專員。我們一致同意，融合政策不應只是「為」有移民背景的人制定政策，而是要「與」他們一起制定政策。

二〇〇六年七月十四日，我主持了在總理府舉行的第一屆融合事務峰會，此後又舉行了十二次峰會。來自社會各領域的八十六位代表參加了第一屆融合事務峰會，多數代表來自移民組織。我們計劃在一年內共同制定一項全國性的融合計畫，重點放在教育、語言和幫助有移民背景者更順利地融入勞動市場。二〇〇七年七月十二日，該計畫在第二次融合峰會上通過，並在接下來幾年逐步實施。透過我們在總理府的工作，我們改變並展開了關於在德國共同生活的辯論。我了解到，過去經常圍繞在「多元並存文化」（Multikulti）一詞進行的支持或反對討論，實際上並無助益。排斥移民、拒絕接受移民帶來的社會變化是沒有用的；同樣地，假裝沒有任何問題，或是不需要付出努力就能促進不同文化和宗教間相互尊重的共存也是不切實際的。融合意味著來到這裡的移民和長期生活在這裡的人都需要努力。我一直以來的信念都是：若沒有開放和改變的意願，接納移民的社會就不可能實現真正的融合，而這個前提要對其他文化有基本的認識，或至少對它們感興趣。最重要的是，要始終將每個人視為個體，避免以偏概全的刻板印象，這樣才能成功實現融合，讓我們國家的所有公民都能平等地參與生活中的各個領域。

華沙

在我的政府聲明之後，緊接著是所有部會針對各自領域進行的國會議事討論，一直持續到二〇〇五年十二月二日星期五。當天，法蘭茲．明特費林在議會針對勞工與社會事務做說明，法蘭茲．約瑟夫．榮格（Franz Josef Jung）介紹國防事務，而我則前往華沙。當時德國與波蘭之間的氣氛十分緊張。二〇〇五年十月的國會與總統選舉中，法律與公正黨（PiS）獲得勝利，該黨對德美關係抱持懷疑態度，因為社民黨仍是德國政府的成員之一。與施若德政府不同，波蘭在二〇〇三年的伊拉克戰爭中支持小布希總統。此外，讓華沙政府極為不滿的是，二〇〇五年九月八日，即德國國會選舉前不久，俄羅斯天然氣工業石油公司（Gazprom）、德國油氣公司（Wintershall）和德國E．ON魯爾天然氣公司（E.ON Ruhrgas）在總理施若德和普丁總統的見證下，簽署了北溪天然氣管一號（Nord Stream 1）的基礎協定。波蘭反對這個計畫，更傾向支持鋪設經過波蘭或烏克蘭的管道。最後，德國與波蘭之間在柏林還存在一個所謂「看得見的象徵」（sichtbares Zeichen）[7]的障礙。這個「看得見的象徵」是德國新政府在執政協議中達成共識的計畫，旨在紀念二戰結束後約一千二百萬被驅逐出戰前屬於德國東部領土家園的德國人，這些領土現在屬於波蘭、俄羅斯和捷克共和國。華沙對於一個「看得見的象徵」的具體內容感到擔憂，即便援引聯邦總統約翰尼斯．勞（Johannes Rau）與波蘭總統克瓦斯涅夫斯基（Aleksander Kwaśniewski）於二〇〇三年十月發表的共同聲明也無濟於事，該聲明謹慎地將該計畫至於二十世紀整個歐洲逃亡與驅逐的歷史脈絡中討論。法律與公正黨，尤其是黨主席雅洛斯瓦夫・卡欽斯基（Jarosław Kaczyński），對德國始終抱有持著源於歷史經驗的懷疑和不信任。在納粹時代，德國為波蘭帶來了巨大的痛苦。因此，此行我希望能消除華沙的疑慮，同時也支持那些推動紀念計畫的人。直到十五年後，「逃難、驅逐與和解檔案中心」（Dokumentationszentrum Flucht, Vertreibung, Versöhnung）才於二〇二一年六月在柏林開幕。這場漫長且部分具爭議性的辯論，終於畫下一個完美的句點。

※ ※ ※

在我首次訪問華沙時，第一次與波蘭的政府首長卡齊米日・馬辛基維奇見面。我們談論了當前所有重要的議題。針對北溪天然氣管一號的建設，我提議從德國向波蘭鋪設一條連接管道，以回應波蘭對能源供應短缺的疑慮。至於「看得見的象徵」，我清楚表示，這是為了提醒人們驅逐行為的不公不義，但絕不會試圖淡化德國在第三帝國期間所犯下的罪行，也不會倒因為果。然而，我們最終的討論重點仍然集中在歐盟預算上。

波蘭自二〇〇四年五月一日起成為歐盟成員國。歐盟預算談判對波蘭和其他所有中東歐國

7 譯注：一個「看得見的象徵」這個想法最早在二〇〇五年由梅克爾政府納入聯合執政協議，當時只是個籠統的概念，尚未針對具體規劃達成共識。

家來說至關重要，因為該地區的經濟發展取決於結構基金（Strukturfonds）和凝聚基金（Kohäsionsfonds）的分配，以及來自歐盟農業補助預算的金額。我向馬辛基維奇承諾，會在合理範圍內盡可能支持波蘭。但同時也明確表示，由於二〇〇五年六月盧森堡擔任歐盟輪值主席的歐盟高峰會上，談判未能達成共識，若這次布魯塞爾的談判也失敗，將會對波蘭經濟造成嚴重的衝擊。

隨後，我禮貌性地拜訪了候任總統列赫・卡欽斯基（Lech Kaczyński），但與他哥哥雅洛斯瓦夫・卡欽斯基的會面卻臨時被取消了，這讓我深感遺憾，因為他才是法律與公正黨內的實際掌權者。這次會面被取消可能是因為我還見了當時的反對黨領袖唐納・圖斯克（Donald Tusk）。他在二〇〇一年創立了公民綱領黨（PO），我們因在歐洲人民政黨共事而相識，而且交情不錯。我欣賞他的直率和對自由的熱愛，從這位來自但澤的歷史學家身上學到了許多波蘭歷史的知識。多年後的二〇二三年秋天，我非常高興看到他在主打親歐路線的選戰中，成功獲得年輕選民的支持，並在二〇〇七至二〇一四年首任總理任期後，再度擔任總理。

歐洲理事會

二〇〇五年十二月十五和十六日，我第二次前往布魯塞爾參加歐盟高峰會，隨行的還有來自總理府歐洲事務部門和外交部的資深官員。此前，我已任命屋韋・柯塞皮烏斯（Uwe

Corsepius）為我的歐洲政策顧問。他是一位經濟學家，自一九九四年就在聯邦總理府工作，對歐洲事務瞭如指掌。不僅在這次高峰會上，在未來的歐洲事務工作中，他都是我的傑出夥伴和顧問。

當時，眾人對於能否就財政規劃達成共識並沒有抱太大期望，談判從星期四下午一直持續到星期六凌晨。訪問華沙之後，我清楚地意識到，無論高峰會結果如何，波蘭都會再次展現出對目標奮鬥的決心。因此，我認為波蘭政府有可能會是唯一在初步共識達成後提出反對的國家。預算案必須獲得所有成員國同意，結構極為複雜。個別成員國的調整都會連動影響其他成員國，每個人都希望維持現有的權益。這就是為什麼總是需要準備好談判籌碼，以便在必要時靈活運用。

果不其然，當高峰會對歐盟預算達成初步共識時，波蘭表示反對。除非波蘭能在談判中再取得更多成果，否則僵局恐怕難以打破。幸好我事先有所準備，能從我的談判籌碼中為波蘭額外提供一億歐元，用於發展波蘭東部最貧困的地區。我將這個方案提供給馬辛基維奇參考，但明確表示這已經是底線，若不被接受，這次高峰會便無法就歐盟預算達成共識。波蘭總理離開會場一陣子進行內部討論。經過漫長等待後，馬辛基維終於回座宣布同意該方案。高峰會得以圓滿地結束了，德波兩國關係也沒有受到影響。面對德國媒體對我提供波蘭財政支援的質疑，我坦然地接受。因為要在高峰會上取得共識，這是必要的做法。對我來說，這才是最重要的。

此時已經是十二月十七日星期六早晨。我飛回家。星期一，我將前往羅馬拜訪我的同事[8]西爾維奧・貝魯斯柯尼（Silvio Berlusconi）和義大利總統卡洛・阿澤利奧・齊安比（Carlo Azeglio Ciampi）。星期二，我會在總理府接待聖星唱遊人（Sternsinger）。星期三，十二月二十一日，我將前往瑞士度過聖誕假期。八天後，我回到工作崗位。十二月三十日下午四點半左右，在日暮時分錄製我的首次新年談話。

當時我已上任三十八天，接下來還有五千八百多個日子等待著我。

「何方，何方？你究竟消逝何處？」

二〇二三年六月，我和貝雅特・鮑曼來到波羅的海達斯半島上的迪爾哈根，專心撰寫這本書的部分章節。我們花了幾週時間翻閱行程的相關文件，篩選出重要事件，按主題分類，並思考哪些要深入講述，哪些僅需簡單提及，哪些又可以略過。我們必須仔細核對細節，因為手上的文件並不是日記，並非所有發生的事都有記載，而且記錄的行程也未必全都實際發生過。這就像是薛西弗斯的巨石，是一項永無止境的工作。在繼續寫作之前，我們決定休息片刻，去散步，整理一下思緒。初夏的氣息溫暖宜人，陽光普照。我們走出旅館，來到後面的海灘，然後左轉往格拉爾－米里茨（Graal-Müritz）的方向前進。

在路上，我對貝雅特・鮑曼說：「幸好二〇〇五年選舉前沒有人告訴我總理的日程有多忙，排得這麼滿簡直太瘋狂。能應付這麼多工作，我幾乎要佩服起我自己了。」

「這倒是真的。不過也沒有人被逼著當總理，這一切都是自願的。」她淡淡地回答。從前我抱怨行程太滿的時候，她也是這麼說。

「當然，這毋庸置疑。但這也是人生的時光，是消逝的時間。」我回道：「有時我會想起歌劇《尤金・奧涅金》（*Eugen Onegin*）中連斯基詠嘆調的第一句：『何方，何方？你究竟消逝何處？』」

貝雅特・鮑曼笑著說：「是的，我明白，但您也總是很享受您的工作，尤其是那種在政治上永遠不知道下一刻會發生什麼事的感覺。」

「確實如此，這種出乎意料的時刻經常讓我充滿動力。」我同意道：「不過翻閱這些行程時，也發現很多是每個星期、每個月、每兩到三年持續在重複的工作，就像是總理任期的骨幹。」我補充說。

我們邊走邊思考這些問題。這些都是例行公事。即便在沒有其他事情發生、特殊事件、突發危機時，單這些事務就足以讓我忙得不可開交。這些例行公事反映了我們聯邦共和國內政治機構間的協作，也保證了工作流程的穩定和可預測性。它們對我個人來說尤為重要，因為我希望能充分理解市政府、邦政府和聯邦政府中各司其職的政治人物之職責與利益。我相信，理

8 譯注：德國對於不同國家的同等職位者亦採用「同事」一詞，因此梅克爾總理對於各國總理皆以此稱呼。

解這些有助於解決問題，並與他人達成妥協。例行公事還代表著，在我們國家中不是只有政治在獨自承擔責任。為了實現社會福祉、公共利益，工會和商會、教會和宗教團體、媒體、社會和體育協會等都肩負著責任。全國有兩千九百萬人投入志工的工作。聯邦憲法法院前法官恩斯特－沃夫岡・波肯費爾德（Ernst-Wolfgang Böckenförde）曾說：「自由、世俗化國家的存在奠基於自身無法保證的前提上，這就是它為了自由而不得不承擔的風險。」無論是過去還是現在，我都認為這個想法很有說服力。這句後來被稱為波肯費爾德箴言的話一直在提醒我，必須維護我們國家的這些前提。在我作為總理履行義務，進行無數次談話、會面、會議時，無時無刻都在體會這句話的意義。

我對貝雅特・鮑曼說：「我認為這值得一試，把這些都具體呈現出來。」「沒錯，而且不要用太複雜的方式。」她也同意。我們決定不以我作為聯邦總理、黨主席和議員等不同職務和職責的順序來介紹這些例行公事、國內各機構與各層級的合作，也不按照優先順序，而是最簡單地按照字母排列。

大約四十五分鐘後，我們掉頭，沿著海灘的原路回到飯店。在那裡，我們把我十六年總理任期內的例行公事寫了下來。

除非特別注明，這些都是固定每年一次或平均每兩年一次的行程。

A

德國家庭組織工作小組（Arbeitsgemeinschaft der deutschen Familienorganisationen e. V.）：與德國五大家庭協會的主席會面，包括德國家庭協會（DFV）、福音教會家庭工作小組（eaf）、天主教家庭聯盟（FDK）、單親母親和父親協會（VAMV）、跨國家庭和伴侶協會（iaf）。

常設委員會（Ausschüsse）：出席聯邦眾議院的外交事務委員會，每年至少參與一次聯邦眾議院的歐盟事務委員會。

B

選區訪問團（Besuchergruppe aus dem Wahlkreis）：在總理府或聯邦眾議院接待我選區的訪問團。

德國長青組織聯邦總會（BAGSO）：與由約一百二十個會員組織組成的工作小組主席會面。

各邦（Bundesländer）：在聯邦參議院開會前一天的週四晚上，與基民盟執政邦的邦總理共進晚餐；參加各邦在柏林的邦代表處舉辦的夏季節慶活動。

聯邦總統（Bundespräsident）：每季會談一次；與所有憲法機關代表及聯邦內閣成員共進晚餐。

聯邦記者會（BPK）：舉行年度夏季記者會，以及因應特殊事件舉行的記者會。

聯邦憲法法院（Bundesverfassungsgericht）：與聯邦憲法法官及聯邦內閣成員在卡爾斯魯爾的聯邦憲法法院或柏林的聯邦總理府共進晚餐。

市民諮詢時間（Bürgersprechstunde）：每六至八週在我位於史特拉頌選區辦公室的諮詢時間，自我擔任總理起，需先行預約。

C

基民盟（CDU）：每兩週一次的週一舉行主席團會議，每週一在阿德諾大樓舉行聯邦執委會會議；每年初舉行為期兩天的聯邦黨委會閉門工作會議；每年舉行一次聯邦黨大會以及年會前的地區會議；每月一至兩次在阿德諾大樓與黨祕書長、聯邦黨務主任和阿德諾大樓各部門主管舉行黨主席現況會談（PV-Lagen）；每四年舉行聯邦眾議院競選活動，出席約五十至六十場聯邦層級的演講活動，與社民黨總理候選人進行電視辯論，以及參加其他訪談和大選相關節目。

基民盟／基社盟國會黨團（CDU/CSU-Bundestagsfraktion）：聯邦眾議院每年會期約二十週，期間參加每週二下午三點的黨團會議，以及在每年夏季休會結束前參加黨團委員會的閉門工作會議；與個別工作小組、地區小組、社會團體小組（婦女小組、勞工小組、中小型企業國會小組，以及被驅離者、德裔移民、德裔少數民族小組、青年小組）以及與俗稱「地毯商人圓桌」[9]（邦集團主席和社會團體小組主席的聚會）進行討論。

基民盟各邦議會黨團（CDU-Landtagsfraktionen）：每四至六週在週日晚間，與各邦議會基民盟黨團（含基社盟黨團）主席、基民盟／基社盟國會黨團主席及黨團幹事會面。

漢諾威電腦展（CeBIT）：參加漢諾威資訊與通訊技術博覽會開幕，參觀展覽會，歡迎各夥伴國家政府首長蒞臨。（二〇一八年起停辦。）

基社盟（CSU, Christlich-Soziale Union）：週一上午與基民盟和基社盟黨內與黨團核心領袖進行電話會議；在基社盟黨大會擔任演講嘉賓；參加基民盟與基社盟主席團聯席會議，在聯邦眾議院選舉前提名總理候選人及通過競選政策方針。

D

德國農民日（Deutscher Bauertag）：參加農業產業會議，並在德國農民協會（Deutscher Bauerverband e.V., DBV）會員大會上致詞。

德國身心障礙者代表會（DBR）：與代表德國近八百萬重度身心障礙人士利益的協會代表委員會的代表會面。

德國福音教會日（DEKT）：參加德國福音教會基督徒聚會的聖經研讀或討論會。

德國工會聯盟（DGB）：與工會理事會以及主席與隸屬聯盟之個別工會主席進行會議。

9 譯注：Teppichhändlerrunde，一個比喻，指的是東方市集裡，商人與家之間為了價格討價還價的情況。

德國農村婦女協會（dlv）：參加農村地區婦女協會理事會的年會或會談。

德國最佳學校獎（Deutscher Schulpreis）：與聯邦總統交替參加舉行的年度頒獎典禮。

數位高峰會（Digital-Gipfel）：參加自二〇〇六年起由聯邦經濟技術部舉辦的大會，與來自商界、科學界、社會界以及聯邦政府部會代表會面。（二〇一六年前稱為國家ＩＴ高峰會。）

外交使團（Diplomatisches Corps）：在聯邦總理府或聯邦政府位於梅澤貝格（Meseberg）的賓館接待各國大使和國際組織代表團。

E

歐盟校園日（EU-Projekttag an Schulen anlässlich des Europatages）：在五月九日歐洲日前，參訪一間學校並與學生進行討論。

歐盟高峰會（Europäischer Rat）：歐洲聯盟成員國的國家政府首長及歐洲執委會主席於每年三月、六月、十月和十二月召開會議，還有額外的會議和非正式會晤。

歐洲人民政黨（EVP）：在歐洲高峰會前參與歐洲人民政黨主席團會議，並參加一年一度歐洲人民政黨年度大會。

歐洲工業圓桌會議（ERT）：與法國總統及歐洲執委會主席共同會見約六十位歐洲領先企業的首席執行長，討論如何加強歐洲的全球競爭力及必要的條件框架。

G

G7（G8）：德國、法國、英國、義大利、日本、加拿大、美國的國家元首和政府首長會議。一九九八至二〇一三年期間也包括俄羅斯。

G20：自二〇〇八年起參加G20峰會，這是由十九個重要經濟體和歐盟的國家元首、政府首長、財長以及國際組織代表組成的論壇。

女孩日（Girl's Day）：參加同名的職業導向計畫的活動日，該計畫旨在鼓勵女孩探索技術與自然科學相關職業。

評估報告（Gutachten）：接受「五位經濟智者」（fünf Wirtschaftsweisen，即德國經濟專家理事會）針對德國經濟的評估報告，並自二〇〇八年起亦接受研究與創新專家委員會專家的六名專家提出的評估報告。

H

漢諾威工業博覽會（Hannover Messe）：開幕致詞，並與各夥伴國的政府首長一同參觀。

預算週（Haushaltswoche）：每年七月初，內閣會通過聯邦預算草案和預算配套法案（Haushaltbegleitgesetz），並制定中期財政規劃。參加聯邦眾議院在九月夏季休會後第一週對預算的審議，隨後每年十一月舉行第二個預算週，兩次預算週的星期三上午進行總辯論（Generaldebatte），並討論聯邦總理府預算；十一月的預算週期間，與預算委員會成員及其工作人員在總理府共進晚餐。

新聞說明會（Hintergrundgespräche）：與平面媒體和電子媒體記者進行不公開的對談，地點可能在飛機上、總理府，或是由報社、出版社和電視台舉辦的活動上；這些會談在本書中仍保持機密。

洪堡基金會（Humboldt-Stiftung）：與巴西、中國、印度、俄羅斯、南非或美國的聯邦總理獎學金得主在總理府合影留念。

I

創新對談（Innovationsdialog），自二〇一〇年起如此稱呼。二〇〇六至二〇〇八年稱為創新及成長委員會（Rat für Innovation und Wachstum）：參與聯邦政府、業界與學界間的交流，由德國國家工程院（acatech）協調。

國際車展（IAA）：參觀並與德國汽車工業協會（Verband der Deutschen Automobilindustrie）主席團會面。

國際組織：自二〇一〇年起，在聯邦總理府和五個國際金融和經濟領域的領導人會談：國際勞工組織（ILO）、國際貨幣基金組織（IMF）、經濟合作暨發展組織（OECD）、世界銀行（WB）和世界貿易組織（WTO）。

訪談：基於平等原則，在一天內接受多家媒體的訪問，如參加特別節目、夏季訪問、政論節目，不定期接受報紙訪問，包括全國性媒體及地區性報紙或多家報紙聯合；偶爾與德國外國記者協會（Verein der Ausländischen Presse in Deutschland e.V.）成員進行對談，交流內容可以公開報導和引用。

J

德國福音教會的施洗日約翰招待會（Johannisempfang des Rats der Evangelischen Kirche in Deutschland）：在六月二十四日的施洗日約翰日前後，參加德國福音派教會（EDK）代表的年度招待會。

青年研究（Jugend forscht）：接待由青年研究協會（Jugend forscht e.V.）基金會自一九六五年起舉辦的青年科學競賽的得獎者，並在總理府頒發聯邦總理特別獎給最具創意的作品。

K

內閣會議（Kabinettssitzung）：每週三上午九點半舉行，有些情況例外，如預算週、聖灰星期三（Aschermittwoch）、復活節後的星期三、夏季的兩個星期（夏季其中一次內閣會議傳統上由副總理主持），以及聖誕節和新年之間的星期三。會議之前，與聯合政府內個別政黨的內閣進行早餐會，基民盟／基社盟排定在星期三上午八點十五分，與副總理的討論於九點十五分在總理辦公室舉行。

狂歡節招待會（Karnevalsempfang）：接待德國狂歡節聯盟（Bund Deutscher Karneval）的理事會成員，以及來自各邦的王子、王子夫婦或三人組（王子、農夫與少女），還有獲獎舞蹈團。這個活動總是帶給我很多歡樂，儘管有些報導稱並非如此。

天主教教會日（Katholikentag）：參與德國羅馬天主教基督徒（römisch-katholische Christen）聚會的聖經研讀或討論會。

地方自治代表協會（Kommunale Spitzenverbände）：與德國縣代表會（DLT）、德國市代表會（DST）和德國鄉鎮代表聯合會（DStGB）的理事長和執行長會談。

康拉德・阿德諾基金會（KAS）：作為董事會成員，每年出席四次基金會董事會會議以及年度會員大會。

M

化妝（Maske）：每天早晨由佩特拉・凱勒或偶爾由代理人進行妝髮，因為聯邦總理對內對外都代表著國家形象。

人權組織（Menschenrechtsorganisationen）：與國際特赦組織（Amnesty International）、人權觀察（Human Rights Watch）等組織會談，尤其是在國際會議之前進行。

梅澤貝格會談（Meseberger Gespräche）：在梅澤貝格城堡的聯邦政府賓館與工會和商業

組織會面。

邦總理聯席會議（**MPK**）：每年六月和十二月在聯邦總理府與各邦政府首長會談，必要時會增加會議次數。在新冠疫情期間，兩年內就有近三十次會議。

晨間會報（**Morgenlage**）：與親信助手討論所有可能議題，為政府發言人的記者會做準備，會議時間約三十分鐘。只要時間允許，每週二、四、五早上八點半舉行；週三因內閣會議提早於七點四十五分進行。

慕尼黑安全會議（**MSC**）：在會議上發表演說並參與討論，此國際外交與安全政策會議自一九六三年起於每年二月舉行。

N

全國海事會議（**NMK**）：參加海事產業企業（造船業、造船供應業、海港產業及物流業）年會並發表演說。

國家規範監督委員會（**NKR**）：接受十人委員會的年度報告。該委員會自二〇〇六年起開始評估私人企業因為需要向政府提交內部相關資訊而產生之官僚成本。自二〇一一年起，該委員會也開始分析即將通過之法律的潛在後續成本。

新年談話（**Neujahrsansprache**）：每年十二月三十日接近傍晚時，在聯邦總理府由德國公共電視第一台與第二台輪流每年進行錄製。

聯邦總統新年酒會（Neujahrsempfang des Bundespräsidenten）：參加於貝勒維宮舉行的活動。

選區新年酒會（Neujahresempfang im Wahlkreis）：為感謝邦議會議員、地方政治人物、商界代表和支持者而舉辦的活動。

R

永續發展委員會（Rat für Nachhaltige Entwicklung）：參加年會，聽取委員會的年度工作報告。

聯邦總理在聯邦眾議院接受質詢（Regierungsbefragung der Bundeskanzlerin im Bundestag）：自二〇一八年起，每年三次，於週三下午一點見行，每次約一小時。

於聯邦眾議院發表政府聲明（Regierungserklärung im Bundestag）：在每屆任期開始時、歐盟高峰會前後、G8和G20會議前後、北約高峰會前後，或因應當前情勢發表，並於眾議院進行討論。

雙邊政府諮商會議（Regierungskonsultationen）：德國聯邦內閣與法國、以色列、義大利、荷蘭、波蘭、西班牙、中國、印度和土耳其等國政府會談；因俄羅斯吞併克里米亞事件，與俄羅斯的諮詢會議於二〇一四年中止。

S

社會創新競賽（Startsocial）：由社團法人「社會創新協會」（startsocial e. V.）舉辦的比賽。在這項比賽中，企業界代表支持該協會發起的公益專案、擔任輔導人，並致力於將企業界的知識轉移至志願服務領域。聯邦總理作為名譽贊助人，並參與頒獎典禮。

體育之星（Sterne des Sports）：參加由德國奧林匹克體育聯盟（DOSB）和人民銀行（Volksbanken）、國民銀行（Raiffeisenbanken）舉辦的體育之星頒獎典禮。此獎項表彰在體育領域之外，對社會也有積極貢獻的體育協會。每年由聯邦總理與聯邦總統輪流頒發。

聖彌額爾招待會（St.-Michaels-Empfang）：參加德國主教會議在接近聖彌額爾總領天使節的年度招待會，聖彌額爾總領天使被視為德國的主保聖人。

T

聯邦政府開放日（Tag der offenen Tür der Bundesregierung）：在總理府的迎賓庭院與參觀總理府的訪客會面，並與傑出運動員在總理花園的台上進行討論、簽名與自拍。

U

環保協會（Umweltverbände）：與德國環境與自然保護聯盟（BUND）、德國自然保護協會（DNR）、德國自然保護聯盟（NABU）和世界自然基金會（WWF）德國分會會談。

總理假期（Urlaub）：在度假地點設置一個功能齊全的辦公室，並有一名隨行工作人員——聯邦總理無論何時何處都隨時待命。

V

情人節（Valentinstag）：與園藝中央協會（ZVG）會長合影，並在聯邦總理府接受一束鮮花。

德國非政府組織發展政策和人道援助總會（VENRO）：與此總會進行交流，該會是發展援助政策的非政府組織總會，通常會在G8和G20等重大國際會議之前進行。

公益福利組織協會（Verbände der Freien Wohlfahrtspflege）：與組成聯邦公益福利組織總會（Bundesarbeitsgemeinschaft der Freien Wohlfahrtspflege e. V.）的各成員協會的代表會談：工人福利協會（Arbeiterwohlfahrt）、德國明愛會（Deutscher Caritasverband）、平等福利總會（Paritätischer Gesamtverband）、德國紅十字會（Deutsches Rotes Kreuz）、德國福音教會社會服務組織－教會慈善與發展工作（Diakonie Deutschland-Evangelisches Werk für Diakonie und Entwicklung），以及德國猶太人中央福利機構（Zentralwohlfahrtsstelle der Juden）。

總理影音Podcast（Videopodcast）：除假期外，每週於總理府就當前主題錄製，通常在週六上午發布。

W

聖誕節（Weihnachten）：收到德國林地所有者協會總會（AGDW）贈送給總理府的三棵聖誕樹，以及贈送給總理辦公室的西洋棋。參加總理府、國會黨團、基民盟聯邦辦事處、梅克倫堡－佛波門邦地區團體舉辦的聖誕慶祝會；與聯邦國防軍部署在海外的聯邦國防軍視訊；透過聯邦國防軍軍用電台安德納赫廣播電台（Radio Andernach）向軍人致以問候；接待在國外服役的士兵和警察之親屬。

商業協會（Wirtschaftsverbände）：參加年度會議、會員大會；在慕尼黑手工藝展覽會（Internationale Handwerksmesse München）與各協會進行會談：德國雇主協會總會（BDA）、德國工商總會（BDI）、德國手工藝中央協會（ZDH）、德國工商會（DIHK），以及聯邦批發、外貿與服務聯合會（BGA）。與商業代表團出訪海外。

達佛斯世界經濟論壇（WEF）：在世界經濟論壇（一個由政界人士、商界、科學界和非政府組織代表的交流平台）國際年會上發表演說、參加討論和舉行會談。

※　※　※

貝雅特．鮑曼和我把寫有內容大綱的紙推到一邊，繼續思考。我們不想只呈現一份清單，更希望進一步闡明究竟是什麼在引導我、支撐我，尤其是誰讓我得以堅持下去。我們決定回到總理生涯的起點，回到二〇〇五年十一月二十二日下午兩點，諾貝爾特．拉默特在聯邦眾議院拿著《基本法》原始文本讓我宣誓的那一刻。我再次回憶起誓詞。不同的是，這次我帶著十六年的任職經歷，於十八年後重新審視。

※ ※ ※

「我宣誓，我將為德國人民的福祉奉獻自己的力量。」這是誓詞的開頭。是的，我是所有德國人的總理——無論是那些投票給我，還是沒有選擇我的人。我必須為他們所有人鞠躬盡瘁，隨時待命，在星火還未燎原前就先撲滅它。每天都有無數機會讓我為人民奉獻，但感謝上帝，每天也同樣有足夠的時刻和地點讓我恢復力量。有時候，只要一頓總理府廚房為我和談話對象準備的簡單午餐就可以。我很感激能享有這樣的特殊待遇。在國際出訪後調整時差或熬夜開會的日子裡，能喝上一碗雞湯、馬鈴薯湯或扁豆湯真的很棒。綜合沙拉也讓我念念不忘，如果要在家裡做這道料理，不知道得切菜切到什麼時候。而在擔任總理期間，這些都有人為我準備好了。貝雅特．鮑曼和我經常一起吃飯，一邊討論整體政治局勢和待定的決策。

抽出時間靜下來，將目光轉向自己世界之外的事物，對我來說非常重要。在擔任總理期間，位於烏克馬克的房子一直是我和約阿希姆的避風港。儘管我經常週五深夜才抵達，週六一早就離開，直到晚上才能回來，但我還是很喜歡在那裡過夜，在花園裡散步，享受陽光和鳥鳴，看看我的花圃，沉浸在寧靜之中。我的壓力會瞬間減輕，思緒也會變得清晰許多。只要有機會，我都希望週六晚上能待在家裡，即便這意味要拒絕許多有趣的社交邀約。享受一個安靜的晚上，與約阿希姆聊天，對我來說更重要。我會為我們下廚，這樣我的手藝不至於完全生疏。週日上午是我不受打擾的時光，決定一些我預定在週末才著手處理的事；週日下午我會被載回柏林，通常接著就是一連串的電話會議，為接下來的一週做準備。

與我父母和弟弟馬庫斯、妹妹伊蓮娜聊上天也是很重要的事，儘管時間實有限。他們以我為榮，但也會對我的決定提出批評，特別是馬庫斯。伊蓮娜則是我耐心的知己。當我的父母日益衰弱時，沒有足夠時間探望他們讓我感到非常痛苦。我父親在二〇一一年八十五歲時離世，母親在二〇一九年九十歲時離世。然而，政治事務很無情，即便面對至親過世，也不允許我有太多時間哀悼，更不用說葬禮上的圍觀令人難以忍受。在這些時刻，我經常感覺自己能承受的範圍已經到了極限。對於在那段時間裡伸手幫助我和我的家人，至少讓我們保有些許隱私的人們，我心中充滿無盡的感激。

※　※　※

「增益人民之益，免其受害，維護並捍衛基本法和聯邦法律。」這是我繼續宣誓的內容。憲法第六十五條規定：「聯邦總理應決定政策方針並負其責任。」當然，我必須遵守各項聯合政府協議，亦即政黨在共同組閣前的聯合政府談判中決定的工作計畫。但我不能躲在聯合政府協議背後。作為總理，我必須主導政府的運作，在內閣營造有利協商的氛圍，主動提出倡議，並透過日程安排專注於我認為優先的事項，也要針對突發事件找到政府的共同立場。如果身邊沒有可以完全信任的人，是無法做到這一點的。我辦公室的工作同仁、政府發言人和他們的副手、總理府幕僚長，他們在某種程度上分擔了總理的政治重擔，並共同領導著總理府與工作同仁。還有總理府的政務次長與專業部會裡的所有工作同仁，他們都透過自己的工作不斷以最好的方式為我做好準備，協助我實現增益人民之益，免其受害的政治目標。

※　※　※

「我將盡忠職守，公平對待每個人。」這是誓詞的最後。我不禁倒吸一口氣，當時我究竟做出了什麼樣的承諾？我當然想認真履行我的職責，至少盡我所能做到問心無愧。這是我迄今為止在人生每個階段都遵循的準則。然而，公平對待每個人？多年後的今天，我發現這幾乎是個不可能的任務。德國有超過八千萬人，包括德國公民以及那些並非本土出生，但已長期居住在我國的人。他們應該能夠按照自己的想法生活，滿足自己的願望，實現自己的夢想，並且相信在遭遇重大困難時，能得到適當的保障。理論上，政治工作是要幫助個人達成理想中的成功生活；但實際上，我必須確保自己不會與現實脫節。我坐在受保護的車裡來回奔波，被安全人員全方位保護，擠在排得滿滿的行程表裡，周圍盡是請求與恭維的話語。我必須採取預防措施，以免自己迷失方向，錯過自我發展的機會。不要只是一味地說，而忘了聆聽和學習。我要避免自己像困在跑輪上不停奔跑的倉鼠，要繼續保持開朗和好奇的心。這就是為什麼我總是堅持親自決定要參加哪些行程，哪些不參加。我必須學會不要倉促地做出這些決定，因為臨時取消赴約遠比一開始就不赴約更令人失望。

然而，每當一個很久前就答應的行程即將到來時，我不知道多少次暗自咒罵自己。有時我甚至不明白，當初是什麼讓我同意了這個邀約。如果這不是我自己做的決定，我可能就會責怪別人。決定行程的關鍵準則就是平等，也就是誓詞中所說的公平對待每個人。聯邦層級的活動是聯邦總理可以參加的，而邦層級的活動原則上不是，否則我會被指責為何選擇參加這個而不是另一個。當然，這必然會有例外，但例外必須真的是特例。只有在我的選區，平等對待的原則才會退居次要。在這裡，無論是中小企業、農產公司、學校、托兒所、就業中心還是自然保護區，我都透過實地拜訪而深入了解當地情況。我會傾聽旅館、養老院、醫院和婦幼醫院的問題。在選區裡，我總有一種這是我政治上的家的感覺。

在我的工作中，有兩個會議的特性是高度坦誠開放的。第一個是在總理府舉行的晨間會報，這個會議的氣氛有時愉悅、有時壓抑，尤其是我們同時收到太多壞消息的時候。我們不會逃避現實、自欺欺人，最重要的是每位與會者都對現狀做出誠實評估。我們若不是一起定下解決方案的步驟，就是坦承我們尚未找到解決方案。就算是後者，也能讓人如釋重負。這樣一來，我能帶著現實的視角開始這一天的工作。

第二個能暢談的會議是每個月一次的週日聚餐，與我在政府、國會黨團和黨內最信賴的基民盟友人在總理府八樓共進晚餐。我們非常坦率地分析政治形勢，並協調接下來幾週的工作方針。我會分享在歐洲和國際層面上的經驗與挑戰。平常在繁忙日程中無法討論的問題，也會逐漸浮現在檯面上。我會逐漸了解哪裡正在形成緊張的局勢、誰需要幫助和支持，而我的對話夥伴也開始理解我的動機、遇到什麼樣的困難。直到今天我仍然很感激，因為幾乎每次所有人都參加了，而且這些會議中的內容從未外洩過。

※　※　※

我在誓詞中加入了「願上帝助我」這幾個字。宣誓時可以不講這句宗教性的誓詞，但這句話對我來說很重要。我相信上帝的存在，即使我常常無法直接理解或感受到祂。因為我知道自己並不完美，也會犯錯，所以信仰讓我的生活和使命變得簡單一些，讓我在被賦予力量的同時，承擔對同胞和受造的責任，而不至於自我膨脹，也不因自己能力的侷限而輕易屈服。先知耶利米（Jeremia）的話說出了我的心聲：「你們要為那城求平安……因為那城得平安，你們也隨著得平安。」公開說出「願上帝助我」這句話，讓我在面對艱難決定的同時，也能感受到被保護。

「現在回顧起來，在寫這本書的過程中，我很高興看到在我擔任總理期間，除了每天發生的混亂事件之外，還有一些東西在這十六年間、在這五千八百六十天支撐著我，如果不算上任的第一天和最後一天的話。」在波羅的海休閒寫作之旅中，繼續進行下一個章節之前，我這麼對貝雅特．鮑曼說。

新辮子[10]

在我的第一次新年談話中，我也為二〇〇六年夏天即將在德國舉辦的世界盃足球賽做了鋪陳。女子國家隊已經樹立了榜樣，在二〇〇三年美國舉辦的世界盃上成為世界冠軍。我表示，我看不出有什麼理由男子國家隊不能同樣成功。兩個半月後，二〇〇六年三月十五日星期三，德國足球協會（Deutscher Fußballbund, DFB）的高層來到總理府作客。和我一同在總理府八樓共進晚餐的有：法蘭茲・貝肯鮑爾（Franz Beckenbauer），他作為球員和教練都曾獲得世界盃冠軍，也促成了這一屆世界盃在德國舉辦、德國足球協會執行長提奧・茨旺齊格（Theo Zwanziger）、國家隊經理奧利弗・比爾霍夫（Oliver Bierhoff），以及國家隊教練尤根・克林斯曼（Jürgen Klinsmann）。我們一起討論了準備工作的情況。整個晚上，克林斯曼都充滿樂觀和衝勁。能保有這樣的心態並不容易，因為兩週前在佛羅倫斯的世界盃首場熱身賽中，他的球隊以一比四敗給義大利，半場結束時的比分就已經是零比三了。德國隊在二〇〇五年下半年的幾

10 譯注：德語俗語中以舊辮子（alte Zöpfe）形容過時的觀念、傳統或習慣。這裡以新辮子隱喻拋棄過時的方法、觀念。

場國際賽也不甚理想，兩勝、兩平、兩敗，稱不上是令人振奮的足球年。尤其那兩場勝利分別是在二〇〇五年九月對上南非、十月對上中國，兩場對手都算不上足球界的頂尖強隊。因此，整支球隊的表現受到了大眾的質疑。

然而，真正的爭議焦點其實是尤根．克林斯曼的生活方式。或者不要說得太戲劇性，他希望在國際賽期間能有部分時間飛回他的第二故鄉，與加州的家人在一起，即使這意味著十二個小時的飛行時間和九個小時的時差。克林斯曼自二〇〇四年開始擔任國家隊教練。在爭議發生之前，大家都認為他和他的團隊無疑會全力以赴，讓德國隊在自己的主場贏得世界盃。但在德國大敗給義大利之後，克林斯曼直接飛回了加州的家。儘管德國對上的是後來的世界盃冠軍義大利，但二〇〇六年三月時還沒人知道這點，因此使得克林斯曼在擔任國家教練不久後就面臨被撤換的可能。這次回家的航班似乎多飛了。法蘭茲．貝肯鮑爾、提奧．茨旺齊格、絕大多數的媒體和數百萬球迷，幾乎所有人都覺得這是沒辦法接受的事。他們覺得，如果德國國家足球隊的教練認真對待他的工作，並清楚事態的嚴重性，就應該住在德國。當然，雖然二〇〇六年時還沒有智慧型手機，但已經可以使用手機和電腦通訊，克林斯曼當然也會使用。顯然，無論是在足球還是現實生活中，什麼都比不上面對面的溝通交流。但事實是，每個人都需要以自己的方式找到力量。克林斯曼的方式似乎是需要與德國保持物理距離和時差，或者說是能回到九千公里外加州的家人身邊，這卻讓他受到了責難。我們當時還不認識，但我很能理解他。我尤其欣賞的是，他和他的團隊自二〇〇四年以來為德國足球所取得的成就。我認為全盤否認這點是不對的。

晚餐前，我在尤根．克林斯曼、法蘭茲．貝肯鮑爾、提奧．茨旺齊格、奧利弗．比爾霍夫等人的面前，在總理府一樓記者會場的藍色背景牆前發表公開聲明，其中提到：「親愛的克林斯曼先生！您和您的團隊引進了新的訓練方式，打破了舊有的陳規。只要一直成功，這樣的做法就會有人支持。」我解釋道，並補充：「但一旦失敗，批評就會接踵而至。您不能因此動搖。如果確信自己選擇的道路是正確的，這是我自己的經驗，那就必須堅持下去。動搖無法建立起信任，每天改變決定是不會成功的。」原先我們只有一個拍照的環節，我臨時決定要趁這個機會發表一份聲明。我不喜歡往返加州的問題演變成文化衝突，我想支持他、幫他一把。而這成功了。

之後，在八樓的晚宴上，克林斯曼詳述了他對世界盃的規劃，並多次說道：「輸掉一場熱身賽是有可能發生的，但我們要成為世界冠軍的目標並沒有改變。」其他賓客的情緒明顯放鬆了下來。接近晚上十點時，我感覺到連貝肯鮑爾也開始自在了起來。或許他和其他人在與我見面之前有些忐忑，因為他們還不認識我。我們以前從未見過面。

接著貝肯鮑爾說：「我不知道這裡是不是還像以前一樣。」

「以前是怎麼樣呢？」我反問。

「過去這個時候總理會站起來，拿一個菸灰缸，然後我們會抽根雪茄或香菸。」貝肯鮑爾回答道。

「那麼，讓我看看能做些什麼。」我回應道，站起來，轉身走進旁邊的小廚房，找到了一個菸灰缸，然後帶著它回來。貝肯鮑爾微笑著點了一根雪茄，那時天花板上還沒有隨時可能響起的煙霧警報器，氣氛瞬間輕鬆了起來。

克林斯曼繼續擔任國家隊教練，而接下來發生的事情將被載入歷史，成為德國的夏日童話，而且不僅只對足球來說是如此。

第三名

政府副發言人托馬斯．史代格是一位超級足球迷，他在我的新聞聲明草稿中引用了一句我從未聽過的話。這句話出自比爾．辛奇利（Bill Shankly），他曾在一九六〇和七〇年代的教練生涯中，帶領利物浦足球俱樂部（FC Liverpool）取得了巨大的成就。這句話是這麼說的：「有些人認為足球是生死攸關的事，但不是這樣的。足球是比生死更重要的事。」讀到這句話時，我不禁笑了出來。史代格也寫進了我的心坎裡。我一直很喜歡足球，著迷於這種團隊競賽所要求的體能與球場上隨機應變的結合。在我看來，除了戰術安排之外，至少同等重要的還有協調十一個球員在球場上的互動，讓他們朝著一個共同目標前進，並讓他們將專注力和精神完全集中在一項任務上九十分鐘之久，在延長賽和互射十二碼決勝負的情況下要長達一百二十分鐘之久。當我在球場觀看比賽時，有時甚至從球隊踏上球場的那一刻，我就能知道他們當天的表現如何，從肢體語言就能看得出來。這在我的工作上也是如此。當我以演講者的身分進入會場時，通常在最初幾秒鐘就能感覺到自己與觀眾間是否能建立起連結，而我的表現會因此完全不同，如果我感到與觀眾間像有一道隔閡，那就完全不一樣了。

二〇〇六年夏天，一切都很完美：連續四個星期不間斷的好天氣，柏林六月十七大街（Straße des 17. Juni）的球迷大道，全國各地供公眾觀看的大型螢幕。黑、紅和金三色隨處可見，國旗上沒有嚴肅的聯邦鷹，而是散發出輕鬆愉快的氣氛。國旗被掛在汽車外的後視鏡上、插在車窗上，國旗的顏色出現在帽子和毛帽上，也塗在球迷的臉上，而且女性看球的人數從來還未這麼多過。正如同當年世界盃口號所說的：「世界在朋友家作客。」（Die Welt zu Gast bei Freunden）這是德國從未體驗過的足球之夏，而且不僅只是如此。一支由年輕、無憂無慮、德國與部分移民背景的球員所組成的球隊，讓整個國家為之著迷。這支球隊由一位來自施瓦本（Schwabenland）、與家人住在加州、曾在一九九〇年以球員身分奪得世界冠軍、一九九六年奪得歐洲冠軍的年輕國家教練帶領。最終，他們在自己的家鄉贏得了世界盃的季軍。二〇〇六年七月九日，五十萬人在布蘭登堡門為他們慶祝，彷彿像在慶祝他們已經實現了尤根・克林斯曼的夢想，在二〇〇六年贏得了德國第四次的世界盃冠軍。德國很開心自己贏得了季軍，《法蘭克福匯報》寫道：「這是為克林斯曼和他的隊伍舉行的愛的大遊行。」並形容民眾歡迎國家隊的場面是一個「令人起雞皮疙瘩的慶祝時刻」。尤根・克林斯曼在世界盃後卸下了國家隊教練的職務。八年後，他的前助理教練約阿希姆・勒夫（Joachim Löw, Jogi Löw）完成了體育界的重大成就。他成為國家隊總教練，並在二〇一四年帶領德國國家足球隊經歷了令人屏息的賽事，不僅在傳奇的準決賽中以七比一擊敗主辦國兼五次世界冠軍的巴西，更成為史上第一支在南美洲贏得世界冠軍的歐洲球隊。

我還記得決賽的那關鍵幾分鐘，彷彿就在昨天。我和聯邦總統約阿希姆・高克（Joachim Gauck）一起飛往里約熱內盧。在球場觀球區，我坐在當時的巴西總統迪爾瑪・羅賽芙（Dilma Rousseff）旁邊，匈牙利總理維克多・奧班（Viktor Orbán）坐在我前面一排。他告訴我，他已經在巴西待了十天，看了很多場比賽，包括德國在決賽中的對手阿根廷隊的比賽。在決賽開球之前，他轉過身來，看到我興奮的樣子，半認真半開玩笑地對我說：「有一點是肯定的：在這裡可不確定你們一定會贏喔。」我們用英語交談，而這樣的話真的是我現在最不想聽到的。所以我回他說：「我知道，所以現在請轉回去，讓我好好看球賽。」

九十分鐘後，比分仍是零比零。進入延長賽。當馬里奧・格策（Mario Götze）被換上場，並在第一百一十三分鐘為德國踢進一比零時，我激動得不能自已。

奧班又轉過身來，對著狂喜中的我大喊：「現在你可以冷靜下來了，冷靜一點。」

「但還有七分鐘！」我喊道。

「不會啦，不會再發生什麼事了，相信我。」

事實證明他是對的。

對於之後的頒獎典禮，我並沒有什麼太深刻的記憶，反而更清楚記得頒獎典禮後與球隊在更衣室裡的會面。總統高克發表了簡短的談話，勒夫手裡拿著啤酒，很放鬆、開心地站在那裡，國家隊的頂級前鋒米羅斯拉夫・克洛澤（Miroslav Klose）帶著他的兩個小孩，許多球員都傳達了一個訊息：他們知道這樣的成功絕非理所當然。而我心想：在漫長八年旅程的終點，贏得勝利不只是結合了出色球員的戰術，還有一種精神態度的成功。這一切開始於二〇〇六年，而約阿希姆・勒夫、奧利弗・比爾霍夫和安德烈亞斯・克普克（Andreas Köpke）則是完美實現了這一切。

坐在沙灘椅上的女主人

與小布希共進午餐

二〇〇七年六月六日和七日，我在梅克倫堡－佛波門邦波羅的海海濱的海利根達姆，迎接法國、義大利、日本、加拿大、美國、英國和俄羅斯的國家元首與政府首長，以及歐洲執委會主席出席八大工業國集團（G8）峰會。在一九九八年之前，G8仍是G7，是一個於一九七五年創建的非正式的組織，最初由六個世界主要經濟體組成，從一九七六年開始變成七個，這些經濟體擁有共同的價值和利益。冷戰結束後，前蘇聯最後一任總統戈巴契夫代表前蘇聯受邀參加一九九一年六月在倫敦舉行的G7峰會。當時，兩德統一在和平與自由氣氛中才剛過了八個月，當時我仍是年輕的聯邦婦女與青年部長，也是新科的國會議員，主要以旁觀者的角度關注德國統一後的全球重大政治事件。一九九一年十二月，蘇聯解體，推動「開放與改革」的戈巴契夫也走進了歷史。鮑里斯．葉爾欽（Boris Jeltsin）於一九九一年六月當選當時仍為俄羅斯蘇維埃聯邦社會主義共和國的總統，並於同年十二月八日與白俄羅斯及烏克蘭的總統共同成立獨立國家國協（GUS）。亞塞拜然、亞美尼亞、哈薩克、吉爾吉斯、摩爾多瓦（Moldau）、塔吉克、土庫曼及烏茲別克於一九九一年十二月二十一日也加入了這個組織。蘇聯解體後，葉爾欽成為俄羅斯的第一任總統。自一九九四年起，俄羅斯總統開始參加正式的峰會會談，在這之前都只是與G7國家在峰會期間進行非正式的會晤。

下一步發展則是在一九九八年，俄羅斯於英國伯明罕（Birmingham）舉行的高峰會上正式成為集團的第八位成員。世界七大經濟體組成的集團變成了八國集團，希望藉由共同的價值觀和利益將八國連結在一起。然而，俄羅斯的經濟實力與其他七國仍存在著差距。一九九〇年代前半期，俄羅斯飽受嚴重的通貨膨脹困擾，一九九八年更陷入國家財政與銀行業的重大危機。

直到一九九九年除夕辭職之前，葉爾欽一直代表俄羅斯參加每年一度的G8峰會。他於一九九九年八月任命弗拉迪米爾・普丁（Vladimir Putin）繼任為俄羅斯總理。葉爾欽辭職後，根據俄羅斯憲法，在選出新總統之前，作為總理的普丁也兼任總統職務。二〇〇〇年三月，普丁最終當選為俄羅斯的第二任總統。

六年後的二〇〇六年七月十五日至十七日，普丁首次在俄羅斯主辦G8峰會，他將地點選在他的家鄉聖彼得堡（Sankt Petersburg），這也是我擔任聯邦總理的第一次G8峰會。這次峰會讓我印象深刻的不是聖彼得堡康士坦丁宮（Konstantinpalast）的美麗，也不是政治討論，而峰會外的一個插曲。在下午會議開始前，我坐在圓形會議桌前，背對著門，翻閱我的文件，因為會議馬上就要繼續開始了。我的眼角餘光看到美國總統回到會議室。突然，我感覺肩膀被人牢牢抓住。那瞬間，我完全沒有心理準備。驚嚇之餘，我猛地舉起我的雙臂。當我轉過身時，只看到小布希帶著調皮的笑容走回他的座位。我不禁笑了出來。這件事對我來說已經結束了，但是對公眾來說卻還沒。因為這一切都發生在攝影機前，記者們當時也在會議室裡，正在為下午會議的報導製作新的剪輯畫面。沒過多久，政府發言人烏爾里希．威廉告訴我，小布希的舉動和我的反應引起了一陣騷動，全世界都在討論這是否是一種性別歧視的行為。我完全沒有想到這一點。當我看到是小布希用這麼直接的方式跟我打招呼時，我立刻明白這只是個玩笑，這個舉動並不是要嚇唬我或貶低我，只是在生硬、嚴肅的討論中開個玩笑罷了。我和小布希都很喜歡也很欣賞對方。

我們最初於二〇〇五年相識，當時他訪問德國，而我以反對黨領袖的身分在美因茨（Mainz）與他會面。隔年一月，我以聯邦總理身分前往華盛頓進行就職訪問。小布希給我的印象是個坦率直接的人，並且對我的人生經歷很感興趣。二〇〇六年七月，他和他的妻子蘿拉（Laura）拜訪我的選區時，我就特別感受到了這一點。在史特拉頌會談之後，我邀請他們倆晚上到特林維勒斯哈根（Trinwillershagen），這裡過去曾是社會主義模範村莊，以此向他們介紹我以前在東德的生活。當地文化中心椴樹（Zu den Linden）餐廳的老闆親自打了一頭野豬，放在烤肉架上烤，約六十位來自當地的貴賓也加入我們在啤酒花園的餐桌旁邊。天氣很好，小布希還幫忙轉烤肉架，我們開懷大笑，手腳並用地克服了語言障礙。受邀的客人都感受到小布希個性開朗、平易近人，他還能開自己玩笑。我很高興小布希和蘿拉．布希後來也回邀約阿希姆和我去他們在德州的牧場做客。

大約一年後，二〇〇七年十一月九日，我和約阿希姆在傍晚時分抵達達拉斯（Dallas）以南兩百公里克勞福德（Crawford）附近的草原教堂牧場（Prairie Chapel Ranch）。小布希親自開著一輛白色的小貨車，和蘿拉．布希一起到牧場直升機起降處接我們，我們很快就到了住宿的地方。之後，我們參觀了這片占地六百四十一公頃的起伏小山丘，穿過小溪谷，溪谷的斜坡上長滿了巨大的樹木，通過了往溪流方向的小橋。小布希對約阿希姆和我說：「這裡唯一讓我感到遺憾的是，我開車穿越牧場時，從來沒有看見過任何動物。」

「為什麼呢？」我問。

他解釋說：「因為特勤局會在我出發前先開車經過一次，把動物都嚇跑了。」

接著，我們在布置溫馨的主屋裡共進晚餐，享用了德州的煙燻菲力。美國國務卿康朵麗莎．萊斯（Condoleezza Rice）也在場。晚餐後，小布希打電話給他父親，祝賀他當天跳傘成功。老布希那時已經八十二歲高齡，從我的角度來看，這次跳傘實在是一個壯舉。我們聊了一些政治和私事。先前我和約阿希姆在特林維勒斯哈根聊到我們在東德的生活，現在換他告訴我們他擔任總統之前的生活。我也分享了我一九九一年夏天第一次去美國的情況，我到聖地牙哥（San Diego）探望約阿希姆，當時他在博塞姆科技公司工作。我終於有機會到我夢寐以求的自由國度旅行，我對太平洋留下了深刻的印象，還興奮地賞了鯨。後來，我和約阿希姆人生中第一次到沙漠旅行。在路上，路邊寫著「Take enough water for you and your car」的標誌吸引了我的注意，這提醒著人們要記得為自己和車帶上足夠的水。

在牧場的時光過得很快，一切都有家的感覺。第二天早晨，我們去散步。我注意到路邊放著一些白色的小袋子。蘿拉解答了我們的疑惑：「這些是我們牧場的野花種子，我們會蒐集這些種子，然後分送給別人。」

回到屋內，我們開始討論政治議題，在附近克勞福德小鎮過夜的德國同事們也加入了我們的行列。午餐時，布希的安全人員為我們準備了一些燒烤。在農場舉行了簡短的記者會後，我和約阿希姆搭乘直升機返回八十公里外的羅伯特・格雷陸軍機場（Robert Gray Army Airfield），我們的飛機在那裡等著我們。

坐在直升機上，我回想起小布希如何熱情地讚賞牧場內的七條小溪與九座橋。或許是九條小溪和七座橋，也可能我根本記錯數字了。但這些細節並不重要，因為留在腦中的深刻記憶就是：溪流、小橋、大自然，盡收眼底。那段時光質樸、悠閒，非常優美。

※ ※ ※

一年前，小布希來德國當然不只是為了到特林維勒斯哈根拜訪我。實際上，那次訪德更像是他前往聖彼得堡參加G8峰會途中的一次停留。我們在那裡再次見面。全球瘋傳抓握肩膀的場景便是一個很好的例子，說明在這種時刻，情境和背景非常重要——也就是說，誰在什麼時候、因為什麼原因做了什麼，以及當事人之間是否存在基本的信任。如果沒有這些前提，同樣的場景可能會引起完全不同的感受。不過我與小布希之間確實有這樣的基本信任，也讓人因此體會到，一旦影像脫離了當下場景與人事時，很容易誤導別人。

在海利根達姆，我以主人的身分歡迎小布希、普丁以及其他五位國家元首和政府首長參加G8峰會。在二〇〇七年六月七日峰會開始之前，我跟小布希約好下午一點鐘共進午餐。地點在霍亨索倫城堡的一個房間裡，這座英國都鐸式的城堡是海利根達姆海濱的凱賓斯基大飯店的一部分。這次的峰會地點是施若德還在任時就已選定，並不是因為梅克倫堡-佛波門邦是我的政治生涯的起點，而我想為這個地方增添一份喜悅。畢竟，這種喜悅很快就會消逝，因為這樣的峰會總伴隨著極為嚴密的維安措施。連日來，輿論幾乎只關注針對G8峰會的抗議活動，還有花費數百萬歐元隔離會場的圍欄。數以千計的抗議者湧入現場占領街道，並試圖闖入管制區。似乎只有極少數人真的對會議內容感興趣。會議議程涉及了多方議題，經過了長時間的策劃和準備，從全球經濟成長的條件框架，到八大工業國集團在國際發展援助方面的責任等。雖然我們在峰會確實討論了這些內容，但群眾最關注的還是氣候議題，八國集團是否會在海利根達姆就因應全球暖化的進一步行動達成共識？

二〇〇七年，德國不僅例行擔任八大工業國集團主席國，還在上半年擔任歐盟輪值主席國。在三月的歐盟高峰會上，各國元首和政府首長就歐盟在未來國際氣候談判中的準則達成了決議。一九九七年在日本京都通過的《京都議定書》需要一個新的時間表：俄羅斯在二〇〇四年批准議定書後，該議定書於二〇〇五年生效，並將於二〇一二年到期。歐盟高峰會為自己定下的目標是，與工業化前的水準相比，全球平均溫度升幅要限制在兩度以內。此外，也決定了相較一九九〇年，在二〇五〇年前將溫室氣體排放量減少六十%至八十%，前提是其他已開發國家也要採取相同的措施。大家都期待我能讓八國集團在海利根達姆的會議上支持歐洲通過的決議。要百分之百達成這個期待並不現實，但我認為朝這個方向邁出一步是有可能的，這也是我想達成的目標，而美國的態度會是成敗的關鍵，同時是我面臨最大的挑戰。早在二〇〇一年三月，即小布希總統上任僅兩個月後，美國就決定退出《京都議定書》。海利根達姆針對氣候議題談判的背景可以說是極為不利。因此，在峰會舉行的幾週前，即二〇〇七年四月，我再次前往華盛頓。在這次訪問，小布希和我首次深入地討論了氣候問題。小布希所在的共和黨中有許多人在根本上質疑人類對全球暖化的影響力，而小布希本人也不認同美國要向聯合國承諾具體國家目標的這個想法。我向他仔細解釋，對德國和對歐洲來說，聯合國是簽訂國際協定的地方，每個國家無論大小都有一票的權利。

我的外交政策顧問克里斯多夫・霍伊斯根和美國總統的國家安全顧問史蒂芬・哈德利（Stephen Hadley）出席了我們在海利根達姆的午餐會。下午一點整，小布希心情愉悅地準時進入會場。我們坐了下來。用餐時我們用英語交談，保險起見，口譯員也在場，德國方的口譯員是多蘿特・卡騰巴赫（Dorothee Kaltenbach）。卡騰巴赫不僅在這個場陪同我，在我擔任總理的整段期間，她也多次此幫我應對不少棘手情況，有時候也能幫我把有些拗口的德語句子轉換成精采的英語表達。

我開啟了話題，決定單刀直入地切入正題，馬上談及氣候保護面臨的困境。小布希看起來專心地聽著，但他回話時，先是大讚我們所在之處，接著詢問維安問題以及其他與會者的情況，尤其是我對前幾週才接替席哈克成為法國總統的尼古拉・薩科齊（Nicolas Sarkozy）的印象。小布希聊了又聊，時間也在流逝，即便食物再美味也無濟於事。我們只有六十分鐘，頂多七十五分鐘的時間。至少自我四月訪美開始，他顯然很清楚我想要什麼，但他也似乎盡可能迴避我想談的話題。

終於在午餐時間快結束時，我們還是談到了我邀請他共進午餐的原因。我感覺到小布希不會讓G8峰會因為氣候議題而破局，但如果我想達成符合我和歐洲想要的結果，我仍有一段路要走。在隨後舉行的記者會上，我們倆都沒透露任何具體細節。在後台，政府發言人烏爾里希・威廉告訴我，小布希的幕僚告訴媒體，這次峰會不會提出針對溫室氣體減排的具體目標。這就是所謂的期望管理。我心想，還是靜觀其變吧。

與美國總統談話之後，我會見了其他峰會與會者，與他們討論未來兩天的議程。當時的日本首相安倍晉三於二〇〇六年九月甫上任。儘管日本在履行《京都議定書》的目標上遇到了不少困難，但仍希望達到二〇五〇年將溫室氣體排放量減半的目標。二〇〇六年二月起擔任加拿大總理的史蒂芬・哈伯（Stephen Harper）也持相同立場。普丁則認為俄羅斯在實現這個目標上並沒有什麼困難。羅馬諾・普羅迪（Romano Prodi）於二〇〇六年五月第二次出任義大利總理，之前他曾於一九九九至二〇〇四年期間擔任歐洲執委會主席。我自那時就認識他了。在我當選黨主席後，偶爾也會去拜訪他。他與英國首相東尼・布萊爾及歐洲執委會主席巴羅佐都很支持我去爭取實質成果的努力。我特別希望布萊爾能在我向小布希陳述想法時，給予一些助力。布萊爾即將卸任，並將於二〇〇七年六月二十七日將職位交接給前英國財政大臣戈登・布朗（Gordon Brown）。布萊爾向我承諾，會在隔天早上與小布希共進早餐時，發揮他的長才來達成一個大家都可以接受的結果，也就是讓我們能在氣候保護和《京都議定書》到期後繼續推動進展的結果。

晚餐前不久，我終於與尼古拉・薩科齊交談了。我們早在擔任基民盟和人民運動聯盟（UMP）夥伴政黨的主席時就已經認識。五月十六日，他在上任後不久便到柏林拜訪了我，以示法德友好。此時，我告訴他我與小布希的談話以及我的擔憂，我們在口譯員的陪同下分別講著德語和法語。薩科齊說話的速度很快，他不僅向我保證會支持我，還強調他個人不會違背原則做出妥協。法國將在下週日舉行第一輪國會選舉。他寧願提早離開峰會，也不願帶著不如預期的結果返回巴黎。

同一天，在距離海利根達姆約二十五公里的霍恩盧科莊園（Herrenhaus Hohen Luckow），各國元首、政府首長與其伴侶共進晚宴，為G8峰會正式拉開序幕。從後勤的角度來看，考量到示威者的人數，這對維安來說是個很大的挑戰。如果以我今天對警方在這種場合所承受壓力的理解，那麼當時我就不會在維安區以外的地方安排這樣的晚宴。儘管如此，我過去和現在都深信，如果多邊合作要成功，並透過政治智慧的方式引導全球化的方向，就需要這樣的峰會。

八國磋商

第二天上午十點，正式磋商開始。八位國家元首和政府首長坐在一張圓桌邊，他們的經濟顧問，也就是被稱為雪巴人（sherpas）的專業顧問，則坐在領導人的後面，或是坐在會談轉播的另一個房間，即所謂的聆聽室（listening room）。每位與會者的發言都會進行同步口譯，這讓與會者能進行密集的意見交流。我們首先討論了全球經濟狀況，這部分的討論沒有太多爭議，因此比原先預期的時間提早結束。這使我們可以在上午就開始討論氣候變遷這個敏感議題，這個行程原先表定在下午四點進行。

尼古拉・薩科齊很快就要求發言。他坐在我右邊兩個位置，重複了前一晚對我說過的話，最後說道：「否則我就得離席，提早離開。」他講完後，會議室陷入了尷尬的沉默。身為主辦國，我試著說些緩和氣氛的話，但我有種感覺，特別是小布希在那一刻並不確定我和薩科齊是否在演一齣設計好的戲碼。他慢慢站起來，走向薩科齊，站在他身後，這樣就能直視我。若坐在他的座位上，他便沒有辦法這麼做，或至少沒有那麼容易。小布希的位子在我正左方，無法直視我的眼睛，因為當時我沒有面向他，也沒有以任何其他方式表露出我對薩科齊聲明的看法。我既沒有支持薩科齊，也沒有妨礙他。小布希顯然想知道現在是什麼情況。從他現在所站的位置，他冷靜地說：「和其他人一樣，我在此也代表我國家的立場。我也想在我能力所及達成妥協，但面對歐洲人用自己的立場來挑戰我，我也可以選擇離開。我無意這樣做，但當然每個人都有離開談判桌的自由。」因為小布希沒有在麥克風前發言，口譯員無法翻譯他所說的話。但每個人的英語能力都夠好，不用翻譯也能聽懂。美利堅合眾國總統的話確實產生了效果。薩科齊沒有起身離開，而是留在會場，小布希也回到座位上，我們繼續進行討論。

我們商定，讓我們的專業顧問在午休時間為各方擬定可能的可接受方案。布萊爾與小布希共進早餐後，立即告訴我他對拉近雙方立場的想法。在那之後，我謹慎樂觀地認為或許我們能取得某個結果。下午兩點三十分左右，我收到了草案文本。內容表示，八大工業國集團認為應對氣候變化是人類面臨的最大挑戰之一，並對政府間氣候變化專門委員會的最新報告感到擔憂，而未來全球應對氣候變化行動的相關談判應在聯合國的框架內進行。此外，八大工業國集團會嚴肅看待歐盟、加拿大和日本在二〇五〇年前將全球排放量減半的決定。儘管草案中沒有提及減排的具體數字，但認真考慮減半這個目標已是重要的一步：二〇五〇年至少減少一半的排放量，這就是我們的目標。

我打電話給留在柏林的貝雅特．鮑曼，她持續密切追蹤八大工業國集團的報導。這些年來，她只有在極少數情況下才會參與外部行程。在她辦公室裡，她能最有效確保我和總理府各專業部門間的穩定溝通，同時也能密切注意我們象牙塔外發生的事。她正是如此理解自己作為總理辦公室主任的角色，這對我來說非常有幫助。現在，我請她評估一下我們的草案。她很清楚什麼是可以接受的、什麼是不可以接受的，而且從來不畏懼清楚表達自己的看法。當我將草案用英語（即八大工業國集團草案所用的語言）讀給她聽時，她非常滿意。她鼓勵我說：「您最好盡快對外公布，它真的很棒。」確實，這次峰會結果也被外界視為取得了一定的成功，而且終於讓外界的討論回歸到峰會內容，而不再只是聚焦在峰會的示威活動上。

※　※　※

上午的工作會以及與來自八大工業國集團國家的年輕人會面結束後，下一個行程是與會者必定要拍的「全家福」照片時間。這通常是一項乏味的例行公事，但在這個地方卻讓大家都很開心。因為烏瑟多姆島（Insel Usedom）上黑靈斯多夫（Heringsdorf）最老牌的沙灘椅製造商，特別為我們編織了一張巨型沙灘椅，所有與會者都緊挨著坐在一起。

八年後，二〇一五年七月，再次輪到德國主辦峰會，這次在巴伐利亞邦的艾爾茂（Elmau）舉行。為了紀念海利根達姆的那場會議，我們也為這次的全家福照片製作了一張巨型長凳。小布希的繼任者、二〇〇九年一月起擔任美國總統的巴拉克．歐巴馬（Barack Obama）和我比其他人早幾分鐘抵達長椅。他坐下來，放鬆地展開雙臂，把兩手搭在椅背上。這個場景的照片被廣為流傳。我站在他面前，試圖向他解釋這張長椅要紀念什麼。不幸的是，當時我不知道「沙灘椅」這個詞的英語怎麼說，而多蘿特．卡騰巴赫也不在我身邊。在找不到正確詞彙的情況下，我用雙臂比劃，手臂越張越開，想解釋那個我想說的東西有多大。歐巴馬笑了，但他肯定還是不知道我到底在解釋什麼。後來，我給他看了當時在海利根達姆拍的照片，學會了一個新詞「藤編沙灘椅」（wicker beach chair）。

等待普丁

晚餐前，我打算與其他七位國家元首和政府首長會面，先喝杯開胃酒。這天的天氣很好，我們可以坐在室外。記者們都很希望能拍攝一些傳達與會者互動氣氛的照片，因此我們允許每個與會國家能有一組攝影組，在聽不到我們談話的距離拍攝我們。攝影師們很高興能捕捉到我們熱烈討論的樣子。唯獨一個人缺席：弗拉迪米爾．普丁。我們等了又等。如果說我有什麼受不了的事，那就是不準時。他為什麼要這樣？他想向誰證明什麼？還是他真的遇到了什麼問題？表面上，我輕鬆地和其他人聊天，內心卻相當煩躁。晚間工作餐敘之後，還有伴侶一同參加的非正式會議。如果一切都要往後延，那會非常麻煩。

我正打算說我們別等他，直接去吃晚餐，之後再去之前海堤上進行先前敲定的攝影行程。就在這時，普丁來了，遲到了整整四十五分鐘。

「發生什麼事了？」我問他。

「這是你的錯——更確切地說，是拉德貝格爾啤酒的錯。」

在峰會之前，普丁要求在他房間裡放一箱他最喜歡的拉德貝格爾啤酒。他於一九八〇年代在德列斯登擔任國家安全委員會（KGB）官員時喝過這個啤酒。我們實現了他的願望。他笑著說，那當然現在他只能喝了。也就是說，他遲到顯然是我表現友好的下場。普丁似乎很享受以這種方式成為眾人的焦點。或許最讓他開心的，是連美國總統也要等他。

早在基民盟還在反對黨時期，我作為基民盟主席就已經認識了普丁。那是在二〇〇〇年六月，他當時正在柏林訪問。我們第一次在克里姆林宮會面是在二〇〇二年二月。我對這兩次會面都沒有什麼印象，但我仍清楚記得在我就任總理幾個月後，參加第八次德俄兩國政府諮商會議的情況。二〇〇六年四月二十六日，我與大部分內閣成員和企業代表一同飛往西伯利亞的托木斯克（Tomsk）。這是我第一次去西伯利亞。除了偶爾從日本或中國轉機之外，這或許也是我最後一次前往西伯利亞的旅程。托木斯克市有約五十萬居民，其中包括五千多名的德裔俄羅斯人。這座城市坐落於托木（Tom）河畔，該河流是全長三千六百五十公里的鄂畢河（Ob）支流，最終流入北極海的邊緣海卡拉海（Karasee）。在托木斯克，托木河寬達幾百公尺。四月正是冰雪消融的季節。在兩個行程之中，我請司機稍作停靠，整個代表團都下車欣賞了幾分鐘的自然奇觀。冰正在碎裂成無數片，發出了巨大的聲響，沿著河邊到處都是冰裂聲和嘎吱聲，許多當地居民坐在長椅上觀看這景象。我也很渴望能加入他們的行列。我心想，若能搭船沿著西伯利亞的鄂畢河、葉尼塞河（Jenissei）或勒那河（Lena）一路航行到河口，該有多好。在那之前，我只夢想過乘坐西伯利亞鐵路（Transsibirische Eisenbahn），從莫斯科到海參崴（Wladiwostok）。至今，這兩個夢想我都還沒實現半個。幾分鐘後，我們不得不再次和托木河道別，回到車上前往下一個行程。

晚上，普丁邀請我們在市郊的一個自然公園共進晚餐。餐桌上只有我們兩個和我們的外交政策顧問。口譯員為了以防萬一還是在隔壁桌待命，但普丁講德語。他的德語比我的俄語好。

我的俄語程度還停留在東德時期，而且我並不熟悉民主政治領域的俄語詞彙。那晚，我們談到了對各自國家的看法。顯然，我們過去分屬不同的兩個陣營，但對於俄羅斯目前的發展，我們也持有不同的看法。我表達了對俄羅斯民主自由日益受限的擔憂，當時一項剛生效的法律讓非政府組織的工作變得更為困難。但普丁並不同意這樣的看法。

晚餐時，我可以選擇經典牛排或是棕熊肉排，我決定冒險一試。在我的記憶中，熊肉的味道非常好，肉香濃郁，像野味，是嘗起來很特別的一道菜。

第二天，德國和俄羅斯的企業代表先舉辦了一個論壇。主題包括北溪天然氣管一號的建設、汽車和農業機械領域的合作，以及俄羅斯加入世界貿易組織的談判。德俄能源合作扮演著相當重要的角色。二〇〇五年時，德國有四十一％的天然氣和三十二％的原油從俄羅斯進口。四十多年來，即使在冷戰期間，蘇聯與西德之間的供應關係也一直保持可靠穩定。長期以來，俄羅斯一直是單方面提供原料，而現在將透過互惠互利的夥伴關係確保長期穩定。巴斯夫（BASF）和俄羅斯天然氣工業石油公司簽訂了基礎協議，取得了西伯利亞尤斯諾－薩哈林斯克（Yuzhno-Russkoye）天然氣田少數的股份。在隨後的兩國政府諮詢會議上，德國與俄羅斯的部長各自報告了他們雙邊會談的情況，以及雙方在合作計畫上的進展，例如普丁與施若德於二〇〇五年四月簽署的德國－俄羅斯的教育倡議，就屬於策略夥伴關係的一部分。

政府諮詢會議後，普丁邀請我搭乘他的車一起前往機場。途中，他指著那些典型的俄羅斯木屋社區解釋說，住在那裡的人收入微薄，因此很容易被引誘。他特別提到，正是這樣的族群在烏克蘭二〇〇四年秋天的橘色革命（Organe Revolution）中，因為接受了美國政府的金錢餽贈而參與其中。我記得普丁是這麼說的：「我絕對不會允許這樣的事情在俄羅斯發生。」

「但我們在東德的人並不是因為美國人的錢而進行和平革命啊。」我回應道：「我們渴望革命，是因為革命讓我們的生活變得更好。烏克蘭人民想要的也正是如此。」

普丁轉移了話題。他問我：「你知道美國憲法和俄羅斯憲法之間的一個重要差異嗎？」

我完全摸不著頭緒，不知道他想說什麼。

「在這兩部憲法中，總統任期都只有兩屆。」他繼續說道：「但在美國，總統在兩屆任期結束後就不得再次擔任總統。但俄羅斯總統在做完兩屆任期後，中間休息後還可以再次當選。」

普丁於二〇〇六年西伯利亞春季的這天，在前往機場途中說的這幾句話，我的解讀是：你會再看到我的。即使按照憲法規定，兩年後的第二屆任期結束，我把職位交給繼任者——我還是會回來的，只是休息一下而已。我沒有對普丁的話作出評論，但我清楚明白他的意思。抵達機場時，普丁讓他的車先停在我的飛機前。我們道別後，我飛回柏林。

※ ※ ※

九個月後，二〇〇七年一月二十一日，我拜訪了普丁位於黑海城市索契（Sotschi）的官邸。在我們的談話中，他直言不諱地告訴我，他認為蘇聯解體是二十世紀最大的地緣政治災難。這個觀點不是什麼新鮮事，他在二〇〇五年的國情咨文演說中就已經公開說過。然而，這一次他的不滿與指責接連不斷。長達幾分鐘的時間裡，普丁不斷批評二〇〇三年的伊拉克戰爭、美國計劃的國家飛彈防禦系統（NMD），尤其是美國預計在波蘭和捷克部署的這件事。他憤怒地列舉伊朗導彈的射程，試圖證明這種飛彈防禦系統有多荒謬。他指的是美國的全球飛彈防禦系統計畫，這是小布希在二〇〇一年五月，也就是上任幾個月後所提出的計畫。小布希延續了一九八三年雷根（Ronald Reagan）總統的戰略防禦構想（SDI）和一九九九年國家飛彈防禦法案（National Missile Defense Act），主要針對伊朗和北韓等「流氓國家」（rogue states）。二〇〇一年九月十一日美國遭受伊斯蘭主義者攻擊之後，建立這樣的飛彈防禦系統對小布希來說變得更加重要。然而，普丁堅持認定這個系統同樣針對俄羅斯。在索契，我讓他講完他的想法，並試圖保持冷靜。然後我回應，他應該和小布希談談這個飛彈系統，並強調，二十世紀最大的災難是德國的納粹，而冷戰結束讓我的生活以我意料之外的方式朝好的方向發展。

在索契，普丁還用了另一種方式向公眾展示了他打算如何傳達自己的立場。如果有必要的話，他甚至會藉助他的黑色拉布拉多犬康尼（Koni）。外賓到訪時，他經常讓康尼待在身邊。自二〇〇六年一月的就職訪問後，普丁知道我一九九五年初在烏克馬克被狗咬過之後就很怕狗。克里斯多夫・霍伊斯根曾把此事告訴他的俄羅斯同事謝爾蓋・普里霍季科（Sergei Prikhodko），並請普丁不要帶著狗同行。二〇〇六年在莫斯科訪問時，他尊重了這個要求，但不乏一些惡作劇的心思，因為他送了我一隻大絨毛狗當作特別禮物，還打趣說它不會咬人。我表面上對於這種把戲都裝作若無其事。後來，我把這隻絨毛狗轉交給克里斯多夫·霍伊斯根，他不得不帶著那隻絨毛狗走來走去，感覺就像永遠都要帶著它一樣。最後，他才找到一位德國書記官把那隻絨毛狗帶走。

二〇〇七年在索契，拉布拉多犬康尼這次真的出現在了現場。當普丁和我坐著為攝影師們擺好姿勢，讓他們拍攝我們會面開始時的照片和影片素材時，我試著忽略這隻狗，儘管牠就在我身邊走來走去。從普丁的表情中，我解讀出他似乎很享受這種情況。他是不是只是想看看一個人在困境裡會如何反應？這算是一次小小的權力展示嗎？我當時腦袋裡只想著：保持冷靜，專心看攝影師，一切都會過去的。當這一切真的結束後，我並沒有跟普丁談到這件事，而是像我一生中經常做的那樣，堅守英國貴族的規則：「永遠不解釋，永遠不抱怨。」

※　※　※

五個月後在海利根達姆，當普丁讓我們等待的時候，我再次採取了相同的態度。我把拉德貝格爾啤酒拋諸腦後，把憤怒往肚裡吞，邀請每個人到碼頭拍第二張合照。在下午的會議結束後，小布希和普丁利用這次峰會討論了很具爭議的美國飛彈防禦計畫。我認為這是件好事。普丁建議美國人放棄他們在波蘭和捷克的飛彈防禦計畫，改與俄羅斯合作，在亞塞拜然共用一個雷達站，並在土耳其、伊拉克或海上部署飛彈。如此他就能確信這個系統實際上只針對那些流氓國家，而不是同時針對俄羅斯，美國也可以省去在捷克和波蘭的基地。小布希表示他會好好研究這些提議。大約兩年後，小布希的繼任者歐巴馬在二〇〇九年上任的那一年改變了整個計畫，例如海上發射的反彈道飛彈將從此取代原定在波蘭部署的系統，而原本在捷克興建的雷達站計畫則完全取消了。

全球經濟危機

阿米達和德國工業銀行

六週後，二〇〇七年七月二十八日，星期六，晚上七點二十五分左右，我們在薩爾茨堡的岩石騎術學校劇院（Felsenreitschule）。約阿希姆和我與朋友伊爾莎和馬丁・巴頓斯坦在一起，正期待約瑟夫・海頓（Joseph Haydn）的歌劇《阿米達》（*Armida*）在薩爾茨堡音樂節的首場演出。當時，我們已經在歌劇院裡就座。燈光暗下來之前，我從包包中拿出手機，想快速查看一下有沒有新訊息。我非常驚訝，這天雖然是星期六晚上，但我的經濟顧問延斯・魏德曼（Jens Weidmann）卻傳了一則簡訊給我：「IKB遇到困難。我們能通一下電話嗎？」魏德曼自二〇〇六年初開始擔任聯邦總理府經濟與金融政策部的主管，年僅三十九歲的他已經累積了令人印象深刻的職業生涯。作為經濟學家，他曾在國際貨幣基金組織工作，擔任過德國經濟專家委員會（Sachverständigenrat zur Begutachtung der gesamtwirtschaftlichen Entwicklun）的祕書長，以及德國聯邦銀行（Bundesbank）的部門主管。如果魏德曼在星期六的這個時候傳簡訊給我，那一定是很重要的事。我打開節目表查看中場休息的時間，大約是晚上八點五十分。我迅速回覆給他：「我在歌劇院。晚上九點前通話。」演出開始了。與此同時，我的腦子裡一直在想：ＩＫＢ是什麼？我對這個縮寫毫無頭緒。

中場休息的時候，我立刻找了一個安靜的角落打電話給魏德曼。「發生什麼事了？還有，ＩＫＢ到底是什麼？」我問他。他向我解釋，ＩＫＢ是德國工業銀行（Deutsche Industriebank AG），一家位於杜塞道夫的金融機構，歷史可以追溯到一九二〇年代，主要業務是向中型企業提供長期投資貸款，並將公共發展計畫的資金轉借給客戶。它作為所謂的承貸銀行（Durchleitungsbank）為德國復興信貸銀行（KfW）服務，而德國復興信貸銀行是聯邦政府的資助投資銀行（Förderbank），也是德國工業銀行最大的股東。德國復興信貸銀行過去和現在都是公法機構（Anstalt des öffentliche Rechts），負責執行來自聯邦政府和各邦委託的事項。它輔助中小企業、自由業和創業者的發展，並透過貸款支持基礎建設計畫、住房建設和環境保護。我是在擔任環境部長時知道這間銀行的。

「那德國工業銀行現在出了什麼問題？」我問魏德曼。

「二〇〇二年，德國工業銀行在美國成立一家叫做萊茵區融資公司（Rhineland Funding）的特殊目的公司，那間公司在美國市場涉足了次級房貸的產品，也就是貸款給信用評分較差的借款人。德國工業銀行為這家公司提供總額八十一億歐元的流動性擔保。」魏德曼回答，接著他談到真正的問題：「年初時，由於利率上升和房地產價格下滑，美國的貸款市場陷入危機。因此，這間融資公司投資的資產價值也跟著大幅度下滑，有可能因為自己的虧損而不得不動用到德國工業銀行的擔保。不過德國工業銀行並沒有為此做好準備，所以德意志銀行昨天決定不再展延德國工業銀行的信貸額度，也已經通知了聯邦金融監管局（Bundesanstalt für Finanzdienstleistungsaufsicht）。德國工業銀行現在有破產的可能性。」

「好，這對我們有什麼影響？」我問。

「史坦布律克明天將跟所有相關的人員召開電話會議，討論要怎麼避免破產。否則德國銀行市場可能會出現連鎖破產反應。我覺得您應該知道這一點，而不是從別人那邊聽說。」魏德曼總結了一下。

魏德曼有一種天賦，就是能夠快速、精準、以易懂的方式解釋最複雜的問題，他一直能保持冷靜，也能用敏銳的政治敏感度判斷經濟和金融政策之間的關係。他的資訊是從財政部國家與國際金融及貨幣政策部門主管約爾克．亞斯穆森（Jörg Asmussen）那裡來的，財政部長史坦布律克也請他以這樣的管道通知我。魏德曼和我都認為必須不惜一切代價避免連鎖反應發生。

中場休息結束的鐘聲響起。我問魏德曼：「現在要怎麼解決這個問題？」

「嗯，」他說：「必須有一個財務狀況更好的機構來接管德國工業銀行的擔保。這個情況不能沒有德國復興信貸銀行的參與，這意味著德國政府必須間接介入。但我們也希望私人銀行能參與其中。」

我覺得這很有道理。國家銀行和私人銀行都希望能維持穩定的金融體系。「請隨時通知我最新情況，也幫我祝史坦布律克明天會議順利。」我請他轉達。

「我會的。」他回答道。

我知道這個問題有他在就能得到妥善處理。但在歌劇的下半場，我一直想起他跟我解釋的事。事實上，魏德曼剛剛告訴我的，只是一連串事件中的第一張骨牌而已。當時我怎麼也沒想到，這張骨牌後來會將世界推向深淵的邊緣。

後來，德國工業銀行的問題在週一股市開市前就已經解決了，當時它的風險由德國復興信貸銀行以及公私立銀行共同承擔。回頭來看，我認為德國工業銀行獲救的那個週末，正是國際金融危機的開端。

在那之後的一段時間，我依然照常參加早已經安排好的行程。在德國擔任八大工業國集團輪值主席任期的最後階段，我與環境部長西格瑪・加布里耶（Sigmar Gabriel）一起訪問了格陵蘭。接著我去了中國、日本，也首次踏上非洲。在衣索比亞首都阿迪斯阿貝巴（Addis Abeba），我會見了我的同事梅萊斯・澤納維（Meles Zenawi）總理，並在非洲聯盟（AU）總部發表了演說。在南非，前總統尼爾森・曼德拉（Nelson Mandela）歡迎我的到來；在賴比瑞亞，我與非洲唯一的女總統艾倫・強森・瑟利夫（Ellen Johnson Sirleaf）碰面。我飛往印度，也拜訪了小布希的農場，並在柏林接待了達賴喇嘛和沙烏地阿拉伯國王阿卜杜拉（König Abdullah）。二〇〇七年十一月十三日，法蘭茲・明特費林宣布辭去部長職務時，我也面臨了國內政治的一陣動盪。法蘭茲・明特費林決定要照顧生病的妻子，我非常尊重且理解他的決定。儘管如此，這對政府來說無疑是一大損失，我必須妥善處理問題。新任的聯邦勞動部長是歐拉夫・蕭茲，他當時是社民黨的黨團幹事長。新任副總理則是外交部長法蘭克－瓦爾特・史坦邁爾。

此時，新政府已經上任兩年，過了任期的一半。我們能夠拿出一份相當不錯的成績單：國家財政得到整頓，失業人數下降。然而，此時陰鬱的烏雲開始不斷聚攏，正在我們頭頂醞釀一場風暴。

※　※　※

三個月後，二〇〇八年二月，德國工業銀行再次陷入困境，又出現了資金缺口。而德國工業銀行並非個案。在過去幾週以來，銀行之間的貸款利率一再大幅攀升，這表示金融機構之間的信任度降低。因此，在二〇〇八年二月十五日的一份政府聲明中，財政部長佩爾．史坦布律克代表德國政府強調：首先，確保德國工業銀行不會破產是絕對必要的；其此，我們也要擴大視野：「所有涉及次級貸款交易的機構都受到了這次危機影響。更糟糕的是，沒有人確切知道是哪些機構受到影響，以及影響的程度有多深……到目前為止，全球金融市場動盪對德國經濟的影響，也就是對目前聯邦預算的影響，還在可控範圍內，但我要強調，這只是目前的狀況！我們絕對有理由相信，這種情況仍會持續下去。」

史坦布律克提出了警告，但現在尚無需拉響警報。對我來說，這也還不到緊急狀態的程度。我接受了以色列國會的邀請，成為有史以來第一位在以色列國會演講的外國政府首長，並參加了在布加勒斯特（Bucharest）舉行的北約高峰會。我也因為對歐洲統一的貢獻而在亞琛獲得國際查理曼獎（Karlpreis），隨後前往巴西、秘魯、哥倫比亞和墨西哥，並至巴黎參加地中海聯盟（Mittelmeerunion）的成立典禮。我訪問了阿爾及利亞，也於二〇〇八年七月二十四日認識了美國年輕參議員巴拉克．歐巴馬。作為民主黨二〇〇八年十一月四日總統大選的候選人，他不僅要求與我碰面，還計劃在柏林的布蘭登堡門前發表演說。當時美國的競選活動已經開始。約翰．馬侃（John McCain）參議員是共和黨的總統候選人，小布希在連任兩屆總統後無法再次參選。總理府部長托馬斯．德．梅齊耶告訴我，正式負責首都活動授權的柏林邦政府詢問我們是否同意歐巴馬的演講地點。布蘭登堡門不是一般的場地，而且歐巴馬當時還未當上總統，只是一位候選人。「不。」我婉拒：「我不同意。這樣的話，將來我們怎麼知道界線在哪呢？難道其他國家的總統候選人會在華盛頓的林肯紀念堂前發表競選演說嗎？在柏林其他地方也許可以，但這裡是有特殊意義的場地。假如我真的有權在這個問題上做出決定的話。」這不是針對歐巴馬本人，相反地，我覺得他是一個很有趣的人。從我聽到和讀到關於他的事來看，他是一位傑出的總統候選人。他的演說吸引了很多人，尤其是年輕人。而且，美國第一次可能由非裔美國人擔任總統，我覺得是一件偉大的事。我認為，他的當選可能會開啟美國新的共存模式。但現在，我被要求決定的問題是關於其他方面的。將來，難道每一位受人尊敬的總統候選人都應該有機會在布蘭登堡門前發表競選演說嗎？那誰又是不適合在這裡發表演說的人？不行，我認為那樣是不對的，我也不想讓布蘭登堡門成為競選的舞台，就算美國總統候選人也不行。我因為拒絕這件事受到輿論嚴厲地批評，不過這點我可以承擔。最後，歐巴馬是選在勝利柱（Siegesäule）前發表了演說，並在二十萬名觀眾的喝采聲中亮相。

有過這段故事後，我更加期待與他見面。後來，一個高瘦的男人踏著活力十足的步伐、面帶開朗笑容走進我辦公室的大門。我們互相問候，然後在我明亮的會客區坐了下來。歐巴馬語氣平穩地說話，強調了德美關係的重要性。我們用英語交談。我問他怎麼評估自己勝選的機會，他說情況看起來還不錯。

要離開的時候，他問我：「您有孩子嗎？」

「沒有。」我回答道：「但我丈夫有兩個兒子。」

「我妻子蜜雪兒和我有兩個女兒，莎夏和瑪麗亞。沒有她們，我做不到這一切。」他說。我告訴他約阿希姆的事。「我的丈夫繼續從事科學工作，同時我知道他從第一天起就支持我的從政之路。」

在第一次見面之後，我便深信，如果歐巴馬贏得總統大選，我們一定能合作得很好。

全球震盪

幾個星期之後，也就是二〇〇八年九月初：美國總統大選逐漸白熱化之際，美國的銀行危機也正繼續惡化，進入了一個新的危險階段。二〇〇七年九月六日，小布希政府將房利美（Fannie Mae）和房地美（Freddie Mac）兩家抵押貸款銀行收歸國有。這兩家銀行在美國房地產市場共發放了約五・二兆美元的貸款，已經完全超出負荷，正處在崩潰的邊緣。國家介入了，納稅人被迫承擔這些了虧損。「規模大到不能倒」似乎是私人銀行失敗時的解決方式。這意味著國家不能讓如此龐大規模的銀行破產，因為這可能對經濟帶來的風險太高了。即便如此，公眾還是會批評這樣的決定，而且危機事件不僅看不見盡頭，它還可能會變得更糟。

下一家陷入困境的銀行是雷曼兄弟（Lehman Brothers）。雷曼兄弟是美國第四大投資銀行，其信貸產品遍及全球。美國政府再次面臨是否應該拯救一家銀行的問題，而且這還關係到美國國內外許多該銀行客戶的資金。然而，美國政府這次決定樹立一個先例，不出手救援。如果美國政府出手，是否就會改變金融危機的走向？回頭看，這很難說。因為金融業本身也無力支撐雷曼兄弟，這家銀行是於二〇〇八年九月十四日星期日晚上至九月十五日星期一申請破產。接下來發生的事情十分戲劇性：全球股市進入了劇烈動盪。

美國政府當時的財政部長是亨利．鮑爾森（Henry M. Paulson）。在二〇〇三年二月底伊拉克戰爭開始前不久，我以反對黨領袖的身分訪問美國時，曾到他紐約的辦公室拜訪他。我對美國的金融世界很感興趣，有人推薦我找鮑爾森聊聊這個主題。當時他尚未從政，而是投資銀行高盛公司董事會的主席。當我在電視新聞中看到他談論金融危機時，我想起了我們在二〇〇三年的會面。這個高個子男人坐在我面前一張不停地前後搖晃的辦公椅上，接連問了我一個又一個問題，我很難有機會插話。他特別感興趣的是，歐元區國家究竟為什麼要用一個穩定性協定（Stabilitätspakt）來約束自己，承諾每年新債務不得超過各自國內生產毛額的三%，並且將公共債務總額限制在各自國內生產毛額的六十%。我的回答是，基於對後代的責任，尤其是對人口老化的歐陸而言，永續經營是很重要的一件事。這個回答讓他臉上出現一個大大的、帶點輕蔑的笑容。即使我指出共同貨幣需要明確的規範或指導原則以確保其穩定性和有效性，但這也未能說服他。在我看來，他很傲慢。現在，他在我眼中成了金融危機的代言人。

※　※　※

雷曼兄弟破產後引發了全球震盪。由於最大的保險公司之一，美國國際集團公司（American International Group, Inc.）也出現了同樣嚴重的問題，美國政府為了防止類似事件在另一個案例中發生，在僅僅一天之後，也就是二〇〇八年九月十六日星期二，幾乎完全收購了該集團。

隔天，二〇〇八年九月十七日星期三，我在聯邦眾議院討論預算過程中發言。一開始，我就談到了金融市場的危機，並表示：「德國政府正密切關注這一事態的發展。我們與德國金融機構的管理階層以及其他政府保持著密切聯繫。因此，德國聯邦銀行、聯邦金融監管局和聯邦財政部能夠在週一宣布，德國信貸機構在雷曼兄弟事件中所承受的風險，幸運地仍在可控範圍之內。」至於對德國整體經濟的影響，我補充道：「儘管如此，像德國這樣開放的經濟體，比其他經濟體更受惠於全球化，不可能完全不受影響。」「不可能完全不受影響」——這句話後來被證明是輕描淡寫，但當時我們都還未能意識到事態的嚴重性。

又過了兩天，二〇〇八年九月十九日，美國政府宣布了一項金融業的紓困計畫，並於九月二十日公布其規模：七千億美元。

僅僅約一週後，二〇〇八年九月二十八日星期日，基社盟在巴伐利亞邦議會選舉中失去絕對多數。在正常情況下，人們會廣泛討論聯邦政府的表現要為基社盟的選舉結果負起什麼責任。然而，當時是非常時期。因為在那個週末，德國的另一家銀行HRE不動產抵押銀行（Hypo Real Estate Holding GmbH）也陷入了困境，而且它還是德國DAX指數中的成分股。HRE必須接受救援，其財務需求總額高達三百五十億歐元。銀行監管機構和聯邦財政部整個星期天都在與HRE以及私人銀行討論該如何分擔紓困費用。晚間，史坦布律克打電話給我，請我與德意志銀行管理董事會主席約瑟夫・阿克曼（Josef Ackermann）溝通，因為他對私人銀行提供HRE紓困的額度仍不滿意，但他在這件事上已經無法取得任何進展了。雖然阿克曼不是德國銀行協會（Bundesverband deutscher Banken）的主席，但以德意志銀行的影響力，他是能夠協調決策的人物。於是我們通了電話。經過一番來回討論，並與史坦布律克多次確認後，我終於與阿克曼達成協議：由私人銀行提供八十五億歐元的擔保，HRE所需的三百五十億歐元總額中，由國家承擔剩餘的兩百六十五億歐元擔保。這些討論讓我非常憤怒。我和財政部長不得不像乞丐一樣四處奔走，收拾銀行留給我們的殘局。不僅是那晚，在接下來幾個星期和幾個月裡，我必須不斷說服自己：作為政府，我們採取行動並不是為了讓銀行家過得好，而是因為拯救銀行有利於經濟能正常運作，這意味著我們在幫助保障儲蓄者的儲蓄和數百萬人的工作機會。

然而，所有以為金融市場已經平靜下來的人都大錯特錯。儘管八大工業國集團的中央銀行都同意互相提供資金並降低利率，儘管美國政府宣布了紓困方案，儘管所有主要的已開發國家都出手拯救了陷入困境的銀行，但金融市場的震盪並未停止。金融市場顯然想要強迫各國政府一肩扛起所有金融機構的風險，做出一種全面性的擔保。在這之前，從股市的動盪可以看出，銀行之間不願意再互相借貸，這等同於全球經濟的崩盤。這些金融機構並不在意它們對政府提出的要求，是否會在短期或長期內為國家或央行帶來困境。銀行的管理階層甚至反過來指責我們。他們用行動告訴我們這些政治人物，是我們對金融市場產品的監管不嚴格才導致了這個發展。不幸的是，他們也不完全錯。二〇〇七年，在德國擔任八大工業國集團主席國的期間，我們曾試圖就增加金融市場透明度的法規達成共識，但因為美國和英國的阻力，最後以失敗告終。不過，在當前的情況下抱怨並無濟於事，因為現在只有各國政府才能將世界從經濟崩潰中拯救出來。就金融市場而言，期望市場參與者以合乎道德的行為運作被證明只是一種幻想。我在一九九〇年發表第一篇有關社會市場經濟的文章時，完全無法想像市場可能會如此徹底地失靈。我內心一直在抗拒用納稅人的錢來為銀行的錯誤買單。但我們別無選擇，我們必須想盡一切辦法恢復對金融市場的信心。

儲蓄擔保

緊接而來的二〇〇八年十月五日星期天，一個機會來了。當天，聯合政府各所屬政黨的黨主席和黨團主席將於下午三點舉行會議。從下午一點開始，我與托馬斯・德・梅齊耶和烏爾里希・威廉坐在晨間會報室中準備會議。延斯・魏德曼在一點半左右打電話給我，他說他和財政部長史坦布律克、現任財政部政務次長約爾克・亞斯穆森，以及聯邦銀行行長阿克瑟爾・韋伯（Axel Weber）三人在財政部。「我和史坦布律克能在聯合政府委員會（Koalitionsausschuss）之前和您見一面嗎？」他問我。「當然，等會見。」我回答道。魏德曼不需再多說什麼，我可以從他的聲音中聽出這件事的緊迫性。

半小時後，他和史坦布律克來找我們。史坦布律克告訴我，聯邦銀行行長韋伯非常擔心，因為週末從提款機提取現金的銀行客戶數量遠高於往常。「韋伯建議我們向德國的儲戶發出一個信號，表示政府會保障他們的儲蓄存款安全。我認為我們必須在為時已晚前發出這樣的信號。應該今天就這麼做，這就是我來這裡的原因。」

我相當震驚並問道：「我們向民眾傳達這樣的訊息難道不會造成反效果嗎？不會讓原本不恐慌的人變得更害怕嗎？」

「我們無法百分之百排除這個可能性。」史坦布律克回答：「儘管如此，我認為韋伯是對的。」他繼續說，並提醒我去年九月英國的北岩銀行（Northern Rock）銀行不得不延長營業時間，好讓驚慌的儲戶能領到錢。直到英國財政部長阿利斯泰爾・達林（Alistair Darling）保證會擔保該銀行儲戶的存款，情況才終於平息下來。史坦布律克說：「正因如此，這也是我們今天就得宣布的原因。」

我感到焦慮不安。「『我們』指的是誰？您想以財政部長的身分宣布這件事嗎？」我問。

他搖搖頭：「我認為這樣還不夠。每個人都會詢問總理怎麼說，然後他們就會直接去問您。在您正式回覆跟我一樣的說法之前，消息就已經傳開來了。在還沒完全傳達給民眾之前，就會被討論地沸沸揚揚。這樣局勢不會平息下來。」

我覺得有道理。「那我們就一起來吧，而且要確保我們倆的說法完全一致，沒有任何不同。」我回答道。

烏爾里希・威廉邀請了一組媒體代表於下午兩點半前往總理府的空中大廳。在這期間，史坦布律克和我考慮了我們的聲明，並協調我們的說法。我們不能表現得驚慌失措，也不能說得隱晦模糊，讓人無法理解我們要傳達的訊息。當我們準備就緒時，史坦布律克和我互相點了一下頭，然後走到七樓空中大廳可以俯瞰國會大廈的窗戶旁。我們都沒有看稿發言，已經把我們要說的話都記在心裡了。我首先發言，先回顧前一天在巴黎舉行的會議作為開場白，出席者有義大利、英國、法國以及我這些政府首長。會議的主要議題是制定更嚴格的金融市場規則。我宣布我們正全力以赴挽救HRE，並承諾會追究那些過去進行不負責任交易的人的責任。然後，我說了關鍵的一句話：「我們要告訴所有的儲戶，他們的存款是安全的。聯邦政府也保證這點。」史坦布律克接著發言，按照我們說好的進一步解釋：「我想強調，我們在聯邦政府內確實感受到共同責任，要確保德國的儲戶不必擔心，他們的存款一歐元也不會少。」我們一起清楚地表達了這個訊息。不接受媒體進一步的發問。

史坦布律克和我道別。我回去主持聯合政府委員會，我們在會議中針對國內政策做了一些決定。史坦布律克回到財政部，繼續為穩定HRE而努力。在週一早上東京證券交易所開市之前，我們完成了這項工作。週一下午六點三十分，我們向聯邦眾議院中所有政黨的黨主席和黨團主席報告了HRE的情況以及儲蓄擔保措施。接下來幾天，政府發言人烏爾里希・威廉和史坦布律克的新聞發言人托斯滕・阿比希（Torsten Albig）面對著儲蓄擔保各種細節的大量提問。但無論被問到什麼，他們始終清楚表示，這個承諾是確實的，也持續有效力。這個策略成功了。銀行沒有發生擠兌的情況。公眾似乎對我們的聲明抱有信心。我認為公眾對我們的信心是非常寶貴的資產，我必須小心地呵護和守護。

救援保護傘

接下來一週，史坦布律克飛往華盛頓參加國際貨幣基金組織與世界銀行的秋季會議。我們通了好幾次電話，因為像HRE這樣的個案援助方式，顯然無法讓市場平靜下來。金融市場的參與者希望各處都能執行救援方案，確保每家陷入困境的銀行都能獲得援助。我從未像現在這樣強烈感受到無法真正自由地做出決定，而是只能在兩害之間取其輕。我們必須避免銀行倒閉，因為這會為經濟帶來不可預見的後果，進而影響一般民眾。因此，我們在短短幾天內制定了《金融市場穩定法》（*Finanzmarktstabilisierungsgesetz*）。這項法案需要盡快在聯邦眾議院和聯邦參議院通過。我們計劃設立一個特殊的金融市場穩定基金（SoFFin）作為聯邦預算之外的特別預算，包括一千億歐元的資本和高達四千億歐元的擔保。這些金額高得令人難以想像。

※　※　※

二〇〇八年十月十一日星期六，尼古拉・薩科齊邀請我參加在科隆貝萊斯－德埃格利塞（Colombey-les-Deux-Eglises）舉行的法國前總統戴高樂新紀念碑的落成典禮。五十年前，時任法國總理的戴高樂曾在他的鄉間住宿首次會見阿德諾，並向他伸出友誼之手。由於當時擔任歐盟輪值主席國主席的薩科齊和我對目前的金融危機的想法頗有分歧，因此前往這個地方對我而言別具意義。薩科齊主張歐元區國家應採取聯合紓困方案，而我反對，認為應該採取協調但各國獨立的方式。在我看來，各國的情況差異太大，加上時間急迫，協調工作會過於龐大複雜。薩科齊也希望能更密切地協調歐元區的經濟政策。我同意這種做法，但不認同他使用的「經濟政府」一詞。我擔心他會讓政府過度介入工業產業，並且讓我們也跟進。從今天的角度來看，拒絕「經濟政府」這個詞可能有些小題大作，其實我當時是可以接受的。針對紓困的做法，我們在午餐時間協調了彼此的立場。這非常重要，因為隔天，薩科齊以歐盟輪值主席國主席的身分邀請了歐元區的政府首長和財政部長，以及歐洲央行總裁尚－克勞德・特瑞謝（Jean-Claude Trichet）去巴黎，為即將於二〇〇八年十月十五日和十六日舉行的歐盟高峰會做準備。

在緊張的情勢下，我忘了通知聯邦眾議院議長諾貝爾特・拉默特，聯邦政府打算加快立法程序，並在聯邦眾議院和聯邦參議院提出金融市場穩定法案。當我週六下午從法國飛回柏林，然後回到霍恩瓦爾德時，我才猛然想起這件事。我剛到家，諾貝爾特・拉默特就打電話來了，告訴我他從媒體報導中得知這個消息，並語帶諷刺地問我，能不能描述一下在我想像中的國會審查是怎麼進行的。我先是提到聯合政府黨團的主席佛爾克・考德（基民盟）、彼得・施特魯克（Peter Struck，社民黨）、彼得・拉姆紹爾（基社盟），說他們很快就會與他討論這一切。不過，我也立刻意識到，身為聯邦總理，我應該親自向國會議長說明我們希望加速進行的計畫。隨後，我向他解釋了我們的計畫：我們希望週一在內閣通過法案，週二在國會讓黨團表決法案，週三在眾議院進行一讀，並在週五完成二讀和三讀，委員會則在期間進行審查。對於一項金額如此龐大的法案來說，這實在是一個雄心勃勃的時間表。當拉默特答應我他會遊說反對黨支持這個推進的時程時，我感到安心不少。事實上，他成功爭取到了所有國會黨團的同意。

週三審議開始時，我發表了一份政府聲明：「我們看到了一件平常很少發生的事情：國家是唯一能恢復銀行間互信的唯一機構，這是為了保護公民，而非保護銀行利益。因此，我們正在履行我們的職責，避免德國人民遭受損害，並且增加他們的福祉。」接著我解釋了救援計畫的內容，並談到有必要重組金融市場的國際監管框架。我提議與財政部長共同召集一個專家小組，為接下來的國際會議做好準備。在我的想法中，該小組應該由前德意志聯邦銀行行長漢斯．蒂特邁爾（Hans Tietmeyer）擔任主席。然而，我疏忽了事先與史坦布律克就這項人事提案達成共識，這個提議在我的演說還在進行時就引起了某些人的不滿。不久後，我得知蒂特邁爾是HRE監事會的成員之一，而且他在一九八二年擔任聯邦財政部部門主管時，在起草社民黨與自民黨聯合內閣決裂聲明時扮演了關鍵的角色，這使他在一些社民黨人眼中成了不受歡迎的人物。我當時並不知情。因此，我在同一天撤回了我的提議，漢斯．蒂特邁爾也拒絕接下這項任務。這件事讓我上了一課：無論候選人的頭銜看起來多麼無可挑剔，例如像前聯邦銀行行長，我再也不會在未經協調和審核的情況下就提出人事案。最後，這個專家小組的主席由歐洲央行前首席經濟學家奧特馬．伊辛（Otmar Issing）出任。

儘管時間緊迫，救援方案又涉及龐大金額，聯邦眾議院仍於十月十七日星期五完成審議。上午十點零八分，聯邦眾議院議長拉默特宣布記名表決的結果：「總計投下五百七十六張票，四百七十六票贊成，九十九票反對，一位同仁棄權。」隨後，聯邦參議院也通過該法案。前一天，史坦布律克和我與各邦的邦總理就聯邦政府與邦之間的費用分攤進行了談判。我們達成協議，由邦承擔三十五％的費用，但上限為七十七億歐元。星期五下午，聯邦總統科勒簽署了這項法律。聯邦政府、聯邦眾議院、聯邦參議院和聯邦總統等憲政機關藉此展現了，他們在緊急時刻能快速採取一致行動的能力。我為我的國家感到驕傲。

截至二〇一七年底，納稅人為銀行紓困所支付的總成本預計將達到五百九十億歐元。

就業機會

金融市場才剛穩定下來，銀行危機對全球實體經濟和就業造成的嚴重影響日益明顯。自二〇〇八年十月中旬以來，無論在政黨、利益團體還是媒體，隨處可以聽見刺激經濟的呼聲。當時普遍的論調是，既然國家已經投入這麼多錢支持金融，那麼現在也應該為其他經濟領域以及與之相關的工作崗位提供同樣的支援。但大家忽視了一點，給予銀行的資金不僅是用來支援銀行本身，也是為了確保信貸市場的正常運作，讓中小型和大型規模的企業都能從中受惠。而且，國債不斷攀升所帶來的風險也完全被忽略了。我不願意以花大錢的方式來證明我們的行動力。最重要的是，我不想讓國家長期以補貼的方式來支撐經濟成長。如果要採取行動，這些措施就必須迅速奏效，而且要有時間限制。然而，公眾要求採取行動的壓力越來越大。我必須想辦法。

一天早上，我想到了一個初步解決方案，想跟貝雅特．鮑曼討論。她對這個方案的第一印象對我來說很重要。「我們經濟上真正的財富是那些訓練有素的專業技術工人。如果他們現在都失業了，危機過後，他們將會分散在各地。」我對她說：「因此，我們必須把他們和他們的公司綁在一起。短期工作津貼可能是適當的工具，因為我們還不知道經濟衰退會持續多久，所以如果我們可以延長短期工作津貼領取期限的話，您覺得如何？」

「我認為這很重要。最重要的是，這不只表明我們可以迅速果斷地採取行動拯救銀行，我們也可以挽救就業機會。」

「很好，我也有同感。」我回答道。

※ ※ ※

受到鼓舞後，我決定盡快與勞動部長歐拉夫・蕭茲商討此事。下一次的內閣會議結束後，我在辦公室跟他說明了我的想法。蕭茲似乎對我的話有所共鳴，他笑了，而且很高興基民盟這次不像過去一樣只會提出減稅方案，而是提出了一項勞動市場政策，能直接觸及到民眾、消除他們恐慌。幾分鐘後，我們同意將延長短期工作津貼領取期限列為經濟刺激方案的主要措施，這意味著國家會補貼員工因經濟不景氣而減少的部分工時及工資。二〇〇八年十一月五日，聯合內閣會議決定自二〇〇九年一月一日起，將短期工作津貼領取的期限從十二個月延長至十八個月。

在前一天，歐巴馬剛贏得美國總統大選，他已經宣布將在二〇〇九年一月二十日就職後，立刻推出一項大型的刺激經濟方案。單純就這點來看，我們知道現在的決定顯然不會是最終方案。一旦歐巴馬通過他的大型計畫，無論我們現在做了什麼，都會有人要求我們採取新的措施。但也因為一月的經濟預測可能會比現在的情況更糟，所以對我來說，保留一些應對措施也是很重要的事。因此，我決定暫時忍受那些認為我們的措施未能應對現況的批評。薩科齊則是故意向我施壓，以讓我採取更大規模的刺激方案。「法國正在這麼做，德國正在考慮中。」二〇〇八年十一月二十四日，我和薩科齊與他妻子卡拉・布魯尼（Carla Bruni）在他私人住所共進午餐後，他向媒體進行新聞說明時這麼說。他顯然認為刺激經濟復甦時要更有勇氣投資，並試圖這樣說服我。對我來說，問題不在於有沒有勇氣，而是時機，而我深信時機尚未到來。我假裝沒有注意到他的暗示。

然而，一週後我還是犯了錯，那是在二〇〇八年十二月一日到二日的基民盟聯邦黨大會上。我知道黨員對於經濟刺激方案大多抱持懷疑甚至反對的態度，因此我在演講中嘗試以「施瓦本家庭主婦」的形象來應對那些批評，並說：「突然間，到處都能看到有人在解釋金融市場瀕臨崩潰的原因，甚至是那些之前推薦給別人他們自己都不懂的投資商品的人。但事情其實很簡單。在巴登符騰堡的斯圖加特，你只要去問一個施瓦本的家庭主婦，她就會告訴你一個簡短而正確的道理：人不能長時間用超出自己能力範圍的方式來生活。這就是這次引發危機的原因。」現在回頭看來，這些話既粗俗又膚淺。數十萬人在擔心失去工作，而我想出的最好方法卻就是在黨大會上用這個口號讓自己人留下深刻印象。順帶一提，想從困境中獲利，或是化悲為喜，幾乎是不可能的事，至少這是我在政治生涯中的體悟。特別是在有爭議的議題上，我總是更傾向用客觀事實來支持我的決定，如果我不能說服他人，那就放棄這個話題。

眾所周知，二〇〇九年選舉年即將來到。二〇〇八年九月，社民黨領導階層提名法蘭克－瓦爾特・史坦邁爾為總理候選人。二〇〇九年一月三日，史坦邁爾寫了一封信給我，信中提出了進一步的經濟刺激方案。這封信的目的顯然是要展示他在聯合政府中提出計畫的主動性，因此不出所料，隔天這封信就被公開了。我認為下一個決策的關鍵時刻即將到來。在我的新年演說中，我為我們未來的方向做出了一個小小的暗示。我表示不會根據誰喊得最大聲來做決定，而是會採取能保障和創造就業機會的措施。

但在此之前，我在自己黨內還有一場硬仗要打，於是我利用二〇〇九年一月九日和十日在埃爾福特召開的基民盟閉門工作會議來做這件事。與德國汽車工業協會一樣，社民黨也提出了舊車報廢補助計畫，目的是要刺激生產更環保的新車，進而帶動汽車製造業的就業機會。我覺得這個想法很合理，但是基民盟／基社盟國會黨團的大多數人都反對。在會議第二天與基民盟主席團成員共進早餐時，我提出了這個問題。我表達對這項方案的支持，並相信那些汽車公司或供應商所在邦的邦總理也會有興趣，因為他們會想把那些公司留在他們邦裡。我的計畫成功了。下薩克森邦的克里斯蒂安．沃爾夫、北萊茵－西發利亞邦的尤根．呂特格斯、黑森邦的羅蘭．柯赫、薩爾邦的彼得．穆勒、巴登符騰堡邦的君特．厄廷格（Günther Oettinger）、圖林根邦的迪特．阿特豪斯（Dieter Althaus），以及薩克森邦的斯坦尼斯拉夫．蒂利希（Stanislaw Tillich）都支持我。我請他們遊說聯邦眾議院中來自他們邦的議員，讓他們能支持舊車報廢補助計畫。幾天後，在二〇〇九年一月十二日，聯合政府委員會通過了第二個大型經濟刺激方案。除了針對企業的一千億貸款方案、降低醫療保險和失業保險的繳納金額，以及提高所得稅的基本免稅額之外，還包括兩項特別措施。首先，我們改善了短時工作的條件。企業若施行短時工作，政府會補貼雇主五十％的社會保險費用；如果雇主將短時工作與培訓措施結合，政府將全額補貼。其次，凡是擁有二〇〇〇年或更早首次登記的汽車的人，購買全新車或一年內新車都可以獲得兩千五百歐元的補助。這兩項措施都很成功，幫助我們挺過了危機。二〇〇九年四月和五月，有超過一百五十萬人從事短時工作；到年底，僅剩不到九十萬人。短時工作讓這些人免於失業。舊車報廢補助（正式名稱是環保補助）自二〇〇九年三月七日起實施，因申請人數眾多，原先的十五億歐元預算在四月七日提高到五十億歐元。五個月後，也就是二〇〇九年九月二日，這筆預算全數用盡，意味著我們在六個月內補助了近兩百萬輛汽車的汰舊換新。連同第一個經濟刺激方案，我們共投入了約三%的國內生產毛額來支撐德國的經濟。然而，政府的行動是絕對必要的。二〇〇九年，我們的經濟下滑了五．七%的幅度，是在德意志聯邦共和國的歷史上從未發生過的事。作為政府，我們深信自己應竭盡所能確保德國能通過這場危機，並變得比危機發生前更強大、更具展望性。這就是我的目標，而我們做到了。

在整個危機期間，我們定期與商會和工會商討對策。在總理府舉行的無數次晚間會議中，我們坦誠地討論了當前面臨的問題，共同尋找解決方案。我將這樣的關係視為社會市場經濟的實踐。

在其中一次會議上，總理府廚房的服務人員送上食物時，我說：「我幫大家點了羽衣甘藍配煙燻豬肉。」

一位來自工會的與會者說：「這已經是連續第三次點這道菜了。」

我們都忍不住大笑了起來。他可能以為我選這道菜是為了讓自己在工會面前表現得平易近人。但其實原因沒有那麼複雜。我只是根據總理府廚房提供的菜單選擇，而我非常喜歡吃羽衣甘藍配煙燻豬肉，所以沒有意識到自己一直讓大家重複吃這道菜。

G20

針對銀行和就業機會做出立即性的危機管理是一回事，但防止全球經濟再次受到類似衝擊也很重要。二〇〇八年十月八日，我與小布希通了電話，這是雷曼兄弟倒閉後我們的第一次通話。美國的救援方案在二〇〇八年九月二十九日遭到眾議院否決後，終於在二〇〇八年十月三日獲得國會批准。在電話中，我們討論了要如何協調所有已開發國家的行動。我向小布希建議，美國政府除了自身的危機管理之外，還應該向全世界傳達兩個訊息：第一，世界各國只有透過共同協調的行動才能克服危機；第二，我們必須採取全球性的預防措施，以確保這樣的情況不再發生。美國是這場危機的震央，已經使全世界陷入震盪，所以必須帶頭行動。

小布希猶豫不決。總統大選剩不到一個月就要舉行了，他的任期只剩下三個多月，一月二十日下一任總統就要上任。但我並沒有放棄，因為每一天都很重要，而在新政府上任前似乎還是一段漫長的時間。我們要處理的是金融市場長達數年揮霍無度的行為，不能讓這些行為危及整個自由經濟秩序。不僅是八大工業國集團國家的政府，新興國家的政府也必須盡快從這次失敗中汲取政治教訓，並且攜手合作。我們需要召開一個國家元首和政府首長級的會議。小布希承諾會認真考慮我的建議。在二〇〇八年十月十四日的另一次通話，根據我的記憶，他對這個想法的態度更開放了。其他歐洲國家的領導人也提出了相同論點，尤其是尼古拉·薩科齊。在薩科齊及歐洲執委會主席預計於十月十八日星期六在大衛營（Camp David）會見美國總統前，小布希終於宣布，美國將主辦一場由已開發國家和一些新興經濟體組成的世界金融高峰會。

峰會於二〇〇八年十一月十四日和十五日在華盛頓舉行。美國政府邀請了一個已在財政部長級別舉行過會議的集團，也就是二十國集團。二十大工業國集團是在一九九〇年代亞洲金融危機背景下所成立的。這次，二十大工業國集團破例舉行國家元首和政府首長級的會議，與財政部長一起開會。針對金融市場和世界經濟，我們通過了一份包含五十項要點的行動計畫。在我的記憶中，關於避稅天堂的討論引發了特別多爭議，這也更凸顯了此次峰會核心決議的重要性：每個金融市場、每種金融產品和每個金融市場參與者都應當受到監管或適當的監督。這是全球金融體系改革的起點。

繼二〇〇八年的首次峰會後，二十大工業國集團於二〇〇九年四月一日至二日應英國首相戈登·布朗邀請，在倫敦舉行了第二次相同形式的峰會。同年九月二十四日至二十五日，美國總統歐巴馬在匹茲堡主辦了第三次峰會。在會議上，歐洲國家成功達成共識，未來銀行家的紅利獎金只能根據業績支付，以避免銀行家在糟糕的經營管理下逃之夭夭，而購買其產品的客戶卻得努力爭取賠償，甚至有數百萬人為此失去工作。那年春天，全球經歷了自一九三〇年代以來最嚴重的經濟衰退。因此，我們同意維持各國的刺激經濟方案，直到經濟恢復成長。

二十大工業國集團因此成為國際經濟合作的重要論壇。從那時起，該集團每年舉行一次會議。透過國際貨幣基金組織的改革和增加世界銀行的投票權，新興國家進一步提升了其國際影響力。二十大工業國集團承諾打擊貿易保護主義，並致力於在即將到來的哥本哈根氣候變遷會議上達成全球共識。一個新的國際合作形式就此誕生。

※ ※ ※

二〇〇九年九月二十五日星期五，匹茲堡峰會結束後，佩爾・史坦布律克和我從大衛勞倫斯會議中心（David L. Lawrence Con vention Center）的手扶梯下樓準備搭車前往機場時，他對我說：「我想，這可能是我們最後一次共同參加的會議了。這段時間真的很愉快。」

「是的。」我說：「我也很愉快，我們在過去一年一起經歷的事比我們想像中多更多。」

我回想起我們一起宣布儲蓄擔保的那個時刻。至於這是否是我們最後一次共同參加會議，我沒有回應。下一次大選即將在週日舉行。民調顯示，基民盟和基社盟的支持率遠遠高於史坦布律克的社民黨，而自民黨的支持度也超過了十％。看起來基民盟／基社盟與自民黨很有可能組成執政政府。五年後，二〇一四年七月十七日，在我六十歲生日那天，史坦布律克把我在匹茲堡會議桌上的名牌送給我。原來他當時把它帶走了，這讓我非常感動。我至今仍保留著它。

歐債危機

理想的執政聯盟

二〇〇九年九月二十七日，事情正如佩爾．史坦布律克所擔心的那樣。社民黨在聯邦眾議院選舉中只獲得二十三％的選票，而自民黨以十四．六％的得票率取得了亮眼的成績。基民盟／基社盟的得票率為三十三．八％，比四年前又少了一．四％。儘管現在基民盟／基社盟不僅可以與社民黨，也可以與自民黨組成共同執政聯盟，但我所屬政黨內部的士氣卻很低落，因為我們的支持度比起二〇〇五年又下滑了一些。我以四十九．三％的得票率贏得我選區的直接議席，比二〇〇五年多出八％。不過這點除了我之外，柏林沒有人對此有興趣。基民盟／基社盟中的許多人認為，自民黨的好成績反映了民眾渴望更大幅度的社會改革，以及更重視經濟政策。然而，他們似乎忽略了一點：部分自民黨的選民其實是為了結束大聯合政府，但同時又希望想讓我繼續擔任總理而投票支持該黨。在聯邦眾議院中，自民黨的議員從六十一名增加至九十三名，他們急著想要實現他們的競選承諾。他們是這樣說的：「德國需要政治上的改變，而自民黨將帶來這樣的改變。」該黨上次進入聯合內閣執政是十一年前的事了。他們是以反對黨的角度經歷了全球金融危機的，當時還曾嚴厲批評我領導的政府。

儘管如此，自民黨主席吉多・韋斯特韋勒、基社盟主席霍斯特・傑霍夫和我還是精神飽滿地就籌組新政府進行了首次會談。我們期望能迅速完成聯合政府的協商。新政府應於二〇〇九年十月二十八日就職，也就是第十七屆聯邦眾議院任期開始後的第二天。我們希望展現德國也能迅速採取行動。歐盟秋季峰會將於二〇〇九年十月二十九日和三十日在布魯塞爾召開，韋斯特韋勒和我希望能一起出席。他決定沿襲漢斯－迪特里希・根舍的傳統，擔任新的副總理並兼任外交部長。此外，十一月九日是柏林圍牆倒塌的二十週年紀念。柏林計劃在客西馬尼教堂、過去邊境過境處博恩霍爾默大街的博思大橋，以及布蘭登堡門舉辦紀念活動。因為這個紀念日，我還收到了一個非常特別的邀請，我對此感到非常榮幸：二〇〇九年十一月三日，我將於華盛頓向美國參眾兩院發表演說，這是德國總理從未有過的榮譽，即使是一九五七年的康拉德・阿德諾也只能分別向兩院發表演說，而非同時在兩院演講。但在此之前，我們必須先就聯合執政協議進行協商。

※　※　※

即便已推出經濟刺激方案，全球金融危機所引發的後遺症在德國仍清晰可見，經濟成長陷入了萎縮。經濟刺激方案的資金主要來自舉債，因此大聯合政府在二〇〇九年六月通過的二〇一〇年聯邦預算中，預估新增的債務淨額會達到八百六十億歐元，比原本計劃的多出了八百億歐元。幾乎在同一時間，在當時仍是反對黨的自民黨支持下，我們將債務煞車條款寫入《基本法》，自二〇一六年初開始生效。

自民黨帶著一項競選政見來到聯合政府的談判中，提出了影響深遠的分級所得稅減稅措施，這會讓國家稅收減少三百五十億歐元的收入，顯然提出這個政見時並未考量到金融危機的影響。基民盟和基社盟也曾在執政計畫中，贊同利用一些財政空間進行減稅，但範圍和時機都尚未確定。韋斯特韋勒在任何情況下都不想失信於選民，在我眼中，他甚至是不惜一切代價想推動這個方案。由於選舉結果大勝，他的政黨幾乎難掩趾高氣揚，而部分基民盟和基社盟的黨員是支持自民黨的。我提醒韋斯特韋勒，我們過去在其他棘手的問題都能找出共識，比如說二〇〇四年提名霍斯特．科勒擔任聯邦總統，那是聯邦共和國史上首次由非傳統政治人物當選總統，我們之所以選擇這位國際貨幣基金組織的前總裁，部分原因是他代表了全球化時代的開放態度。但吉多．韋斯特韋勒不願讓步。對他而言，減稅似乎是未來四年內最重要的議題。另一方面，我已經感受過二〇〇八年九月以來的金融危機如何打亂所有的預算計畫，也認為在經濟發展不明朗的情況下，做出如此長遠的承諾是很冒險的。然而，在多次討論未果後，我認為事實終將證明一切，因此決定不再堅持。最終，基民盟／基社盟與自民黨同意採行分級稅率，並實施總額達兩百四十億歐元的減稅措施。

這四週的聯合政府協商對我來說彷彿永無止境。事實上，我們一直稱作「理想執政聯盟」的談判相當棘手。我感覺到吉多．韋斯特韋勒和我過去四年在政治上的距離越走越遠，程度遠超出我的想像。儘管如此，我們還是按計畫完成了談判。聯邦眾議院在二〇〇九年十月二十八日第二次選出我擔任總理，新政府於下午宣誓就職，工作正式展開。沃夫岡・蕭伯樂成為新任的財政部長，羅納德・波法拉成為聯邦總理府部長，他的前任托馬斯・德・梅齊耶則轉任為內政部長。

※ ※ ※

對我來說，接下來的一個月是跨大西洋和歐洲的歷史重要時刻。二〇〇九年十一月三日，我在華盛頓受到美國國會議員的熱烈歡迎。在演說中，我感謝美國在第二次世界大戰後對德國的支持，並提到一千六百萬名曾駐紮在德國的美國人，包括士兵、外交官和援助人員，以及擔任美國駐德大使的美國人，他們已經成為我們兩國人民之間永恆的連結。接著，我概述了我們在二十一世紀必須推倒和克服的圍牆。我提到了在經歷了二〇〇一年九月十一日恐攻之後的反恐戰爭、全球金融市場在前一年金融危機後的新秩序，包括新成立的二十大工業國集團模式，並呼籲將對抗人為的氣候變遷視為全球任務。在演說結尾，我用英語談到了柏林的自由鐘，它就像費城的自由鐘一樣，象徵著自由每天都必須要爭取和捍衛。

柏林的慶祝活動也跨越了時空，從一九八九年十一月九日柏林圍牆倒塌延伸至今：在客西馬尼教堂舉行的紀念儀式，與戈巴契夫、萊赫・華勒沙（Lech Wałęsa）以及沃夫・比爾曼、瑪麗安尼・比爾特勒（Marianne Birtler）、萊納・艾佩曼、約阿希姆・高克和馬庫斯・梅克爾（Markus Meckel）等東德時期反對派人士一起走過博思大橋，以及在布蘭登堡門舉行的晚間慶典。歐巴馬以視訊的方式致辭。美國國務卿希拉蕊．柯林頓、俄羅斯總統德米特里．梅德維傑夫（Dmitri Medwedew）、尼古拉．薩科齊、戈登．布朗與霍斯特．科勒和我本人則一同從西向東穿越大門，歐盟所有國家的元首和政府首長都應邀出席。柏林國家樂團（Staatskapelle）和國家歌劇院在丹尼爾．巴倫波因（Daniel Barenboim）的指揮下，演奏並演唱了瓦格納、貝多芬和荀白克的作品；普拉西多．多明哥（Plácido Domingo）演唱了保羅．林克（Paul Linke）的〈柏林的空氣〉（Berliner Luft）。緬懷過去的感覺真好。同時，我也無法相信自己的眼睛，一九八九年十一月九日出生的人現在正在慶祝他們的二十歲生日。要解決的新問題還很多。正如前一晚我在阿德隆飯店（Hotel Adlon）的一個會議上，聽見亨利．季辛吉（Henry Kissinger）所說的：「但每一個問題的解決方案，都會帶來通往新困難的門票。」

索爾維圖書館

三個月後，二〇一〇年二月十一日星期四，赫爾曼．范龍佩（Herman Van Rompuy）邀請歐盟峰會的歐洲國家元首和政府首長至布魯塞爾召開特別會議。這位比利時前首相是自《里斯本條約》於二〇〇九年十二月一日生效以來，首位正式的歐盟高峰會主席。在二〇〇七年上半年德國擔任歐盟輪值主席國期間，我們為這份新條約奠定了基礎，該條約於二〇〇七年十二月葡萄牙擔任輪值主席國間在里斯本簽署。它取代了二〇〇四年簽署的《歐盟憲法條約》，因為該條約於二〇〇五年春季在法國和荷蘭舉行的全民公決未能獲得批准。原憲法條約的核心部分都重新地納入了里斯本條約，包括歐盟高峰會新的運作方式。從今以後，只有國家元首或政府首長和歐洲執委會主席是高峰會的成員，由全職的歐盟高峰會主席主持峰會，而不再由歐盟國家元首或政府首長每六個月輪替一次。兼任歐洲執委會副主席的歐盟外交與安全政策高級代表也會參加會議，而國家元首和政府首長的外長及幕僚則不再參加歐盟高峰會。歐盟高峰會主席范龍佩邀請我們參加這次特別會議，以加深對彼此的了解，並就我們的目標進行深入討論。我們尤其希望討論里斯本戰略的延續，以在全球金融危機後加強我們的競爭力。為了強調會議的非正式性，會議並非像往常一樣在冷冰冰的歐盟高峰會大樓中舉行，而是在索爾維圖書館（Solvay-Bibliothek）舉行，這是一棟坐落在布魯塞爾莊嚴的建築，以比利時企業家恩內斯特・索爾維（Ernest Solvay）命名，是他在二十世紀初所建造的。

※　※　※

但情況與計畫不同。前一天，尼古拉・薩科齊在中午十二點三十分打電話給我。他很擔心希臘的財政狀況，認為我們應該在隔天早上於索爾維圖書館舉行正式會議之前，先與范龍佩在高峰會大樓進行小型討論。歐洲央行（EZB）總裁尚－克勞德・特瑞謝也會一同出席。我從我的歐洲政策顧問屋韋・柯塞皮烏斯那裡得知，歐洲執委會正在與希臘政府就該國的預算進行談判。希臘政府在二〇〇九年十月上任後不久，總理喬治・巴本德里歐（Giorgos Papandreou）的新政府進行了一次財務清查，並告知公眾希臘的預算赤字並非春季時所說的是國內生產毛額的三・七%，而是十二・七%。這導致希臘政府公債利率上升。二〇〇九年底，巴本德里歐向國際貨幣基金組織總裁多明尼克・史特勞斯－卡恩（Dominique Strauss-Kahn）求助。然而，卡恩稱這並非他的職務範圍，因為希臘是歐元區的一部分，並讓他去找歐洲執委會。後者要求希臘在二〇一〇年將赤字減少四個百分點。巴本德里歐原則上同意了這項要求，但並沒有提出他打算如何實現這個目標的計畫。在電話中，我對薩科齊說，我不知道我們在隔天能為希臘做些什麼。我認為，在沒有明確目標的情況下開會，反而會有反效果，會造成更多的不安。但薩科齊堅持，並表示執委會主席巴羅佐和范龍佩也同意他的看法。我並不清楚他的具體想法。我對於參加會議保持開放的態度，並告訴他我會跟他們兩位聯絡。

下午，我先與巴本德里歐通了電話。雖然他描述他的國家情況緊張，但並沒有給我迫切需要採取行動的印象。然而，巴羅佐和范龍佩當天傍晚在電話中告訴我，他們都贊同薩科齊的觀點。因此，我同意參加會議，而當時我還不清楚，這對我和德國意味著什麼。

第二天早上，我飛往布魯塞爾。在十點前落地後，我直接前往高峰會大樓。會議在范龍佩的一個會議室舉行。當我到達時，范龍佩、巴羅佐、巴本德里歐、薩科齊和特瑞謝已經在場。我們每個人都可以帶一位同事和一位口譯員參加會議。我由屋韋・柯塞皮烏斯和我們的口譯員多蘿特・卡騰巴赫陪同；延斯・魏德曼和烏爾里希・威廉也與我同行，他們待在隔壁的房間裡。我們盡可能用英語交談。我們坐在扶手椅上，每個人都有一杯很好的比利時特濃咖啡和一杯水。我記得范龍佩要求特瑞謝率先發言。歐洲央行總裁解釋說，希臘公債的利差不斷上升，這意味著希臘可能很快就無法通過市場進行融資。所謂的利差，也就是購買同期限的希臘與德國政府公債的利率差異，已經高達約四%。特瑞謝最後說：「現在我們必須幫忙希臘，否則無法保證該國在春季仍能在資本市場上籌到資金。」和前一天一樣，我並不清楚這些幫助具體意味著什麼，但我還是繼續聽。巴羅佐表示同意特瑞謝的看法，薩科齊也是如此。法國總統還提到歐洲執委會對希臘的緊縮措施，他激動地喊道：「要削減國內生產毛額四個百分點的支出，這一定會讓人民走向街頭抗議！在這場經濟危機中，政府需要支出更多而不是更少！我們必須幫助希臘！」

我問：「這些幫助具體應該是什麼？」

特瑞謝回答：「希臘需要錢。」

我們終於談到了問題的關鍵。希臘需要錢。除了我和巴本德里歐，其他人都點點頭。然而，德國加入歐洲貨幣同盟最重要條件之一就是「不可紓困條款」（No-Bail-Out-Klausel），每個國家都有責任自己償還自己的債務。這點在歐盟條約中明確規定。在場的每個人都知道這個法律規定，但似乎沒有人在乎。

一開始我還說了一些緩和情況的話：「我當然也想幫忙，畢竟我們是單一的歐元區。」但我也馬上補充道：「但在任何情況下我都不能給錢。」此時我意識到巴本德里歐什麼都還沒說，所以直接問他：「你到底想要什麼？」他回答說，他什麼都不想要，只是希臘的情況非常糟糕。

特瑞謝越來越強硬，堅持必須幫助希臘。否則，其他高負債的歐元區國家也可能陷入困境。巴羅佐表示同意，因為他非常了解自己家鄉葡萄牙的情況。我轉而說德語，請多蘿特・卡騰巴赫將我的話翻譯成英語。我想表達得更精確一點。「我不能給任何錢，因為我不能支持違反條約的行為。我們的憲法法院已經對此做過明確的裁決，必須遵守里斯本條約中的不可紓困條款。我不會明知故犯地違法。」我清楚明白地表明立場。同時，我也在想：這裡的每個人都想從你身上得到些什麼。但為什麼沒有人向希臘施壓，要求他們節省開支？

「你打算什麼時候向執委會提交減少國內生產毛額四個百分點的支出緊縮計畫？」我問巴本德里歐：「這才是現在最重要的事情，向金融市場發出信號，讓他們可以再次信任你們。」

巴本德里歐回答說他需要時間。我覺得他的反應令人難以置信。一方面，有極大的壓力必須要做點什麼，但另一方面，他似乎完全不著急，好像有全世界的時間。我們激烈地討論，英語、法語和德語互相穿插，口譯員幾乎跟不上在我們耳邊翻譯。我轉頭看了坐在我後面的柯塞皮烏斯，從他的表情確認不承諾任何事是正確的。這樣的情況持續了足足兩個小時。然後范龍佩主動發言。他顯然覺得每個論點至少都已經詳述過一次了，大家現在是在原地打轉。「在這種情況下，我們必須要向大眾提出一些書面聲明後才能離開。這是我們現在要努力著手進行的。」他平靜地解釋，也提醒我們，我們的其他同事從早上開始就在索爾維圖書館等我們。范龍佩說得對。也是在這種情況下，我第一次認識並欣賞范龍佩總結爭議的能力，而且還是以讓大家都能達到共識的方式。這也成為他擔任五年歐盟高峰會主席的標誌。

我們同意所有歐元區成員對歐元區的經濟和金融穩定都有共同的責任，並就五點達成一致共識：我們呼籲希臘履行減少債務的責任。我們要求歐洲經濟和財政部長高峰會在二〇一〇年二月十六日，也就是五天後的會議上批准希臘提出的降低財政赤字的措施。歐洲執委會將參考國際貨幣基金組織的經驗，與歐洲央行一起密切監控希臘實施措施的情況。對我來說，讓國際貨幣基金組織參與是非常重要的，那裡的同仁經驗豐富，比起歐洲的機構更能客觀評估希臘提出的建議。我擔心歐洲的機構會對希臘過於寬鬆。我們還在書面結果中指出，如果整個歐元區的穩定受到危害，歐元區成員將採取相對應的協調行動。最後，我們聲明希臘尚未提出財政支援的要求。這些我都同意簽署。范龍佩幾乎是本能般的精準，從我們這些爭論者中過濾出了一些共同點。

隨著時間流逝，回顧二月那個早上，我們已經在布魯塞爾把整個拯救歐元的理念寫在了紙上。會員國必須在國內採取必要的措施，這些措施將由歐洲執委會、歐洲央行和國際貨幣基金組織進行評估。這三個機構後來被稱為三巨頭（Troika）。沒有人會為歐元區的其他成員國承擔債務，但所有成員國都會為了確保歐元區的整體穩定做出必要的貢獻。聯合行動是最後的手段，也是最後的辦法。我之所以能夠在此基礎上放手做事，是因為聯邦憲法法院將德國的貨幣同盟成員身分與該同盟的穩定性視為相關。反過來說，這也意味著德國必須竭盡所能，在不承擔他國債務的情況下確保貨幣同盟的穩定。這個書面結果描繪了一條大家可以一起走的路。同時，它的框架也夠大，為未來的發展留有足夠的調整空間。它展現了外交的最高水準，我非常欣慰。

※　※　※

我們遲到了很久，終於抵達索爾維圖書館歷史悠久的大廳，其他人在此等候多時，情緒並不太好。范龍佩將向大家說明了我們在小組討論的內容，每個人都同意了這份書面聲明。關於這次歐盟高峰會特別會議的真正議題，也就是里斯本戰略的延續、提高歐盟的經濟競爭力一事，我們只簡短地談了一下。繼源於美國的全球金融危機後，歐元現在也出了問題。然而，我們所採用的刺激景氣方案也應為此負上部分責任。現在，一些歐元區國家開始出現了債務危機。薩科齊和我決定在高峰會結束的時候一起見媒體。雖然我們雙方有激烈的爭論，但我們還是再次團結在一起，儘管這次是在范龍佩的幫助下才做到的。我們認為這是一個要向公眾傳達的重要訊息。

通往伊薩卡之路

回到柏林後，我必須讓我的政府和執政聯盟的政黨了解一個事實：在政府成立不到四個月時，一個我們在聯合執政談判中未曾提的議題，現在被搬上了檯面。當我報告希臘所面臨的困境時，國會議員明顯抱持著不安和懷疑的態度，柯爾當時引入歐元時的所有原始恐懼再次被喚醒。當時，許多人就已經懷疑歐元是否能像德國馬克一樣穩定。大家對於援助希臘的意願並不高。對於財政部長沃夫岡・蕭伯樂和我本人，以及整個聯盟來說，我們最多只能接受在國際貨幣基金組織參與下，提供雙邊貸款給希臘，而且這筆貸款日後必須連本帶息償還。我們必須嚴格確保歐盟內的國家不會再提供錯誤的財政資訊，而且一些歐元區成員國的競爭力也必須加強。我們的理念是：援助可以，但那些國家必須提出改善國家經濟力的長期措施。這些問題不能敷衍了事，而是必須從根本解決。

※　※　※

到二〇一〇年三月二十五日、二十六日歐盟高峰會前，希臘仍未提出任何令人滿意的緊縮計畫和結構性改革建議。因此，我在二〇一〇年三月二十五日的政府聲明中表示：「好的歐洲人不一定是迅速提供協助的人。好的歐洲人是尊重歐洲條約和各個國家內部法律、並協助確保歐元區穩定不會被破壞的人。」前一晚，我與國際貨幣基金組織的總裁史特勞斯－卡恩通電話。他提出了該組織參與希臘紓困方案的可能性。我隨後打了一通電話給薩科齊。在電話中，我們就所有歐元區成員在國際貨幣基金組織參與下，提供希臘雙邊貸款的原則達成了共識，而歐盟高峰會在二〇一〇年三月二十五、二十六日也決議通過。

僅僅兩個多星期過後，二〇一〇年四月十一日，歐元集團的歐元區財政部長制定了一個詳細的希臘紓困計畫：歐元區國家提供三百億歐元的雙邊貸款給希臘，國際貨幣基金組織再提供一百五十億歐元。然而，唯一的問題是：希臘仍未開口要求財務援助。

這個情況在二〇一〇年四月二十三日發生了變化。當天傳出消息，稱希臘的財政赤字將超過十五%。結果就是利差持續升高，希臘面臨無法在市場融資的困境。當下，總理巴本德里歐不在首都雅典，而是在土耳其海岸附近的卡斯特洛里佐（Kastellorizo）的小島上。他必須就國家情勢公開發言。在明媚的陽光下，以風景如畫的海港為背景，他宣布希臘現在將向歐元集團和國際貨幣基金組織請求援助。他告訴希臘國民必須做好準備迎接艱難的時刻，並將這次挑戰喻為奧德賽的未知旅程，並戲劇性地結束發言：「我們知道前往伊薩卡的路，我們已經規劃好航線。」顯然他指的是奧德賽，奧德賽在特洛伊戰爭後迷失了十年，失去了所有的同伴，最後以乞丐身分回到故鄉伊薩卡島。

直到二〇一〇年五月初，三巨頭才就第一次希臘紓困方案的條款達成共識。二〇一〇年五月五日星期三，我在聯邦眾議院就該方案發表了政府聲明，並說道：「為了確保歐元區的金融穩定，對希臘紓困是唯一的選擇。因此，我們採取行動是在保護我們的貨幣。」稍後，我補充道：「歐洲央行和歐洲執委會已經明確表示：即時援助是確保歐元區金融穩定的最後手段。」別無選擇，最後的手段。一年多前，二〇〇九年二月十八日，我在評論聯邦政府決定將HRE不動產抵押銀行國有化時也說過類似的話，政府將徵收股東資產視為國有化後的最後手段。「經過我們仔細權衡，我認為這個做法是唯一的選擇。」我當時是這麼描述的。針對這兩件事，我堅決認為大眾必須了解，我們的決定並非只是為了防止歐元區內某家銀行或某個國家倒閉，而是為了一個更遠大的目標：全面保護我們的貨幣、保護我們國民的儲戶，以及保護金融經濟，這些都是保護實體經濟的先決條件，而實體經濟的穩定又是保住數百萬工作機會的前提。只有在這樣的脈絡下，我們的決策才能被理解，也只有在這樣的背景下，我們的決策才能被視為不得不採取的唯一選擇和最後手段。當然，在我們的社會市場經濟中，無論是在經濟政府、社會福利政策還是法律上，這些決定都像在走鋼絲，需要謹慎地平衡。我們必須證明我們完全理解這種情況的複雜性，不僅要向聯邦憲法法院證實這點，也必須在聯邦總理的政府聲明中，清楚表明我們完全了解自己所面臨的處境。

但我真的做對了嗎？難道沒有其他的替代方案，只是我們沒有選擇？當然，生活中總有其他選擇。極端地說，從屋頂一躍而下也是一種選擇，一種對生命的選擇。從極端的角度來看，讓德國工業銀行和HRE不動產抵押銀行倒閉，以及歐元瓦解，也是我決策的另一種選擇。但對於像德國這個位於歐洲大陸中心最大的經濟體，一個擁有超過八千萬人口的國家，我深信那不是一個值得認真考慮的選擇。二〇〇九年和二〇一〇年，我因為使用了「別無選擇」這個詞而受到嚴厲批評。許多評論者指責我有專制傾向，認為我沒有詳細解釋事情的來龍去脈，而是不接受任何反對意見，用「不吃就會死」的態度發號施令。然而，我的本意剛好相反。正因為我意識到這些決策影響重大，我才必須如此表達。為了確保我的意思能真正被大眾理解，從那時起我選擇說：除了聯邦政府的決定外，沒有其他「合理」的替代方案。這其實顯而易見。

二〇一〇年五月七日星期五，聯邦眾議院對希臘紓困法案進行了二讀和三讀。希臘將在三年間得到總額高達八百億歐元的雙邊貸款，以及來自國際貨幣基金組織的三百億歐元貸款，其中德國負擔的額度總計為兩百二十四億歐元。作為條件，希臘必須大幅消減預算，並進行結構性改革。我花了很多心力說服聯盟黨團的多數成員同意這項計畫。在努力說服我自己的黨團支持時，我承諾這次的希臘紓困計畫是個例外，但這個承諾不久後就被證明無法兌現。兩天後，即二〇一〇年五月九日，北萊茵－西發利亞邦舉行了邦議會選舉，這也使聯邦議會中的氣氛更為緊張。反對派稱我因為擔心公眾輿論的批評，盡可能想阻止希臘紓困方案在選前敲定。這完全是一派胡言。歐洲情勢嚴峻至極，我根本無暇顧及這些考量。實際上，我是不願意在希臘提出一個有說服力的改革方案之前就給予援助。

但這還不是全部。那個星期五的聯邦眾議院，當我們正在就希臘紓困法案進行辯論時，我收到辦公室傳來的訊息，說薩科齊急著要找我談話，一刻都不能等。我離開院會廳，回到我的國會辦公室與他通話。薩科齊聽起來非常激動，他談到葡萄牙和西班牙的利差不斷上升，整個歐元區有蔓延風險。他還提到股市動盪，指出有投資客在金融市場上做空歐元，希望從歐元貶值中獲利。薩科齊將這樣的發展歸咎於德國的猶豫不決。他希望呼籲歐元區的成員，無論如何都要在當晚於布魯塞爾舉行的會議中通過希臘紓困方案，並重申我們會為維持歐元區整體的貨幣穩定盡最大努力。至於這具體代表什麼，完全沒有定論。我回答說，我當天早上的首要任務是在聯邦眾議院通過希臘的紓困方案，避免進一步加劇金融市場的動盪。通完電話後，我回到院會廳，繼續參與辯論。但最重要的是，我在釐清思緒。顯然晚上在布魯塞爾事情會繼續發展，歐元救援方案尚未定案。但我們到底能做什麼，還不清楚。我手上沒有任何東西能在國會議員投票前可以告訴他們，更不用說必須告訴他們什麼了。然而，現在回想起來，有些人，尤其是反對黨成員，指責我在那個星期五對國會隱瞞了重要資訊。事實並非如此。實際上，聯邦眾議院當天早上通過的方案，到了晚上在布魯塞爾幾乎變得無足輕重。這只說明了當時事態的發展迅速，情況瞬息萬變。

如果歐元失敗，歐洲也會失敗

歐元區國家元首與政府首長在布魯塞爾的會議於下午六點十五分左右開始，以小組形式進行初步會談。顯然，為個別國家提供雙邊貸款的方式，已無法阻止市場上廣泛的投機行為。就像金融危機時期一樣，我們現在需要某種通用機制來協助全面管控問題，要讓任何陷入困境的國家在必要情況下都能獲得援助。然而，沒有人能具體描述這樣的機制該如何運作，我們只是一致認為必須迅速採取行動。當週一早上亞洲股票交易所開盤時，局勢必須已經明朗。我們同意歐元區各國的財政部長於五月九日週日傍晚在布魯塞爾舉行會議，制定相關細節。不過，我也清楚執政聯盟內部的情況，知道要說服他們同意進一步的救援方案會有多困難。我不能讓沃夫岡・蕭伯樂獨自面對，我必須親自處理。至少在星期天下午之前，蕭伯樂必須清楚他的談判空間有多少。所剩時間不多。我問自己：你要怎麼處理？你在午夜後才能從布魯塞爾回來，隔天早上要前往帕特伯恩（Paderborn），在基民盟在北萊茵－西發利亞邦的最後一個競選活動上發言。中午你還要接待加拿大總理史蒂芬．哈伯，加拿大此時正擔任八大工業國集團的輪值主席。下午，你要應梅德維傑夫總統之邀飛去莫斯科，參加週日上午紀念二戰結束六十五週年的閱兵儀式。等你週日返回柏林時，財政部長已經在布魯塞爾開會了。就算想到了問題的解決辦法，你既不能理性思考，也來不及通知蕭伯樂。我需要時間與魏德曼和柯塞皮烏斯討論，擬定計畫。取消莫斯科之行是不可能的。因此只有一個解決方案：除了烏爾里希．威廉和克里斯多夫．霍伊斯根之外，他們倆也必須陪我一起前往莫斯科。這樣我們就有時間在飛行途中和在莫斯科的晚上討論事情。在從布魯塞爾返回柏林的飛機上，我跟他們兩人討論了這個做法，他們馬上就同意了。我也通知了西蒙娜．萊曼－茨維納，請她在今晚調整莫斯科之行的計畫。

※　※　※

二〇一〇年五月八日星期六，我們的飛機於下午四點半出發，預計在晚上九點半抵達我們過夜的飯店：莫斯科的巴爾舒格凱賓斯基（Baltschug Kempinski）飯店。這間飯店於一九九二年開幕，是蘇聯解體後首家新建的五星級飯店。當晚，我們在飯店餐廳用餐，西蒙娜．萊曼－茨維納已經為我們事先訂好了位子。從窗戶看出去，可以看見夜色中燈光輝映的莫斯科河、聖巴西爾大教堂（Basilius Kathedrale）和克里姆林宮。我們點了俄羅斯酸奶牛肉（Bœuf Stroganou)，繼續在飛機上開始的討論。我們從不同角度探討這次危機：目前哪些國家面臨風險？危機會持續多久？我們從援助銀行的經驗中學到什麼？我們絞盡腦汁，思索各種可能性。討論到了一個段落後，我們回到各自的房間，仍然看不到任何解決方案。

隔天早上的七點半，我們一起吃早餐。我有些沮喪地坐在餐桌前，因為我還不確定接下來該怎麼做。魏德曼向我們打了招呼，並說：「我又重新思考了一下。」他解釋道，昨晚他計算了希臘、葡萄牙、西班牙和義大利這些受到投機行為威脅的國家，在未來兩年內需要延長的債務總額。在他看來，我們必須制定一個可以確保這個總額的紓困方案。他估算出的金額大約為七千五百億歐元，並提出，唯有各國承諾進行改革，才能接受救援保護傘的保護。我臉上露出了微笑，或許這就是解方。屋韋．柯塞皮烏斯說：「延斯，這聽起來很有道理。」我們很快達成共識，決定與歐洲的重要主事者討論魏德曼的提議，尤其是財政部長蕭伯樂。我請魏德曼先打電話給特瑞謝，看看他是否同意這個提議。在我前往克里姆林宮之前，魏德曼就回報了好消息，所以我還有時間打電話給蕭伯樂。雖然一開始被七千五百億歐元這個數字嚇了一跳，但他也認為這個構想很有道理。

當我在克里姆林宮參加閱兵儀式時，魏德曼和柯塞皮烏斯則跟他們的法國同事、歐元集團主席尚－克勞德．榮克（Jean-Claude Juncker）的幕僚、巴羅佐以及范龍佩通電話。在從莫斯科返回柏林的飛機上，他們告訴我，我們的計畫得到了各方的正面評價。當天下午我們抵達柏林後，在布魯塞爾會議開始前，我親自致電給薩科齊的財政部長，向他說明我們的提議。他感到很驚喜，似乎認為這次德國不是吝嗇，而是展現了慷慨，並承諾法國財政部長會在協商中支持蕭伯樂。

然而，不久後魏德曼打電話告訴我，蕭伯樂因突然身體不適被送進布魯塞爾的醫院。約爾克・亞斯穆森將這個消息告訴了魏德曼。雖然很快確認蕭伯樂沒有立即的生命危險，但他必須在醫院度過一晚。這簡直就是最糟糕的情況。現在誰來代表德國談判？亞斯穆森沒辦法代表他。我需要一個有政治頭腦的人來接替蕭伯樂的位置。我思考了一下，腦中只有一個可能的人選，就是內政部長托馬斯・德・梅齊耶。在全球金融危機的期間，他擔任聯邦總理府的部長，是我最可靠的助手，我可以完全信任他。我隨即與吉多・韋斯特韋勒和自民黨的經濟部長萊納・布呂德勒（Rainer Brüderle）討論了我的方案，以及在布魯塞爾的談判內容。根據德國政府職務代理的規定，其實布呂德勒是蕭伯樂的職務代理人，他對於我沒有請他代理蕭伯樂在布魯塞爾進行談判感到非常失望。儘管我理解他的不滿，但我確信自己的決定是正確的。特殊情況需要特殊做法，這次情況就是如此。韋斯特韋勒、布呂德勒都同意了我的談判方向。

※　※　※

大約在那個週日下午六點左右，情勢已經明朗：基民盟的邦總理尤根・呂特格斯在北萊茵－西發利亞邦的選舉中落敗，這對基民盟和自民黨來說都是一個重大打擊。兩黨在北萊茵－西發利亞邦也是共同執政，這次選舉失利讓執政聯盟失去了在聯邦參議院的多數席位。這意味著，二〇〇九年十月在聯合政府談判中備受爭議的稅制改革，顯然無法再繼續推動。

像往常的選舉日當晚，我都會與我最信任的同仁在總理府八樓會面。不過這次我大部分時間都在和德・梅齊耶通話，不是在隔壁的小化妝間裡，就是在七樓的辦公室，我不斷來回穿梭於後方的樓梯間。歐元救援保護傘的金額很快就談妥了。不過，與以往一樣，一旦涉及接受援助的附加條件，談判就會變得很困難。一些國家（包括德國、荷蘭和芬蘭）希望明確規定受援國必須實行哪些措施才能獲得援助資金，而其他國家對此則不那麼積極。與希臘紓困方案一樣，這裡的談判主要關於緊縮措施與結構性改革，例如在勞動市場的改革。

午夜過後，義大利總理西爾維奧・貝魯斯柯尼打電話給我，試圖軟化我的立場，希望我在接受援助的條件上讓步。義大利的財政部長沒辦法說服德梅齊耶，而我也同樣堅守立場。

當東京股市在我們當地時間下午兩點開市不久，總額七千五百億歐元的紓困方案便敲定了。四千四百億歐元來自歐元區成員國的雙邊貸款和擔保，德國負責的額度為一千兩百三十億歐元。為此，我們也成立了一個特殊目的機構：歐洲金融穩定基金（EFSF）。這個機構在特定條件下可以向歐元區國家提供緊急貸款。歐洲執委會將提供六百億歐元，國際貨幣基金組織則承諾提供兩千五百億歐元的援助。

第二天早上，基民盟主席團和聯邦黨理事會照例在邦議會選舉後的星期一，於阿德諾大樓召開會議。會議開始前，我先於總理府向媒體說明當天凌晨在布魯塞爾做出的決策。下午三點，我向聯邦眾議院中各黨派的黨主席和黨團主席進行匯報。

九天後，也就是二〇一〇年五月十九日，歐洲金融穩定基金法案在聯邦眾議院進行一讀。我發表了政府聲明，一開始先將當前情況置於歷史脈絡中說明：「當前的歐元危機是歐洲數十年來，甚至可能是自一九五七年《羅馬條約》簽署以來，面臨的最大考驗。」然後，我說到我們的決策帶來的影響：「貨幣同盟是一個命運共同體。因此，它的意義不僅在於貨幣穩定，更在於歐洲理念的維護和實踐。這是我們的歷史任務，因為如果歐元失敗，歐洲也就失敗了。」隨後，我談到了我們在法律上必須避免，並且在政治上也要明確阻止的一件事：「具體而言，我們要避免變成移轉聯盟（Transferunion）的風險。在這樣的聯盟中，所有成員國將直接且強制性地承擔起原本由個別成員國自行決策所應負的責任。」我繼續說道：「我們付出的代價是被批評為行動緩慢或猶豫不決。但是，先生女士們，如果最後能做出正確的決定，那麼聯邦政府願意付出這樣的代價。」接著，我解釋了我們決策的基本原則，並指出歐元區內部必須進行的改革，包括：各成員國財政的整頓、《穩定與增長協定》（*Stabilitäts- und Wachstumspakt*）的改革、有序的國家破產機制、歐洲金融監管、銀行的解決和重組方案，以及對金融市場徵稅的可能性。

二〇一〇年五月二十日，聯邦眾議院二讀和三讀通過了相關法案。二〇一〇年六月七日，德國簽署了歐洲金融穩定基金協定，至二〇一三年底有效。

隨後，歐洲金融穩定基金提供的緊急貸款派上用場。愛爾蘭和葡萄牙先後申請了這個貸款，西班牙也於二〇一二年夏季提交銀行融資申請。二〇一一年秋天，歐洲金融穩定基金的貸款能力擴大，以便能夠以最高信用評等提供計畫中四千四百億歐元的貸款。希臘也受惠於該基金，並於二〇一二年十二月獲得第二次紓困方案的援助。然而，這個過程並不順利。德國要求希臘的私人債權人必須透過債務減免的方式來分擔解決希臘債務危機的成本，但薩科齊和特瑞謝擔心這會永久動搖投資者對歐元區的信心。最終，我們達成協議，由債權人決定是否自願減債，該協議於二〇一二年春季敲定。同一時間，希臘總理巴本德里歐在國內推動希臘承諾的改革時遇到了很大的困難。二〇一一年十月，他在走投無路之際計畫舉行公投，讓國民決定是否接受緊縮方案。然而，在二〇一一年十一月三、四日於法國坎城舉行的G20峰會間，巴羅佐、范龍佩、薩科齊和我向他明確表明希臘進行改革是無可避免的事，他隨即放棄了公投計畫。在那之後不久，巴本德里歐請辭下台，由過渡政府接任。二〇一二年六月國會改選後，由安東尼斯・薩馬拉斯（Antonis Samaras）當選希臘的新任政府首長。

尋找火箭筒

在歐債危機中，史蒂芬・賽貝特（Steffen Seibert）於二〇一〇年八月，接替烏爾里希・威廉成為政府發言人。起初我幾乎不敢相信，他身為德國公共電視第二台的知名記者與主持人，竟然願意在政治風暴中轉換跑道，進入政治舞台。但我很快就明白了這項新任務對他有多大的吸引力，與他共事十多年的時光非常愉快。史蒂芬・賽貝特最終成為德意志聯邦共和國史上服務時間最長的政府發言人。

早在二〇一〇年秋天，德國聯邦政府就開始為歐洲金融穩定基金於二〇一三年底到期後做準備，認為必須導入一個長期性的危機處理機制。我們在二〇一〇年十二月的歐盟高峰會上決定了這件事。德國同意的條件是《里斯本條約》必須修訂條文。因此，《歐盟運作條約》（AEUV）第一百三十六條中新增了一項，闡明為了維護整個歐元貨幣區的穩定，可以在嚴格的條件下建立和啟動穩定機制。這就是歐洲穩定機制（ESM）的由來。這是一個無限期的政府間組織，由成員國提供資金，並可在特定條件下提供貸款和擔保。二〇一二年六月底，聯邦眾議院通過了設立歐洲穩定機制的條約，該機制於同年九月生效。我們再次克服了一個難關，儘管我們的每一步決策有人向聯邦憲法法院提起訴訟。雖然聯邦政府基本上都勝訴，但聯邦憲法法院強化了國會在未來決策中扮演的角色。

二〇一一年六月，我的歐洲政策顧問屋韋．柯塞皮烏斯前往布魯塞爾擔任歐盟高峰會祕書長，任職到二〇一五年六月，之後他回到柏林繼續先前擔任的職位。在他離任期間，他在總理府的副手尼可拉斯．邁爾－蘭德魯特（Nikolaus Meyer-Landrut）接任歐洲部門主管兼我的歐洲政策顧問。他在歐洲政策方面同樣擁有非常豐富的經驗，曾在二〇〇二到二〇〇三年間擔任法國前總統瓦萊里．季斯卡．德斯坦（Valéry Giscard d'Estaing）的歐洲憲法會議發言人。二〇一五年，邁爾－蘭德魯特成為德國駐法大使。二〇一一年時，總理府內部的經濟與金融政策部門也有一些人事變動：隨著延斯．魏德曼於五月成為德國聯邦銀行行長，此前擔任柏林歐洲管理技術學院（European School of Management and Technology）院長的拉爾斯－亨德里克・羅勒（Lars-Hendrik Röller）於七月接任部門主管。來自學術界的他很快就適應了總理府的政治工作，並樂在其中。在任何情況下，我都可以完全信賴他。

二〇一一年九月一日，我在柏林與葡萄牙總理佩德羅・帕索斯・庫艾留（Pedro Passos Coelho）共同舉行記者會。有記者問我，如果聯邦眾議院和歐洲其他所有國家的國會每次做重要決策前都必須先投票，我是否會擔心救援方案的成效。我回答說：「我們生活在民主國家，並為此感到高興。這就是議會民主，預算權是國會的核心權利。因此，我們會想辦法在議會決策的同時，確保這些決策符合市場經濟的規律，並向市場發出適當的訊號。」

正如我後來感受到的，這番話讓我惹上了麻煩，雖然我原本只是想描述政治的優先性，然後再指出我們的政策應該有效可行。回顧我們這四年多來，我們先後在金融危機和歐元危機中做了什麼？是為政治而政治嗎？還是我們的行動都有明確的目標——為了穩定股市、振興經濟、造福人民、保障他們的儲蓄，以及守護他們的工作？但尤其是社民黨，已有兩年不在執政團隊中，如今顯然完全轉變成反對黨，急於抓著「符合市場經濟」這個說法大做文章。他連同「民主」一詞，將我的話扭曲成「順應市場的民主」，對我展開猛烈攻擊。他們稱，這一切對我來說都是為了讓市場凌駕於政治之上，而現在我終於露出真面目，暴露了我對市場的屈服。我從未說過的話差點就被選為二〇一一的年度最爛詞彙。這種不誠實的攻擊方式實在令人不齒。我認為這已經與政治競爭無關了，而我是一個充分了解什麼是政治競爭的人。

過去四年，我們面臨了來自市場投機客的巨大壓力，並與之抗衡。我幾乎每天都可以感受到，以理性的政治手段來對抗市場參與者有多困難，因為如果他們認為投資不值得，就根本不會再投資了。當然，在這樣的情況下，總有人會問，我是否應該乾脆認輸，不要再要求希臘、葡萄牙、西班牙和義大利實施嚴厲的緊縮措施和經濟改革。我在這些國家的聲譽已經跌到谷底了，尤其是在希臘。毫無疑問，低收入者尤其深受改革之苦。但是，如果我不要求這些陷入困境中的國家改善財政紀律和提高競爭力，我就不可能在自己的政黨和執政聯盟中獲得多數的支持，何況這也不符合我的信念。如果我們希望擁有共同貨幣（這也確實是我的希望），同時又要讓每個歐元區國家保有各自獨立的財政、經濟和社會政策（如《里斯本條約》所規定），那麼我們就必須能夠互相依賴，確保每個國家都遵守我們共同制定的規則。我為此盡心盡力，而這一切都需要時間。另一種選擇是無條件擔保，但這將逐漸導致歐元區債務由所有成員國共同承擔。我深信，即使不考量法律上的疑慮，這遲早會危及歐元的公信力。換句話說，這比我選擇的做法更可能危及歐元。對我來說，這不是一個理性選擇，我作為德意志聯邦共和國總理無法對這個選擇的後果負責，這不符合我對二〇〇五年十一月二十二日和二〇〇九年十月二十八日宣誓內容的理解。

※ ※ ※

二〇一〇年六月，歐盟高峰會同意引入所謂的歐洲學期（Europäisches Semester）。同年秋季，歐盟經濟及財政部長理事會（ECOFIN）也正式為歐洲學期奠定了基礎。藉由歐洲學期，歐洲執委會能夠在各國國會通過前，審查各國的預算草案和改革計畫。第一次的歐洲學期於二〇一一年開始。二〇一一年二月，德國和法國提出了一份《競爭力條約》作為補充，其中包含了我們對加強經濟政策協調（德國稱之為協調）或經濟治理（法國稱之為治理）的共同理念。歐盟高峰會在三月通過了這項協定，稱之為歐元區附加公約（Euro-Plus-Pakt）。然而，那些特別受到歐元危機影響的國家，其利差持續上升。金融市場的參與者顯然要求的比我們同意的救援方案還要更多。他們想要一個沒有權限邊界的工具，試圖在政治上迫使我們要求歐洲中央銀行在緊急情況下必須介入。

歐洲央行負責貨幣政策，已經在其框架中做了很多事情，但它的運作是獨立，不受政治指導。各國則負責自己的財政政策。貨幣政策和財政政策的分離是貨幣同盟的核心概念。在任何情況下，我都不能動搖歐洲央行的獨立性。

然而，它的獨立性正岌岌可危。二〇一一年十一月三、四日在坎城舉行的G20會議上，薩科齊、貝魯斯柯尼、巴羅佐、歐巴馬，幾乎所有人都向我施壓。大家總是說「我們需要一支火箭筒[11]！」在德文中，可以類比的大概是反坦克火箭。我用雙手、雙腳，甚至是眼淚拒絕了這個要求。德國央行行長魏德曼，也是德國在歐洲央行理事會的代表，甚至在一封我於坎城收到

11 譯注：「Bazooka」原意為火箭筒，引申為一種強力且直接的措施或工具。

的信中警告我不要屈服。

約半年後，在二〇一二年六月於墨西哥洛斯卡沃斯（Los Cabos）舉行的G20會議上，我再次面臨施壓。儘管峰會主持人菲利佩・卡德隆（Felipe Calderón）總統和我其實是朋友，但他仍無法理解我對歐洲央行獨立性的堅持。對他來說，中央銀行應該有不同的功能。在一次只有政府首長參加的晚間會議中，他再次嘗試用比喻說服我。

「安格拉，」他說：「想像一下，你還是個小女孩，在校園裡正在被年長的男孩欺負。你有個哥哥，那你自然會向他求助，對吧？」在這個比喻中，小女孩代表一個國家，而那個大哥哥則是歐洲央行。卡德隆帶著關懷又自信的眼神看著我，彷彿確信這個生活比喻能夠說服我。

我則以認真而溫和的表情看著他說：「我不能這麼做，我不能請我哥哥來幫我。我必須自己處理。」

我知道幾乎所有在我周圍的人都懷疑我是否神智清醒，或者認為德國人真奇怪。但我很清楚，如果我按大家的意願向歐洲央行尋求政治協助，我立刻就會被告上聯邦憲法法院。我也知道，這樣做對歐元毫無益處，因此對歐盟也不會有任何好處。

※※※

二〇一一年底，馬里奧・德拉吉（Mario Draghi）接替尚－克勞德・特瑞謝成為歐洲央行總裁。二〇一二年七月二十六日，德拉吉在倫敦舉行的全球投資大會上表示：「在歐洲央行的職責範圍內，我們會採取一切必要的措施來維護歐元。相信我，這絕對足夠——我們會不惜一切代價。」

同年九月，歐洲央行決定實施所謂的「直接貨幣交易」（Outright Monetary Transactions）計畫，字面意思是：無條件的貨幣政策交易。這個工具允許歐洲央行無限制地購買歐元區國家的短期債券。針對這項措施，有人向德國聯邦憲法法院提起訴訟。聯邦憲法法院將此案轉交給歐洲法院，而歐洲法院裁定這項操作符合歐洲條約，聯邦憲法法院在某些具體問題上同意了歐洲法院的觀點。

外界多次傳言德拉吉在發表聲明前曾與我談話，但事實並非如此。他是以獨立的歐洲央行總裁身分行事。二〇一二年夏天，他看到我們已經做了一切我們作為政治家可以決定的事來穩定貨幣。現在，他把歐洲央行可以做的加了進來。火箭筒顯然已經找到了。從那時起，各國債券的利差開始穩步下降。

在刀刃上

二〇一三年初，一個名為「德國另類選擇」（AfD）的新政黨成立。我曾在金融和歐元危機期間使用過「別無選擇」這個詞，顯然對該黨的命名產生了某種影響。該黨創黨人反對我的政府穩定歐元的政策。而我則以成功拯救歐元感到自豪，這也是為什麼我曾說：「如果歐元失敗，歐洲也就失敗了。」這個新政黨參加了二〇一三年九月二十二日舉行的聯邦眾議院選舉，以四．七％的選票險些進入國會。相較之下，儘管針對歐元拯救措施的爭論非常激烈，基民盟和基社盟仍取得了四十一．五％的佳績。另一方面，我的執政聯盟夥伴自民黨則以四．八％的得票率，在德意志聯邦共和國的歷史上首次無緣進入國會。對此我感到非常遺憾，但同時也沒有太訝異。因為在我們共同執政期間，我已經感受到自民黨在歐元救援議題上相當為難，這點也明顯表現出來了。然而，想要在政府中既是執政黨又是在野黨，鮮少會有好結果。當然，這個原則不僅適用於自民黨，而是一種基本的政治經驗。二〇一三年十二月十七日，我第三次當選聯邦總理，並再次領導大聯合政府。社民黨黨主席西格瑪．加布里耶成為新任副總理兼經濟部長，蕭伯樂則是繼續擔任財政部長。

※　※　※

一年半後，阿萊克西斯．齊普拉斯（Alexis Tsipras）在二〇一五年一月二十六日希臘提前改選中成功當選，取代安東尼斯．薩馬拉斯成為總理。齊普拉斯是激進左翼聯盟（Syriza）的領導人，是德國左翼黨（Die Linke）的夥伴政黨。他與右翼民族主義政黨獨立希臘人黨（ANEL）合作，籌組了一個不太尋常的左右聯合政府。齊普拉斯的勝利是很大程度上歸功於許多希臘公民對歐元援助方案的憤怒。在競選期間，他承諾要將希臘從所謂的三巨頭監視枷鎖中解放出來。他的前任安東尼斯．薩馬拉斯未能完全執行第二次紓困方案中承諾的改革措施。

齊普拉斯上台後，歐元集團將該紓困方案又延長了四個月，到二〇一五年六月底。

二〇一五年三月二十三日星期一，齊普拉斯在下午五點左右抵達我這裡，進行就職訪問。我既好奇又期待，想更深入了解他是怎麼樣的一個人。他比我年輕二十歲。我們之前僅透過口譯員通了兩次電話，並在布魯塞爾的兩次歐盟高峰會上短暫地見過面。當時他給我留下了很好的印象，但也僅止於此。從先前見面的經驗，我知道他的英語說得很好。我在總理府迎賓庭院入口處等著他，準備以軍禮迎接他。他抵達的時間延遲了，因為他堅持在總理府前下車，親自向左翼黨的示威者致意。我從遠處就聽到「國際團結萬歲！」的呼聲。我只希望他在那裡停留的時間不要太長，以免訪問的氣氛變得尷尬。不久，他的座車駛來，他帶著友好、親切的笑容下了車。我向他問好，並稍微提及他方才的小插曲。他自信而和藹地回答說，人永遠不該忘記自己的支持者。我微笑著表示同意。無數攝影師將鏡頭對準我們，密切地觀察我們的一舉一動。軍禮結束後，我們在各自的口譯員陪同下進入我的辦公室，進行一對一會談。在我辦公室的會客區，我再次歡迎他，並談到媒體對我們倆的會面都很感興趣，這似乎讓他很高興。我感覺到，我們都準備好要讓外界對我們的合作感到驚訝了。

根據我的記憶，在與齊普拉斯的談話中，我強調了自己堅定的立場，亦即希臘必須繼續留在歐元區。為此，我們都必須努力。早在二〇一二年的夏天，我就已經認真考慮過那些主張希臘退出歐元區的人的論點，但那些論點都未能說服我。自此之後，我的立場就很明確：希臘必須繼續留在歐元區。讓一個國家退出貨幣同盟可能會帶來無法預測的後果。一旦有國家退出，下一個國家面臨的壓力就會增加。此外，歐元不僅只是一種貨幣，而希臘更是民主的搖籃。儘管如此，我還是告訴齊普拉斯，他的國家要留在歐元區是有條件的。我同時明確表示，希望德國和希臘在過去幾年共同開展的雙邊項目能夠持續進行下去。這包括德希大會的城市結盟計畫，這是一個旨在深化德國與希臘地方層級關係的網絡。還有希臘青年赴德的培訓計畫、投資援助以及德希商會的合作。我知道齊普拉斯對希臘前幾任政府的許多作為都抱持著懷疑的態度，但他承諾會針對這些合作項目提出自己的看法。

我們在大約三十分鐘後離開我的辦公室，準備繼續參加與各部門主管、歐洲與經濟政策顧問以及政府發言人共同會議前，我們聊著各自的從政之路。他向我講述了他的家庭，我則談到約阿希姆和他的兒子們。我的印象是，齊普拉斯確實對合作抱持開放的態度，並且希望慢慢摸索進入對他來說陌生的領域。這種方式我非常熟悉，對此也很有好感。

在與雙方團隊進行討論中以及隨後的晚宴上，我們試圖找到一種方法，既能讓希臘新政府能滿足三巨頭的要求，又不必違反齊普拉斯的競選承諾。這就像是一個不可能的任務。晚宴前有一個記者會，齊普拉斯和我呈現了一場小型的溝通藝術。我們的語氣友善且平易近人，兩個人都各自堅守了自己的立場。我們之間的分歧很大，但尋求解決方案的決心也同樣強烈意願同樣強烈。

※　※　※

時間一週又一週過去了，希臘在與三巨頭的談判沒有任何實質進展。我們之間的直接接觸也沒有多大幫助。自二〇一二年五月總統選舉以來，擔任法國總統的法蘭索瓦·歐蘭德（François Hollande）和我保持著密切聯絡。時間來到了六月。歐元集團和三巨頭仍然找不到解決方案。在第二紓困方案結束的前八天，即二〇一五年六月二十二日，歐元區國家元首和政府首長召開了一次特別會議。與此同時，二〇〇七至二〇一四年擔任波蘭總理的唐納·圖斯克已經接替范龍佩成為歐盟高峰會主席。然而，我們仍無法找到解決方案。我們要求歐元集團的財政部長繼續努力，但依然沒有結果。二〇一五年六月二十五日和二十六日，國家元首和政府首長再次召開會議，這次是歐盟高峰會的例行會議。在正式議程之外，圖斯克、巴羅佐、歐蘭德與我和齊普拉斯進行了談判，直到凌晨才就下一個紓困方案的重點達成共識。

第二天早上，當我們再次聚集在歐盟高峰會的會議上時，圖斯克向大家報告了凌晨討論的結果。

齊普拉斯卻沉默不語。

我覺得有點奇怪。我起身走到他身邊，輕聲說道：「阿萊克西斯，你還沒有發表意見。你要發言嗎？」

他回答說：「不，唐納已經解釋了一切。」

我不解地問：「那你現在打算做什麼？」

他平靜地說：「我現在就要飛回國，與我的內閣討論我們接下來的行動。」

我嚇了一跳，快步繞過桌子走向歐蘭德。他也很驚訝。和其他人一樣，我們都以為齊普拉斯已經接受了凌晨的談判結果。圖斯克的發言也是基於這樣的立場。

我回到齊普拉斯身邊，問他：「那討論會有什麼樣的結果？」

他回答說：「我不知道。」

「你什麼時候會知道？」我繼續追問。

「今天傍晚早些時候就可以告訴你。」

於是，歐蘭德和我跟齊普拉斯約定好要進行一次三方通話。

歐盟高峰會結束後，我飛回柏林，隨後前往霍恩瓦爾德，在那裡進行了三方通話。齊普拉告訴歐蘭德和我，他的內閣決定就協商內容舉行公投，如此重要的問題必須由人民自己做出決定。他將在今晚的電視演講中向國民宣布這件事。聽到這裡，我心想，到目前為止一切都還算合理。然後我問他，政府會建議人民怎麼投票。「當然是投『不』。」他簡潔地回答。

這可能是我整個政治生涯中所有通話中最令我驚訝的一刻。歐蘭德和我一時之間都無言以對。我們很快結束了通話。接下來的事情只能順其自然，此刻我也無計可施。

※　※　※

第二天，希臘國會決定在二〇一五年七月五日舉行公投。只要雙方就紓困方案未能達成一致共識，歐元集團便不願意延長希臘紓困方案。為了避免銀行出現擠兌風潮，希臘實施了資本管制，希臘公民每人每天最多只能提取六十歐元。我完全無法想像在德國出現這種情況。

二〇一五年七月五日，有三百五十萬希臘人投下了「不」，投票率約為六十%，其中六十一．三%投下了反對票。隔天，我飛往巴黎與歐蘭德商討下一步。我們兩個都認為，不僅只有希臘透過民主方式對紓困方案表達了反對，德國和法國也是民主國家，而其國會則是對此表態支持。儘管如此，我們仍希望竭盡所能讓希臘留在歐元區。

又過了一天，二〇一五年七月七日在布魯塞爾舉行了歐元區峰會，而這次會議未能得出任何具體成果。蕭伯樂向我解釋，讓希臘暫時離開歐元區可能對所有人來說都是一個更好的解決方案。但我仍致力於讓希臘留在歐元區。歐元不只是一種貨幣，它更象徵了歐洲一體化進程的不可逆轉性，而希臘正是其中的一部分。

二〇一五年七月十二日，召開了另一次歐元區峰會，隨後也舉行了歐盟高峰會。我們希望做最後一次嘗試，為希臘以及與希臘共同找到解決知道。我請蕭伯樂陪同我前往布魯塞爾，希望在磋商中能與他協調每一個步驟。圖斯克、巴羅佐、歐蘭德和我與齊普拉斯進行了談判，我們各自信任的同仁也在場。法國前財政部長克里斯蒂娜．拉加德自二〇一一年七月起擔任國際貨幣基金組織總裁，當天上午她也加入了我們的行列。這次，希臘代表展現出了極大的談判決心。在這個關鍵時刻，齊普拉斯的代表團中有優秀的銀行業專家隨行。公投已成歷史。當天上午，我們就第三次紓困方案達成共識，由歐洲穩定機制提供資金。為了在未來幾天就該方案細節進行談判，歐洲執委會同意在此期間提供給希臘過渡貸款。二〇一五年八月十九日，聯邦眾議院投票贊成新的希臘紓困方案。此前，財政部長蕭伯樂在政府聲明中，呼籲國會批准歐洲穩定機制向希臘提供八百六十億歐元的援助。他將國際貨幣基金組織的共同參與視為支持該方案的一項條件。在談判期間，國際貨幣基金組織尚未決定是否也會參與第三個紓困方案。直到二〇一七年七月，國際貨幣基金組織才就此做出正面決定。然而，國際貨幣基金組織並未支付更多的資金。歐洲金融穩定基金的貸款期限再次延長，從原來的三十二・五年延長至四十二・五年。如今，這些貸款的償還時間將從二〇三三年開始，而非原定的二〇二三年。至此，希臘終於獲救了。

※　※　※

二〇一九年一月十日，我與阿萊克西斯・齊普拉斯在比雷埃夫斯（Piräus）的一間海鮮餐廳共進晚餐。我們再次談到了二〇一五年七月的事。我提到，當時希臘能否留在歐元區可說是在刀刃上跳舞。齊普拉斯向我解釋，對新政府而言，當時最重要的是要讓民眾相信他們已經竭盡全力要擺脫令人憎恨的三巨頭。當其他成員國並不願意配合時，顯然關鍵就在於希臘人對歐元的基本態度了。雖然大多數的希臘人拒絕該方案，但他們仍希望保留歐元作為貨幣。在二〇一五年九月提前改選中，齊普拉斯再次當選就證明了希臘人想要保留歐元。事實證明，歐元的力量比想像中更強大。

北約成員國烏克蘭與喬治亞？

進攻烏克蘭

二〇二二年二月二十四日星期四，這一天標誌著冷戰結束後歐洲歷史上的一個重大轉折點。在此之前的幾個月、幾週和幾天中，持續增長的緊張局勢終於變成了現實。俄羅斯總統普丁下令，從陸、海、空全面進攻烏克蘭，並將此稱為「特別行動」。這次行動的目標是一個在一九九一年十二月一日全民公投中，以百分之九十的贊成票選擇獨立的國家。普丁攻擊的國家，曾在一九九四年十二月五日於歐洲安全與合作會議（Konferenz über Sicherheit und Zusammenarbeit）期間簽署《布達佩斯備忘錄》（*Das Budapester Memorandum*），承諾放棄蘇聯時期遺留下來的核武器，換取美國、英國和俄羅斯對其領土完整的保障。普丁入侵的國家，其首任總統列昂尼德．庫奇馬（Leonid Kutschma）於一九九七年五月三十一日，在基輔與俄羅斯首任總統鮑里斯．葉爾欽簽署了友好條約，再次承諾尊重烏克蘭的領土完整。雙方還同意，俄羅斯黑海艦隊可以在烏克蘭克里米亞半島的塞瓦斯托波爾（Sewastopol）再駐紮二十年。四天前，北約與俄羅斯在巴黎簽署了《北約－俄羅斯基本協定》（*NATO-Russland-Grundakte*），為雙方關係奠定了新的基礎。普丁入侵烏克蘭所發動的戰爭要對抗的是這樣的一個國家，曾在二〇〇四年十一月的總統選舉中，經過第二輪選舉，因抗議選舉舞弊而爆發「橙色革命」（Orange Revolution），要求撤銷選舉結果。該革命以反對派候選人維克托．尤先科（Wiktor Juschtschenko）的競選顏色命名。在二〇〇四年十二月二十六日的第二輪選舉中，他擊敗了前總理維克托．亞努科維奇（Wiktor Janukowytsch）。普丁侵略的國家，自橙色革命以來，明確表示希望加入北約，正如一九九九年三月的波蘭、捷克和匈牙利，以及二〇〇四年三月的愛沙尼亞、拉脫維亞、立陶宛、羅馬尼亞、保加利亞、斯洛維尼亞和斯洛伐克。這場侵略的目標是一個曾希望在二〇〇八年布加勒斯特北約峰會上的「成員行動國計畫」（Membership Action Plan）的國家，該計畫是加入北約的前奏。法國和德國，尼古拉．薩科齊和我，拒絕了烏克蘭加入這個計畫。繼二〇一四年俄羅斯占領克里米亞之後，普丁在二〇二二年二月二十四日發動的所謂特別行動，無非是又一次的入侵，這次針對的是整個烏克蘭。俄羅斯侵犯了一個獨立國家的領土完整性和主權，公然違反了國際法。

※ ※ ※

地點布查（Butscha）：二〇二二年四月初，戰爭開始不到六週，烏克蘭軍隊成功地擊退俄羅斯軍隊，解放了烏克蘭首都基輔郊區。烏克蘭士兵隨後看到的景象令人毛骨悚然。俄羅斯在戰爭的最初前幾週進行了大規模屠殺，現場發現了數百具幾乎全是平民的屍體，種種跡象表明許多人在被殺害之前遭受了酷刑。二〇二二年四月三日星期日，烏克蘭總統澤倫斯基（Wolodymyr Selenskyj）透過影片向人民發表談話，他提到二〇〇八年北約國家拒絕烏克蘭加入北約，由於「某些政治人物對俄羅斯的荒謬恐懼」。他說：「我邀請梅克爾女士和薩科齊先生來布查，看看十四年來對俄羅斯的讓步政策帶來了什麼後果。」

那時我已經不再是總理。我和朋友們去了義大利，參觀了佛羅倫斯和羅馬的博物館和教堂。這次旅行早在幾個月前我仍在任時就已計劃好。在波羅的海和烏克馬克的家中休息了一段時間後，這是我卸任後的首次度假。在我從政期間，我從未能在暑假、復活節還是聖誕假期間抽出一週來參加文化活動。當我在佛羅倫斯街頭被狗仔隊拍下照片後，布查和澤倫斯基的邀請成了新聞焦點。我要求我的辦公室發表聲明，聲明中表示我「全力支持」德國政府和國際社會為支持烏克蘭、終止俄羅斯對烏克蘭的野蠻行徑和戰爭所做的一切努力，但也在聲明的第一句話明確表示：「德國前總理安格拉・梅克爾博士堅持她在二〇〇八年布加勒斯特北約峰會上做的決定。」我的立場至今未變。為什麼呢？

布加勒斯特北約峰會

在布加勒斯特的峰會其實並未就烏克蘭和喬治亞加入北約做出決定。討論的重點在於，是否邀請這兩個國家制定「成員國行動計畫」（MAP），進而獲得所謂的MAP地位，這是加入北約程序中的最後階段。烏克蘭和喬治亞都請求獲得這一地位。如果在布加勒斯特締結該計畫，並不等於立即承諾兩國加入北約，但從政治角度來看，這幾乎是兩國加入北約的不可逆轉承諾。繼一九九九年和二〇〇四年之後，這將會成為北約第三大擴張的開端。

我理解中東歐國家希望盡快成為北約成員的願望，因為他們希望在冷戰結束後成為西方陣營的一部分。毫無疑問，俄羅斯無法向這些國家提供他們渴望的東西：自由、自決、繁榮。正如普丁在托木斯克前往機場的車上對我說的那樣，他們不需要美國以任何方式用金錢誘惑他們，除非你認為繁榮是一種誘惑。當然，即使對一九八九年的東德和一九五三年的我們來說也是如此，當時發生了反對德國社會主義統一政權的人民起義。對於我們人類來說，這也總是關於「追求幸福」，正如美國一七七六年《獨立宣言》序言中所說的那樣，沒有比這更美妙的表述了。

但與此同時，北約及其成員國也必須審查每次擴大對聯盟及其安全、穩定和運作能力的潛在影響。接納新成員不僅應為其帶來更大的安全，也應為北約帶來更多的安全保障。因此，接納一個國家的標準不僅要考慮其軍事能力，還要考慮候選國的國內結構。這也適用於烏克蘭和喬治亞。俄羅斯海軍黑海艦隊駐紮在克里米亞半島，而克里米亞半島是烏克蘭領土的一部分，烏克蘭與俄羅斯之間的相應條約一直持續到二〇一七年。北約成員國中沒有任何一個國家以這種方式與俄羅斯的軍事結構發生過關係。此外，當時只有少數烏克蘭人支持該國加入北約。烏克蘭國內存在著深刻的分歧。在喬治亞，南奧塞梯（Südossetien）和阿布哈茲（Abchasien）地區的領土衝突尚未解決，根據北約的一般規則，這是拒絕該國加入北約願望的理由。因此，這兩個國家的情況與已經加入北約的中歐和東歐國家大不相同。

當然，北約之外的第三方沒有否決權，俄羅斯也沒有。這會違背了一九九〇年十一月歐安會會議上，由歐洲三十二國、美國和加拿大在共同簽署的《巴黎憲章》（*Charta von Paris*）中，關於自由選擇聯盟的基本原則。反過來說，如果一個國家要求加入北約，也不存在自動承諾的機制。

在討論烏克蘭和喬治亞的成員行動計畫地位時，如果不同時分析普丁的觀點，我認為是一種嚴重的疏忽。自二〇〇〇年普丁就任俄羅斯總統以來，他竭盡全力使俄羅斯再次成為國際舞台上的重要角色，讓任何人都不能忽視，尤其是美國。無論是在本國還是在其他國家，他對建立民主結構或透過良好的經濟實現全民繁榮都不感興趣。相反，他想要反擊美國從冷戰中取得勝利的事實，希望俄羅斯在冷戰結束後仍然是多極世界中不可或缺的一極。為了達到這個目標，他主要依靠自己以前在情報部門的經驗。

在二〇〇七年二月十日的慕尼黑安全會議上，也就是在布加勒斯特北約峰會召開前一年，我發表了開幕致詞。為了呼應背景牆上的「透過對話實現和平」標語，我談到了面對全球挑戰時的合作，並呼籲儘管存在各種意見分歧，但仍應繼續與俄羅斯對話。接著輪到普丁。他談到了單極壟斷的世界，並問道：「但單極壟斷的世界究竟是什麼？無論你如何修飾這個詞，它最終只意味一件事：只有一個權力中心、力量中心和決策中心。這是一個單一主宰的世界，一個君主的世界。」不久後，他指名道姓地指出：「我們看到國際法的基本原則越來越受到漠視。

更甚者，某些準則，實際上幾乎是某個國家的整個法律體系，當然尤其是美國的，在所有領域都超過了自己的界限，無論是在經濟、政治和人文領域，它都被強加給其他國家。」普丁參照的僅僅是美國，幾乎可以說，他渴望回到過去冷戰時期蘇聯和美國兩個超級大國對峙時的時代。他在慕尼黑的演講中還談到了「幾乎無限度、過度膨脹的武力使用」，這也是暗指伊拉克戰爭。他質疑美國計劃在歐洲部署的導彈防禦系統，並指出不能用歐盟或北約來取代聯合國，這裡指的是北約在沒有聯合國授權的情況下對塞爾維亞的干預行動。他也表示，北約的擴張是一個挑釁因素。然後他用以下內容結束了演講：「俄羅斯是一個擁有千年歷史的國家，幾乎一直有著進行獨立外交政策的特權。今天，我們不會改變這個傳統。我們清楚地看到世界發生了什麼樣的變化，並現實地評估我們自身的可能性和潛力。當然，我們希望與負責任的、同樣獨立的夥伴合作，共同建設一個公正、民主的世界，在這個世界裡，不僅是少數人，而是所有人的安全和繁榮都能得到保障。」

我當時坐在第一排，左邊的座位空著，是為普丁預留的，右邊則坐著烏克蘭總統維克托．尤先科。走道左側是美國國防部長羅伯特．蓋茲（Robert Gates）以及美國的國會議員和參議員。我能清楚觀察到普丁在演講時的表情。他的語速很快，部分是即興發揮，顯然大部分內容，甚至每一句話都是他自己寫的。最讓我感到不快的是他的自以為是：他對於自家門口尚未解決的衝突隻字未提，如納卡地區（Berg-Karabach）、摩爾多瓦和喬治亞，對北約在塞爾維亞的行動提出了批評，卻對塞爾維亞人在前南斯拉夫解體期間的暴行避而不談，更遑論對俄羅斯自身的發展。儘管如此，有些觀點我並不完全反對。他對伊拉克戰爭的批評後來被證明是有道理的，畢竟至今也沒有找到伊拉克擁有化學武器的證據。

同時，我也對未能成功修訂《歐洲常規武裝力量條約》（*KSE-Vertrag*）感到遺憾。該條約於一九九〇年由北約和華沙公約組織簽署，對歐洲重型武器系統設定了上限。隨著華沙公約組織的解體、蘇聯的崩潰以及東歐國家加入北約，對條約進行調整已成為必要。批准修訂後條約（A-KSE）的爭議，主要集中在俄羅斯軍事觀察員駐紮於喬治亞的問題上，這成了俄羅斯與美國之間的主要分歧點。我對於調整未能實現感到遺憾，但我已經無法改變什麼，因為這些決策在我任期之前就已經定下了。

在慕尼黑的演講中，普丁表現出了我所見過的樣子：一個時刻保持警惕以避免被人看不起的人，一個時刻準備反擊的人，譬如用他的狗展現權力、讓別人等他。這些行為可能讓人覺得很幼稚、應該受到譴責，讓人不禁對此搖頭，但這並沒有讓俄羅斯從地圖上消失。

這會導致什麼結果？尤其是在烏克蘭和喬治亞獲得MAP地位後，一方面正走向加入北約的道路，另一方面卻還不能援引《北約條約》第五條安全保障的這段時期。

我認為，假定MAP地位能保護烏克蘭和喬治亞免受普丁的侵略，假定這個地位會產生威懾作用，以至於普丁會被動接受這些發展而不採取任何行動，都是天真的想法。當時如果真的發生危機，北約成員國是否真會做出軍事反應進行干預，例如補助物資和派遣部隊？我作為聯邦總理向德國聯邦議院要求為我們的聯邦國防軍提供這樣的授權，並獲得多數贊成，這種情況會發生嗎？在二〇〇八年？如果會，會產生什麼後果？如果不會，不僅對烏克蘭和喬治亞，還有對北約會產生什麼後果？在過去幾次東擴中，從這些國家獲得MAP地位到正式成為北約成員，一般至少需要五年。我認為，假設普丁會在《成員行動計畫》通過到烏克蘭和喬治亞成為成員國的這段時時間裡袖手旁觀，純屬一廂情願，是基於希望原則的政治。

出於所有這些原因，我確信自己不能同意給予烏克蘭和喬治亞的成員行動計畫地位。有鑑於此，二〇〇八年四月二日，我搭上德國空軍的A310專機，從柏林泰格爾機場軍事區起飛，與聯邦外交部長法蘭克－瓦爾特．史坦邁爾和我們的人員一起飛往布加勒斯特，參加北約峰會。

在飛機上，我們主要討論了在布加勒斯特等待我們的事情。目前確定的是，在當時的二十六成員國中，克羅埃西亞和阿爾巴尼亞這兩個國家應該會收到加入北約的邀請。然而，希臘堅決反對邀請第三個候選國加入北約，即前南斯拉夫的馬其頓共和國，原因是該國的國名。和其他許多人一樣，我也在峰會前的多次會談中不斷努力提出有創意的建議，但希臘態度強硬，堅持馬其頓這個名稱只能用來指其同名地理區域。十年後，希臘總理阿萊克西斯．齊普拉斯和馬其頓總理佐蘭．扎埃夫（Zoran Zaev）採取了勇敢而果斷的行動，才解決了這個問題。二〇一八年，他們就國名「北馬其頓」達成了協議。

關於喬治亞和烏克蘭的MAP地位問題，史坦邁爾贊同我的意見。幾個月前，我不僅在德國政府內部對此進行了討論，還與法國總統尼古拉．薩科齊密切協商，其他一些西歐國家也贊同我們的觀點。然而，大多數中歐和東歐國家支持美國的路線，主張布加勒斯特峰會上給予烏克蘭和喬治亞的MAP地位。

小布希非常清楚我反對的立場，從二〇〇七年起，我們多次就此事進行了討論，包括我訪問他的牧場時，以及之後的多次電話交談中。儘管如此，峰會前一天他在訪問基輔時，仍然向烏克蘭總統維克托·尤先科和總理尤莉婭·季莫申科（Julija Tymoschenko）重申了他希望在布加勒斯特峰會上為烏克蘭和喬治亞爭取到MAP地位的決心。然而，這個決定必須在聯盟內一致通過。這就像兩列火車正快速朝彼此駛來，局勢即將到達攤牌的時刻，而在公開場合與美國總統正面對立絕非小事。他是否認為我會在公眾壓力下退縮？我還清楚記得二〇〇三年伊拉克軍事干預所導致的北約分裂，以及這對歐盟合作的影響，我們在歐盟內部花了很長時間才重新回到建設性的合作關係中。然而，美國和許多中東歐國家似乎對我們反對烏克蘭和喬治亞加入北約的意見充耳不聞，他們常以「這等於給了俄羅斯否決權」來駁回我們的異議。這簡直是個壓倒性的論點，阻止了人們仔細權衡這一問題的利弊。

史坦邁爾和我知道，我們即將面臨艱難的時刻。當地時間下午五點前，我們抵達布加勒斯特。我和克里斯多夫·霍伊斯根直接前往位於科特羅切尼宮（Cotroceni Palace）的北約成員國國家元首和政府首長工作晚宴，該地點曾是王室宮殿，現為總統官邸。史坦邁爾則前往議會宮（Palace of the Parliament）參加外交部長晚宴。大約在下午六點，羅馬尼亞總統特拉揚·伯塞斯庫（Traian Băsescu）和北約祕書長夏侯雅伯迎接了我。隨著二十六名與會者陸續到達，我們聚集在聯合大廳（Unirii-Saal）的前廳，晚宴將在這裡舉行。我與在場的人的閒聊了幾句。然而，由於我們之間的分歧，氣氛中瀰漫著一種緊張感。薩科齊也抵達後，我們簡短地單獨交談了一會兒。

「你怎麼看喬治・布希昨天對基輔的訪問？結果會怎麼樣？」我問他。

「他肯定知道，我們還是維持不同意的意見，不是嗎？」他回答道。

「是啊。」我說：「我不喜歡這樣的爭吵，但這次我覺得有必要，雖然我不知道結局會怎樣。」

我們商定，我將在晚間致辭中邀請各國元首和政府首長於次年到德國凱爾（Kehl）和法國史特拉斯堡（Straßburg），參加北約成立六十週年的紀念活動。北約自一九四九年成立以來為歐洲和平秩序做出了決定性的貢獻，我們希望通過共同舉辦這次峰會來紀念歐洲和平秩序的美好。屆時，所有國家元首和政府首長將共同走過連接萊茵河畔兩座城市的歐洲大橋，象徵我們之間的和平合作。

晚宴開始了。巨大的水晶吊燈懸掛在大廳的天花板上。東道主和北約祕書長致歡迎辭後，開始了「圓桌會議」（tour de table），即每位與會者都要發言的會議程序。和其他許多人一樣，我很快就準備發言，但過了一會兒才輪到我。從最初的發言來看，多數人顯然不願意進行有爭議的討論，許多人希望爭議性的問題能在幕後解決。當夏侯雅伯讓我發言時，我首先談到了北約在阿富汗的任務，次日我們還會與阿富汗總統哈米德・卡爾扎伊（Hamid Karzai）就此有一場專門會議。隨後，我明確表達了我反對烏克蘭和喬治亞獲得MAP地位的立場。薩科齊在他的發言中支持了我的論點。

當晚在布加勒斯特沒有發生激烈的爭論，但解決問題的通道也沒有打開，反而是緊張氣氛持續升高，眾人都在等待第二天是否以及如何解決問題。

※　※　※

北大西洋理事會是北約最重要的決策機構，其決定性的工作會議於第二天上午八點五十五分，緊接著開幕式後開始。出席會議的有國家元首和政府首長、外交部長和國防部長，以及每個代表團的五名成員。會議開始前，政府首長們在一個單獨的房間等候，直到所有人都到齊。我到得很早。

小布希走過來對我說：「早安，安格拉。我們還有個問題要解決，你能考慮和康迪談論這個問題嗎？」指的是國務卿康朵麗莎．萊斯。我和她很熟，但政府首長與他國外長談判並不常見。通常我會拒絕。但這是美利堅合眾國總統的請求，我決定破例。我想小布希明白我反對給喬治亞和烏克蘭MAP地位的立場是認真的，而且必須達成妥協的時刻即將到來。小布希顯然不想與我直接衝突，因此我同意了這個提議。我也不想演變成引人注目的公開衝突。他似乎鬆了一口氣，然後離開了。

下一個工作會議的地點在議會宮的一個大廳，它是根據尼古拉．西奧塞古（Nicolae

Ceaușescu）總統的設計理念於一九八〇年代建造的。一九八九年十二月二十五日，西奧塞古被軍事法庭判處死刑，並於同日被處決。現在，北約成員國的國家元首和政府首長在這座宮殿裡舉行會議，這也象徵著自由和民主戰勝專制和獨裁。我們圍坐在一張巨大的桌子旁，每個代表團都有兩個座位，史坦邁爾坐在我的左邊，代表團的其他成員坐在我們後面。薩科齊坐在我的右邊，座位是按照國名的字母順序排列的，而我們國名的英文翻譯讓我們有了這樣的座位安排。小布希坐在我的對面。

輪到我發言時（此時布希還沒有發言），他認真地聽著，我在發言時也不時看向他。為了避免留下我從未希望烏克蘭和喬治亞成為北約成員國的印象，我說：「這兩個國家總有一天也會成為北約成員國。」聽到這句話時，他做了紀錄。在我發言結束後，他讓他的一位同事將一張紙拿給坐在我身後的克里斯多夫．霍伊斯根。紙條上用英語寫著我剛剛說的那句話：「總有一天，他們會成為北約成員。」

當我結束演講後，霍伊斯根走到我身邊，轉達了美國總統的問題，他想知道我是否同意將這句話寫進峰會的決議中。我與史坦邁爾和薩科齊進行了簡短協商，並表示同意，但條件是烏克蘭和喬治亞必須放棄ＭＡＰ地位。霍伊斯根將此回覆轉達給了一位美國的工作人員，後者又將這個消息轉達給了他的總統。布希簡短地與他的國務卿交談了一下。隨後，她請霍伊斯根跟她走到一個厚重的布簾後，那布簾像隔板一樣將大廳分隔開，以便能短暫不受打擾地談話。

過了一會兒，霍伊斯根回來了，他向史坦邁爾和我講述了談話內容。康朵麗莎．萊斯堅持烏克蘭和喬治亞應享有MAP地位。我有些惱火，請霍伊斯根轉告美國方，我不會改變在成員行動計畫問題上的立場。隨後，我看見一位美國代表與一位波蘭代表交談。波蘭總統列赫·卡欽斯基是東歐會員國的發言人，從波蘭代表的表情來看，我看得出來他們對這個情況並不滿意。於是，我請霍伊斯根基於我說的內容預先擬定一份妥協方案。大約三十分鐘後，他給了我一份他和法國同事共同擬定的建議，其中最重要的是我關於喬治亞和烏克蘭未來加入北約的那句話。薩科齊也同意這個文本。時間緊迫，因為十一點三十五分就要開始與候選國阿爾巴尼亞和克羅埃西亞的下一場會議，而十二點三十五分已經安排了祕書長的記者會。

所有人發言完畢後，會議暫停。夏侯雅伯要求每個國家的國家元首和政府首長與一名代表留在會議廳內。我請霍伊斯根留下。當大部分人離開會議室時，我看到有一群人聚集在談判桌旁。仔細一看，我認出是東歐國家的總統們。列赫·卡欽斯基坐在團體中間的一張椅子上，立陶宛總統瓦爾達斯·阿達姆庫斯（Valdas Adamkus）、拉脫維亞總統瓦爾季斯·扎特萊爾斯（Valdis Zatlers）、愛沙尼亞總統圖馬斯·亨德里克·伊爾韋斯（Toomas Hendrik Ilves），還有東道主特拉揚·伯塞斯庫以及其他幾位成員站在他周圍。薩科齊短暫離開了房間。我決定走向那個群體，不想分歧進一步加深。談判桌旁只剩下一個人，那就是小布希。他觀察著眼前發生的一切。

列赫·卡欽斯基看到我來了，立刻站起來，把椅子讓給我坐。即使在最激烈的爭論中，他也沒有忘記波蘭人的傳統禮節，這是我與波蘭朋友多次接觸中熟悉的一件事。這讓我很感動，我接受了他的好意，突然發現自己成了討論的中心。我們用英語交談，口譯員就在旁邊。我再次解釋了我的立場，並補充道：「沒有達成協議將是送給所有北約反對者，尤其是俄羅斯總統普丁的最大禮物。」普丁預計在隔天參加北約－俄羅斯理事會。「我們可以在這裡坐上好幾天，但我關於北約成員資格的基本聲明將是我的最後立場，我不會同意成員行動計畫。」我重複了我在談判桌上已經說過的話。我們討論了大約半個小時。不知什麼時候，康朵麗莎．萊斯也加入進來，討論又重新開始，但我們仍在原地打轉。最後，列赫．卡欽斯基建議，刪去我句子中的「總有一天」這幾個字。我可以接受這個建議。事情突然進展得很快。我們歐洲國家達成了協議，康朵麗莎．萊斯走向她的總統，他還坐在談判桌前，她與他簡短交談後，很快回來表示他也同意。隨後祕書長得到通知，中斷的會議得以繼續並順利結束了。

烏克蘭和喬治亞最終並未獲得MAP地位，北約內也沒有出現像伊拉克戰爭時那樣的裂痕。這正是我一直想極力避免的情況，儘管我未能避免在布加勒斯特對烏克蘭和喬治亞的北約前景做出任何表態。妥協是必要的，儘管像所有妥協一樣，它都有代價。對喬治亞和烏克蘭來說，沒有獲得MAP地位意味著對它們希望的否定。與此同時，北約向它們提供了最終成為成員國的承諾，對普丁來說，這意味著北約向這兩國敞開了大門，就是宣戰。後來，在另一個我已記不清細節的場合，普丁曾對我說：「你不會永遠是總理。之後它們就會成為北約成員國。而我會阻止這一切發生。」我心想，你也不會永遠是總統。儘管如此，這並未減少我在布加勒斯特對未來與俄羅斯緊張關係的擔憂。下午兩點左右，比原訂計畫的時間稍晚，法國總統和我共同向媒體宣布了此次會議的結果。在這種複雜的情況下，我們能夠相互依賴，我和史坦邁爾之間的合作也是如此。

※　※　※

在峰會的隔天，也是最後一天的早上八點四十分，舉行了北約－烏克蘭委員會的會議，烏克蘭總統尤先科也出席了。他並沒有在發言中表達出對結果的不滿，儘管他顯然對此感到失望。他希望烏克蘭加入一個集體安全的聯盟，以確保他國家的獨立性不可逆轉。他很可能在親身經歷過俄羅斯的影響力，因為在二〇〇四年九月總統大選期間，他曾被戴奧辛毒害。

北約－俄羅斯理事會會議原定於十一點舉行，普丁再次讓我們久等了。這是他自二〇〇二年羅馬會議以來，首次出席北約峰會。在這期間，二〇〇三年三月伊拉克戰爭爆發，二〇〇七年底俄羅斯暫停履行《歐洲常規武裝力量條約》，因為北約國家未能批准該條約，以及二〇〇八年初科索沃的獨立宣言，與許多北約成員國不同，俄羅斯並未在國際法上承認其獨立。這也是普丁最後一次以總統身分出席國際會議。他的繼任者德米特里・梅德維傑夫已經當選，將於二〇〇八年五月七日就職。在接下來的四年裡，普丁本人將擔任俄羅斯總理，就像他曾在一九九九年八月起被當時的總統葉爾欽任命為總理那樣，隨後在二〇〇〇年接任總統。普丁正期待著小布希隔天訪問索契。儘管存在各種實質上的分歧，但當時美國和俄羅斯仍然希望保持對話。

當普丁終於抵達時，他的發言沒有我以往與他的談話中習慣的那麼衝動，但在幾句開場白的寒暄之後，他對問題的看法仍然很明確。他後來在面對媒體時也重申了他認為的關鍵幾點：「北約的持續擴張、在新成員領土上建立軍事基礎設施、《歐洲常規武裝力量條約》危機、科索沃問題，以及美國在歐洲部署戰略反導彈防禦系統的計畫。」儘管他的語氣相對禮貌，但他的發言內容顯然與一年多前在慕尼黑安全會議上講的話驚人相似。無論是他當時還是現在的發言，顯然都不是一時心血來潮。

※ ※ ※

四個月後，二〇〇八年七月，南奧塞梯民兵與喬治亞軍隊爆發戰鬥。二〇〇八年八月八日深夜，喬治亞試圖以軍事手段控制南奧塞梯。在此過程中，獨立國協聯合體（Gemeinschaft Unabhängiger Staaten）派出的所謂維和部隊成員被殺害，俄羅斯軍隊趁機襲擊喬治亞軍隊，深入了喬治亞本土。俄羅斯以保護俄羅斯少數民族為由進行干預。喬治亞請求美國提供直接軍事支援。美國決定不與俄羅斯發生直接軍事衝突，因此拒絕了援助請求。二〇〇八年下半年，法國擔任歐盟輪值主席國。因此，尼古拉·薩科齊透過與梅德維傑夫和普丁的談判，促成了一項和平計畫。喬治亞於八月十五日簽署了該計畫。同一天，我與薩科齊協商後，飛往索契拜會梅德維傑夫總統，以推動俄方簽訂和平計畫。八月十六日，俄羅斯也簽署了該計畫。次日，我在第比利斯（Tiflis）拜訪了米哈伊·薩卡希維利（Micheil Saakaschwili）總統，聽取他的說法。

薩卡希維利在二〇〇四年初喬治亞玫瑰革命（Rosenrevolution）後當選總統，接替愛德華・謝瓦爾德納澤（Eduard Schewardnadse）。儘管我一方面對他的改革魄力感到欽佩，但另一方面，我認為他在與俄羅斯的關係中表現得比實際的實力更強硬。俄羅斯挑起與喬治亞的衝突，清楚表明了這個位於歐亞交界處的高加索國家是多麼脆弱。戰鬥結束後，俄羅斯軍隊仍留在南奧塞梯，無視歐盟談判達成的和平協議。衝突陷入了僵局。歐盟觀察團的觀察員被拒絕進入該地區。十年後的二〇一八年八月，我在訪問喬治亞和南奧塞梯之間的鐵絲網邊界時，親眼目睹了這令人沮喪的情況。

※　※　※

從布加勒斯特飛回家的途中，我的心情十分複雜。雖然避免了一場激烈爭執，但同時也清楚地看到，我們北約並沒有應對俄羅斯的共同戰略。許多中東歐國家根本沒有動力去建立與俄羅斯的關係，他們似乎希望這個國家就此消失，不復存在。我很難責怪他們，因為他們長期生活在蘇聯的統治之下，不像我們在東德那樣，一九九〇年後有幸與深植於歐洲和跨大西洋聯盟的德意志聯邦共和國，在和平與自由中實現統一。

然而，擁有核武器的俄羅斯依然存在。在地緣政治上，無論過去和現在都無法忽視它，尤其是因為它與美國、法國、英國和中國同為擁有否決權的聯合國安理會五個常任理事國之一。是否因為提及俄羅斯在全球的影響力，就表現出烏克蘭總統澤倫斯基在二〇二二年四月三日於布查屠殺事件後，向其公民發表的影片談話中所提到的對這個國家的「荒謬恐懼」？不是，但它確實表達了對俄羅斯威懾力的不同評估，也就是北約成員國行動計畫的決議在烏克蘭和喬治亞加入北約前的幾年裡，會對這兩個國家和北約本身產生的威懾效果。

烏克蘭的和平與自決

東部夥伴關係

與我對烏克蘭和喬治亞獲得MAP地位的反對態度不同，我支持將這兩個國家以及其他有意願的前蘇聯加盟共和國，更緊密與歐盟連結起來的努力。早在一九九四年，歐洲共同體就已經與俄羅斯簽署了一項夥伴關係與合作協定（Partnerschafts- und Kooperationsabkommen, PKB），該協定於一九九七年生效。其中規範了雙方貿易政策的合作，規劃建立自由貿易區，並在社會政策、職業教育、科學、技術、交通等領域展開合作，同時加深政治對話。歐洲共同體也與其他前蘇聯加盟共和國簽署了類似的協定。

隨著二〇〇四年歐盟擴大加入了十個成員國：波蘭、愛沙尼亞、拉脫維亞、立陶宛、斯洛伐克、斯洛維尼亞、捷克、匈牙利、馬爾他和賽普勒斯，歐洲執委會也將與歐盟東部和南部鄰國的合作提升到了新的層次，提出了所謂的「歐洲睦鄰政策」（Europäische Nachbarschaftspolitik, ENP）戰略。藉由這項政策，歐盟向這些國家提供了深化合作的機會，但並未承諾它們未來會成為歐盟成員。我認為這種策略非常恰當。

基於此，二〇〇八年七月十三日在巴黎成立了所謂的「地中海聯盟」（Union für den Mittelmeerraum），包含當時的二十七個歐盟成員國以及地中海周圍的十六個國家。

在東部鄰國中，亞美尼亞、亞塞拜然、白俄羅斯、喬治亞、摩爾多瓦和烏克蘭都希望參與歐盟的睦鄰政策，但俄羅斯卻不願意，儘管包括德國在內的許多歐盟成員國都支持。俄羅斯總統普丁不希望自己的國家受到與其他前蘇聯加盟共和國一樣的待遇。更重要的是，在波羅的海國家成為歐盟成員後，他竭盡所能地阻止其他前蘇聯加盟共和國加入歐盟，他認為這阻礙了自己建立以俄羅斯為主導的歐亞權力中心的努力。早在二〇〇一年，它就開始加強歐亞經濟共同體（Eurasische Wirtschaftsunion, EAWU），該聯盟於二〇〇〇年成立、二〇〇一年生效，隨後更將其發展為關稅同盟。對於一九九四年商定的歐盟與俄羅斯之間的自由貿易區，他日漸失去興趣，轉而認為前蘇聯加盟共和國要不是屬於俄羅斯，要不就屬於西方，他無法接受這些國家認為與歐盟這樣繁榮、自由的聯盟建立更緊密的連結很有吸引力。

二〇〇八年八月俄羅斯對喬治亞發動戰爭後，包括德國在內的歐盟成員國越來越願意在沒有俄羅斯參與，甚至違反俄羅斯意願的情況下採取行動。因此，二〇〇九年五月七日，在捷克擔任歐洲理事會主席國期間，在布拉格舉行了所謂的「東部夥伴關係」創始峰會，參與國包含與亞塞拜然、亞美尼亞、喬治亞、摩爾多瓦、白俄羅斯和烏克蘭，這是繼十個月前的地中海聯盟之後，歐洲睦鄰政策的第二部分。東部夥伴關係的重點在於促進民主結構和社會接觸，推動簽證便利化、邊境安全和能源安全。此外，參與國可以自由地與歐盟談判結盟協定，包括自由貿易協定。

聽起來很簡單，實際上卻很複雜。由於普丁在阻止前蘇聯加盟共和國與歐盟達成此類協議方面具有戰略利益，他藉由質疑現有的貿易優惠並宣布徵收關稅，威脅這些國家與俄羅斯傳統上密切的經濟關係將急劇惡化。因此，他迫使這些國家在與俄羅斯或歐盟加強合作之間做出選擇，這是一個幾乎不可能解決的兩難困境。亞塞拜然擁有自己的石油和天然氣儲備，從一開始就對與歐盟簽訂聯合協議沒有興趣，同為俄羅斯和哈薩克斯坦關稅同盟成員的白俄羅斯也是如此。亞美尼亞總統塞爾基·薩奇席恩（Sersch Sarkissjan）最初原則上表示了興趣，但在二〇一三年九月訪問普丁後又打退堂鼓，現在也想加入關稅同盟。該國的地理位置以及與亞塞拜然和土耳其的衝突似乎讓他別無選擇，而且該國在經濟上幾乎完全依賴俄羅斯。因此，摩爾多瓦總理尤里·萊安卡（Iurie Leancă）在面對俄羅斯的強大阻力下，依然決定與歐盟就結盟協定進行談判，這點就更顯難能可貴了。

烏克蘭是「東部夥伴關係」中，第一個於二〇一一年完成與歐盟結盟協定談判的國家。在此之前，該國經歷了一次權力更迭。在二〇一〇年的總統選舉中，時任總統維克托·尤先科在第一輪投票中僅獲得五·五%的選票，隨即淘汰出局。在隨後於二〇一〇年二月舉行的第二輪選舉中，維克托·亞努科維奇擊敗了尤莉婭·季莫申科。尤莉婭·季莫申科曾於二〇〇五年被尤先科解除總理職務，這兩位橙色革命的領軍人物產生了無法調和的矛盾。我認識尤莉婭·季莫申科是因為我們曾在歐洲人民政黨共事，她的政黨「全烏克蘭聯盟『祖國』」（Allukrainische Vereinigung Vaterland）自二〇〇八年起在那裡擁有觀察員身分。我了解到她是一位經驗豐富、精力充沛、善於辭令和好辯的人。在公眾眼中，她尤其以她的辮子髮型聞名。

季莫申科致力於烏克蘭的歐洲之路，善於在國內政治體系（包括灰色地帶）中游走。二〇一一年八月，她因被指控在二〇〇九年與俄羅斯簽訂不利於烏克蘭的天然氣供應合同而被捕。由於無法排除談判的政治背景，歐盟無限期中止了與烏克蘭的結盟協定，這對正處於嚴重經濟困難時期的烏克蘭造成了打擊。烏克蘭需要國際貨幣基金組織的貸款，而後者要求烏克蘭進行痛苦的改革作為交換。普丁則玩起了胡蘿蔔加大棒的遊戲。在再次擔任俄羅斯總統一年多之後，以高關稅威脅亞努科維奇，大眾普遍認為他同時以低廉的天然氣價格和大量的財政承諾作為誘餌。亞努科維奇左右搖擺。自二〇一三年八月起，烏克蘭獲得了歐亞經濟共同體的觀察員地位。另一方面，亞努科維奇要求歐盟在二〇一七年前提供一千六百億歐元的支持，這個金額高得離譜，同時他還提議俄羅斯、烏克蘭和歐盟舉行三方會議。歐洲執委會主席巴羅佐拒絕了，並強調每個國家都有主權，能單獨行動而無需歐盟介入。我認為這是個錯誤。我認為這值得一試。後來，歐洲執委會改變了主意，更頻繁地幫助烏克蘭與俄羅斯談判天然氣過境合約。

亞努科維奇必須做出決定，他也確實這麼做出了。在二〇一三年十一月二十八至二十九日於立陶宛首都維爾紐斯（Vilnius）舉行的東部夥伴關係峰會前幾天，烏克蘭議會否決了釋放尤莉婭．季莫申科的動議，與歐盟簽署結盟協定的準備工作也被暫停。與此同時，亞努科維奇總統指示相關部委與俄羅斯、關稅同盟國家和獨立國協國家進行對話。就這樣，他停止了烏克蘭向歐盟靠攏。這讓許多國外人士大吃一驚，他們顯然是寄望於希望原則。我尤其為峰會的東道主立陶宛總統達利婭．格里包斯凱特感到遺憾，她為烏克蘭簽署協議做了完美的準備，我本來很希望這位前歐盟預算委員能在自己的國家取得成功。

二〇一三年十一月二十八日星期四，我在晚間七點左右抵達立陶宛大公宮（Palast der Großfürsten Litauens）。原訂計劃是舉行歐盟國家元首和政府首長的非正式會議，隨後是晚宴。會場氣氛低迷。即使在我們的會議場所之外，到處都在進行激烈的討論。許多烏克蘭的反對派政治人物也來到了這裡，其中包括前世界拳王、現任烏克蘭改革民主聯盟（UDAR）的主席維塔利．克里琴科（Vitali Klitschko）。我為摩爾多瓦和喬治亞感到遺憾。他們希望初步簽署自己的協議，但沒有人承認他們的努力。這再次證明了負面新聞總是蓋過正面新聞。

第二天早上八點十五分，我在下榻的凱賓斯基大飯店與維克托．亞努科維奇進行了約四十分鐘的會談。寒暄過後，我問他：「維克多，你能解釋一下你的『臨陣脫逃』嗎？我不明白。你自己說要簽署協議。現在眼看就要完成，你卻反悔了。」

坐在我面前的是一個高大、健壯的男子，他看起來有些不安。我們透過口譯員進行交談。「再給我一點時間。」亞努科維奇回答：「我現在不能簽，你們現在不必急於這時，總有一天我會簽的。」對此我還能怎麼回應呢？恐懼從他的每個毛孔滲透出來。他可能自己也知道，他正夾在各方勢力之間，左右為難。再試圖勸他簽署已經毫無意義，我覺得他要求更多時間只是一種修辭的客套話。普丁已經成功讓他屈服，並將烏克蘭拉到了自己這邊。至少暫時是如此。

我們道別後，分別乘車輛前往立陶宛展會中心（LITEXPO），那裡將舉行正式峰會，並簽署歐盟與喬治亞和摩爾多瓦的聯繫國協定。

獨立廣場上的抗議活動

二〇一三年十一月，在亞努科維奇停止了向歐盟靠攏的那一天，首都基輔市中心的獨立廣場（Maidan Nezalezhnosti）和全國其他城市都出現了示威遊行。日復一日，人們前來這裡要求政治變革。當政府動用武力時，抗議人數增至數十萬。我懷著同情和擔憂關注著這一切。

三個月後的二〇一四年二月二十二日星期六，當我像往常一樣在霍恩瓦爾德的家中查看最新的政治新聞時，瞬間屏住了呼吸。亞努科維奇在前一晚已經離開基輔，示威者所謂的自衛力量控制了議會、政府大樓和總統府，並向警察提出加入「廣場運動」（Maidan-Bewegung）的提議。我難以理解過去十八個小時發生了什麼事。因為就在週五下午，亞努科維奇代表政府與維塔利．克里琴科、全烏克蘭聯盟「自由」黨主席奧列赫．季亞尼博克（Oleh Tyahnybok）和全烏克蘭聯盟「祖國」黨議會主席阿爾謝尼．亞采紐克（Arsenij Jazenjuk）代表反對派，在議會簽署了烏克蘭未來政治發展的《六點協議》（*Sechs-Punkte-Abkommen*）。其中包括，按照反對派的要求，恢復二〇〇四年憲法並在二〇一四年九月前進行修訂。在十天內應組建民族團結政府。此外，還要通過新的選舉法，並根據歐洲安全與合作組織（OSZE）的規則，在二

○一四年十二月之前提前舉行總統選舉。德國外交部長法蘭克－瓦爾特．史坦邁爾和波蘭外交部長拉多斯瓦夫．席科斯基（Radosław Sikorski）也出席了會議。他們與法國外長洛朗．法比尤斯一起，在與歐盟協商後，於週四前往基輔與亞努科維奇會談，以結束廣場上的暴力事件。據反對派稱，在此之前的幾天裡約有一百人被槍殺。與亞努科維奇和反對派代表的談判持續了一整夜，直到週五上午才結束。我一直與史坦邁爾保持聯絡，並多次與普丁通電話，遊說他圓滿完成談判。為此，他需要派出一名代表。他沒有按照我的要求派遣外長拉夫羅夫（Lawrow），而是派出了俄羅斯議會人權代表弗拉迪米爾．盧金（Vladimir Lukin）。盧金到達談判現場後，亞努科維奇意識到俄羅斯也期待能達成協議。烏克蘭總統不得不讓步，也確實這麼做了。然而，當史坦邁爾和席科斯基（法比尤斯不得不提前離開）以及三名反對派代表在週五上午向大約三十名示威者代表（獨立廣場委員會）說明談判結果，並準備簽署《六點協議》時，受到了嚴厲的批評。

委員會的一些成員拒絕與政府達成任何協議，但最終只有兩人投了反對票。簽字儀式隨後在總統官邸舉行。美國總統歐巴馬在與普丁通電話時，也表示支持迅速執行協議。然而，獨立廣場上很快地就出現了不承認協議，並要求亞努科維奇下台的聲音。當晚，三名來自反對派的簽署者在獨立廣場上遭到噓聲。人群同意一名活動人士發出的最後通牒，即亞努科維奇必須在次日（二○一四年二月二十二日）上午十點前交出權力。亞努科維奇當晚就離開了這座城市。

基輔的局勢，事件發展迅速。我請克里斯多夫．霍伊斯根持續向我通報情況。中午時分，議會決定釋放尤莉婭・季莫申科，六月時她被最高法院宣判無罪。季莫申科的心腹奧列克桑德・圖奇諾夫（Oleksandr Turchynov）當選為新一任議長。下午，議會投票贊成解除亞努科維奇總統的職務。他逃往俄羅斯，並指責反對派發動政變，他仍然認為自己是該國的合法總統。第二天，二〇一四年二月二十三日星期日，奧列克桑德・圖奇諾夫當選為臨時總統。總統選舉定於五月二十五日舉行。當晚，圖奇諾夫在向全國發表的談話中發出了國家破產的警告。

二〇一四年二月二十一日簽署的《六點協議》已成歷史。我絲毫不懷疑普丁會對這個發展做出反應。我深信他不會在意烏克蘭是否自主做出決定，但我無法確定知道他會以何種方式回應。

吞併克里米亞

二〇一四年二月二十三日星期日，俄羅斯總統德米特里・梅德維傑夫下令從基輔撤回俄羅斯駐烏克蘭大使。在二〇〇八至二〇一二年擔任過短暫的總統之後，梅德維傑夫正式回到了他實際上一直所處的第二線位置。撤回大使的理由是俄羅斯干預的明顯藉口：俄羅斯公民的生命受到威脅。所有的警報都已響起，美國警告俄羅斯不要對烏克蘭進行軍事干預。

五天後，二月二十八日，我與阿爾謝尼・亞采紐克通電話，他前一天選舉被烏克蘭議會選為臨時政府總理，我表示支持他完成艱鉅的任務。在關於這次通話的新聞稿中，我強調了要保護烏克蘭領土完整的重要性。因為就在同一天，身著綠色制服、沒有任何官方標識的武裝人員開始占領克里米亞。我立刻想到了駐紮在塞瓦斯托波爾的俄羅斯黑海艦隊。將近四年前，二〇一〇年四月，時任俄羅斯總統梅德維傑夫與時任烏克蘭總統亞努科維奇將《俄烏條約》延長了二十五年。這意味著原訂於二〇一七年到期的協議，現在的有效期將延長至二〇四二年。當時的烏克蘭反對派完全不同意這一決定。協議通過表決時，烏克蘭議會爆發了肢體衝突，有人投擲煙霧彈。

第二天，二〇一四年三月一日星期六，我與普丁通話時向他提及此事：這些身著綠色軍裝、沒有正式身分標識的武裝陌生人是否是俄羅斯士兵？他矢口否認。但很快我就明白，他公然對我說謊。在我們過去的對話中從未發生過這種情況。我沒有中斷與他的聯繫，這對我來說並不是一個真正的選擇，但從那時起，我們的關係進入了一種新的狀態。德國與俄羅斯政府間的磋商、除了首都之間特定目的會談之外的各城市訪問，以及普丁和我在聖彼得堡對話中的會晤，這些都不再舉行了。

在二〇一四年三月六日的歐洲理事會國家元首和政府首長特別會議上，亞采紐克作為來賓出席，我們歐盟內部也譴責了俄羅斯侵犯烏克蘭領土完整的行為。同時，歐盟提出利用自身與俄羅斯和烏克蘭的現有雙邊關係，以及更廣泛的多邊倡議，找到結束暴力的談判解決方案。

但普丁繼續捏造事實。二〇一四年三月十六日，在一次所謂的公投中（這對公投一詞簡直是種嘲諷），據稱克里米亞絕大多數民眾投票贊成「以俄羅斯聯邦主體的身分與俄羅斯重新統一」，選票上如是寫道。俄羅斯隨即吞併了克里米亞。事實證明，一九九四年的《布達佩斯備忘錄》，即烏克蘭交出其領土上自蘇聯時期遺留的核武器而獲得的領土完整保護承諾，根本不值一文。普丁違反了所有國際規則，活在自己的現實中。

克里米亞偽公投五天後，在歐洲理事會春季例會的第二天，歐盟各國元首和政府首長與烏克蘭總理亞采紐克簽署了《歐盟－烏克蘭聯繫協議》（*EU-Ukraine-Assoziierungsabkommens*）的政治部分，這份協議先前在維爾紐斯舉行的東部夥伴關係峰會上尚能簽署。此外，歐盟成員國還通過了對俄羅斯的初步制裁措施，取消了與俄羅斯的下一次會晤，並呼籲歐洲執委會在俄羅斯進一步破壞烏克蘭穩定的情況下，制定進更多制裁方案。同樣在二〇一四年三月二十一日，包括俄羅斯和烏克蘭在內的歐安組織五十七個參與國的常設理事會，通過了在維也納設立烏克蘭特別觀察團（SMM）的任務。該特派團由一百名文職觀察員組成，他們將部署在全國十個地點。他們的任務是在發生具體事件時，公正地查明事實真相並就此提出報告。歐安組織主席迪迪耶．布克哈特（Didier Burkhalter）任命瑞士外交官海蒂．塔利亞維尼（Heidi Tagliavini）為和平解決衝突的特使。她曾代表歐盟領導獨立國際調查委員會，於二〇〇八年八月對喬治亞衝突進行調查。烏克蘭東部煤礦區頓巴斯地區的緊張安全局勢後來演變成公開的暴力衝突，因此觀察團的人數增加到五百名觀察員。

八國集團也採取了行動。美國、加拿大、法國、英國、義大利、日本、德國以及歐盟已經不可能參加即將在索契舉行的八大工業國集團峰會了。因此，我們七國於三月二十四日至二十五日在海牙舉行的第三屆核安全峰會期間，在俄羅斯缺席的情況下舉行了會議，並在一份聯合聲明中決定：「我們的團體是因為有共同信念和共同責任而聚集在一起。俄羅斯最近幾週的行動與此不符。在這種情況下，我們將不會參加原定在索契舉行的峰會。我們將暫停參加八國集團，直到俄羅斯改變其行為，並重新創造一個能讓八大工業國集團進行有意義會談的環境。」二〇一四年六月四日和五日，我們自一九九八年以來首次以七國集團（G7）的形式在布魯塞爾再次舉行會議。

※　※　※

二〇一四年五月二日，我前往華盛頓與歐巴馬討論烏克蘭局勢。我再次對他的精確分析表示讚賞。我們一致認為要幫助烏克蘭，這就是我們同意對俄羅斯實施進一步制裁的原因。從一開始，歐巴馬政府和歐盟就對實施制裁進行了密切協調。同時，我們不想停止外交努力。我也在美國國會舉行了會談。由於德俄經濟關係密切，有些參議員懷疑我會拖延對俄羅斯實施進一步的經濟制裁。事實恰恰相反。我不止一次鼓勵其他歐洲國家在這方面不要過於膽怯。

親俄分離主義分子在俄羅斯的支持下，一步步吞併了頓巴斯的盧甘斯克（Luhansk）和頓涅茨克的部分地區。當年四月，他們宣布成立頓涅茨克和盧甘斯克人民共和國，並要求當地居民參加所謂的公投。二〇一四年五月十一日，據稱絕大多數人投票贊成這個自封的所謂人民共和國獨立。

我很沮喪。對普丁來說，烏克蘭的俄羅斯族人口是一個權力因素，他認為獨立存在的烏克蘭剝奪了他對這個群體的控制。如果他無法將烏克蘭置於自己的控制之下，那麼他顯然想讓烏克蘭在經濟和政治領域很難過，讓烏克蘭不再享有真正的獨立。規則的破壞者已經開始行動，必須阻止他。

諾曼第模式

二〇一四年五月七日，我在總理府接待了彼得．波羅申科（Petro Poroschenko），他是兩週半後的烏克蘭總統選舉中最有希望的候選人。波羅申科於一九六五年出生在烏克蘭南部的博爾赫拉德（Bolhrad），能說一口流利的俄語，蘇聯時期曾在基輔學習國際關係和國際法。一九九〇年代初期，他開始建立自己的商業帝國，其中包括羅申糖果公司（Roshen）和一個擁有廣播電台和電視頻道的媒體集團。羅申公司在俄羅斯也有生產產品。波羅申科是一位富有的商人，同時擁有豐富的政治經驗。自一九九〇年代末以來，他曾多次擔任國會議員，並在尤先科和亞努科維奇總統任內先後擔任外交部長和經濟部長。自二〇一三年底開始，他積極參與了獨立廣場的示威活動。二〇一四年三月二十九日，維塔利．克里琴科在全烏克蘭聯盟「祖國」黨大會上提名波羅申科為總統候選人。

一位高大結實、目光敏銳、眼神靈活的男子走進我的辦公室，陪同他的是烏克蘭駐德國大使帕夫洛·克里姆金（Pawlo Klimkin）。我與霍伊斯根以及一名口譯員共同接待了他。我們在會議桌前坐下，談論了他國家的局勢。波羅申科表示，烏克蘭必須面向歐洲發展，並感謝我迄今給予的支持。此外，他提到了即將舉行的諾曼第登陸七十週年紀念活動，法國總統法蘭索瓦·歐蘭德邀請了包括普丁在內的二十多位國家元首和政府首長參加二〇一四年六月六日的慶祝活動。波羅申科建議：「如果我也受邀參加儀式，或許可以與普丁直接接觸。」我覺得他的願望有點大膽。第一輪總統選舉將於五月二十五日舉行（與歐洲大選同日），而且可能需要進行第二輪決選。然而，波羅申科對於勝利充滿信心，他提到的一個論點引起了我的共鳴：「烏克蘭士兵在第二次世界大戰中與俄羅斯士兵一樣戰鬥和犧牲。」我同意他的觀點，並承諾會與法國總統討論這件事。

兩天後，機會來了，歐蘭德於五月九日和十日訪問了我的選區呂根島和史特拉頌，他立即表示願意邀請波羅申科到諾曼第以促成他與普丁的會面。隨後幾天，我們都與普丁通了電話，討論這個計畫。二〇一四年五月二十五日，波羅申科以超過五十四％的得票率在首輪選舉中當選烏克蘭總統，為六月六日在諾曼第紀念活動期間進行的四方會談鋪平了道路。

※　※　※

上午十點四十五分，我降落在諾曼第的多維爾機場，隨後前往一間飯店與普丁及其兩名工作人員進行了簡短的會談。這是我們自二〇一三年九月五日和六日在聖彼得堡舉行的G20峰會以來的首次面對面會談。儘管當時因敘利亞化學武器計畫而造成與會者之間的氣氛緊張，但如今G20峰會在我看來似乎是另一個時代的事了。我們冷淡地互相問候，這裡相遇的並不是雖有衝突，但生活在同一個座標系中，因此可以重新找到共同點的人。我們是對手。我無意和他再討論大局，只有兩個具體目標。首先，我想讓普丁承認波羅申科是烏克蘭未來的合法總統，雖然沒有得到明確答覆，但俄羅斯駐基輔大使願意出席第二天的就職典禮是一個積極的信號。此外，我希望促成未來烏克蘭停火談判的對話機制，而這次諾曼第的四方會談會是一個開端。普丁沒有拒絕這個提議。大約一小時後，我們分別前往距離四十公里外的貝努維爾城堡（Schloss Benouville），並於下午一點應法國總統的邀請，在那裡參加國家元首和政府首長的午宴。

歐蘭德以完美的禮儀歡迎了所有與會者，並在午餐前為我們四人安排了十分鐘的談話時間。我們進入一個小房間。雖然氣氛緊張，但歐蘭德和我希望普丁和波羅申科能夠直接對話。我們認為自己的角色是當他們之間的交流過於激烈時，將對話引導回到正軌。結果相當不錯，波羅申科說得比普丁多。雖然沒有明確約定進一步的會晤，但我們都希望保持對話。諾曼第模式（Das Normandie-Format）就此誕生，它成為國家元首、政府首長及其外交政策顧問，乃至外交部長和國務祕書，為未來所有烏克蘭停火談判努力的基礎。

在隨後的正式午宴上，法國總統和他的賓客們圍坐在一張馬蹄形的餐桌旁。我的座位靠近窗邊，可以看到連結兩邊的桌子：主人法蘭索瓦・歐蘭德左邊是英國女王伊莉莎白二世和美國總統歐巴馬，右邊則是丹麥女王瑪格麗特二世和普丁。這讓我既感動又憂慮。儘管他們坐在一起，但歐洲的裂痕顯而易見。

真正的紀念儀式於下午在烏伊斯特雷昂（Ouistreham）海灘舉行。儀式中，那些老兵讓我留下了深刻的印象。這些經歷過許多可怕事情的人，卻願意與我們德國人一起展望共同的未來。多年前，二〇〇二年八月，我曾與約阿希姆訪問過該地區。法國日耳曼學家和政治學家昂利·梅努迪耶（Henri Ménudier）邀請我們在週末參觀一九四四年盟軍登陸的地點。我和梅努迪耶是在我擔任青年部長期間認識的，他與德法青年辦事處有密切聯絡。我們一起走過軍人公墓，那裡的白色十字架象徵著無數的逝去生命。這個景象深深刻在我的記憶中。當我看到這些老兵時，我又一次想起了這些十字架。他們倖存了下來，但許多戰友卻沒能活下來。

悼念儀式結束後，我前往附近的朗維爾（Ranville），在大英國協戰爭公墓獻上了兩個花圈，一個放在陣亡將士的榮譽十字架前，另一個則放在一名無名德國士兵的墓前。法國外交部長法比尤斯陪同我。懷著對過去回憶和對現在對話的思考，我踏上了回家的路。

波羅申科的和平計畫

二〇一四年六月二十日，波羅申科就職兩週後，他提出了一項和平計畫。他在前一晚已經向普丁說明了這個計畫。該計畫有十五項內容，其中包括撤出俄羅斯和烏克蘭的僱傭兵、解除分離主義分子的武裝，制定其可能免於刑法的標準、在烏俄邊境建立緩衝區、通過修憲下放權力，以及盡早舉行地方和議會選舉。波羅申科還於六月二十日下令單方面停火一週。但在此之前，自封的頓涅茨克共和國領導人丹尼斯．普希林（Denis Puschilin）拒絕停火，戰鬥仍在繼續。隨後，波羅申科請求歐安組織特使海蒂．塔利亞維尼在其和平計畫的基礎上與分離主義分子談判具體方案。這些談判在二〇一四年六月八日成立的三方聯絡小組中進行，除了塔利亞維尼之外，該小組還包括烏克蘭和俄羅斯各一名代表。諾曼第模式成為聯絡小組的政治上層架構。同時，波羅申科繼續致力於加強烏克蘭與歐盟的聯繫。二〇一四年六月二十七日，繼政治部分之後，烏克蘭在布魯塞爾簽署了聯合協議的第二部分，即經濟部分。自維爾紐斯東部夥伴關係峰會以來，已經過去了七個月。

※ ※ ※

二〇一四年七月十七日，三週後：下午的猜測到了晚上成為了確定的事實。當天烏克蘭時間下午四點二十分至二十五分之間，一架波音777－200ER客機於烏克蘭東部墜毀，看來並非意外。相反，馬來西亞航空公司編號為MH17的飛機疑似在從阿姆斯特丹飛往吉隆坡的途中被分離主義分子擊落。機上二百九十八名乘客全部遇難，其中包括四名德國人。下午時，我已讀到了關於這次空難的第一份報導。當時我正在為基民盟一個名為「柏林對話」系列活動做準備，這次活動將在阿德諾大樓舉辦與歷史學家尤根．奧斯特哈梅爾（Jürgen Osterhammel）進行對談。我邀請奧斯特哈梅爾談談他的著作《世界的變革》（*Die Verwandlung der*

Welt），這是一部十九世紀的世界史。這是我的願望，因為那天是我的六十歲生日，之後還有一個小型招待會。當時我已回到家裡。我幾乎不敢相信自己讀到的關於墜機的報導，這太可怕了。

第二天早上，我與荷蘭首相馬克・路特通了電話，向他保證我們的聲援支持。關於飛機是被分離主義分子擊落的懷疑變得更加強烈。

在那個夏天，烏克蘭軍隊逐漸成功將分離主義民兵勢力擊退。隨後，普丁開始派遣俄羅斯軍隊進入被分離主義者占領的地區，並積極參與戰鬥。這使烏克蘭軍隊再次陷入困境，達成停火的努力變得更加緊迫。我認為，通過軍事手段解決這場衝突，也就是烏克蘭軍隊打敗俄羅斯軍隊的想法，只是一種幻想。因此，八月二十三日，也就是烏克蘭獨立日的前一天，我在基輔與波羅申科和亞采紐克會談後，公開表明立場（這也不是我第一次表示了）：如果沒有對話和外交，就不會有解決方案。我繼續說道：「這並不意味著烏克蘭不需要抵抗那些入侵其領土的人，但最終——這並不是唯一發生這種情況的地方——必須找到外交解決方案……我甚至可以說，軍事解決方案是不存在的。」烏克蘭前臨時總統、現任議長奧列克桑德・圖奇諾夫隨後評論道，外交當然很好，但「只有烏克蘭軍隊才能結束這場戰爭」。

顯然，波羅申科的和平計畫在國內受到了相當大的政治壓力。儘管如此，他仍繼續推行這個計畫，包括在二〇一四年八月二十六日於明斯克（Minsk）舉行的歐亞經濟聯盟會議期間。當時歐盟代表團也出席了會議，由歐盟外交與安全政策高級代表凱瑟琳・艾希頓（Catherine

Ashton）率領。二〇一四年九月五日，三方聯絡小組與頓涅茨克和盧甘斯克兩個分離主義領土的代表在白俄羅斯首都實際簽署了總結協商結果的《明斯克議定書》（*Minsker Protokoll*）。二〇一四年九月十九日，再度於同一地點簽署了執行該議定書的《明斯克備忘錄》（*Minsker Memorandum*）。內容納入了波羅申科和平計畫的關鍵要素，並明確了談判的步驟順序。作為第一步，雙方同意停火，並從所謂的接觸線（實際前線）撤出重型武器和部隊。能達成這樣的協議，主要歸功於海蒂．塔利亞維尼的技巧。然而，這無助於局勢的改善。停火協議屢屢未被遵守，雙方一再重新談判，卻又再次違反協議結果，甚至歐安組織觀察員也遭到槍擊。

烏克蘭的經濟情況也極度緊張。國際貨幣基金組織要求進行嚴厲的改革，這導致物價上漲，進而削弱了政府的民眾支持度。二〇一五年一月八日，烏克蘭總理阿爾謝尼．亞采紐克在二〇一四年十月國會選舉連任後，首次訪問柏林時，我承諾提供五億歐元的貸款援助。這是一筆重要的援助，但與烏克蘭的需求相比，這僅僅是杯水車薪。

在明斯克的十七小時談判

對法國而言，新年開始就遭遇了一場惡夢。二〇一五年一月七日星期三，伊斯蘭恐怖分子對諷刺雜誌《查理週刊》（*Charlie Hebdo*）編輯部發動襲擊。十二人當場喪命，許多人受傷。那天，我正在倫敦拜訪英國首相大衛．卡麥隆（David Cameron）。我至今仍清楚記得，得知襲擊的消息時，我們有多麼震驚。我們立即決定打電話給法蘭索瓦・歐蘭德，共同表達我們的哀悼。新聞自由和言論自由是最寶貴的民主價值，這次襲擊的殘暴程度令我們震驚。

隨後兩天，在恐怖分子潛逃期間，又發生了一連串謀殺事件。在法國警方於週五抓獲並擊斃三名兇手之前，共有十七人喪生。得知惡夢結束時，我鬆了一口氣。當我聽說週日將在巴黎舉行悼念襲擊遇難者的遊行時，我再次打給法蘭索瓦・歐蘭德。我想參加。我以前從未主動參與任何活動，但這次我這麼做了。我只是覺得需要與法國站在一起。歐蘭德對我表示感謝，但最初說我沒有必要參加。我沒有改變主意，於是他同意了。接下來發生的事情至今仍感動得讓我起雞皮疙瘩。在得知我將前往巴黎後，越來越多歐洲政府首長也決定效仿我的行動，歐盟領導人馬丁・舒爾茨、尚－克勞德・榮克和唐納・圖斯克相繼宣布參與。二〇一五年一月十一日午間一點，近五十位來自世界各地的國家元首和政府首長齊聚巴黎市中心，其中包括以色列總理班雅敏・納坦雅胡（Benjamin Netanjahu）、約旦國王阿卜杜拉二世（Abdullah II）、馬里總統易卜拉欣・布巴卡爾・凱塔（Ibrahim Boubacar Keïta）、土耳其總理阿哈梅特・達武特奧盧，以及巴勒斯坦總統馬哈穆德・阿巴斯（Mahmoud Abbas）。遊行從一條狹窄的街道開始，沿途我們與一百五十萬名法國民眾匯合，一起走了部分路程。我們絕不允許我們的自由生活方式被剝奪，這就是那天要傳達的訊息。每到一處都有人從窗戶向我們揮手致意。有那麼一瞬間，我們彼此感到如此親近。

※　※　※

除此之外，許多事情都令人沮喪。烏克蘭東部頓巴斯地區的局勢也日趨惡化。分離主義分子與俄羅斯軍隊一起攻擊接觸線以外的目標。傑巴利采沃（Debalzewe）周圍的局勢尤其危急，這是連接頓涅茨克和盧甘斯克的交通樞紐，數千名烏克蘭士兵面臨被困的威脅。明斯克協議形同廢紙。在美國，向烏克蘭提供武器的呼聲越來越高。頓巴斯地區的人道主義狀況每天都在惡化。我們絕不允許那裡有更多地區被占領。

二〇一五年一月二十八日，歐蘭德和我分別與波羅申科和普丁通了電話。除了雙方互相指責外，沒有任何新的進展。在兩通電話之後，歐蘭德和我又單獨交談了一次。我們的評估是，只有我們四人以諾曼第形式進行面對面會談才有所可能突破。這樣做存在相當大的風險，因為如果之後沒有任何進展，諾曼第模式最終將變成紙老虎。我徵詢了霍伊斯根的意見。儘管有諸多風險，但我們認為支持的理由還是比反對多。我們必須進行嘗試。否則，我也會責備自己沒有竭盡所能透過談判途徑來結束這場暴力。

時間緊迫。我計劃參加二月七日的慕尼黑安全年會，美國副總統喬·拜登和烏克蘭總統波羅申科也將出席。二月九日，我將前往華盛頓拜訪歐巴馬，接著去渥太華拜訪加拿大總理史蒂芬·哈伯，與他們討論G7峰會的議程。德國是當年的七大工業國集團輪值主席國。當然，烏克蘭局勢也將列入議程之一。二〇一五年二月十二日星期四，歐洲理事會安排了一次非正式會議。我察看了日程安排，這個時間很適合嘗試在烏克蘭問題上取得實質進展。一月三十日，我與歐蘭德應時任歐洲議會議長馬丁・舒爾茨的邀請，在史特拉斯堡的鐵帽子餐廳（Zuem Ysehuet）共進晚餐，我們再次談到了這個問題。最後，法蘭索瓦・歐蘭德和我決定於二〇一五年二月五日飛往基輔，次日飛往莫斯科。四方會談可以安排在二月十一日，只要它能在歐洲理事會會議之前進行。我們決定開始與普丁協調日期。我已經原則上問過波羅申科對四方會議的看法，他立即表示同意，因為他也不會有任何損失。然而，普丁卻猶豫不決，從他的角度來看是可以理解的，因為他想創造軍事事實，占領越多地盤越好。當然，他應該很清楚，一旦他同意四方談判，多少會被迫達成某種結果，無論是好是壞。他想盡量拖延時間，但也沒有阻止進一步的準備工作。會議將再次於明斯克舉行。二〇一四年九月，波羅申科曾在這裡根據他的和平計畫談判簽署了《明斯克議定書》，現在就是要討論該如何落實這個協議。此外，明斯克也可以看作某個中立地點。因為如果我們真的想達成協議，就必須以諾曼第形式進行談判，並由三方聯絡小組和分離主義領導人簽署文件。波羅申科拒絕與自封的頓涅茨克和盧甘斯克人民共和國領導人亞歷山大・扎哈爾琴科（Alexander Sakharchenko）和伊戈爾・普洛特尼茨基（Igor Plotnitsky）直接對話，這可以理解，因為這等同於承認分離主義分子的地位。順帶一提，這兩人也被禁止入境歐盟。另一方面，俄羅斯在形式並不想與分離主義分子有任何牽連。因此，明斯克對各方來說都是合適的地方。

二〇一五年二月五日，歐蘭德和我飛抵基輔。在當地時間晚間六點，我們在總統行政大樓會見了波羅申科。我們的工作人員已提前一天抵達，準備了一份我們當時要討論的文件。對歐蘭德和我來說，重要的是不要與普丁談判任何事先未與烏克蘭方面達成一致的內容。

在例行的合影環節之後，我們開始了討論。除了我們三人，參與會談的還有我的外交政策顧問霍伊斯根、歐蘭德的外交政策顧問雅克·奧迪貝爾（Jacques Audibert）和烏克蘭外交部長帕夫洛·克里姆金。討論從基本層面開始，圍繞即將進行的談判的利弊展開。我們也討論了傑巴利采沃的烏克蘭士兵是否已經被包圍，波羅申科否認了這一點。這對他來說是一個可怕的局面。會議期間不斷有人遞紙條給他，上面寫著士兵陣亡的壞消息，他用顫抖的聲音將這些消息念給我們聽。

過了一會兒，我們來到隔壁的一個房間，那裡有一個大圓桌，周圍坐著所有準備談判文件的其他工作人員。我們一起檢視了談判文本，每句話背後都隱藏著俄羅斯或分裂主義分子可能誤解的風險。過去幾個月，烏克蘭人在解釋《明斯克協議》方面已經有了足夠的經驗。我們還討論了他們的底線和可能的妥協方案。這對我們與普丁的對話非常重要。在達成每項協議之前，烏克蘭人都會咒罵幾句，但我們完全理解他們的心情。儘管如此，歐蘭德和我仍持續分工，不斷努力將討論拉回重點。晚上九點三十分左右，我們終於有了一份可以與俄方談判的文件。同時，我們也清楚了自己在談判中的空間。到目前為止，我很滿意。

我們共進了簡短的晚餐，亞采紐克總理也出席了，之後我們於當地時間晚間十一點告別。我飛回柏林，歐蘭德飛回巴黎。我們的工作人員留在基輔，第二天一早直接前往莫斯科。他們事先向塔利亞維尼說明了情況。在飛機上，我回想著方才的談話。對烏克蘭來說，有兩個關鍵：停火和能夠進入自己的邊境。前方的道路將是坎坷的，這一點顯而易見。深夜十二點半，我在柏林泰格爾機場降落，然後回家。此時已經是二〇一五年二月六日。

我於下午一點三十分前往莫斯科，在當地下午五點五十分降落在伏努科沃（Wnukowo）機場。我在接待室見到了歐蘭德，他比我晚到。霍伊斯根和奧迪貝爾來到機場，向我們匯報了與普丁幕僚談判的最新進展。霍伊斯根在我出發前就已經與我聯絡，告訴我俄羅斯拒絕接受我們與烏克蘭人起草的文件作為談判基礎。他們提出了自己的版本，處處從中作梗。我建議霍伊斯根將兩份文件合併，這意味著又得耗費不少時間。此外，俄方要求我們當晚與普丁一起宣布停火，而不讓烏克蘭共同參與。當然，霍伊斯根和奧迪貝爾拒絕了這個要求。為此，俄羅斯首席談判代表兼普丁的親密顧問弗拉迪斯拉夫・蘇爾科夫（Wladislaw Surkow）指責他們無視人民的苦難。霍伊斯根和奧迪貝爾對此置若罔聞，在這個問題上毫不讓步。歐蘭德和我決定，像在基輔一樣，只在開始時進行拍照，之後不會再有其他的媒體活動。機場的俄羅斯禮賓人員催促我們出發。

在克里姆林宮，普丁開始了他眾所周知的長篇大論，講述他認為俄羅斯自一九九一年以來遭受的諸多屈辱。歐蘭德和我沒有反駁，只是沉默並不意味著同意。我們有明確的任務，不想被分散注意力，並再次強調，我們三人不會舉行記者會，也不會宣布停火。

隨後，大家開始了全體會議工作。普丁最終同意就我們的文本為基礎，並連貫地提出了他的意見。經過長時間的來回討論，我們口頭商定了一個文本，但有幾個方括號，也就是沒有達成一致的觀點。當然，這些都是可以預見的敏感問題，主要涉及選舉、領土的特殊地位和進入烏克蘭－俄羅斯國境的問題。普丁建議由蘇爾科夫在我們共進晚餐時將商定的結果整理成書面文件，並拒絕了我們讓霍伊斯根和奧迪貝爾參與的請求。這讓我們明白，我們永遠不可能接受那份文件，這又是一次拖延策略。

晚餐前，普丁還分送了三份禮物，分別是俄德、俄法和俄英的古籍軍事詞典，都是十九世紀末出版的。普丁請我在週一訪問華盛頓時，將這本俄英詞典轉交給歐巴馬，這是一個既含蓄又諷刺的暗示，表明他雖然與我們交談，但實際上只把美國視為平等的談判對象。為了增加這份禮物的可信度，我請他在書中寫下題詞。當他在寫的時候，我再次意識到，他無所不用其極地想讓俄羅斯看起來與美國平起平坐，而不是只被當作一個「地區強國」。將近一年前，二〇一四年三月二十五日，在海牙舉行的「核安全峰會」結束後，歐巴馬在與荷蘭首相路特的聯合記者會上，回答有關俄羅斯是否是美國最大的地緣政治敵人的問題時，曾經用「地區強國」來形容這個國家。單獨看這個詞，我覺得這個詞不恰當；但從整體內容來看，我同意歐巴馬的評價。因為他解釋道，儘管俄羅斯對其在該地區的鄰國構成威脅，其行為也確實帶來了問題，但它並不是美國國家安全的最大威脅。從地理上來看，這一點很明顯。

歐蘭德和我收到書籍禮物後，普丁邀請我們共進晚餐，餐點很快就上桌了。普丁在用餐結束後還打算飛往索契。最後，蘇爾科夫修改過的文件送來了。正如我們擔心的那樣，我們無法接受這份文件。歐蘭德和我堅持要求我們的工作人員留在莫斯科，以便隔天與蘇爾科夫共同完成下週三明斯克會議的準備工作。普丁起初有些猶豫，最後同意了。霍伊斯根和我一起前往慕尼黑，聯邦總理府的其他工作人員和奧迪貝爾留在莫斯科。普丁邀請歐蘭德和我一起前往機場，因為我們的路線是同一條。我們接受了邀請。在車上，他向我們介紹了俄羅斯的經濟狀況。考慮到當前的政治局勢，這段對話顯得有些荒誕。儘管如此，我還是將這與我希望在和俄羅斯以及烏克蘭的談判中想要實現的目標區分開來。

我們在機場道別後，我飛往慕尼黑參加安全會議。在等待飛機除冰時，我打了通電話給波羅申科，告訴他會議的進展。我在深夜時分抵達慕尼黑。隔天一早，我向史坦邁爾通報了莫斯科會談的情況，他的國務祕書馬庫斯・埃德雷爾（Markus Ederer）先前與我們一起在莫斯科。接著，我在安全會議上發表談話。之後，史坦邁爾和我會見了波羅申科、烏克蘭外交部長克里姆金、美國副總統拜登和美國國務卿約翰・克里（John Kerry），並向他們報告了會談進展以及我們對局勢的評估。

週六，我們的工作人員成功與俄方談判出一份充滿方括號的共同文件。週一，我按計畫前往華盛頓和渥太華。在華盛頓，我將普丁的禮物轉交給巴拉克・歐巴馬，並向他描述了我與歐蘭德的應對方式。我們一致認為，透過談判來緩和局勢的做法值得一試。我請他在週三明斯克會議之前分別致電波羅申科和普丁，他答應了我。美國總統的一通電話舉足輕重。此外，我認為展現跨大西洋的團結尤為重要，這似乎是成功的關鍵，尤其是在普丁送出禮物之後。然而，歐巴馬也明確表示，如果明斯克的談判不成功，美國至少會向烏克蘭提供防禦性武器。我雖然表達了擔憂，認為任何武器供應都會強化烏克蘭政府內只寄望於軍事解決方案的勢力，而這個方案沒有成功的希望。但我也理解，我們不能讓烏克蘭人在面對俄羅斯的暴力時毫無保護。這確實是個兩難。

二月十日星期二，諾曼第模式的成員、三方聯絡小組成員和分離主義領導人前往明斯克。事情如預期般不可避免地發生了。白俄羅斯的禮賓安排所有與會者都住在同一間飯店的同一層樓，很難想像這個安排沒有受到莫斯科的壓力。目的顯然是想強迫烏克蘭人與分離主義分子直接接觸。在法、德、烏提出強烈抗議後，聯絡小組和分離主義分子才被安排到另一間飯店。四方會議的籌備工作得以開始。二月十一日上午，普丁也確認出席會議。他拖延了好幾天，最終還是無法避免參加。

上午我在柏林參加了悼念一月三十一日逝世的德國前總統理查・馮・魏茨克的國葬儀式，然後與外長史坦邁爾一起飛往明斯克。會談於下午六點三十分在「獨立宮」（Palast der Unabhängigkeit）開始。我們婉拒了白俄羅斯總統亞歷山大・盧卡申科（Alexander Lukaschenko）為我們準備的正式晚宴，因為我們還有其他事情要做。首先，我們在一間配有同步口譯的會議室重新確認了共同的工作基礎，並澄清一些較簡單的問題，如撤出各類重型武器。然後，我們必須就懸而未決的問題做出決定。波羅申科、普丁、歐蘭德和我，以及我們的外長和核心幕僚與口譯員走進一個大房間，我記得房間是八角形的，每面牆各有一扇門。中間有一張大圓桌，牆邊擺放著各種椅子和小桌子。其中一扇門通向一間小會議室，波羅申科、普丁、歐蘭德和我時不時會退到那裡討論。其他的門每隔三十分鐘就會被打開一次。身高相同、身著制服的高挑女侍者用托盤端著剛泡好的茶，踩著一致步伐走進房間。中間的桌子上擺滿了食物、無酒精飲料和酒精飲料。我們總共談判了將近十七個小時，其中十二個小時是在這個房間裡度過的。我們經歷了各種可以想像到的情緒波動，從最尖銳的交鋒到無奈的沉默。歐蘭德和我注意確保波羅申科和我們的立場一致，普丁則想盡一切辦法讓烏克蘭舉步維艱。這是一種煎熬。只有一個信念驅使歐蘭德和我繼續談判，那就是如果不達成協議，情況只會變得更糟。凌晨時分，我們終於盡可能地理清了所有問題。

現在，我們必須就停火協議的生效時間達成共識。普丁在夜裡多次要求波羅申科下令其部隊從傑巴利采沃撤出，儘管他的士兵處境艱難，波羅申科仍拒絕了。我非常理解他。普丁希望在十天內停火，這簡直太荒謬了，顯然他的軍事優勢並不如他聲稱的那樣明顯。最後，我們同意在談判預期結束後的四十八小時開始停火，也就是基輔時間週六上午八點。蘇爾科夫將文本交給三方聯絡小組和分離主義分子，讓他們在我們起草的文件上簽字。本來這個過程應該很快，但實際上花了更久的時間。最後，分離主義分子設法讓蘇爾科夫將停火時間延後了十六個小時，直到週六午夜。很明顯，普丁決心占領傑巴利采沃，這就是後來發生的事情。

我們在二月十二日中午十二點左右結束了談判。時間緊迫，歐蘭德和我必須趕往布魯塞爾參加歐洲理事會的非正式會議，我們將在那裡為這份文件尋求支持。在歐蘭德和我的建議下，普丁同意將這項措施方案（後來被稱為《明斯克二號協議》〔*Zukunft Minsk II*〕）連同《明斯克協議》和二〇一四年九月的《明斯克備忘錄》（後稱為《明斯克一號協議》），作為決議草案提交聯合國安理會。我們希望盡可能增加協議的約束力。我們沒有舉行四方聯合記者會，普丁和波羅申科分別向媒體發表了對這份協議的看法，而歐蘭德和我一起發表了聲明。

我們已經取得了階段性成果，但根本問題還沒有解決。波羅申科同意了所有條款，主要是因為他在軍事上處於守勢，不想再失去任何領土。然而，我和史坦邁爾都沒能說服他直接飛回基輔，向他的政府和議會解釋這個基於他二〇一五年九月和平計畫的結果，這讓他將詮釋事件的主導權拱手讓給了國內的政治對手。我無法理解他的做法。相反地，他和我們一樣飛往布魯塞爾，參加非正式的歐洲理事會會議，陳述他的觀點並等待歐盟形成共識後才回國。歐洲理事會對協議表示歡迎，同時通過了已經準備好的追加制裁措施。我們的目的是向俄羅斯施加壓力，促使其履行所達成的協議。

根據協議，俄羅斯於二月十三日向聯合國安理會提交了包含各項明斯克協議的決議草案。該決議草案於二〇一五年二月十七日獲得一致通過，成為第二二〇二（二〇一五）號決議。

※　※　※

我決心要盡一切努力確保明斯克談判的成果得以實現。在當時的情況下，這是阻止俄羅斯軍隊進一步推進，並有助於烏克蘭逐步恢復頓涅茨克和盧甘斯克地區領土完整的唯一合理可靠的途徑。然而，這個議題一直困擾著我，直到我任期結束。

冷戰的氣息

克里米亞的吞併不僅劇烈改變了烏克蘭的威脅情勢，也影響了整個歐洲。一九九〇年代初期人們想要避免的情況最終還是發生了：一條分界線再次貫穿歐洲大陸。俄羅斯對北約成員國的威脅再也無法排除。除了試圖藉由外交途徑解決烏克蘭和俄羅斯之間的衝突外，北約還必須在軍事上應對新的局勢，這正是二〇一四年九月四日至五日於威爾斯（Wales）紐波特（Newport）舉行的北約峰會的重點所在。北約多年來專注於前南斯拉夫、阿富汗和利比亞等海外任務，如今面對俄羅斯的威脅，《北大西洋公約》第五條所規定的集體防衛義務再次成為聯盟區域內的焦點。冷戰結束後，國防計畫大多被擱置一旁，但現在情況有了變化。峰會決定採取措施以加快歐洲的軍事反應速度（《戰備行動計畫》〔*Readiness Action Plan*〕），尤其是針對波蘭、愛沙尼亞、拉脫維亞和立陶宛等北約東翼國家。此外，還成立了北約高度戰備聯合特遣部隊（VJTF），這是一支可快速部署的干預部隊。成員國承諾在十年內將國防開支提高到國內生產毛額的百分之二。二〇一四年，德國國防開支占國內生產毛額的一．一五％。我們還有很長的路要走。儘管如此，我們清楚必須因應情勢改變，因此我們在峰會前夕於聯邦政府內部達成共識，同意支持該決議。

然而，國防開支問題直到我卸任前始終都是政治爭論的焦點。只有基民盟和基社盟明確堅持百分之二的目標，其他政黨不是對這個目標態度保留，就是基本上將它視為政治上的過分要求。儘管如此，從二〇一五年開始，我們還是透過妥協，成功地逐步增加國防開支。在大聯合政府中，我們同意同時增加經濟合作發展部的預算，增幅與國防支出同等數額。這在某種程度上是件好事，因為我們離經常承諾的將國內生產毛額的〇・七%用於發展援助的目標還很遠，二〇一四年只達到了〇・四%；到了二〇二一年，由於我們的做法，這個比例欣慰地達到了〇・八%。另一方面，發展援助的增加因此減緩了國防預算的增長。在二〇二一年的財政預算中，國防支出占國內生產毛額的比例為一・三三%。聯盟黨原先希望在本世紀末前能達到二%的目標。

※　※　※

二〇一六年七月八日和九日在華沙舉行的北約峰會決定在波蘭和波羅的海國家部署多個戰鬥群（Battlegroups）。二〇一七年，德國率先在立陶宛部署。這些部隊每六個月輪換一次，因為根據《北約－俄羅斯法》，禁止在新成員國永久駐軍。儘管與俄羅斯關係緊張，我認為繼續遵守該法十分重要。

我們再次感受到了冷戰的氣息。就像當年克里米亞被併吞後一樣，我們現在也採取雙軌策略，同時依靠外交和加強威懾。

「我們做得到」

歐洲門前

二〇一五年四月十八日週六深夜至十九日週日凌晨，一艘超載的難民船從利比亞前往義大利的途中在地中海傾覆，數百人因此喪生。星期日是約阿希姆的六十六歲生日，我們原本計劃在霍恩瓦爾德度過整個下午。然而，義大利總理馬泰奧．倫齊（Matteo Renzi）打手機給我，懇切地呼籲歐洲各國元首與政府首長應該盡快召開歐洲特別理事會特別會議。當時再也無暇顧及生日慶祝了。

「我理解你的感受，這的確是場悲劇，但如果我們召開會議，就得做出具體的決定。」我提醒他。

「或許是這樣，但我們必須見面。」他依然堅持：「我已經跟唐納．圖斯克說過了，必須明確指出這不僅是義大利的問題，而是整個歐洲的問題。你們不能在這種情況下留下我一個。」

我知道馬泰奧．倫齊說得對，尤其這並不是他們國家的海岸線第一次發生這種災難。一年半前，二〇一三年十月，在兩起發生於地中海造成數百名難民溺斃的嚴重船難之後，義大利展開了「我們的海」行動（Mare Nostrum），旨在讓義大利海軍和海岸警衛隊營救海上遇險的難民，並打擊人蛇集團。「我們的海」行動於二〇一四年十月結束，隨後歐盟各國內政部長決定由二〇〇四年成立的歐洲邊境與海岸警衛署（Frontex）領導的「海神」（Triton）行動接替。然而，即使有「海神」行動也未能阻止二〇一五年四月十八日至十九日的這場悲劇。

在我們的通話中，倫齊強烈要求不要孤立義大利，這無疑戳中了歐洲共同庇護制度（GEAS）的痛處。該制度源於一九九〇年六月十五日由十二個歐洲共體成員國在都柏林締結，並以此命名的《都柏林公約》（*Dublier Übereinkommen*）。十三年後，二〇〇三年三月，第一個後續規定《都柏林二號規則》（*Dublin-II-Verordnung*）生效。幾個月後，《都柏林三號規則》（*Dublin-III-Verordnung*）接續推出，這項條約適用於歐盟成員國以及挪威、冰島、瑞士和列支敦士登等國，並規定了在處理第三國國民或無國籍者的庇護申請時應該由哪一個國家負責。條約的核心原則為，除少數例外情況外，庇護申請的審查原則上必須在申請者首先進入的國家進行，也就是說，這通常發生在歐盟外部邊界的國家。根據實際情況，考量到難民通過地中海的逃亡路線，大多數情況下是地中海國家如希臘、義大利和西班牙。根據《都柏林三號規則》，其他國家（包括德國）長期以來都免除了這個問題。我們這些地理位置位於歐盟中部的國家，享受著申根區免邊境管制的好處，無需擔心歐盟外部邊界發生的事情。我們在這種情況下過得相當舒適。然而，像二〇一五年四月十八日至十九日夜間在義大利海岸發生的悲劇，理論上後果將由地中海沿岸國家承擔，這次為義大利，無論有沒有「海神」行動。從法律層面來看或許是正確的，但在政治和人道主義上，這種狀況已經不能繼續維持了。

倫齊的願望實現了。地中海災難發生四天後，二〇一五年四月二十三日，在我與他的通話後，歐盟各國領導人在布魯塞爾召開了一次特別峰會。這次會議主要具有象徵意義，旨在表明義大利不會被孤立，歐洲不會對發生在其門前的死亡不了了之。會議一致決定改善對海上遇險者的救援能力，加大打擊人口販運的強度，並加強與難民來源國和過境國的合作，致力於在歐洲更公平地接納難民。

然而，歐盟高峰會的結果未能徹底解決問題。由於義大利的外部邊界不堪負荷，越來越多人開始向北遷徙。很快地，全歐洲都面臨一個嚴重且長期的問題，德國也不例外。在我們國內，幾年內首次申請庇護的人數穩定上升。二〇一二年有六萬四千五百三十九人，二〇一三年有十萬九千五百八十人，二〇一四年的申請人數已達到十七萬三千零七十二人。一方面，來自西巴爾幹國家的庇護申請人數有所增加，因為二〇〇九年十二月取消了前南斯拉夫共和國馬其頓、蒙特內哥羅和塞爾維亞的簽證要求，一年後也取消了阿爾巴尼亞及波士尼亞與赫塞哥維納的簽證要求。這些國家的庇護申請批准率遠低於一％。當這些國家被列為安全來源國，並為其公民提供合法的工作機會後，首次庇護申請的數量迅速下降。

另一方面，歐洲門前發生的事件加劇了人們的流離失所。二〇一〇年底，充滿希望的「阿拉伯之春」在突尼西亞爆發，人民起義反對專制總統齊納・阿比丁・本・阿里（Zine el-Abidine Ben Ali），抗議活動隨後蔓延至利比亞和敘利亞等國。二〇一一年夏天，利比亞革命領袖格達費被推翻，利比亞全國陷入崩潰。此後，對人蛇集團來說，從利比亞海岸將難民，尤其是來自厄利垂亞和索馬利亞的非洲國家難民送往歐洲變得越來越容易。敘利亞內戰的影響則更為嚴重，這場內戰於二〇一一年爆發，當時該國民眾試圖推翻專制總統巴夏爾・阿薩德（Baschar al-Assad）。數百萬敘利亞人離開家園，逃往黎巴嫩、約旦，超過三百萬人逃往土耳其。起初他們希望盡快返回家園，但從二〇一四年開始，這種希望逐漸消失，越來越多人試圖從土耳其穿越愛琴海經由希臘前往北歐。我記得很清楚，二〇一五年春天，希臘總理阿萊克西斯・齊普拉斯在歐盟高峰會的空檔告訴我，每月從土耳其抵達希臘群島的難民人數幾乎倍數增加，尤其是敘利亞難民，還有阿富汗和伊拉克的難民。我當時對此感到憂心，並預感這將不僅困擾希臘，還會影響整個歐洲。

※※※

二〇一五年五月六日，德國內政部長托馬斯・德・梅齊耶宣布，預計到該年底，德國將收到四十萬份首次庇護申請，比前一年多出一倍以上。由於每月申請數量不斷增加，他宣布在夏季時將會做出新的預測。

二〇一五年六月十八日，我參加了每年夏季例行舉辦的總理與各邦首長的邦總理聯席會議。我們有一份涵蓋不同主題的龐大議程，但焦點仍是難民和庇護政策的現狀。我們一致同意要加快處理庇護申請，將被拒的申請者更堅決地遣返原籍國，同時讓獲得庇護資格的人更好地融入社會。在會議後的記者會上，我與當時的邦總理聯席會議主席、布蘭登堡邦總理迪特馬．沃伊德克（Dietmar Woidke，社民黨）以及薩克森－安哈特邦總理萊納．哈澤洛夫（Reiner Haseloff，基民盟）共同出席。首先，我感謝了所有在難民工作中付出並幫助那些逃離戰爭和恐怖的難民的人們，同時強調聯邦和各邦必須區分那些有權獲得保護，以及沒有這種權利且不能留在德國的人。

一週後，在歐洲理事會的例行會議上，難民和移民問題再次成為討論重點。二〇一五年六月二十六日的深夜記者會上，我報告了歐盟成員國已同意自願分配六萬名難民的計畫，其中四萬人將是經由地中海抵達義大利或希臘，另有兩萬人將由聯合國難民署（UNHCR）和歐盟協調，直接從內戰地區接收。記者會結束前，一位記者詢問歐洲執委會主席尚－克勞德．榮克與歐洲理事會主席唐納．圖斯克之間是否存在分歧。我沒有直接回應這個問題，但藉此機會闡述了我們即將面臨的巨大挑戰，這正是我當時所關注的問題。我回答：「我們整體上進行了非常積極的討論，我認為這也符合這個議題的重要性，因為我相信難民問題是我在擔任總理期間歐盟所面臨的最大挑戰。我們已經克服了許多挑戰，從金融危機到經濟危機再到歐元危機，但我認為這次我們將面臨更為嚴峻的考驗。這將決定歐洲是否能夠應對這一挑戰。這確實存在著我們可能處理得非常好，並且變得更強大的機會，但這還需要非常深入的討論。」我深信，與過去的金融和經濟危機相比，這次我們更需要向世界展示我們是否有意願和能力共同實現我們的歐洲價值觀。

※ ※ ※

不到三週後，二〇一五年七月十五日星期三，我自己也面臨了一場考驗。我在羅斯托克南城的保羅・弗里德里希・謝爾學校（Paul Friedrich Scheel）體育館參加了一場與二十九名青少年的公民對話。這所學校是一個為身心障礙學生設立的特殊教育中心，同時也是一所小學。我非常珍視這類活動，因為它提供我直接與民眾交流的機會。自二〇〇九年以來，伊娃・克利斯蒂安森一直是聯邦總理府政治規劃、政策和特別任務部門的負責人，她計劃這項活動，並於二〇一一和二〇一二年開始舉辦。二〇一三年聯邦眾議院選舉後，基民盟、基社盟和社民黨在聯合協議中同意繼續發展這個概念，並在進一步的公民對話基礎上，以「在德國如何更好地生活」為題，制訂所謂的「指標體系」。目標是補充國內生產毛額這個被視為衡量繁榮的指標，加入涵蓋健康、安全、環境等方面的福祉指標（well-being）。

在羅斯托克的對話於下午一點十五分展開。在這場約九十分鐘的活動進行到一半時，當時十四歲的蕾姆・沙維爾（Reem Sahwil）發言了。她向我講述了她的家庭，他們從黎巴嫩來到德國，卻無法獲得永久居留許可。我從蕾姆的話語中聽出了她希望我能改變她處境的願望。然而，理智告訴我，我不能因為她有機會與我對話，就給她一個可能無法實現的希望，一個在法律上站不住腳的承諾。但就在我說話時，我注意到這個女孩開始哭泣。我走向她想安慰她，俯身輕撫她，說道：「哦，別哭，你剛才表現得非常棒。」

在那一瞬間，我感覺到這件事將會一直困擾著我，因為我無法避免一個如此年輕的參與者在討論中落淚。當時我本可以讓事情變得簡單一點，在幾分鐘後說：「你解釋得很清楚。如果你能另外寫一封信給我，詳細說明你的情況，那就太好了。我會再仔細看看你的願望，然後回信給你。」這樣一來，我一方面可以保持誠實，不要在不了解具體情形下給出不切實際的希望；另一方面，也不會讓這個女孩再次聽到，德國不可能接納全世界所有的人，而是必須優先接納那些來自內戰國家或受到政治迫害的人。蕾姆的家庭來自黎巴嫩，與敘利亞不同，並不被視為內戰地區。

活動結束後，我面臨來自國內外的強烈譴責。有些人指責我舉止笨拙、冷酷無情、缺乏同情心，隨之而來的還有社交媒體上的標籤「梅克爾撫摸」（#merkelstreichelt）。即便在活動結束一個半月後的八月三十一日，我在年度夏季記者會上，仍然被問及這個「醜聞」讓我有何感想。

我回答說：「是的，這也是我工作的一部分，有些事情會引起非常激烈的討論。」然後重申了我對這件事情的立場。

然而，這次記者會最終被記住的不是這些解釋，而是我說的另一句話。

夏季記者會

通常我的夏季記者會都在七月中旬或月底舉行，但二〇一五年，由於德國聯邦眾議院將於七月十七日就第三金援希臘計畫進行投票，我不得不將記者會延後到八月三十一日。

八月十九日，托馬斯・德・梅齊耶宣布，聯邦移民和難民事務署（BAMF）將其五月的春季預測翻倍，預計德國二〇一五年將收到八十萬份庇護申請。

八月二十一、二十二日，在薩克森邦的海德瑙市（Heidenau），發生了一起針對位於舊建材市場的難民初步接收中心的嚴重種族主義暴力事件，難民只能在警方保護下進入中心。

八月二十四日，社民黨主席兼副總理西格瑪・加布里耶前往該市，並稱抗議者為「暴徒」和「暴民」。

八月二十五日，聯邦移民和難民事務局在推特上發布了一則消息：「敘利亞國民依照都柏林規定申請庇護之程序，在目前這段時間，我們實際上不會依照都柏林規定持續追蹤。」我將這句話理解為該機構不堪負荷的表現。由於無法再處理大量的庇護申請，因此只能主要在書面程序上著重於核實敘利亞難民身分文件的真實性。

二〇一五年八月二十六日，我原本計劃前往薩克森邦的格拉蘇蒂（Glashütte），參加那裡一家鐘錶企業新廠房的揭幕儀式，這象徵德國統一後東德成功故事的縮影。由於格拉蘇蒂距離海德瑙僅二十公里左右，我臨時決定當天也前往海德瑙，探訪當地的難民初步接收中心。抵達後，薩克森邦總理斯坦尼斯拉夫・蒂利希（Stanislaw Tillich，基民盟）、海德瑙市市長尤根・歐皮茨（Jürgen Opitz，基民盟）和德國紅十字會主席，也是前聯邦內政部長魯道夫・塞特斯（Rudolf Seiters）前來迎接。我們直接進入難民接待中心，我堅持不讓隨行記者和攝影師跟我們一起進入內部。我的印象是，許多安置在那裡的人並不知道我是誰。我走近其中一些人，與他們交談。當他們意識到我是抱著善意來訪後，便敞開心扉講述他們來自何方和他們的逃亡路線，大多數人是經過希臘和所謂的巴爾幹路線來到這裡。他們看起來疲憊不堪、充滿不確定，但似乎相信在這座建築裡是安全的。

大約四十五分鐘後，我走出難民中心發表新聞聲明。我報告說：「現在這裡有將近六百人，我也見到了其中許多人。這讓我們的法律體現了人性化的一面，也就是說，任何因政治迫害或內戰逃亡的人都有權獲得公平對待，接受庇護程序，或被承認為內戰下的難民。」當時我專注於自己的發言，幾乎沒有聽到來自街道旁抗議者發出的震耳欲聾的噪音，直到後來看到新聞報導，我才意識到當時的抗議聲音有多大。

隔天，八月二十七日，我前往維也納參加第二次西巴爾幹會議，去年我曾主持第一屆會議。會議期間，我坐在奧地利總理韋爾納・法伊曼旁邊。會議於上午十一點開始，我們正在討論西巴爾幹地區的過境國家受難民潮影響尤為嚴重，法伊曼將他的手機遞給我，讓我看他剛收到的一則消息。在奧地利布爾根蘭邦（Burgendland）一處高速公路停車場的卡車車廂內，發現了數十名窒息而死的難民。後來證實，這七十一名難民來自阿富汗、伊拉克、伊朗和敘利亞，他們為了前往奧地利和德國而將命運交給了人蛇集團。法伊曼和我相視而望。「真是太可怕了。」我低聲說道。這條消息令人震撼，讓我們清楚意識到我們討論的不只是數字，而是生命和命運。

四天後，八月三十一日星期一上午，我坐在辦公室裡，思考該下午一點三十分的夏季記者會如何開場。我翻閱著政府發言人史蒂芬・賽貝特和伊娃・克里斯蒂安森為我準備的重點。我們已經事先商定，開場白將主要集中在難民政策上。在隨後的問答環節，記者們將有九十分鐘的時間向我提出各種內政和外交議題，這是每年這個場合的常態。在開場白中，我可以加入自己的見解。我感到沮喪，心想：這又是一個擺在你面前的問題，而這是你的前任政府留下來的。首先，引入歐元的時候，貨幣聯盟對成員國的標準並不是真正具有約束力，現在我們不得不應對這個決策的漏洞。當然，最初大家也都對《申根協定》（*Schengener Abkommen*）感到高興，這項協定實際上取消了成員國之間的內部邊境管制，只有少數情況下例外。但現在，由於大量難民湧入，《申根協定》面臨著前所未有的壓力。

手裡拿著記者會的講稿，我走進貝雅特・鮑曼的辦公室，與她逐條討論要點。我坐在她的圓形會議桌前。她原本還在辦公桌前處理文件，現在坐到了我身邊。

「我們才剛解決了希臘的問題，馬上又有另一個巨大的挑戰擺在眼前。」我把心裡的挫折感說了出來：「但無所謂！我們總會找到辦法解決，我們之前不也做到了嗎？」

貝雅特・鮑曼認真地聽我說完，然後說：「沒錯，你完全可以在記者會上這麼說，就像你對我說的那樣。」

我看著她，心想：有時候事情確實可以很簡單。她說得對。如果我把這個訊息傳達出去，就能鼓舞人心，同時也能表明我清楚這項任務的艱鉅，否則我根本不需要發言。我將最重要的表述手寫加入了講稿中。

「謝謝，待會見。」我道別後，回到了自己的辦公室。

※ ※ ※

在記者會上，我闡述了我的想法。考慮到海德瑙發生的事件，我首先強調了《基本法》第一條的意義：人的尊嚴是不可侵犯的。我說：「無論他是否是國民，無論他來自何處，無論他為何來到我們這裡，也無論他最終能否在程序結束後獲得庇護申請人的身分——我們尊重每個人的尊嚴，我們以法治國家的全部力量反對那些侮辱他人、攻擊他人、焚燒難民住所或試圖使用暴力的人。我們反對那些號召仇恨遊行的人。對於那些質疑他人尊嚴的人，我們絕不寬容。」接著，我解釋了聯邦政府打算進行的各項措施，這些都延續了先前的計畫，並在七月與邦總理們達成了協議。在國內層面，重點措施包括加快處理庇護申請，迅速遣返被拒的申請者，支援地方層級，在聯邦、邦和地方之間進行公平分擔成本，為難民提供長期居住和就業的前景，以及更好的融入社會。在歐洲和國際層面，我強調了在歐洲公平分配難民和解決難民逃亡根源的重要性。在此，我強調：「我簡單地說：德國是一個強大的國家。我們解決這些問題的動機應該是：我們已經克服了那麼多挑戰，我們做得到！我們一定能做到，如果有什麼阻礙我們前進，就必須克服它、努力解決它。聯邦政府將盡其所能，與各邦、地方一起實現這個目標。」

如果當時有人告訴我，這句簡單的「我們做得到」會在接下來的數週、數月甚至數年內被人們反覆提起，有些人甚至至今仍在批評這句話，我會驚訝地看著他們，問道：「怎麼回事？難道我不應該說我們做得到，因為這句話可能被誤解為我想把全世界的難民都接到德國嗎？」我無法這麼想。我不知道這輩子已經多少次以不同的方式說過我們能做到這個或做到那個。當然，在二〇一五年八月三十一日那天，我很清楚這五個字本身無法解決我們面臨的問題，我需要大家支持。但這五個字代表我對這個國家人民的深刻信任，我相信有足夠多的人和我抱有相同的想法和感受，並且我也能夠激勵他們。事實證明，我的信任沒有被辜負。

決定

二〇一五年九月四日星期五，我早上起床時，還不知道這一天將成為歐洲歷史上的重要日子。其實，這一天可能是九月三日、六日或七日，無論哪天，歐洲最終都要做出決定：怎麼應對每天有數千名難民經由巴爾幹半島來到西歐？但我毫不懷疑這一天即將到來，而且很快就會發生。匈牙利總理維克多．奧班從不掩飾他的立場，任何針對歐洲接收難民公平分配的配額制度他都反對。二〇一五年六月，匈牙利開始在其與塞爾維亞長達約一百七十公里的歐盟外部邊境修建圍牆。類似的邊境設施也出現在希臘與土耳其、保加利亞與土耳其的邊界。難民們迅速做出反應，逃亡路線從陸路轉向海路，經由希臘的愛琴海島嶼，然後繼續經克羅埃西亞和斯洛維尼亞進入奧地利和德國。在前幾天的電視報導中，我多次看到難民湧入匈牙利的火車站或是滯留在布達佩斯火車站，有時被允許購買前往奧地利和德國的火車票繼續旅程，有時又被當局從火車上強行帶走，即便他們持有有效車票，仍被送往難民安置中心，然後他們會極力反抗。警察有時撤退，有時重新介入。

這讓我想起了一九八九年布拉格難民的景象。我不禁自問：我應該允許這些來自布達佩斯的人進入德國嗎？隨即又想：接下來呢？《都柏林三號規定》雖然包含所謂的自動接收權，允許成員國接收先抵達其他成員國的難民，並處理其庇護申請，但這不是長期可行的解決方案。另一方面，我在從政生涯中發表過許多關於人的尊嚴不可侵犯的演講，這不僅僅是我們德國《基本法》的核心原則，對我來說，它適用於每一個人。因此，我認為無論這些人是否有機會留在歐洲，他們都應該得到有尊嚴的對待，無論是在德國還是整個歐洲。我也清楚，沒有德國的參與，就無法控制局勢。

二〇一五年九月四日，我在柏林外有幾個行程：首先，我在巴伐利亞邦參觀了位於布赫阿姆埃爾巴赫（Buch am Erlbach）一所名為「數理資訊科學車庫」（MINT-Garage）的小學和中學，該校致力於激發學生對數學、資訊科學、自然科學和技術（MINT）的興趣。之後，我前往慕尼黑工業大學（Technische Universität München），參觀該校的創新與創業中心，繼續深入探討數理資訊科學相關議題。接著，我飛往北萊茵－西發利亞邦，先在埃森參加一場支持基民盟市長候選人托馬斯·庫芬（Thomas Kufen）的競選活動，後來他成功當選。我還記得在那場活動中，我見到了一小群來自敘利亞的難民，他們感謝德國接納了他們。之後，我乘直升機前往科隆，參加當晚七點半舉行的北萊茵－西發利亞邦基民盟成立七十週年慶典，並在那裡結識了日後成為市長的無黨籍候選人亨麗埃特·雷克（Henriette Reker）。整天陪同我參加行程的是我的辦公室副主任貝恩哈特·寇許，這是我在早上出發前決定的，以確保在參加黨內活動期間也有來自總理府的聯絡人，這種做法在過去的各種情況被證明是有效的。

當我結束演講後，貝恩哈特·寇許告訴我，奧地利總理韋爾納·法伊曼希望與我通話。他透過總理府的情勢中心試圖聯絡我。貝恩哈特·寇許做得很對，沒有在我演講時打斷我，而是安排了晚上八點的電話會議，這樣我可以在不引起注意的情況下與法伊曼通話。在通話前，我在平板電腦上看到無數難民自發地從布達佩斯步行前往匈牙利－奧地利邊境的畫面。我感覺到，決策的時刻已經到來。如果歐洲不願意看到高速公路上出現死者，就必須採取行動。

在我們的通話中，法伊曼也向我描述了難民正在高速公路上前進的景象，並問我德國和奧地利是否可以分擔接收他們的責任。他表示願意接收一半難民，而另一半由德國接收。法伊曼不願自行做出決定，責任落在我身上，而我則決心承擔這個責任。這是一個人道危機。要做出決定，我必須徵詢三個人的意見。首先是聯邦外長法蘭克－瓦爾特·史坦邁爾，他當時正在盧森堡參加歐盟外長會議。我請他迅速徵求其部門的法律意見，以確保我能夠在這個人道危機中合法地作出允許難民入境的決定。其次，我希望與我執政聯盟的兩位黨主席——社民黨主席兼副總理西格瑪·加布里耶和基社盟主席兼巴伐利亞邦總理霍斯特·傑霍夫討論此事。加布里耶沒有異議，但我聯絡不上傑霍夫。不管我透過什麼管道，包括總理府主任彼得·阿特邁爾、巴伐利亞邦邦總理辦公室主任卡羅琳娜·根爾鮑爾（Karolina Gernbauer）、總理府的情報中心和隨扈指揮中心，甚至在晚上十點三十三分傳了一則簡訊請他回電，始終無法聯絡上他。

晚上九點四十五分，我抵達柏林，直接回到霍恩瓦爾德的家中，並從那裡繼續後續的通話。史坦邁爾告訴我，部門的法律專家已確認我的決定是合法的。此時，匈牙利總理維克多·奧班已經安排了巴士，準備將難民送往匈奧邊境。然而，奧班堅持不允許匈牙利巴士越過國界，難民必須在邊境另一側換乘奧地利的巴士。當晚，所有與奧班的聯絡都由法伊曼負責。奧班和我都清楚知道，我們在這個問題上有著截然不同的立場。

晚上十點四十五分左右，我決定不再等待與霍斯特·傑霍夫的電話。我的行動不能取決於是否能聯絡上他。在確保所有法律和組織問題都得到確認後，德國和奧地利於午夜過後不久，在臉書（Facebook）上發布了相同內容的貼文，宣布允許難民進入奧地利和德國。我們選擇這種方式，是因為我們認為難民主要透過臉書獲得資訊。當一切塵埃落定後，我才意識到自己在過去幾個小時裡處於多麼緊繃的狀態。瞬間，我感到極度疲憊，隨即倒頭便睡著了。

第五部

為德國服務（二）

二〇一五年九月五日—二〇二一年十二月八日

一張和善的面孔

「那麼這就不是我的國家了。」

那個週末緊張得令人幾乎喘不過氣。在慕尼黑市的中央火車站以及其他德國地區的火車站，數百位民眾歡迎從匈牙利途經奧地利來到德國的難民。志工以掌聲甚至歡呼聲迎接那些尋求庇護的難民，並向他們分發糖果點心、提供食物。這些志願者在需要他們協助的時候，毫不遲疑地立刻行動，並且「透過志工對難民的歡迎展現了德國的形象，那是我們以德國為傲的一刻」。這是在那個週末後的星期一，我與聯邦經濟部長西格瑪．加布里耶於總理府舉行聯合記者會時所說的話。這也是我在二〇一五年九月四日至五日做出決策後，首次對外公開說明。這項決策源自聯合政府委員會（基民盟、基社盟以及社民黨）前一晚召開的會議結論，這場會議很早就安排好，會議結果由我與加布里耶共同說明。霍斯特．傑霍夫當時因為參加一場葬禮而未能出席。星期六早上，我終於與傑霍夫透過電話聯繫上。他明白地要我了解，這項決策是錯誤而且無法挽回的。我回答他，我有不同的看法。這次通話相當令人沮喪，但我早已預料。不過在星期日的聯合政府委員會中，我們提出的各項意見都相當具有建設性。

這項決定在當時相當重要是無庸置疑的。然而，當我和西格瑪．加布里耶在那個週末站在聯邦總理府記者會場的藍色背景牆前時，我內心湧現一股感動，想要向社會大眾表達由衷的感謝。感謝所有協助接待難民的志工，因為許多志工並非在德國政府決定接受難民那晚才開始投入，而是在好幾週甚至好幾個月之前就已積極參與協助難民的工作；也感謝許多城市與鄉鎮、各邦政府機關以及聯邦政府機關的工作人員，還有火車站與聯邦國防軍的工作人員。他們齊心攜手合作，其重要性遠超過該晚的決定。他們在協助難民的工作中展現出活力，正因如此，一週前我在聯邦政府的記者會曾說過：「我們做得到。德國是一個強大的國家。」

毫無疑問，如果沒有這些支持，我無法挺過接下來幾天、幾星期以及幾個月的挑戰。由於這是一項巨大的任務，只有透過國家、歐洲以及國際間的共同合作才能克服。我深知這點，也相當信賴這樣的合作精神，事實證明我並沒有失望。

兩天後，二〇一五年九月九日星期三，我在德國聯邦眾議院進行預算案報告時也說得很清楚。當我在描述最重要的議題時，難民政策是這些議題的主軸。現在回想起來，我仍然認為副總理西格瑪·加布里耶在當時的聯邦眾議院辯論中，扮演了執政團隊裡最關鍵的角色：「歡迎難民」是當時傳達的訊息。他也非常直接地表達了自己的感受，而那正是歡迎文化一詞所傳達的意思。這種情感定調了當時聯邦眾議院的辯論基礎，儘管執政黨與反對黨的意見完全不同。

然而，我沒有沉浸在自我陶醉中，當時我們面臨的幾乎是前所未有的挑戰。為了有序地處理週末發生的事情，我在預算辯論報告中將視野放到更廣的角度，讓我更擔憂的並非二〇一五年九月四日與五日才開始：「地緣政治的情勢並不會在片刻間就改變，無論是敘利亞內戰、北伊拉克的伊斯蘭恐怖主義、厄利垂亞或索馬利亞的政治體制問題都是如此。我們在德國很少感受到內政政策、開發中國家援助政策以及外交政策是如此緊密關聯……全球化將我們帶入一個情勢，使我們突然意識到，如果我們在外交政策與開發中國家援助政策沒有作為（也包括歐洲境外），那麼我們的內政就會受到巨大影響。」基民盟與基社盟的國會黨團主席佛爾克．考德，以及基社盟在國會的邦黨團主席葛達．哈瑟菲爾德特（Gerda Hasselfeldt）也持完全相同的看法。佛爾克．考德在二〇一八年秋天卸下國會黨團主席之前的那段時間，面對黨團內部所有的反對聲音時，他可說是我在難民政策上最強力的支持者。作為德國福音教會的基督徒，對他來說，基督民主聯盟（CDU）的「基督」（C）這個字首不僅是義務，更是時刻掛在心上的要務，亦即人們來到我們這裡，我們就要以具有人性尊嚴的方式對待他們。對此，我直到今日依舊相當感謝他。

二〇一五年九月十日星期四早上，我去訪視聯邦移民暨難民署的地方分部，以及位於柏林施潘道（Spandau）的勞動福利社團第一線收容中心。在簡短的記者會後，我取消了原定的部分行程，因為我不想沒有問候在場的人就離開。其中有位來自敘利亞的難民走向我，如同後來大家看到的畫面，他高舉手機並說：「自拍。」我當下並未思考到這張自拍可能會帶來什麼影響，只是認為：有何不可？我同意的這張自拍照後來傳遍了全世界。這個場景之所以廣為人知，是因為許多新聞記者在場拍攝，也因為我親自訪視該處。直到今天，我還是無法理解人們怎麼會認為，一張照片上友善的臉孔就能驅使大批難民離鄉背井。或者反過來說，一張最憤怒的面孔就不會導致這些人離開。這種負面否定的看法在德國和歐洲根本不應該出現，這些難民在許多地方找不到希望與盼望。我從以前至今一直相信，沒有人會輕易離開家鄉到德國申請政治庇護，即使他們是因為對社會與經濟生活感到絕望，而且沒什麼機會也是一樣。

自拍過後，我上車前往下一個行程，探視位於柏林市的腓特烈斯海恩－十字山區接待難民的斐迪南－費利葛拉特中學（Ferdinand-Freiligrath-Schule）。

※　※　※

「聯邦總理女士，您剛才再次表示九月五日晚上的決定是正確的。然而，您的同黨同仁和媒體對您有許多批評，認為您傳達了過多的政治訊息，被解讀為德國容納更多難民不成問題，可能因此加劇難民潮，吸引更多難民湧向德國。您對這些批評有什麼回應？」這是五天後，也就是二〇一五年九月十五日星期二，在我與奧地利聯邦總理韋爾納．法伊曼（Werner Faymann）於總理府會談後的聯合記者會上，一位記者提出的問題。那是我在決定接納難民後第一次與法伊曼會面。面對記者提問時，我心想這是個很容易回答的問題，我的回答很自然地從腦袋裡湧現：「我很確定，就在海登瑙興建中的難民收容處所遭到暴力攻擊不久後，這項接納難民的決定展現了德國的形象，也代表了許多德國公民的決定。我要再次強調：呈現在世界面前的德國形象，並非我訪視位於海登瑙的第一個難民收容所的畫面，當時也沒有攝影記者隨行。呈現在世界上的反而是我們決定接納難民後的隔天早上，許多人到慕尼黑以及其他地方的火車站迎接難民，數千名公民自發地提供協助。當時全世界都說，這是多麼美好的表示。那是發自人們內心的舉動。我必須坦白說，如果我們現在必須開始說：『抱歉，我們在危急情境下展現了友善的一面。』那麼這就不是我的國家了。」我當時還補充了幾句話，使我的回答更偏向政策層面，因為我在談話時感覺自己有些過於強調個人看法，而當時記者會的氣氛略顯緊繃，或許我的回答會造成影響。這與提出「我們做得到」的說法不同，那是在二〇一五年八月三十一日我與法伊曼總理一起舉行的夏季記者會上，經過事前考慮和準備後，我自然而然提出的想法。那位記者的問題似乎是想讓我感到緊張，他提到的「擴散的難民潮」是要引起聽眾對我的不滿。對我而言，這與「浪潮」無關，而是關乎人，就是單純關於這些人是否有機會在德國安身立命。我自一九九〇年開始從政，就是因為我對人感興趣。人們不是「浪潮」或無名的群眾，我的國家從過去到現在一直將人視為獨立個體，即使無法完全滿足每個人的期待時也是如此。

接下來還有一些提問，之後記者會就結束了。法伊曼與我離開講台，一起讓記者拍照，之後搭電梯至總理府的一樓。在走向總理府外的迎賓庭院時，法伊曼對我說：「你剛才表現地很好。」確實，我也這麼認為，至少得對自己保持微笑。

向法伊曼道別後，史蒂芬・賽貝特向我走來，我們一起搭電梯到七樓。我們沒有直接回到我的辦公室，而是先跟貝雅特・鮑曼打招呼，我問她：「您有看記者會轉播嗎？」她回答：「看了，真是精采！」

「那麼這就不是我的國家了。」我說的這句話經常被錯誤引用。有一個字我沒有說，卻被加上去了，就是：「那麼這就不『再』是我的國家了。」似乎想傳達（而且經常被認定）：如果德國不「再」是我認為的德國，那麼我就會離開。這種解讀既錯誤又不合理。五年後，我又在另一個情況下再度碰到類似問題。二〇二〇年十二月底，一位記者在《世界報週日版》（*Die Welt am Sonntag*）一篇文章中，引用我與法伊曼總理在聯合記者會上的話，並寫道：「她做了歷任總理都不曾做過的事——她與聯邦共和國保持著些微的距離，然而她可是共和國第二位公僕啊！這時一個想法突然閃過我的腦海，她不是天生的德國人與歐洲人，而是一位透過訓練學習出來的德國人與歐洲人。」

十個月後，二〇二一年十月三日於哈勒慶祝德國統一紀念日的最後一次聯邦總理公開演講中，我引用了那篇文章，並質問：「難道有兩種類別的德國人與歐洲人嗎？一種天生的，另一種是後天學習的？這些訓練學習的德國人與歐洲人必須每天重新證明自己，套用他在記者會上的說法，還有可能不及格？……我的回答真的跟我的國家保持距離了嗎？」事實上完全相反。我當時想傳達的是，我的國家的偉大之處，正體現在它如何捍衛每個人的權利：我們不應該忘記，每個個人都應該被公平對待，這也包括在危急狀態下的人。所以無論如何，我過去和現在都希望我的國家是如此，不僅只有在二〇一五年八月三十一日與九月十五日的記者會上，也包括在我的整個政治生涯。

然而，在重大的爭辯中，我一直經歷到我的東德背景經常被當作反對我立場的理由。這種情況並非從我的難民政策才開始，而是更早就存在了，包括在辯論財產權議題或一九九〇年代初期討論刑法第二一八條新規定時。我的論點突然被忽略了，取而代之的是令人搖頭的質問：您怎麼可以持有這樣的觀點？會有這種觀點，一定是因為您過去在東德時期的經歷導致您沒有正確理解我們的價值觀。

我在國外的經驗卻截然不同，尤其是在美國。在那裡，我感受到人們對我在前東德民主共和國以及在後來兩德統一後的自由生活，抱持著濃厚且不帶偏見的興趣。就我的印象，有些看法大概就像一般所謂美國夢的實現一樣，雖然不是從洗碗工變成百萬富翁，而是從獨裁政權進入民主政體，並成為第一位擔任這個國家最高政治首長的女性。二〇一一年六月七日，當我從二〇〇九年以「是的，我們可以」（Yes, we can）成為首位進駐白宮的非裔美國總統巴拉克．歐巴馬手上獲頒總統自由勳章時，我有著類似的感覺。至今我還記得在白宮玫瑰園舉行慶祝晚宴的那個時刻。當時陪伴我的人還有法雅．克立爾（Freya Klier），她是前東德共產的民權運動人士。在我的致謝詞中，我將巴拉克．歐巴馬頒給我的自由勳章也獻給了她，以及所有促使一九八九年柏林圍牆倒塌的民權運動人士。

尋求解答

我當時不是非政府組織的代表，也不是擔任協助難民的志工，我是政治人物，是德意志聯邦共和國的聯邦總理。在二〇一五年九月四日至五日的那個特殊人道危機中，人們對我抱有期望，不僅期待我能做出當下的決策，更期待我和整個聯邦政府能為這個歐盟歷史上最大的挑戰之一提出長遠的解決方案。類似九月四日至五日這樣的人道特殊狀況不應再次發生，並不是因為我事後認為自己的決策是錯的，正好相反。然而，當時之所以不得不做出這樣的決策，正是歐洲在事前準備上的明顯失敗。因此，我們必須尋求一個對所有人都有利的解決方案，包括歐洲人與難民，使他們不再需要將生命任由無良的人蛇集團主宰。

九月十三日星期日下午五點三十分，聯邦內政部長托馬斯·德·梅齊耶在預定召開的記者會上公開宣布，德國幾分鐘前開始實施暫時性的國境邊界管制，尤其是與奧地利接壤的邊界。那天做出的決策，是他與內政部的專業幕僚、與我和內閣成員，以及各邦的內政部共同討論後決定的，並且也跟奧地利協商過。在不遣送已經來到德國尋求政治庇護的難民的狀況下，我完全同意這項措施。根據「都柏林規定」，已經進入簽約國的難民，得依照法定的政治庇護申請程序進行。

不將難民遣送至德國邊界外的決定，激起那些原本就反對我在九月四日至五日決定的人士的批評，他們批評我「開放」邊界。這種講法根本是錯的，因為申根簽約國之間當時並沒有邊界管制，因此也不存在所謂的「開放邊界」。他們以錯誤的虛構說法認為邊界應該要重新「關閉」，如果這種說法廣為流傳，就會變成只有一種簡單做法，就是阻止難民進入德國。因此，內政部長托馬斯·德·梅齊耶在記者會針對我們決策所表達的說法才是正確的：「實施暫時性的邊境控制並無法解決所有問題，這點我們了解……但我們必須爭取更多時間，讓邊境的狀況更加有序。」這是為了保護德國的邊境，因為當時歐洲邊境已經失去了保護功能。

托馬斯・德・梅齊耶在記者會上也補充道：「最關鍵的解決方案當然是對危機區域的當地援助，這樣就不會有更多人從難民營或敘利亞、伊拉克離開。」對此，他將眼光從德國邊境擴展至德國與歐洲之外，顯示了這個挑戰是多麼巨大。因為單靠我們自己或主要以個別國家的方式解決這個問題是無法成功的，不管是我們恰當的人道主義責任作為，還是長期、持續安置與處理前來德國與歐洲的難民，以及最終實現難民數量降低的預期結果。此外，各國各自為政可能會導致申根協定中的自由遷徙被摧毀，而自由遷徙是歐洲合作的一項重要支柱。這也是我在處理事務的主要基本前提。這個前提引導了我的難民政策，直到我卸任總理職位為止。這包括在基民聯盟及基社聯盟的討論、聯合政府（基民盟、基社盟與社民黨）委員會的討論、內閣會議、與各邦政府首長的會談，還有與地方自治體聯盟代表、教會、社福團體、企業團體代表的會談，與土耳其的國家雙邊會談以及歐盟各國首長與土耳其的會談，與非洲國家的國家元首與政府首長會談、與聯合國難民處理機構的聯合國難民署以及國際移民組織的代表會談，也包括二〇一六年二月由德國、英國、挪威與科威特所組織在倫敦召開的敘利亞難民國際會議，或是二〇一六年九月由美國總統歐巴馬呼籲舉行的難民高峰會。引導我做決策的主要基本前提使我在三個層級的行動上緊密相連：在自己的國家、歐洲以及歐洲之外。

在德國，這些做法包括在聯邦移民暨難民署增加數千個職位，以加速處理政治庇護申請流程，並且暫時由聯邦勞動署的理事會長並兼任聯邦移民暨難民署署長法蘭克－尤根・魏瑟（Frank-Jürgen Weise）一併統籌負責。此外，還有支持各邦、各鄉鎮市在政治庇護申請者的登記、分配與安置事務上，包括金錢或者聯邦國防軍的勞力支援。科索沃、阿爾巴尼亞與蒙特內哥羅以及摩洛哥、阿爾及利亞與突尼西亞這些國家則必須被界定為安全來源國[12]。未來，要增設更多實物發放站來取代現金補助站。我們也決定，對於無法被完全認定為難民者，暫時取消其依親的可能性，依照政治庇護法的規定，這些人只能獲得補助性保護。同時，我們加強資助自願返回母國者和申請難民被駁回者的遣返措施。此外，我們也計劃通過一項融合法，規定融合課程與德語課程，以及對於通過政治庇護申請者可以就業時，進行所謂的優先審查。

在歐洲，我努力推動難民分配的互助合作，最後卻徒勞無功。歐洲各國的內政部長雖然以三分之二多數通過了相關的決議，但那些協議是於二〇一五年六月決定的，原本計劃分配六萬名難民，至九月時甚至增加至十二萬人次。專業術語稱之為「再安置」（Umsiedelung）以及「重新安置」（Neusiedlung）。然而，這些決議只是紙上談兵，一點價值也沒有。根據歐洲執委會的數據，截至二〇一八年，實際上再安置的難民只有兩萬一千九百九十九名，是從希臘轉移過來的，德國接納了其中五千三百九十一名。從義大利上岸進入的一萬兩千七百零八名難民，德國接納了五千四百四十六名。那些基本上同意接納難民分配的國家，擔心無法處理每天

12 譯注：這些國家被視為安全的原居地，庇護申請通常會被駁回。

前來的難民，有些國家則是希望盡可能接納少一點的難民，並且極盡所能地延遲履行之前的承諾。幾乎所有致力於修改《都柏林三號規則》的努力都失敗了。歐洲對於難民的接納與分配顯示了令人難堪的狀況，這表明歐盟無法實現以前歐洲共同體曾達成的共識：團結互助以及共享價值。這個結果令我感到相當沮喪，但絕不會使我因此放棄努力。

至於打擊逃難原因與人蛇集團犯罪行為則是另外一種狀況。歐盟透過設立登記中心，亦即所謂的「熱點」（Hotspots），加強對外邊界的保護。北約常備海軍團的派駐艦隊改善了與希臘以及土耳其海岸巡防隊在愛琴海的資訊交流，這主要感謝當時的國防部長烏蘇拉·馮·德萊恩，她在難民政策上毫無保留地給予我支持。北約的軍事任務傳達了該區域的情勢，有效打擊了愛琴海上的人蛇集團。德國海軍也參與了這項任務。這次行動特別令人矚目，因為土耳其與希臘也共同參與這個軍事任務，而兩國長期以來對於愛琴海上的一些島嶼主權有所爭執。

自二〇一五年夏天以來，我特別專注於提升歐盟與土耳其在難民政策上的共同合作。自二〇一一年敘利亞內戰爆發以來，土耳其已收容了將近兩百萬逃往敘利亞與土耳其邊界地區以及該國境內的難民。這是相當大的負擔，而歐洲長期以來幾乎沒有認清這個事實，也對此沉默以對。這種狀況必須改變，包括以歐盟難民方案在財政上資助當地、協助改善難民的健康醫療照護、讓土耳其允許難民工作、開放難民的教育機會，讓難民在當地有希望。因此，我們在難民政策上設定了一個重點：在歐盟境外打擊造成難民潮的原因。這對各方都有利，對難民更是如此。如此一來，他們就不會花費大筆金錢拜託無良的人蛇集團，最後卻遭遇在海中溺斃的悲慘命運。

基於這樣的認知，我主導歐盟與土耳其展開會談。在夏季記者會上，一位土耳其記者問我對土耳其的期待時，我解釋了為什麼這對我來說如此重要：「……目前的情況可以這麼說，一個難民在夜裡從土耳其逃到希臘，然後穿越西巴爾幹各國，接著一個接一個國家開始築起圍籬，而這些圍籬或許還是可能被翻越。這種狀況不僅不符合法律制度，也不令人滿意。因此，我們必須彼此信任，以團結且友善的態度與土耳其商討，看看我們可以如何處理這個問題。」

這個想法確實付諸實行了，如果沒有彼得．阿特邁爾的協助就不可能完成。他當時是邦總理府的主任，並且從二〇一五年十月七日擔任聯邦政府難民事務的總協調。在這個角色下，他同時負責難民政策工作指揮部的政務領導，這個指揮部也是同一天於聯邦總理府設立的。這個安排被媒體誇大解讀，認為這是剝奪聯邦內政部長托馬斯．德．梅齊耶的權力，並藉此批評我。這種批評完全錯誤。事實上，這對彼得．阿特邁爾這位總理府主任意味著有更多的任務要求。這樣的安排讓他跟我在歐洲與國際難民政策的領域上，能將警察與其他安全政策措施整合在同一個單位。我們與內政部長托馬斯．德．梅齊耶共同努力，讓難民政策的決策過程更有效率。指揮部的執行主任則交由揚．黑克爾（Jan Hecker，賀岩）負責，他與聯邦內政部的調控委員會密切合作。揚．黑克爾於一九六七年出生，擁有法學博士學位，於一九九九年底至二〇一一年在聯邦內政部工作。二〇一一年擔任聯邦行政法院的法官，二〇一五年十月八日至聯邦總理府工作。二〇一七年聯邦眾議院選舉後，他跟隨德國派駐聯合國大使克里斯多夫．霍伊斯根，擔任我的外交與安全政策顧問。二〇二一年底，在我卸任總理職務之前沒多久，揚・黑克爾被任命為德國駐中國的大使。他在中國沒多久就突然過世，享年僅五十四歲。我在寫這本書的時候，多麼希望能夠再次跟他討論。

二〇一五年九月二十三日，在歐洲理事會（歐盟高峰會）的非正式會談中，歐盟各國首長決定加強與土耳其的對話，同時也包括黎巴嫩與約旦。這兩個國家也收容了許多難民，尤其是敘利亞難民。兩天後，我飛往紐約參加聯合國各國領袖高峰會，討論永續發展的議題。在會場邊，我與土耳其總統理雷傑普・塔伊普・艾爾多安（Recep Tayyip Erdoğan）碰面，一起討論建立德國與土耳其的工作聯盟，為十一月在馬爾他首都瓦雷塔（Valletta）舉行的歐盟與非洲高峰會預做準備。我們不能忘記，仍有許多來自非洲的人們試圖越過地中海前往歐洲。

二〇一五年十月五日，歐洲執委會主席尚－克勞德・榮克與歐洲理事會主席唐納・圖斯克在布魯塞爾與土耳其總統會談，並同意制訂「歐盟與土耳其行動計畫」，在難民政策上採取共同方針。歐洲執委會也據此提出了草案，並於二〇一五年十月十五日經歐盟高峰會各國首長一致同意。三天後，我飛往伊斯坦堡與土耳其總統艾爾多安以及總理阿哈梅特・達武特奧盧（Ahmet Davutoğlu）會談。我們達成協議，要盡快落實行動計畫，此外也針對簡化土耳其公民來往德國的簽證進行雙邊對話，這是艾爾多安願意在難民政策上合作的重要原因之一。

我的伊斯坦堡之行遭到了嚴厲的批評，主因在於兩張椅子，精確地說是兩張金黃色的寶座。一張寶座是艾爾多安的位子，另一張是我的。我們坐在寶座上不只為了拍照，會談時也坐在上面。當時我只想著，能順利進行會談真的是件很棒的事。我並沒有特別注意外在形式，只專注於我要完成的內容。然而，「一圖勝千言」這句諺語卻在背後發酵，逐漸破壞了會談本意。在外界看來，我似乎在艾爾多安統治的宮殿前俯首稱臣，彷彿我隨時可以被拋到地上一樣，就只為了與土耳其達成協議，以阻止難民潮的湧入。更糟糕的是，這次會談恰好在土耳其總統大選前兩週，此行也因此被批評被艾爾多安的正義與發展黨（AKP）作為選戰宣傳。

我認為這些批評並不公允，部分甚至不誠實。一方面，從左派到右派的批評都說（雖然沒錯），我應該盡我所能持續努力，將來自愛琴海、希臘、巴爾幹逃亡路線、奧地利直到北歐的難民潮處理與控制妥當，並且最終要降低難民數量。另一方面又批評說：但請不要跟安卡拉的威權政府合作，如果要的話，也要離選舉時間遠一點。這完全是隨便講講。只要看一下愛琴海附近的地圖和實際狀況就知道，要妥當處理與控制難民潮發展趨勢，唯一的辦法就是與土耳其共同合作，而且刻不容緩。其他任何想法都是幻想，而我並不熱衷於幻想。如果歐盟沒有與土耳其達成協議，即使持續打擊海上人蛇集團、密集地在歐盟各國邊界監控與潛伏搜捕、盡可能加高加長圍籬（如某些人相信的措施），也無法真正持續降低從土耳其奮力湧向歐盟的人數，也無法避免難民在愛琴海喪命。只要每天仍有上千名難民從土耳其經過希臘進入歐洲，即使有些歐洲國家的元首與政府首長（包括斯洛維尼亞、克羅埃西亞、塞爾維亞和前南斯拉夫共和國的馬其頓）強烈要求關閉巴爾幹難民與移民的逃亡路線，也只能治標不治本。如果歐洲真的想克服這個挑戰，就必須正視土耳其在巴爾幹難民逃亡路線中作為中繼站的關鍵地位。因此，我與土耳其總統進行協商，並體會到艾爾多安總統不是只把難民政策當作政治手段的一部分。如果我們意見一致，他會稱呼我「尊貴的朋友」；如果我們意見相左，他會利用各種矛盾說法喋喋不休地反對，導致會談越趨冗長。此外，根據我的觀察，威權傾向的政治人物有個典型特色：如果他們認為有必要，那便有彷彿有用不完的時間。（會談時不採用同步口譯，而是逐步口譯。）

關於歐盟與土耳其行動計畫後續落實的相關協商，我主要與土耳其總理阿哈梅特．達武特奧盧進行會談，而非艾爾多安。尤其是在二〇一五年十一月二十九日歐盟與土耳其高峰會最後通過協議之前，我們進行了電話會談以及相關諮詢。土耳其將從歐盟獲得三十億歐元的財政援助，此外還包括為難民兒童興建學校。作為回應，土耳其有義務向敘利亞人發放工作許可，對一些鄰國要求簽證許可，並且強化邊境防護。

所有這些措施很快就開始發揮效果。二〇一五年十一月時，平均每天還有將近七千名難民抵達德國；二〇一六年一月時，人數則降到大約三千名。我想進一步加強下降的趨勢，因為這個數字還是太高，實際上還不能稱之為持續性的發展。為此，我在聖誕假期後的二〇一六年一月再次與達武特奧盧聯絡。他自二〇一四年開始擔任土耳其總理，之前是外交部長，是一位見多識廣、學識淵博且具有歷史涵養的人，他英語流利，也會說一點德語。在二〇一六年一月二十二日德國與土耳其政府的協商中，我們重申了歐盟土耳其行動計畫的目標。

二〇一六年三月七日，在布魯塞爾再度安排了歐盟與土耳其的會談，當時由荷蘭擔任歐盟部長會議輪值國主席。在正式會談的前一晚，我與荷蘭總理馬克・路特應土耳其總理之邀，於晚上九點前往土耳其駐布魯塞爾常設代表處。在這次會面中，達武特奧盧提出了所謂「一比一機制」原則：每一名進入希臘島嶼的非法移民，都將依照希臘土耳其遣返協定遣送回土耳其。作為交換，歐盟應該從土耳其接納同樣數量的敘利亞難民。這是一個很有勇氣且決定性的建議，這不僅侷限於透過邊境保護措施來防止非法移民，而且讓合法移民配額成為可能。路特與我立刻支持這項建議，並在次日的歐盟與土耳其會談時成功為他爭取到支持。這項建議結合了健康醫療照護、食物供應、教育以及基礎設施方案，為生活在土耳其的難民於接近家鄉的地方提供了希望，這幾乎等同於在處理逃難的原因。該建議於二〇一六年三月十八日歐盟首長會議時草擬後通過成為「歐盟與土耳其聲明」。我們確立在二〇一六年四月四日開始落實這項聲明。藉由《歐盟與土耳其協定》（*EU-Türkei-Abkommen*，常用簡稱），至二〇一八年底，歐盟另外再提供土耳其三十億歐元。如果土耳其實現所有條件，他們要求的簽證自由化就會加速進行，並且會開啟審查土耳其申請加入歐盟的後續程序。結果，經過巴爾幹逃亡路線前往北歐和德國的難民數量明顯下降，相較於二〇一五年十月，降幅達到九十五%。

※ ※ ※

二〇一六年三月十八日，在我記憶中不僅是歐洲難民政策的重要日子，那天早晨我得知吉多・韋斯特韋勒因白血病在科隆去世。在此之前的兩年裡，他的病情一直起起伏伏。我當然明白他的病情多麼嚴峻，即便如此，他過世的消息依舊讓人難以接受。當時這個消息對我來說是個巨大的打擊，他的離世如今已是無法改變的事實。我立刻回想起二〇一四年九月，當時我們在科隆共進午餐，吉多・韋斯特韋勒接到他醫生的電話，告訴他找到了一位新的幹細胞捐贈者。先前，一位原本合適的捐贈者撤回了捐贈意願。吉多・韋斯特韋勒在接到這個充滿希望的消息時，我再次看見了我所熟悉的那個韋斯特韋勒：感覺敏銳、深思熟慮，同時又堅定與充滿信心。我在布魯塞爾舉行的會議結束後的記者會上，首先向吉多・韋斯特韋勒致以敬意，隨後再說明歐盟高峰會的會議結果。

在整個難民政策制訂過程中，我得到許多支持，對於這些支持我始終感激不盡，特別是歐洲執委會主席尚－克勞德・榮克。二〇一五年九月九日，他在首次「歐洲局勢談話」中就明確表達了立場，他說：「歐洲就是那些在慕尼黑火車站鼓掌歡迎難民的人們的歐洲。」他支持《歐盟與土耳其協議》，協助改善西巴爾幹國家的人道收容設施，並呼籲國際共同合作，尤其是與非洲合作。對此，我們在二〇一五年十一月十一日至十二日於馬爾他首都瓦雷塔舉行的歐盟非洲高峰會上，通過了以「歐洲緊急信託基金」方式，向非洲提供總共十八億歐元的援助，由歐洲執委會及成員國共同負擔。這筆經費旨在降低當地難民產生的狀況，並資助歐盟內合法移民的可能性。

接下來六年，直到我離開總理職位為止，我們與非洲國家簽訂了《歐盟移民夥伴關係協議》，最初的合作國包括衣索比亞、馬利、奈及利亞和塞內加爾。這些國家不僅是許多越過地中海前往歐洲難民的來源國，也是中轉國。此外，我們與埃及簽訂了《德國埃及移民合作協議》，也加強了與中轉國尼日的雙邊合作，德國與歐洲也以特殊方式努力強化與利比亞的合作。二〇一七年十一月二十九日至三十日，歐盟與非洲高峰會於象牙海岸政府所在地阿必尚（Abidjan）舉行，在此期間，我將德國對歐盟信託基金的經費增加了一億歐元，其中三千萬歐元用於利比亞的移民國際組織。此外，德國也提供額外二千萬歐元資助在利比亞的聯合國難民署工作。在阿比尚舉行的高峰會期間，媒體廣為流傳一段揭露利比亞難民收容中心悲慘狀況的影片，為會議蒙上了一層陰影。面對這樣的情況，與會的非洲國家元首與政府首長立刻做出反應，決定將逃往利比亞與安頓在當地的國民接回母國。一年後，即二〇一八年十二月十日，一百六十四個國家的代表在摩洛哥的前首都馬拉喀什（Marrakesh）達成協議，簽訂《安全、有秩序與正常移民全球公約》（*Der Globale Pakt für sichere, geordnete und reguläre Migration*）。二〇一八年十二月十九日，聯合國大會以包括德國的一百五十二個國家贊成，通過了該公約。五個國家反對，十二個國家棄權。

結語：

第一：許多曾支持我在二〇一五年九月四日至五日的決定，並親身參與難民援助工作的人，對歐盟與土耳其協議特別難以接受。他們經常將其稱為「交易」，認為這是一樁骯髒的交易。然而，我絕不接受「交易」這個說法，也不同意他們的評論。這項協議就是國際協商的重要結果，不多也不少。同理，與非洲國家簽訂的協議也是如此。當然，我們也必須以理性的替代方案來看待這個問題。如果完全拒絕跟這些國家簽訂協議，也就是那些我們認為不符合或不完全符合民主與法治原則的國家，那麼我們將無法達成任何目標，這點我始終相當確信。

第二：歐洲必須持續保護其外部邊界。對此，我在任職期間增加了多項措施，讓後續的執政者能夠繼續完成。歐洲邊境及海岸警衛隊的派駐人力已經加強，與利比亞政府機關的合作更密集，難民至歐洲邊界的登記程序也改善了。然而，德國與歐洲不應該試圖削弱自身的吸引力，或許德國與歐洲可以採取更極端的措施來降低其他地區人們來此的意願，但這種做法是不會成功的。德國與歐洲的富裕以及健全的法治制度一直是吸引人們前來的原因。因此我們成功的做法在於，除了打擊人蛇集團和非法移民外，也要致力於提供合法移民的配額。

第三：沒有人會輕易離開自己的家鄉，即使是因為缺乏經濟希望也是如此。但德國的庇護法規定的是另一種狀況，只有遭受政治迫害或因戰爭而逃難的人，德國才會提供庇護。那些不具庇護資格的人必須離開德國。這部分國家機關必須要貫徹執行。

第四：德國是一個接納移民的國家。我們人口老化的發展趨勢，以及由此造成的專業勞動力短缺，使我們不能放棄正規的移民。在這方面，大聯合政府執政時已經有所貢獻。二〇一九年，經過長時間討論後，決議通過一項由非歐盟國家引進專業勞力的移民法，加速了外國人取得德國居留許可的程序。

在德國的伊斯蘭主義恐怖行動

二〇一六年七月十八日星期一：在一列晚間開往烏茲堡的區間列車上，一名男子以斧頭和刀襲擊了五位乘客，造成其中四人重傷。列車緊急煞車後，凶手逃離現場，並在逃跑過程中又造成另一人受傷。一支正好在附近的警察特種部隊發現了凶手，並在他意圖攻擊警察時開槍擊中他。調查顯示，這名凶手於二〇一五年六月經過匈牙利和奧地利，在沒有身分證明文件的情況下進入德國。他在德國登記為來自阿富汗，是無親人陪伴的未成年難民，並於同年十二月申請政治庇護。根據庇護程序法規定，他在申請期間獲准暫時居留德國。自二〇一六年七月一日起，他住在烏茲堡縣的寄養家庭中，並在一家麵包店實習。調查發現，他可能向當局謊報了真實年齡與來源國。此外，調查顯示他與恐怖組織伊斯蘭國（IS）有關聯，當時伊斯蘭國控制了大部分的伊拉克與敘利亞地區。恐怖攻擊事件發生當天，伊斯蘭國發布了一段宣稱策劃此次攻擊的影片，後經由檢察官證實了其真實性。

※　※　※

二〇一六年七月二十四日星期日：晚間，位於巴伐利亞邦小城市安斯巴赫（Ansbach）的一家葡萄酒酒吧前發生爆炸，一名男子將爆炸裝置藏在背包裡，導致十五人受傷，部分人傷勢嚴重，該男子也因傷勢嚴重而死亡。根據警方與檢察官的調查顯示，凶手來自敘利亞，於二〇一三年七月經過土耳其前往保加利亞申請政治庇護。二〇一四年初，他離開保加利亞，先到達奧地利並再次申請政治庇護，隨後便前往德國。二〇一四年八月，他在德國申請政治庇護，因為先前在保加利亞與奧地利的申請都被拒絕。二〇一五年，該男子因抗拒被遣送至保加利亞而自殘，自那時起開始接受精神治療。犯行當時，他住在安斯巴赫的難民收容所。調查還發現，這起爆炸事件也具有伊斯蘭主義背景，並與伊斯蘭國有關。

※　※　※

二〇一六年十二月十九日星期一：晚間八點十五分，我在總理府的大廳與艾丹·厄佐烏茲（Aydan Özoğuz）碰面，她自二〇一三年起擔任移民、難民與融合國務部長，我應邀在他們舉行的「移民社會中的青年」主題活動中簡短致詞。當天下午，這些年輕人在不同工作坊進行融合及語言課的重要性議題討論，並與國務部長討論。艾丹·厄佐烏茲也頒發了融合勳章給一些協助外國青年適應德國生活的年輕人。走向南側樓梯的路上，艾丹·厄佐烏茲悄聲告訴我：「我剛收到一則簡訊，提到在柏林市布萊特沙伊德廣場（Breitscheidplatz）上的聖誕市集發生了可怕的事。」因為我剛結束前面行程就趕過來，還不知道發生了什麼事。我立刻警覺起來，但還是決定要先完成簡短的致詞，同時避免在活動中頻繁查看手機訊息，因為身旁還有許多記者正密切關注我的一舉一動。半小時後我離開活動現場，搭電梯到我七樓的辦公室。

總理府的情報中心持續向彼得·阿特邁爾和我通報相關資訊。我們與內政部長托馬斯·

德・梅齊耶保持聯絡，我也跟柏林市長米夏埃爾・穆勒（Michael Müller）通了電話。短短幾分鐘內，大致清楚了這場災難的全貌：一名男子駕駛一輛大貨車衝進威廉皇帝紀念教堂附近的布萊特沙伊德廣場聖誕市集，造成十二人喪生，十幾人受傷，其中部分傷者有生命危險。襲擊者在數小時前於柏林殺害了一名波蘭籍貨車司機，並搶走該輛波蘭運輸公司的貨車，隨後駕車逃逸。不久後，伊斯蘭國的一個團體宣稱策劃了這次恐怖攻擊。

我思考著應該何時向大眾發表聲明。毫無疑問，這是迄今在德國最嚴重的伊斯蘭主義恐怖攻擊事件，我必須表態，並且必須在總理府記者會場的藍色背景牆前進行。我決定等到隔天，以莊重的方式向大眾發表聲明。

當我十一點站在記者面前時，我特別說道：「我知道，如果最終調查證實是向德國尋求庇護與保護的人犯下這起罪行，對我們所有人來說將特別難以忍受。對於日復一日投入難民救援工作的無數德國人，還有那些真正需要我們保護並努力融入我們國家的人而言，更是無法接受。」因此，在聲明的最後，我特別強調，我們不能讓對邪惡的恐懼癱瘓我們：「即使在這個艱難的時刻，我們仍要為生活尋找力量，繼續過我們在德國想要的生活——自由、互助且開放。」

我與聯邦總統、聯邦內政部長以及柏林市長保持聯絡，並於十一點三十分召開內閣安全會議。下午我來到布萊特沙伊德廣場，表達哀悼之意。晚上六點，我參加了在威廉皇帝紀念教堂舉行的追思禮拜。

在這期間確認了凶手的身分，同時也證實犯下這起襲擊的就是原本鎖定的嫌疑犯，也就是生活在德國的政治庇護申請者：一九九二年出生在突尼西亞的阿尼斯．阿穆里（Anis Amri）。二〇一一年，他在人蛇集團協助下偷渡到義大利，並在那裡申請政治庇護。二〇一五年三月，服刑後，他被判遣返母國突尼西亞。因為無法立即執行遣返，阿穆里受到警方監控，後來他逃離了監視。在此期間，他被認定為極端的伊斯蘭主義支持者，卻沒有任何阻礙地逃到了瑞士。二〇一五年七月，他從瑞士來到德國，並在德國申請政治庇護。他在義大利因為與伊斯蘭主義極端分子有所接觸而被判刑，本應遣返突尼西亞，但因為他以假姓名申請庇護，使德國政府機關錯過了這項重要資訊。阿穆里得以待在德國，他多次變更身分，並立即與當地的伊斯蘭主義圈子接觸。

二〇一六年十二月二十二日星期四，我與托馬斯．德．梅齊耶以及聯邦法務部長海克．馬斯（Heiko Maas）前往位於柏林特雷普地區的聯邦刑事署（BKA）。我們聽取案件調查的進度，並且向聯邦刑事署長霍爾格．明希（Holger Münch）以及由他代表的所有辛勤的工作人員表示感謝。

約阿希姆與我原本計劃在聖誕假期前往瑞士度假，但我取消了這次旅行。二〇一六年十二月二十三日星期五上午，我正坐車前往超級市場，準備為到霍恩瓦爾德過聖誕進行假期採買，克里斯多夫．霍伊斯根通知我，義大利總理保羅．簡提洛尼（Paolo Gentiloni）緊急要跟我通話。我當時有點納悶，因為我們不久前才剛通過電話。我請霍伊斯根確認一下是不是哪裡出差錯了，簡提洛尼說沒有錯，他就在電話線上。幾分鐘後我明白了他打給我的原因，因為他告訴我阿尼斯·阿穆里昨天深夜在米蘭朝巡邏警察開槍，結果在交火中遭警察擊斃。我立刻前往辦公室，因為必須向大眾說明最新狀況。當天下午三點，我於總理府記者會場的藍色背景牆就定位。對我來說，我必須向義大利警察表達感謝之意，並希望在槍戰中受傷的警察能早日康復。

※ ※ ※

二〇一七年三月，聯邦政府任命前萊茵法爾茨邦總理庫爾特·貝克（Kurt Beck）擔任聯邦政府委託代表，負責處理遇難者與倖存者事務。二〇一七年十二月和二〇一八年十月，我與此次攻擊案受傷者及遇難者家屬見面，與他們會談是我擔任聯邦總理期間最艱難的時刻之一。

阿尼斯·阿穆里事件的餘波持續了一年多。德國聯邦眾議院負責監督德國情報單位的議會監督委員會、聯邦眾議院的調查委員會、北萊茵－西發利亞邦與柏林邦的調查委員會，以及柏林市政府設立的特別調查單位，都試圖釐清整起事件發生前與調查過程中的錯誤與疏失。

攻擊事件經過五年後，大眾又得知第十三位犧牲者在二〇二一年十月因嚴重傷勢過世。他是攻擊事件當晚第一位協助者，也因此而受傷。

伊斯蘭主義攻擊的威脅依舊存在。展現力量並保護人民是國家的職責所在。這個信念引導著我，同時我也堅信，我們民主與法治國的價值比恐怖主義更為強大。

關於不信任與信任

二〇一五年十一月二十日上午，我在我的選區參加了一場很棒的活動，我邀請歐洲太空總署的太空人亞歷山大．葛斯特（Alexander Gerst）前來參加活動。我們因為向日葵而結下了一段情誼：他曾送我一些隨著他在空中飛行的向日葵種子，我將這些種子種在花園裡悉心照顧。後來向日葵長大，我將它們的種子回送給葛斯特，他也種下它們並長成向日葵。在史特拉頌的富格禮堂裡，亞歷山大．葛斯特生動地向來自這個城市不同學校的一千兩百位學生分享他於二〇一四年五月至十一月待在國際太空站（ISS）的經歷，並展示太空的照片，學生都專注地聽著。

活動結束後，我從史特拉頌前往慕尼黑，下午五點十五分有基社盟黨大會在那裡等著我。在路上，我閱讀了各通訊社的報導。德新社於下午兩點三十六分發出的一則新聞寫道：「基社盟主席霍斯特．傑霍夫明確要求總理安格拉．梅克爾在難民政策上修正方向。他在梅克爾應邀抵達慕尼黑基社盟黨大會前幾個小時表示：『無論怎麼嘗試與努力，提出限制與上限是無可避免的事。』……如果在黨大會與梅克爾意見相左的話，『我在之後會跟她談談，並告訴她，我們必須著手去做。』」

我心想，這一切又來了。就在十一月一日，基民盟與基社盟才剛就共同措施達成共識，這個措施旨在對移民進行有序且妥善地管控，並最終能減少來到德國的人數。我們甚至為那個一直存在爭議的「限制」與「上限」議題，找到了共同一致的表述，即「減少」。「減少」這個詞避免了我所反對的僵硬方式，保留了實際執行上的必要彈性，同時強調了我們的共同目標。我原以為是如此，爭議似乎已經解決。然而現在他顯然又打算在公開的黨大會上挑起爭端，我實在感到很厭煩了。我當時正全力推動的工作以及公眾廣泛討論的議題，將在十一月二十九日召開的歐盟與土耳其峰會討論，現在似乎都變得不那麼重要了。

甚至，我自己在討論過程中也提及過「上限」的想法，但那是在完全相反的意義上，而且當時我沒料到這個議題會一直伴隨著我直到任期結束。在二〇一五年九月十一日接受《萊茵郵報》（*Rheinische Post*）採訪時，我被問到德國能夠接納多少難民，我回答：「對此沒有一個明確的數字能作為答案，《基本法》對於政治迫害者的庇護並無人數上限，這也適用於那些從地獄般內戰逃離至我們這裡的難民。然而，也有從安全國家到我們這裡的人，尤其是來自巴爾幹地區的人，他們帶著能過上更好生活的願望。但是若他們沒有接受庇護的理由，這些人當中的大部分情況都是如此，那麼他們就必須立刻被遣送回母國。因此，我們要加快庇護審查程序。同時，我們也希望開放少數巴爾幹地區的合法移民申請，例如在他們於這裡獲得德國工作許可的情況下。」

我飛往慕尼黑，在基社盟黨大會進行了一場短暫且無趣的演講。演講結束後，我留在舞台上。通常，主辦方主席會說幾句感謝的話，然後向演講者道別。然而，這次霍斯特．傑霍夫卻開始了一段冗長的發言。首先，他祝賀我的「任職週年」，十一月二十二日是我擔任聯邦總理十週年。接著讚揚與托馬斯・德・梅齊耶與其巴伐利亞邦同僚約阿希姆・賀爾曼（Joachim Herrmann）之間的合作，並強調了十一月初決議的重要性。但隨後，他立刻清楚地表示，從他的角度來看，訂定難民人數上限是無可避免的。如他所說，這些「立場」必須釐清。意思就是：「所以我只能跟你說，我們在這個議題上還會再見面的。」他的發言持續了好幾分鐘。我當時心想：你現在是以黨主席身分站在這裡，不必介意，你可以應付得來。但你同時也是德意志聯邦共和國的總理。你到布魯塞爾、到土耳其，他們如果看到你在這裡這樣子，會對你留下什麼印象？你有什麼對策？如果他的發言沒有盡頭的話，要立刻離開嗎？但是誰先離開，誰就永遠處於犯錯的一方，想到這裡我最後對自己說：這個情況很快就會過去的。

不知何時，這一切終於結束了。我接過感謝花束，立刻將它交給了隨行的索倫・卡布立茲－庫恩（Sören Kablitz-Kühn），他是我在基民盟黨部的辦公室主任。當時我只想立刻離開大廳回家。自從我在二〇一五年八月三十一日的夏季記者會上說了「我們做得到」之後，最晚從我在二〇一五年九月四日至五日的決定後，霍斯特・傑霍夫與我的立場就有所差異，最後我們漸行漸遠。

※ ※ ※

然而，正如前面提到的，衝突線不僅存在於兩個聯盟政黨（基民盟與基社盟），也一直存在於基民盟內部。我的難民政策在自己黨內也並非毫無異議。雖然有許多支持者，特別是基民盟北萊茵－西發利亞的黨部主席、後來成為該邦的邦總理阿閔・拉舍特（Armin Laschet），他不僅對內支持我，對外也為我背書。但基民盟內部也有人對我在面對這個巨大任務時說出「我們做得到」，並多次重複這句話而感到不解。至少，他們擔心我過於低估情勢的嚴重性，並懷疑我的解決方法是否能夠成功。與此同時，人們希望基民盟與基社盟之間能和平相處的期待也顯而易見。即使在我的政黨裡，雖然有不少人不贊同傑霍夫的態度（整個基社盟的立場），但他們也認為越來越難在限制、降低、上限的爭議中保持清晰的看法。因此，我也必須在基民盟內部為我的難民政策以及其立論基礎與態度爭取支持。我也這麼做了。

二〇一五年十二月十四日至十五日的基民盟黨大會於卡爾斯魯爾舉行，正好在基社盟黨大會三週後，我將在黨大會上進行演講並提出議案。為了起草這些內容，我事先與彼得・阿特邁爾、托馬斯・德・梅齊耶、基民盟的祕書長彼得・陶伯（Peter Tauber）以及基民盟／基社盟黨團副主席兼內政與法務政策專家托馬斯・施特羅布爾（Thomas Strobl）一起討論。在黨大會前一晚，聯邦黨部主席團與聯邦理事會進行準備會議時，就像平常整理草案一樣，這份提案草稿又經過一些修改和更清楚具體的調整，尤其是在基民盟兩位副主席尤莉雅・克洛克納（Julia Klöckner）和佛爾克・布菲爾（Volker Bouffier）的大力協助下。這份提案草稿在黨大會以「針對恐怖行動與安全、難民與融合的卡爾斯魯爾聲明」提出，內容特別強調：「我們決心透過實際有效的措施，減少政治庇護申請者與難民進入。因為持續進入的人口，即使對於像德國這樣的國家來說，長時間也會對國家機關與社會帶來難以負荷的壓力。」

我事先就知道，除了提案之外，我還將以特別的方式在黨大會發表演說。一般的程序是，我會提議將聯邦理事會的提案作為卡爾斯魯爾聲明。然而，在我們的國家以及基民盟與基社盟經歷了幾個月來的激烈震盪後，在聯邦黨大會請求代表支持我的政策，實際上並不是一個提案的好時機。我再次說明了二〇一五年九月四日至五日期間，當時決定讓布達佩斯的難民進入德國的理由。那是基於人道主義的原則，我在卡爾斯魯爾黨大會如此表示。從今天的角度來看，當然更難理解，因為這個決定在當時就爭議不斷。事實上，如今許多人認為，即使回到那晚，我也無法做出其他的決定。

對我來說，特別重要的是，在黨大會演說不僅僅是停留在回顧過去，也不是要為我在聯邦政府就難民政策上已經決定或正在執行的措施辯護。相反地，我主要針對許多有疑慮的核心部分說明，因為在這部分許多人關注我所採取的作為。就我所處的職位，我不願意拐彎抹角，而是直接切入主題對黨代表說：「各位親愛的朋友，讓我們坦誠地說，我相信隱藏在疑慮背後的原因還有更多。這些隱藏的問題包括：一切將會怎麼改變？我們究竟要不要這樣的改變？哪些改變對我們是好的？什麼時候改變會成為負擔？我們如何決定這些改變？我們能決定嗎？我們的生活方式對那些來自阿拉伯地區、穆斯林國家的人會有什麼影響？他們的文化特質對我們有哪些影響？在這次難民潮之後，當許多來自完全不同文化背景的人來我們這裡，我們德國還會是我們原來所認識的德國嗎？一個強大，並且讓我們強大的德國？」對於這些問題，我的回答是放眼未來。德國在二十五年後應該「仍然是我的德國，我們的德國，一個保留了所有可愛特質、強大並傳給下一代的德國，一個具有令人印象深刻的文化傳統、開放與多樣性的國家」。

在我演講的過程中，我已經感受到火花在蔓延。尤其在走道兩旁，對我來說更是重要，整個大廳安靜無聲，黨代表們並沒有與身邊的人交談，而是專心地聽我的演講。演講結束後，我注意到掌聲的節奏是發自內心的，而不是出於義務。那是一種圓滿的感覺，我的政黨在那個至關重要的情況下，成為我堅實的後盾。

※　※　※

然而，在新的一年剛開始之際，一則關於二〇一五年除夕夜至二〇一六年新年凌晨，在科隆中央火車站前發生大規模性侵事件的報導震驚了全國。最初，科隆警方在新年早晨的報告中稱，當地跨年的慶祝活動並未發生任何擾亂事件。直到幾天後，警察陸續接獲許多報案，尤其是婦女遭偷竊、身體傷害、和性侵害的案件。這些案件橫跨多區域發生，明確由數百名年約十八至三十五、具北非或阿拉伯背景的男性所為。在當時高度緊張的社會氛圍下，新聞媒體延遲的現象顯得特別糟糕，這造成了一種政府機關想要掩蓋消息的印象。

※　※　※

二〇一六年一月初，霍斯特・傑霍夫在一次訪談中明確提出了他的要求：德國每年最多接受二十萬名難民，這就是他提出的上限數字。一月二十六日十一點四十八分，巴伐利亞邦總理的一封信透過傳真出現在我的辦公室。信的部分內容在當天也向媒體公布了。到了一月二十九日，這封信的全文也公開在巴伐利亞邦政府的網頁上。信的開頭用粗體字寫道：「巴伐利亞人的要求。邦政府對於難民潮的限制。」附件是一封由前聯邦憲法法院的大法官烏朵・狄・法比歐（Udo Di Fabio）教授所寫的意見書，標題為「移民危機是聯邦制度的憲政問題」，隨後也以郵寄的方式送達總理府。巴伐利亞邦總理在信中寫道，如果聯邦政府不立刻採取他們要求的措施，巴伐利亞邦將保留向聯邦憲法法院提出訴訟之權利。這沒有什麼特別，因為聯邦政府經常要面對其決策被提到聯邦憲法法院訴訟之狀況。值得注意的是另外一段文字，其言外之意我引用如下：「聯邦政府對此有責任再次重新確立法治。」然而，信中並沒有提到自十一月起生效的歐盟與土耳其行動計畫，也沒有提及正在協商的歐盟與土耳其協議，後者正處於關鍵階段。我決定，等到歐盟與土耳其協議敲定後，再回信給巴伐利亞邦總理。

在《帕紹新報》（*Passauer Neue Presse*）於二月十日的一則訪談中，基社盟主席再次加大了批評力道，他說：「我們目前並不是處於法治狀態，而是一種非法治理。」媒體在前一天就根據通訊社發布的消息對這句話進行了評論，認為傑霍夫這番話暗指我像是一個將國家推向無法治狀態的獨裁者。從那時起，人們距離以下這種觀點就不遠了：一個來自真正無法治國家，即德意志民主共和國的女性，擔任統一後德國的最高領導者是不能信任的。令我感到欣慰的是，前聯邦財政部長、同時身為基社盟榮譽主席的提奧・魏格爾隨後邀請我訪問巴伐利亞，展現了另一種可能的討論形式。

二〇一六年四月，我回覆了傑霍夫的信。這封信主要由我們難民事務指揮部主任揚・黑克爾草擬，他完整的法學專業能力有目共睹。在二〇一六年四月十九日的回覆信中，我寫道：「聯邦總理府與相關部會已經針對巴伐利亞邦政府委託的意見書中所提出的說明與闡述，進行了深入的法律及實際事實查核。結果顯示，聯邦政府在難民政策上，並無違反歐盟法與國內法，也沒有您所批評的未採取措施來減少至德國申請政治庇護者的數量。至於哪一種方法在哪一個階段最適合達到難民政策的目標，歐盟法與國內法提供了政治決策的彈性空間。聯邦政府在法律上的行動並不受限於特定方法。聯邦政府是根據深入的實際調查以及考量其他行動領域的可能後果後，履行其政治責任。」

還要再參選嗎？

我認為難民政策是我總理任期中的一個重要轉折，不僅只是因為這個任務巨大，也因為它伴隨而來的兩極看法。然而，我並非從難民政策才開始思考，我是否應該在二〇一七年繼續競選總理職位。而是從二〇一三年聯邦眾議院選舉後，進入我的第三任總理任期時，就在考慮這個問題了。我們的選舉制度對於總理職位並沒有任期限制，因此問題在於，我是否能在不被選民罷免的情況下，自行決定何時結束任期。最晚到二〇一六年秋天，在下一次基民盟黨大會舉行之前，我必須做出決定。貝雅特・鮑曼與我經常討論這個問題。她覺得十二年已經夠了，而她的意見對我來說舉足輕重。但她也希望幫助我自己思考，並建議我在家找個安靜的時刻，最好是在霍恩瓦爾德，把贊成和反對繼續參選的論點寫下來。這是一個很好的建議，可以幫助我釐清心裡的想法。二〇一六年十月底，我列出了各種正反的理由。

贊成在十二年後就卸任的理由：在面對特殊情況所做的特殊決策，包含全球經濟危機與歐元危機、難民潮，以及仍是新聞焦點的福島核災影響，已經耗盡了我的政治信譽。此外，因歐元危機成立的德國另類選擇黨在二〇一三年參選聯邦眾議院失敗後，藉由難民政策再加上基民盟與基社盟的反目成仇再度崛起，若我不再參選，他們主要的攻擊目標也就消失了。而且，許多來自基民盟與基社盟陣營裡針對我和我在難民政策上的不當言論，可能在選戰中被用來當作攻擊我與聯盟黨的手段。

贊成繼續參選的理由：基民盟與基社盟在選擇新的總理候選人時可能會產生矛盾；不參選的話，另類選擇黨和部分基社盟的人可能會認為他們獲勝了，因為他們曾說「梅克爾造成聯盟黨的崩潰」。我能夠吸引社會上的中間選民，而且我可能的連任也代表選民對我的難民政策路線的認可。德國需要穩定；最重要的是，我不參選會令許多人失望，那些始終支持我、特別是自二〇一五年八月三十一日夏季記者會以來支持並信賴我的人。

在寫下這些文字時，我不禁想起瓦爾特．呂布克（Walter Lübcke）。他曾是基民盟黑森邦議員，也擔任過卡塞爾（Kassel）的行政區長。他長期對抗極右派的陰謀活動，尤其在二〇一五年秋天時。他多次受到極右派敵對與威脅，早在二〇一五年之前就已經是如此，最終仇恨的言語演轉為行動，導致他於二〇一九年六月一日在自家陽台被一名極右派謀殺者槍殺。瓦爾特．呂布克堅守我們國家的價值，捍衛人性尊嚴與包容精神，就此而言，他始終是一個偉大的典範。

二〇一六年十月二十六日至二十八日，貝雅特．鮑曼和我一起前往波羅的海的迪爾哈根，我仍在思考這個問題。做決定的日期越來越近了。我安排在二〇一六年十一月二十日星期日舉行一次閉門會議，為即將舉行的基民盟黨大會做準備，這次大會亦是為了即將來臨的大選預做準備。最遲在聯邦理事會閉門會議時，我就必須宣布是否繼續成為黨主席。根據黨主席職務，這也是我決定是否繼續參選二〇一七年聯邦眾議院總理候選人的前提。二〇一六年十一月，美國總統巴拉克．歐巴馬在卸任前訪問柏林時，我與他談到了這個話題。我們在十一月十六日星期三會面，兩人單獨在阿德隆大飯店共進晚餐。巴拉克．歐巴馬仔細地聆聽，偶爾提出一些問題，這些問題對我決定的過程中有所幫助，但他並沒有提出個人的意見。正是這樣的態度有助於我。我感受到，他希望也能夠理解我所擔負的責任。我所做的決定不僅關乎我個人生命中的抉擇，更涉及作為一個政府首長對所有政治後果與影響的考量。巴拉克．歐巴馬說，歐洲仍然相當需要我，但最終我還是要依照自己的感覺走。

二〇一六年十一月十八日，我決定聽聽沃夫岡．蕭伯樂的意見。我們約在十一月十九日星期六中午十二點在我的辦公室見面。當他推著輪椅進入辦公室，我起身迎接他，他便說：「我有預感你要說什麼，別這麼做。」我回答：「別這麼快下定論。」在我們的會談中，我的想法不斷翻騰。沃夫岡・蕭伯樂給了我再次參選的勇氣。

隔天在聯邦理事會上，我向主席團與聯邦理事會宣布再次參選，並指出選戰可能面臨的挑戰後，他再次成為那個用發言闡明我這個決定重要性的人。不僅主席團，聯邦理事會也對我再次參選報以熱烈的掌聲，在我看來，掌聲中也透露出一絲如釋重負的感覺，因為我沒有做出其他決定，否則後果可能難以估量。

※　※　※

二〇一六年十二月五日至七日舉行的基民盟黨大會相當順利。儘管經歷了二〇一五至二〇一六年間的動盪，我仍以不錯的八十九・五%得票率再次當選黨主席。選戰一如預期十分艱難，在二〇一七年九月二十四日聯邦眾議院選舉中，基民盟與基社盟以三十二・九%的得票率創下兩德統一以來最差的結果。比起二〇一三年的優異成績，少了八・六%。但與當時不同的是，這次沒有其他政黨能在政治上組成一個可行的政府來對抗基民盟與基社盟。社民黨獲得二十・五%的選票，左黨九・二%，綠黨八・九%，自民黨十・七%，另類選擇黨十二・六%。組成聯合政府的過程相當困難。我無法將理論上可能由基民盟／基社盟、自民黨與綠黨組成過半的牙買加聯合政府轉變成現實，這令我相當遺憾。二〇一三年原本可能組成黑綠聯合政府，卻因為綠黨沒有意願而作罷，這次可能組成新形態的聯合政府，卻是因自民黨而失敗。自民黨主席克里斯蒂安・林德納（Christian Lindner）在該黨於二〇一三年未能進入聯邦眾議院後，創下了傑出成就，帶領該黨再度重返國會，但最終卻決定不加入由我領導的聯合政府。聯邦總統不得不介入，說服社民黨原先堅持不與基民盟與基社盟共組聯合政府的主張。最終，經過聯邦德國史上最漫長的聯合政府籌組協商後，二〇一八年三月十四日，我第四度在聯邦眾議院當選為聯邦總理。

關於接受難民上限的問題，基民盟、基社盟與社民黨在聯合政府協議中如此表述：「根據平均移民數據、過去二十年的經驗、達成共識的措施概況，以及直接可控的移民部分——政治庇護的基本權利與日內瓦難民公約（GFK）依舊不變，我們認定每年的移民數量不超過十八至二十萬名之間。」這樣的敘述兼顧了現況和政治主張，為所有聯合政府執政夥伴所接受。然而，這並未阻止在二〇一八年夏天，對於是否拒絕德國邊境難民入境的分歧意見達到新高峰。當時爭議不再像是二〇一五／一六年那樣的原始移入（Primärmigration），即自原籍國逃往德國者，而是二次移民（Sekundärmigration），這些人已經在歐盟其他國家申請政治庇護，例如義大利，但是又想繼續前往他國。根據《都柏林三號規則》規定，這些人雖然本應被遣返回原登記國以完成庇護申請，但由於期限非常短，以至於經常無法達成。因此，基社盟，尤其是新任巴伐利亞邦的邦總理馬庫斯・索德（Markus Söder）和聯邦眾議院的基社盟邦黨團主席亞歷山大・多布林特（Alexander Dobrindt），以及新政府組成後的聯邦內政部長霍斯特・傑霍夫，都要求在邊境拒絕難民入境來阻止這些再次二次移入。

這導致基民盟與基社盟在二〇一八年六月中旬再次面臨新的對立。我堅持透過歐盟來解決問題，歐洲理事會的其他同事（會員國政府首長）在六月二十八日與二十九日的會議中協助我達成協議，歐盟會員國所有防止再次移入者的必要法律規定與行政措施，都要互相配合並且緊密地合作完成。希臘總理阿萊克西斯．齊普拉斯以及西班牙新任總理佩德羅．桑切斯（Pedro Sánchez）對此也相當務實地支持我。他們答應在《都柏林三號規則》的基礎下，與德國達成行政上的協議，並且接回原本在他們國家登記的移入者。其他國家，例如義大利也持開放態度，願意與德國達成協議。七月一日，基民盟聯邦理事會支持了歐洲理事會的決議。次日，基社盟讓步了，同意不會拒絕在德國邊界尋求政治庇護的人們。

直到今天，我仍然感激社民黨，以及當時的主席馬丁．舒爾茨與安德蕾亞．納勒斯（Andrea Nahles）在那段期間的耐心與支持。他們必須忍受基民盟與基社盟兩黨內部的釐清過程，這對外人來說是一種過分的要求，他們卻沒有額外給予壓力，這絕非理所當然。

一個網絡連結的世界──平結

一個地球儀、一張地圖以及包容

二〇一六年十二月一日，德國接任下一年的二十大工業國集團主席國。我當時擔任總理十一年，很期待這段期間累積的國際經驗能夠在這次主席國時發揮作用。二〇一七年，依照購買力評價國內生產毛額，這十九個國家與歐盟達到全球生產總值約八十％，國際貿易占四分之三，人口總數將近五十億，占全球人口三分之二。

自我任職總理以來，總理府的辦公桌上放了一個地球儀，海洋是黑色的表面，國家領土地圖則是花色的。這讓我在進行電話對談時，可以想像跟我通話的人身處何處。有時候，我會看著這個地球儀，想到數十億在地球上生活的人們。當我剛擔任總理時，全球有六十六億人口，到了二〇一七年，已經增加了十億。光是要關注全國超過八千萬的人民已經是相當不容易的事，更別提要理解掌握全世界的所有人了。對於歐盟各國政府首長的生活狀況，我有比較具體的概念，但來自其他洲對話夥伴的生活我通常不太了解。當然，我會在外賓來訪或是出國訪問前做好準備，德國駐各國大使提供的國情報告有很大的幫助。閱覽完這些報告之後，至少我能更清楚知道應該該在會談中提出哪些問題。沒有什麼比對一個國家知之甚少，導致無法提出一個合理問題而更讓我沮喪的了。每當我的出訪行程有機會讓我看到該國的生活狀況，我總是會把握住。晚間散步，與藝術家、大學生或實習生會面，或是與當地生活的德國國民談話，都有助於我對當地生活有所感受與體會。我會問各國首長一些日常生活的問題：您偶爾會幫家人準備早餐嗎？您會自己到超市買菜嗎？您在哪裡度假？您都帶著哪些問題入睡，又帶著哪些擔憂醒來？有時候我會獲得真誠的回答，有時候只會得到對方看著我的驚訝表情。

在我的整個任期內，我一直試圖釐清，究竟我個人對世界的看法是透過什麼方式形成的？以及這種看法與其他人有什麼差別？對此，我經常想到地球儀與地圖的差異。在地球儀上，沒有特別突出的地方，每個點距離地球儀核心都一樣遠。然而，看世界地圖時就不一樣了。每張地圖都有一個中心和邊緣，中心的決定是相當隨意的。一八八四年，華盛頓召開的國際子午線（地球表面經緯線的經線）會議與會者，決定將英國格林威治的子午線作為國際本初子午線（亦稱格林威治子午線／零度經線），並將格林威治時間定為全世界的標準。之所以選擇這個地點，是因為大英帝國當時已經在自己國家推行了時間的標準化。因此，便產生了許多我們至今仍在使用的世界地圖，這些地圖將通過格林威治的本初子午線為地圖的中心。而我跟數百萬其他德國人與歐洲人一樣，自小看到的地圖都將世上面積第二小的歐洲大陸放在地圖正中間。直到多年後，當我看到史都亞特．麥克阿瑟（Stuart McArthur）所繪製的修正版世界地圖後，我才意識到並非每個人都能接受這種視角。這個澳大利亞人對於澳洲經常被嘲笑為偏遠之地而感到非常生氣，因此在一九七九年設計了一幅新的世界地圖。在這張地圖上，北半球與南半球上下對調，國際本初子午線不再經過格林威治，而是經過澳大利亞的城市坎培拉（Canberra）。因此澳洲被移到了地圖中上方，歐洲則被移到了右邊角落。這提供了一種不常見卻符合觀看我們地球的方式。突然間，我們歐洲成了偏僻之地，至少不再是世界的中心了。

我們歐洲過去至今只占世界人口的一小部分。回顧我們的國際關係，我很早就思考過，我們歐洲還有哪些特點可以為促進全球共同美好生活做出貢獻？關於我們的特質這一點，我在二○○七年一月十七日於史特拉斯堡歐洲議會發表就任輪值國主席演講時，引用了前歐洲執委會主席雅克・德洛爾（Jacques Delors）的說法，我們必須賦予歐洲一種精神，也就是我們必須找出這種精神。我引用了布拉格作家卡雷爾・恰佩克（Karel Čapek）的話：「歐洲的創造者將她造的很小，甚至將其劃分為更多細小的部分，所以我們的內心不會因為碩大而高興，而是因為多樣而欣喜。」對於是什麼造就了歐洲如此多樣性的問題，我回答：「自由使我們的多樣性成為可能。自由是我們多樣性的前提，並且是包括了所有形式的自由……我們歐洲人從歷史中學到，如何從多樣性達成最大的成就。」接著我總結道，使我們能做到這點的這個特質正是包容，並說：「歐洲的精神就是包容……達到歐洲精神、通往包容之道的最簡單途徑就是：『你必須也要用他人的角度來設想。』」這個前提意味著，必須認識他人，並去了解他人。

我對於世界的看法也不是中立的。我之所以不是在東德就成為一個政治人物，而是在一個自由、民主且重新統一後的德國才成為政治人物，並不是沒有理由的。對我來說，我在政治工作上堅持的意義與目標在於，讓每個人都有機會過上成功的生活。引導我的價值就在《基本法》第一條：「人的尊嚴不可侵犯。」這個價值是普世的。我曾宣誓要將我的力量奉獻給德國人民的福祉，這意味著我要為德國的和平、自由、安全以及經濟福祉而投入。然而，作為聯邦總理，亦即歐盟裡人口最多、經濟最強的會員國以及全球第五大經濟體的政府首長，我並不是生活在真空裡。我們德國有自己的利益，而我必須盡可能實現這些利益。即使在歐盟和北約這兩個成員國共享同樣價值的聯盟中，各會員國仍有不同的意見與看法。一個國家的哪些目標被視為最優先項目，皆受到其地理環境、歷史、文化、經濟狀況以及當前的政治領導者所影響。當我們與那些政治制度與我們有根本上不同的國家合作時，困難度會變得更高。由於德國過去原物料匱乏，所以依賴與資源豐富的國家進行貿易。透過出口我們的產品並在其他國家進行投資，我們得以增加自身的福祉，並保障國內的許多就業機會。例如，德國的汽車工業、機械工業和化學工業便是如此。相對地，這種貿易關係當然也讓其他貿易夥伴國獲得經濟利益，包括政治制度不同的國家。

為了代表德國的利益，我無法單憑對方是否符合我的價值觀，即是否符合遵循法治與人權的立場來挑選對話夥伴。我會與那些處於武裝衝突或內戰中的國家進行雙邊會談，也會向那些侵害人權國家的政治人物求助，以拯救身處當地的德國公民。在我能力所及的情況下，我會為言論自由和法治原則發聲，並盡力幫助遭受迫害與監禁的人。這使我不得不持續且經常在我的價值觀和我所代表的利益之間權衡。這就是實踐中務實。對我來說，這並非骯髒的交易，而是生存智慧的體現。為了取得成果，就必須妥協，正如《杜登字典》所定義的，妥協是「透過互相讓步達到一致協議」。我稱之為利大於弊的協議。尋求妥協並不如散步般愉快，而是一個神經緊繃且經常充滿痛苦的過程。

從我的角度來看，德國的利益並不僅限於雙邊關係。我深信，在經濟、社會與生態問題上，緊密的多邊合作可以增進全世界的福祉、穩定與和平。和平相處、克服貧窮與飢餓、自然資源永續利用、終止氣候變遷以及防止疫情擴散，這些議題都必須通過共同合作才能解決。這個信念始終引導著我，無論是在一九九五年擔任首屆全球氣候變遷會議主持人時，還是在二〇〇七年於海利根達姆舉行G8峰會與二〇一五年於艾爾茂G7峰會時擔任地主國的時候。德國於二〇一七年擔任二十大工業國集團主席國時，這個信念也支撐著我。當時我們的會議主題為「形塑一個互相連結的世界」，為象徵呼應二〇一七年七月七日至八日的會議地點，即漢薩自由市漢堡這座國際重要港口，我們選擇了帆船上的「平結」作為標誌——承受的壓力愈大，繩結就愈牢固。然而，隨著時間推移，顯然並非所有人都跟我一樣，認同緊密連結能更為強大的這個信念。

英國脫歐

二〇一六年六月二十三日，英國選民在公投中以五十二%的票數同意退出歐盟。對我而言，這個結果是一種侮辱，對於其他歐盟會員國也是一種難堪——英國就這樣拋下了我們。這個結果改變了世界對於歐盟的看法，我們變弱了。

英國於一九七三年一月一日與愛爾蘭及丹麥同時加入當時的歐洲經濟共同體（EWG），使整體會員國增加至九國。隨著一九九三年《馬斯垂克條約》的簽訂，歐洲經濟共同體成為歐洲共同體（EG）。後來，里斯本條約在二〇〇七年簽訂，並於二〇〇九年生效，正式成為歐洲聯盟。英國舉行脫歐公投時，歐盟總共有二十八個會員國和五個候選國，當時我從未想像過歐盟的規模會變小。會員國可以退出歐盟的規定首次出現在二〇〇二／二〇〇三年的歐盟憲法條約中，儘管當時大多數國家認為該項規定是不必要的。捷克總統瓦茨拉夫・克勞斯（Václav Klaus）在制訂歐盟的條約（里斯本條約）時，堅持要將這個選項加入新的條約。根據該條約第五十條第一項規定：「每一會員國得依照該國憲法條文規定方式決定，退出歐盟。」我當時希望這則條文永遠不會有被使用的那天。

對我來說，英國是歐洲統合這個和平計畫中不可或缺的一部分，這個計畫正是在經歷第二次世界大戰災難後誕生的。英國前首相溫斯頓・邱吉爾（Winston Churchill）在一九四六年九月十九日於瑞士蘇黎世的一次演講中，為這個和平計畫的誕生做出了重要的貢獻。他的國家是聯合國具有否決權的常任理事國，藉由大英國協以及作為曾經的航海大國，而成為開放、自由競爭導向，並支持多邊合作的國家。英國的經濟實力使歐洲單一市場變得更為強大。我堅信，我們能在全世界共同展現我們民主信念的影響力，遠勝於各自為政。儘管英國經常扮演特殊角色，但我仍希望能繼續在歐盟與他們合作，而不是失去這個夥伴。

因此，我也盡我所能地試圖協助自二〇一〇年五月起擔任英國首相的大衛・卡麥隆，尤其在二〇一三年二月關於歐盟二〇一四至二〇二一年財政預算的談判中。卡麥隆支持他的國家留在歐盟，但在他的政黨內承受著很大的壓力。他堅持七年期的歐盟預算計畫至少不能比前一期更多，但仍應增加研究與創新方面的支出。這對所有從歐盟預算中獲得多於其繳納金額的受益國來說，無疑是一種挑戰，因為這意味著他們將獲得較少的經濟發展資金。歐盟的共同農業政策也因卡麥隆的立場而陷入困境。我對他的支持導致我在其他政府首長之間成為了邊緣人，即使是我平常最密切合作的法國總統法蘭索瓦・歐蘭德、西班牙總理馬里亞諾・拉荷義（Mariano Rajoy）、歐洲執委會主席若澤・曼努埃爾・巴羅佐也與我保持距離。歐元危機的影響仍在持續，我在這段期間也經常被批評為吝嗇。歐盟高峰會裡屬於社會主義政黨家族的成員，試圖將這個議題轉變為一場政黨政治立場之爭。馬丁・舒爾茨當時是歐洲議會的主席，他在社會主義陣營煽動情緒，因為預算案最終必須經過歐洲議會表決通過。這一邊是所謂的親歐社會主義者，那一邊則是反歐的保守主義小氣鬼，這對我來說是個非常不利的處境，尤其再過個月就要舉行德國聯邦眾議院選舉了。儘管如此，在峰會期間我整晚都站在大衛・卡麥隆這一邊，這樣我可以防止他在峰會完全被孤立，並最後說服其他人也改變立場。我之所以這麼做，是因為我從與卡麥隆的多次談話中了解，他在國內政治上完全沒有迴旋空間。

一年後，他邀請我到倫敦。二〇一四年二月二十七日，我在西敏宮（英國國會大廈）的皇家畫廊向兩院的議員發表演說，這是一項殊榮。隨後，英國女王伊莉莎白二世在白金漢宮接見我，進行了私人晤談。她的談話技巧令我驚歎不已，就如同二〇〇八年十月我首次拜訪她時一樣。透過一連串的提問與簡短的評論，她表現出對世界局勢的密切關注。我們以英語交談，她淡定地忍受了我的文法錯誤。儘管此次我在倫敦的行程相當特殊，但是我依舊無法滿足大衛・卡麥隆對英國在歐盟享特殊待遇的願望。與德國等國家不同，英國在二〇〇四年歐盟東擴後，並沒有對新成員國受雇者的遷徙自由採取過渡期的限制，而是立刻讓他們適用與英國受雇者相同的權利，因為這些受雇者可以迅速滿足英國就業市場對廉價勞動力的需求。大約十年後，英國政府開始抱怨這些來自中東歐的受雇者與其家庭造成了英國教育、醫療與及社會福利成本的攀升。因此英國希望部分取消已在全歐盟適用的遷徙自由政策，這是對歐盟基本支柱之一的挑戰，我無法接受。

英國決定舉行脫歐公投的決定可以追溯到多年前的二〇〇五年秋天。當時，大衛・卡麥隆正在競選保守黨的黨主席，並承諾要退出歐洲議會的人民黨，因為該黨過於親歐盟。自那時起，他便開始被疑歐派人士牽著鼻子走，再也無法脫離這種依賴關係。正好七年後，二〇一三年一月，他在一次演講中宣布，如果他贏得下一屆下議院選舉，並再次擔任首相的話，將於下一屆國會任期的前半段舉行英國脫歐公投。他本身支持英國留在歐盟，但想藉此策略爭取疑歐派的支持。雖然這個承諾讓他在二〇一五年五月七日的國會大選中獲勝，但是他黨內的反對者並沒有因此安靜下來，正好相反。鮑里斯・強森（Boris Johnson）是保守黨裡反對卡麥隆最有影響力的競爭者，他決定在二〇一六年脫歐公投中支持英國退出歐盟，這與卡麥隆的意願背道而馳，此舉讓反對歐盟的人獲得了決定性的助力。最終，脫歐者獲勝，大衛・卡麥隆辭職下台。他自二〇〇五年秋天首次參選黨主席時，承諾退出歐洲議會人民政黨以來所走的這條路，幾乎如教科書般展示了，一個最初的錯誤判斷可能會造成什麼樣的後果。

現在的關鍵是在互相尊重的情況下，協商歐盟與英國之間的脫離條約，以避免造成更多傷害，使未來的合作不至於更困難。這個目標成功了。不僅英國退出歐盟的協議完成了，也簽訂了歐盟與英國未來合作的貿易與合作協定。卡麥隆的繼任者德蕾莎・梅伊（Theresa May）在過程中扮演了重要的角色。

脫歐公投後，我的內心始終糾結於一個問題：如果我對英國做出更多讓步，是否就有可能讓英國繼續留在歐盟。最後我得出結論，鑑於當時英國國內的政治發展，我不可能從外部阻止英國脫歐，至少我找不到任何合理的可能性。即使懷抱著最大的政治善意，也無法彌補過去的錯誤，這是一個痛苦的經驗。因此，我只能期望英國和歐盟在未來仍能理解彼此的重要性，並且在所有重要問題上找到方法與對話形式，保持緊密協商。

新的結盟

最晚自二〇〇〇年以來，逐漸增加的全球網絡已促使開發中國家的經濟巨幅成長。儘管這些國家仍視自己為開發中國家，但是工業化國家稱其為新興工業化國家。二〇〇一年，高盛公司首席經濟學家吉姆．歐尼爾（Jim O'Neill）根據巴西、俄羅斯、印度與中國這四個國家的英文首字母，創造出金磚四國（BRIC）一詞。這四國的國內生產毛額高度成長，介於百分之五至十之間。這四國逐漸發展成為全球經濟的重要力量，G8已經無法單獨決定全球經濟的走向了。因此，自二〇〇三年開始，巴西、印度、中國、南非與墨西哥這五國（G5）固定受邀參加G8峰會，包括二〇〇七年六月八日我在海利根達姆主持的峰會。在二〇〇七年五月二十四日於聯邦眾議院報告的峰會前政府聲明中，我也提到了G8與G5的合作，並說：「我們並不是要將G8擴展至G13集團。但是我們知道，沒有這些新興工業國的參與，當今在氣候保護、全球貿易壁壘或加強智慧財產權保護等議題都難以取得進展。我們希望在這些議題上達成超過最低妥協標準的共識。」

G5國家在一份共同立場聲明中要求，必須將開發中國家納入多邊制度的決策委員會中，全球秩序結構才會更民主、更具正當性和代表性。在海利根達姆，我們建立了一個G8與G5之間的常設合作機制，即所謂的海利根達姆進程（Heiligendamm-Prozess）。這項進程原本可以成為全球秩序的新基礎，但後續發展卻完全不同。

※　※　※

海利根達姆峰會兩個月後，爆發了國際金融與經濟危機。二〇〇八年十一月中旬，在危機達到最高峰時，美國總統小布希邀請二十國政府首長至華盛頓商討對策和解決方法。這次不僅有八大工業國，也包括所有五大新興工業國。除此之外，他們不再只是受邀與會，他們的行動也是解決方法的一部分。早在二〇〇八年十一月，中國就已經決定了一項約四千六百億歐元的振興經濟方案，規模相當於三個月後小布希的繼任者歐巴馬宣布的振興方案，規模略超過六千億歐元。中國這樣的行動不僅幫助了自己，同時也幫助了全球經濟。自此，二十國集團實際上取代了海利根達姆進程。

新的G20方案無法掩蓋一個事實，就是全球金融危機已經從根本動搖了人們對全球市場經濟的運作與信心。工業化國家是這次危機始作俑者的事實，更強化了金磚四國的自信。二〇〇九年六月十六日，金磚四國的政府首長路易斯・伊納西奧・魯拉・達席爾瓦（Luiz Inácio Lula da Silva）、德米特里・梅德維傑夫、曼莫漢・辛格（Manmohan Singh）和胡錦濤於俄羅斯的葉卡捷琳堡（Yekaterinburg）決議，往後每年都召開一次會議。二〇一〇年，他們接納南非成為集團的一員，此後自稱為金磚國家（BRICS）。一個新的聯盟就此形成，它要求更多的影響力，並且獲得開發中國家的支持。

要美國交出權力並不容易。美國杯葛了國際貨幣基金組織的投票權改革，儘管這項改革早在二〇〇九年於匹茲堡舉行的G20峰會已達成共識，但直至二〇一五年底才得以實行。金磚國家利用了這個機會，在二〇一四年建立了自己的發展銀行，亦即新開發銀行（New Development Bank），以替代國際貨幣基金組織與世界銀行。此外，二〇一五年在中國的領導下，超過五十個國家催生了另一個發展銀行：亞洲基礎設施投資銀行，簡稱亞洲投行。儘管美國與日本拒絕參加後者，但德國、英國、法國與義大利選擇加入，因為我們不希望中國單獨主導這個銀行。

在世界貿易組織中，美國自二〇一三年也阻止了「上訴機構」（Appellate Body）的新成員遴選，因為他們對該機構的一些仲裁決定不滿，此舉也削弱了該組織的仲裁功能。此時我清楚意識到，現在處於全球最有權力的工業國家，要不是在多邊組織中分享其權力給新崛起的國家，就是讓原本和諧的世界秩序走向分裂，不同的國家集團與組織彼此競爭，而金磚集團國家面對衝突也不會退縮。

自由貿易協定

以共同協商制定的規則為基礎的國際貿易，已經被證實是全球日益繁榮的關鍵來源。負責這項工作在世界貿易組織於一九九五年一月一日開始運作，其奠基於一九四七年的關稅暨貿易總協定（GATT）。在經濟與財政金融領域，世界貿易組織已經發展成為繼國際貨幣基金組織與世界銀行之後的第三大多邊組織。至二〇一七年初，世界貿易組織有一百六十四個會員，占全球貿易總額的九十八%。

貿易本身並不必然都是好的，它也必須公平。因此，自一九九〇年末以來，除了關稅之外，社會與生態標準也逐漸受到重視，尤其在農業領域，這是我在擔任環境部長時就支持的立場。二〇〇一年，在卡達首都杜哈（Doha）展開的所謂杜哈回合（Doha-Runde）談判，旨在讓貿易更符合社會與環境的兼容性，尤其是在農業領域，並讓開發中國家能夠以零關稅與零配額限制進入世界市場。在二〇〇八年於華盛頓舉行首次G20峰會上，雖然在金融危機後經濟衰退的氛圍下，與會者仍敦促盡快完成協商以達成協議，但這股熱情很快就消退了。我依舊期望能達成這項協議。但某個時刻，或許是二〇一三年，巴拉克．歐巴馬打破了我的幻想，他坦率地告訴我，他已經不相信這個計畫能成功。我當時認為，考量到美國選民的態度，美國應該很難為了讓其他國家農產品能更容易進入美國市場而做出必要的妥協。因為談判決議採一致決，杜哈回合的談判終止幾乎已成定局。實際上，它至少在二〇一六年就被認為失敗了。我想起了一句諺語：「如果馬死了，那就下來吧。」意思是，如果一項想法已經不可行，就不該再繼續堅持它。因此，我帶著沉重的心情下了馬。在多邊談判失敗後，重點更轉為達成雙邊協議或區域貿易協定。但是對我來說，這些協定始終只是第二好的方案。

※ ※ ※

由於歐盟會員國形成了一個共同的內部市場，貿易議題因此屬於歐洲執委會的權限。在杜哈回合談判的同時，歐洲執委會也已經開始進行雙邊協商。例如，歐盟於二〇一〇年與南韓簽訂自由貿易協定，藉此廢除了將近九十九%的關稅。這項協定自二〇一一年七月起試行，於二〇一五年底正式生效。所有針對此項協定的疑慮，尤其是來自歐洲汽車工業的反對，經過五年的實際運作後都被證明是多餘的。歐洲的出口並沒有降低，反而提高了五十五％，德國的汽車工業也從中獲利。這讓我很高興，因為德國與南韓各自的分裂經驗，使彼此有著特別的連結。

我只於二〇一〇年十一月G20峰會期間訪問過南韓一次，當時我感受到南韓人民對於兩德和平統一的嚮往，他們本身仍在等待一個統一的民主韓國。我與當時的南韓總統李明博談論了德國統一的經驗。因為我來自東德，他希望我能與他分享在獨裁政權下生活的特殊經驗，即使他知道與北韓相比，東德幾乎算是一個自由的國家。我們就這個話題進行了討論。此外，我還向他指出了在統一過程中面臨的困難，例如德東各邦的高失業率，以及德西人民對於德東人民生活經歷的不熟悉。我衷心希望韓國人有朝一日也能在和平與自由下實現統一。

※　※　※

賈斯汀．杜魯道（Justin Trudeau）自二〇一五年十一月起接任史蒂芬．哈伯擔任加拿大總理，他為促成加拿大與歐盟之間的《全面經濟與貿易協定》（CETA）談判作出了重要的貢獻，該協定也考慮到了環境標準。雖然協商在他就任總理前就已於二〇一四年八月結束，但杜魯道憑藉高度的妥協能力，協助克服了一些來自我歐盟同僚所設下的障礙，例如要求他們的農產品在協議後能更容易進入加拿大市場。對我而言，與加拿大這個共享我們民主價值的夥伴簽訂此貿易協定的優點超過缺點甚多，只有少數如農業領域較為不利。在德國，社民黨主席暨聯邦經濟與能源部長西格瑪．加布里耶為了取得其政黨對這項協議的支持，可說是費盡苦心。二〇一六年十月，加拿大與歐盟終於簽署了此項協定。二〇一七年二月，協定生效。

二〇一七年七月初，歐盟與日本原則上就《日本與歐盟自由貿易協定》（JEFTA）達成共識，這是一項與《全面經濟與貿易協定》具有相似高標準的自由貿易協定。如果沒有日本首相安倍晉三的妥協意願，這項協議可能就難以達成。安倍晉三於二〇〇七年因健康因素辭職，二〇一二年又再度擔任首相。這項協議於二〇一九年生效。此外，二〇一九年十一月與新加坡簽訂自由貿易協定，二〇二〇年八月又與越南簽訂了類似協定。

※ ※ ※

歐盟與美國之間的自由貿易協議自二〇一三年展開，但成效不彰。反對協議的主要象徵就是所謂的「氯洗雞」。在美國，雞在屠宰後普遍會在二氧化氯水池滅菌，在歐盟則是使用冰水或低溫冷氣處理。歐盟反對協議人士批評使用二氧化氯，即使歐盟食品安全署已經證實美國的處理方式並無危害健康之虞。反對者以氯洗雞為例，聲稱這削弱了食品與消費者的標準。我對許多（包括德國的）非政府組織對於這類貿易協定的情緒性反對難以理解，我認為這些困難是可以克服的。對我來說，最重要的是美國與歐洲透過政治信念和北約的安全政策合作而緊密結盟。二〇一六年十一月，在巴拉克·歐巴馬任期屆滿前，我們在一篇共同署名的文章中闡述了我們的立場：「如果我們共同合作會更為強大。如今世界經濟發展比以前更迅速，全球挑戰也前所未見地巨大，因此共同合作比以往都更為重要……基於共同信念，貿易與投資能提高生活水準，因此我們支持建立《跨大西洋貿易及投資夥伴協定》（TTIP）……一項使我們經濟緊密相連，並建立在符合我們共同價值規則基礎上的協定，將在未來數十年幫助我們成長，並在全球保有競爭力。」最後我們的結論如下：「德國人與美國人必須抓住機會，根據我們的價值與想法來形塑全球化。」可惜這項協議最終沒有達成。幾週後，唐納・川普接替歐巴馬成為美國新任總統。

※　※　※

類似《跨大西洋貿易及投資夥伴協定》命運的還有歐盟與澳大利亞以及歐盟與南方共同市場（MERCOSUR）。南方共同市場是由阿根廷、巴西、烏拉圭和巴拉圭共同組成的經濟聯盟，共有兩億五千萬人口。這兩項協議在我任內都無法達成。主要原因就和杜哈回合一樣，都涉及了農業問題。與巴西的亞馬遜雨林伐木有關的議題，氣候保護有時也扮演了重要角色。我依然堅信，盡可能簽訂越多的自由貿易協定符合歐盟的利益，因為世界其他地區不會繼續不動如山。二〇二〇年十一月十五日，十五個國家簽署《區域全面經濟夥伴協定》（RCEP），包括東南亞國協的十個成員國，以及澳大利亞、中國、日本、紐西蘭和韓國。該協定計劃在未來二十年減免九十%的關稅。這十五個國家占全世界大約三十%的經濟生產力、貿易量以及人口。這項協定於二〇二二年一月一日正式生效。我擔心的是，我們歐盟會員國不斷對我們的貿易夥伴提出新的要求，可能反而會損害自身利益，導致我們在全球其他區域的經濟逐漸退縮。

在巴黎達成協議

在全球領域裡沒有比對抗全球暖化更重要的了。回顧一下：《京都議定書》作為聯合國氣候變化綱要公約的補充條款，於一九九七年十二月十一日通過。第一階段規定工業化國家在二〇〇八至二〇一二年期間，平均二氧化碳排放量要比一九九〇年減少五．二％，歐盟承諾減少八％，德國減少二十一％，美國在二〇〇一年宣布退出《京都議定書》。第二階段（二〇一三至二〇二〇年）的減碳協商從二〇〇七年開始，歷時五年，於二〇一二年結束。參與國家達成協議，要比一九九〇年減少平均十八％的二氧化碳，歐盟承諾減少二十％，德國減少四十％。俄羅斯、日本與紐西蘭退出協議，加拿大在二〇一一年就已經達到規定。留下來的國家包括歐盟二十七個會員國、澳大利亞以及其他九個國家，負責剩下十五％的全球二氧化碳排放量。藉由協議規定減少全世界二氧化碳排放的方法，就任何人看來顯然都失敗了。同時「聯合國政府間氣候變化專門委員會」二〇〇一至二〇〇七年間的報告也顯示，所有國家採取共同行動的必要性已經越來越急迫。

事實上，關於《京都議定書》對第二階段排放規定的談判，本應比二〇〇九年十二月在哥本哈根舉行的氣候變遷會議提早三年進行。我於二〇〇九年十二月十七日與十八日出席了最後兩天的會議，還有許多來自歐盟的同事，如德米特里．梅德維傑夫、曼莫漢．辛格以及中國總理溫家寶，巴拉克．歐巴馬則在最後一天出席。諾貝爾特．洛特根是基民盟、基社盟與自民黨聯合政府的環境部長。我抵達後，他向我彙報會議中心的與會者有許多爭論，鮮少有共識。所有人都非常期待各國政府首長能採取行動。我們這些政府首長協商超過三十小時，甚至在丹麥女王瑪格麗特二世（Margrethe II）的晚宴期間，我們也充分利用任何交談的機會。最後，睡覺時間只剩下三小時。

二〇〇六年，中國的二氧化碳排放量已經超過美國。《京都議定書》只針對工業化國家必須依照規定遵守減量目標的原則，並未考慮到新興工業化國家蓬勃的經濟發展。儘管如此，新興工業化國家也斷然拒絕接受具約束力的減碳規定。印度總理曼莫漢．辛格根據印度國會的決議指出，多數國會議員反對國際強制減碳規定，理由是印度不能將自身發展的主導權交到別人手上。巴拉克．歐巴馬與我都認為，全球暖化將是全人類面臨的巨大威脅之一，甚至可能是最大的威脅。因此，我們努力在會議中達成共識。然而，在歐洲與美國投票的過程中，我不得不承認，歐巴馬政府也不願意接受協議規範，這令我相當失望。更困難的是，我們當中沒有人能說服新興工業國家在未來承擔更多義務，即便是巴拉克．歐巴馬也沒有辦法。相對地，這些國家指出，迄今為止全球八十％廢氣是由工業化國家造成的，因此要求為開發中國家提供財政補助，以此應對氣候變遷的影響與新科技轉型的困難，估計每年需要上千億美元。唯一大家都同意的是，應該防止全球氣溫比工業化時代之前上升超過攝氏兩度。新興工業化國家也了解，至二〇五〇年，全球廢氣排放應該要降低五十％。但是他們不願意承認，如果沒有他們的貢獻就無法達成減半的目標，他們拒絕對此做出具體承諾。我們一直在原地踏步。

歐巴馬在下午必須離開。在此之前，我們歐洲國家必須決定是否反對每個會議上的決議，因為我們無法協調出對於工業化國家與新興工業化國家具約束力的降低排放目標；或者乾脆接受一個實質微小的共識，因為更好的選擇似乎遙不可及。薩科齊與我懷著沉重的心情同意歐巴馬的提議，請大會祕書處將一些達成共識的重點發展出一份聲明，稱為《哥本哈根協議》。其他歐洲國家也加入我們。祕書處提出了一份文稿，包括攝氏兩度目標，並要求工業化國家在二〇二〇年前向公約祕書處提交他們自願設定的減碳目標。從二〇二〇年開始，開發中國家每年將獲得上千億美元補助，以因應氣候變遷所帶來的後果。這項協議結果應當在二〇一五年重新評估，以檢視攝氏兩度的目標達成狀況。由於時間壓力，會議並未如一九九五年的《柏林授權》那樣正式通過這份文件，而是只有認知。

在接受一家報紙訪問時，我對會議結果的評價比我內心的感受要好。我說：「哥本哈根會議是邁向新世界氣候秩序的第一步，步伐不大，但也不小。」我當時想，《京都議定書》失敗之後，幾乎所有進展都停擺，總要有個機會打破現況。如果到二〇一五年能成功說服讓所有工業化國家與新興工業國家提出自願性的國內減量貢獻，那就有助於達到攝氏兩度的目標。

※ ※ ※

六年後，從二〇一五年十一月三十日至十二月十二日，法國主辦的聯合國氣候變遷會議第二十一屆締約方大會（COP21）在巴黎舉行。這是首次有超過一百七十個國家（包括工業化國家、新興工業化國家、開發中國家）提交了為達成攝氏兩度升溫上限目標的具體國家貢獻，這些國家的溫室氣體排放量整體涵蓋了全球排放量的九十五%。在我的演講中，我稱這是個好消息，但也補充了壞消息：這些貢獻還不足以達成攝氏兩度的目標。因此，我們必須在巴黎設定一個明確的訊號，說明我們未來如何實現這個目標。我明確表示，我們在二十一世紀需要大幅減少我們經濟活動中的碳排放。對於德國，我承諾將在二〇二〇年前減碳四十%，並在二〇五〇實現八十%至九十五%的減排目標。

新興工業化國家如今基本上也願意提出自己的國家目標，這是相當大的成功。這一成就要歸功於法國主辦方對大會的細心籌備、美國與中國多年來持續合作的貢獻，此外，「彼得斯堡氣候對話」也功不可沒。這個對話是德國聯邦環境部自二〇一〇年起每年舉辦的活動，每年春季邀請約三十五個對氣候談判最重要的國家參加，為年底舉行的氣候變化大會預作準備。作為總理，我參加了每一屆的會議，藉此向與會者強調這個議題對德國的重要性。

二〇一五年十二月十二日，在法國外交部長洛朗・法比尤斯（Laurent Fabius）主持下，第二十一屆締約方大會通過了《巴黎協定》。這項全球目標現在是，「將全球平均氣溫上升幅度控制在與工業化之前相比不超過攝氏兩度，並努力將溫度上升幅度限制在攝氏一・五度。」簽訂協議的各國也同意制定國家減排量的明確標準，並每五年更新一次，各國的減排目標記錄在一個公開的登記冊中。工業化國家承諾，在本世紀結束前將全球溫室氣體淨排放量降低至零。《巴黎協定》成為第一個全面且具法律約束力的全球氣候保護協議，雖然各國的減排目標是自願性的。該協定於二〇一六年十一月四日正式生效。到二〇二一年秋天，也是我任期結束前，一百九十七個國家中已有一百九十一國批准了該協議。然而，迄今為止，各國提出的減量目標仍無法實現攝氏兩度的目標，更不用說攝氏一・五度了。

與非洲的夥伴關係

二〇〇〇年九月，所謂的千禧年高峰會在紐約舉行，由當時聯合國一百八十九個會員國的國家元首與政府首長參加。不久後，這些國家很快就達成所謂的千禧年發展目標，計劃在二〇一五年實現。其中一項是要將全球極端貧窮與飢餓的人口比例減半。八大工業國決定協助非洲國家完成這項目標。自二〇〇〇年起，特定的非洲國家政府首長定期受邀參加G8峰會。自二〇〇五年起，非洲聯盟（由五十五個非洲國家組成）主席也受邀，二〇〇七年六月的海利根達姆峰會也不例外。八大工業國制定了一項非洲行動計畫，與最貧窮的國家達成了債務減免方案，並支持全球疫苗免疫聯盟（Gavi）以及對抗愛滋病、結核病和瘧疾全球基金會（The Global Fund to Fight AIDS, Tuberculosis and Malaria）。

到了二〇一五年，也就是八年後，全球處於極端貧窮與飢餓的人口比例確實減半了，但這個成就並未在撒哈拉南部的非洲國家實現。在那些非洲國家，自一九九〇至二〇一五年間，極端貧困與飢餓人口的比例只降低了二十八％，雖然營養不良人口的比例從三十三％降低至二十三%，但由於人口快速成長，營養不良的人數反而增加至四千四百萬人。

儘管如此，這些國家還是有進步之處，不只在對抗貧窮方面，也包括教育、兩性平等、降低嬰兒死亡率、改善母親健康狀況，以及對抗愛滋病、結核病和瘧疾等領域。八大工業國的支持發揮了作用。

二〇一五年九月二十五日，我參加了聯合國永續發展高峰會，該會議通過了「二〇三〇議程」，宣告了千禧年發展目標後的下一步。一百九十七個會員國一致同意了十七項永續發展的目標，這些目標預計在二〇三〇年前全球實現，其中包括在十五年內消除極端貧窮或飢餓。

許多目標對我而言過於抽象，例如第三個與健康相關的目標：「確保及促進各年齡層健康生活與福祉。」然而，自二〇一四年在西非地區肆虐的伊波拉傳染病疫情，讓這個抽象議題突然變得即時且具體。在二〇一四年疫情爆發不久，我便與也是醫生的世界銀行行長金墉（Jim Yong Kim）討論過，近一百年前的西班牙流行感冒導致兩千萬至五千萬人死亡。因為我們的世界比以往更為緊密相連，我們相當擔心如果伊波拉傳染病沒有好好控制的話，可能會發展成大流行。

二〇一五年初，我任命在非洲國家擔任重要大使的瓦爾特・林德納（Walter Lindner）為聯邦政府對抗伊波拉傳染疫情擴散保護措施的特別代表。他建議我，應該協助非洲國家提升其醫療衛生體系的品質，這也將有助於保護德國人民免受疾病的威脅。

在二〇一五年德國擔任七大工業國集團主席國期間，七大工業國集團的國家元首與政府首長於艾爾茂會議上同意，未來五年至少與六十個國家建立健康夥伴關係，其中包括西非國家。我與迦納總統約翰・德拉馬尼・馬哈馬（John Dramani Mahama）、挪威總理埃爾娜・索爾貝格（Erna Solberg）請求聯合國祕書長潘基文（Ban Ki-moon）調整聯合國的架構，以便在未來能夠更有效因應流行病的爆發，並防止重大流行病的形成。我們利用永續發展高峰會，在一場特別的活動中展現了在疫情爆發時如何實現健康目標：必須在全球各地建立具資訊能力的健康醫療體系，有效收集疾病爆發的資訊，並將其傳遞給世界衛生組織。在世界衛生組織內部，必須建立一套能讓這些資訊為全世界所用的結構，並同時培養出快速因應疫情的能力與程序，以便國際社會能迅速支援受疫情影響的國家。我借鑑聯合國維和藍盔部隊的概念，提出了「白盔部隊」（Weißhelmen）的構想。直到我擔任主席任期結束為止，國際醫療維生政策和強化世界衛生組織的議題一直是我的健康部長赫爾曼・格羅厄（Hermann Gröhe）、延斯・施潘（Jens Spahn）和我的工作重點。當時我們並不知道，這個議題在短短幾年後將變得如此重要。

※　※　※

一直以來，我們不斷討論在全球互聯的世界裡生活意味著什麼，這一點在看待非洲時尤其重要。無論是對抗伊波拉傳染病還是那麼多難民越過地中海逃來歐洲，都讓我認識到，這已經不再是這邊屬於我們歐洲，地中海那邊屬於非洲的區分，而是歐洲與非洲兩個大陸所有國家的命運都緊密相連。只有在非洲同時變得更穩定且更富裕的情況下，歐洲才能長期保持穩定和繁榮。封閉隔離、視而不見、逃避頂多只能帶來表面的解決方法，無法提供真正的幫助。非洲與歐洲必須共同成功。因此，儘管二〇三〇年發展目標正確，但我擔心，若我們用傳統的發展合作方式一樣成果有限，就像千禧年發展目標一樣。非洲國家必須實現自力更生的經濟成長。在二〇一七年德國擔任G20峰會主席國時，我希望為此打下基礎。我感受到財政部長沃夫岡・蕭伯樂和發展合作部長葛爾德・穆勒（Gerd Müller）與我立場一致。我們一致同意，我們不應該為非洲國家做什麼，而是應該與他們一起合作。非洲聯盟的會員國在二〇一三年通過了他們對未來的共同願景，即《二〇六三議程：我們想要的非洲》（*Agenda 2063: The Africa We Want*）。非洲人想要的非洲，這就是我思考的出發點。只有在政府良好治理的支持，私人投資才能促成自力更生的經濟成長。因此，我想特別資助那些政府治理有所改善的國家的私人投資。改革的方式必須由每個國家自行確立。國際貨幣基金組織、世界銀行以及非洲發展銀行將在這個基礎上與非洲的國家簽訂所謂的「協議」（Compacts），德語是契約（Verträge）或協議（Pakte），以改善私人投資的條件，例如保障私人債權者或降低私人貸款的利息。這項倡議被稱為「非洲契約」（Compact with Africa），並向所有非洲國家開放。

※ ※ ※

二〇一七年六月十二日，由財政部主辦的首屆二十國集團與非洲夥伴會議在柏林舉行。象牙海岸、摩洛哥、盧安達、塞內加爾以及突尼西亞加入了我們的倡議，迦納與衣索比亞也在會議期間宣布加入。在演講中，我也向與會的非洲國家政府首長明確闡述了這次會議背後的理念。工業化國家必須反思，以往他們進行的傳統發展援助是否一直走在正確的道路上。「我認為，並非一直是正確的。」我說道：「我們必須更關注每個國家發展自己經濟的方式。」在會議中也有德國企業參與。二〇一六年，德國對五十五個非洲國家的出口只占總出口的二％，進口部分只占一．七％，直接投資的數量也相當低。

傳統上，負責與非洲國家經濟合作事務的是德國企業非洲協會，該協會自一九三四年以漢堡－布萊梅非洲協會的名稱成立。二〇一四年，德國企業聯邦聯合會首次提出了完整的非洲策略，名為「撒哈拉以南的非洲策略：機會大陸非洲」（Strategie Subsahara-Afrika: Chancenkontinent Afrika）。經濟合作主要集中在南非以及北非國家，如埃及、阿爾及利亞、摩洛哥與突尼西亞，以及當地蘊藏石油資源的奈及利亞。然而，要說服德國大企業老闆跟我一起去非洲國家並不是件容易的事，大部分人認為非洲市場並沒有多少機會。

相比之下，中國已經在非洲投入了非常可觀的資金。塞內加爾總統阿卜杜拉耶．瓦德（Abdoulaye Wade）有次曾對我說：「如果我立刻需要些什麼，例如一座體育場或一座新橋梁，我會找中國幫忙，這樣我在一兩年內就能得到我想要的。如果時間充裕的話，我也會考慮詢問歐洲國家，但我必須準備好面對漫長的招標過程，而且有些計畫永遠無法完成。」他又補充道：「中國也總是會負責貸款融資。如果我向你們求助，我們總是必須自己解決融資問題。」當時我帶著憂慮離開了。後來證實，阿卜杜拉耶．瓦德的部分說法是正確的，但中國援助非洲的陰暗面也無法再隱藏。非洲國家陷入了對中國的依賴，這些依賴的影響要在很久之後才會顯現。而且，這種關係通常無法促進非洲國家當地自主的經濟發展，而是單方面有利於中國的協定。這些都充分說明了二十大工業國集團有必要與非洲建立一種新的、公平夥伴關係的理由，而在漢堡舉行的G20峰會上，我想我應該是實現了這個目標。

四年後的二〇二一年，已有十二個國家完成了協議簽訂：埃及、衣索比亞、布吉納法索、象牙海岸、迦納、幾內亞、摩洛哥、盧安達、塞內加爾、多哥和突尼西亞。在德國擔任二十大工業國集團主席國後，我每年都與國際貨幣基金組織、世界銀行與非洲發展銀行在柏林與這些協議國家會面。這些國家的外國投資者（包括德國）確實增加了，雖然增長速度不如一些非洲國家和我所期望的那麼快。我只是邁出了第一步，接下來還需要更多的努力。為了更了解非洲國家的多樣性，從二〇一六年起，我每年都會拜訪一些非洲國家。因為二〇二〇年三月爆發的新冠肺炎疫情，導致我有好幾個月無法出訪，對此我覺得相當遺憾。

世界強權印度與中國

二十大工業國集團的十九個會員國的人口總數為五十億，其中超過一半來自兩個國家：中國有十三億九千萬人口，印度有十三億五千萬。自二〇〇七年海利根達姆峰會後的十年間，中國的人均國內生產毛額成長了三倍多，印度也增加了一倍。相較他國，美國在同一期間只增加了二十五%，但仍然是中國的七倍，印度的三十倍。

我很早之前就確信，中國與印度的經濟成功將會明顯地改變世界的權力格局，並朝向他們傾斜。因此，我希望更加強與兩個國家的關係。二〇一〇年，我向胡主席與辛格總理建議定期舉行雙邊政府磋商，兩人都同意了。第一次德國與印度政府磋商在二〇一一年六月初於新德里舉行，第一次德國與中國政府磋商在二〇一一年六月底於柏林舉行。此後，德國分別與中國舉行了五次磋商，與印度則進行了四次。

印度是全球人口最多的民主國家。二〇一一和二〇一三年的前兩次德印政府協商，印度方由總理曼莫漢．辛格帶領。我與辛格於二〇〇六年四月認識，當時我們共同為漢諾威工業展揭幕，印度是當屆的主賓國。辛格出生於一九三二年，在英國劍橋與牛津學習經濟學，之後在聯合國貿易和發展會議（UNCTAD）工作，並於二〇〇四年當選為印度總理。他屬於國民大會黨，錫克教徒，也是首位非印度教徒的印度總理。他主要致力於改善印度十二億人口中三分之二生活在農村地區人民的生活條件，這關乎八億人民的生活，是德國人口的十倍之多。在與他的會談中，我逐漸了解了新興工業國家對我們這些富裕國家的保留態度。從他的角度來看，我們期待他們關注我們的問題，卻未對於他們的問題給予同等重視。我認為他是對的，因此開始更加關注新興工業國家所面臨的挑戰。辛格向我介紹了他的國家的文化多樣性，這個次大陸具有五千年歷史，印度憲法承認二十二種官方語言，整個國家的成長源於其多樣性。就這方面而言，印度應該與整個歐盟類比，而非歐盟的個別成員國。

二〇一四年五月，納倫德拉・莫迪（Narendra Modi）接替辛格成為印度總理。他屬於印度教民族主義傾向的印度人民黨，並偏好使用印地語（Hindi），該語言與英語同為印度的官方語言。我們在二〇一五年四月首次見面，同樣是在漢諾威工業展的開幕式上，當時印度是第二次作為主賓國。在「印度製造」的標語下，總共有四百家印度企業展示了他們的產品。在開幕式上，莫迪懇切地邀請大家到印度投資，並特別以英語發表演說，向所有出席者展示了一個包含擴增實境的文化節目，令人印象深刻。當一隻栩栩如生的印度獅伴隨著震耳欲聾咆哮聲從背板走出，沿著舞台走向台下的觀眾席，並漫步穿越漢諾威會議中心的中間走道時，我屏住了呼吸。莫迪喜歡視覺效果。他告訴我在選戰時，當時他在一個會場發表演說，並利用全息影像技術將自己投影至五十個不同地點，每個地方都有數千人聆聽。我問他，聽眾對於這種虛擬呈現的反應如何。他告訴我，儘管人們知道莫迪並不在現場，但在演講結束時，還是有很多人等待著想與他握手。

莫迪同樣致力於改善印度人民的生活條件，尤其是鄉村地區。他刺激經濟成長，特別是透過打擊無數潛藏在各地的官僚障礙。他在辦公室指派了一名職員作為企業的聯絡窗口，以解決這些企業在計畫中遇到的問題。因此，形成了一條所謂的投資快速通道。多年來，印度的經濟成長率介於六％至七％。

二〇一五年十月，第三次德印政府磋商在新德里舉行。莫迪聽說我喜歡古典音樂，在午餐後為所有與會者安排了一場小型音樂會。他特別請人為這個場合製作了一首樂曲，並由管絃樂團在音樂會進行首演，融合了印度樂器與歐洲樂器，象徵我們文化的緊密連結。我很喜歡在正式行程中的這些特別安排，不僅讓我有機會更深入了解我的會談夥伴及其信念，也開啟了我新的文化世界。此外，這也營造出一種信任的氛圍，讓我們更容易在政治上找到妥協之處。

訪問印度的第二天，我們一起前往邦加羅爾（Bangalore），參加了德印經濟論壇，當地已有一百七十家德國企業進駐。我們還參觀了博世公司（Bosch）的創新中心，並與印度實習生碰面。莫迪「技術印度」（Skill India）的標語下，致力於透過教育讓印度青年獲得更多機會，因此他們對於跟我們合作相當有興趣。

在我們會談時，也經常討論氣候保護議題。莫迪指責我和其他工業國家對此事默不作聲：印度迄今為止對造成全球暖化少有責任，而且有巨大的發展需求。我接受這兩個論點，但也指出印度現在對全球暖化的責任已經不容忽視。雖然二〇一七年印度的人均二氧化碳排放量為一‧八噸，明顯低於中國的七‧一噸或美國的十五‧八噸，但印度是僅次於中美兩國的全球第三大二氧化碳排放國，排放總量占全球七%以上。因此，印度的碳中和之路要開始了。我們達成協議，於再生能源方面互相合作，尤其是太陽能領域。四年後，在二〇二一年十一月於格拉斯哥（Glasgow）舉行的氣候變遷會議中，莫迪宣布印度計劃於二〇七〇年達到碳中和。到二〇三〇年，印度應該要有一半的電力來自再生能源。

在二〇一七年五月底第四次德印政府磋商前夕，距漢堡G20峰會議前幾週之際，莫迪與我在梅澤貝格堡的聯邦政府賓館深入討論了歐盟與印度的自由貿易協定。這項談判自二〇〇七年開始，卻於二〇一三年陷入僵局。在我任內，我們無法再度重啟談判，農業領域的分歧意見也無法克服。

我非常擔心地關注著相關報導，其中指出自莫迪上任以來，印度教民族主義者針對其他宗教信徒（尤其是穆斯林與基督徒）的攻擊愈發頻繁。每當我與莫迪談及此事，他都強烈否認，並強調印度是一個宗教寬容的國家，而且會繼續維持下去。遺憾的是，事實呈現的卻與此相悖。我們在這點無法達成共識，我的憂慮依然存在，因為宗教自由是每個民主國家最根本的一部分。

※　※　※

當我二〇〇五年就任時，中國不僅是世界上人口最多的國家，也是自二〇〇一年加入世界貿易組織以來，經濟成長最迅速的國家。我延續了前任總理格哈德．施若德的傳統，盡可能每年率領一次經濟代表團訪問中國。二〇〇六年，中國在德國貿易總額中占了四．八％，到我任期結束時，此一比例應為九．五％。除了在北京進行政治會談之外，我每次都會拜訪另一個城市，這至少能讓我對這個國家的歷史與文化豐富性有個概覽了解。二〇一〇年七月在西安的訪問令我留下了難忘的印象，西安於千年前曾是中國的首都。我與中國總理溫家寶一起參觀了秦始皇陵墓的兵馬俑，陵墓於西元前二四六年興建。數以千計的陶俑被挖掘出來，每一個都不盡相同，他們栩栩如生並逼真還原了皇帝的軍隊與其裝備。我對這座陵墓驚嘆不已，這些都是我之前從未看過的景象。

到訪這些城市時，我可以親眼看到十年內人均收入增加三倍的地方會有什麼改變，城市成長的速度實在驚人。二〇一五年十月，我與二〇一三年三月上任的總理李克強一起造訪他的家鄉合肥市，我在車程中開始數著那些還在蓋、超過三十樓的高樓大廈，算到一百二十多棟時，我便停止了。伴隨經濟發展而來的環境問題也顯而易見，北京的霧霾只是其中一例。然而，中國在短短時間內所達到的一切仍然讓我留下了深刻印象。一九九〇至二〇一五年間，全球飢餓與極端貧窮人口減半的功勞主要來自中國。一九九〇年時，中國還有六十一%人口生活在極端貧窮中；到了二〇一五年，這一比例降至只有四%。

※　※　※

自二〇一三年三月開始，習近平擔任中華人民共和國主席。在他擔任副主席時，我們就曾見過面。二〇一〇年七月，我在他擔任校長的中共中央黨校和學生交流並進行問答。這些學生知道我在德意志民主共和國長大，並將德國統一看做一件非常幸運的事。因此，我從他們的問題中察覺，他們認為我對中國人權狀況和智慧財產權保護的批評，源於我對這個國家缺乏真正的了解，只是單純把中國視為另一個大東德。我無法確定我的保證是否能說服他們，亦即保證我對他們國家的判斷並不是基於我在東德的經驗。無論如何，我的馬克思列寧主義知識確實讓我能向習近平提出有關中國政治體制與中國共產黨角色的精準問題。習近平的回答也讓我一窺他的想法。隨後，我更清楚理解他是如何詮釋中國憲法第一章第一條，該條文如下：「中華人民共和國是工人階級領導的、以工農聯盟為基礎的人民民主專政的社會主義國家。社會主義制度是中華人民共和國的根本制度。」最終，問題還是涉及個人在社會上擁有哪些權利，以及誰有權以公共利益的名義限制個人權利。對我來說，社會上不存在一個能為所有人找到最佳道路並決定一切的團體。這會導致個人的不自由，這個信念正是我與習近平之間存在著根本分歧的所在。因此，在人權問題上，我們的立場截然不同。在訪問北京期間，我固定會在北京的德國駐中國大使館與中國異議人士碰面，他們與我見面要冒著相當大的危險。我能夠幫助個別人士，但無法改變中國對異議人士的系統性壓迫。

我與中國的合作是務實政治的一個例子。這種合作建立在我們意識到彼此分歧且不迴避這些差異的基礎上，我們尊重各自的政治制度，並從共同利益的領域發展合作。德國有明確的利益，經濟合作能保障德國的就業機會，其他歐盟成員國也對中國的可靠投資條件感興趣。因此，二〇一四年開始了所謂的《全面投資協定》（CAI）談判。在二〇二〇年十二月德國擔任歐盟部長會議輪值主席國結束時，歐洲執委會在歐洲理事會的支持下，就協定要點達成了基本共識。二〇二一年三月，歐盟外交部長會議就中國迫害維吾爾少數族群對中國實施制裁，中國祭出反制措施，特別針對歐洲議會的議員，因而投資協定的簽署被迫取消。我依然堅信，這項協定能為投資提供比目前更可靠的投資環境。

同樣符合德國利益的是與中國共同建立全球秩序框架，這點尤其適用於氣候保護領域。中國的經濟發展有其代價，多年來該國的二氧化碳排放量急遽增加，到了二〇一七年，中國的排放量已經將近美國的兩倍。在我任期結束時，中國占全球二氧化碳排放量的比例為三十一%，美國作為第二名占十三．五%，而德國占一．八%。習近平在二〇二〇年聯合國大會時宣布，中國在二〇六〇年前要達到碳中和，並且要在二〇三〇年之前達到排放峰值。中國若能達到這個目標，或甚至超越目標，這不僅與德國利益有關，也是全世界的利益。

※　※　※

習近平上台後，權力日益集中於他個人手上。我與他的前任胡錦濤主要進行禮貌性的會談，所有重要的雙邊問題都是與總理溫家寶討論。習近平上台後，幾乎所有問題我都是跟他直接討論。他將中國重新定位。在我們會談時，他經常提到過去兩千年的人類歷史，強調在兩千年中的一千八百年裡，中國都是世界的經濟與文化中心。直到十九世紀初，中國才開始沒落。當我聽到這種說法時，請我的經濟與財政政策顧問拉爾斯－亨德里克．羅勒根據可獲得的經濟數據檢視一下。他證實了習近平的描述。根據這種看法，中國應當再度回到歷史的正常位置，習近平稱之為「中國夢」，明顯借用了「美國夢」的講法。一九七〇年代末提出中國改革開放政策的鄧小平，曾為中國外交政策制訂了「韜光養晦，善於守拙，決不當頭，有所作為」的準則；而現在對於習近平來說，似乎是要「有所作為」的時候了。

在習近平於二〇一三年上任後不久，中國提出了新絲路，即「一帶一路」的倡議，目前已有超過一百個國家加入，並藉此開發基礎建設項目，其資金多半由新成立的發展銀行提供。中國政府視新絲路倡議為多邊主義的信念。一方面，這個計畫的確有助於促成一個更緊密連結的世界；另一方面，事實也顯示出，這些國家（尤其是亞洲與非洲國家）因為這些投資相關成本導致依賴中國財政，進而限縮了它們自身的主權行動。

透過所謂的「九段線」，中國提出了南海疆域的主張。九段線可追溯至一張前中華民國政府於二戰後所繪的航海圖，當時是為了表達對於該區域新秩序的明確領土主張。然而，南海周邊的所有鄰國都反對這項主張，中國也拒絕與菲律賓、馬來西亞、汶萊、台灣、印尼與越南尋求妥協方案。二〇一三年，菲律賓向位於海牙的常設仲裁法庭提出爭議訴訟。二〇一六年七月，仲裁法庭裁定中國九段線的領土主張不具法律依據。中國不承認這項判決。這個具體案例證實了，中國政治人物經常掛在嘴上的多邊主義信念，就只是嘴上說說而已。

唐納・川普

自二〇一七年一月二十日起，唐納・川普成為美國總統。我密切關注了他與希拉蕊・柯林頓之間的選戰，並希望希拉蕊能夠獲勝，但結果並非如此。唐納・川普不僅在選戰中以「美國優先」和「讓美國再次偉大」口號定調了民族主義基調，也在競選期間多次批評德國和我個人。他聲稱我在二〇一五與二〇一六年接納許多難民導致德國垮掉，指責我們在國防上提供太少經費，並批評我們與美國的貿易順差是不公平的貿易。多年來，紐約街上的許多德國汽車一直是他的眼中釘。他認為，美國人買德國車只可能是因為降價傾銷以及歐元與美元之間的匯率操縱。他反覆提到要提高德國汽車的進口關稅，讓購買德國車不再有吸引力。我覺得驚訝的是，一位美國總統候選人竟然在選戰中會如此關注德國總理。根據「敵人越多，榮譽越高」的格言，我應該要對自己的角色感到滿意。不過此刻靠這樣的黑色幽默無濟於事，我的職責是要維持兩國之間的穩定關係，而不是對所有挑釁做出回應。在唐納．川普於二〇一六年十一月九日當選總統後，我不僅在總理府發表聲明祝賀他，也強調我們兩國透過共同的價值結為同盟，如民主、自由、尊重法治與人性尊嚴，不因出身背景、膚色、宗教、性別、性傾向或政治立場而有所差別待遇。「在這些價值的基礎上」，我向他提出了密切合作。四個月後的二〇一七年三月十七日，我至華盛頓拜訪他。我謹慎準備了這次訪問，因為這件事在德國引起了極大的興趣，在美國也有一定的關注。

當我抵達白宮時，在記者面前，唐納．川普在門口與我握手問候。進入橢圓形辦公室閉門會談之前，我們再次於媒體前露面。當記者與攝影師要求我們再次握手時，他無視了這個要求。為了避免尷尬地站在原地，我低聲提醒他我們應該再握一次手。日本首相安倍晉三訪美時，他足足握了安倍的手十九秒，安倍都無法抽手。我話剛說完，就在心裡對自己暗暗搖頭。我怎麼會忘記川普清楚知道他想達成什麼效果，因此他當然會無視於我委婉的提醒。他想要透過自己的行為製造話題，而我卻假裝自己是在跟一個行為正常的人對話。

在閉門會談時，我們慢慢地試探彼此。我基本上用英語進行對話，我的口譯員多蘿特・卡騰巴赫坐在旁邊，並翻譯一些較為複雜的內容。唐納・川普問了我一堆問題，包括我的東德背景以及我跟普丁的關係。他顯然對俄羅斯總統充滿了興趣。在接下來的幾年裡，我對他的印象是相當受到專制及獨裁傾向的政治人物吸引。

一對一會談結束後，雙方代表成員剛進入橢圓形辦公室，他開始對德國提出先前提到的指責。我用數字與事實反駁他的批評。我們的交談根本是在平行時空。川普是情緒表達，我則是就事論事。即使他偶爾注意到我的論點，往往也只是為了從中提出新的指責。解決提到的問題似乎不是他的目的。因為如果真的解決了問題，他就得立刻想出新的抱怨理由。在我看來，他的目的是為了讓跟他會談的人產生罪惡感。當他發現我強力反駁時，就會立刻停止自己的長篇大論，轉而談論其他議題。同時就我的印象，他也希望他的談話對象喜歡他。

他一再強調，德國虧欠他也虧欠美國。這種言論很符合他選民的胃口，讓許多人感覺自己被忽視，並且認為以往的政治人物都沒有好好處理。他們欽佩川普，他沒有要他們忍耐，而是直言不諱。從支持的角度來看，他們認為川普正在為他們的利益奮鬥。

與我一起至華盛頓的還有寶馬（BMW）、舍弗勒（Schaeffler）與西門子的執行長——哈拉爾德・克魯格（Harald Krüger）、克勞斯・羅森費爾德（Klaus Rosenfeld）以及喬・凱澤（Joe Kaeser）。拉爾斯－亨德里克・羅勒與美國聯絡窗口已經安排好，川普跟我在橢圓形辦公室會談結束後，要與這些企業代表以及他們在美國工廠的學徒討論，將專業技術人員訓練制度引進美國。我希望藉此將重點引導至德國公司對美國就業市場的貢獻，但只有部分成功。雖然川普讚揚了德國企業在美國的投資，但同時也批評他們公司在美國鄰國墨西哥的生產活動。他似乎全部都要。

與川普的大部分會談議題上，我都有充分的論點支持。然而，我們的國防支出是一個弱點。顯然我們無法在二〇二四年達成二〇一四年北約峰會為成員國定下的百分之二目標，即便我在記者會宣布，我們的國防經費從二〇一六至二〇一七年已經提高了八％。歐巴馬也曾經多次就這個議題提醒我。但是面對川普，這個議題卻相當危險，因為他質疑北約整個安全防衛聯盟的存在意義。我相當清楚，我們德國人的安全依賴於北約。因此，我強調了我們在阿富汗共同駐軍的貢獻。至少在隨後的記者會上，川普對此表示了肯定。

當我飛回德國時，感覺並不太好。從對話中，我得出結論：要與川普合作致力於一個互相連結的世界是不可能的。他依然以過去身為房地產商人的角度來判斷一切。每塊土地只能被一個人拿到，如果他拿不到，就會有另一個人得到。他是這樣看世界的。對他來說，所有國家都在互相競爭，一方成功就意味著另一方失敗。他不相信透過合作能增加整體的繁榮。即便我舉了歐盟與韓國雙方都從自由貿易協定中獲益的例子，也無法說服他。因此，他對於所有非經他本人談判的協議都持懷疑態度，而他對德國特別充滿不信任。《跨大西洋貿易及投資夥伴協定》在他任內是不可能達成的。

但事情還不只如此。G20峰會前六週，二〇一七年六月一日，他要求與我通電話。晚上十點，我們進行了通話。他告訴我，美國將退出《巴黎氣候協定》。這真是晴天霹靂，因為我打算在漢堡G20峰會將這個議題列入討論重點。

漢堡G20高峰會

二〇一七年六月十七日，我與教宗方濟各有一次私人會面。因為先前曾與他三次會面，我知道他對於全球合作，尤其是致力於貧困人民的福祉非常感興趣。因此，我打算與他討論即將在漢堡舉行的G20峰會中的其中一個議程。我與駐教廷大使安妮特·沙萬、我的外交與安全政策顧問克里斯多夫·霍伊斯根和他部門的同事，以及我的辦公室副主任貝恩哈特·寇許與一位義德口譯員一起，坐車往聖彼得教堂方向，經過聖彼得廣場左側，進入梵蒂岡城。我們經過左邊的德意志人與佛拉芒人墓園（Campo Santo Teutonico）後方，繞過聖彼得教堂，途經西斯汀禮拜堂，穿越守望宮、波吉亞宮與鸚鵡宮後，最後在達瑪穌宮即宗座宮前停下。教宗官邸總領事在那裡迎接我們，他是領銜主教（Titularbischof）喬治·甘斯魏（Georg Gänswein）。此外，教宗侍從（Gentiluomini di Sua Santità）也已經在那裡等待，準備引導我上二樓。

教宗方濟各在教宗圖書館以和藹笑容歡迎我。門口右邊有一張書桌以及兩張椅子。教宗與我坐下來，我的口譯坐在我後方。方濟各由一位德籍高階教士協助翻譯。教宗請我告訴他，我擔任二十大工業國集團主席國打算推動什麼樣的計畫。我向他介紹了我們的平結標誌，並說明了我們的準備工作，其中包括與許多民間社會代表的會面。我與來自二十大工業國集團國家的企業與工會代表見面，與他們討論「成長與就業」這個二十大工業國集團傳統的討論重點，還與婦女團體與學術界代表、智庫、青年以及非政府組織代表進行交流。如同以往，外交、財政金融、數位、勞動、與農業部長也會碰面，不過這次還加入了二十大工業國集團國家的健康部長，他們會針對流行病防治討論。伊波拉傳染病在西非爆發後，德國的健康部長赫爾曼・格羅厄與其他各國健康部長模擬了一次應對計畫，演練如何遏制透過呼吸道感染傳播的致命病毒在全球擴散。我向教宗報告了與非洲的夥伴協定。他非常專注地聽著。

接著我提到了我相當擔心的問題，就是美國宣布退出《巴黎氣候協定》。我沒有指名道姓，問教宗該怎麼處理一群重要人物之間的根本分歧。他立刻理解了我的意思，並直截了當地回答：「彎腰、彎腰、再彎腰，但是注意，不要折斷腰了。」這個比喻我非常喜歡。我重複了一遍他的話：「彎腰、彎腰、彎腰，但是注意，不要折斷腰了。」我決定以這種精神在漢堡會議上嘗試與川普解決《巴黎氣候協定》的問題，雖然我當時還不確定這具體意味著什麼。

時間飛逝。教宗按下桌上的鈴，甘斯魏與我的隨行代表們一起進來，我們站起來拍了一張團體照。接著，我們交換了已經在桌上分開擺好的禮物。從安娜特・沙萬那裡，我知道教宗特別喜愛哪些家鄉特產。他來自布宜諾斯艾利斯，而我前幾天剛去過，因此帶了三罐焦糖牛奶麵包抹醬以及裹著巧克力的夾心餅乾（Alfajores）當禮物。我感覺到他很高興收到這些禮物。我對於他送的其中一件禮物特別感動，那是一個小巧的青銅橄欖枝雕塑。讓人想起諾亞方舟裡的鴿子叼回的那枝橄欖枝，宣告了大洪水的結束。橄欖枝已成為和平的象徵。在我卸任總理之後，這個雕塑放在我的前總理辦公室中。

※　※　※

二〇一七年七月六日，峰會的前一天下午，我前往漢堡。因為有眾多的參加者，G20峰會在德國只有少數地方可以舉辦，漢堡市是其中一個合適的地點。漢堡市長歐拉夫．蕭茲把主辦這次高峰會視為一項殊榮，我自己也相當高興能向全世界展示我出生的城市。

然而，峰會的進行並不如我的期望。如果今天我問人們對漢堡G20峰會的記憶，他們可能會回答：有許多反全球化的暴力抗議。只對政治有興趣的人或許還記得川普在氣候保護議題上與大家的差異。七月七日晚上，漢堡市尚岑區（Schanzenviertel）出現汽車被燒毀、商店遭搶劫以及抗議者丟石頭的可怕畫面，這些畫面傳遍了全世界。晚上我在電視上看到了這些畫面，有些頻道不間斷地轉播著。我帶著沮喪的心情上床睡覺。無論隔天我們做了什麼決議，前一晚的畫面已經影響了大眾的觀感。作為主辦人，這對我來說相當可怕，但我還是深信政府首長在這種高峰會彼此面對面會談是必要的。漢堡警方統計，在高峰會期間共派出兩萬三千名警力，有五百九十二位受傷。對漢堡市警察局的部署策略的批評聲不斷。我決定不參與這些討論，儘管我對這次行動也有疑問，但我選擇與歐拉夫．蕭茲站在同一陣線。高峰會結束後，我們會見了來自全國各地的執勤人員，感謝他們的辛苦工作。

在政治上，我們就氣候議題達成一項我們稱為「十九比一」的決議。十八個國家與歐盟在公報（Kommuniqué）中明確表述：「我們注意到美國決定退出巴黎協定。」接著列出了美國的立場。下一段則寫道：「其餘二十大工業國集團會員國的國家與政府首長聲明，巴黎協定是不可逆的。」我們成功共同通過了一項聲明，聲明沒有掩蓋唐納．川普與世界其他國家的分歧，而是公開指出這點。過去從未出現過這樣的決議文件，以往的共同決議通常只會記錄最小的共識。我認為，這是在最壞選擇中的最好結果。如果在折斷腰之前沒有停止彎腰，那麼我們就不可能完成這份公報。絕大多數國家都意識到了氣候保護議題的重要性。

其他所有決議都符合我預期的結果，只有在貿易議題上還有一個小點還需要長時間周旋。那是有關鋼鐵出口的傾銷問題。這個問題在二〇一六年中國擔任二十大工業國集團主席國於杭州舉行峰會時就已經是重要議題。中國在幾年前就開始以相當低價出口鋼鐵，導致歐洲與美國的鋼鐵產業受到巨大的壓力。工業國家指責這是不公平的傾銷，中國對此堅決否認。因此，在杭州的G20峰會上成立了一個論壇，即減少鋼鐵產業產能過剩論壇，由經濟合作暨發展組織支持，旨在透過更精確的資料調查，深入處理傾銷問題。

然而過了將近一年，還是沒有結果。因此，有些國家主張廢除這個論壇，立刻提高中國鋼鐵的進口關稅，另有些國家主張再給論壇一次機會。後者也是德國的立場。在G20峰會的最後一晚，各國巨頭一致同意，在八月前完成必要的資料收集，並要求論壇在十一月提出解決方案建議的報告，以此為基礎迅速進行政治協商。這個共識看似成功，但拉爾斯－亨德里克．羅勒提醒我，這個時程安排如此短促，幾乎不可能達成一致解決方案。事實證明確實如此。

二〇一八年六月，唐納．川普正是在這個議題上成為了典型例子。他的政府大幅提高了鋼鐵以及鋁的進口關稅，但不僅針對中國，也包括其他大多數國家，其中包括歐盟。他以保護美國國家安全利益為由實施了這項措施。中國、挪威、瑞士與土耳其向世界貿易組織提起了訴訟。四年多之後，二〇二二年十二月，仲裁法庭判決該措施違反了世界貿易組織的規定。那時已經是喬．拜登擔任美國總統，雖然他沒有取消關稅措施，但是在他與他的副總統賀錦麗（Kamala Harris）主政之下，與美國進行多邊合作的希望再次出現。在我寫這段文字時，二〇二四年十一月的總統大選結果尚未揭曉。二〇二一年七月，我最後一次以總理身分訪問華盛頓時，曾與賀錦麗共進早餐。我衷心希望賀錦麗能在總統大選中打敗對手，成為美國史上第一位女總統。

氣候與能源

一場惡夢與其後果

二〇一一年三月十二日星期六，我與基民盟、基社盟與自民黨聯合政府成員中的環境部長諾貝爾特．洛特根、內政部長漢斯－彼得．弗里德里希（Hans-Peter Friedrich）、總理府部長羅納德．波法拉以及外交部長暨副總理吉多．韋斯特韋勒，預計在下午稍晚的時候召開危機會議。我從巴特克羅伊茨納赫（Bad Kreuznach）回來，在當地與基民盟首席候選人尤莉雅．克洛克納一起為萊茵蘭－法爾茨邦議會選戰造勢。兩週後，也就是二〇一一年三月二十七日，該邦與巴登－符騰堡邦將舉行邦議會選舉。這次總理府的見面是我們第一次有機會討論前一天發生的嚴重海底地震，地震發生在德國時間前一天早上七點前，地點在日本東岸太平洋。隨後，地震導致將近十五公尺高的大海嘯，造成嚴重災害，並衝擊了福島第一核電廠。

週五那天，我在布魯塞爾有歐洲理事會的臨時會議，緊接著是與歐元區會員國首長的會議，同時間我一直在關注日本的消息。東京電力公司經營的福島第一核電廠冷卻系統無法運作，日本政府發布核能緊急事態宣言。緊急冷卻裝置只能靠電池運作，由於輻射外洩危險，當局疏散了周圍三公里的全部居民。晚間，我短暫離開會議現場，回到歐洲理事會大樓的德國代表辦公室。在那裡，史蒂芬·賽貝特向我報告了相關新聞報導，他用平板向我播放了日本沿海城市被摧毀的影片。回到會議現場後，我第一次看到了可能發生核反應爐爐心熔毀的報導。強烈餘震持續震動了該區域，核電廠控制室裡的輻射值已上升至正常值的千倍以上，外部則上升了八倍，疏散範圍擴大至周圍十公里。

在布魯塞爾的那天晚上很不真實。我必須集中精神協商，我們在歐元區成員國會議上討論歐元穩定機制，但這項議題在德國聯合政府中存在相當大的歧見；同時，福島的情況似乎正在失控。會議討論持續至半夜過後，我在清晨兩點飛回柏林。

起床後，我看到福島第一號核電廠發生爆炸的新聞。反應爐建築的屋頂已經崩塌，白色煙霧升起，核電廠外的放射線已經比正常值高了二十倍。我參加了原定的萊茵法爾茨邦的選舉活動行程。星期六傍晚我回到柏林，當時似乎已經證實了福島第一核電廠爐心熔毀的消息。

我們在「小型情勢會議室」碰面，這是與六樓內閣會議室同層樓的會議室。諾貝爾特·洛特根向我們說明了他所掌握的日本情況，隨後，他明確表示日本發生的事件將會影響德國關於核電廠營運的討論。吉多·韋斯特韋勒則持不同看法。他強調日本與德國距離遙遠，認為福島意外不會直接影響到我們的能源政策。空氣中瀰漫著緊張氣氛。我先仔細聽了他們的意見，但是我覺得洛特根是對的。我們最終達成共識，環境部要根據日本事故全面檢視德國所有核電廠的安全標準。

我安排在晚上七點於藍色背景牆前發表聲明。這個災難的影響如此巨大，我認為有必要和副總理韋斯特韋勒一起出席記者會，而且他作為外交部長，負責德國對日本的援助事宜。在此之前，我們兩個必須先簡單討論一下，所以我們先到樓上我的辦公室。我只開了幾盞小燈。我已經筋疲力盡，選戰活動以及與部長們的危機處理會議耗盡了我所有精力，那晚無法再忍受太過刺眼的燈光。我們兩人會面時，緊張的氣氛已經消散。突然間我們都感到相當沮喪，都沒有坐下，而是看著窗戶外的國會大廈。我們開始在辦公室內來回走來走去，彷彿要盡可能與我那張黑色的會議桌保持距離，就在六個月前的二〇一〇年九月五日星期日，我們曾在那張桌子上詳細討論要延長德國核電廠的除役時間。

我們重新討論了格哈德·施若德跟他的紅綠聯合政府與電力供應公司在二〇〇一年六月達成的非核家園協議。聯盟黨與自民黨在各自的選舉政見中都承諾要延長核電廠除役時間，且在二〇〇九年的聯合政府協議書裡也明訂了此一政策。諾貝爾特·洛特根對這個大膽的計畫抱持著相當懷疑的態度。我先前支持延長核電廠除役時間，在選戰中也是如此。同時，我也希望避免再度引起我擔任環境部長時與反核人士的社會衝突，因為施若德政府的非核家園決議已經在社會上達成和解。回顧過去，出於能源政策贊成核能發電，同時希望維持社會和平，這從一開始就注定要失敗，幾乎就像是化圓為方的不可能任務。我不僅無法說服強烈擁核者，也無法說服反核者。此外，在二〇〇九年聯邦眾議院選舉中，聯盟黨的得票率只有三十三·八%，比二〇〇五年還差，而自民黨則以驚人的十四·六%得票率表現出色。有些一直認為我立場過於妥協的人認為，現在終於不需要顧慮我，可以推動他們所謂純粹的基民盟政策。自民黨顯然也因為選舉結果而信心十足，決定要與前任政府（我與社民黨的聯合政府）做出不同的決策。種種情況都使我處於不利的協商地位。

在二〇一〇年九月五日的會議上，所有其他與會者都要求盡量延長核電廠除役時間，包括平時一直支持我的佛爾克・考德、當時的基社盟邦黨團主席漢斯－彼得・弗里德里希，還有財政部長沃夫岡・蕭伯樂、內政部長托馬斯・德・梅齊耶、巴伐利亞邦總理暨社民盟主席霍斯特・傑霍夫，以及除了吉多・韋斯特韋勒之外的自民黨代表，和經濟部長萊納・布呂德勒以及自民黨黨團主席畢爾姬特・霍姆伯格（Birgit Homburger）。在那種情況下，我決定務實評估我在協商中的力量，避免讓聯合政府陷入不必要的危機，最後同意將七座較老舊核電廠的運轉時間延長至八年，其他十座核電廠延長至十四年。我反對這種做法，因為這並不會被認為是延長除役時間，而是想要放棄成為非核家園，但是我當時無法說服與會者。

不知為何，六個月後的今天，那次談話的氛圍似乎仍縈繞在房間裡。如今一場惡夢已成為現實，雖然不是在我們這裡發生。我提到了當天有六萬人，比事先預估多出兩萬人，在三月十二日從斯圖加特一路延伸四十五公里到內卡威斯特海姆（Neckarwestheim）核電廠手牽手組成人牆，抗議核電廠延長除役。同時，一個不斷在我腦中盤旋的問題令我十分頭痛：像日本這麼先進的國家都發生了這種超出預期的嚴重核災，那麼要如何繼續主張核能風險是可以接受的說法？

我繼續站著，吉多・韋斯特韋勒也是，我們互相看著對方。我還沒有具體的計畫，只是說：「吉多，我們不能就這樣繼續下去，我們必須毫無顧忌地重新思考核能的問題。」

在短暫的沉默之後，他問我：「你是認真的嗎？」

「是的。」我回答。

「我覺得你說得對。」他平靜地回答。

我們同意先經過一晚後，隔天週日白天再通電話，然後晚上九點再度召開聯合政府委員會討論。接著我們離開我的辦公室，搭電梯到一樓準備在記者會發表政府聲明。

在那裡，我表示理解各位的想法和擔心，不過依照判斷，日本發生的災難不會影響到德國。同時，我也宣布會徹底檢查德國核能電廠的安全標準，並解釋了我們採取措施的理由：「如果連日本這樣安全要求和核能安全標準這麼高的國家，都無法防止地震和海嘯帶來的核災後果，那麼同樣具有高度安全要求和標準的德國也不能輕視這樣的狀況。」那天晚上，日本當局疏散了福島第一核電廠周圍二十公里的所有居民。

隔天，二〇一一年三月十三日星期日，巴登符騰堡邦的邦總理史蒂芬・馬普斯（Stefan Mappus）以及當時的巴伐利亞邦環境部長馬庫斯・索德（Markus Söder）也公開對核災發表了看法，表達了跟我一樣的擔憂。這令我相當驚訝，因為他們一直都是核能發電盡量延長除役的堅定支持者。我與吉多・韋斯特韋勒按照前一晚的約定透過電話先討論後，在晚上聯合政府委員會中達成暫時停止延役的意見：「核電廠延長除役的決定暫停，七座最老舊的核電廠先暫停運作三個月。」史蒂芬・馬普斯與霍斯特・傑霍夫已經向我表示，無論如何，他們都計劃準備自己邦內的內卡威斯特海姆核電廠和伊薩第一核電廠的除役措施。聯合政府委員會達成協議，先與核電廠坐落邦的邦總理於星期二早上開會後再宣布這些決定。

然而，我在星期一早上主持基民盟主席團會議時，有人給我看了引用吉多・韋斯特韋勒說法的報導。他說我們需要重新分析風險，並且他可以理解暫時停止的決定。這形同撕毀我們前一晚的約定，也就是直到星期二之前不要對外發表意見。我離開會議，打電話給韋斯特韋勒並要求他解釋。他回答說，他本來就不認為這件事能等到星期二才公開，所以他現在採取了主動。我相當生氣，但也能理解他的做法。因為在目前的情況下，誰最先改變立場，誰就是贏家。我們同意在下午四點向新聞媒體說明週日上午聯合政府委員會所做的決定。在基民盟主席團會議上，幾乎沒有人反對暫停延役，雖然佛爾克・考德與黑森邦總理佛爾克・布菲爾認為這個回應太過倉促了。

二〇一一年三月十五日星期二，我們與核電廠坐落邦的邦總理們達成協議，包括史蒂芬・馬普斯、霍斯特・傑霍夫、佛爾克・布菲爾、薩克森邦邦總理大衛・麥卡利斯特（David McAllister）以及什勒斯維希－霍爾斯坦邦總理彼得・哈利・卡斯騰森（Peter Harry Carstensen），七個老舊核電廠以及一九八〇年開始運作的核電廠暫停營運三個月，根據核能法，由各邦監督機構依法安排處理。一週後，二〇一一年三月二十二日，在與核電廠坐落邦的邦總理們再次會談後，我宣布成立「安全能源供應倫理委員會」，至五月底前要評估核能風險，說明再生能源供電的實際狀況，並盡可能達到社會共識。

※　※　※

在二〇一一年三月二十七日的邦議會選舉中，綠黨大獲全勝。在巴登符騰堡邦，他們比上次邦議會選舉增加了十二．五個百分點，而基民盟下跌了五．二％。二〇一一年五月十二日，綠黨的首席候選人溫弗里德．克雷奇曼（Winfried Kretschmann）當選為綠黨與社民黨聯合政府的邦總理，這也是基民盟自一九五三年來首次將執政寶座拱手讓人。在萊茵蘭－法爾茨邦，綠黨增加十．八％選票，基民盟增加二．四％。社民黨下降九．九％，因此失去了原本的絕對多數席次。自民黨未達五％門檻。因為綠黨決定與社民黨共組聯合政府，所以社民黨的庫爾特．貝克得以繼續擔任該邦邦總理。

二〇一一年五月三十日，倫理委員會的兩位主席克勞斯．托普費與馬提亞斯．克萊訥（Mathias Kleiner），以及其他十五位來自學術界、企業界、政治、工會以及教會的成員，交給我一份共同意見報告，標題為「德國的能源轉型——面向未來的共同社群任務」。克勞斯．托普費是我擔任聯邦環境部長的前任部長，於一九九八至二〇〇六年擔任聯合國環境署（UNEP）的執行長；馬提亞斯．克萊訥則是德國研究基金會（DFG）主席。倫理委員會闡述了在十年內核能退出的可能性，並建議七座最老舊的核電廠以及位於什勒斯維希－霍爾斯坦邦的克呂莫爾（Krümmel）核電廠應當永久除役。委員會有兩個論點讓我印象特別深刻。「可以想到的不是主要問題，無法想到的才是問題。」報告結論第一點從日本海嘯以及後果談起，他們得出的結論也是我對於海上地震感到震驚的部分。第二點，他們主張風險評估不能只侷限在健康與環境風險：「倫理判斷的依據也必須考慮到它對社會氛圍造成的負面影響，這種負面影響在德國確實存在且不可忽視。」這也是我在擔任環境部長期間，參與能源共識會談時所關注的問題。

二〇一一年六月九日，也就是三一一海嘯之後的第九十天，此時福島第一發電廠的三個反應爐爐心已經熔毀，我在聯邦眾議院發表政府聲明，解釋德國將於二〇二二年全面停止使用核能。雖然將逐步減少核能發電（二氧化碳排放量較少），但我們於二〇一〇年秋天在能源使用方面確立的氣候政策目標依然維持不變。在能源使用計畫的概念中，我們決議：跟一九九〇年相比，至二〇二〇年溫室氣體排放量減少四十%，至二〇三〇年減少五十五%，至二〇五〇年減少八十%。二〇一一年六月三十日，基民盟、基社盟、自民黨、社民黨以及綠黨，在聯邦眾議院皆同意修改後的核能法。在一九九五年六月我主持的首次能源共識會談失敗後，經過了十六年，我們終於在德國非核家園議題上取得了共識。

德國是全世界唯一在福島核災後做出此一決議的工業化國家。有人批評我轉變立場是為了即將到來的萊茵蘭－法爾茨邦與巴登符騰堡邦邦議會選舉。絕對不是如此。我之所以這樣決定，在於福島事件改變了我對核能使用的風險評估，而且也有合理的替代方案來實現氣候保護目標。只是因為害怕被批評是為了邦議會選戰考量而不去行動的話，那會是非常荒謬的一件事。此外，如果我們在二〇一〇年九月繼續維持延長核電廠的除役時間，聯盟黨與自民黨可能還比較省事。

我也不會支持德國在未來再度使用核能。我們可以在不使用核能的情況下達到氣候保護目標，在科技上獲得成功，並鼓舞世界上其他國家。

天然氣

二〇二二年二月二十四日，俄羅斯入侵烏克蘭，西方國家隨即採取全面經濟制裁。作為回應，二〇二二年七月十一日，俄羅斯國營企業控股的北溪股份有限公司以一個我認為很牽強的理由表示，因為少了一個用來維修的渦輪，所以北溪一號停止提供天然氣。從那日起，報紙上一再刊登一張我近十一年前的照片。那是二〇一一年十一月八日，我面帶笑容，與只做一任的俄羅斯總統德米特里・梅德維傑夫、法國總理法蘭索瓦・費雍（François Fillon）、荷蘭總理馬克・路特、歐洲執委會能源部長君特・厄廷格以及企業代表，在格萊夫斯瓦爾德附近的盧部敏（Lubmin）的一個慶典帳棚下，為北溪一號天然氣運輸管開啟閥門揭幕。現在，在俄羅斯侵略烏克蘭之後，我遭到比以往更強烈地批評，認為我讓德國陷入了對俄羅斯天然氣不負責任地依賴。批評者說，波蘭、波羅的海三國以及烏克蘭早就對與俄羅斯的天然氣交易提出警告，而且多年來一直在討論，但我們卻沒有興建液化天然氣接收站，實在令人難以理解。而且自二〇一六年以來，美國不是一直要提供液化天然氣給我們嗎？

把時間拉回我剛擔任聯邦總理的時候。北溪一號公司的成立協議，是在二〇〇五年九月聯邦眾議院選舉前幾天，由我的前任格哈德．施若德總理與普丁出席見證下所簽署的。施若德卸任總理不久後，便擔任北溪股份有限公司股東委員會（監事會的委員會）的主席。六年後，北溪一號管線開始營運，上述那張照片便是在那時拍攝的。從那時起，每年有兩百七十五億立方公尺的天然氣從全長一千兩百二十四公里的管線，由俄羅斯鄰近芬蘭海灣的維堡（Wyborg）沿著波羅的海海床運向盧部敏。二〇一二年，第二條相同規模的管線預計投入使用。俄羅斯天然氣工業股份公司、巴斯夫／溫特沙爾、E．ON魯爾天然氣公司、荷蘭天然氣公司（Gasunie）以及法國燃氣蘇伊士集團（GDF SUEZ）是北溪股份有限公司的股東，其中俄羅斯天然氣工業股份公司持股超過五十一％。這項計畫在二〇〇六年被歐洲執委會定位為「歐洲利益的計畫」，但是波蘭、波羅的海三國以及烏克蘭對此表示批評。

除了少量自產外，德國的天然氣主要由荷蘭、挪威與俄羅斯進口。除了自一九七〇年代經過烏克蘭，以及一九九〇年代經過白俄羅斯與波蘭的管線外，北溪一號為輸送俄羅斯天然氣提供了另一條管道。隨著停用核能，天然氣就成為過渡時期使用的重要化石燃料，以便達到氣候保護目標，直到再生能源可以完全供應所有的能源需求。在化石能源種類中，天然氣對環境的破壞最小。此外，透過管線運輸的天然氣也比液化天然氣便宜。德國電費已經變得非常高，主要因為可再生的發展是透過消費者繳交再生能源法附加費（EEG-Umlage）來補貼。這意味著，對於每生產再生能源一度（瓩）的電，發電者都會獲得一個被收購的法定價格。這個價格與電力交易所的每度電的價差，原則上會轉嫁到電力消費者身上。德國擁有強大的工業基礎，必須確保其穩定，因為這也保障了就業機會以及社會安全。為此，必須讓能源維持在可負擔的價格。即使在冷戰時期，德國也會從蘇聯進口石油與天然氣，這讓美國人很不滿。但德國也體驗過蘇聯是可靠的貿易夥伴。由於北溪一號的管線經過波羅的海，不需要像之前經過烏克蘭與波蘭的陸地管線一樣支付過境費用。這也使歐盟的天然氣用戶不再受到烏克蘭與俄羅斯之間延長國境協議的爭議影響，這種狀況曾在二〇〇〇年初期發生過。二〇〇九年一月，這導致俄羅斯天然氣數天無法從東歐輸送。波蘭與烏克蘭基本上並不反對將俄羅斯天然氣輸送至西歐，但他們希望收取過境費用來獲得收入。二〇〇五年我上任時，俄羅斯天然氣占德國進口天然氣總量的四十・六％。至二〇一九年，比例上升至四十八・八％。

二〇一五年九月，俄羅斯天然氣工業股份公司、德國的E・ON（現今的Uniper）與溫特沙爾、荷蘭的皇家荷蘭殼牌（Royal Dutch Shell）、奧地利的OMV以及法國的法國天然氣蘇伊士集團（Engie，前身為法國燃氣蘇伊士集團）簽訂了股東契約，計劃興建第二條天然氣管線北溪二號，基本上與北溪一號平行沿著波羅的海海床鋪設。二〇一五年五月十日我訪問莫斯科紀念第二次世界大戰結束七十週年時，普丁已經告訴過我這項計畫。由於俄羅斯於二〇一四年併吞克里米亞半島，以及支持烏克蘭東部頓巴斯分離主義者的統治，導致德國與俄羅斯的關係緊張，我方也將接觸限制在最低限度。歐盟早在二〇一四年三月就開始對俄羅斯實施制裁，最初主要限制人員合作，從夏天開始也限制了經濟上的合作。二〇一四年九月十二日，一項制裁方案開始生效，除了銀行與軍事工業之外，影響了企業領域的俄羅斯石油公司（Rosneft）、俄羅斯天然氣工業股份公司的部分業務，以及俄羅斯石油管線運輸公司（Transneft）。他們不得在歐盟金融市場貸款，進入歐洲資本市場變得相當困難。美國也採取了類似的措施。除了俄羅斯方面因為對制裁感到不滿而短暫降低產量外，天然氣與石油的供應並沒有受到制裁的影響。

儘管如此，天然氣供應的多樣化議題在歐洲層級理所當然再次獲得重視。波羅的海國家、波蘭，尤其是烏克蘭都反對北溪二號的計畫，烏克蘭尤其害怕失去轉運國的地位。北溪二號顯然比北溪一號更具政治性。雖然二〇〇五年我對北溪一號沒有什麼疑慮，但是對於北溪二號，我清楚知道需要考慮更多，不僅僅是關於參與興建的企業和整體經濟的論點，這些論點認為在未來幾年仍需從俄羅斯進口更多便宜的天然氣，因為從荷蘭接管進來的天然氣因產量減少而不敷使用，而挪威的供應又不足以彌補荷蘭減少的產量。在此之前，我們就已經開始致力於分散液化天然氣的供應來源。自二〇一三年開始計劃的「南方天然氣廊道」源於歐洲執委會與亞塞拜然的提議，旨在將那裡的天然氣傳輸至義大利，但其傳輸總量仍不足以滿足德國的需求。以成本的角度來看，從阿拉伯國家進口液化天然氣對天然氣進口企業和使用者也不是一個好選擇，這會進一步提高德國的能源價格，我也不願意採用這個方案。由於美國在二〇一六年之前都禁止出口液化天然氣，所以從美國進口在當時也不在考慮的選項中。

烏克蘭依賴天然氣轉運費的收入，所以我與普丁第一次討論北溪二號時，就很清楚地表示，如果烏克蘭在二〇一九年轉運條約到期後，依舊能夠與俄羅斯天然氣股份公司續約的話，我才會同意北溪二號管線的運作。要全面終止二〇一八年開始興建的北溪二號，需要歐洲層級的特別法律規定。只有在烏克蘭與俄羅斯沒有簽訂新的過境協議的情況下，我才會考慮這項規定。無論如何，二〇一九年俄羅斯天然氣股份公司與烏克蘭國家天然氣公司（Naftogaz）確實簽訂了一份有效期至二〇二四年底的合約。這個目標是在歐洲執委會的推動與德國經濟部長彼得・阿特邁爾的積極協助下完成的。

川普在二〇一七年一月就任美國總統後，美國政府為了對參與北溪二號興建的企業實施所謂的享有治外法權制裁建立了法律依據。美國認為，該石油管道的興建影響了美國的安全利益，因為這條石油管線將導致美國的盟友德國過度依賴俄羅斯。事實上我感受到的是，美國是在利用其強大的經濟與財政金融力量來阻止其他國家（包括友好國家）的經濟計畫。美國主要是從自己的經濟利益出發，他們想要將以水力壓裂法開採的天然氣，以液化天然氣的方式輸往歐洲。

雖然液化天然氣比管線天然氣還貴，基民盟、基社盟與社民黨在二〇一八年聯合政府協議中仍表示要在德國興建液化天然氣接收站，以此分散液化天然氣進口來源。這不僅事關美國，也包括阿拉伯地區，尤其是卡達液化天然氣的進口。在這期間也組成了私人財團，預定在布倫斯比特爾（Brunsbüttel）、施塔德（Stade）以及威廉港（Wilhelmshaven）設置接收站。二〇一九年二月，經濟部長彼得・阿特邁爾在德美投資者會議上宣布，將依法要求天然氣管線公司連接液化天然氣接收站的管線。如此一來，建設成本將會降低至一・三四億歐元。此外，聯邦政府與各邦也準備好資助至少兩個接收站的興建。然而，因為在德國找不到願意與液化天然氣進口商簽定長期契約的企業，儘管有政府提供補助，私人投資者仍然認為興建接收站在財政的風險太大。因此，在我任內未能在德國設立私人的液化天然氣接收站。

川普的繼任者喬．拜登在二〇二一年一月上任，很快就做出符合我們夥伴友誼關係的決定：不僅沒有提出新的制裁（北溪二號雖然面對種種困難但已接近完成），而且我們還在二〇二一年七月二十一日共同發表了一項「支持烏克蘭、歐洲能源安全以及我們氣候目標的聯合聲明」。我們同意，如果俄羅斯將能源當作武器，德國將在國家與歐洲層級支持對俄羅斯的進一步制裁，包括限制天然氣的輸入。在公開這項聲明前不久，我與普丁通了電話，並告訴他這項聲明的內容。他似乎對於德國與美國達成協議感到相當驚訝。印象中，他對於這個事實並不高興。這也顯示出，拜登與我們如此協商是多麼正確的事，相當符合結盟夥伴關係。

在這個聲明的基礎上，在普丁於二〇二二年二月二十一日承認盧甘斯克與頓涅茨克兩個共和國後，我的繼任者歐拉夫．蕭茲停止了北溪二號的運作。這條管線變成了投資廢墟，沒有任何天然氣從這條管線運輸過。現在人們卻指責我造成德國對於俄羅斯天然氣的依賴，尤其是與北溪二號的關聯性。即在北溪股份有限公司於二〇二二年七月以缺少用於維修的渦輪為由，停止北溪一號的供氣後，新的聯邦政府還是透過巨大的努力穩定了能源供應。然而，這也使德國能源成本提高的問題更為嚴重，因為我們現在必須依賴進口價格更高的液化天然氣。即使我們從二〇一四年就開始減少俄羅斯天然氣的進口比例，也一樣會面臨這個問題。不過當時無論是德國的企業界與消費者，還是歐盟的許多成員國，要讓他們在政治上接受使用天然氣，遠比二〇二二年戰爭剛爆發時還要困難。即使是每半年在歐洲理事會延長一次自二〇一四年起實施的對俄羅斯經濟制裁，也總是需要我對一些歐洲同僚進行大量的說服工作。

預防原則

二〇一六年三月八日，我參加了《斯圖加特新聞》（*Stuttgarter Nachrichten*）舉辦的「大廳會面」座談會。在會上，該報的總編克里斯多夫・萊辛格（Christoph Reisinger）對我提出質疑，表示鑒於非洲國家的狀況，沒有政治人物應該對大量移民前往歐洲感到驚訝。觀眾拍手鼓掌。「鼓掌的人是對的。」我回答，並繼續說：「當然，任何人都不會感到驚訝。一九九〇年有一部電影《前進》（*Der Marsch*），片中因為氣候變遷，成千上萬的人從非洲湧入。人們從一九九〇年就可以說，這一切我早就知道了。」我談到了我平時處理政治時持續不斷的議題競爭，包括完成兩德統一、國內落實氣候保護措施的社會爭議、發展援助的經費支出、人口高齡化、世代正義，以及一般預算經費分配等問題。我以下列的話結束了我的發言：「幾乎所有人都知道問題存在。但問題在於，我們是否有辦法在任何時刻用同樣的力氣去因應所有的議題。」之後我又補充道：「我想要說的是，我們必須時刻保持警覺，儘管如此，還是會有很多事情，事後人們會問：為什麼你們當時沒有多加注意？」

萊辛格反駁道：「如果我說，從廣義的國家安全預防角度來看，您現在所做的這番評估並不令人放心，您會反對嗎？」我回答：「……確實有些新聞消息不那麼令人安心，這是事實。因此我們還有很多工作要做。」當然有人也可以厚顏無恥地說，所有問題都已經解決了，對我來說，真實的回答就是，我承認自己在政策上無法一直貫徹預防原則，也就是未雨綢繆、提前防止未來可能出現的危險發展。

我有辦法在我的權力範圍內實行更多的預防性措施嗎？例如攸關生存的氣候保護議題？二〇二〇年八月二十日，我在總理府與瑞典的氣候保護行動者葛莉塔・通貝里（Greta Thunberg）、德國的露薏莎・諾伊包爾（Luisa Neubauer）與兩位比利時的「週五為未來而戰」（Fridays For Future）氣候運動成員會談，他們都受到通貝里「為氣候罷課」啟發而參與。他們希望與我見面。四位年輕人嚴肅地規勸我，要我針對氣候變化採取決定性的因應措施。我們都同意，自一九九〇年以來，政府間氣候變化專門委員會從平均每六年在世界氣候報告中總結的大量研究結果表明，全球溫度上升是人類活動所引起，而且只有人類採取行動才能阻止。我們也都同意，根據《巴黎協定》會員國迄今做出的承諾，不可能將溫度上升限制在攝氏兩度內，更遑論一・五度了。儘管如此，我的談話對象明確表示，他們認為我在氣候保護方面的努力還不夠。對此，我指出這需要多數人的支持，但這並沒有說服他們。我感覺他們認為，只要我認真努力，就可以達到必要的目標，他們對我的批評是我缺乏激進性。在這一點，我們無法達到共識。

對我來說，激進的做法並不是政策成功的最佳途徑。在《基本法》保障的民主自由框架下，非政府組織與像他們這樣的活動家可以激進地追求他們的目標。而我必須尋求多數支持才能實現我的目標，這意味著我必須妥協。在面對同時存在的許多危機與計畫時，我每天都必須衡量要優先解決哪一個問題。那麼，我是否優先處理氣候保護議題呢？在我擔任總理期間，我們確實達成了一些目標。二〇〇五年，再生能源占發電總量約十％，如今這個比例已經超過四十％。在一九九〇至二〇一〇年的二十年間，以及隨後在二〇一〇至二〇二〇年期間，都將二氧化碳排放量降低了二十％。二〇一九年，我們首次通過了具有約束力的《氣候保護法》，規定至二〇五〇年要降低溫室氣體排放量達到碳中和的途徑。因為我們可能無法實現聯邦政府於二〇一〇年能源計畫中，預計在二〇二〇年達成降低四十％溫室氣體的目標，因此我們以此為基礎，在《氣候保護法》中只規定，在二〇三〇年相對一九九〇年溫室氣體減排五十五％的目標。二〇三〇年之後的目標應當在二〇二五年確立。這項決策意味著，我們計劃在一九九〇至二〇三〇年之間，即四十年內實現五十五％的廢氣減排，而剩下四十五％的減量必須在未來二十年內完成。

反對這項法律的人分別向聯邦憲法法院提出了訴訟，而聯邦憲法法院顯然支持未來的世代。二〇二一年四月二十九日，判決如下：「二〇一九年十二月十二日頒布的《氣候保護法》規定，二〇三一年後進一步的減排缺乏足夠方針，因而與《基本法》不相符。」這項裁決迫使聯邦政府必須修改法律。因此，我們將二〇三〇年的減量目標定為六十五％，並同意基民盟總理候選人阿閔·拉舍爾特的觀點，即要在二〇四五年達到碳中和。至二〇三五年減量目標達到七十七%，二〇四〇年達到八十八%。

在國內或國際上所採取的氣候保護行動當然相當重要，但這只是事實的一部分，這些措施遠遠不足以真正保護世界免受地球暖化帶來的災難影響：兩極的冰山正在融化、海平面上升、小島消失、上百萬人流離失所，以及許多動植物物種在氣溫上升下無法生存。如果我們繼續按目前的方式發展，未來的變化不會是線性的，而是會出現變化更快速的臨界點。這一切我們過去知道，現在也知道，但無論是我們還是其他國家，都沒有採取足夠的行動。不管我再怎麼努力，也無法否認這個事實。過去的經驗似乎顯示了，只有災難才能促使政治人物與公民起身做出必要的行動。然而，一旦最嚴重的損害才剛被修復，人們傾向依賴的希望原則又再次活躍，而非堅持預防原則的想法。

即使在我卸任之後，這個問題仍然沒有得到回答：我們人類是否真的願意並且有能力以預防的態度，正視政府間氣候變化專門委員會和其他嚴謹專家的警告，並且為我們的生存及時採取必要的決定。直到如今，沒有證據顯示人們會這樣做，無論在我的國家或在國際社群都沒有。這個認知對我們來說是個沉重的負擔，我也不例外。

聯邦國防軍的部署

阿富汗

二〇二三年八月二日，在我卸任後約一年半，我在網路上讀到一篇文章，報導國防部長波里斯・皮斯托里烏斯（Boris Pistorius）在巴登符騰堡邦卡爾夫（Calw）的一場非公開的儀式上，向兩位聯邦國防軍特種部隊指揮官頒授聯邦國防軍榮譽十字勳章，以表彰其勇敢行為。他稱讚兩位指揮官在撤離阿富汗首都喀布爾的德國大使館與非政府組織人員，以及身負保護機場任務的當地部隊的傑出表現。這兩位指揮官是五百名德國士兵的一員，他們於二〇二一年八月十六日至二十六日期間，在第一空降旅指揮官延斯・阿爾特（Jens Artl）准將的領導下，參與喀布爾至鄰國烏茲別克塔什干（Taschkent）的空中撤離任務。這項任務讓四十五個國家將近五千四百人員得以離開阿富汗。

閱讀這篇文章時，我想起兩年前，也就是二〇二一年八月二十二日，與阿爾特准將的一次通話。當時是星期日晚上，我與副總理歐拉夫・蕭茲、國防部長安妮格雷特・克朗普－卡倫鮑爾（Annegret Kramp-Karrenbauer）、外交部長海克・馬斯、內政部長霍斯特・傑霍夫、總理府部長黑格・布勞恩（Helge Braun），以及聯邦國防軍參謀總長艾伯哈特・佐恩（Eberhard

Zorn）坐在總理府八樓，商討阿富汗的情勢。當時總理府的情勢分析中心與位於喀布爾機場的阿爾特准將通話，他精確有條理地向我們說明了當地緊張且有些混亂的狀況，我們全神貫注地聽著。我代表所有與會者衷心感謝阿爾特准將和他的屬下士兵們所做的一切，並祝願他們平安返國。我們只能想像他們在那裡的貢獻。

九天前，二〇二一年八月十三日星期五，是我夏季休假的最後一天，我先是接到黑格·布勞恩的電話，緊接著是安妮格雷特·克朗普－卡倫鮑爾，他們在電話中向我報告喀布爾的情況正在惡化。隔天早上，我隨即在與其他相關部長的電話會議中，向安妮格雷特·克朗普－卡倫鮑爾下達準備撤離行動的指示。二〇二一年八月十五日星期日，自二〇一四年九月起擔任阿富汗總統的阿什拉夫·甘尼（Ashraf Ghani）逃離喀布爾，塔利班緊接著接管了首都。數千名絕望的人民聚集在機場，希望能離開喀布爾。

星期日晚上，我在電話會議上向國會各政黨的主席與黨團主席大致說明了聯邦政府的撤離計畫。次日，二〇二一年八月十六日星期一，我在傍晚六點的另一次聯合通話中告知他們行動已經開始。傍晚六點四十五分，我在總理府召開記者會。當地來自各國的人們正在逃離塔利班的控制。我形容這是一個痛苦、悲劇性且可怕的發展，不僅對於數百萬致力於民主、婦女權利與教育的阿富汗人民是如此，對德國和其他盟國也是如此。這些國家在美國及北約領導下，為了打擊恐怖主義並在阿富汗推動自由制度，自二〇〇一年九月十一日恐怖攻擊後已經奮鬥了二十年。這些年來，總共有九萬三千名聯邦國防軍士兵全力投入，其中五十九位犧牲了生命，許多人身心受創。

因此，我認為頒發聯邦國防榮譽十字勳章作為軍隊最高榮譽是相當重要的事。國防部長法蘭茨．約瑟夫．榮格於二〇〇八年設立了這個勳章，因為自二〇〇五年以來，德國士兵參與駐阿富汗國際援助部隊（ISAF）任務的行動越來越危險。阿富汗國際援助部隊是二〇〇一年十二月為了穩定及重建阿富汗而派遣的任務。二〇〇九年七月六日，榮格和我在聯邦總理府首次頒發了四枚榮譽勳章。

我在訪視我們駐紮於喀布爾的軍隊時，包括位於馬扎里沙里夫（Masar-e Scharif）附近的馬爾馬爾（Marmal）營地和北邊昆都士（Kunduz）野戰營地，了解到他們在該地的生活與服役條件上有多麼艱苦，而且是多麼危險。二〇〇七年八月十五日，當我得知一位曾擔任我隨身維安人員的約爾克．林爾（Jörg Ringel）在阿富汗喪生時，這種危險更鮮明地在我眼前呈現。他是聯邦刑事警察署高階刑事警官，暫時由外交部借調擔任德國駐喀布爾大使漢斯－烏爾里希．塞特（Hans-Ulrich Seidt）的隨身維安人員。他與同事馬里奧．凱勒（Mario Keller）以及亞歷山大．施托費爾斯（Alexander Stoffels）在開車前往射擊訓練的路上，因車子底下的炸藥爆炸而死亡。我認識約爾克．林爾多年，相當感念他的工作。他是個安靜、專注的人，而且總是很友善。二〇〇六年底，他曾自豪地向我報告他的派遣任務。我恭喜他接下了這項新的、而且如此大的挑戰任務，並告訴他，我期待他一年後返職繼續擔任我的隨身維安人員。然而，在他去世三天後，我坐在柏林大教堂參加他和兩位同事的告別禮拜。內政部長沃夫岡．蕭伯樂和大使漢斯－烏爾里希・塞特坐在我旁邊，大使向我說：「總理女士，我知道他非常、非常樂意為您工作。」我不禁背脊顫抖，我感到相當無助，只能想到像約爾克・林爾這樣願意保護他人、在緊要關頭為了拯救他人性命而犧牲自己的人，對我們國家來說是多麼寶貴。

我在擔任總理期間每天也都受到這樣的保護。一開始，我必須適應身旁一直有人，有時候會有股想要擺脫這種全方位保護的衝動。但我沒有這麼做，因為那不僅會讓自己和我的隨扈陷入危險，也不尊重他們的工作，進而不尊重我們所服務的國家。所有保護我的隨扈和所屬指揮中心都試著盡可能讓我維持自己的特質，我非常感謝他們，在這十六年來讓我可以安全放心地工作，尤其在某些特別危險的旅程更是如此，例如我五次到訪阿富汗。

※　※　※

二〇〇九年一月二十日，巴拉克・歐巴馬接任喬治・布希成為美國總統。他第一個外交政策上的重要決定，就是重新評估美國在伊拉克和阿富汗的駐軍行動。在伊拉克，當時駐紮了近十五萬名美國士兵。在二〇〇三年推翻伊拉克獨裁者薩達姆・海珊後，美國人立刻瓦解了其政權的國家結構。然而，重建一個穩定的國家體制更加困難。歐巴馬決定在二〇一一年底前將美軍完全撤出伊拉克。他一直主張發動伊拉克戰爭是個錯誤，事實證明他是對的。

二〇〇三年三月伊拉克戰爭開打後，美國在阿富汗的軍事力量一度減弱。因此，二〇〇一年底被美軍驅逐的塔利班在二〇〇三年夏天又捲土重來。作為回應，歐巴馬最初增加美軍駐紮數量，從二〇〇八年的約三萬名士兵直到二〇一一年達到十一萬名。同時，其行動重點逐漸轉向訓練阿富汗的軍隊與警察。根據歐巴馬的想法，從二〇一一年開始，將逐步把該國個別區域的責任移交給阿富汗的安全部隊。二〇一四年底，駐阿富汗國際援助部隊應當結束任務，並且從二〇一五年起由「北約訓練與建議堅定支持任務」（NATO-Ausbildungs- und Beratungsmission Resolute Support）取代。美國將只維持不到一萬名士兵駐紮在阿富汗，德國則從原來的五千人減少至不到一千人。尤其是美國在與巴基斯坦的會談中，強烈要求該國停止對阿富汗塔利班的支持。自二〇〇一年上任的阿富汗總統哈米德．卡爾扎伊（Hamid Karzai）應該和他的政府更有效地強化國家機關的效率，打擊貪腐和毒品植物的種植，才能獲得人民的信任支持。卡爾扎伊於一九五七年出生，是普什圖人（Paschtunen），在印度念政治學，並且參與過許多政治工作與活動。同時，他也是阿富汗的政治世家。我跟他會談時，他總是相當友善。他讚揚我們的貢獻，並承諾會盡其所能防止貪腐和裙帶關係。他似乎很清楚我們想聽什麼，實際上卻沒有做出任何改變。二〇〇九年，他連任總統卻被指控選舉舞弊。在與他交談時，我從來無法完全理解他的態度和行動。他常常給我一種難以捉摸的感覺。

我們的軍隊在跟阿富汗同事相處時也是一樣。我訪視德國駐軍時，他們在報告時經常提到，他們無法判斷阿富汗的士兵對他們究竟是友善還是敵對，這導致德軍在訓練阿富汗夥伴時產生了不安全感。這項駐軍任務對我們的士兵和他們的家人來說，都是一種苛求。

為了讓駐軍行動有新的氣象，巴拉克．歐巴馬於二〇〇九年六月任命史丹利．麥克里斯托

（Stanley McChrystal）擔任駐阿富汗國際援助部隊與美國駐阿富汗部隊的指揮官，他原本是美國特種部隊的指揮官。麥克里斯托盡全力減少外國部隊軍事行動中的平民傷亡，希望藉此改善阿富汗人民對外國駐軍的接受度。因此，三個月後發生的事情更加悲劇性。二〇〇九年九月四日星期五深夜，在昆都士的駐阿富汗國際援助部隊軍事行動中，至少有九十位平民喪生。這是因為德國野戰營區指揮官下令從空中轟炸被塔利班奪取的兩輛裝滿汽油的油罐車，進而造成大爆炸所導致。這些油罐車距離營地只有幾公里，試圖渡過昆都士河時被困在沙洲上。指揮官認為油罐車會被當作針對營地的行動炸彈，並認為站在油罐車周圍的人是塔利班。國防部長長法蘭茲．約瑟夫．榮格也同意這樣的看法。

兩天後，二〇〇九年九月六日星期日，基民盟在杜塞道夫的ＩＳＳ巨蛋體育館（ISS Dome）為聯邦眾議院選戰最白熱化的階段拉開序幕。選舉定於二〇〇九年九月二十七日舉行。活動開始前，我把榮格拉到身邊，與他討論這項行動造成平民傷亡的可能性。根據《華盛頓郵報》的報導，油罐車爆炸極可能造成至少二十四名以上的平民死亡。我們必須面對現實。因此，在兩天後的二〇〇九年九月八日，我在聯邦眾議院進行政府聲明報告時，首先提到關於平民傷亡的報導還有需要釐清的部分，但我同時明確強調，不應該有任何無辜的人喪生，並且對德國這次行動造成的結果感到深切遺憾。

二〇〇九年十月二十八日組建新內閣時，我在國防部進行了人事變動。該部會從基民盟更換至基社盟，在基社盟的建議下，由原先的經濟部長提歐多．楚．古騰貝格（Theodor zu Guttenberg）擔任新的國防部長。他年輕、能言善道，不迴避衝突。在他上任沒幾天就證明了這一點，當時他談到阿富汗的類戰爭情況，並表示理解那些將自己的任務稱為戰爭的士兵。這是個新說法，此前法蘭茲・約瑟夫・榮格與我雖然講過戰鬥任務，但是從未使用戰爭一詞。然而，考慮到許多陣亡者、傷員以及許多戰鬥和爆炸攻擊，古騰貝格無疑戳中了一個痛處。另一方面，能感覺到他有些許自豪，因為他是第一個也是唯一看似直言不諱的人。就我的記憶，在使用這個字眼時，他並沒有事先與我討論過。但是，既然他已經重新描述了情勢，我想再爭吵也於事無補。因此，我在二〇〇九年十一月中旬接受《法蘭克福匯報》採訪時也表示：「從我們士兵的角度來看，阿富汗地區確實存在類似戰爭的狀況，儘管目前的情勢並不適用傳統國際法的『戰爭』定義。」

※ ※ ※

二〇一〇年一月二十八日，阿富汗會議在倫敦舉行，外交部長吉多・韋斯特韋勒代表德國聯邦政府參加。如同歐巴馬所預期的，會議與會者同意在二〇一一年夏天至二〇一四年底，逐步將阿富汗重建和安全任務的責任移交給阿富汗機構。二〇一一年夏天，馬扎里沙里夫這個城市的轉移順利完成。兩年後，二〇一三年十月，德國軍隊也移交了昆都士野戰營。眾所周知，二〇一三年十月，當地的安全狀況相當堪憂，但是野戰營的移交依然如期進行，因為移交程序已經如此規劃好。這也暴露出了該區域的脆弱。因為國際社會已經確定在二〇一四年結束該地區的駐軍，所以他們的影響力也日益減少。無論如何，他們也無法保證阿富汗權責單位在移交後能夠繼續對抗塔利班。幾乎是必然地，兩年後的二〇一五年九月，塔利班重新占領的第一個大城市就是昆都士。雖然阿富汗軍隊在美國的空中支援下成功驅逐塔利班，但這個過程清楚顯示出了當地是如何迫切繼續需要美國的軍事部隊。

這與歐巴馬的計畫相違背，他預定在二〇一七年初任總統任期結束前，將部隊規模從八千四百名美軍士兵再次大幅減低。在他參加二〇一六年四月二十四至二十五日的漢諾威工業展開幕時，我與他談到我對於昆都士地區的印象，並且建議鑑於阿富汗的嚴峻情勢，再次考慮未來軍力部署的決定。幾週後，在他與政府內部深入討論之後，歐巴馬於二〇一六年七月六日（即華沙北約峰會舉行的前一天）決定，由於阿富汗的局勢嚴峻，將在該國繼續保留八千四百名美軍士兵，我心中的石頭終於落下。在華沙，我們決定在二〇一六年後延續「堅定支持任務」。

二〇一四年九月起上任的阿富汗總統阿什拉夫·甘尼在打擊貪腐上沒有什麼進展，阿富汗政府與塔利班的和解過程同樣停滯不前，巴基斯坦依然繼續支持塔利班。這使得我們的發展援助合作越來越困難，即使許多阿富汗人為了改善自己與小孩的生活盡其所能，因此與德國代表密切合作。就德國投入資金的角度來看，阿富汗是德國發展援助合作相當重要的夥伴國家。我們在雙邊援助的資金從二〇〇七年的七千七百萬歐元，增加到二〇一六年已經超過四億五千萬歐元。這是根據我們所遵循的信念而來，沒有發展就沒有安全；沒有安全就沒有發展。國防部、外交部、內政部以及發展合作部的協調越來越順利。除了透過聯邦國防軍的軍事支援（包括協助基礎建設工作）和促進更有行動能力的警察體系外，我們的援助集中在水電供應、教育以及司法領域。如果二〇一一年阿富汗僅有二十%的人能有飲用水與電力，那麼十年後，這個比例應當增加至七十%到九十%。兒童死亡率在過去二十年來已經減少一半，數百萬名女孩有機會可以上學。

巴拉克・歐巴馬的繼任者唐納・川普在二〇一七年一月二十日就任後，決定將在阿富汗的美國駐軍人數再增加至一萬五千名。同時，美國自二〇一九年開始與塔利班談判國際軍隊的撤離。二〇二〇年二月二十九日，川普任命的美國處理阿富汗特別代表札勒米・哈里札德（Zalmay Khalilzad）與塔利班政治局領導者阿卜杜勒・加尼・巴拉達爾（Abdul Ghani Baradar）在杜哈簽署了一項協議。根據該協議，國際軍隊承諾在二〇二一年五月一日前撤出阿富汗。阿富汗的民選政府和其他國家並未參與談判。所有人都很清楚這個權力關係：第一，美國在各方面都是北約駐軍的主要行動者，且盟軍依賴於美國的決定；第二，阿富汗的民選政府對川普來說一點也不重要。阿富汗的命運已經注定，現在塔利班只需要等待北約撤軍。喬・拜登在二〇二一年一月二十日就任成為川普的繼任者，雖然他促使北約理事會將撤軍期限延長至二〇二一年九月十一日，但是他並不再次改變方向，而是希望在駐軍二十年後劃下休止符，儘管有許多專家指出塔利班接收政權後將面臨的危險。美國的退出意味著北約行動的實際結束。二〇二一年六月二十九日，最後一批德國士兵撤離了位於馬扎里沙里夫附近的馬爾馬爾營地。

二〇二一年八月十六日，在喀布爾與塔什干之間的空中橋梁行動開始當天，我在同一天的記者會上有些倔強地說：「嗯，我們現在必須認知到，在阿富汗的北約駐軍任務中，德國或歐洲國家不可能獨立進行。我們以往經常說，我們根本上依賴於美國政府的決定。」的確如此。但事實也包括美國在駐軍上擔負了絕大部分的責任，因此美國具有預先決定權也是意料之內。

※　※　※

最終留下了什麼呢？支持美國在二〇〇一年九月十一日事件後，首次依據北大西洋公約第五條規定行使軍事任務是正確的，因為當時有合理的希望，認為駐軍任務結束後，將不會再發生如二〇〇一年九月十一日一樣來自阿富汗的恐怖攻擊。然而，在其他目標上，我們必須承認都失敗了。我們想要建立一個持續的自由體制，強化法治、民主以及人權，尤其是婦女與女孩的權利，並為記者、藝術家與企業家提供一個無須煩惱生存的生活環境。國際社會在這些方面都沒有成功。為何會如此呢？為什麼阿富汗內部沒有達成和平呢？我們是否有充分投入政治和解和真正包容的政治進程？我們是否應該更認真對待巨大的文化差異，更重視歷史經驗？我們是否低估了當局的貪腐程度及其影響？明確訂定撤軍日期是否極其冒險？這些問題都還沒解答，我在二〇二一年八月二十五日的聯邦眾議院政府聲明中也提出了這些問題。

答案基本上非常明顯。阿富汗的北邊鄰國是中亞國家土庫曼、烏茲別克以及塔吉克斯坦，西邊是伊朗，東邊與南邊是巴基斯坦。地理和民族的連結性、歷史經驗與文化和我們的差異比我想像得更大。二〇〇一年塔利班被驅逐後，阿富汗社會內部卻沒有足夠力量形成一個沒有貪腐、裙帶關係和毒品植物種植的發展，這樣的發展無法從外部強加。考慮到這種國家機關的狀況，阿富汗人民理所當然無法信任國家機構的代表。此外，塔利班受到部分巴基斯坦國家部門的支持，因此在阿富汗內部也無法達到和解。塔利班知道，在強大鄰國盟友的保護下，他們也不需要與喀布爾的民選政府妥協。國際部隊明確的撤軍日期也是另一個影響因素，國際社會設定的目標要求太高，因此唯一能做的就是透過人道援助來幫助阿富汗的人民，而這是絕對必須做到的事。

利比亞

二〇二〇年一月十九日星期日：下午早些時候，我與聯合國祕書長安東尼歐．古特雷斯（António Guterres）站在總理府一樓，準備在尊榮庭迎接來自十一個國家以及歐盟、非洲聯盟與阿拉伯聯盟的客人，並與他們合影。這些客人有法國總統艾曼紐．馬克宏（Emmanuel Macron）、俄羅斯總統弗拉迪米爾．普丁、土耳其總統理雷傑普．塔伊普．艾爾多安、埃及總統阿卜杜勒－法塔赫．塞西（Abd al-Fattah al-Sisi）、阿爾及利亞總統阿卜杜勒馬吉德．特本（Abdelmadjid Tebboune），以及剛果共和國總統德尼．薩蘇－恩格索（Denis Sassou-Nguesso）。此外還有英國與義大利的首相與總理鮑里斯．強森與朱塞佩．孔蒂（Giuseppe Conte）、美國外長麥克・龐培歐（Mike Pompeo），以及阿拉伯聯合大公國的代表謝赫・穆罕默德・本・扎耶德・阿勒納哈揚（Scheich Muhammed bin Zayid Al Nahyan）王儲，他在前一天上午就先來拜訪我，還有中國共產黨中央政治局委員負責外交事務的楊潔篪。

古特雷斯、德國外交部長海克・馬斯與我邀請大家至柏林進行「利比亞會議」，因為聯合國所有嘗試穩定利比亞局勢的行動都失敗了，這些政治支援任務於二〇一一年九月由聯合國安理會所決定，由聯合國利比亞支助特派團（UNSMIL）執行。該國沒有被所有利比亞政治勢力承認的國會，也沒有能正常運作的政府。國家沒有絕對權力，治安維護掌握在眾多不同的民兵組織手中，利比亞已成為各區利益的角力場。土耳其支持國際承認的過渡政府，即位於的黎波里（Tripolis）的總理法耶茲・薩拉傑（Fayiz as-Sarradsch），並派遣了自己的軍隊。埃及和阿拉伯聯合大公國認為利比亞的未來在該國東邊托布魯克（Tobruk）的國會，並且提供武器給與國會結盟的哈里發・哈夫塔（Chalifa Haftar）將軍的部隊，俄羅斯也派遣了傭兵團瓦格納軍團來支持哈里發・哈夫塔將軍。利比亞不同代表之間則是爆發了暴力衝突。非洲聯盟指控國際社會無視並破壞他們調解利比亞內部勢力的努力。非洲國家的總統們不斷指責我，認為北約造成了西非地區的不穩定：二〇一一年後，利比亞的大量武器流入在西非活動的伊斯蘭恐怖主義組織手中，進而導致馬利、尼日以及布吉納法索陷入不穩定。利比亞也成為許多非洲國家移民與難民的聚集地，他們試圖在難以形容的惡劣條件下冒著生命危險前往歐洲。

在柏林舉行利比亞會議的九年前，也就是自二〇一一年一月中旬起，利比亞爆發了針對自稱革命領袖的國家領袖格達費（Muammar al-Gaddafi）及其長達數十年恐怖統治的動亂和抗議。同時間，其他阿拉伯國家也出現了反對威權統治的抗議。阿拉伯之春最早始於二〇一〇年底的突尼西亞。二〇一一年二月中，格達費開始武力血腥鎮壓示威活動，但很快就失去了對整個國家的控制，最後演變成類似內戰的情勢。起先是法國與英國，後來美國也要求武力介入以保護該國的平民百姓。二〇一一年三月十七日，聯合國安理會通過一九七三號決議，要求在利比亞設立禁航區。二〇一一年三月十九日，北約領導下的國際軍事行動開始執行聯合國決議。在北約及其盟友的軍事協助下，利比亞的反抗軍在二〇一一年八月二十三日占領格達費的官邸。二〇一一年十月二十日，格達費試圖逃離他的家鄉蘇爾特（Sirte），他的車隊在逃離過程中遭到北約軍機攻擊。格達費被反抗軍抓到，不久後即被處決。二〇一一年十月三十一日，北約結束了整個軍事行動。

德國作為當時的非常任理事國，在聯合國一九七三號決議通過時投了棄權票。外交部長吉多．韋斯特韋勒與我對於二〇〇三年春天海珊垮台後的伊拉克混亂狀況歷歷在目，故也是從這個角度觀察利比亞的情勢。我們並不清楚反抗軍的政治目標，認為從外部推翻格達費會面臨許多不確定性，並在未來伴隨許多風險。因此，棄權票一方面是向我們的盟友法國、英國以及美國所選擇的方式表達疑慮，但另一方面我們也不是要反對他們。我們的決定遭到嚴厲批評，有人指責我們害怕北約軍事方式的行動，因而削弱了北約與跨大西洋之間的關係。對此我想做出回應。因此，我在二〇一一年九月九日於柏林舉辦的貝格多福圓桌會議（Bergedorfer

Gesprächskreis）五十週年演講時表達我的看法，圓桌會議由重量級的國際政治人物與專家參與。當時我建議：因為北約無法解決全世界的所有衝突，未來應該推動讓新興工業國家和區域組織承擔更多責任。為此，他們必須透過諮詢、培訓文職與軍職人員，以及提供基礎設施和軍事設施等裝備（包括彈藥與武器）來強化其執行能力。從這個想法發展出了一個新的外交與安全政策工具，即聯邦政府所稱的「訓練強化倡議」（Ertüchtigungsinitiative）。從二〇一六年開始編列一千萬歐元的經費，至二〇二〇年增加至一億九千五百萬歐元。這些經費有許多專門用於改善當地安全體系結構，包括馬利、尼日、迦納、塞內加爾以及奈及利亞。然而，單靠這項倡議無法阻止西非地區安全狀況的惡化，尤其是在利比亞沒有穩定的情況下。

軍事介入利比亞近九年後的情勢證實了我當初的疑慮，但是我不能也不願意就此撒手不管。單單就打擊非法移民這件事來看，如果沒有利比亞和尼日等過境國的政治穩定，幾乎是不可能達成的。利比亞海岸至義大利的蘭佩杜沙島（Lampedusa）最遠不超過三百公里，至今仍是難民搭船逃亡的路線。正因如此，外交部長海克・馬斯和我決定支持聯合國以及聯合國處理利比亞事務特別代表加桑・薩拉梅（Ghassan Salamé），促成這次在柏林召開的利比亞會議。會議事前的準備工作相當繁多。會議開始前，我與薩拉吉總理和哈夫特將軍在總理府會談過，但他們本身不參加這次會議。利比亞會議在總理府的會議廳舉行。我們一致就該國停火、武器禁運和開啟政治進程達成協議，這是邁向結束武裝衝突的第一步。

隨後，利比亞的情勢稍微緩和，但在建立穩定國家機構方面仍沒有進展。後續在二〇二一年六月於柏林以及二〇二一年十一月於巴黎的會議也是一樣，巴黎會議是我卸任前參加的最後一次國際會議。自二〇二二年二月二十四日俄羅斯入侵烏克蘭以來，國際上為利比亞付出的努力要成功似乎遙遙無期，部分也因為難以想像國際社會有辦法再次與俄羅斯總統普丁一起進行這樣的協商。

義務役

二〇〇九年十月二十六日，基民盟、基社盟與自民黨在聯合政府協議書中達成一致意見，聯邦國防部長將設立一個委員會，負責在二〇一〇年底前提出聯邦國防軍新組織架構的建議要點，包括精簡領導與行政架構。此外我們也都同意，基本上保留義務的兵役制度，但從二〇一一年一月一日起，將基礎軍事服役年限從九個月縮短至六個月。一方面，安全政策的實際狀況自冷戰結束後已經在根本上改變了；另一方面，基民盟、基社盟與自民黨對未來的兵役制度有不同的意見。聯盟黨希望繼續維持徵兵制，我個人也是如此。從阿德諾總理時期以來，對於服兵役義務和穿軍服的國民一直是我們的基本立場，並且成為防衛國家的象徵。自民黨人士則是希望廢除義務役，他們也提出了令人信服的論點。由於兵役年限逐漸縮短，以及海外駐軍行動對士兵要求的改變，每年只需要不到二十%的人完成基礎軍事兵役。

二〇〇九年底至二〇一〇年初，我們仍在與全球金融危機奮戰。此外，我們在二〇〇九年將債務煞車機制（政府預算貸款限制）納入基本法，從二〇一六年起生效。根據這項規定，新增貸款不得超過國內生產毛額的〇．三五%。當聯邦政府在二〇一〇年六月提出二〇一一年預算時，財政部長沃夫岡．蕭伯樂的堅持是對的，我們必須在二〇一一至二〇一四年節省八百億歐元。經過十六小時內閣閉門會議，和二〇一〇年六月六日至七日的幾輪小型會議討論後，聯合政府制訂了一系列措施，除了社會福利領域的削減之外，還增加課徵核電廠的元素燃料稅、航空飛行稅、轉移鐵路盈餘部分至聯邦預算，以及精簡聯邦國防軍規模。蕭伯樂希望透過這個方法每年在國防預算省下二十億歐元。但古騰貝格極為不滿。此時已是清晨。我知道預算政策的節約勢在必行，因此請他再冷靜思考一下，與國防部的同仁談談，兩小時後再到我的辦公室討論。

當他回來後，他就這件事提出了明確且合理的論點：如果他每年必須在國防事務節省二十億歐元，那麼他只有在聯邦政府也做出真正必要的決定時才能繼續留任，其中包括停止義務役的討論。我毫不懷疑他的認真與嚴肅，而且他在這個議題上的論點也有道理。就兵役義務的公平性來看，德國男性公民都必須服兵役，如果每年只有五分之一徵兵及齡男子需要服兵役，那就不符合兵役義務的公平性；聯邦國軍在精簡後的實力與規模就更不用說了。我思考片刻後，要求他採取一個特別的做法：他必須拜訪基民盟的各邦邦黨部，以國防部長的身分遊說他們支持他的提議，同時也要說服他自己的政黨基社盟。我解釋道，如果他能達成，我就會開始進行下一步行動，停止兵役義務。古騰貝格立刻同意，也接受節省開支，並開始進行他的任務。每到一個邦黨部（主要是理事會）拜訪，他的說服力總能讓眾人接受他的提案。也可以說，他相當受到歡迎。此外，他只是透過一般法律停止兵役義務，而不是廢除兵役。因此保留了在安全政策條件改變時，停止的兵役義務依然可以恢復的可能性。基本法第12 a條關於兵役義務的規定並沒有改變，這是很重要但有時會被忽略的一點。

二〇一〇年九月十二和十三日，基民盟主席團召開了一場閉門會議，在會議中也討論了聯邦國防軍議題。我們很快就達成一致意見，準備在二〇一〇年十一月十四至十六日於卡爾斯魯爾舉行的聯邦黨大會提出停止兵役義務的議案。

二〇一〇年十月二十二日，根據聯合政府協議同意設立的國防結構委員會（Wehrstruktur-kommission）提出了一份標題為「從行動部署思考——集中、彈性、效能」的報告。該委員會於四月成立，由聯邦勞動署理事長暨後備軍官上校法蘭克－尤根．魏瑟領導。報告指出，鑑於德國人目前生活在和平與自由以及緊密結合在跨大西洋體系安全與合作的環境下，加上新的威脅與安全危機主要發生在非鄰近地區，委員會認為全面義務役制度在可見的未來已不再有必要，因此建議暫停兵役體檢和義務兵役。

基社盟在二〇一〇年十月二十九日的黨大會中決議停止兵役義務。二〇一〇年十一月十四日，古騰貝格在基民盟聯邦黨大會中的演講受到黨代表熱烈迴響。緊接著，我們提出「聯邦國防軍的未來」提案，並進行了公開投票。會議主席彼得．欣策環顧會場後宣布：「雖然有不少反對票與一些棄權票，但提案E1聯邦國防軍計畫議案通過。」儘管如此，贊成票還是占了明顯多數。二〇一〇年十二月十五日，內閣會議通過二〇一一年七月一日停止兵役義務；二〇一一年三月二十四日，聯邦眾議院也通過。在基民盟／基社盟、自民黨與聯盟90／綠黨的支持下，國防法修正法通過，並且在修正法中設立志願役代替原本的社會役。基本法12 a條規定每位男性德國公民「年滿十八歲起，有在軍隊、聯邦邊境防衛隊或民防組織服事勤務之義務」，此一條款並未更動。兵役義務停止，但並未廢除。

西巴爾幹地區

二〇一四年一月三十一日，我在午後不久與副總理暨經濟部長西格瑪・加布里耶、聯邦外交部長法蘭克－瓦爾特・史坦邁爾、聯邦內政部長托馬斯・德・梅齊耶、文化國務部長莫妮卡・格呂特斯（Monika Grütters）以及總理府主任彼得・阿特邁爾在早晨情報室會談。我們約好討論二〇一四年這一整年的紀念日規劃。二十五年前柏林圍牆倒塌，六十五年前德意志聯邦共和國建立，七十五年前第二次世界大戰爆發，一百年前第一次世界大戰開始。我們擬定了一些活動計畫，所有提議都圍繞著歷史紀念。在某個時刻，西格瑪・加布里耶打斷了我們的討論，並說：「我們討論的都只是過去的歷史，是不是也應該思考我們如今面臨的問題，以及我們從歷史中學到了什麼？」

「你講的有道理，尤其是關於第一次世界大戰的部分。在一九九〇年代的南斯拉夫戰爭之後，我們必須努力確保西巴爾幹地區和平相處，這部分我們還有許多工作要做。」我如此回答。

雖然斯洛維尼亞與克羅埃西亞已經是歐盟會員國，塞爾維亞、蒙特內哥羅和當時尚未解決國名問題的前南斯拉夫馬其頓是候選國，阿爾巴尼亞、科索沃、波士尼亞與赫塞哥維納則是潛在的候選國。在我們的討論中，我們特別擔心塞爾維亞與科索沃的緊張關係，也擔心各國內部持續存在的緊張局勢，尤其是波士尼亞與赫塞哥維納。即使到了二〇一四年，距離第一次世界大戰發生一百年後，這些地區的和平仍然相當脆弱。塞爾維亞不承認科索沃是獨立國家，而駐紮當地的北約科索沃維和部隊（KFOR）象徵了國際社會的各種努力，尤其是北約、歐盟和美國結束了前南斯拉夫瓦解後的血腥與暴力情勢，並與阿爾巴尼亞一起讓西巴爾幹地區的和平發展成為可能。目前仍有約七百名聯邦國防軍士兵駐紮在科索沃，該項任務已經有將近十五年的歷史。

一九九九年三月，聯邦國防軍在成立後首次使用空中武器參與戰鬥行動。作為北約聯合軍事行動的一部分，空軍與斯洛波丹・米洛塞維奇（Slobodan Milošević）總統的塞爾維亞與南斯拉夫部隊戰鬥。米洛塞維奇的部隊血腥鎮壓了科索沃省阿爾巴尼亞裔的人民，並驅逐他們使其四處逃難，以阻止科索沃的獨立。北約軍事行動成功結束後，聯合國安理會在一九九九年六月十日通過一二四四號決議，以此基礎，在北約領導的北約科索沃維和部隊駐紮在科索沃。五萬名士兵來自四十個國家，其中六千名是德國聯邦國防軍，他們監督塞爾維亞軍隊的撤離與科索沃的逐步非軍事化，使逃離的難民得以返回。然而，單靠軍事行動無法保障穩定發展，而且直到該地區所有國家都成為歐盟會員國還要許多年的時間。

「我們是否應該邀請西巴爾幹國家舉行一次會談，以強化該地區尚未加入歐盟的國家間的合作？」我問大家。

加布里耶點頭表示同意。

法蘭克－瓦爾特．史坦邁爾提出異議：「我們德國人在過去的歷史背景下主動提起這樣的倡議，沒有歐洲其他國家的同意，是否有點欠缺考慮？」

我知道他的想法。但我也看到我們的機會正在溜走，因為如果要二十七個會員國同意的話，可能在我們決議之前，二〇一四年就已經過去了。我想到了一個辦法：「我們或許可以在今年首先舉辦這個會議，然後明年找另一個國家舉辦，讓這個過程繼續下去。這樣所有感興趣的國家都有機會擔任主辦國。當然，我們必須通知歐洲執委會並且請求他們加入，畢竟所有與這些國家合作的計畫都由歐洲執委會負責。」

我的建議獲得大家同意。我們決定由我邀請各方於二〇一四年八月二十八日在總理府進行第一次的西巴爾幹會議。史坦邁爾建議由奧地利擔任明年的主辦國。幾天後，我跟奧地利總理韋爾納．法伊曼通電話時講到此事，他立刻就同意了。

多年來，這些被稱為「柏林進程」（Berliner Prozess）的會議取得了巨大成功，主要因為促成了歐洲執委會與個別西巴爾幹國家的具體合作計畫，並接續加速落實。這包括國家間的基礎建設方案、聯合青年工作與學術合作，更重要的是，西巴爾幹國家的國家與政府首長在「柏林進程」會議之外也彼此會面，並在持續緊張的關係中建立了密切的聯繫。他們經常告訴我，這在以前從未發生過。我們沒有等到這些國家都成為歐盟會員國之後才尋求正式的密切合作，是個明智的決定。儘管我的同仁與我在我任內投入了相當多的心力與時間，但還有很多障礙無法克服。我始終相信，只有西巴爾幹所有國家都加入歐盟，才能保證該地區能夠長久和平相處。雖然前路石塊滿布，但仍必須前進。

以色列

跟隨阿德諾的腳步

一九九一年三月五日，我的首次出國訪問是以剛上任的聯邦婦女和青年部長身分前往巴黎。第二次出訪則是一九九一年四月七日至九日，前往以色列。當時我上任還不到三個月，對這個中東國家充滿好奇，因為該地區在我原本專業領域的研究與科學方面享有卓越的聲譽。直到德國統一之前，以色列對我來說是個完全與我們隔絕的國家。不要說是去以色列了，連郵政往來都不可能，因為東德與以色列沒有外交關係。因此，正如我之前所述，如果我寫博士論文時需要以色列作者的文章參考的話，必須透過相當迂迴的方式才能取得。

相較之下，西德與以色列的學術研究合作發展狀況完全不同。在兩國有正式邦交關係的前六年，位於特拉維夫（Tel Aviv）南邊二十公里小城市雷霍沃特（Rehovot）的魏茨曼科學研究所，在一九五九年就邀請德國的馬克斯普朗克學會的科學研究人員訪問以色列。該科學研究所以以色列第一任總統哈伊姆・魏茨曼（Chaim Weizmann）命名。不久後，馬克斯普朗克學會便成立了密涅瓦基金會（Minerva-Stiftung），從一九六四年起致力於德國與以色列的研究合作。

我在一九九一年四月出訪的同時，科學研究部長海因茨・里森胡伯（Heinz Riesenhuber）

也出訪以色列。我們搭乘同一班飛機，但在當地有各自獨立的行程。里森胡伯停留期間比我受到更多的關注，起初我感到有些受傷，不過後來我就明白了，這是因為研究與科學對德國和以色列關係特別具有重大意義。在與以色列教育部長澤沃倫・漢默（Sebulon Hammer）和外交部長大衛・利維（David Levy）會談中，我將重點放在青年工作上。令我驚訝的是，大衛・利維在原先沒有安排的情況下，突然提出希望能與我會面。我向他們介紹了我部門正在計劃中的「相遇之夏」（Sommer der Begegnung），旨在讓德東與德西的青年彼此有交流的機會。現在我將這項計畫擴大，增加邀請上百位以色列青年到德國參加，以激發德東年輕人對以色列的興趣。

正好三十年後，我於在任期間最後一次訪問以色列。二〇二一年八月底的一次電話中，剛上任的以色列總理納夫塔利・貝內特（Naftali Bennett）邀請我前去訪問。他跟我說，我一定要再去以色列一次。我對此表示猶豫，在二〇二一年九月二十六日聯邦眾議院大選前不久進行訪問是否還有意義。貝內特回答，無論如何，這次的拜訪絕對值得。他消除了我的疑慮，我很快便排定二〇二一年八月二十八至三十日訪問以色列。然而，因為阿富汗撤軍的悲劇，我不得不將行程延後至十月。所以，雖然我的告別訪問沒有在聯邦眾議院選舉前進行，但至少我還是在十二月卸任前，以德國總理身分進行了這次出訪。

二〇二一年十月九日星期六，我在晚上降落特拉維夫的班古里昂（Ben Gurion）機場，隨後直接從那裡前往耶路撒冷，到我每次下榻的傳奇大衛王大飯店。這間一九三一年開幕的大飯店，有部分曾在一九四八年五月以色列獨立建國前，作為英國代管巴勒斯坦的行政中心。星期日開始了正式行程。上午，我與總理納夫塔利·貝內特進行了個人會談。緊接著，我參加了他的內閣會議，我們討論了相當廣泛的德以關係議題，從青年工作到經濟、科學到氣候保護，以及以色列國家安全的合作。中午，以色列總統伊薩克·赫佐格（Izchak Herzog）迎接我，他與魏茨曼研究所所長阿隆·陳（Alon Chen）一起送了我一個特別驚喜的禮物——魏茨曼科學研究所安格拉梅克爾博士化學物理學界傑出女性科學家博士後研究人員獎學金。這是一個以我為名的榮譽獎學金，用於支持傑出的女性科學家。

下午，如同一九九一年我第一次拜訪以色列一樣，我參觀了猶太大屠殺紀念館（Yad Vashem），納夫塔利·貝內特陪同我前往。「Yad Vashem」照字直譯就是「一份紀念以及一個名字」，此處致力於記憶與紀念六百萬被納粹德國啟動泯滅文明式大屠殺的猶太人。晚上，我參加了以色列理工學院（Technion）的活動，在活動中他們授與我榮譽博士。這間學院在一九一二年建立，建立者主要是德國猶太人，比以色列建國還早三十六年，最初稱為技術學院。一九三〇年代，該學院收容許多在德國受到納粹迫害與謀殺威脅的猶太人。

星期一早上，我在特拉維夫與國家安全問題中心的代表會談，這是一個外交與安全政策議題的智庫，前以色列駐德國大使西蒙·史坦（Shimon Stein）也是智庫成員。之後，我飛回柏林。

僅僅是我政治生涯中最後一次以色列之行的行程與會晤，就反映了德國與以色列關係從以前到現在的特殊與獨特性。這種性質從過去到現在都是多元、緊密且面對未來的，而它之所以能夠如此，是因為我們沒有忘記德國和以色列將永遠因大屠殺的記憶而以某種特別的方式連結在一起。如果德國意識到並銘記自己在歷史上造成道德災難所負有的責任，我們就能形塑一種良善、人性的未來。在所有的行程、會面和決定中，我始終如此堅信。

然而，多次訪問以色列之行沒有一次像二〇〇八年三月十六日那樣特別，那天是星期日早上約九點半，我從柏林泰格爾機場啟程。以色列國會議長達利婭·伊齊克（Dalia Itzik）邀請我在以色列國慶六十週年之際，作為首位外國政府首長在國會演講。此前，這個榮譽只限於國家元首，二〇〇〇年時，約翰尼斯·勞是第一位獲此殊榮的德國總統。這次訪問還具有另一個特別先例：第一次德國與以色列政府協商，不僅有雙方政府首長，還有雙方多位內閣部長參與。

經過四小時的飛航行程，我在當地時間下午兩點半抵達特拉維夫。此次行程還有夏洛特·克諾布洛赫（Charlotte Knobloch）一起前往，她自二〇〇六年擔任德國猶太人中央代表會主席，同時也是歐洲猶太人議會暨猶太人世界大會副主席。夏洛特·克諾布洛赫於一九三二年出生在慕尼黑。她經常提到一九三八年十一月九日的燒殺擄掠之夜（Reichspogromnacht），當時納粹衝鋒隊（SA）以及黨衛隊（SS）在慕尼黑城市裡到處破壞，並放火燒毀以色列文化宗教社群的慕尼黑「雅各帳篷猶太會堂」（Ohel-Jakob-Synagoge），夏洛特·克諾布洛赫的父親弗里茨·諾依蘭德（Fritz Neuland）牽著她這位只有六歲的小女孩逃離住宅，到處尋找安全的地方躲避。她母親因為結婚改宗為猶太教，於一九三六年離開家。她祖母阿爾伯丁·諾德蘭德（Albertine Neuland）於一九三九年搬來跟兒子與孫女同住。夏洛特・克諾布洛赫在大屠殺中倖存，因為她叔叔的一位前女傭將她帶進農場，將她偽裝成非婚生女兒。她父親也存活下來，最初在一家軍工廠當強迫勞工，最後被朋友藏匿起來。夏洛特・克諾布洛赫的祖母則是在一九四二年被驅逐到特雷津集中營（Ghetto Theresienstadt），並於一九四四年在那裡餓死。

夏洛特・克諾布洛赫自一九八五年起擔任慕尼黑與上巴伐利亞區以色列文化宗教社群（IKG）的主席，二〇〇五年成為家鄉慕尼黑的榮譽市民。燒殺擄掠之夜六十八年後，她終於實現了她畢生的願望：二〇〇六年九月九日，以色列文化宗教社群的新雅各帳篷猶太會堂在慕尼黑市中心落成，新的社群中心也開放了，聯邦總統霍斯特・科勒前往致詞。二〇〇八年二月二十八日，我也參觀了這座猶太會堂、宗教中心以及紀念大屠殺中犧牲的會堂信徒的「記憶走廊」。

兩週後，夏洛特・克諾布洛赫站在特拉維夫班古里昂機場裡所謂的接待列中，這是來自德國與以色列代表團的迎接隊伍。她和其他人一起觀看了總理艾胡德・歐麥特（Ehud Olmert）歡迎我與其他隨行者的軍禮，國會議長達利婭・伊齊克也來到了現場。

機場歡迎儀式之後，我們先暫時道別。部分代表前往耶路撒冷，另一部分與我搭乘以色列空軍準備的直升機。我們飛往位於以色列南邊尼格夫（Negev）沙漠地區的拉蒙（Ramon）空軍基地，以色列總統希蒙・裴瑞斯（Shimon Peres）在那裡等我。我們一起前往以色列第一任總理大衛・班古里昂（David Ben-Gurion）以及其夫人寶拉・班古里昂（Paula Ben-Gurion）的墓園。我們獻上花圈，並為他們默禱。一九六〇年三月十四日，大衛・班古里昂與德國總理康拉德・阿德諾於美國紐約的華爾道夫酒店（Hotel Waldorf Astoria）為兩國關係奠定了基礎。在中立第三方的土地上，兩國於第二次世界大戰結束與猶太人大屠殺十五年後首次見面會談。彼此的信任開始形成，並且逐漸增長。一九六五年，兩位政治人物雖然都已經不再擔任職位，但是聯邦德國與以色列正式建立了外交關係。一年後，九十歲的康拉德・阿德諾拜訪了當時將近八十歲的大衛・班古里昂，後者定居於尼格夫沙漠地區史德博克基布茲（Kibbutz〔意即集體屯墾區〕Sde Boker）。

希蒙・裴瑞斯與我獻上花圈後前往那裡。幾分鐘後，我們抵達基布茲外圍的一個小博物館，這棟建築以前是班古里昂隨扈們的宿舍。現在那裡展示了以色列第一任總理生活與工作的照片和文件。其中有一張他跟康拉德・阿德諾的合照。博物館旁邊是班古里昂的住宅，是一間相當簡單樸素的平房。我們懷著敬意進入。我記得有一個小前廳、一個客廳、一間書房，書房裡的書籍驚人地多。當我站在四十二年前阿德諾與班古里昂曾經待過的房間裡時，我似乎能感覺到他們就在我旁邊，因為我感動得起了雞皮疙瘩。我想像著他們面對面交談的情景。就在幾分鐘前，我在隔壁的博物館裡聽到了一段班古里昂的錄音，那段錄音記錄了他在一九八四年發表以色列獨立的時刻。至於阿德諾那帶有萊茵口音的講話方式，我早已在收音機與電視中熟悉了。我心想：你現在正與希蒙・裴瑞斯在這棟位於沙漠中的儉樸房子裡，追隨兩位國家領導人的腳步前行。他們憑藉著勇氣、才智以及生命智慧，的確成功地讓事情朝向好的方向改變。這一切是可能的，儘管在一開始看起來似乎完全不可能。

接著裴瑞斯與我繼續前往基布茲的中央廣場，與在那邊玩耍的小孩稍微聊了一下。途中，我們還在一間小釀酒場停留片刻。這讓我們想起，農業曾是基布茲生活的基礎，正是這些集體屯墾區在當年奠定了以色列。希伯來語「Kibbuz」這個字就是德語的團體、集會，而我所拜訪的集體屯墾區名稱「史德博克」意思就是牧場。

最後，希蒙·裴瑞斯與我一起到集體屯墾區活動中心與一些居民交流。外面孩子們在玩耍，室內則充滿了一種和平、被這種親近大自然的生活方式營造出的歡樂氣氛。

「您還會再來嗎？我們邀請您，待多久都算數！」一位對話的參與者說道。其他人都期待地看著我。

我思考了片刻，然後回答：「等我不再是聯邦總理的時候，我可以想像自己會再來。我很喜歡您們這裡的生活方式。」

所有人都鼓掌了。我是認真的，儘管我不知道未來是否真的能實現。

我們互相道別。裴瑞斯和我發表了一則新聞稿，然後踏上返回直升機的路程。

當我們從拉蒙空軍基地的直升機停機坪準備飛回特拉維夫時，已是傍晚時分。希蒙·裴瑞斯與我同坐一架直升機，其他代表則分乘另外兩架直升機。暮色中，雖然螺旋槳的聲音十分嘈雜，裴瑞斯仍望向外頭跟我解釋他從死海到紅海的海水淡化廠計畫。他長期以來一直致力於以色列、埃及以及約旦地區的供水問題。水在這些地區是相當珍貴的資源。因此，他有一個願景，認為如果大家能共享水資源，就可以和平相處。訪問的第三天，我們在他的官邸進行雙邊會談時也討論了這個議題。

降落在耶路撒冷後，我們彼此道別。我先回到旅館，接著立刻前往以色列總理艾胡德．歐麥特的官邸，他以晚宴歡迎我。在我二〇〇六年作為總理不久首次訪問以色列時，我們就已經認識彼此。當時他以副總理的身分與我會談，因為總理艾里爾．夏隆（Ariel Sharon）中風陷入昏迷。我喜歡歐麥特，他為人直接且不拐彎抹角。因此，即使我們意見不同，我也能坦率地與他談論所有的議題。在二〇〇六年夏天黎巴嫩戰爭之後，（這場戰爭是由真主黨恐怖組織襲擊以色列所引發的），歐麥特說服我，讓德國聯邦國防軍參與聯合國駐黎巴嫩維和部隊（UNIFIL）的海軍任務是正確的選擇。當時的行動目標是監督雙方停火，並支持黎巴嫩政府防守邊界和阻止非法武器輸入。德國聯邦眾議院於二〇〇六年九月二十日通過了參與這次行動所需的授權。

我所認識的歐麥特是一個努力在中東衝突問題中尋求兩國並立方案的人：一邊是猶太人的民主國家以色列，另一邊是具有生存能力且獨立的巴勒斯坦國家。我於二〇〇六年首次訪問時，也在與巴勒斯坦自治政府主席馬哈穆德．阿巴斯（Mahmud Abbas）的會談中討論了這個看法，當時會談地點在拉馬拉（Ramallah）的官邸。二〇〇八年三月的訪問中，我沒有安排至巴勒斯坦拉馬拉訪問，因為我希望這次的行程專注於以色列建國六十週年。我事前就已先在電話中向阿巴斯解釋了這一點。

訪問的第二天，二〇〇八年三月十七日星期一，行程重點是第一次的德國與以色列政府磋商會議。除了在青年、科學研究與經濟政策的共同方案之外，我們也討論裴瑞斯所關心的議題：水資源以及供水問題。我們發展出一個德國、以色列與非洲國家三方合作的構想，以色列在其中可以提供他們灌溉系統的完整技術。每次造訪以色列時，我都對以色列如何透過滴灌系統的節省用水方式，將沙漠變成肥沃土壤感到著迷。我思考著，如何讓以色列的這項技術能夠惠及非洲國家。除了讓非洲農民與家庭直接使用之外，我們也能夠展現以色列創新能力的傑出之處。非洲國家對以色列的印象通常只有與巴勒斯坦的衝突而已，我想改變這種狀況。衣索比亞是我們三方合作的第一個夥伴，在十二個據點引進了滴灌系統。

不過，這一天的第一個行程並不是政府協商，而是造訪猶太大屠殺紀念館。紀念儀式在紀念大廳舉行，我們的所有代表成員、所有部長以及隨行的國會議員都參加了儀式。艾胡德·歐麥特陪同我一起。我們就定位後，我看到地板上刻有德國集中營與滅絕營的名字，在我右前方是永恆的紀念火焰。兒童合唱團唱著歌。紀念儀式主持人請我重新點燃火焰。我向前走了幾步，握著紀念火炬容器的操縱桿，緩緩向右移動。之後我回到原來的位置。一位「為贖罪而行動」（Aktion Sühnezeichen）的志工將我的花圈放到石地板上，我再次上前整理好花圈飾帶。一位領唱者誦讀了祈禱。

儀式結束後，我們離開了紀念大廳。我獨自往前走，來到被屠殺兒童的紀念碑。在那裡，我沿著一道狹窄的走道前進，我摸索著前行，幾乎一片黑暗，只有小小的燈光像天空中的星星般閃爍著。我在背景中聽到一些聲音，念著被屠殺孩童的名字，永無止境，總是依照相同的順序：姓名、年齡、出生國家。姓名、年齡、出生國家。每個名字都重新賦予了這一百五十萬個被屠殺孩童身分，恢復他們作為個體、作為人的尊嚴。我不是第一次來到這裡，也曾多次參加紀念大廳的紀念儀式。然而，每次到這兩個地方時，我都會一陣哽咽。納粹德國大屠殺六百萬猶太人帶給整個猶太民族、整個歐洲以及整個世界多麼難以形容的痛苦。

而我，作為德國聯邦總理，應該也被允許在隔天作為第一位外國政府首長在以色列國會演講嗎？

國家理性

二〇〇八年三月十八日星期二，以色列國會議長達利婭．伊齊克以隆重軍禮歡迎我。早上我還進行了一些政治會談，國歌演奏結束後，我們一起在國會內院檢閱了以色列軍隊的儀隊，並在以色列戰爭中陣亡將士紀念碑前獻上花圈。大約下午三點，我參加了由國會議長舉辦的稍晚午餐，緊接著離開休息了十分鐘。在我的助理佩特拉．凱勒迅速為我整理髮型和補妝的同時，我從資料夾中拿出稍後的演講稿，最後再瀏覽一次。我想要傳遞五個主要訊息。第一：人性的成長源於過去的責任。第二：德國與以色列共享自由、民主和尊重人性尊嚴的價值。第三：面對巨大的全球挑戰，從公平分配所有福祉、氣候保護到對抗恐怖主義和大規模毀滅性武器的威脅，只能透過國家間彼此合作才能克服，尤其是像德國與以色列、歐洲與以色列這樣因共同價值與利益而緊密相連的國家。第四：德國支持在安全邊界實現和平願景的兩國方案：猶太人在以色列，巴勒斯坦人在巴勒斯坦。第五：以色列國家安全之於德國絕對沒有協商餘地。這五個核心訊息都包含在我的演講稿內。我對此相當滿意，收好資料夾，離開了房間。

下午四點半，我在國會大廳的講台上就座。達利婭．伊齊克宣布會議開始，接下來是總理艾胡德．歐麥特與當時的反對黨領袖班雅敏．納坦雅胡（Benjamin Netanjahu）的簡短致詞。之後，我走上演講台，用希伯來語開始我的演說：「議長女士，我感謝您讓我有機會在這裡進行演說。我感到無比的光榮。」我事先將這段話用羅馬拼音寫下來，並在演講前與我的口譯員在化妝室前再次練習。當我開始用德語演講時，一些坐在後排的議員起身離開會場以示抗議。我對此感到遺憾，但並不意外，因為他們事先就已經宣布會這麼做了。我集中精神繼續我的演講。在演講中，我特別強調了兩國的共同價值與利益，呼籲實現兩國並立解決方案，並對此表示支持。但同時也指出，以色列不需要「來自外部不請自來的建議，更不需要高高在上的指導」，而且解決方案「最終只能由以色列的您們以及巴勒斯坦人雙方來實現」，但是這「需要各方都能接受的妥協，這也需要接受痛苦讓步的勇氣」。對以色列而言，這意味著要停止建立屯墾區。在這個問題上，艾胡德．歐麥特與我的意見相左。從二〇〇九年班雅敏．納坦雅胡擔任以色列總理後，更沒有討論的空間。我們最終只能採用「我們同意彼此的不同意」的表述。納坦雅胡雖然有時口頭上會提及兩國並立解決方案，但事實上並沒有任何行動。相反地，他透過推動興建屯墾區，實際上讓狀況更糟糕。

這種衝突必須解決，但我相信這些衝突不至於根本性地影響德國與以色列關係，因為兩國之間的共同點遠多於分歧。考慮到以色列面臨加薩走廊統治團體哈瑪斯的飛彈威脅，以及伊朗核武發展的影響，我因此更強調：「在我之前的每一屆聯邦政府和每一位聯邦總理都肩負著德國對以色列安全的特殊歷史責任。這份德國的歷史責任是我們『國家理性』（Staatsräson）的一部分。」

我在半年前，也就是二〇〇七年九月二十五日，在紐約聯合國大會上發表演說時，幾乎使用了相同的措辭。那時候幾乎沒有引起什麼注意，我自己也記不得之後是否有引起任何進一步的討論。情況在我於以色列國會演講後才有了改變，這再次證明了，在溝通過程中，很大程度受到下面因素影響：誰說的、說了什麼、什麼時候說、在哪裡說。我在這個地方基於這個原因，說了之前已經說過的話，卻產生了不同強度的效果。

演講持續了大約二十五分鐘後結束，獲得了非常正面的迴響。我懷著感激和喜悅的心情在下午五點半離開了國會。回到旅館片刻後，我便前往特拉維夫的班古里昂機場，於晚上七點十五分搭機返回柏林。

※　※　※

她所說的「國家理性」是什麼意思？這個問題從那時起一直伴隨著我，尤其是在十五年後的二〇二三年十月七日清晨，以色列遭受哈瑪斯恐怖攻擊時，這個問題再次浮現在我腦海中。「國家理性」這個字屬於我的政治詞彙，某種程度上也是基民盟的用語。在一九九七年於萊比錫召開的基民盟黨大會，當時我以副主席的身分簡短發言時，曾針對前東德的負面經驗使用該名詞：「我相信，我們應該從那個時代保留下來的最寶貴經驗就是，數百萬在前東德統治下的父母試圖以基本的人性原則來教育他們的孩子，而不是屈服於**國家理性**。」在二〇〇四年十二月的杜塞道夫基民盟黨大會上，我指出，對統一德國而言，社會市場經濟、西方結盟、軍隊結構調整和德國統一是「我們國家理性的一部分」。

二〇〇五年四月，德國駐以色列大使魯道夫．德勒斯勒（Rudolf Dreßler）發表了一篇文章，其中寫道：「以色列的安全生存……是我們國家理性的一部分。」當時，以色列總理艾里爾．夏隆決定將以色列軍隊全面撤出加薩走廊，以色列國內對該計畫可能帶來的後果出現了激烈討論和騷動。幾個月後的二〇〇六年一月，哈瑪斯在加薩走廊最後一次自由選舉中取得勝利，他們公開宣稱的目標是要消滅以色列。在這樣的背景下，我在二〇〇五年六月十六日於柏林舉行的「基民盟六十週年」慶祝活動上說：「康拉德．阿德諾在反對者充滿懷疑以及激烈的抗議下，堅持將聯邦德國納入西方價值共同體。今天我們可以這麼說：德國對歐洲統合、大西洋夥伴關係、以色列生存的責任，這一切都屬於我們國家理性的核心，也是我們政黨理性的核心。」我在二〇〇五年初安排這場慶祝活動時，還不知道聯邦眾議院同年會提早改選。六十週年慶祝會時，我已經成為總理候選人，但我在慶祝活動的演講似乎只有少數人有興趣，並且對於我的國家理性論述不感興趣，無論如何都沒有引起多大的注意。

就像我二〇〇七年九月在聯合國的演講一樣，我在二〇〇八年的以色列國會演講時也加了兩句話，而且幾乎原文不動地說：「這表示，對我作為德國總理而言，以色列的安全絕對沒有協商餘地。而且如果是這樣的話，那麼在力所能及的範圍內絕對不能是空話。」雖然這不是像北大西洋公約第五條夥伴關係的協防義務，但比起世界上其他國家是更緊密的盟友。在外交層面上，這意味著德國支持推動兩國並立解決方案，與法國和英國（代表歐盟），加上俄羅斯、中國和美國，在所謂的歐盟三巨頭＋3（E3＋3）談判中致力於停止伊朗的核武計畫，並在歐盟投票以及聯合國投票時都採棄權票，不支持在協商解決方案前承認巴勒斯坦是一個國家；在軍事層面則是，德國從一九五〇年起就支持以色列採購德國武器，雖然這涉及向緊張區域輸出武器，德國外貿法原則上不同意，此外從二〇〇六年起，德國聯邦國防軍開始參與聯合國駐黎巴嫩臨時部隊的任務。

以色列是中東地區唯一的民主國家，尤其擁有強大的民間社會力量，但它經常受到威脅。二〇二三年十月七日，哈瑪斯的恐怖攻擊重創了以色列。然而，在這種情勢下，以色列這個國家與猶太人非但沒有得到全球團結的聲援，反而經歷了全世界早已出現的反猶主義，這些攻擊在網路上與公共領域以放任抹黑與仇恨言論出現，在德國與許多國家都是如此。儘管建立一個可存續的巴勒斯坦國家的訴求具有正當性，對德國或以色列行為的批評也是合理的，但有一點必須明確：如果有人在示威遊行中以這些理由作為掩護，實際上是來發洩他們對以色列以及猶太人的仇恨，那就是濫用言論自由與集會自由的基本權利。這些行為必須以法治國家的各種方法來懲罰並阻止。每個在德國生活的人都必須認同我們基本法的價值。因此，打擊反猶主義、反對任何群體形式的仇恨（無論動機是來自右派、左派還是伊斯蘭主義），都是國家與公民的義務。

那麼，為什麼要使用「國家理性」這個詞，而非只說以色列的安全絕無協商餘地，就像我之前在其他場合所說的那樣？「國家理性這個詞表達的意涵，比任何在專業詞彙或憲法制度中所能闡述的更多、更強烈。它結合了我們堅持的自由憲法基本價值、我們所生活的經濟社會制度，以及我們所需要的安全。」這是赫爾穆特·柯爾於一九八四年五月二日在牛津大學聖安東尼學院一場題為「德國外交政策：康拉德·阿德諾的遺產」的演說中所說的。雖然在演講中並沒有提及以色列，但他對國家理性這個詞的詮釋確實觸及了對我來說很重要的核心。

凱洛斯

「離開舞台」

在我辦公室書桌的後方牆上有一個低窄彎曲的壁架，它的深色與木質結構和書桌一樣。架上掛著柯克西卡（Kokoschka）畫的阿德諾肖像畫，斜前方則立著德國國旗與歐盟旗幟。牆壁的架子一直延伸至辦公室的最左邊，進來的訪客不太會注意到。二〇一九年初，我在那裡放了一個用氣泡袋包起來的小雕塑。除了貝雅特・鮑曼和我，沒有人知道氣泡袋裡面包著什麼。我打算有朝一日在我的卸任總理辦公室裡「亮相」這個雕塑，就像貝雅特・鮑曼與我經常開玩笑時說的那樣。也就是說，這個雕像只有在我卸任後才會讓大家看到，在那之前，它就一直那樣包好放在壁架上的角落。

我是在二〇一九年一月九日買下這個雕塑的，當時我在柏林斯蒂爾維克（Stilwerk）藝術商場參觀藝術品經銷商威爾弗里德・卡格爾（Wilfried Karger）舉辦的雕塑家托馬斯・雅司特朗（Thomas Jastram）展覽，這位雕塑家於一九五九年出生在羅斯托克，現居漢堡。呂根島的景觀建築師帝爾克・艾佛特（Dierk Evert）在二〇一八年底跟我選區的助理卡特琳・邁爾（Kathrin Meyer）提到這個雕塑展，並推薦我去看看。我沒有失望。在參觀時，我在各種姿態的女性雕塑中發現了一個與眾不同的雕像。背部和腳上有翅膀，後腦勺是禿的，只有前面可見一小撮頭髮。絕對不會認錯，是凱洛斯。與代表時間規律流逝的克羅諾斯（Chronos）不同，凱洛斯飛翔在空中，人們必須等待適當的時間才能抓住他的頭髮。為了確定，我再次看了一下雕像的文字描述：「Kayros」。沒錯，那是機會之神，托瑪斯．雅司特朗於二〇一七年用青銅鑄造，四十二公分高。我立刻知道，我想要擁有它。我還是先將整個展覽參觀完，之後我再次回到「凱洛斯」的雕像前，雅司特朗跟著我。我小心翼翼地問這個雕像是否能收藏。他回答可以。接著我詢問了價格。我一生中從沒有買過雕塑，也不清楚這種雕像的價格為何。結果價格對我來說是可以負擔的。

雅司特朗問我：「為什麼這個雕像吸引了您呢？」

「因為在我的人生中，我花了無數時間思考正確的時間點，這在政治中極其重要。」我如此回答：「你必須抓住正確的時刻，而這決定了成功與失敗。」

有時候我會面臨錯過最佳決定時間的危險。但回顧過去，我會想，我之所以能夠擔任那麼多年的聯邦總理，部分原因是我在關鍵時刻能夠憑直覺感知什麼時候是正確的時機，就像小時候游泳課從三公尺跳板上跳水時那樣。

我有時候排在很後面，但是如果時間快到了，我也沒有太遲，剛好就是在那個時刻，也沒有太晚。這樣的時刻不需回顧很久以前，確切地說就在兩個半月前發生過。二〇一八年十月二十九日星期一，我告訴基民盟主席團以及聯邦理事會，在十二月的聯邦黨大會（也是定期的選舉黨大會）上，我不會再參選黨主席，這個職位我已經擔任超過十八年了，而且我會在二〇二一年聯邦眾議院大選後告別政壇。前一天，基民盟在黑森邦的邦議會選舉中雖然仍是得票率最高的政黨，黑綠聯合政府也在比半數多一票的狀況下繼續執政，但基民盟的得票率比上一屆降低甚多。選情之夜是一連串負面發展中的又一個低谷。兩週前，基社盟在巴伐利亞的邦議會選舉中損失慘重；夏天時，基民盟與基社盟在庇護和難民政策上的分歧，這個情況基本上自二〇一五年九月四日決定讓匈牙利的難民入境以來就持續著。加上牙買加聯合政府協商的前置會議破局，以及二〇一七至二〇一八年漫長磨人的聯合政府籌組協商，我不能也不願意這些成為日常。此外，我手中還有一張小王牌：二〇一三年聯邦眾議院大選時，我還必須顧慮社民黨、綠黨和左黨雖然總席次只比過半多一些，但確實有可能協商組成聯合政府，對抗基民盟／基社盟。但這種顧慮在二〇一七年聯邦眾議院大選後就不存在了，除了基民盟／基社盟，政治上已經不存在其他可能的多數聯盟。如果我在國會任期結束前三年宣布我不再競選黨主席，也不再參選聯邦眾議院，會讓我的政黨（最終結果也會影響我的國家）陷入無法解決的困境，我對他們負有責任。

早在兩年前。二〇一六年十一月二十日星期日，經過數個月的深思熟慮後，我向基民盟聯邦理事會提出，我會「再一次」參加二〇一七年聯邦眾議院選舉。沃夫岡・蕭伯樂在發言時立即糾正我：我不應當說「再一次」，而是應該說「繼續」參選。他當然是正確的，在公開場合的表述方式對於成功的選戰具有決定性影響，畢竟誰會選一個下台任期已經確定了的候選人呢？我當時的用詞是佛洛伊德式口誤[13]，它透露了我內心堅定的想法，即二〇一七年聯邦眾議院大選絕對是我最後一次參選。雖然我決定繼續完整的四年任期，並履行對公民的承諾，但二〇二一年將是句點，不管是作為聯邦總理或是聯邦眾議院議員。對此，我在二〇一八年十月二十九日先跨出了第一步。原本我打算在一週後的基民盟主席團暨聯邦理事會閉門會議上宣布，這個會議是為了籌備十二月的聯邦黨大會而安排的。然而，二〇一八年秋天，我開始面臨壓力。雖然身為聯邦總理以及黨主席不需對所有事情負責，但是這個職位確實還是要扛起全部的責任。甚至有人開始猜測聯邦黨大會出現其他候選人的風聲，我在星期日晚上決定不要等到閉門會議那週，而是星期一就公布我的計畫。如果我想在二〇二一年聯邦眾議院選舉後繼續留任，或者我一直還沒做出決定，那我可能會面臨更多的黨內爭論，甚至可能會出現競爭對手的挑戰，雖然可能會像赫爾穆特·柯爾一九八九年九月在布萊梅黨大會上那樣，即使票數不夠高，但仍足已繼續被選為黨主席。基民盟不會將聯邦總理拉下來。就像赫爾穆特·柯爾一樣，我堅信黨主席與總理職位必須由同一人擔任。只有這樣才能賦予必要的權力政治威望，兩者方向才會一致。如果我現在不身兼兩職，距離聯邦眾議院選舉還有三年就辭去黨主席職務，那就只有在我已經準備退出政壇的情況下才可行。否則，我絕不會考慮將黨主席與總理職位分開。

除了貝雅特·鮑曼之外，我在星期一早上之前都沒有告訴任何政治圈內人我當天要在黨內及隨後的公開場合說的事。對於這些在前一晚還跟我一起坐著談話的人來說，事後無疑讓他們感到難以接受。但是我必須確保我的決定在宣布之前不能走漏風聲，要在最適合公開說明的條件下宣布。星期一就是這樣的機會，先是在主席團會議，之後在聯邦理事會，最後在我的記者會上宣布。在阿德諾大樓的基民盟藍色背景牆前，我正式公開宣布我的決定，並用一句話總結了我決定的原因：「我一直希望並決定以有尊嚴的方式，就任我的國家的政治職位與政黨政治職位，並在某一天也以有尊嚴的方式離開這些職務。」緊接著我讓記者提問。

在二〇一六年就已經存在我卸任總理的理由，而這個理由依然如此：民主政治的存活需要輪替，擔任十六年的總理是一段非常長的時間，二〇一七年聯邦眾議院選舉中暴露的煽動潛力也沒有消失。二〇一五年難民政策的發展是我總理生涯中一個轉捩點。為德國服務：我將它視為我整個任期的連接紐帶，但是有前段與後段之分，即二〇一五年九月四日至五日決策之夜的之前與之後。

德國另類選擇黨在二〇一三年就已經成立，這個政黨是反對我在歐元救援政策決定的回應，但當時它沒有跨越百分之五的門檻，因而無法進入國會。兩年後，因為難民數量增加與對難民政策的反應，該黨獲得了新的力量。二〇一六年五月，在歐盟與土耳其協定生效後的幾個星期，該協議使德國的難民數量開始明顯減少，我在《法蘭克福週日匯報》（*Frankfurter Allgemeinen Sonntagszeitung*）的專訪中被問到，基社盟弗朗茨·約瑟夫·施特勞斯的那句話對

13 譯注：「佛洛伊德式口誤」（freudscher Versprecher）是指一種無意識的言語失誤，被認為能揭示說話者潛意識中的真實想法或感受，通常是一些被壓抑或不願公開承認的想法。

我有什麼意義。那句話是說，在聯盟黨右邊之外不應該還有民主正當性的政治力量存在。我回答，這句話一方面是對的，因為聯盟黨必須持續將右邊勢力整合至中間，並且必須針對問題提供具體解答。「不過另一方面，如果施特勞斯這句話被理解為，」我繼續回答：「為了不讓人們離開聯盟黨，結果必須弱化我們的原則或甚至放棄原則，而這些原則對我們國家和聯盟黨都是有建設性的，並且構成了我們的核心信念，那麼這句話對我來說就沒有意義。歐洲的統合，包括共同貨幣、自由通行、北約共同價值共同體、保障人性尊嚴，尤其是那些處於困境中的人，這些我們都不應該放棄。此外，基民盟與基社盟最能發揮整合效果的時候，就是找到共同解決方案的時候。」

民主政黨對於另類選擇黨究竟能變得多強有很大的影響。我相信：如果民主政黨認為透過不斷地談德國另類選擇黨的議題，並試圖在言語上壓制它，但是卻沒有提出實際解決現存問題的方法，就能遏制它的發展，那麼這注定要失敗。相反地，如果民主政黨能展現他們的能力，實際回應這個時代的挑戰並貫徹執行，甚至跨越政黨界線，不是將此視為策略，而是在表達上保持真誠和謹慎，那麼選民必定會支持他們。這點在難民政策上尤其適用。大多數人們都能明顯察覺到政治人物的行動是否出於純粹的算計，他們能辨別只是被另類選擇黨牽著鼻子走，又或者他們的行動是真心想解決問題。這方面民主政黨必須自己衡量，他們也必須考量到，當他們想要戰勝那些意見不一致的黨內成員時，是否必須貶低他們，還是能接受異議的存在。適度與中道是民主政黨成功的基礎與前提。

※　※　※

就像以往做出困難的決定之後那樣，我感到相當輕鬆，我在二〇一八年十月二十九日說完該說的話之後也是。兩個半月後，我站在斯蒂爾維克展覽中的「凱洛斯」雕塑前。這座雕塑彷彿是為我而做的。我在最適當的時機鬆開手了。

幾個月後，我在一個最初令人不安的情況下意識到了這一點。二〇一九年六月十八日星期二，我在柏林歡迎新任烏克蘭總統弗拉基米爾．澤倫斯基的就職訪問，以軍禮接待他，在儀式快結束前不久，我的大腿開始輕微顫抖。當國歌演奏時，顫抖擴散到全身。我有點搖晃，試圖用手臂出更多力來壓制大腿的抖動，好讓身體保持穩定，所以我將兩手交叉放在身前。但是沒有用。我不知道自己還能撐多久，甚至懷疑自己在國歌演奏完後是否還能步行檢閱儀隊。令我驚訝又鬆了一口氣的是，當跨出第一步之後，身體就恢復了正常。儀式結束之後，我立刻喝了一杯水。那天相當熱，正值中午，我喝了三四杯咖啡後都沒有再喝任何東西。我當時想或許是這個原因，因為幾年前我在國外也經歷過類似的狀況，儘管不像這次這麼嚴重。

但是幾天後又發生了同樣的狀況。這次在總統府貝勒維宮，當時與聯邦總統正在任命克里斯蒂娜．蘭布雷希特（Christine Lambrecht）接任卡塔琳娜．巴萊（Katarina Barley）擔任法務部長。總統致詞時，我站在他旁邊，正好直視一整排正對我的攝影機，無法避開。我又開始顫抖，身體不聽我的大腦使喚。史坦邁爾致詞結束後，我終於能夠移動，一切又恢復正常了。

這種情形在芬蘭總理安蒂・李納（Antti Rinne）於二〇一九年七月十日來訪時第三次發生。之後，我決定在隔天丹麥總理梅特・佛瑞德里克森（Mette Frederiksen）訪問時，坐在椅子上聽國歌演奏。從那之後直到我卸任前，無論是國內外出訪，我都是這樣安排。發生這種狀況後，我接受了徹底的身體檢查。神經科和內科檢查都沒有異常。顯然，我的自主神經系統反應需要從另一個角度來理解。一位整骨療法醫師向我解釋，我的身體正在釋放長期累積的緊繃壓力，不僅是因為在我母親年初過世後，我幾乎沒有時間哀悼，也是因為我正在經歷放下職務的過程。基本上這是一個好消息，不過如果我的身體沒有決定在公開場合呈現這個過程就更好了。

※ ※ ※

寫這本書時，我偶然再次看到了二〇一九年一月十二日刊載於《南德日報》的一篇文章，恰巧是在我參觀展覽並買了凱洛斯雕像的三天後。這篇文章在當時讓我感到相當有趣，所以一直保留著。在那篇題為〈離開舞台〉的文章中，作者萊納・艾爾林格（Rainer Erlinger）探討了為什麼找到適當的時機退場是一門藝術，他也提到了凱洛斯，並問道：「對於政治人物來說，退場是否特別困難？」艾爾林格解釋，漢娜・鄂蘭（Hannah Arendt）在一九六〇年出版的哲學著作《人的條件》（*Vita activa oder Vom tätigen Leben*）中描述工作、製造、行動是人類三種基本的活動。工作是為了獲得麵包，製造意味著創造些什麼，而行動包括「人與人之間的互動」。「因此行動就是政治活動的本質。」艾爾林格如此引用鄂蘭的說法。艾爾林格總結道：

「因此，更重要的是要認知到，停止本身，並不僅是政治領域的結束，也是行動的結束。這種行動是邁向任務終點的一部分，也是自己生命的一部分。」這也是我當時所感受到的。

告別基民盟主席職位

二〇一八年十二月七日星期五，我在漢堡展覽中心以基民盟主席身分發表了最後一次演講。舞台背景牆上以LED燈組成黨大會的標語：「團結一起，一起領導。」（Zusammenführen. Und zusammen führen）這個小小文字遊戲呈現出基督民主聯盟的立場與抱負。我決定不就當前所有計畫發表長篇大論，這應該留給稍後選出來的新任黨主席。因此，我主要思考了五個問題作為演講主軸，其中四個問題是回顧過去：是什麼讓基民盟與我在二〇〇〇年首次參選黨主席時聚集在一起？是期待政黨在政治獻金醜聞案後重新取得成功。什麼是基民盟與我要互相感謝的？無數個小時共同思考最困難問題的最佳解決方案。我們互相保留了什麼？我肯定自己對於政治對手比較少有尖銳攻擊。為什麼現在與政黨分開？其實我們並沒有真正分開，因為我與基民盟的連結不需要黨職來維繫。但是隨著政黨的新領導者上任，必須為未來訂下方向。

第五個是唯一著眼於未來的問題。我對基民盟的期待是什麼？我回答：「我期待我們能做到，即使在最艱難的時刻，即使面臨再複雜的任務和來自外部再強烈的攻擊，也不要忘記基督民主聯盟的堅持是什麼。我們基督民主聯盟人士會界定我們自己，但絕不會將人排除在外。」

我自己是否令人信服地始終堅守了這個主張呢？儘管我懷有最好的意圖，但實際上可能沒有。例如，當我在二〇一七年六月三十日於聯邦眾議院投票反對婚姻平權法案時，我面臨了一波抗議與不諒解。在這個問題上我抱持著傳統觀點，認為根據基本法，婚姻應限定於男女之間。在這幾天前，我決定針對婚姻平權法案採取投票表決，因為依照聯邦眾議院的贊成比例，可以預見法案應該會通過，並取消黨團一致投票的決定。我並沒有要歧視任何人，但是我的反對票卻造成了完全相反的結果。多年來為同性婚姻奮鬥的同性戀人士，將婚姻平權法案視為反對歧視與排斥的象徵，因此覺得被我拋棄、甚至背叛了。這讓我感到痛苦，在這個議題上醞釀多年的社會衝突顯然沒有因此解決。我反而陷入要為自己辯解的壓力，基於良心所做的決定本身成為了一種矛盾。

我在漢堡的演講中繼續說道：「我們基督民主聯盟人士會爭論，雖然爭辯不少，但從不煽動與貶抑他人。我們基督民主聯盟人士不會在人的尊嚴上做出區別；我們不會挑撥離間。我們基督民主聯盟人士不會喪失自我學習和自我反思的能力；我們基督民主聯盟人士為我們國家的人民服務。」我應該還可以再加上：即使在獲得重大勝利的時刻，我們也不會忘記並非所有人都投票給我們，而且其他政黨正處於困境中。這確實是我在二〇一三年聯邦眾議院選舉之夜慶祝時，將黨祕書長赫爾曼．格羅厄手上的德國國旗拿走並放到舞台外的原因。這個舉動引來了許多人的不理解與批評。我感到相當抱歉，剛好是赫爾曼．格羅厄，他是我認識的人中很敏感而且絕不自誇的人之一。儘管如此，我仍然覺得當時揮舞國旗並不恰當。社民黨得票率跌到谷底，自民黨首次沒有進入德國聯邦眾議院，基民盟獲得相當耀眼的勝利，但是我們也沒有得到百分之百的支持。我們完全有理由高興，但是沒有權利主張自己代表德國國旗，尤其是在這個勝利的時刻。

我最後以這段話總結了我的想法：「只有在我們不帶著不滿、怨恨、悲觀，而是懷著樂觀的心態工作，我們才能形塑美好的未來。在我的人生中我一直抱持這樣的看法，無論是在東德時期的生活，還是在自由的環境下。而這樣的樂觀心態，我期待我的政黨在未來也是如此。」

我相當確信，基民盟能夠以這樣的態度在未來繼續實現黨大會標語代表的意思——「團結一起，一起領導。」為我們國內的凝聚力服務，並以此克服我們這個時代的挑戰，並做出決定性的貢獻。

疫情

民主的考驗

我任期的最後三年開始了。有些人認為我可以輕鬆地度過這段時間，在二〇一九年下半年享受擔任歐盟部長會議輪值主席國的告別演出，並且到世界各地旅行。二〇一九年除夕夜，我倒數第二次的新年談話在電視上播出。如果那天有人預言我在新的一年裡很快就會告訴大家，不要互相道賀、不要握手，人與人至少要保持一．五公尺的距離，要戴口罩，幼稚園、學校、電影院、戲院、歌劇院與音樂廳、旅館、餐廳、商店、健身房、髮廊以及其他近距離接觸的服務設施都必須關閉，在醫院、養老院與照護中心的人們必須遠離他們的親人，在室外與室內的聚會、還有主日禮拜與彌撒、喪禮的聚集人數要盡可能減少，展覽、商展與運動比賽都取消，我一定會說他瘋了，這些事情跟我一點關係都沒有。然而，事實並非如此，原因是一個肉眼看不見的敵人：一個只有〇．一微米的小小病毒。它需要我們人類才能繁殖，並在我們做符合天性的舉動時，也就是與他人在一起時的地方傳播。只有違背我們的本性避免與他人接觸，才能防堵它。如果不這樣的話，就是放任所有人在短時間內都被病毒傳染，並眼睜睜地看著我們的醫療體系崩潰。這樣的話，將會有許多人死亡，尤其是老人和原本有其他疾病與高感染風險的人，即使我們不是故意。我拒絕這樣的做法。這與我的價值觀和信念相悖，也與我對基本法第一條的理解相違背——人的尊嚴不可侵犯，尊重及保護此項尊嚴為所有國家權力之義務。

在我的新年談話中，我提到了我們可以用什麼樣的信心，展望全新開始的二〇二〇年。我當時並沒有注意到，德新社一則於二〇一九年十二月三十一日上午發布的新聞，稱「有一種神祕的肺炎在中國中部城市武漢爆發」。否則我也許會特別留意，因為我正好在三個月前，也就是二〇一九年九月六日至八日去過武漢，還參觀了德中友好醫院同濟醫院。該醫院是中國最現代化的醫院之一，並與杜依斯堡－埃森（Duisburg-Essen）大學醫院和柏林的夏理特大學醫院維持著合作關係。當時沒有任何跡象預示這座城市的人們將會遭遇到什麼災難，以及這場災難將如何從該地傳染至整個國家、亞洲以及全世界。

在新年開始，最初仍是其他議題占據焦點：澳洲叢林大火、奧地利與西班牙組閣、德國下半年歐盟部長會議輪值主席國的準備工作。但是從二〇二〇年一月中旬開始，我們的注意力開始轉移，我自己也是。「我昨晚在《新英格蘭醫學期刊》（*New England Journal of Medicine*）讀到一篇關於武漢一種新冠病毒的文章。這讓我非常擔心。」我至今彷彿還能聽到黑格・布勞恩在一個早晨會報時說的，他是二〇一八年開始擔任總理府的主任。「甚至醫護人員在治療被感染患者時也被傳染了，這表示這個病毒的傳染力相當強，可能會傳播到全世界。」黑格・布勞恩是醫學專業出身，他不會誇大其詞，更不會戲劇化。如果他在我們的晨會上提到平常不會出現的議題，那就很清楚我們必須嚴肅對待，因此我請他「立刻跟羅伯特寇赫研究中心（Robert Koch Institut）聯絡」。

幾天後，二〇二〇年一月二十七日，慕尼黑大學醫院的熱帶傳染病研究中心確認了德國第一個新型病毒傳染案例，患者是巴伐利亞邦史丹貝格縣（Starnberg）高廷鄉（Gauting）的偉巴斯托（Webasto）公司的一位員工。我當時心想，這不可能是真的。生命就是有那麼湊巧，那些巧合是無法編造出來的。因為我立刻想起，二〇一九年九月的中國訪問之行，我不僅去了武漢，還與偉巴斯托集團總裁霍爾格・恩格爾曼（Holger Engelmann）一起為他們在當地新建的工廠剪綵。這名被感染的員工參加了一個由來自上海的中國女士主持的培訓，那位女士在回中國後證實確診。毫無疑問，她就是偉巴斯托公司感染的源頭。隨後，有更多的員工確診。病毒檢測使用了由夏理特醫院病毒學專家克里斯汀・多羅斯騰（Christian Drosten）團隊研發出的方法，該方法在一月中旬投入使用。病毒已經來到德國。當時它的傳染範圍似乎還在控制範圍中，所有的傳染鏈都能夠追蹤到。

※　※　※

兩個星期後，二〇二〇年二月十一日，世界衛生組織將這個新的傳染病命名為：COVID-19。CO是取自冠狀（Corona），VI是病毒（Virus），D是疾病（Disease），19是二〇一九年，即疫情爆發的年份。

二〇二〇年二月二十四日，玫瑰星期一（Rosenmontag），貝雅特・鮑曼跟我一如往年在狂歡節期間會去波羅的海迪爾哈根度過三天假期，思考接下來的年度計畫。當時還沒有討論到是否因為新傳染病而考慮取消旅行，我們也不需要擔心去餐廳是否會因為病毒而危害健康。但是想到這幾天出現的確診病例都與二〇二〇年二月十五日在北萊茵－西發利亞邦海斯貝格（Heinsberg）縣甘格特鄉（Gangelt）舉行的狂歡節集會有關，我們心裡還是有些不安。

二〇二〇年二月二十八日星期五，我在選區的傳統新年歡迎會上首次公開談及新冠病毒。在史特拉頌的史鐸特貝克啤酒廠（Störtebeker-Brauerei），面對四百多位受邀來賓，我保證聯邦政府會採取一切措施保護民眾，並表示每個人都可以為對抗病毒作出貢獻。「我今天不會向任何人伸出我的手。」回想起來，這句話幾乎天真得可愛。我開始安排我辦公室的輪班模式，員工輪流在辦公室和在家上班，以確保我們隨時都能正常處理工作。

※ ※ ※

第一件良心衝突事件在五天後出現。二〇二〇年三月四日星期三，在黑森邦的哈瑙（Hanau）計劃舉行一場追悼會，悼念兩週前，二月十九日晚上被謀殺的九位具有移民背景的人民。凶手殺死他們後，也殺死了自己的母親並自殺。所有跡象都指向這是一件種族主義動機的謀殺案。這實在是非常可怕。直到今天，我都還在想這對受害者家屬、對所有具有移民背景的人們，以及對整個社會究竟意味著什麼。

我們再度只能承諾，盡一切所能釐清謀殺事件的真相以及相關背景，並一一指出可能的錯誤行為，包括可能來自公家機關的疏失。我強烈希望參加哈瑙的追悼會，即使跟我在八年前參加恐怖主義團體「國家社會主義地下組織」受害者追悼會不同，我不會致詞。然而，面對這種新疫情使我相當困擾，我在思考自己是否應該參加上百人聚集的活動。如果我確診了，這對政府的行動能力意味著什麼？難道我不需要成為榜樣，避免群聚活動嗎？聯邦總統法蘭克－瓦爾特．史坦邁爾以及黑森邦邦總理佛爾克．布菲爾的出席是否足夠？不，我決定要出席哈瑙的追悼會。

※　※　※

一星期後，二〇二〇年三月十一日，世界衛生組織宣布COVID-19是大規模嚴重傳染病，是全世界流行的傳染疾病。同一天，我與健康部長延斯．施潘以及羅伯特寇赫研究中心主席洛塔爾．維勒（Lothar Wieler）出席聯邦記者會。我特別提到三天前聯合政府委員會針對經濟領域決議的首批新冠疫情紓困措施，明確指出新冠病毒對我們健康的危害，並強調了我們國家聯邦制度的優勢，因為它能夠以地方分權方式行動因應問題。儘管如此，我還是警告性地補充：「聯邦制度不是為了推託責任，而是要讓每個人在各自的崗位上履行責任。」這些話背後的實際狀況是：因為防止傳染基本上屬於各邦權責，聯邦政府的行動空間，包含我自己在內的行動空間都相當有限。在接下來的幾個月，我深刻體會到了這一點。無論如何，我很快就意識到，在對抗疫情的過程中，凝聚了所有可能影響我作為個人與政治家的一切。作為人類與公民，我就像其他人一樣擔心自己和家人的健康，我與每個人都必須遵守適用的規定。身為聯邦總理，我與各邦總理一起決定對抗病毒的措施。作為一名自然科學家，我對這種狀況感到苦惱，並不是每個人都理解指數增長的動態，也就是感染病毒的人數在一到兩週內就會增加一倍。如果不採取對策，最初較少的感染人數可能會在短短幾週後飆升。然而，人們大多時候都是水快淹到脖子時才會採取行動。

※　※　※

二〇二〇年三月，我們目睹了歐洲疫情惡化的過程。在義大利北部，醫療體系已經不堪負荷。醫院人滿為患、載運棺材前往火葬場的車隊等令人沮喪的畫面，都證明了情況的嚴重性。我想盡我所能確保德國永遠不會陷入這種境地。由於避免接觸是當務之急，我在二〇二〇年三月十二日、十六日和二十二日與各邦總理進行討論，並同意大幅實施限制公共生活的措施，只有日常生活不可或缺的領域不在限制之內，包括食品零售、每週市集、藥局、醫療用品店、日用品商店、加油站、郵局、銀行和儲蓄銀行。此外，除荷蘭之外，我們還管制了前往鄰國的跨境交通。

這些措施相當嚴厲。我相當清楚，只有獲得大多數民眾的支持，透過他們的行為配合這些措施，才能完成這些措施所要達到的目的。為此，民眾需要更了解我的整體想法。貝雅特・鮑曼、伊娃・克利斯蒂安森、史蒂芬・賽貝特和我反覆討論我們該怎麼樣才能做到這一點。我的選擇有限：在記者會上，我能夠在開始時強調，但之後只能回答記者認為重要的問題。在聯邦眾議院發言時，呼籲議員們支持，並只能希望晚間新聞會播出我心中最希望傳達的片段。由於疫情，我原本可能出席的其他活動都取消了。剩下的方法是我在整個任期內除了新年談話外從未做過的事：向全國發表電視談話。這項舉動本身顯然就能傳達出情況的嚴重性，而且這是唯一能讓我直接且完整向公民講話較長時間的方法。

「您應該這麼做，這確實是必要的。」伊娃．克利斯蒂安森說。

「我百分之百確定德國公共電視第一台跟第二台會轉播，您又不是要宣布跟政黨有關的政策，而是真正的緊急情況。」史蒂芬．賽貝特補充道。

「我們應該保留一點確切時間點的彈性，要等到確實適合的時機，不過我們現在可以先草擬講稿。」貝雅特．鮑曼建議。

「我們就這麼做吧！或許你們也問問看非政治圈的朋友，問問他們是否可以幫忙我們，以免我們只是在自己的圈子裡打轉。」我做了結論。

是否要發表電視談話的問題已經決定，適合的時間很快也確定了。二〇二〇年三月十七日，也就是我們與各邦邦總理會議確立重要措施的第二天，史蒂芬．賽貝特詢問德國電視一台與二台是否願意在隔天晚間新聞後播出我的談話，也就是在這些嚴格限制措施實施的前四天。電視台同意了。

二〇二〇年三月十八日星期三，下午四點半，我從辦公室前往總理府六樓的內閣大會議室，準備在那裡錄製我的談話。這個場景我很熟悉，就像以往的新年談話一樣。我希望沒有任何事物分散人們對於我想要傳達的訊息的注意力：「這是個嚴峻的時刻，請大家也要嚴肅以待。自德國統一以來，不，自第二次世界大戰以來，我們的國家從來沒有面臨過這樣如此需要我們共同團結行動的挑戰。」我毫不掩飾地表達了情勢的緊迫性。我們的朋友建議，我不要只呼籲和說明新的規定，應該也談談我個人的想法。這個建議我牢記在心：「對像我這樣的人來說，旅行自由與行動自由曾經是千辛萬苦才爭取到的權利，這些限制措施只有在絕對必要的狀況下才合理。在民主社會中絕不能輕率做出這種限制，而且只能是暫時的。但是現在為了拯救生命這種限制是勢必在行。」我在最後再次強調：「我們是一個民主國家，我們的生活不是靠強迫維繫，而是靠共享知識和共同配合。」

我大約九分鐘的談話引起了巨大迴響，顯然我觸動了大家的敏感神經。我可以在這個基礎上繼續努力。

五天後，二〇二〇年三月二十三日星期一，內閣會議決定以「整體協助方式」方式提出「全國傳染疾病流行期間人民保護法草案」（Gesetzentwurf zum Schutz der Bevölkerung bei einer epidemischen Lage von nationaler Tragweite），即所謂的《人民保護法》（*Bevölkerungsschutzgesetz*）。「整體協助方式」意味著立法草案直接由聯合政府黨團在聯邦眾議院提出，聯邦眾議院與聯邦參議院在該週就可通過。確立傳染疾病擴散至全國之後，聯邦與邦才有權限繼續進行後續行動。此外，內閣在同一天通過了一千五百六十億歐元的追加預算，幾乎相當於全年預算的一半，以因應疫情對經濟的衝擊。為此，聯邦眾議院暫時取消了基本法中二〇二〇年的債務煞車機制。聯邦政府、聯邦眾議院以及聯邦參議院在一週內完成了所有決定，如果沒有各部會的參與，以及總理府的內政與法制主管芭貝特・基貝勒（Babette Kibele）、社會政策部門主管格薩・米耶－諾德邁爾（Gesa Miehe-Nordmeyer）的協助，是不可能完成的。我對她們與她們所有的同仁都感激不盡。更何況我們的共同工作變得越來越困難，因為我接觸了確診者，從三月二十二日星期日晚上開始需要隔離。

※　※　※

儘管儲備防護用品基本上是由各邦負責，聯邦健康部還是成立了採購小組，以加快從國外進口口鼻防護口罩。每天都有來自醫院的警示，表示防護用品即將耗盡。醫生和護士沒有合適的口罩來保護自己，這想起來就令人難以忍受。口罩幾乎全部在亞洲生產，尤其是在中國。歐洲各地為了爭奪這項產品而展開了激烈競爭，它突然間變得具有戰略重要性。這裡指的主要是兩種口罩：醫療口罩（也稱為外科口罩），以及防護等級ＦＦＰ2級別的顆粒過濾口罩。我們逐步成功採購了這兩類口罩的足夠數量，以及擴大了在國內的生產能力。ＦＦＰ2口罩的生產獲得了四千萬歐元的資助。

在電視談話後並實施嚴格限制約一個月後，感染數量的大幅波動已經放緩。新增感染人數大幅下降。但病毒消失還遙遙無期。我很清楚，我們還沒有進入疫情大流行的最後階段，仍然處於初期階段。然而，大家越來越聽不進警告。這也確實如此，正如我二〇二〇年四月二十三日復活節假期後在德國聯邦眾議院發表的政府聲明中所說，這場疫情從開始到現在都是對「民主的考驗」，「因為它限制了我們最基本的權利和需求，無論對成人還是兒童都一樣。」住在療養院、養老院和身心障礙機構的老人和病患所承受的痛苦尤其讓我感到沉重。「在這些原本就可能面臨孤獨問題的地方，疫情期間完全沒有訪客更顯得孤獨。當生命力逐漸減弱且生命即將結束之時，除了竭盡全力的照護人員之外，沒有其他人能陪伴在身邊，這實在相當殘酷。我們永遠不要忘記這些人，以及他們不得不經歷的暫時隔離。」我試圖為那些在公共領域中幾乎沒有聲音的人發聲。同時，一場關於放寬限制和重新開放的激烈討論已經爆發。在二〇二〇年四月二十日星期一的基民盟主席團電話會議上，我脫口而出「討論開放狂歡」這個詞。我擔心，如果我們放寬和放鬆得太快太多，會浪費掉如此多人犧牲所換來的成果，更不用說這對最弱勢群體和醫院工作人員多麼不公平。至少從二〇二〇年四月二十九日起，全德國在公共交通工具上和購物時開始規定必須佩戴口罩。

隨著春季天氣轉暖，感染人數持續下降。我很感激那麼多人在過去幾個月裡做出了非凡的貢獻，特別是醫生和護理人員。我們彼此團結互助。員工和雇主設法維持了關鍵基礎設施的運作，聯邦政府為二〇二〇年和二〇二一年提供了一千三百億歐元的大規模經濟復甦計畫，以支持公民、公司和地方自治單位。公共行政部門的許多工作人員日以繼夜地工作，德國聯邦國防軍的士兵協助醫療部門以及療養院，家庭也克服了許多困難，尤其是孩子們，對他們來說，很難忍受與幼兒園和學校朋友分離。我們可以為我們的國家感到自豪。

毫無疑問，這場疫情對所有世代都提出了巨大的要求，無論是孩童、父母還是祖父母。關於學校和幼兒園的關閉，很少有議題能引發如此多且激烈的爭論，甚至部分討論仍持續至今。在防護設備（包括充足的口鼻防護口罩供應）方面，聯邦政府被指責沒有充分重視聯邦保護人民署於二〇一二年對「『SARS模式』病毒造成大流行」做的風險分析。然而，人們卻常常刻意忽略該分析涉及學校和幼兒園的部分。該分析除了提到取消重大活動外，還明確提到關閉學校作為防止疫情的手段。提醒這一點並不能改變幾年後我們面對的不是理論上的風險分析，而是真實大流行的事實。在這場真正的疫情中，病毒及其帶來的危險對每個人來說都是陌生的。我們必須每天學習。我行動的前提和目標是防止我們的醫療系統超過負荷。只有這樣，才能使所有病人得到所需的治療，無論他們是否為高風險族群，無論他們是老是少。這就是引導我的原則。為此，我必須每天反覆衡量風險，不僅要考慮病毒傳播途徑對人的危害（無論老少、高風險族群還是健康者），也要考量聯邦與各邦採取的措施所造成的影響。

在這種情況下，作為前科學家，當政治人物指責科學家不斷改變意見，並顯露出對科學和研究本質的重大誤解時，我有時候會覺得難以忍受。科學家不是隨便提出意見並在必要時改變。科學和研究的目的是獲取知識、從中得出結論，並隨著每項研究的進展而不斷重複這個過程。這是研究和科學的本質。在評估兒童和青少年的感染風險以及他們可能對他人造成的感染風險時，我也是根據當前最新的研究狀況決定，不是根據希望原則，而是遵循預防原則。在第一波疫情高峰和二〇二〇年聖誕節前第二波大流行期間，關閉學校和幼兒園是我支持實施的措施之一。二〇二〇年十二月，為了阻止和防堵第二波疫情，聯邦政府和邦政府最後一次就關閉幼兒園和學校達成共識。然而，到了二〇二一年初，我們無法對重新開放取得一致的立場。我想等到二〇二一年三月一日新增感染人數下降後才開放，各邦則堅持盡早開放。因此，在二〇二一年二月十日的各邦邦總理會議後，我在隨後的記者會上強調，我們生活在聯邦制度的國家，並且基於聯邦制比中央集權更好，雖然有時會有些繁瑣，但是學校和幼兒園非常明確是根植於各邦的權限。「在這件事，我根本不可能以聯邦總理身分貫徹我的意見，不像在歐盟那樣擁有否決權，因為歐盟需要一致決。」我解釋說：「這就是為什麼我們會說，教育文化自主權在這裡優先，各邦將自主決定這些事項。」從那時起，每個邦自行作出相關決策。聯邦政府只有在各邦需要經費為教室配備空氣過濾器時才會被諮詢意見。

二〇二〇年夏天，人們享受著持續鬆綁和重獲自由的感覺。新冠疫情退居幕後。然而，新增感染人數雖然最初數字不高，但很快又開始穩定增加。自五月以來，我和黑格·布勞恩向一群科學家尋求建議，他們從不同的專業角度為我們觀察疫情。身為一位自然科學家，我幾乎要抓狂，就如之前提到的，一般人在政治上偏愛以希望原則來應對疫情：事情應該不會變得那麼糟。我們的顧問小組跟黑格·布勞恩與我同樣擔憂，尤其是隨著秋天來臨，天氣變得更冷、更潮濕，為病毒的傳播提供了理想條件。

九月底，我試圖在基民盟主席團會議上以數字說明我的擔憂，預測聖誕節期間每天會有一萬九千兩百例新增感染。這個數字立刻傳到了公眾耳中。有些人認為我在描繪恐怖場景。二〇二〇年九月二十九日，當我在與各邦邦總理視訊會議後的記者會上被問到這個數字時，剛好提供了我解釋指數增長現象的機會。內心深處，我對需要解釋而感到絕望。儘管如此，我還是盡可能冷靜地算給大家看：「六月底至七月初的這些日子裡，我們新增了三百名感染病例。現在總共有兩千四百例確診。這意味著，感染人數從七月到九月，在三個月內每個月都增加一倍：從三百例增加到六百例，從六百例增加到一千兩百例，從一千兩百例增加到兩千四百例。如果在接下來的三個月，也就是十月、十一月、十二月，我們繼續這樣下去的話，感染人數將從兩千四增加到四千八，然後增加到九千六，最後來到一萬九千兩百例。」因此，我強調這就是為什麼我們必須現在立即採取行動，因為我們的醫療體系將無法負荷如此高的感染人數。

但我無法說服大家。大多數的邦總理基本上依賴現在數量足夠的快篩，這些快篩可以對學生、療養院和醫院的員工，以及訪客或參加活動的人進行篩檢。額外的措施僅限於感染率非常高的地區，即所謂的熱點。熱點地區是指每十萬居民當中在七天內平均每日新增感染人數超過五十例的大城市或縣。超過這個平均數，醫療當局幾乎不可能再追蹤感染者的接觸者，感染人數很可能會出現無法抑制的指數增長。

十月中旬，羅伯特寇赫研究中心登記了六千六百三十八名新感染病例，已經超過我模型估計十月底的四千八百例。在二〇二〇年十月十五日與各邦邦總理進行的另一次會議，我邀請了米夏埃爾・邁爾－赫爾曼（Michael Meyer-Hermann）參加。他是布朗施維格（Braunschweig）赫姆霍茲感染研究中心（Helmholtz-Zentrum für Infektionsforschung）的系統免疫學系主任，也是我顧問小組的成員。他為疫情傳染過程建立出數學模型，能夠根據人與人之間的接觸次數來預測感染過程。他的演講說明，我們迫切需要在關閉和限制接觸方面達成共識，以重新控制疫情發展。我們已經錯過了九月的最佳時機，現在我至少想確保我們不必在聖誕節期間採取最嚴格的措施。我們從春天的經驗了解，需要大約一個月的嚴格限制才能阻止指數性的成長。當時的季節氣候對我們有利，但現在情況不同了。米歇埃爾・邁爾－赫爾曼結束演講後，開始進行問答。我很快就注意到，有些人只是想雞蛋裡挑骨頭，可能是因為他們害怕新的限制，或真的認為事情不會變得那麼糟。他們質疑邁爾－赫爾曼模型的假設，認為他的結論過於悲觀，並指責他沒有考慮新冠測試的影響，也沒有充分考慮戴口罩的效果。「不應該發生的事就不能發生」，這顯然是當天的基調。我心想，這實在是太離譜了，邁爾－赫爾曼為我們犧牲了他的秋假，卻在這裡被當作一個愚蠢的學生對待。

大約一個小時後，我向他道別，內心怒火中燒。在隨後的討論中，我們對每項措施都爭論不休。當有人又開始談論各地餐廳看似完美的防疫措施時，我再也忍不住了。「這個不行，那個不行，所有採取的措施都完美執行中，但沒有人知道大量新增感染案例從哪裡來。當有人解釋時，就會受到質疑。我們正眼睜睜走向災難！」我脫口而出。「而我們目前想達成的措施還不足以避免這場災難！如果我們今天在嚴格措施上無法達成共識，那我們兩週後還要再次坐在這裡，然後不得不做出必要的決定，但是那時候聖誕前夕的待降節已經近在眼前了！」所有人都沉默了。「卡珊德拉[14]已經預言了。」巴登符騰堡邦的邦總理溫弗里德·克雷奇曼打破沉默說道，停頓了一下又補充：「卡珊德拉是對的。」

我還有其他的支持者，尤其是巴伐利亞邦的邦總理馬庫斯·索德以及漢堡市長彼得·詮策（Peter Tschentscher），但這還不夠。會議上只就一些不痛不癢的措施達成共識。在會後的記者會上，我努力地為這些措施辯護，因為我需要聯邦與各邦達成共識。

二〇二〇年十月二十八日，兩週後我們再次開會時，新增感染人數正如先前所擔心的那樣，增加了一倍多。這也反映在重症治療的病例數量上。如果我們想防止醫療系統崩潰，就必須採取行動。而我們確實這麼做了。與疫情開始時不同，幼兒園和學校雖然維持開放，但是在十一月針對私人接觸實施了嚴格的限制。只允許兩個家庭聚會，禁止旅遊住宿，休閒、文化和娛樂設施必須關閉，餐廳和某些服務業也是如此。在所有這些措施中，我們必須遵守法律上重要的比例原則。首先，限制私人接觸或戴口罩等規定必須是恰當的，是為了達到預期目標，即減少感染人數進而防止醫院負荷過重。其次，限制必須是必要的，意味著沒有其他更溫和的手段可以達到預期的結果。第三，限制必須符合比例原則，這表示因限制和規定所產生的負面結果不得超過其產生的正面好處。在此基礎上，我於二〇二〇年十月二十九日在德國聯邦眾議院的政府聲明中，為我們商議的結果進行辯護，並表示：「這次疫情讓我們重新關注一個我們習以為常的基本概念：自由。這次的情況非常具體，因為聯邦和各邦在今年春季和昨天達成的協議措施，都限制了自由。同時，我們感受到自由不是『每個人想做什麼就做什麼』，而是責任，尤其是現在。對自己、對自己的家人、對工作場所的人，更廣泛地說，對我們所有人負責。」

我暗自希望卡珊德拉這次的預言不準，也希望目前的決議已經足夠，但它還是無可避免地發生了：新增感染人數和新冠患者占用的重症治療病床數量不但沒有減少，反而越來越多。指數成長並沒有按照政治人物的願望改變。聯邦和邦政府再次加強了限制。從二〇二〇年十二月十六日開始，零售商店和髮廊關閉。私人聚會僅限兩個家庭且最多五人，只有在聖誕節和除夕夜才稍微放寬規定。療養院的情況令人沮喪，篩檢通常沒有發揮效果。如果沒有德國聯邦國防軍士兵協助的話，會有更多人死亡。儘管我認為德國聯邦制度就根本上來說是正確的，但我現在對此制度感到絕望。羅伯特寇赫研究中心每天皆登錄大約一千名的死亡病例，這讓我很難過。讓我難以接受的還有，當人們以看似安慰的語氣說，這個人不是死於新冠肺炎，而是帶著新冠病毒死於併發症時，幾乎只差在這句話前面加上「只是」，彷彿在暗示，這個人已經太老或是患有某種疾病，不管是否感染新冠病毒，終究都會很快死去。最主要的是，那些自認年輕力壯的人似乎就可以少受一些限制。我的父母在疫情流行前高齡去世。對我來說，他們是否可以多活一年、兩年或更多年是完全不一樣的事。「僅僅」因為年老或患有嚴重的疾病，並不表示他們就會突然碰到新冠病毒死於併發症。而且幾乎沒有人談論那些遭受新冠病毒（也稱為長

14 譯注：Kassandra，希臘神話中的特洛伊公主，擁有預言天賦，總是預見不祥之事，卻沒有人願意相信她的預言。

新冠或新冠肺炎後遺症）晚期和長期後果之苦的人。儘管這只占了染病者的一小部分，但沒有人知道他們什麼時候才能恢復健康，而且仍然沒有公認的治療方法。這也是我為什麼特別關注，希望新增感染人數盡可能減少的一個原因。

直到二〇二一年一月中旬，幼兒園和學校再次關閉、工作盡可能改為在家辦公、在公共場所和公共交通工具必須佩戴醫療口罩後，情況才開始有所改善。然而，我們對抗第二次疫情高峰的情況卻比第一次糟糕得多。我們也沒有得到任何喘息的機會，因為自年初以來，一種名為Omicron的變異株從英國開始蔓延，逐漸取代了以前的新冠病毒，因為它的傳染性更強。除了二〇二一年三月一日起開放美髮沙龍外，聯邦和邦政府於二〇二一年二月十日決定進一步放寬限制，條件是一個縣市的新增感染人數不高於每十萬居民中有三十五病例。這樣可以確保衛生醫療當局能夠追蹤感染者的密切接觸者。這在理論上是個好方法，但實際上每個邦都制定了自己的限制和開放標準，病毒當然對此毫不在意。從二〇二一年三月中旬開始，Omicron變異株決定了疾病的傳播速度。病例數再次呈指數級增長，新冠肺炎患者占用的重症治療床位數也隨之增加。

我當時下定決心，無論在什麼情況下，因應第三波疫情高峰所需要採取的額外措施，都不要等待太久。當時我並不孤單。二〇二一年三月二十二日星期一，在我與各邦邦總理舉行的視訊會議中，我們花了數個小時討論我們可以怎麼行動。嚴格的冬季防疫規定和聖誕節期間的限制仍在我們腦海裡。現在疫情發生後的第二個復活節期即將到來。我們開會持續到星期二深夜兩點半，並決定從四月一日到五日進行所謂的復活節休息，也就是從復活節的星期四到復活節星期一這五天內，幾乎暫停所有公共生活。我們希望藉此阻止病毒的指數型擴散傳播。

但是看似可行的計畫卻被證明不可能實行。隔天星期二，電話就響個不停。聯邦眾議院的議員們向黑格．布勞恩和我抱怨說我們對現實生活一無所知。那些採買、藥局和已經計劃好的貨運安排應該怎麼處理？星期四的工資損失誰來支付？二〇二一年三月二十四日星期二深夜至星期三，我幾乎沒睡。我想：他們說得對，這根本就行不通。你必須停止這個計畫，否則你會失去自電視談話以來建立的所有信任，沒有信任就什麼都不用談了。週三一早我就到了總理辦公室，像往常一樣，早晨會報於七點四十五分開始。我做的第一件事就是打電話給那天在家上班的貝雅特．鮑曼，我說：「我要停止這件事。」

「您要停止什麼？」她問我。

「復活節休息。」我回答：「我會公開說明並且對整件事表達遺憾。」

「好，我知道了。」她只說了這句話。似乎她也認為有驚無險的結局好過無止境的驚嚇。

在晨會上，我向所有人告知了我的決定，然後打電話給副總理歐拉夫．蕭茲和內政部長霍斯特．傑霍夫。內閣會議結束後，我在上午十一點的視訊會議上向各邦邦總理告知這個消息，一小時後又通知了聯邦眾議院的各政黨黨團主席。中午十二點三十分，我在總理府的記者會場藍色背景牆前發表聲明，向公眾說明情況。我宣布不會實施先前決定的復活節休息規定，儘管這個想法是基於好的意圖而起草提出，旨在阻止第三波疫情。我指出復活節休息的想法是錯誤的，並說：「這個錯誤完全是我個人的錯誤，因為最後我必須為一切負最終責任，這是我的職責所在……儘管如此，我也知道整個過程引發了額外的不安。對此，我深感遺憾，並請求所有國民的原諒。」之後我前往聯邦眾議院，按照原定計畫在政府質詢時間接受議員的提問。在此之前，我也再次發表了我的聲明。

聯邦總理不應該太頻繁地道歉，但也不應該擔心這會被視為軟弱而退縮，尤其是在不可避免的狀況下。無論如何，做出這個改變讓我如釋重負。我的頭腦再次清晰，能夠重新思考如何阻止第三波疫情。黑格・布勞恩想到了一個主意。「我們需要一個全國性的解決方案，例如『聯邦緊急煞車』法規（Bundesnotbremse）。」他建議。「完全正確，這樣我們才能避免各邦不一的政策。」我立即表示贊同。即使是要通過這樣一個由聯邦政府制定的詳細法律規定，也必須與各邦討論，因為不僅在聯邦眾議院，聯邦參議院也必須同意。但這確實奏效了，因為關於復活節休息的決策災難，似乎讓每個人都感到震驚。聯邦緊急煞車機制最初的實施期限是到二〇二一年六月三十日為止。二〇二一年四月十三日，內閣通過了必要的《第四次人民保護法》草案，以便在傳染疾病擴散至全國狀態下保護民眾。情況有所緩和，天氣也幫了不少忙。聯邦憲法法院於二〇二一年十一月駁回了針對該法律的憲法訴願。

希望與失望

儘管如此，比聯邦緊急煞車更重要的是另一件事情：從二〇二一年初開始有對抗新冠病毒的疫苗可以使用了。在不到一年的時間裡，疫苗帶來了結束疫情的希望。二〇二〇年聖誕節假期第二天，歐盟所有成員國都收到了首批由美茵茨的生物技術公司BioNTech與美國製藥公司輝瑞（Pfizer）合作開發的疫苗。這款疫苗獲得歐洲藥品管理署的臨時批准，二〇二一年初又批准了其他兩種疫苗。

二〇二一年四月十六日，我接種第一劑COVID-19疫苗。根據疫苗接種常設委員會對我這個年齡層的建議，我接種了由牛津大學研發的英國－瑞典製藥公司阿斯特捷利康（AstraZeneca）生產的疫苗。隨後於二〇二一年六月二十二日接種第二劑，這次施打的則是BioNTech疫苗，也是根據疫苗接種委員會更新後的建議。因為我的年齡屬於高危險群，當我意識到自己面對新冠病毒及其併發症不再毫無保護時，心情實在是輕鬆不少。疫苗就像地平線上的一絲曙光，預告在不遠的將來，限制接觸的措施可能不再必要。我由衷感謝所有參與疫苗研發的人，並且也為一家德國公司的成功感到高興。BioNTech的創辦人烏爾·薩欣（Uğur Şahin）和他的妻子厄茲勒姆·圖雷西（Özlem Türeci）及其團隊之所以能夠成功，不僅是因為他們兩人於二〇二〇年一月二十五日，也就是烏爾·薩欣首次看到新病毒報導後不久，就決定放下其他一切，專注於開發對抗新病毒的疫苗。他們能成功，也在於自二〇〇八年創立公司以來，他們始終堅信自己的研究。聯邦教育暨研究部在前幾年就已經為他們提供資助。他們兩人很幸運，總是能找到讓他們繼續工作的贊助資金。如今，他們研發的mRNA疫苗能夠幫助我們，不僅要歸功於BioNTech的創始人，還要感謝一九五五年出生於匈牙利的生物學家暨生化學家卡塔琳·卡里科（Katalin Karikó）的堅持。她一生都在為爭取研究經費而奮鬥，但她並沒有因此動搖心志。二〇一三年，她接受烏爾·薩欣的邀請，加入BioNTech。在我寫這本書時，得知卡塔琳·卡里科和她的美國研究夥伴德魯·韋斯曼（Drew Weissman）將獲得二〇二三年諾貝爾醫學獎的消息，這讓我由衷感到高興。

理所當然，大家對首批疫苗交貨的期望相當高。在短時間內為大部分民眾接種疫苗是一項龐大的組織安排挑戰。為了完成這項任務，各邦與聯邦健康部協商後建立了大型疫苗接種中心。疫苗交貨數量在初期非常少，雖然工作人員事先都已經知道，但疫苗接種中心空蕩蕩的場景仍然造成了影響。這也再次證明，政治上最糟糕的事情莫過於錯誤的期望管理。我們的聯合執政夥伴社民黨也利用這一點，指責基民盟的健康部長延斯·施潘，批評他沒有訂購足夠數量的疫苗，而且根本不應該參與歐洲執委會的統籌協調。而他們最主要的批評是：如果我們不能比其他國家獲得更多疫苗，那麼我們有一家生產疫苗的德國公司有什麼意義？為何以色列接種疫苗的人數比我們還多？社民黨的國會黨團向聯邦健康部長提出一系列問題，並且不斷公開要求他回答。作為執政黨，他們當然可以掌握所有相關資訊。很明顯地，選戰已經悄悄來臨，聯邦眾議院選舉將於九月舉行。早在前一年的八月，社民黨的主席團和聯邦理事會已經提名歐拉夫・蕭茲為總理候選人，之後的黨大會正式提名只是個形式而已。就事務本身，延斯・施潘能夠回答所有問題並駁斥指控。儘管如此，基民盟和基社盟在針對聯邦眾議院選舉的民調中仍然下跌。

年初歷經了疫苗短缺問題，幾個月後我們卻面臨了相反的問題。此時疫苗供應過剩，數量無法只分配到疫苗接種中心，家庭醫生也必須幫忙。到了夏天，我們最終面臨了要如何說服人們接種疫苗的挑戰。截至二〇二一年十二月三十日，只有七十四・一%的民眾接種第一劑疫苗，而七十一・一%的人完成了兩劑接種。在這個時期，許多重症治療病床再次被新冠患者占滿，而其中九十%是沒有接種疫苗的人。希望與失望不斷交替。

歐洲的考驗

當二〇二〇年初新病毒全面蔓延時，歐盟大多數成員國的政府首先考慮的是自己的國家和人民，並各自採取因應措施。我們德國也未經協調就實施了出口和入境限制，未充分考慮對歐盟內部自由貿易和生產分工所造成的影響。二〇二〇年三月十日、十七日和二十六日的三次歐洲理事會視訊會議，以及烏蘇拉・馮・德萊恩和歐洲執委會的果斷行動，改變了這個情況。烏蘇拉・馮・德萊恩自二〇一九年十二月一日開始，接替尚－克勞德・榮克擔任歐洲執委會主席，而前比利時總理查爾斯・米歇爾（Charles Michel）接替唐納・圖斯克擔任歐洲理事會主席。兩人都敦促歐盟採取統一的措施來應對新病毒，他們是對的。接下來，歐洲執委會對所有非歐盟會員國實施入境限制，英國（已於二〇二〇年一月三十一日退出歐盟）、冰島、列支敦士登、挪威和瑞士（這些國家屬於歐洲自由貿易聯盟）除外。歐洲執委會還通過了防護裝備出口限制，以便成員國能夠取消其國內的相關規定，並開始一項防護服和醫療用品的聯合採購計畫。這對較小的成員國尤其重要。我們在歐洲理事會達成協議，同意由歐洲執委會協調疫苗採購，一旦疫苗充分供應即開始行動。此外，我們互相協助將因航班取消而滯留全球的歐盟公民送回家，與鄰國協調以確保跨境通勤者能到達工作地點，並確保貨物自由流通。雖然並非所有事情都能夠立刻解決，但是我們逐步再次成為一個歐洲共同體。

接下來，我們希望共同克服疫情對經濟的影響。為此，法國總統馬克宏和我提議設立一個規模為五千億歐元的復甦基金，受疫情影響最嚴重的成員國將獲得最多資金。與我們的財政部長們密切協商，並與烏蘇拉·馮·德萊恩討論後，馬克宏和我擬定了一個籌措復甦基金的計畫。這將是一個額外且有時限的歐盟預算。每個成員國支付基金的數額將根據該國經濟實力而定。與七年期財政預算不同，這些資金不會每年從會員國國家預算撥給歐洲執委會，反而是首次授權歐洲執委會從資本市場借款。還款將在較晚的時間點，理想情況是透過歐盟的收入來完成，例如塑膠包裝稅或金融交易稅。在全部償還完之前，各國國會將會為該國負擔的還款數額擔保。二〇二〇年五月十八日，馬克宏和我在聯合視訊記者會提出我們的德法復甦基金計畫建議時，我們都相當滿意。馬克宏從巴黎連線，而我在柏林。實際上共同提案的這個過程對我來說比對他更為艱難，因為德國一直以來都不允許歐洲執委會舉債，這是有充分理由的。但現在是跨越這個障礙的適當時機。

在德法提案的基礎上，烏蘇拉·馮·德萊恩擬定了一項歐洲執委會的提案，名為「下一代歐盟計畫」（NGEU）。這筆資金主要用於未來投資，如氣候保護和數位化。除了五千億歐元的補助資金外，該基金還包括了兩千五百億歐元的貸款。二〇二〇年五月二十七日，歐洲執委會主席向歐洲議會提出此一提案，獲得了廣泛支持。

歐洲理事會主席查爾斯·米歇爾邀請各會員國首長於二〇二〇年七月十七日和十八日在布魯塞爾召開歐洲理事會特別會議。這是自新冠疫情爆發以來，我們首次的實體會議。我們戴著口罩，以互碰手肘代替握手。從二〇二〇年七月一日起，德國接任為期六個月的歐盟部長會議輪值主席國，因此除了查爾斯·米歇爾以外，我也肩負著促成協議的特別責任。達成這項協議共耗時四天四夜。馬克宏和我密切合作。二〇二〇年七月二十一日早上六點，我們共同向媒體通知歐洲理事會的會議結果。歐洲理事會針對規模為一兆七百四十三億歐元的七年期預算，以及七千五百億歐元的「下一世代歐盟」復甦基金達成一致意見，該基金包括三千九百億歐元的補助金和三千六百億歐元的信用貸款。此外，我們還同意根據歐洲執委會對個別國家的特別建議來推動改革，這是源於歐元危機時期所採取的方法，以此作為發放疫情基金的條件。這還帶來了一個正面的附加作用，歐洲執委會終於有了要求成員國落實建議改革的手段。此前，歐洲執委會一直缺乏有效手段，導致相關國家常常無所作為。直到十二月的歐洲理事會會議，我們仍需要釐清有關預算執行中的法律問題。最後一刻，我們也成功解決了這個問題。歐盟通過了這次考驗。

三個月後，二〇二一年三月二十五日，德國聯邦眾議院通過了所謂的《歐盟自主資金決議批准法》（*Eigenmittelbeschluss-Ratifizierungsgesetz*），也就是批准了歐盟復甦基金。次日聯邦參議院也通過了該法。聯邦憲法法院駁回了針對該基金的訴願，或是宣布這些訴願為不受理之案件。

新領域

雖然德國並不以快速採用數位化技術聞名，但在二〇二〇年，德國聯邦政府在幾個月內成功與企業合作開發了一款應用程式，如果用戶與感染新冠病毒的人接觸，該應用程式便會發出警告。在這項開發中，功不可沒的是聯邦健康部的數位化與創新處負責人戈特弗里德·路德維希（Gottfried Ludewig），以及自二〇一八年三月聯合政府成立後，擔任總理府新成立的「計劃、創新和數位政策室」的負責人伊娃·克利斯蒂安森。這款由羅伯特寇赫研究中心發布的應用程式是一個開放原始碼專案，採納了使用者和資料保護人士的建議。該應用程式不會集中儲存數據，而是對數據進行匿名化和加密處理，使用上也是完全自願的。這款應用程式於二〇二〇年六月十六日正式啟用。從二〇二〇年七月初開始，許多歐洲國家以我們的應用程式為基礎，開發了自己的新冠警告應用程式。

二〇二〇年六月二十日，我在每週播出的Podcast影片中推廣了這款新冠警告應用程式。使用該應用程式的人越多，健康醫療部門追蹤接觸確診者就越容易。然而，我懷疑自己是否適合為這樣的數位化政策代言。儘管我很著迷於數位化議題，尤其是人工智慧的驚人發展，並且自二〇〇六年以來參與了聯邦政府與企業界的每一次數位化高峰會，聯邦新聞辦公室的史蒂芬·賽貝特也多方運用社群媒體的各種功能，但是我在七年前就已經徹底毀掉了我在數位圈的聲譽。二〇一三年初夏，美國吹哨者愛德華·史諾登（Edward Snowden）揭露了美國國安局（NSA）的稜鏡計畫（PRISM，資源整合、同步和管理規劃工具）。這個計畫能夠監控美國境內外使用電子通訊的人。二〇一三年六月十九日美國總統巴拉克·歐巴馬訪問柏林時，我們也談到了這個問題。在隨後的記者會上，我沒等記者提問，主動在開場白中提到這個話題：「對我們所有人來說，網際網路都是一個新領域，它當然也為我們民主制度的敵人與反對者提供了全新的可能性與手段，來威脅我們的生活方式。」結果人們只記住了「對我們所有人來說，網際網路都是一個新領域」，嘲諷聲不絕於耳。

我無意中幾乎完全將注意力從美國國安局的醜聞轉移到了我個人身上。在我寫下這些文字的現在回想起來，或許我是出於直覺，為了避免在這個問題上與歐巴馬公開發生衝突。一方面，我知道德國和歐洲依賴美國的情報能力來對付恐怖主義的威脅；另一方面，美國國安局監控的範圍顯然違背了比例原則。我認為合理使用情報資源很重要，但應該將監控措施集中在實際威脅上，而不是用來偵察朋友和盟友。此一事件的揭露讓當時負責聯邦情報局（BND）與德國國外情報單位的總理府部長羅蘭．波法拉整個二〇一三年夏天都忙得不可開交，當時離聯邦眾議院選舉只剩下幾個星期。此後，美國國家安全局的行為仍然困擾著我們，尤其是得知他們顯然也監聽了我的手機。因此，在二〇一三年十月二十四日的歐洲理事會會議之前，我公開表示，朋友之間的監視行為是絕對不可接受的，我們必須重建美國和德國之間的信任。前一天晚上，我在電話中也親自向巴拉克．歐巴馬表達了這個立場。他向我保證，他對這些措施完全不知情，而且未來也會停止這種做法。

當然，我很清楚網際網路幾十年前就已經存在了，因此部分的嘲諷可能也與德國在全面建設數位基礎設施方面進展緩慢有關，尤其是在人口稀疏地區。儘管如此，我的表達確實不精確。「新領域」並非指網際網路本身，而是國家如何在利用網際網路時，找到自由與安全之間的平衡，因為光是針對刑事起訴與司法的發展就已經遠遠落後數位化技術的發展。數位化的革命堪比印刷術或蒸汽機的發明，它正在徹底改變我們社會的政治和經濟面貌。如何在法律保障的前提下有效利用個人數據資料是未來的重要問題之一，因此聯邦政府於二〇二一年一月首次制定了數據策略。

與任何創新一樣，數位化也需要設定一些保護公民的機制。為此，我們為新型態的經濟活動制定法律規範，並評估數位化平台工作者的新工作模式。這裡指的是透過數位平台（如網站和應用程式）進行的有報酬勞務，例如物流和運輸服務、文字撰述、產品測試或人工智慧訓練等。一方面，這是一種自由業形式；但另一方面，這些相關的受委託者依賴平台營運商的訂單，而且他們的工作結果評價是基於不透明的演算法。有鑑於此，歐盟於二〇二一年提出一項提案，旨在為這個行業創造更值得信賴的工作環境。

工作管理和社會福利安全體系必須在所有層面進行數位化，包括聯邦、邦和鄉鎮市。在二〇一七年重新調整聯邦與邦的財政平衡時，時任總理府國務部長黑格·布勞恩、總理府部長彼得·阿特邁爾和我，透過大規模的財政讓步說服各邦同意增修《基本法》第91c條第五項。基於這項修法，我們得以在當年八月通過《線上使用法》（*Onlinezugangsgesetz*）。該法要求所有政府機構在二〇二二年底前，必須將所有行政服務（共計五百七十五項目）透過入口網站提供數位化服務，其中包括居住證明、出生證明、兒童津貼、垃圾處理登記、大學入學申請和失業救濟金等服務，這裡只列舉其中少數項目。

地方行政機關在這個過程中特別吃力，因為許多行政服務都屬於他們的職責範圍。為了加速落實這項法律規定，聯邦政府從二〇二〇年六月的疫情經濟復甦方案中向各邦提供了三十億歐元的資助。各方同意採用「一個開發，全體共享」的原則，這表示某一個邦與聯邦政府共同為某項行政服務開發數位解決方案，然後分享給其他所有邦使用。然而，推動的過程中阻力重重，實施進度也很緩慢。人們質疑，既然目前的方式還能運作，為什麼要進行新的嘗試？在這方面，聯邦制度成為了阻礙。

在新冠疫情期間，數位科技應用需求遠遠超出警告應用程式，幾乎成為了生存所需工具。

視訊會議取代了差旅和面對面會談。新冠肺炎無情地揭露了德國數位化進展緩慢的弱點，同時也成為加速數位化的催化劑。

疫情陰影下的世界政治

雖然技術很快就讓虛擬交流運作得非常順暢，但並不等同於面對面會談。如果我與某人相識已久，那麼我能夠清楚理解他在視訊會議中所說的話；但如果是初見面，我幾乎無法了解螢幕上那個人的真正想法。如果視訊會議參與者之間出現明顯的分歧，我常常必須在會議進行同時打電話或透過其他方式進行溝通。而且麥克風和攝影機都可以關閉，我經常無法掌握其他與會者在做什麼。基於這些原因，即使在疫情發生後，總理府內還是維持少數的實體會議，尤其是我的早晨情報會談。我們從七樓的小型會議室移到一樓的大會議廳，在那裡我們可以保持足夠的社交距離。沒有發言或不喝咖啡時，大家都戴著口罩。我們在內閣會議上也採取了相同做法，德國聯邦眾議院也制定了規則，以便能夠進行實體會議，然而，這在國際上並不容易，也產生了一些影響。

※　※　※

沒有人知道，如果沒有疫情，能夠進行面對面會談而非虛擬會議，不論是雙邊會談，還是德國、法國、烏克蘭和俄羅斯的「諾曼第模式」會議，是否可以阻止弗拉迪米爾・普丁在二〇二二年二月二十四日對烏克蘭發動攻擊。但可以確定的是，疫情就像壓垮我們在二〇一五年二月達成的「明斯克協議」（Minsk-Abkommen）的最後一根稻草。直到我卸任前，諾曼第模式會議只舉行了一次：二〇一九年十二月九日在巴黎舉行，就在疫情爆發前幾週。巴黎會議也是七個月前剛上任的烏克蘭總統弗拉迪米爾・澤倫斯基（Wolodymyr Selenskyj）參加的唯一一次會議。他在競選中擊敗當時的總統彼得・波羅申科（Petro Poroshenko），特別是因為他善用了作為演員和喜劇演員的高知名度，以及他出色的溝通能力。澤倫斯基嚴厲批評了負責明斯克協議談判的波羅申科，指責他既未解決頓巴斯地區的衝突，也未收復二〇一四年被俄羅斯吞併的克里米亞，並承諾自己將為國家的和平而努力。

事實上，明斯克協議自二〇一五年以來只有部分落實。雙方衝突線上從未有過穩定的停火狀態，雖然曾達成停火協議，但不久後又打破。主因在於俄羅斯支持的分離主義勢力，他們占據了烏克蘭東部的頓涅茨克和盧甘斯克周邊地區。烏克蘭政府和國會強烈反對明斯克協議中涉及分離主義勢力控制區的部分，這部分協議該地區在地方選舉後享有高度自治權。

儘管如此，相較於協議通過前的情況，協議確實在一定程度上緩和了局勢。平民死亡人數在二〇一四至二〇一五年間明顯減少，士兵陣亡數量也降低了。此外，該協議也為烏克蘭爭取有利時間，得以整頓國家財政、進行政治改革（如國家結構地方分權化）、落實與歐盟的夥伴關係協議，以及打擊貪腐。因此，澤倫斯基的前任總統波羅申科與德國和法國一起，在諾曼第模式下繼續與俄羅斯對話，並與歐安組織的三方會談小組合作。法國總統法蘭索瓦・歐蘭德，後來是艾曼紐・馬克宏與我每年至少兩次向歐洲理事會的同事報告這種模式下不理想的談判進展，因此歐盟針對俄羅斯的制裁每次都一致同意延長，因為解除制裁與履行明斯克協議是綁在一起的。

與諾曼第模式會談同時並行，烏克蘭還採取了另一種策略。他們向西方國家和北約請求武器和軍事裝備，以及對烏克蘭士兵的訓練。在二〇一六年七月八日至九日於華沙舉行的北約政府首長高峰會上，我們批准了一項「綜合援助烏克蘭方案」（Comprehensive Assistance Package for Ukraine）。北約的這些支持加上一些國家的雙邊援助和武器供應（不含德國），使烏克蘭能更有效抵抗分離主義勢力的攻擊。此外，二〇一七年六月八日，烏克蘭國會明確地將加入北約作為其外交政策目標；二〇一九年二月七日總統選舉前不久，國會更將「加入歐盟和北約的策略方向」寫入憲法。

※　※　※

在二〇一九年十二月九日我們於巴黎舉行的「諾曼第模式」會議上，澤倫斯基承受了巨大壓力。當年十月初，他曾承諾給予頓巴斯衝突區域更多自治權，並支持所謂的「史坦邁爾方案」（Steinmeier-Formel）。這一方案是二〇一五年十月在巴黎舉行的「諾曼第模式」會議的結果，當時由法蘭克－瓦爾特・史坦邁爾在內的外交部長們參與並制定。其中說明頓涅茨克和盧甘斯克地區的特別地位法應如何依次生效，以及該區域地方選舉的程序應由歐安組織承認，作為對明斯克協議的補充。澤倫斯基的前任總統波羅申科完全同意這個方案。如今，波羅申科加入基輔約一萬名示威者的行列，他們高喊著：「不要投降！不要特赦！」表面上是反對澤倫斯基，實際上卻是反對明斯克協議。與協議共識相反，這些示威者（和一些政府和國會代表）不願意給予分離主義占領地區自治權，也不願特赦當地負責的人。

在巴黎，馬克宏、澤倫斯基、普丁和我於一份書面文件中承諾將全面執行明斯克協議，包括將史坦邁爾方案納入烏克蘭法律。然而，我們在俄羅斯邊界控制權問題未能達成共識。澤倫斯基希望在地方選舉前由烏克蘭控制邊界，而明斯克協議則規定這應該在選舉後。在此之前，只有歐安組織的觀察員可以進入邊境。普丁則堅持按照明斯克協議的規定執行。我曾建議澤倫斯基，出於更廣泛的考量，不要質疑已達成的協議，因為我們在二〇一五年特意將歐安組織，特別是其民主制度與人權辦公室（ODIHR）對選舉的認可納入明斯克協議中。我堅信，如果我們能盡快與民主制度與人權辦公室討論自由與民主的地方選舉條件，就有機會在不質疑協議的情況下解決邊境通行的問題。「條約必須遵守」（Pacta sunt servanda）是政治中的一條基本原則，這原則禁得起時間的考驗，儘管有時並不容易做到。這部分我深有體會，二〇〇五年我承接上一任總理支持土耳其加入歐盟的決定，儘管我一直認為這是個錯誤。澤倫斯基依然堅持他的主張。或許他有國內政治因素的考量，不能全部接受明斯克協議，尤其他的前任總統也離他而去。巴黎的諾曼第模式會議的最後，我們指示各自的外交部長和顧問確保我們達成的協議可以落實，並敲定四個月後將再次以這種形式會面。

然而，到了二〇二〇年四月，世界已經截然不同。各國都在對抗病毒，根本不可能舉行另一次諾曼第模式會議。因此，澤倫斯基要求融洽修改《明斯克協議》的想法，也變得完全不切實際。如果這種改變真的有可能的話，也只能透過面對面的對話來實現。為了至少維持明斯克協議的現狀和我們之間的聯繫，我在那一年大約每兩到三個月就會與澤倫斯基和普丁通話一次。

※　※　※

二〇二一年四月十六日，也就是在我們巴黎諾曼第模式會議一年四個月後，弗拉迪米爾．澤倫斯基訪問了艾曼紐．馬克宏，我則透過視訊參加部分對話。為了準備這次會談，馬克宏和我在二〇二一年三月三十日與普丁進行了視訊對話。以往普丁總是會在談話開頭抱怨烏克蘭，指責他們沒有遵守協議，然後強調這是我們唯一的選擇，但這次他完全沒有提到這些。我第一次感覺到普丁對明斯克協議失去興趣了。然而，完全停止履行明斯克協議是很危險的事。再加上澤倫斯基於四月十六日告訴馬克宏和我，有超過十萬名的俄羅斯士兵駐紮在烏克蘭邊境附近。因此，澤倫斯基在巴黎公開向普丁建議再次舉行諾曼第模式會議。但完全不可能實現。因為僅僅是擔心感染新冠病毒，普丁就避免了所有接觸，任何想與他交談的人都必須先隔離，這對我們來說是不可能的。

然而，儘管疫情持續，普丁還是接受了一個邀請：喬・拜登（自二〇二一年一月二十日接任川普）於二〇二一年六月十六日在日內瓦的會晤。值得注意的是，普丁為美國總統破例，卻已經超過一年覺得沒有必要與我們歐洲國家面對面會談。我確信明斯克協議已經名存實亡。我們需要一個重新與普丁對話的切入點。因此，在我於二〇二一年六月二十四日至二十五日最後一次參加的布魯塞爾歐洲理事會上，建議歐洲理事會應該盡早與普丁舉行峰會，直接討論我們與俄羅斯之間的諸多衝突。我事先與馬克宏就此提議進行了協調。我的想法有人贊成，也有反對。波蘭總理馬特烏什・莫拉維茨基（Mateusz Morawiecki）、愛沙尼亞總理卡雅・卡拉斯（Kaja Kallas）和立陶宛總統吉塔納斯・瑙塞達（Gitanas Nausėda）強烈反對。他們的理由是，歐盟內部對俄羅斯政策的立場並不一致。我反駁說，與普丁舉行共同會議會為我們帶來必要的團結壓力。此外，我還指出美國總統可以與普丁對話，我們為何不能，這沒有道理。最終，我無法說服他們。

在二〇二一年八月二十日於莫斯科與普丁的告別訪問中，我已經無法再取得任何進展。這並不是氣氛的問題。我們首先在克里姆林宮的綠色沙龍進行了工作會談。隨後在一樓的凱瑟琳廳與更多代表共進午餐。一如以往，一切都完美無缺，但我感覺普丁的心思已經轉向下一屆的德國政府，不願意與我再次深入討論這些議題。說實在的，我也不能怪他。我們彼此道別。過去二十年的會談已成過往，在這段時間裡，普丁和他執政下的俄羅斯都發生了變化，從最初對西方的開放態度，到與我們漸行漸遠，直到關係完全僵化。儘管有許多困難，回顧過去，我仍然認為，在我任期結束前，堅持與俄羅斯對話是正確的，例如通過彼得堡對話會議、我個人與普丁的個人對話，並透過（不僅是為了雙方經濟利益的）貿易關係維持聯繫。因為俄羅斯與美國同為世界上兩個主要核武大國，也是歐盟地理上的鄰國。

在返回柏林的飛行途中，我想起與米哈伊爾・霍多爾科夫斯基（Michail Chodorkowski）的會面。第一次是在二〇一四年三月十一日，他與他的母親瑪麗娜・菲利波瓦娜（Marina Filippowna）一起來到總理府拜訪我。就在不到三個月前，二〇一三年聖誕節前夕，這位俄羅斯尤科斯石油公司（Yukos）前董事長在超過十年監禁後被特赦獲釋。

二〇二四年三月，我再次於柏林見到他。他告訴我，自從獲釋後，他把幫助其他在俄羅斯監獄中的政治犯獲得自由當作畢生使命。我們也談到了阿列克謝・納瓦尼（Alexei Nawalny）。正好是我至克里姆林宮進行告別訪問的前十一個月，我在柏林夏理特醫院探望這位俄羅斯反對派人士以及他的妻子尤莉雅（Julija），他於二〇二〇年八月在俄羅斯的托木斯克被下毒後到柏林接受治療。二〇二一年一月，納瓦尼返回俄羅斯，在機場立即被逮捕。隨後的三年時間裡，他經歷極為艱苦的磨難。二〇二四年二月十六日，阿列克謝・納瓦尼在俄羅斯的監獄中去世，成為他祖國國家暴力壓迫下的犧牲者。

※　※　※

二〇二一年十月三十日至三十一日，我前往羅馬參加任內最後一次G20峰會。按照往例，財政部長歐拉夫・蕭茲陪同我出席。當時社民黨、綠黨和自民黨正在進行新聯合政府籌組的談判。會議期間，喬・拜登告訴即將上任的聯邦總理蕭茲和我，俄羅斯在烏克蘭邊境又集結了更多軍隊。普丁因為疫情關係沒有親自前往羅馬，只有透過視訊連線參加會議，因此無法當面與他在會議空檔討論這個問題。我們也沒辦法與對普丁有相當影響力的中國國家主席習近平交談，因為他同樣只透過視訊方式參加峰會。

與非民主國家領導人對話時，直接的意見交流是無可替代的，因為我們的思維模式完全不同。要建立最基本的共同點就需要不斷的交流，否則彼此的觀點可能會就此僵化。疫情助長了這種狀況，對話管道中斷了。在疫情的陰影下，外交政策發生了變化。在無法面對面討論的部分，我們逐漸疏遠，無法達成新的妥協。對於俄羅斯和中國都是如此。

普丁於二〇二二年二月二十四日對烏克蘭的入侵，不僅徹底改變了烏克蘭的情勢，也根本上改變了我們北約成員國，尤其是歐洲的局勢。阻止俄羅斯贏得這場戰爭，既符合烏克蘭的利益，也是我們的利益。這對於我們是前所未有的挑戰。我們必須支持烏克蘭，同時也要為北約在歐洲領域建立起一個可靠的威懾力量。單單是俄羅斯的核武力量，我們就必須像冷戰時期一樣透過北約整體，也就是與美國共同合作才能實現。德國從二〇一四年至俄羅斯開始攻擊烏克蘭這段期間，在國防預算疏於成長的狀況，必須通過未來幾年大幅增加國防支出來彌補。

如今回顧二〇一四年在北約威爾斯峰會上達成的「百分之二目標」，有時會給人這樣的印象：似乎這項目標未能達成要歸咎於我個人，甚至整個基民盟和基社盟。我確實沒有每天為此發表激昂的演講，但必須誠實地說，真正反對（委婉地說是阻撓）增加國防支出的並不是基民盟和基社盟，而是社民黨。他們反對採購必要的新飛機（這些飛機將用來運送部署在德國的美國核彈），也拒絕採購武裝無人機。兩任國防部長烏蘇拉・馮・德萊恩和安妮格雷特・克朗普－卡倫鮑爾的努力都無法改變這一局面。如今我們可以確認，俄羅斯二〇二二年對烏克蘭發動攻擊在這方面也帶來了變化。

我們同時必須考慮到，必要的高額國防支出將會與其他政策領域產生衝突，更何況，達到國內生產毛額的百分之二顯然是不夠的，美國的國防預算超過該國國內生產毛額的百分之三。為了維持我們的繁榮，至少需要三・五%的國內生產毛額用於研究與發展；為了減少世界上的人道災難，必須將〇・七%的國內生產毛額投入發展合作；到二〇四五年實現氣候中立的生活和經濟轉型，也需要額外的大規模國家經費。考慮到對後代的責任，債務煞車機制仍然是正確的。但是為了避免社會上的分配衝突，並因應人口結構老化的變化，我們必須改革債務煞車機制，好讓為未來投資而增加債務成為可能。

低估普丁會是個錯誤，低估我們北約成員國和烏克蘭也同樣是個錯誤。我們擁有強大的力量，但並非無限。沒有人可以躲在他人背後。而是要有共同的政治任務，就是務實地確定可能的事情以及做出正確的行動。這只能藉由誠實和互相信任來達成。

威懾能力是一回事，它必須與展開外交方案的準備互相配合。這些方案必須事先周密考慮，以便在合適的時機運用。何時是適當的時機，不能單由烏克蘭決定，而必須與其支持者共同決定。有共同訴求的各方必須不斷努力，以尋找共同的道路。唯有如此，才能達到實現我們的目標：俄羅斯無法贏得戰爭，烏克蘭作為一個主權國家，能在和平與自由中擁有未來。

※　※　※

歐洲的戰爭帶來更廣泛的影響。隨著歐美與俄羅斯關係的惡化，俄羅斯與中國的關係就越緊密。一九七一和一九七二年，美國總統尼克森與他的國家安全顧問亨利・季辛吉為了削弱冷戰期間美國最大的對手蘇聯，竭盡全力拉近美國與中國的關係。如今我們正經歷相反的情況，俄羅斯成為日益強大的鄰國的夥伴。這改變了全球的力量平衡，增強了中華人民共和國的影響力。在習近平的領導下，中國毫不掩飾自己想要與美國並列成為世界強國。這個期望本身並沒有不正當，畢竟世界強國的地位並非只由某個國家獨占。問題在於中國的做法。中國想要在中華人民共和國建國一百年，也就是二〇四九年完成所謂的統一，這挑戰了一個中國政策架構下與台灣關係的脆弱平衡，而這個政策在世界上為多數國家承認。此外，中國還試圖單方面在東海和南海實現其領土主張。因此，美國試圖遏制這種侵略行為應當需要支持。然而，儘管我們歐洲有過規則被破壞的沮喪經歷，在冷戰結束超過三十年的今天，我們仍應繼續盡一切努力來促進全球奠基於規則的多邊合作，無論在政治領域還是經濟領域。這也包括與中國的合作。在貿易關係中，確保某一特定產品不會過於依賴某一個國家的「去風險化」（De-risking），與和某個國家切斷經濟關係的「脫鉤」（Decoupling），兩者之間的界線其實相當模糊。後者並不符合我們的利益，要避免這種情況需要有談判技巧。我們應該以這個認知為準則：世界上沒有任何一個國家可以單獨解決人類面臨的問題。因此，在後疫情時代，我們比以往任何時候都更需要進行對話。

樂儀隊道別儀式

二〇二一年十二月二日星期四，接近晚上七點三十分，是個乾燥的冬夜，氣溫略高於攝氏零度。在聯邦國防軍禮賓處一名禮兵的引領下，我與國防部安妮格雷特·克朗普－卡倫鮑爾和參謀總長艾伯哈特·佐恩一起，走下位於柏林本德勒街區（Bendlerblock）的東側台階。這裡是聯邦國防部的總部，也是一九四四年七月二十日反抗納粹起義運動的紀念地。走下台階後，克朗普－卡倫鮑爾和佐恩轉向右邊，往階梯兩側搭建的兩個貴賓觀禮台之一就座。受邀賓客們都已經就座，他們戴著口罩，並出示了最新的陰性快篩結果。這名禮兵指引我走向觀禮台前的小型講台，講台前的兩側各放著一個大型的灰色花瓶，裡面插著長莖紅玫瑰，整體畫面讓我感到十分愉快。接著我走到講台前，面向賓客。因為大家都戴著口罩，我很難辨認出他們的臉。

當天早上，我還與各邦邦總理進行視訊會議，討論如何應對第四波疫情。在下午早些時候的記者會上，我也提到醫院的負荷已經接近極限。在此前幾天，我曾與貝雅特·鮑曼、伊娃·克利斯蒂安森以及史蒂芬·賽貝特討論過，鑑於疫情的嚴峻形勢，是否還需要以大型軍禮儀式來舉行我的卸任儀式。我不禁自問，對於那些拚盡全力應對疫情的人來說，這麼做是否不太恰當？然而，我又是擔任了十六年的聯邦總理。對此史蒂芬．賽貝特強調：「大型樂儀隊軍禮道別儀式是一個傳統，它賦予了對卸除國家職務的尊重，超越了個人本身。」這說服了我。我們決定儀式如期舉行，但要配合當前情況調整規模和形式。我們取消了傳統的提前接待貴賓活動，參與人數也從一般的四百人縮減到兩百人。除了聯邦總統法蘭克－瓦爾特．史坦邁爾、新當選的聯邦眾議院議長貝爾貝爾．巴斯（Bärbel Bas），以及聯邦憲法法院院長史蒂芬．哈爾巴特（Stephan Harbarth）之外，我還邀請所有曾與我合作過的聯邦部長，聯合政府各政黨黨團主席、各邦邦總理、我在總理府最親密的工作夥伴和助手，幾位來自我選區的重要友人、一直支持我的重要朋友，以及我的家人。

在我的告別演講中，我再次提起過去兩年的疫情就像放大鏡一樣，讓我們看清了信任在政治、學術和社會對話中有多麼重要，同時也讓我們看到這種信任可能是多麼脆弱。在演講的最後，我祝福所有人，也延伸至我們的國家，「心中充滿愉快。」之後，我離開講台。安妮格雷特．克朗普－卡倫鮑爾和艾伯哈特．佐恩走向我，工作人員搬走了講台，為我們擺上三張椅子。我們坐下後，我戴上了特地為這次儀式購買的皮手套。道別儀式在大型樂儀隊入場，並伴隨著聯邦國防軍樂隊演奏貝多芬的〈約克進行曲〉（*Yorckscher Marsch*）聲中開始。火炬手們就定位後，我站了起來。軍事禮儀隊指揮官凱．拜恩克（Kai Beinke）中校向我報告，向我致敬的大型樂儀隊已準備就緒，並將他領導的禮儀部隊證書交給我。接下來是致敬曲演奏環節，這是大型樂儀隊道別儀式中我可以自行選擇曲目的部分。幾週前我就開始思考應該選擇哪些曲目，但我一直很確定，最後一首曲子必須是一首聖詩。在馬丁．路德的〈上帝是我們堅固堡壘〉（Ein feste Burg ist unser Gott）和〈偉大的上帝，我們讚美你〉（Großer Gott, wir loben dich）之間，我最終選擇了後者。這首原本是天主教的聖詩，現在已成為跨宗派的教會詩歌，它很適切表達了人類面對上帝創造的謙卑之心。第二首歌我選擇了希爾德加德．克涅芙（Hildegard Knef）的〈應該為我下一場紅色玫瑰雨〉（Für mich soll's rote Rosen regnen），這是伊娃．克里斯蒂安森的建議。當我再次閱讀歌詞時被深深打動，因為它表達了對生命的喜悅和對未來的信心。至於第一首歌，我想要致敬我在東德的童年和青少年時期。於是我與妹妹伊蓮娜討論這件事，一起回顧了東德時期流行的歌曲。我們突然想起了妮娜．哈根（Nina Hagen）的〈你忘了帶彩色底片〉（Du hast den Farbfilm vergessen）。這首歌讓我想起青少年時期在希登湖島的時光，想起了東德缺乏色彩和物資匱乏，也讓我想到希登湖島這個屬於我選區的地方。這首帶著叛逆的音樂正好符合我青少年時代的心情。就這樣，我的曲目選擇完成了。由於疫情的不確定性，我不知道是否能夠如期舉行道別儀式活動，所以直到典禮前一週才通知聯邦國防軍樂隊這些曲目。這給負責為軍樂隊重新編曲的音樂家帶來很大的挑戰，對樂隊成員也是如此，但我對樂隊指揮萊因哈特．馬丁．基奧卡（Reinhard Martin Kiauka）中校充滿信心。在為眾多外國元首與政府首長致敬的儀式中，我見證了他指揮樂隊時的熱情和一絲不苟。此刻，我內心抱持著無比喜悅聆聽著這些樂曲。

接下來是「大型樂儀軍禮道別儀式」的四個主要環節：號角、進行曲、回營和禱告。當演奏到禱告時，士兵們脫下頭盔，指揮官拜恩克中校手持頭盔走到我面前。我與他對立而站，此時樂隊正演奏〈我祈求愛的力量〉（Ich bete an die Macht der Liebe），我注視著他。此刻，我強忍著內心激動的情緒。當他重新戴上頭盔時，我便坐下來。接著是國歌演奏，我再次起立。隨後，大型樂儀軍禮道別儀式結束，士兵們在〈約克進行曲〉的樂聲中退場。約阿希姆從觀禮台上走到我身邊。一片掌聲響起。我的座車到來之前，我偷偷從花瓶中拿了一朵玫瑰給自己，又拿了一朵遞給安妮格雷特・克朗普－卡倫鮑爾，感謝她和整個聯邦國防軍為我安排這場難忘的道別儀式。我與約阿希姆回到總理府，與幾位朋友一起度過當晚。正如十六年前一樣，當晚的菜單還是小香腸、炸肉餅和馬鈴薯沙拉。總理府廚師烏爾里希・科茲以及加布里埃拉・普里比斯基（Gabriela Przybylski）領導的服務團隊再次為我準備好了一切。有始有終。

六天後，我離開總理府，並以卸任總理的身分搬進了位於柏林椴樹下大街的辦公室。在我之前，不僅前聯邦總理赫爾穆特・柯爾曾經在這間辦公室辦公，在德意志民主共和國時期，這座建築物尚未整修前也是東德前人民教育部長瑪格特・何內克（Margot Honecker）的辦公處。她沒有辦法阻止我，在她的教育政策下，我依然以我的方法找到了自由。

後記

對我來說什麼是自由？這個問題伴隨我的一生，無論是在個人還是政治層面。自由，對我來說就是找出自己的極限，並勇於挑戰這個極限。自由，對我來說就是不停地學習，不要停滯不前，而是能夠繼續前進，即使在我離開政治舞台後也是如此。自由，對我來說就是能夠開啟人生中的新篇章。

寫這本書的過程正好印證了這一點。在耗時兩年多的寫作過程中，它確實讓我達到了自己的新極限。任何人若曾試圖認真回顧五到十年前的事件，不是膚淺地隨意回顧，而是認真地將實際記憶或臆想中的記憶與事實進行比對並檢驗，就會知道人類的記憶是多麼不可靠。我們的記憶往往會依照自己的期望、希望和願望來調整，而非依據事實。這本身就相當具有挑戰性。而我回顧的不是五到十年，而是數十年的光陰，尤其是要重新沉浸在我人生於德意志民主共和國度過的前三十五年、我的童年與青少年時代，這實在是令人激動。同時，這也是不可或缺的過程，因為這樣我才能找到合適的詞彙來描述，一九九〇年之前在獨裁和不自由的國家生活對我意味著什麼，而一九九〇年之後在民主和自由中生活又對我代表了什麼。

在寫作過程中，我認識了自己的新面貌。我發現，儘管我向來是個需要社交的人，但是為了順利完成寫作，有時候我需要不被任何事和任何人干擾，只有獨自沉浸在過去才能專注。透過這個過程，我重新理解了自由的涵義：自由需要勇氣去接受前所未知的事，但更重要的是要對人保持真誠，對自己更是如此。這個想法其實早在二〇一九年我就分享過，當時在哈佛大學獲頒榮譽博士學位的慶祝典禮上，我將此贈言給即將踏入人生新旅程的學生們。這次，我以新的方式體會了這一點。

自由也包括必須不斷地放手，以及能夠放手。對我來說，寫這本書正是這個過程的一部分。有時候，回顧過去並重新感受當時的情景，同時還要用今天的眼光來理解和評價，確實是一件非常費力的事。有時候，我在寫作時又感到無比充實，這讓我意識到自己已經放下過去，並開始了新的階段。正如我在道別儀式上選擇的第二首歌的一句歌詞所說：「新的奇蹟將會降臨到我，舊的我即將遠去，綻放新的自我。」

在這本書的寫作過程中，我重新思考了語言的運用，尤其是政治人物的談話，也包括我自己。我們往往習慣於迴避問題，用長篇大論來填補時間，以避免立即面對下一個批評性的問題；或者過於頻繁地使用空洞的言詞，而不是表達清晰易懂的句子。當然，每個職業都有自己的專業術語，包括政治人物。這是不可避免的，也無可厚非。然而，如今我有時會發現自己難以專注於某些政治人物的訪談或公開演講，因為他們說了很多，但實際傳達的訊息卻很少。我必須承認，以前我也經常如此。但現在，在我離開政治舞台並在寫這本書時重新回顧許多場景和表達方式後，我想鼓勵年輕的政治人物，不要害怕對具體問題作出具體回答，你想傳達的訊息依然有辦法傳遞。

這一點變得更為重要，因為我們正生活在一個數位技術和所謂的社群媒體賦予我們前所未有能力的時代，可以將真相稱為謊言，將謊言稱為真相。即便在民主國家，這一點甚至也常被居於領導地位的人利用。然而，真正的自由並非僅僅追求個人利益，它包含了克制和謹慎。真正的自由不僅僅是從某些事物解放出來的自由，例如擺脫獨裁和不公正，它更體現在對某些事物的責任感上——對他人、對社群、對我們社會的責任。

自由需要民主的條件——沒有民主就不會有自由，也沒有法治國，更沒有對人權的保護。如果我們想要在自由中生活，就必須捍衛我們的民主，對抗來自國內外的威脅。只要我們齊心協力，這就能夠實現。如果我們能夠一起努力，每個人都為此作出貢獻，所有人都團結一致，那我們就能夠成功。因為自由不僅屬於個人，自由必須為所有人而存在。

致謝

在本書的結尾，我和貝雅特·鮑曼必須向在過去兩年多寫作過程中，給予我們支持和幫助的人們表達誠摯的謝意。

首先，我們要感謝出色的出版社：Kiepenheuer & Witsch（Kiwi）。出版社的負責人克爾斯汀·格萊巴（Kerstin Gleba）以及我們的兩位編輯馬丁·布萊特費爾德（Martin Breitfeld）和伊爾卡·海內曼（Ilka Heinemann），憑藉他們豐富的經驗、專業知識和敏銳的眼光，以非凡的熱忱和令人欽佩的耐心，仔細審閱了我們稿件的每一句話。他們時而堅持己見，時而循循善誘，促使我們反覆推敲措辭，使之更加精準、易懂。我們由衷地感謝他們，以及我們的研究員卡特琳·里茨卡（Kathrin Ritzka）和格莎·施泰因布林克（Gesa Steinbrink），還有出版社的全體同仁。

我們還要感謝伊娃·克莉斯蒂安森。從草稿的初始階段到付梓印刷，她始終是我們的第一位讀者。她敏銳地指出每個內容不一致之處，並以讚美和鼓勵激勵我們對一些問題進行更深入的探索。

此外，也要感謝總理府的前政治顧問、政府中的政治夥伴、德國基民盟與基民盟／基社盟國會黨團的成員和我選區的同仁，以及東德時期的朋友和熟人。感謝他們不斷接受我的提問，協助我核實和研究相關事實。

我們也由衷感謝依索德・海茵茲（Isolde Heinz），達斯半島上的菲雪蘭與督綸梅爾海濱飯店（Strandhotels Fischland und Dünenmeer）總監。在波羅的海閉關寫作時，她與飯店的同仁為我們提供了夢寐以求的工作條件。

最後，還有很重要的一點，我們要特別感謝我的妹妹伊蓮娜・卡斯納，她幫助我喚起了童年和青少年時期的回憶；以及我的弟弟馬庫斯・卡斯納，他和他珍貴的資料讓我們能盡可能完整地重現我們的家族歷史，沒有他的幫助，這一切都無法實現。

我由衷感謝我的丈夫約阿希姆・紹爾，感謝他始終如一的陪伴並支持這個寫作計畫。

編輯說明

本書中引述的對話內容基於回憶，而非依據談話過程中的速記紀錄或電子錄音。

德國聯邦眾議院演講的引用來源為議院的會議紀錄。擔任總理期間的其他演講以及在新聞發布會上的公開言論，則引用自德國聯邦政府新聞與資訊辦公室的速記紀錄。基督民主聯盟全國黨代表大會上的演講引用，來源為黨代表大會的會議紀錄。

圖片來源

CDU / Gestaltung：42（Jung von Matt）

Imago Images：16（Stana）、44（Sven Simon）

Johannes Evert：92

Laurence Chaperon：19, 24, 25, 26, 30, 31, 32, 33, 34, 37, 38, 39, 40, 46, 51, 58

Picture Alliance：17, 22, 23, 27,53, 71（dpa）、21（ZB）、35, 36, 54（AP Photo）、41（Caro）

Presse- und Informationsamt der Bundesregierung：28, 47, 48, 49, 50, 55, 57, 62, 63, 64, 66, 67, 69, 70, 72, 74, 75, 84, 85, 89, 91（Bergmann, Guido）；56, 78, 82, 83（Denzel, Jesco）；52（Kühler, Bernd）；59, 60, 61, 65, 68, 73, 76, 77, 79, 80, 81, 87, 88（Kugler, Steffen）；29, 86, 90（Steins, Sandra）

SZ Photo（Werek）：20（Süddeutsche Zeitung Photo）

Ullstein Bild：18（Ebner）

私人提供：01, 02, 03, 04, 05, 06, 07, 08, 09, 10, 11, 12, 13, 14, 15, 43, 45

＊順序按字母與首字筆畫排列

縮寫表

AEUV	歐洲聯盟運作條約	Vertrag über die Arbeitsweise der Europaischen Union
AfD	德國另類選擇黨	Alternative für Deutschland
AGDW	德國林地所有者協會總會	Arbeitsgemeinschaft Deutscher Waldbesitzerverbände
AIIB	亞洲基礎設施投資銀行	Asian Infrastructure Investment Bank
AKP	正義與發展黨（土耳其）	Adalet ve Kalkınma Partisi (Partei für Gerechtigkeit und Aufschwung)
A-KSE	修訂後歐洲常規武裝力量條約	Anpassungsübereinkommen zum KSE-Vertrag
ANEL	獨立希臘人黨（希臘）	Anexartiti Ellines (Unabhangige Griechen)
ARD	德國公共電視第一台	Arbeitsgemeinschaft der offentlich-rechtlichen Rundfunkanstaltender Bundesrepublik Deutschland
ASEAN	東南亞國家協會	Association of Southeast Asian Nations (Verbund Sudostasiatischer Nationen)
AU	非洲聯盟	Afrikanische Union
BAGSO	德國長青組織聯邦總會	Bundesarbeitsgemeinschaft der Seniorenorganisationen
BAMF	聯邦移民和難民事務署	Bundesamt für Migration und Flüchtlinge
BASF	巴斯夫	Badische Anilin- und Sodafabrik
BDA	德國雇主協會總會	Bundesvereinigung der Deutschen Arbeitgeberverbände
BDI	德國工商總會	Bundesverband der Deutschen Industrie
BFD	自由民主人士選舉聯盟	Bund Freier Demokraten
BGA	德國批發、外貿與服務聯合會	Bundesverband Großhandel, Außenhandel, Dienstleistungen
BGL	（前東德）企業工會管理委員會	Betriebsgewerkschaftsleitung
BGS	聯邦邊防	Bundesgrenzschutz
BIP	國內生產毛額	Bruttoinlandsprodukt
BKA	聯邦刑事局	Bundeskriminalamt
BND	聯邦情報局	Bundesnachrichtendienst
BPK	聯邦記者會	Bundespressekonferenz
BRIC	金磚四國：巴西、俄羅斯、印度和中國	Brasilien, Russland, Indien und China

BRICS	金磚五國：巴西、俄羅斯、印度、中國和南非	Brasilien, Russland, Indien, China und Sudafrika
BUND	德國環境與自然保護聯盟	Bund für Umwelt und Naturschutz Deutschland
BvS	聯邦統一特別任務局	Bundesanstalt für vereinigungsbedingte Sonderaufgaben
BVVG	土地評估及管理有限公司	Bodenverwertungs- und -verwaltungs GmbH
CAI	中－歐全面投資協定	Comprehensive Agreement on Investment (Umfassendes Investitionsabkommen)
CDU	德國基督民主聯盟（基民盟）	Christlich Demokratische Union Deutschlands
CeBIT	漢諾威電腦展	Centrum für Büroautomation, Informationstechnologie und Telekommunikation (Messe für Informationstechnik)
CEO	執行長	Chief Executive Office (Geschäftsführer)
CETA	歐盟與加拿大的全面經濟與貿易協定	Comprehensive Economic and Trade Agreement (Umfassendes Wirtschafts- und Handelsabkommen zwischen der EU und Kanada)
COP	聯合國氣候變化綱要公約締約方會議	Conference of the Parties (Vertragsstaatenkonferenz der UN-Klimarahmenkonvention)
CSU	巴伐利亞基督社會聯盟（基社盟）	Christlich-Soziale Union in Bayern
DA	民主覺醒	Demokratischer Aufbruch
DAX	德國股票指數	Deutscher Aktienindex
DBD	德國民主農民黨	Demokratische Bauernpartei Deutschlands
DBR	德國身心障礙者代表會	Deutscher Behindertenrat
DBV	德國農民協會	Deutscher Bauernverband
DDR	德意志民主共和國	Deutsche Demokratische Republik
DEKT	德國福音教會日	Deutscher Evangelischer Kirchentag
DFB	德國足球協會	Deutscher Fußball-Bund
DFV	德國家庭協會	Deutscher Familienverband
DGB	德國工會聯盟	Deutscher Gewerkschaftsbund
DIHK	德國工商總會	Deutsche Industrie- und Handelskammer
DLT	德國縣代表會	Deutscher Landkreistag
dlv	德國農村婦女協會	Deutscher LandFrauenverband
DNR	德國自然保護協會	Deutscher Naturschutzring

DOSB	德國奧林匹克體育聯盟	Deutscher Olympischer Sportbund
dpa	德國新聞社（德新社）	Deutsche Presse-Agentur
DST	德國市城市代表會	Deutscher Städtetag
DStGB	德國鄉鎮代表聯合會	Deutscher Städte- und Gemeindebund
DSU	德國社會聯盟	Deutsche Soziale Union
eaf	福音教會家庭工作小組	evangelische arbeitsgemeinschaft familie
EAK	基民盟/基社盟的福音教會工作小組	Evangelischer Arbeitskreis der CDU/CSU
ECOFIN	歐盟經濟和財政事務理事會	Economic and Financial Affairs Council (Rat »Wirtschaft und Finanzen«)
EEG	再生能源法	Erneuerbare-Energien-Gesetz
EFSF	歐洲金融穩定基金	European Financial Stability Facility (Europäische Finanzstabilisierungsfazilität)
EG	歐洲共同體	Europäische Gemeinschaft
EKD	德國福音教會	Evangelische Kirche in Deutschland
EOS	擴展中學	Erweiterte Oberschule
ERT	歐洲工業圓桌會議	European Round Table for Industry (Europäischer Runder Tisch für die Industrie)
ESM	歐洲穩定機制	European Stability Mechanism (Europäische Stabilitats Mechanismus)
ESP	社會主義生產導論	Einführung in die sozialistische Produktion
EU	歐洲聯盟	Europäische Union
EVP	歐洲人民政黨	Europäische Volkspartei
EWG	歐洲經濟共同體	Europäische Wirtschaftsgemeinschaft
EZB	歐洲中央銀行	Europäische Zentralbank
FAZ	《法蘭克福匯報》	Frankfurter Allgemeine Zeitung
FDGB	自由德國工會聯合會	Freier Deutscher Gewerkschaftsbund
FDJ	自由德國青年團	Freie Deutsche Jugend
FDK	天主教家庭聯盟	Familienbund der Katholiken
FDP	自由民主黨（自民黨）	Freie Demokratische Partei
FRELIMO	莫桑比克解放陣線	Frente de Libertacao de Moçambique (Mosambik Anische Befreiung Front)
G5	五大工業國集團	Gruppe der Fünf
G7	七大工業國集團	Gruppe der Sieben

G8	八大工業國集團	Gruppe der Acht
G20	二十大工業國集團	Gruppe der Zwanzig
GATT	關稅暨貿易總協定	General Agreement on Tariffs and Trade (Allgemeines Zoll und Handelsabkommen)
GAU	最大可能事故	Größter anzunehmender Unfall
GEAS	歐洲共同庇護制度	Gemeinsames Europäisches Asylsystem
GRS	核設施和反應爐安全技術協會	Gesellschaft für Anlagen- und Reaktorsicherheit
GST	體育與技術協會	Gesellschaft für Sport und Technik
GUS	獨立國家國協	Gemeinschaft Unabhängiger Staaten
HRE	許珀不動產銀行	Hypo Real Estate
IAA	德國國際車展	Internationale Automobil-Ausstellung
iaf	跨國家庭和伴侶關係協會	Verband binationaler Familien und Partnerschaften
IKB	德國工業銀行	Deutsche Industriebank
IKG	慕尼黑和上巴伐利亞以色列文化宗教協會	Israelitische Kultusgemeinde München und Oberbayern
ILO	國際勞工組織	Internationale Arbeitsorganisation
IM	國家安全部線人	Inoffizieller Mitarbeiter der Staatssicherheit
IPCC	政府間氣候變化專門委員會	Intergovernmental Panel on Climate Change (Zwischenstaatlicher Ausschuss für Klimaänderungen, Weltklimarat)
IS	伊斯蘭國	Islamischer Staat
ISAF	國際安全援助部隊	International Security Assistance Force (Sicherheits Unterstützungstruppe)
ISS	國際太空站	International Space Station (Internationale Raumstation)
IMF	國際貨幣基金組織	Internationaler Wahrungsfonds
JEFTA	日本－歐盟自由貿易協定	Japan-EU Free Trade Agreement (Freihandels Abkommen EU-Japan)
KAH	阿德諾大樓	Konrad-Adenauer-Haus
KAS	康拉德·阿德諾基金會（阿德諾基金會）	Konrad-Adenauer-Stiftung
KFOR	科索沃維和部隊	Kosovo Force (Kosovo-Truppe)
KfW	德國復興信貸銀行	Kreditanstalt für Wiederaufbau

KPČ	捷克斯洛伐克共產黨	Kommunistische Partei der Tschechoslowakei
KSE	歐洲常規武裝力量	Konventionelle Streitkräfte in Europa
KSZE	歐洲安全與合作會議	Konferenz über Sicherheit und Zusammenarbeit in Europa
LDPD	德國自由民主黨	Liberal-Demokratische Partei Deutschlands
LNG	液化天然氣	Liquefied Natural Gas (Flüssiger Gas)
LPG	農業生產合作社	Landwirtschaftliche Produktionsgenossenschaft
MAP	成員國行動計畫	Membership Action Plan
ML	馬克思列寧主義	Marxismus-Leninismus
MPK	邦總理聯席會議	Ministerpräsidentenkonferenz
MSC	慕尼黑安全會議	Munich Security Conference (Münchner Sicherheitskonferenz)
NABU	德國自然保護聯盟	Naturschutzbund Deutschland
NATO	北大西洋公約組織	North Atlantic Treaty Organization (Nord Atlantic Vertrags-Organisation)
NGEU	下一代歐盟計畫	Next Generation EU (Nächste Generation EU)
NGO	非政府組織	Non-Governmental Organisation (Nichtregierungsorganisation)
NKR	國家規範監督委員會	Nationaler Normenkontrollrat
NMD	美國國家飛彈防禦計畫	National Missile Defense (Nationale Raketenabwehr der USA)
NMK	全國海事會議	Nationale Maritime Konferenz
NSA	美國國家安全局	National Security Agency (Nationale Sicherheit Behörde der USA)
NSDAP	德意志國家社會主義工人黨（簡稱國社黨，或納粹）	Nationalsozialistische Deutsche Arbeiterpartei
NSU	國家社會主義地下組織	Nationalsozialistischer Untergrund
NSW	非社會主義經濟區	Nichtsozialistisches Wirtschaftsgebiet
ODIHR	民主制度與人權辦公室	Office for Democratic Institutions and Human Rights (Büro für demokratische Institutionen und Menschenrechte)
OECD	經濟合作暨發展組織	Organisation for Economic Co-operation and Development (Organisation für wirtschaftliche Zusammenarbeit und Entwicklung)

OMV	奧地利石油暨天然氣公司	Österreichische Mineralölverwaltung Aktiengesellschaft
OSZE	歐洲安全與合作組織	Organisation für Sicherheit und Zusammenarbeit in Europa
PA	生產性勞動	Produktive Arbeit
PDS	民主社會主義黨	Partei des Demokratischen Sozialismus
PiS	法律與公正黨	Prawo i Sprawiedliwość (Recht und Gerechtigkeit)
PO	公民綱領黨	Platforma Obywatelska (Bürgerplattform)
PRISM	資源整合、同步和管理規劃工具	Planning Tool for Resource Integration, Synchronization and Management (Planungswerkzeug für Ressourcenintegration, Synchronisation und Management)
PV	黨主席	Parteivorsitzender
RAF	紅軍團	Rote Armee Fraktion
RCEP	區域全面經濟夥伴協定	Regional Comprehensive Economic Partnership (Regionale Umfassende Wirtschaftspartnerschaft)
RIAS	美國占領區電台	Rundfunk im amerikanischen Sektor
RTL	盧森堡廣播電視台	Radio Television Luxembourg
SA	衝鋒隊（國家社會主義組織）	Sturmabteilung (nationalsozialistische Organisation)
SDI	戰略防禦構想	Strategic Defense Initiative (Strategische Verteidigungsinitiative)
SDP	（東德）德國社會民主黨	Sozialdemokratische Partei in der DDR
SED	德國社會主義統一黨	Sozialistische Einheitspartei Deutschlands
SFB	自由柏林廣播電台	Sender Freies Berlin
SMM	特別觀察團	Special Monitoring Mission (Sonderbeobachtermission)
SoFFIn	金融市場穩定基金	Sonderfonds Finanzmarktstabilisierung
SPD	德國社會民主黨（社民黨）	Sozialdemokratische Partei Deutschlands
SS	黨衛隊（國家社會主義組織）	Schutzstaffel (nationalsozialistische Organisation)
Syriza	激進左翼聯盟（希臘）	Synaspismos Rizospastikis Aristeras (Koalition der Radikalen Linken)

TTIP	跨大西洋貿易與投資夥伴協定	Transatlantische Handels- und Investitionspartnerschaft (Transatlantic Trade and Investment Partnership)
UDAR	烏克蘭改革民主聯盟	Ukrajinskyj Demokratytschnyj Aljans sa Reformy (Ukrainische demokratische Allianz für Reformen)
UFV	獨立婦女聯合會	Unabhängiger Frauenverband
UMP	人民運動聯盟（法國）	Union pour un mouvement populaire (Union für eine bewegung)
UN	聯合國	United Nations (Vereinte Nationen)
UNCT	聯合國貿易和發展會議	United Nations Conference on Trade and Development (Konferenz der Vereinten Nationen für Handel und Entwicklung)
UNEP	聯合國環境規劃署	United Nations Environment Programme (Umweltprogramm der Vereinten Nationen)
UNESCO	聯合國教科文組織	United Nations Educational, Scientific and Cultural Organization (Organisation der Vereinten Nationen für Bildung, Wissenschaft und Kultur)
UNHCR	聯合國難民署	United Nations High Commissioner for Refugees (Hoher Flüchtlingskommissar der Vereinten Nationen)
UNIFIL	聯合國駐黎巴嫩維和部隊	United Nations Interim Force in Lebanon (Interimstruppe der Vereinten Nationen im Libanon)
UNO	聯合國組織	United Nations Organization (Organisation der Vereinten Nationen)
UNSMIL	聯合國利比亞支助特派團	United Nations Support Mission in Libya (Unterstützungsmission der Vereinten Nationen in Libyen)
UTP	社會主義生產指導日	Unterrichtstag in der sozialistischen Produktion
VAMV	單親母親和父親協會	Verband alleinerziehender Mütter und Väter
VEAB	國營收購中心（人民所有制採購和收購企業）	Volkseigener Erfassungs- und Aufkaufbetrieb
VEB	人民企業	Volkseigener Betrieb
VENRO	德國非政府組織發展政策和人道援助總會	Verband Entwicklungspolitik und Humanitäre Hilfe deutscher Nichtregierungsorganisationen
VJTF	北約高度戒備聯合特遣部隊	Very High Readiness Joint Task Force (NATO-Einsatzgruppe mit sehr hoher Einsatzbereitschaft)
WB	世界銀行	World Bank (Weltbank)

WEF	世界經濟論壇	World Economic Forum (Weltwirtschaftsforum)
WHO	世界衛生組織	World Health Organization (Weltgesundheitsorganisation)
WTO	世界貿易組織	World Trade Organization (Welthandelsorganisation)
WWF	世界自然基金會	World Wide Fund For Nature
ZDF	德國公共電視第二台	Zweites Deutsches Fernsehen
ZDH	德國手工中央協會	Zentralverband des Deutschen Handwerks
ZIPC	物理化學中央研究所	Zentralinstitut für Physikalische Chemie
ZVG	園藝中央協會	Zentralverband Gartenbau

人名索引

Gaddafi, Muammar al- 穆安瑪爾‧格達費
Gänswein, Georg 喬治‧甘斯魏
Gates, Robert 羅伯特‧蓋茲
Gauck, Joachim 約阿希姆‧高克
Gaulle, Charles de 夏爾‧戴高樂
Gehler, Matthias 馬提亞斯‧格勒
Geiger, Michaela 米夏埃拉‧蓋格
Geißler, Heiner 海納‧蓋斯勒
Genscher, Hans-Dietrich 漢斯－迪特里希‧
　　根舍
Gentiloni, Paolo 保羅‧簡提洛尼
Gerlach, Manfred 曼弗雷德‧格拉赫
Gernbauer, Karolina 卡羅琳娜‧根爾鮑爾
Gerst, Alexander 亞歷山大‧葛斯特
Ghani, Aschraf 阿什拉夫‧甘尼
Giscard d'Estaing, Valéry 瓦萊里‧季斯卡‧
　　德斯坦
Glos, Michael 米夏埃爾‧葛洛斯
Gorbatschow, Michail 米哈伊爾‧戈巴契夫
Gore, Al 艾爾‧高爾
Götze, Mario 馬里奧‧格策
Grill, Kurt-Dieter 庫爾特－迪特‧格里爾
Gröhe, Hermann 赫爾曼‧格羅厄
Grütters, Monika 莫妮卡‧格呂特斯
Grybauskaitė, Dalia 達利婭‧格里包斯凱特
Guterres, António 安東尼歐‧古特雷斯
Guttenberg, Karl-Theodor zu 提歐多‧楚‧
　　古騰貝格

H
Haberlandt, Helmut 赫爾穆特‧哈伯蘭特
Haberlandt, Reinhold 萊茵霍爾德‧哈伯蘭特
Haberlandt, Rosemarie 蘿絲瑪麗‧哈伯蘭特
Hadley, Stephen 史蒂芬‧哈德利
Haftar, Chalifa 哈里發‧哈夫塔
Hagen, Nina 妮娜‧哈根
Hájek, Jiří 伊日‧哈耶克
Hammer, Sebulon 澤沃倫‧漢默
Handy, Nick 尼克‧漢迪
Hansen, Marlies 瑪利斯‧韓森
Harbarth, Stephan 史蒂芬‧哈爾巴特

Harper, Stephen 史蒂芬‧哈伯
Harris, Kamala 賀錦麗
Hartz, Peter 彼得‧哈茨
Haseloff, Reiner 萊納‧哈澤洛夫
Hasselfeldt, Gerda 葛達‧哈瑟菲爾德特
Hausmann, Willi 威利‧豪斯曼
Havel, Václav 瓦茨拉夫‧哈維爾
Havemann, Robert 羅伯特‧哈夫曼
Havemann, Utz 烏茨‧哈夫曼
Havlas, Zdeněk 茲德涅克‧哈夫拉斯
Hecker, Jan 揚‧黑克爾
Hennemann, Friedrich 弗里德里希‧海內曼
Hennenhöfer, Gerald 傑拉爾德‧亨能霍夫
Herdieckerhoff, Martin 馬丁‧赫迪克霍夫
Herrmann, Joachim 約阿希姆‧賀爾曼
Herzog, Izchak 伊薩克‧赫佐格
Herzog, Roman 羅曼‧赫佐格
Heusgen, Christoph 克里斯多夫‧霍伊斯根
Hintze, Peter 彼得‧欣策
Hoentsch, Erika 艾莉卡‧胡恩施
Höhenberger, Michael 米夏埃爾‧霍亨貝格
Hohmann, Martin 馬丁‧候髮
Hollande, François 法蘭索瓦‧歐蘭德
Holzhauer, Sibylle 席比勒‧霍茨浩爾
Homburger, Birgit 畢爾姬特‧霍姆伯格
Honecker, Erich 埃里希‧何內克
Honecker, Margot 瑪格特‧何內克
Hoop Scheffer, Jaap de 夏侯雅伯
Hu Jintao 胡錦濤
Hussein, Saddam 薩達姆‧海珊

I
Ilves, Toomas Hendrik 圖馬斯‧亨德里克‧
　　伊爾韋斯
Issing, Otmar 奧特馬‧伊辛
Itzik, Dalia 達利婭‧伊齊克

J
Jagger, Mick 米克‧傑格
Janukowytsch, Wiktor 維克托‧亞努科維奇
Jastram, Thomas 托馬斯‧雅司特朗

K

L

Lachmann, Adolf 阿道夫・拉赫曼

Lafontaine, Oskar 奧斯卡・拉方丹

Lagarde, Christine 克里斯蒂娜・拉加德

Lambrecht, Christine 克里斯蒂娜・蘭布雷希特

Lammert, Norbert 諾貝爾特・拉默特

Laschet, Armin 阿閔・拉舍特

Lastovka, Harald 哈拉特・拉斯特托福卡

Lawrow, Sergei 謝爾蓋・拉夫羅夫

Leancă, Iurie 尤里・萊安卡

Lee Myung-bak 李明博

Lehmann-Zwiener, Simone 西蒙娜・萊曼－茨維納

Leisner, Ulf 烏爾夫・萊斯納

Levy, David 大衛・利維

Leyen, Ursula von der 烏蘇拉・馮・德萊恩

Li Keqiang 李克強

Lincoln, Abraham 亞伯拉罕・林肯

Lindner, Christian 克里斯蒂安・林德納

Lindner, Walter 瓦爾特・林德納

Löw, Joachim 約阿希姆・勒夫

Lübcke, Walter 瓦爾特・呂布克

Ludewig, Gottfried 戈特弗里德・路德維希

Lüdtke, Olaf 歐拉夫・呂特克

Lukaschenko, Alexander 亞歷山大・盧卡申科

Lukin, Wladimir 弗拉迪米爾・盧金

Lula da Silva, Luiz Inácio 路易斯・伊納西奧・魯拉・達席爾瓦

M

Maas, Heiko 海克・馬斯

Maaß, Hans-Christian 漢斯－克里斯蒂安・馬斯

Macron, Emmanuel 艾曼紐・馬克宏

Mahama, John Dramani 約翰・德拉馬尼・馬哈馬

Maier, Robert 羅伯特・邁爾

Maizière, Lothar de 洛塔・德・梅齊耶

Maizière, Thomas de 托馬斯・德・梅齊耶

Maleuda, Günther 君特・馬勒達

Mandela, Nelson 尼爾森・曼德拉

Mappus, Stefan 史蒂芬・馬普斯

Marcinkiewicz, Kazimierz 卡齊米日・馬辛基維奇

Margrethe II., dänische Königin 瑪格麗特二世（丹麥女王）

Marx, Karl 卡爾・馬克思

Matern, Hermann 赫爾曼・馬特恩

Mau, Harald 哈拉爾德・莫

Máxima, niederländische Königin 瑪克希瑪（荷蘭王后）

May, Theresa 德蕾莎・梅伊

McAllister, David 大衛・麥卡利斯特

McArthur, Stuart 史都亞特・麥克阿瑟

McCain, John 約翰・馬侃

McChrystal, Stanley 史丹利・麥克里斯托

Meckel, Markus 馬庫斯・梅克爾

Medwedew, Dmitri 德米特里・梅德維傑夫

Meles Zenawi, Legesse 梅萊斯・澤納維

Ménudier, Henri 昂利・梅努迪耶

Merkel, Ulrich 烏爾里希・梅克爾

Merz, Friedrich 弗里德里希・梅爾茨

Meyer, Kathrin 卡特琳・邁爾

Meyer, Laurenz 羅倫茲・邁爾

Meyer-Hermann, Michael 米夏埃爾・邁爾－赫爾曼

Meyer-Landrut, Nikolaus 尼可拉斯・邁爾－蘭德魯特

Michel, Charles 查爾斯・米歇爾

Miehe-Nordmeyer, Gesa 格薩・米耶－諾德邁爾

Milošević, Slobodan 斯洛波丹・米洛塞維奇

Modi, Narendra 納倫德拉・莫迪

Modrow, Hans 漢斯・莫德洛

Molkentin, Wolfhard 沃夫哈特・莫肯廷

Morawiecki, Mateusz 馬特烏什・莫拉維茨基

Morgenstern, Christian 克里斯蒂安・莫根斯騰

Mronz, Michael 米夏埃爾・莫茲

Rohwedder, Detlev Karsten 德特列夫・卡斯坦・羅威德
Rohwedder, Hergard 賀噶爾德・羅威德
Röller, Lars-Hendrik 拉爾斯－亨德里克・羅勒
Romberg, Walter 瓦爾特・隆貝格
Romes, Thomas 托馬斯・羅莫斯
Rosenfeld, Klaus 克勞斯・羅森費爾德
Rösgen, Peter 彼得・羅斯根
Röttgen, Norbert 諾貝爾特・洛特根
Rousseff, Dilma 迪爾瑪・羅賽芙
Rühe, Volker 佛爾克・呂爾
Rülke, Petra 佩特拉・呂克
Rüssmeier, Kirsten 基爾絲登・呂斯邁爾
Rutte, Mark 馬克・路特
Rüttgers, Jürgen 尤根・呂特格斯

S

Saakaschwili, Micheil 米哈伊・薩卡希維利
Sachartschenko, Alexander 亞歷山大・扎哈爾琴科
Şahin, Uğur 烏爾・薩欣
Sahler, Gertrud 格特魯德・薩勒
Sahwil, Reem 蕾姆・莎維爾
Salamé, Ghassan 加桑・薩拉梅
Samaras, Antonis 安東尼斯・薩馬拉斯
Sánchez, Pedro 佩德羅・桑切斯
Sarkissjan, Sersch 塞爾基・薩奇席恩
Sarkozy, Nicolas 尼古拉・薩科齊
Sarradsch, Fayiz as- 法耶茲・薩拉傑
Sassou-Nguesso, Denis 德尼・薩蘇－恩格索
Sauer, Joachim 約阿希姆・紹爾
Schabowski, Günter 君特・夏波夫斯基
Scharon, Ariel 艾里爾・夏隆
Schäuble, Wolfgang 沃夫岡・蕭伯樂
Schavan, Annette 安妮特・沙萬
Scheefeld, Dagmar 達格瑪・薛費
Schewardnadse, Eduard 愛德華・謝瓦爾德納澤
Schindhelm, Michael 米夏埃爾・辛德海爾姆
Schlöndorff, Volker 佛爾克・施隆多夫
Schmidt, Helmut 赫爾穆特・施密特
Schneider, Frank 法蘭克・施耐德
Schnur, Wolfgang 沃夫岡・施努爾
Schoenbach, Bettina 貝蒂納・舍恩巴赫
Scholz, Olaf 歐拉夫・蕭茲
Schreiber, Karlheinz 卡爾海因茨・施賴伯
Schröder, Gerhard 格哈德・施若德
Schröder, Richard 理察・施羅德
Schröder-Köpf, Doris 朵莉思・施若德－柯布夫
Schubert, Helga 海爾加・舒伯特
Schüler, Klaus 克勞斯・舒勒
Schultes, Axel 阿克瑟・舒特茲
Schulz, Martin 馬丁・舒爾茨
Schwarzer, Alice 愛麗絲・史瓦茲
Seehofer, Horst 霍斯特・傑霍夫
Seibert, Steffen 史蒂芬・賽貝特
Seidt, Hans-Ulrich 漢斯－烏爾里希・塞特
Seiters, Rudolf 魯道夫・塞特斯
Selenskyj, Wolodymyr 弗拉迪米爾・澤倫斯基
Shankly, Bill 比爾・辛奇利
Sikorski, Radosław 多斯瓦夫・席科斯基
Simonis, Heide 海德・西蒙尼斯
Singh, Manmohan 曼莫漢・辛格
Sisi, Abd al-Fattah as- 阿卜杜勒－法塔赫・塞西
Snowden, Edward 愛德華・史諾登
Söder, Markus 馬庫斯・索德
Solana, Javier 哈維爾・索拉納
Solberg, Erna 埃爾娜・索爾貝格
Solschenizyn, Alexander 亞歷山大・索忍尼辛
Solvay, Ernest 恩斯特・索爾維
Spahn, Jens 延斯・施潘
Spieß, Frau 詩畢斯女士
Steg, Thomas 托馬斯・史代格
Stein, Shimon 西蒙・史坦
Steinbrück, Peer 佩爾・史坦布律克
Steinmeier, Frank-Walter 法蘭克—瓦爾特・史坦邁爾

Stoffels, Alexander 亞歷山大・施托費爾斯

Stoiber, Edmund 埃德蒙特・施托伊伯

Stoiber, Karin 卡琳・施托伊伯

Stolpe, Manfred 曼弗雷德・斯托佩

Stoph, Willi 維利・斯多夫

Strauß, Franz Josef 弗朗茨・約瑟夫・施特勞斯

Strauss-Kahn, Dominique 多明尼克・史特勞斯－卡恩

Strobl, Thomas 托馬斯・施特羅布爾

Struck, Peter 彼得・施特魯克

Surkow, Wladislaw 弗拉迪斯拉夫・蘇爾科夫

Süssmuth, Rita 麗塔・徐斯穆

T

Tagliavini, Heidi 海蒂・塔利亞維尼

Tauber, Peter 彼得・陶伯

Tebboune, Abdelmadjid 阿卜杜勒馬吉德・特本

Teltschik, Horst 霍斯特・特爾切克

Teufel, Erwin 埃爾溫・托依費爾

Thate, Hilmar 希勒瑪・塔特

Theodorakis, Mikis 米基斯・提奧多拉基斯

Thierse, Wolfgang 沃夫岡・蒂爾澤

Thoben, Christa 克里斯塔・托本

Thunberg, Greta 葛莉塔・通貝里

Tietmeyer, Hans 漢斯・蒂特邁爾

Tillich, Stanislaw 斯坦尼斯拉夫・蒂利希

Tjahnybok, Oleh 奧列赫・季亞尼博克

Töpfer, Klaus 克勞斯・托普費

Trichet, Jean-Claude 尚－克勞斯・特瑞謝

Trittin, Jürgen 尤根・特利丁

Trudeau, Justin 賈斯汀・杜魯道

Trump, Donald 唐納・川普

Trump, Ivanka 伊凡卡・川普

Tschentscher, Peter 彼得・詮策

Tsipras, Alexis 阿萊克西斯・齊普拉斯

Türeci, Özlem 厄茲勒姆・圖雷西

Turtschynow, Oleksandr 奧列克桑德・圖奇諾夫

Tusk, Donald 唐納・圖斯克

Tymoschenko, Julija 尤莉婭・季莫申科

U

Ulbricht, Klaus 克勞斯・烏布里希特

Ulbricht, Walter 瓦爾特・烏布里希特

V

Van Rompuy, Herman 赫爾曼・范龍佩

Verhofstadt, Guy 居伊・伏思達

Vogel, Bernhard 貝恩哈特・佛格

W

Wade, Abdoulaye 阿卜杜拉耶・瓦德

Waigel, Theo 提奧・魏格爾

Wałęsa, Lech 萊赫・華勒沙

Walther, Hansjoachim 漢斯約阿希姆・瓦爾特

Warnke, Jürgen 尤根・瓦爾克

Weber, Axel 阿克瑟爾・韋伯

Weidmann, Jens 延斯・魏德曼

Weise, Frank-Jürgen 法蘭克－尤根・魏瑟

Weissman, Drew 德魯・韋斯曼

Weizmann, Chaim 哈伊姆・魏茨曼

Weizsäcker, Richard von 理查・馮・魏茨克

Wen Jiabao 溫家寶

Westerwelle, Guido 吉多・韋斯特韋勒

Wieler, Lothar 洛塔爾・維勒

Wilhelm, Ulrich 烏爾里希・威廉

Wirth, Timothy 提莫西・沃斯

Wissmann, Matthias 馬提亞斯・格勒

Woidke, Dietmar 迪特馬・沃伊德克

Wojtyła, Karol 卡羅爾・沃伊蒂瓦

Wulff, Christian 克里斯安・沃爾夫

Wutzke, Oswald 奧斯瓦爾德・伍茨克

X

Xi Jinping 習近平

Y

Yang Jiechi 楊潔篪

Z

譯者簡介

陳冠宇（前言、第一、二章）

東吳大學德國文化學系碩士。現職台北歌歌德學院課程與試務組長，也曾擔任過台北歌德學院及多所Pasch夥伴高中德語教師。

許友芳（第三、四章）

德國波昂大學政治暨社會學系博士。現職東吳大學德國文化學系副教授，主要研究領域為德國與台灣政府體制、德國政黨體系、德國選制、德國外交政策、公投制度、民主化。

廖揆祥（第五章、後記）

德國馬堡大學政治學博士，東吳大學德國文化學系專任副教授，研究與教學領域：德國政治體系、德國文化與文化政策。

＊順序依翻譯章節排列

亞當斯密 038

自由：回憶錄1954-2021

Freiheit: Erinnerungen 1954-2021

作　　者　安格拉・梅克爾、貝雅特・鮑曼
譯　　者　陳冠宇、許友芳、廖揆祥

堡壘文化有限公司
總 編 輯　簡欣彥
副總編輯　簡伯儒
企劃選書　張詠翔
責任編輯　張詠翔
行銷企劃　游佳霓、黃怡婷
封面設計　mollychang.cagw.
內頁排版　家思排版工作室
文字校對　魏秋綢

出　　版　堡壘文化有限公司
發　　行　遠足文化事業股份有限公司（讀書共和國出版集團）
地　　址　231新北市新店區民權路108-3號8樓
電　　話　02-22181417
　　　　　Email service@bookrep.com.tw
郵撥帳號　19504465 遠足文化事業股份有限公司
客服專線　0800-221-029
網　　址　http://www.bookrep.com.tw
法律顧問　華洋法律事務所　蘇文生律師
印　　製　呈靖彩印有限公司
初版1刷　2024年11月
定　　價　880元
ISBN　978-626-7506-33-2
ESIBN　9786267506295 (EPUB)
ESIBN　9786267506288 (PDF)

國家圖書館出版品預行編目（CIP）資料

自由：回憶錄1954-2021 / 安格拉・梅克爾、貝雅特・鮑曼作；許友芳、陳冠宇、廖揆祥譯. -- 初版. -- 新北市：堡壘文化有限公司出版：遠足文化事業股份有限公司發行, 2024.11
　面；　公分. --（亞當斯密；38）
譯自：Freiheit: Erinnerungen 1954-2021
ISBN 978-626-7506-33-2（平裝）

1. CST：梅克爾（Merkel, Angela, 1954-）　2. CST：回憶錄　3. CST：德國

784.38　　113016135